面向21世纪课程教材

Textbook Series for 21st Century

全国高等学校法学专业核心课程教材

法 理 学

Jurisprudence

（第五版）

主　编　张文显

副主编　李　龙　周旺生　郑成良　徐显明

撰稿人（以姓氏拼音为序）

杜宴林　付子堂　高其才　葛洪义

公丕祥　黄建武　黄文艺　蒋传光

李　龙　刘作翔　舒国滢　宋方青

孙　莉　孙笑侠　汪习根　徐显明

杨春福　姚建宗　张文显　郑成良

周旺生　周永坤　卓泽渊

高等教育出版社

北京大学出版社

教学课件下载

本书有配套教学课件,供教师免费下载使用,请访问 xuanshu.hep.com.cn,经注册认证后,搜索书名进入具体图书页面,即可下载。

图书在版编目(CIP)数据

法理学 / 张文显主编 . 5 版 . 北京:高等教育出版社,2018.7(2025.3重印)

ISBN 9787040499445

Ⅰ.①法…　Ⅱ.①张…　Ⅲ.①法理学 – 高等学校 – 教材　Ⅳ.①D90

中国版本图书馆 CIP 数据核字(2018)第 128242 号

FA LI XUE

| 策划编辑　姜　洁 | 责任编辑　程传省 | 特约编辑　王亚敏 | 封面设计　杨立新 |
| 版式设计　王艳红 | 责任校对　刘丽娴 | 责任印制　耿　轩 | |

出版发行	高等教育出版社	网　　址	http://www.hep.edu.cn
社　　址	北京市西城区德外大街4号		http://www.hep.com.cn
邮政编码	100120	网上订购	http://www.hepmall.com.cn
印　　刷	山东韵杰文化科技有限公司		http://www.hepmall.com
开　　本	787mm×1092mm　1/16		http://www.hepmall.cn
印　　张	31.5	版　　次	1999 年 11 月第 1 版
字　　数	660 千字		2018 年 7 月第 5 版
购书热线	010-58581118	印　　次	2025 年 3 月第 17 次印刷
咨询电话	400-810-0598	定　　价	59.80 元

内 容 简 介

　　法理学是以"法理"为中心主题和研究对象的各种科学活动及其认识成果的总称。在学科意义上,法理学是法学的基础理论、一般理论、方法论和意识形态。作为现代法学教育体系的重要组成部分,法理学是高等学校法学专业的核心课程。本教材是教育部统一策划并组织编写的"面向21世纪课程教材"之一,2002年荣获全国普通高等学校优秀教材一等奖,2003年吉林大学"法理学"课程被教育部确定为首批国家级精品课程,同年本教材入选高等教育出版社"高等教育百门精品课程教材建设计划",2007年被教育部确定为"普通高等教育精品教材"。本教材从法理学的学术定位和学科定位出发,简明地介绍了法学的历史、法学学科体系和法学教育;通过对法(法律)、权利、义务、法律体系、法律要素、法律行为、法律关系、法律责任等法理学基本概念特别是权利和义务这对中心概念的分析,深刻揭示了法的本体及其逻辑;对法的起源和演进、法的制定与实施、法律程序、法律职业、法律方法、法的价值、法治与经济社会发展等法理学基本论题进行了全面阐释;对全面依法治国、建设法治中国的重大理论与实践前沿问题进行了系统论述。

　　本教材第五版充分体现了习近平新时代中国特色社会主义思想和中共十八大以来中国特色社会主义法治理论和法学理论创新成果;广泛吸收了第四版出版以来国内外法理学研究和教学的最新成果;认真探索了法理学本质属性的回归,坚持以"法理"为中心主题,使法理元素贯穿教材始终;进一步厘清了法理学与部门法学的学术分工,最大限度地避免与部门法学之间的内容重复;改进了编写体例、写作风格、编辑规范。基于以上工作,本教材又一次与时俱进。

A Brief Introduction

Jurisprudence is a general term that describes various scientific activities and their cognitive achievements, which take "Fali" as the central theme and research object. The discipline of jurisprudence is the basic theory, general theory, methodology and the ideologies of law. As an important part of the modern legal education system, jurisprudence is the core course for college and university students majored in law. This textbook was among "The 21st Century Series", launched and organized by the Ministry of Education (MOE)of China. It was awarded the first prize of the National Excellent Textbooks of Higher Eduction Institutions in 2002. In 2003, this textbook was included into "Textbook Construction Plan for 100 Higher Education Classic Courses" of the Higher Education Press, while Jurisprudence, a course offered by Jilin University and using this textbook, was recognized as the first national classic courses by the MOE at the same year. In 2007, this textbook was recognized as "Classic Textbooks for Ordinary Higher Education" by MOE. Based on the academic and disciplinary orientation of jurisprudence, this textbook incorporates the history of law, the system of legal science, and legal education. It also uncovers the ontology and the logic of law based on basic concepts of jurisprudence, such as law, right, obligation, legal system, legal element, legal act, legal relation, legal liability, and, in particular, the twin concepts of right and obligation. It further comprehensively expounds the origins and evolution of law, the formulation and implementation of law, the professions of law, the methods of law, legal procedure, the values of law, the rule of law, and social and economic development. Finally, it systematically discusses the critical and frontier issues related to the state policies of ruling the country according to law and building China under the rule of law in an all−round way from both theoretical and practical perspectives.

The 5th edition of this textbook fully embodies Xi Jinping Thought on Socialism with Chinese Characteristics for a New Era, the theoretical innovations of socialism legal theories with Chinese characteristics since the 18th National Congress of the Communist Party of China. It absorbs the latest achievements of jurisprudence research and teaching at home and abroad since the publication of the 4th edition. To probe the essential attributes of jurisprudence, it insists on taking "Fali" as the central theme, and sticks to the elements of Fali throughout the entire textbook. It also clarifies the academic division between jurisprudence and departmental law, and makes efforts not to duplicate the contents of departmental law. The structure, the writing style, and the editorial norms are further improved. The 5th edition of this textbook thus advances with the times once again.

作 者 简 介

张文显 吉林大学、浙江大学,教授,哲学博士,中国法学会副会长、学术委员会主任,国务院学位委员会法学学科评议组召集人,教育部社会科学委员会法学学部召集人,中央马克思主义理论研究和建设工程咨询委员会委员,国家教材委员会委员。代表性著作有《法哲学范畴研究》《法哲学通论》等;代表性论文有《中国步入法治社会的必由之路》《法理:法理学的中心主题和法学的共同关注》《治国理政的法治理念和法治思维》《法治与国家治理现代化》等。

李 龙 武汉大学,教授,法学博士,中国法学会学术委员会委员、中国法学会法理学研究会顾问,教育部马克思主义理论研究和建设工程重点教材审议委员会委员。代表性著作有《人权的理论与实践》(主编)、《宪法基础理论》、《法理学》(主编)等;代表性论文有《法治模式论》《论马克思主义法学的创立》等。

周旺生 北京大学,教授,法学博士,中国法学会法理学研究会副会长、中国法学会立法学研究会副会长。代表性著作有《立法学》《立法论》《法理探索》等;代表性论文有《中国立法五十年——1949—1999年中国立法检视》(上、下)《论法之难行之源》等。

郑成良 上海交通大学,教授,法学博士,中国法学会学术委员会委员、中国法学会法理学研究会副会长,教育部社会科学委员会法学学部委员。代表性著作有《法律之内的正义——一个关于司法公正的法律实证主义解读》《司法推理与法官思维》(合著)、《现代法理学》(主编)等;代表性论文有《权利本位说》《论法治理念与法律思维》等。

徐显明 山东大学,教授,法学博士,中国法学会副会长、中国法学会法理学研究会会长,教育部高等学校法学类专业教学指导委员会主任委员,国家教材委员会专家委员会委员,教育部社会科学委员会法学学部委员。代表性著作有《公民权利义务通论》(主编)、《国际人权法》、《法理学原理》(主编)等;代表性论文有《人权的体系与分类》《论"法治"构成要件——兼及法治的某些原则及观念》等。

杜宴林 吉林大学,教授,法学博士,中国法学会法理学研究会理事、中国法学会董必武法学思想(中国特色社会主义法治理论)研究会常务理事。代表性著作有《法律的人文主义解释》等；代表性论文有《司法公正与同理心正义》《后现代方法与法学研究范式的转向》《论中国法制现代化的现实关切与终极关怀》《古典自然法的人文主义解释》等。

付子堂　西南政法大学，教授，法学博士，中国法学会学术委员会委员、中国法学会法理学研究会副会长，教育部高等学校法学类专业教学指导委员会副主任委员，中国法学会第六届全国杰出青年法学家。代表性著作有《法之理在法外》《马克思主义法律思想研究》《法理学初阶》（主编）等；代表性论文有《对利益问题的法律解释》《关于自由的法哲学探讨》等。

高其才　清华大学，教授，法学博士，中国法学会法理学研究会常务理事。代表性著作有《中国习惯法论（修订版）》《乡土法学探索——高其才自选集》《习惯法的当代传承与弘扬——来自广西金秀的田野考察报告》等；代表性论文有《法理学发展值得思考的几个问题》《通过村规民约保障人权——以贵州省锦屏县为对象》等。

葛洪义　浙江大学，教授，法学博士，中国法学会法理学研究会副会长，教育部高等学校法学类专业教学指导委员会委员。代表性著作有《法律与理性——法的现代性问题解读》《法与实践理性》《法律方法讲义》等；代表性论文有《法律原则在法律推理中的地位和作用——一个比较的研究》《法治建设的中国道路——自地方法制视角的观察》等。

公丕祥　南京师范大学，教授，法学博士，中国法学会学术委员会委员、中国法学会法理学研究会副会长，国家教材委员会专家委员会委员，中国法学会首届全国杰出青年法学家。代表性著作有《马克思法哲学思想述论》《法制现代化的理论逻辑》《大变革时代的中国法治现代化》《全球化与中国法制现代化》（主编）等；代表性论文有《国际化与本土化：法制现代化的时代挑战》等。

黄建武　中山大学，教授，法学博士，中国法学会立法学研究会副会长、中国法学会法理学研究会理事。代表性著作有《法律调整——法社会学的一个专题讨论》《法的实现——法的一种社会学分析》等；代表性论文有《试论法律对自由的确认与调整》《法权的构成及人权的法律保护》《论立法的科学性与主观选择》等。

黄文艺　吉林大学，教授，法学博士，中国法学会比较法学研究会副会长、中国法学会法理学研究会理事。代表性著作有《当代中国法律发展研究》《全球结构与法律发展》《比较法：原理与应用》等；代表性论文有《法哲学解说》《作为一种法律干预模式的家长主义》等。

蒋传光　上海师范大学，教授，法学博士，中国法学会法理学研究会理事、中国法学会法学教育研究会理事。代表性著作有《邓小平法制思想概论》《马克思主义法学理论在当代中国的新发展》等；代表性论文有《马克思主义法学理论中国化路径探析》《公民的规则意识与法治秩序的构建》《法治思维与社会管理创新的路径》等。

刘作翔　上海师范大学，教授，法学博士，中国法学会法理学研究会副会长、中国社会学会法律社会学专业委员会副会长。代表性著作有《法律文化理论》《权利冲突：案例、理论与解决机制》等；代表性论文有《法治社会中的权力和权利定位》《案例指导制度的理论基础》《权利冲突的几个理论问题》等。

舒国滢　中国政法大学，教授，中国法学会法理学研究会常务理事。代表性著作有《在法律的边缘》《法哲学：立场与方法》《法哲学沉思录》等；代表性论文有《寻访法学的问题立场——兼谈"论题学法学"的思考方式》《从司法的广场化到司法的剧场化—— 一个符号学的视角》等。

宋方青　厦门大学，教授，法学博士，中国法学会立法学研究会副会长、中国法学会法理学研究会常务理事、中国法学会法学教育研究会常务理事。代表性著作有《立法与和谐社会——以人为本的理论基础及其制度化研究》《立法学》（合编）等；代表性论文有《论中国经济特区立法的新格局——兼评〈立法法〉有关经济特区立法的规定》《论立法公平之程序构建》《中国近代法律教育探析》等。

孙　莉　苏州大学，教授，中国法学会立法学研究会常务理事、中国法学会法理学研究会理事。代表性著作有《法理学》（副主编）、《立法学》（副主编）等；代表性论文有《德治与法治正当性分析——兼及中国与东亚法文化传统之检省》《关于改革与法的内在精神的若干思考》《程序·程序研究与法治》等。

孙笑侠　复旦大学，教授，法学博士，中国法学会法理学研究会副会长，教育部高等学校法学类专业教学指导委员会委员，全国法律专业学位研究生教育指导委员会委员，中国法学会第三届全国杰出中青年法学家，教育部"长江学者"特聘教授。代表性著作有《程序的法理》《法律对行政的控制——现代行政法的法理解释》《司法的特性》等；代表性论文有《法律家的技能与伦理》《法律父爱主义在中国的适用》等。

汪习根　武汉大学，教授，法学博士，中国法学会法理学研究会副会长，中国法学会第五届全国杰出青年法学家，教育部"长江学者"特聘教授。代表性著作有《法治社会的基本人权——发展权法律制度研究》《司法权论——当代中国司法权运行的目标模式、方法与技巧》（主编）等；代表性论文有《论法治中国的科学含义》《公法法治论——公、私法定位的反思》《发展权法理探析》等。

杨春福　河海大学,教授,哲学博士,中国法学会法理学研究会理事。代表性著作有《权利法哲学研究导论》《法理学——法的历史、理论与运行》(合著)等;代表性论文有《论法律的对象与对象化的法律》《制度、法律与公民权利之保障——走向法治之路》《保障公民权利——中国法治化进程的价值取向》等。

姚建宗　沈阳师范大学、吉林大学,教授,法学博士,中国法学会学术委员会委员、中国法学会法理学研究会副会长,教育部高等学校法学类专业教学指导委员会副主任委员,中国法学会第五届全国杰出青年法学家,教育部"长江学者"特聘教授。代表性著作有《法律与发展研究导论》《法治的生态环境》等;代表性论文有《信仰:法治的精神意蕴》《法学研究及其思维方式的思想变革》《中国语境中的法律实践概念》等。

周永坤　苏州大学、南京工业大学,教授,中国法学会法理学研究会常务理事。代表性著作有《法理学——全球视野》《规范权力——权力的法理研究》等;代表性论文有《论宪法基本权利的直接效力》《社会优位理念与法治国家》《诉权法理研究论纲》等。

卓泽渊　中共中央党校,教授,法学博士,中国法学会常务理事、中国法学会法理学研究会副会长,中国法学会第二届全国杰出中青年法学家。代表性著作有《法的价值论》《法治国家论》《法政治学研究》等;代表性论文有《论法的价值》《论法政治学的创立》等。

凡　例

1. 本书引用现行宪法时，一律使用宪法全称表述，即"《中华人民共和国宪法》"。引用现行宪法的具体条文时，一律写明具体条款，如"《中华人民共和国宪法》第 1 条"。

2. 本书引用现行法律时，一律使用全称，但省略"中华人民共和国"，如"《刑法》""《民事诉讼法》"。引用具体条文的，一律写明具体条款，如"《侵权责任法》第 6 条第 1 款"。

3. 本书引用与现行宪法、法律同名的历史上的规范性法律文件时，一律使用简称并写明制定年份，如"1954 年《宪法》"。

4. 机构、组织名称在本书中首次出现时，一律使用全称，如：全国人民代表大会常务委员会。多次出现时，在不致产生误解的情况下，一律从第二次出现时起使用简称，如"全国人大常委会"。

5. 本书对于全国人民代表大会及其常务委员会会议，在不致产生误解的情况下，一律使用简称，如"第十二届全国人大第五次会议""第十二届全国人大常委会第十六次会议"。

6. 本书对于中国共产党历次全国代表大会及中央委员会会议，首次出现时，一律使用全称，如"中国共产党第十八次全国代表大会""中国共产党第十八届中央委员会第四次全体会议"。多次出现时，在不致产生误解的情况下，一律从第二次出现时起使用简称，如"中共十八大""中共十八届四中全会"。

7. 本书对于中国共产党历次全国代表大会上中共中央总书记的会议报告，首次出现时，一律使用全称，如《决胜全面建成小康社会 夺取新时代中国特色社会主义伟大胜利——在中国共产党第十九次全国代表大会上的报告》"。多次出现时，在不致产生误解的情况下，一律从第二次出现时起，根据行文使用简称，如"中共十九大报告"。

8. 本书对于中国共产党历次全国代表大会及中央委员会会议制定的文件，首次出现时，一律使用全称，如《中共中央关于全面推进依法治国若干重大问题的决定》"。多次出现时，在不致产生误解的情况下，一律从第二次出现时起使用简称，如"中共十八届四中全会《决定》"。

9. 本书对于党和国家领导人的讲话，原则上只引用中共中央历届领导核心的讲话。对领导人的称谓，一般不加"同志"，也不加职务。对于特定表述，如"以胡锦涛同志为总书记的党中央""以习近平同志为核心的党中央"等表述中,保留"同志"。

10. 本书对正文中的外国人名,首次出现时,一律在中文译名后加括号写明外文全名,如"庞德(Roscoe Pound)"。正文中多次出现的,从第二次开始,不再写明外文名。题注部分出现的外国人名,一律在脚注中写明外文全名。

目　录

第一编　法理学导论

第二编　法理学基本概念

第三编　法的起源和发展

第四编　法 的 运 行

第五编　法　的　价　值

第六编　法治与法治中国

Table of Contents

Part Three   Origination and Development of Law

Part Four   Operation of Law

Part Five   Values of Law

Part Six　Rule of Law and Rule of Law in China

第一编 | 法理学导论

　　法理学，即"法理之学"，是以"法理"为中心主题和研究对象的各种科学活动及其认识成果的总称。作为法学的基础理论、一般理论、方法论和意识形态，法理学是现代法学体系的重要组成部分。

　　作为一种特殊的科学认知活动，法理学早在中国春秋战国时代和西方古希腊、古罗马时代就已有之，并随着法律实践的深化和法律文化的演进而不断丰富和发展。但是，学科意义上的法理学则形成于 19 世纪。法理学内部有众多学说、学派，马克思主义法理学是其中最科学、最先进的理论体系。马克思主义法理学思想与中国法治建设实践和中国传统法律文化相结合，产生了中国化的马克思主义法理学理论，并经历了三次伟大飞跃。第三次伟大飞跃中形成的习近平新时代中国特色社会主义法治思想是中国特色社会主义法治理论体系的内核，是中国特色社会主义法学理论体系的重要组成部分。

第一章 法 学

法学就是在法律事物中的科学意识。这种意识,必须往法哲学的面向发展,以便探究现实世界法律之起源与效力所赖以成立之最终基础。

——[德]鲁道夫·冯·耶林①

法理学是法学的重要组成部分。学习法理学,首先要了解法学的基本情况。本章概要地阐释了什么是法学,简述了法学的历史、法学与相邻学科之间的关系,介绍了法学的研究方法,论述了当代中国的法学体系,概要地介绍了中外法学教育。

① 鲁道夫·冯·耶林(Rudolph von Jhering, 1818—1892),德国法学家。本题记选自[德]鲁道夫·冯·耶林著,[德]奥科·贝伦茨编注:《法学是一门科学吗?》,李君韬译,法律出版社2010年版,第92页。

第一节　法学的研究对象

一、"法学"的词源和词义

"法学"一词,我国先秦时称"刑名法术之学"或"刑名之学"。① "刑名法术之学"将"刑名"和"法术"两词联在一起,其中"刑"指的是刑罚、刑法,"名"指的是循名责实,赏罚分明。"刑名"也可作刑种解。"术"指的是君主实行统治的策略、手段。自汉开始各代又有"律学"的名称。但总的来说,在中国,"法学"或"法律科学"的名称,直到19世纪末西方法学传入时才被广泛使用。

在西方,最早出现的"法学"一词通常指古代拉丁语中的 *jurisprudentia*,其原意是"法律的知识"或"法律的技术"。古罗马法学家乌尔比安(Domitius Ulpianus)对该词的定义是:"关于人和神的事物的知识,是正义和非正义的科学。"② "法律科学"一词(如英语中的 science of law、legal science,德语中的 Rechtswissenschaft 等)自19世纪才被广泛使用。

在当代中国,"法学"一词家喻户晓,法学已经发展成为一门比较系统而成熟的学科,是我国哲学社会科学体系的主要支撑学科之一。

二、法学研究对象的认识论

在法学史上,不同时代、不同流派的法学家对法学的研究对象有着不同的理解和论述。例如,耶林认为"法学是权利之学",意味着法学以法权关系为研究对象。基尔希曼(Julius Herman von Kirchmann)认为,"法学的研究对象就是法律,或者说得具体些,就是千姿百态的婚姻关系、家庭关系、财产关系、契约关系、继承关系以及不同社会等级之间的关系、政府和民众的关系、国家之间的关系,等等"③。分析法学派认为:"法理学科学(或者简略地说'法理学'),与实际存在的由人制定的法有关……而不管这些法是好的,或者是坏的。""法的存在是一个问题。法的优劣,则是另外一个问题。……一个法,只要是实际存在的,就是一个法,即使我们恰恰并不喜欢它,或者,即使它有悖于我们的价值标准。"④ "法律反映或符合一定道德要求,尽管事实上往往如此,然而不是一个必然的真理。"⑤ 进而主张法学的研究对象是"实然的法律"(law as it is),即国家制定或认可的法律规范及其结构和要素,特别要对各种法律的概念进行分析,为立法和司法提供严密的逻辑。

---

① 《史记·老子韩非列传》《史记·商君列传》。

② 《学说汇纂》1,1,10,2,参见《学说汇纂》(第1卷:正义与法·人的身份与物的划分·执法官),罗智敏译,[意]纪蔚民校,中国政法大学出版社2008年版,第15页。

③ [德]尤利乌斯·冯·基尔希曼:《作为科学的法学的无价值性——在柏林法学会的演讲》,赵阳译,商务印书馆2016年版,第10—11页。

④ [英]约翰·奥斯丁:《法理学的范围》,刘星译,中国法制出版社2002年版,第147、208页。

⑤ [英]哈特:《法律的概念》,张文显等译,中国大百科全书出版社1996年版,第182页。

自然法学派认为:"法理学问题的核心是道德原则问题,而不是法律事实或战术问题。"[①]"一部制定法显然是一件有目的的东西,服务于某一目标或一系列相关目标。"[②]进而主张研究"应然的法律"(law as it ought to be),即法的价值和最高目的,特别是法与道德、正义或哲理的关系,亦即研究先验的、不变的理想法、正义法或自然法,以此作为评价现行法、修改或创制新法的依据。社会法学派则"用 law 这个术语来意指整个社会控制,或任何一种社会控制力量,或政治组织社会所采取的一种特殊的社会控制形式"[③],认为"法的发展的重心既不在于立法,也不在于法学或司法判决,而在于社会本身"[④],主张法学应着重研究"实际运行并有效的法律"(law in operation),通过调查研究法与社会的相互关系来研究法的社会功能和实效,提出法律改革的意见,等等。

　　本书认为,法学是以法为研究对象的各种科学活动及其认识成果的总称。作为一门系统的科学,法学必须对其研究对象进行全方位的研究,既要对法进行历时性研究——考察研究法的产生、发展及其规律,又要对法进行共时性研究——比较研究各种不同的法律制度,分析它们的性质、特点以及相互关系;既要研究法的内在方面,即法的内部联系和调整机制等,又要研究法的外在方面,即法与其他社会现象的联系、区别及相互作用;既要研究法律规范、法律体系的内容和结构以及法律关系、法律责任的要素,又要研究法的实际效力、效果、作用和价值;不仅要研究法律,还要研究法治、法理,把法律、法治、法理这三个法学的基本概念阐释清楚;不仅要研究法律体系,还要研究法治体系,既为法律体系的构建和完善提供学理支撑,也为法治体系的形成和有效运行构建一套理论和方法论。总之,我们要把法学作为一门体系化的学科来界定其研究对象。

第二节　法学的历史

一、中国法学的历史

　　我国在夏、商、西周时期就出现了以天命和宗法制度为核心的法律思想。《尚书》记载了"以德配天""明德慎刑"的思想和政策。但因当时的立法尚不发达,人们的认识能力也非常有限,法学产生的主客观条件都不充分。

　　春秋战国的几百年是中国法律思想兴盛和大发展的时期。当时各种学说、学派层出不穷,构成了百花竞放的繁荣景象。儒、法、墨、道四家都对法学的兴起和发展作出了贡献。儒家从人性善的哲学立场出发,强调圣人、贤人、圣君、贤相个人的统治力量,重视道德礼教的

---

① [美]罗纳德·德沃金:《认真对待权利》,信春鹰、吴玉章译,中国大百科全书出版社 1998 年版,第 20 页。

② [美]富勒:《法律的道德性》,郑戈译,商务印书馆 2005 年版,第 170 页。

③ [美]罗斯科·庞德:《法理学》(第 2 卷),邓正来译,中国政法大学出版社 2007 年版,第 5 页。

④ [奥]欧根·埃利希:《法社会学原理》,舒国滢译,中国大百科全书出版社 2009 年版,作者序。

作用,主张礼主刑辅,综合为治,认为"安上治民,莫善于礼"①,"道之以政,齐之以刑,民免而无耻;道之以德,齐之以礼,有耻且格"②,"治国不以礼,犹无耜而耕也"③,"圣人以礼示之,故天下国家可得而正也"④。墨家从天意乃法的根源这一法律观出发,主张以天为法,循法而行,认为"天下从事者不可以无法仪;无法仪而其事能成者无有也"⑤,"顺天之意,谓之善刑政;反天之意,谓之不善刑政,故置此以为法,立此以为仪,将以量度天下之王公大人卿大夫之仁与不仁,譬之犹分黑白也"⑥,在刑罚上主张"赏当贤,罚当暴,不杀不辜,不失有罪"⑦。道家从"小国寡民"的理想国设想出发,反对制定各种礼法制度,提倡"人法地、地法天、天法道、道法自然"⑧,主张一切顺乎自然、"无为而治",认为"民之难治,以其上之有为,是以难治"⑨,甚至断言"法令滋彰,盗贼多有"⑩。法家总结了历史上的和现实的治国经验,把法治推崇为立国和治国之本,明确提出"援法而治""以法治国""奉法强国"等主张,认为"地广民众万物多,故分五官而守之;民众而奸邪生,故立法制为度量以禁之"⑪,"有道之君者,善明设法而不以私防者也;而无道之君,既已设法,则舍法而行私者也"⑫,"治民无常,唯法为治。法与时转则治,治与世宜则有功"⑬,并发动了一系列旨在实现法治的政治改革和变法。

中国古代法学一度非常昌盛,但这种局面随着秦朝中央集权专制主义的出现而终止。到了汉代,由于汉武帝采纳董仲舒"罢黜百家,独尊儒术"的主张,儒学在思想领域居于统治地位,也垄断了中国两千多年的法学领域。法学开始成为儒学伦理学的附庸。汉以后的儒家思想以儒学为主,实行儒法合流,在德主刑辅的原则下实行礼法合一。中国古代的法律文化遂成为以儒家法律思想为核心的文化系统。

从汉代起,法学领域出现了通常所说的"律学"(亦称"刑名律学""注释律学"),即根据儒学原则对以律为主的成文法进行讲习、注释的法学。东晋以后,私人注释逐渐为官方注释所取代。公元653年颁行的《唐律疏议》就是这种官方注释的范本。

在长期的封建社会中,律学是正统的法学,但并不是唯一的法学。除律学之外,还有各种不同风格的法学研究方法和价值取向不一的法律思想。

1840年鸦片战争后,中国逐步沦为半殖民地半封建社会。针对帝国主义的侵略,当时

---

① 《孝经·广要道章》。
② 《论语·为政》。
③ 《礼记·礼运》。
④ 《礼记·礼运》。
⑤ 《墨子·法仪》。
⑥ 《墨子·天志》。
⑦ 《墨子·尚同》。
⑧ 《道德经·二十五》。
⑨ 《道德经·七十五》。
⑩ 《道德经·五十七》。
⑪ 《潜夫论笺校正·衰制(一)·第十二》。
⑫ 《管子·君臣》。
⑬ 《韩非子·心度》。

的爱国人士都主张变法图强。当权的洋务派主张"中学为体、西学为用",并以此为指导思想进行改革。康有为、梁启超主张实行君主立宪制,并发动了戊戌变法。孙中山、章太炎等主张废除君主制,实行民主共和制。他们的思想对中国人民产生了巨大的启蒙作用。同时,清政府迫于人民革命的压力,为了收回领事裁判权,不得不研究外国的法律,修订本国的法律。为此,他们派出官员与学生出国考察和学习法律。这些人回国后纷纷介绍和论述西方的法律和法学,传播西方资产阶级的法律思想,开创了中国现代法学教育和法学研究。

民国时期官方的法学理论承袭封建的法律思想,移植西方资产阶级的法学思想,为国民党的政治、统治和法统提供理论依据。同时,编纂"六法全书",拼凑所谓的法律体系。

中国共产党领导的新民主主义革命,结束了帝国主义、封建主义和官僚资本主义在中国的统治地位,也结束了两千多年的封建主义法学和半封建半资本主义的法学,取而代之的是以马克思主义为指导的中国社会主义法学。

二、西方法学的历史

西方法学始于古希腊。以雅典为代表的古希腊城邦国家的成文法不多,但以习惯法为主体的法律制度已有相当程度的发展。同时,古希腊发达的哲学以及政治学、伦理学、文学、美学等都涉及被西方法学家称为法学的"症结""永恒的主题"的善、正义等问题,这些问题对西方法学有着深刻的影响。

古罗马的法律制度是古代西方法律制度发展的顶峰。与发达的法律制度相适应,罗马法学十分繁荣。特别是由于奥古斯都(Gaius Julius Caesar Augustus)建立了法学家官方解答权制度,法学不仅获得了相对独立的地位,而且成为罗马法的渊源之一。罗马法学对其后的西方法学和法律制度的发展具有重大影响。

中世纪是西方社会灰暗的历史时期。基督教处于万流归宗的地位,独立的法学消失了,但托马斯·阿奎那(Thomas Aquinas)的著述中包含着丰富的法律思想。到中世纪后期,日益发展的商品经济和资本主义生产方式产生了对法律的需要,催生了以复兴罗马法为中心任务的法学研究和法学教育,职业法学家集团再次出现,并诞生了法学流派,这就是注释法学派。注释法学派因以意大利北部的博洛尼亚大学为中心,故又称"博洛尼亚学派"。注释法学派分为前注释法学派和后注释法学派,前注释法学派侧重于单纯的注释,后注释法学派则注释与评论并重。

自13、14世纪开始的文艺复兴和宗教改革运动使西方法学朝着世俗化的方向发展和变革。这个时期法学发展最重要的标志是人文主义法学派的产生。注释法学派和人文主义法学派是把古代法学传承到近代的使者,他们的研究是连接古代法学和近代法学的纽带。

17世纪开始的资产阶级革命和大规模发展起来的市场经济因更加需要法律而需要法学,也解放了法学。近代资产阶级法学的出现意味着一种与中世纪神权世界观相对立的法权世界观的诞生。这一世界观的核心是自由、平等、人权和法治,其典型的表达形式是自然法学派的"社会契约论"和"天赋人权论"（自然权利论）。自然法学派是近代资产阶级国家民主和法治模式的主要设计师。

从 18 世纪末开始,欧洲陆续出现了哲理法学派、历史法学派和分析法学派。分析法学派的出现标志着作为独立学科的法学的出现。但是,在 19 世纪前期,法学基本上是哲学家或政治学家的法学。19 世纪中期以后,法学才由哲学家和政治学家的副产品成为职业法学家的法学。通常人们认为,英国法学家约翰·奥斯丁（John Austin）的分析法学标志着独立法学的出现。

20 世纪初,西方社会进入帝国主义阶段,有关社会立法相继出现,法的社会化成为时代潮流,社会法学派适时问世。随后,新黑格尔主义法学派和新康德主义法学派开始在德、意等国传播。

20 世纪 50 年代中期以后,新自然法学派、新分析法学派、行为主义法学派、存在主义法学派、综合（统一）法学派、经济分析法学派、程序法学派、批判法学派、新马克思主义法学派纷纷问世。以富勒（Lon L. Fuller）、哈特（H. L. A. Hart）、德沃金（Ronald M. Dworkin）、考夫曼（Arthur Kaufmann）等为代表的现代西方法学理论家群体极大地巩固和提升了西方法学的话语体系。

第三节　法学与相邻学科

法学与其他学科有着特殊联系。这是因为：第一,法学吸收其他学科的认识成果来说明法律现象,从而使它能够深入到法的本质和价值基础中,解答法的外在方面,同时也以自己的认识成果推动其他学科的发展和新学科的产生。第二,在现代社会,法律渗透到社会的方方面面,有关法律现象的许多问题不是纯粹的法学问题,而是法学与其他学科的双边问题或多边问题。第三,在法治时代,越来越多的社会问题都可能转化为法律问题并提交给法律机关处理,这就要求法律工作者具有比较广泛的知识,以至要求法律人才必须是知识复合型人才。在法学与其他学科的关系中,法学与哲学、政治学、经济学、社会学、历史学、逻辑学的联系尤为突出。

一、法学与哲学

哲学是人类知识的总结和概括。任何学派的法学理论,总是以某种哲学作为自己的理论基础的。在思想史上,哲学曾经作为"科学的科学"出现,企图站在科学之上,独立地创立一个包罗万象的知识体系,将包括法学在内的一切学科都当作这一体系的一个环节。德国哲学家黑格尔（Georg Wilhelm Friedrich Hegel）曾明确宣布"法学是哲学的一个部门"[①]。19 世纪中期以后,法学从哲学中分化出来,成为一门独立的学科。但是,这并不意味着法学

---

① ［德］黑格尔：《法哲学原理》,范扬、张企泰译,商务印书馆 1961 年版,第 2 页。

与哲学的脱节。法学与哲学的关系在法理学(法哲学)中表现得最为明显。法理学(法哲学)是对法的一般基础的哲学反思,它一头与哲学相连,另一头与具体(部门)法学接壤,是把部门法学与哲学结合起来的一座桥梁。

二、法学与政治学

政治学是以政治现象及其发展规律为研究对象的一门科学。由于法是政治活动和实现政治目标的一种常规形式,因而政治和法具有内在的统一性,任何法治的背后都有其政治逻辑,法学和政治学有着内在的联系,特别是宪法学、立法学、行政法学,本身就兼有法学和政治学两重性质。诸如民主与法治、立法政策、权力制约、国家、政党、政府、公民、政治程序等许多问题,都是法学和政治学的双边问题,所以,法学和政治学始终保持着紧密的联系。特别是法律政治学的产生使得现代法学与政治学更为紧密地联接在一起。

三、法学与经济学

经济学是研究各种经济关系和经济活动规律的科学。法学与经济学有着十分密切的联系。这主要是因为:第一,法所反映的统治阶级(人民)意志以及法所定型化的权利和义务及其界限,归根结底是由社会物质生活条件决定的。第二,法律对经济起着能动的反作用,它既能推动社会生产力的发展,也能阻碍社会生产力的发展。第三,民主和法治是商品经济、市场经济发达的产物。民主和法治的进程取决于社会经济模式和经济发展水平。第四,将经济学的许多理论模式和研究方法,例如"剩余价值论""交易费用论""博弈论",引入法学领域,可以加深和丰富人们对法律的认识,有助于深化对法律制度的成因、内涵、功能与作用的认识,促进法律制度的改革。"经济分析法学""法律经济学""法律与经济研究"的兴起和蓬勃发展恰是法学和经济学相互渗透、相互结合的产物和标志。

四、法学与社会学

社会学是一门重要的具有综合意义的社会科学。法学与社会学存在着相当密切的、相互交错的关系。一方面,法学要研究社会中的法,把法作为社会现象的一部分研究;另一方面,社会学要通过法律研究社会,把法律作为社会内容的形式。因而,法学和社会学有着很广泛的共同论题,如法律的社会根源、法律的社会功能、法律规范的社会实效、社会治理法治化等。正是由于这些广泛的共同论题的存在,才产生了法学与社会学互相结合的需要,并推动了横跨法学和社会学两个领域的新学科——法律社会学的产生和发展,这被认为是20世纪法学领域最伟大的成就之一。

五、法学与历史学

历史学是研究和阐述人类社会发展的具体过程及其规律的科学。法学与历史学有着密切的关系,其缘由和表现是:第一,法律是凝结的历史,或者说是历史过程的产物。正如耶林所言,"法权上与道德上的真理内容,是一个历史的产物"①。在人类社会的转折点,都可以看到法律的旗帜或标志。美国麦克劳－希尔(McGrawHill)出版公司出版的《世界伟大文献汇编》一书收集了30份世界重要文献,其中法律文献占了1/3,包括《汉谟拉比法典》(约公元前18世纪)、《美国宪法》(1787年)、法国《人权宣言》(1789年)、《拿破仑法典》(1804年)、《联合国宪章》(1945年)等,这些文献被称作"人类历史的里程碑"。此外,阐释社会进程中法律因素的历史学有助于法学对法律进行历时性研究。第二,法律的生命不仅是逻辑,更重要的是经验。经验总是历史性的。历史学在研究古今之变、盛衰之道的过程中,也以时代为顺序,通过具体历史事实再现历代统治阶级及其统治集团通过法律进行社会统治与社会治理的经验与教训,揭示法治文明的基本规律。第三,历史学的实证研究方法是法学可以借鉴的重要方法。它有助于法学把每个结论都建立在可靠的事实基础上,并经受实践的检验。第四,法学中的概念、范畴、理论、观点、学说、学派都是历史的产物,有其产生和演变的过程。要想准确而深刻地把握它们的内涵,必须求助于历史的考察。

六、法学与逻辑学

逻辑学是关于思维及其规律和规则的科学。逻辑问题贯穿于法律运行的各个环节,所以,逻辑学与法学有着密切的联系。法学与逻辑学共同关注的焦点是法律推理问题。法律推理是从一个或几个已知的前提(法律事实或法律规范、法律原则、判例等法律资料)得出某种法律结论的思维过程。在当代国内外法学著作中,有关语义分析、实践理性和法律逻辑的论著的不断涌现,就是法学与逻辑学互相联系的标志。

第四节　法学的研究方法

一、法学方法论概述

从最一般的意义上说,方法就是人们为了解决某种问题而采取的特定的活动方式,既包括思想活动的方式,也包括实践活动的方式。把某一领域分散的各种具体方法组织起来并给予理论上的说明,就是方法论。

法学方法论就是由各种法学研究方法组成的方法体系以及对这一方法体系的理论说明。一般来说,法学方法论的内容可分为两个基本层次:第一个层次是法学方法论的原则,它构成了法学方法体系的理论基础,并对各种方法的适用发挥着整体性的导向功能。第二个层次是各种法学方法,它构成了法学方法体系的主干部分,在研究各种法律问题时发挥着广泛的作用。

以马克思主义为指导的法学理论研究必须坚持以下几条基本的方法论原则:第一,实事

---

① [德]鲁道夫·冯·耶林:《法权感的产生》,王洪亮译,商务印书馆2016年版,第15页。

求是的思想观点；第二,社会存在决定社会意识的观点；第三,社会现象的普遍联系和相互作用的观点；第四,社会历史的发展观点。

二、阶级分析方法

阶级分析方法是用阶级和阶级斗争的观点去观察和分析阶级社会中各种社会现象的方法。列宁指出："马克思主义提供了一条指导性的线索,使我们能在这种看来扑朔迷离、一团混乱的状态中发现规律性。这条线索就是阶级斗争的理论。"① 把阶级斗争理论运用于社会现象研究,就是阶级分析方法。阶级分析方法是辩证唯物主义和历史唯物主义方法论在阶级社会条件下的具体运用,是马克思主义法理学的基本研究方法之一。它广泛应用于各门社会科学和人文学科,在法学研究中也占有重要地位。从一定意义上说,马克思主义创始人正是运用阶级分析方法实现了法学领域的革命性变革。

在阶级社会,阶级之间的利益关系是最具决定性和最具根本性的利益关系,任何在政治和经济上占统治地位的阶级或社会集团,都必然要借助法律来建立和维护有利于自己的利益秩序。这些基本的历史事实决定了阶级分析方法在法学研究中具有不可替代的价值。当然,阶级分析方法的使用是有限度的,不能把它运用于与阶级矛盾和阶级斗争毫无关系的领域,更不能随心所欲地把人民内部矛盾归结为阶级矛盾,从而采取专政的方式对待人民群众。

三、价值分析方法

价值分析方法就是通过认知和评价社会现象的价值属性,揭示、确证或批判一定社会价值或理想的方法。法律作为调整社会生活的规范体系,从终极的意义上说,它的存在本身并不是目的,而是实现一定价值的手段。也就是说,社会中所有的立法、执法和司法活动都是基于价值选择的活动。

价值分析方法之所以是法学的基本方法,就在于法学的一个基本任务是揭示法的应然状态或价值属性,即回答法应当是怎样的(关于"法律应然")的问题。法作为调整社会利益关系的规范体系,其本身就是一定价值观的体现。法之所以要对一些行为予以保护而对另一些行为予以制裁,就是因为法中隐含着一套价值准则,凡是被这种价值准则所肯定的行为,就得到法的保护,反之则受到制裁。因此,法学的一个首要任务就是对各种利益进行评价并确定它们在价值序列中的相应位阶,当发生利益冲突时,还要提供一种在其中进行取舍的原则。也就是说,法学必须回答:在利益关系中,哪些利益应当受到保护及应当受到何种程度的保护? 哪些利益应当受到限制及应当受到何种程度的限制?

法学中的价值分析包括价值认知和价值评价,它们是价值分析过程中的两个不同的阶段或方面。价值认知是以法律这个被认知的客体所蕴涵的价值属性与价值元素为对象的,

---

① 《列宁选集》第2卷,人民出版社1995年版,第426页。

它要探究特定的法律制度是按照哪一个阶级、阶层的利益标准与价值观念来调整社会关系和在社会主体之间分配权利、义务和责任的。价值认知的直接目的是如实地观察和描述特定法律制度所包含的价值准则和价值排序。价值评价是从一定的利益和需要出发,按照一定的价值标准、价值准则对特定法律制度的总体或部分进行判断与取舍。

四、实证研究方法

实证研究方法是在价值中立(或价值祛除)的前提条件下,以对经验事实的观察为基础来建立和检验知识性命题的各种方法的总称。所谓价值中立,指的是在研究的过程中研究者不可以用自己特定的价值标准和主观好恶来影响资料和结论的取舍,从而保证研究的客观性。所谓经验事实,指的是可以通过人们的直接或间接观察而发现的确定的事实因素。这些事实因素是如此确定、确实,以至于由此作出的有关"是什么"的判断具有高度的可靠性,即使发生争议,也比较易于复核、检验,而极少出现分歧严重、永无止境的争议。

法学研究中的实证研究方法主要有五种。

(一)社会调查方法

社会调查方法是法学进行实证研究的最基本方法。其基本特点是研究者提出具体问题,拟订出研究方案,通过观察和实验采集资料和数据,并在此基础上提出知识性的命题。在这个过程中,研究者提出的具体问题只能是事实判断意义上的"实然"问题,而不能是价值判断意义上的"应然"问题;其拟订的研究方案必须能够被他人理解和重复,其研究得出的结论允许他人通过同样的研究来证实或证伪。其实,社会调查方法并不是"一种"方法,而是多种方法的集群。仅就采集事实资料和数据的工作而言,便有观察法、实验法、访谈法、问卷法、抽样调查法、个案调查法、田野调查法等。

(二)历史研究方法

一切社会现象都有其产生、发展的历史,如果抛开历史的联系,那么,所有的法律现象就都不可能得到正确的理解和把握。对法律进行历史的实证考察,可以使我们洞察某种法律现象在历史上是怎样产生的,在发展过程中经过了哪些主要阶段,并根据它的这种发展过程去考察这一事物的现状及其原因。这可以使我们从总体上把握法律现象与经济、政治、文化相互作用的历史脉络,从而深化我们对现实法律问题的认识。

(三)比较研究方法

对两个或两个以上事物进行比较研究,几乎是所有学科都经常使用的方法,法学自然也不例外。比较研究方法有久远的历史,但一般认为它直到19世纪中期才成为法学中的独立方法。自20世纪中期以来,法学中的比较研究方法越来越得到普遍的重视。它在学习和借鉴他国有益经验以改进本国法律、推动国际法治发展、促进法律文化交流和法治文明互鉴等方面,发挥着重要作用。

(四)逻辑分析方法

任何科学理论的建立都必须借助逻辑推理,但由于法学学科的特殊性,逻辑分析方法在法学领域有着特别重要的意义。这主要是出于三个方面的原因：其一，法律规则本身就是一个由各种概念构成并具有严谨逻辑结构的判断和命题；其二，由众多规则构成的法律制度和法律体系，并非一个随机的集群，而是一个具有逻辑一致性的有机整体；其三，在适用法律规则解决个案纠纷时，只有严格遵循法律本身的内在逻辑推导出裁判结论，才有可能说服当事人和社会公众相信法律和司法的公正。法学研究中的逻辑分析方法主要在四个层次上被使用：第一个层次是法律概念与法律事实之间的逻辑关系。例如，被告人的行为是否可以合乎逻辑地被归入"不当得利""合同诈骗"等概念指称的范围之内。第二个层次是法律规则之间的逻辑关系。因为任何案件的处理都可能涉及若干法律规则，理清它们之间的逻辑关系是正确适用法律的必备条件。第三个层次是法律规则与法律原则之间的逻辑关系。因为法律原则对法律规则的准确适用有重要的指导意义。第四个层次是法律原则之间的逻辑联系。在很多时候，选择适用不同的法律原则可能直接影响裁判结论的合法性、公正性和妥当性。

（五）语义分析方法

语义分析方法是通过分析语言的要素、句法、结构、语源、语境来揭示词和语句意义的研究方法。在法律领域中，语言的功能并不限于一般性地交流思想。立法、执法和司法机构正是通过语言的操作来划定权利与义务的界限，从而宣告和推行国家意志的。在此，语言成为传达国家意志和指令的载体，立法过程、执法过程和司法过程本身都伴随着语言的操作过程。因而，如何正确地使用和解释法律用语，就直接与秩序和人们的切身利益联系在一起了。如果不能合理地对法律用语进行解释，或者法律本身就是语义含混和前后矛盾的，那么，法律就难以承担起自己的使命。这时，法律就不能充分地保护它所应当保护的利益，也不能有效地制裁它应当制裁的行为，在利益关系高度复杂化的现代社会更是这样。另外，在建构法学理论、表达法学观点的学术活动中，如果不能准确和合理地使用各种概念和术语，也会引起思想交流的障碍和理论的混乱。

第五节　当代中国的法学体系

一、法学学科体系的形成与划分

法学形成体系或法学有内部分支学科划分是近代以来的事情。近代资产阶级革命以前，法学从未成为一门完全独立的学科，它或者被包括在神学、哲学、政治学、伦理学或人文学科之中，或者依附于国家的立法和司法活动。既然没有形成一门独立的学科，当然也就不存在体系或分科的问题。

随着法学从其他学科中分化出来，特别是随着立法发展成为广泛而复杂的整体和随之而来的法律部门的出现，也就出现了法学的分科。然而，如何分科或依据什么标准分科，这在国内外法学著作中还没有一致的观点。各国学者提出的分科相当宽泛，名称也不尽相同。

例如,英国《牛津法律大辞典》中提出,法学可分为理论法学与应用法学两大部类,并可进一步具体分为七个部门:(1)法律理论和哲学;(2)法律史和各种法律制度史;(3)比较法研究;(4)国际法;(5)跨国家法;(6)国内法;(7)附属学科,如法医学、法律精神病学等。以上(1)—(3)属于理论法学,(4)—(6)属于应用法学,(7)本身并不研究法律问题,但同所发生的法律问题有联系。[①]苏联法学家一般将法学体系划分为四类:(1)方法论和历史科学(国家和法的理论、国家和法的历史);(2)与各法律部门相联系的专门科学(国家法、行政法、民法和刑法);(3)研究外国国家和法以及对国际关系的法律调整的科学;(4)辅助法律科学,如法医学、法律精神病学、法律化学等。

根据我国现阶段法学教育和法学研究的实践需要,我们可以从以下两个角度来划分法学体系:

从法律部门划分的角度,由于法学界把我国法律体系划分为宪法、行政法、民法、商法、经济法、社会法、环境资源法、军事法、刑法、诉讼法等不同法律部门,与之相应就有宪法学、行政法学、民法学、商法学、经济法学、社会法学、环境资源法学、军事法学、刑法学、诉讼法学等。一个新的法律部门的出现或迟或早都要有新的法学部门与之相对应。例如,随着行政法、经济法、环境资源法等新的法律部门在20世纪80年代的出现,先后产生了行政法学、经济法学、环境资源法学。每个部门法学对该部门法的历史的研究,构成部门法专史,如宪法史、民法史、刑法史等;每个部门法学对本国的与外国的同类法的研究构成比较法(学),如比较宪法、比较民法、比较刑法等。这些部门法专史和比较法分别属于相应的部门法学,而对于各部门法总体即整个法律制度的历史研究,则构成独立的法史学;对于比较法的理论和方法论的研究以及对各国法律制度或主要法系的整体比较,则构成比较法学或比较法总论。也可根据法律属于国内法或国际法而把法学分为两大类,即关于国内法的学科与关于国际法的学科。

从认识论的角度,法学可以被划分为理论法学和应用法学。理论法学综合研究法的基本概念、原理和规律等。应用法学主要研究国内法和国际法的具体制度,以及它们的制定、解释和适用。这当然不是说应用法学没有自己的理论,只是说这种理论在概括范围和抽象程度上与理论法学的理论有所不同。相对地说,应用法学与法的实践有更为直接的联系,它所处理的是直接的经验材料,并且它的理论一般限定在本部门法的领域。理论法学则相对抽象,是从应用法学中概括出来又用以指导应用法学的,并且它的理论贯穿于整个法律现象。至于人们通常所说的"边缘法学""交叉学科",一般是横跨两个或由两个学科整合而成的,如法律社会学、法律经济学、法律心理学、法医学、法律统计学、法律教育学等。它们有的侧重理论研究,有的侧重解决法律实践问题,分别属于理论法学和应用法学。

二、构建中国特色法学体系

新中国成立以来,我国的法学体系经历了多次变革。改革开放以来,特别是中共十八大

---

① See D. M. Walker(ed.), *The Oxford Companion to Law*, Oxford University Press, 1980, p.754.

以来,我们致力于构建适应我国法治人才培养需要和法治中国建设实践需要、具有中国特色的法学体系。法学工作者坚持马克思主义对法学研究的指导地位,深入研究和回答我国法治建设面临的重大理论和实践问题,借鉴国外法学体系合理成分,初步形成了中国特色法学体系。但是,当代中国正经历着我国历史上最为广泛而深刻的社会变革,也正在进行着人类历史上最为宏大的依法治国实践和法治改革。面对思想、观念和价值取向激荡、碰撞的新形势,面对经济社会发展形态与国际发展环境深刻变化的新挑战,面对包括法治改革在内的全面改革进入攻坚期和深水区的新问题,面对统筹推进依法治国与依规治党的新形势,面对世界范围内各种法学思想文化交融交锋的新局面,必须加快建设中国特色法学体系,构建能够解决中国法治问题乃至国际法治问题、具有国际竞争力的法学体系。

当前,我国的法学体系存在诸多不足和短板。首先,现实法学体系不能适应建设中国特色社会主义法治体系的需要。现实法学体系是以现行法律体系为逻辑脉络构成的,宪法学、民法学、经济法学、刑法学、诉讼法学等学科基本上是根据中国特色法律体系的主要法律部门划分的,无法与中共十八届四中全会提出的建设中国特色社会主义法治体系的目标和实践相适应,我们必须站在建设中国特色社会主义法治体系的高度来反思法学体系建设中的问题。其次,现实法学体系缺乏对国内法治和国际法治的一体化思考。实现中华民族的伟大复兴,不仅要全面推进依法治国,而且要加快推进全球治理规则、治理体系乃至治理体制的变革,推进国际关系的民主化、法治化和公正化。现实法学体系的概念、知识和理论基本上立足于国内法的思维,不能适应国内法治和国际法治一体化发展的新形势,难以适应中国作为一个正在走近世界舞台中心的负责任大国的使命和担当,难以胜任培养熟练掌握国际规则和通晓国际法律理论专门人才的职责。最后,现实法学体系缺乏对国家治理现代化的深入研究,不能有效地为国家治理体系、治理体制和治理能力现代化提供智力支持和理论支撑。加快构建中国特色法学体系的重大任务就是要从根本上克服不足,补齐短板。

构建中国特色法学体系需要从四个方面实施体系创新。第一,加强基础学科建设,构建中国特色社会主义法学理论体系,为法学体系构筑深厚的理论基础和学理支撑。第二,促进传统学科转型升级。民法学、刑法学、宪法学等具有数百年历史的传统学科在其发展过程中积累了丰富的智识资源和概念体系,持续不断地为法治建设提供智力支持。但与我国法治建设的创新实践比较,这些传统学科在研究范式、概念体系、理论模式等方面出现了极不适应的问题,需要通过深入的调查研究,推动其升级和改造。第三,大力发展新兴学科。新兴学科的出现是社会科学发展规律的体现。社会发展和法治实践中产生的新问题和新需求,需要新的法学研究范式和理论体系,因而也需要发展新兴学科,如立法学、司法学、普法学、证据法学等。第四,支持扶持交叉学科。科技进步和经济社会发展出现的许多新问题不是传统的法学理论和方法可以独立解决的,例如,总体国家安全法治、依法执政与依规治党、社会治理法治化、互联网法治、人工智能法律调节、大数据法律保护、电子商务法律规制等新兴问题,需要政治学、党建学、经济学、统计学、社会学等学科的参与,需要文理工多学科协同。面对法治的新兴领域和层出不穷的新问题,必须鼓励、支持和培育交叉学科,为交叉学科提供发展平台。总之,在法学学科体系建设上,要使基础学科更加深厚、传统学科转型升级、新兴学科和交叉学科创新发展、基础研究和应用研究相辅相成、学术研究和成果应用相互促进。

学科体系同教材体系密不可分。学科体系建设上不去,教材体系就上不去;反过来,教材体系上不去,学科体系就没有后劲。培养出好的法治人才,需要有好的教材。经过努力,我国在法学教材建设方面取得了重要成果,但总体看这方面还是一个短板。要抓好教材体系建设,尽快形成适应中国特色社会主义法治体系建设和法治现代化要求、立足国际学术前沿、品种齐全的法学教材体系。教材体系建设,既要深入研究"教什么"的问题,也要深入研究"教给谁"和"怎样教"的问题。

第六节   法 学 教 育

一、法学教育的历史与现状

法学教育源远流长,无论是在中国,还是在西方,都是历史悠久的教育科目。近代西方的法学教育由意大利博洛尼亚大学开启(1088 年博洛尼亚大学建立的第一个学院是法学院,其被公认为世界上最早设立的法学院),此后欧洲国家先后兴起法学教育。

在人类历史上,书写的发明和记录复杂社会事务的需要,使得传承管理社会的经验和知识成为人类最古老的一项事务。这种活动最早可以追溯到古埃及、古巴比伦以及古希伯来的文明。[①]古希腊雅典学园里的法律演说,特别是古罗马发达的法学教育,对西方世界的法学教育产生了深远的影响。11 世纪末,在意大利北部城市博洛尼亚传授罗马法的活动,产生了西方历史上第一所近代大学,标志着西方近代法学教育的开端。在此之后,基于不同的法律历史传统,欧洲形成了两种主要的法学教育体系:一种是以英国普通法为代表的法律职业训练,由具有垄断或自治性的律师学院(Inns of Court)组织和管理法律职业人员的培训和选拔工作,其法律训练的内容和方式特别强调法律实务,即注重对法律学徒进行职业规范、职业能力和专业技术方面的训练;另一种是以法国、德国等继承罗马法传统的欧洲大陆国家为代表的大学法学教育,即以大学作为法学教育的中心,注重进行抽象的法律理论的科学训练和法律知识的系统讲授,附以一定程度的实务训练。20 世纪以来,这两种方式逐渐为对方所借鉴和吸收,英美法系和大陆法系的分野与差异随之逐渐减少。

中华法系在世界几大法系中独树一帜,法学教育历史悠久,早在上古时代的"造律"和"治狱"活动中就产生了法律教育萌芽,经历了从兴起走向鼎盛,又从守成转而衰微的漫长演变过程。西周之时,统治者在严守刑书、发挥刑禁恐吓作用、使民知所趋避的同时,还"以礼为教",设辟雍在统治者内部传授"六艺",即周礼、音乐、射箭、驾御战车、读写政治历史文献、计数和运算六种知识,培养维护宗法等级制度的政治人才。公元前 2 世纪的秦代不仅出

---

① 参见[美]约翰·H.威格摩尔:《世界法系概览》,何勤华等译,上海人民出版社 2004 年版,第一、二、三章。

现了"刑名法术之学",而且还要求"以法为教""以吏为师"。曹魏创设"律博士"职官,此后延续一千多年,表明了官方对掌管、传授和运用律学知识工作的高度重视。唐宋时期,"明经"与"明法"二科并置,律学教育和司法考试长期兴盛,成为中华法系走向成熟的一个重要标志。宋代以后,律学教育总体上日渐式微。但明代注重对全社会的普法教育,明清两代设"讲读律令"专条,要求百司官吏"务要熟读"、究心律例,地方州县培养刑名幕友的活动也饶有特色。纵观中国古代的法律教育,要求司法官能够将"天理、国法、人情"融为一体的法律职业价值追求;以考试作为选拔司法官的基本方式,并以身(体岸丰伟)言(言辞辩正)书(楷法遒美)判(文理优长)为选拔标准;教育内容上经义和律令并重,律令以经义为依归;教育方式上强调知行合一,学以致用,明经明法与治事历练相结合;以官学为主,兼重私学(聚徒授业)的教育形式等。这些方面都值得我们认真总结和学习借鉴。

我国正规的、专业化的高等法学教育是清末出现的。1867 年,京师同文馆开设法律课程,培养国际法人才。京师同文馆的法律教育拉开了中国近代法律教育的序幕。之后,天津中西学堂、上海南洋公学、京师大学堂都开设了法律课程。1895 年,中国第一所新式大学——天津中西学堂(1903 年改名为北洋大学堂,现在的天津大学的前身)设立,开设法律科目,专门教授律例学,开始了近代西方式的法学教育。1905 年直隶法政学堂的建立,标志着中国近代正规法学教育的兴起。1906 年,清政府创办第一所中央官办法律学堂——京师法律学堂,沈家本被任命为管理京师法律学堂事务大臣。法政学堂、法律学堂实行专门化的法学教育。清末,法政学堂数量大大增加,学生人数不断上升。据统计,清末法政学堂培养的法律科毕业生总计约 4 000 余人,以速成科居多。1912—1927 年北洋政府时期,法政专门学校和大学法律系毕业的法律学生每年约 1 000 人,合计约 16 000 人。从南京国民政府成立到 1943 年,总计 12 212 人。留学生学习法律者,除速成科毕业者外,先后共计 1 700 余人,国内外学校法律科毕业者总计近三万人。[①]

新中国的法学教育经历了法律院校调整[②]、引进初创(1949—1957)[③]、遭受挫折(1958—1966)、恢复重建(1978—1991)的艰难历程,后经过 20 世纪 90 年代以来的持续改革和发展,形成了具有一定规模、结构比较合理、整体质量稳步提高的教育体系,并在世界法学教育中占有重要一席。截至 2017 年,我国开设法学本科专业的高校有 627 所。据 2018 年 3 月的数据,全国法学一级学科硕士点有 195 个,23 个单位设有 27 个法学二级学科硕士点,法学硕士单位共计 218 个;法学一级学科博士点有 49 个,二级学科博士点有 1 个;法律硕士点有 242 个。

[①]　参见国民政府教育部长朱家骅 1945 年 4 月 18 日在法律教育委员会上的讲话,载教育部教育通讯社编:《法律教育》,1948 年印。

[②]　根据《第二次中国教育年鉴》(商务印书馆 1948 年版),1947 年,全国共有 63 所高校设有法律、政治、社会、边政等 120 多个系、科。这些系、科正是 1952 年全国高校院系调整的对象。也就是说,新中国的法学教育,主要是通过对旧中国遗留下来的这些法学院系进行改造和调整发展起来的。

[③]　主要是引进苏联和东欧社会主义国家的法学教育。

据 2015 年统计,2014 年我国法学本科毕业生为 78 503 人,法学硕士毕业生为 10 862 人,法律硕士毕业生为 11 242 人,法学博士毕业生为 1 109 人。2014 年法学本科在校生有 31 万余人,占我国高校本科生总量的 2.01%。[①]

我国的法学教育从改革开放前的几乎空白,经过 40 年的发展到现在,无论是法学院校的规模,还是法学专业学生人数,均已位居世界首位。如何从法学教育大国发展成为法学教育强国,是今后我国法学教育发展的重要任务。

二、当代中国的法学教育

经过 1949 年中华人民共和国成立以来数十年的探索与实践,特别是经过改革开放新时期的继承、移植和创新,法学教育的"中国特色"已经形成,法学教育的中国模式与美国模式、欧洲模式呈三足鼎立态势。法学教育的中国模式可以概括为:以法学本科教育为起点和基础,实行多元化研究生教育的高等法学教育体系;法学的基本教育、特色教育、拓展教育有机结合的人才培养模式;法学本科教育以素质教育为基础,实行素质教育与专业教育并重;普通高校的法学专业教育与专门学校的法律职业教育有机结合;法学教育与法律职业资格考试有效衔接、良性互动。

(一)以本科教育为起点和基础,实行多元化研究生教育

我国法学教育以本科教育为起点,在本科教育的基础上发展多层次、多元化研究生教育。这与本科后法学教育的美国模式不同,美国的法学教育是一种研究生教育。我国是法学本科教育规模最大的国家。原来设有法学、经济法、国际法、国际经济法等专业,后经过充分论证,1998 年教育部颁布《普通高等学校本科专业目录》,确定法学学科门类只设法学一个专业,取消原先的经济法、国际法、国际经济法等专业,以消除原先法学专业划分过细的弊端,强调培养宽口径、厚基础的法律人才,使法学专业的人才培养目标更加适应社会经济文化发展的需要。同时设立了监狱学、知识产权两个特设专业。

研究生教育包括硕士研究生教育和博士研究生教育,硕士研究生又分为法学硕士和法律硕士。我国是从 1995 年开始培养法律硕士研究生的。法律硕士又分为以非法学本科教育为起点和以法学本科教育为起点两类,其中后一类被法学界称为"新法律硕士"。博士研究生教育一般以培养学术性人才为目标,使博士生掌握本学科坚实宽广的基础理论、系统深入的专业知识、相应的技能和方法,具有独立从事本学科创造性科学研究工作和实际工作的能力。最近几年,一些博士培养单位调整博士生培养目标,转向培养应用型法学博士,以使博士研究生教育更加适应社会的多样化需要。

(二)法学基本教育与拓展教育、特色教育有机结合

我国的法学本科教育实行基本教育与拓展教育、特色教育有机结合的人才培养模式。根据这个模式,当代中国的法学教育包括五个方面的基本教育:一是马克思主义法理学理

[①] 以上数据来自教育部高教司财经政法管理处的统计。

论教育,包括法理学理论和各个部门法学的基本理论教育,用科学的法学理论武装学生,引导学生树立正确的法律观、法治观、法理观、法律价值观等。二是社会主义法治理论、现代法治精神和法律职业伦理教育,帮助学生树立先进的、民主的、理性的法治观,养成信仰法治、践行法治、维护法治、为法治而斗争的法律职业精神。三是中国特色社会主义法律制度教育,使学生深刻理解我国法律制度的核心价值和时代精神,把握以宪法为核心构筑起来的法律体系及其各个主要法律部门的基本制度、基本原则、基本规范。四是法律程序和法律方法的教育和训练,培养学生树立程序意识、熟悉法律程序,掌握法律解释、法律推理、法律论证、法律明辨的基本方法和技能,提高法治思维和法理思维的能力和水平。正如拉德布鲁赫(Gustav Radbruch)所说:"法学对人的智识乐于提供也许是最好的科学思维技巧的训练,任何人,当他从法学转向其他科学时,都会感激曾有过这种法学的润养。"[①]五是比较法律教育和国际法律教育,即培养学生树立法律多元观和国际法治观,认识国际法在构建和谐世界、促进全球经济与社会发展中的重要作用,并运用国际法律维护中国融入全球化和实施和平发展战略中的各种权益。法学专业核心课程的设置就是为了适应上述五个方面的基本教育,保障法学本科教育培养的基本规格。

除了上述基本教育之外,不同层次、不同类型、不同特色的法学院系也可以实施法学教育的拓展计划。例如,综合性大学的法学院系可以为学生开设中国法律思想史、西方法律思想史、法律社会学、法学方法论等更多基础性和前沿性的课程,农业院校的法学院系可以为学生开设更多与农、林、水密切相关的课程,财经类院校法学院系可以为学生开设税法、会计法、财政法、反垄断法等课程,以适应社会对法学专业人才的多样化需求。各个法学院系还可以根据自己的特色和优势,设置特色教育课程模块,如知识产权、国际法、社会法、环境资源法等。

（三）法学本科教育以素质教育为基础,实行德法兼修、素质教育与专业教育并重

法学教育是整个高等教育体系的重要组成部分,属于人文社会科学范畴。根据我国《教育法》《高等教育法》有关学制、学历、学位的规定,根据《中共中央　国务院关于深化教育改革全面推进素质教育的决定》,参照我国法学教育改革的实践和法学教育进一步发展的目标,我国现阶段的法学本科教育定位于素质教育基础上的职业教育。

把法学教育定位于素质教育,强调法学教育的全过程都要注重素质教育,是基于下面两个因素:

第一,素质教育是学习型社会的必然要求。就法学领域来说,随着社会主义物质文明、政治文明、精神文明、社会文明和生态文明的发展,社会对法律的需要不断增加和变动。与此相适应,新的法律源源不断地被制定出来,旧的法律则不断地被修改、废止或者清理,有关法律的知识总量日益增加、日益改变。这种情况使得学习成为每个法律人的终身活动,继续学习成为没有终结的过程。既然如此,培养学生学会学习,尤其是学会在工作过程中学习,

---

① ［德］古斯塔夫·拉德布鲁赫:《法律智慧警句集》,舒国滢译,中国法制出版社2001年版,第138页。

就应当成为大学法学本科教学的重要目标。我们要树立和强化终身教育的观念,并用这种观念指导我们的教学活动。

第二,素质教育是法律专业教育的基础和核心。职业教育有十分明确的职业定位,诸如石油化工、汽车制造、导弹设计、地质勘探、金融货币、国际贸易等,法学教育则没有这样的明确定位。正如法律调整涉及社会生活的方方面面一样,从法学院毕业的学生可能进入政治、经济、科技、文化、军事、外交等社会各个领域,哪里有法律调整,哪里有法律程序,哪里应该依法办事,哪里就有法学毕业生。因此,法学教育不能归结为严格意义上的、定向型的职业教育,尤其不能把法学教育定位于培养法官、检察官、律师的狭隘的职业教育。实际上,法学教育的功能是多元的,我们需要更多的法学专业毕业生从政、经商、治学,走向各个行业,活跃在党政法工农商学兵等各条战线,这对于建设法治社会、实现法律对社会的引导和规范作用是极其重要的。

但是,法学教育又确实有自己的专业领域,有特定的知识范畴,有人才培养的基本目标和规格,属于专业教育。

作为一种特殊的素质教育和素质教育之上的法律专业教育,法学教育的根本任务归结起来,可以说有两项:一是把学生培养成为高素质的优秀公民;二是把学生培养成为高素质的法律职业工作者。法科学生从其报考法学专业的那天起,就立志从事公共事务,无论是做法官、检察官、警官、公务员,还是当律师、法学教师,其职业选择本质上都属于公共事务(既包括政治国家的公共事务,也包括市民社会的公共事务)。从大多数法科学生将来要从事公共事务这个角度考虑,必须注重对学生进行公民教育,提升他们的公民人格和公民能力,将他们培养成为优秀的、高素质的公民。在现代社会,公民人格和公民能力是由许多要素构成的,其中主体意识、权利意识、参与意识、平等意识、包容态度、法治理念、义务(责任)观念、理性精神、人本观念、全球意识等最为重要,这些集中体现于法学的素质教育。为此,要研究法学教育中的素质教育的特殊性,采取积极有效的措施,实施素质教育。

在培养优秀公民的同时,培养出高素质的法律人。"法学在人文科学中无与伦比的优越性存在于:其并非立于法秩序之旁,亦非追随其后,毋宁得直接参与法秩序本身及法律生活的形成。"[①] 从法学院走向社会的毕业生,无论是做法官、检察官、公务员,还是当律师或从事其他法律工作,其所面对的都是社会,要处理的问题无不涉及经济、政治和文化,职业的特点要求法科学生比其他学科的学生应具有更扎实的文化素质、更宽厚的人文学科知识和社会科学理论、更强的思维能力和表达能力、更高尚的社会公德和职业道德、更健康的心理和精神状态。所以,法学教育自始至终都要关注法律人的素质教育,强调德法兼修。就法律专业而言,素质教育的核心是法治理念和法律思维能力的培养。法治理念就是法治的理论和信念,既包括对法治的认知,更包括对法治的信仰和执着,诸如立法为公、执法为民的职业宗

---

① Einführung in das juristische Denken, S.8. 转引自[德]卡尔·拉伦茨:《法学方法论》,陈爱娥译,商务印书馆 2003 年版,第 278 页。

旨,追求真理、维护正义的崇高理想,崇尚法律、法律至上的坚定信念,以及认同职业伦理、恪守职业道德的自律精神。法科毕业生应当成为尊重和遵守旨在维护秩序、保障公正、促进效率、实现自由的法律规则的模范,成为抵制和监督一切违法行为、捍卫法律尊严和神圣的英雄。法学教育应该担当起培养这种法律人的历史责任。

法律思维能力包含:第一,准确掌握法律概念的能力。法律概念是对各种法律事实进行概括,抽象出它们的共同特征而形成的权威性范畴。能否准确理解和解释法律概念,是法律思维的基础。第二,正确建立和把握法律命题的能力。命题是表达判断的语言形式,建立和把握法律命题的能力实际上就是形式推理的能力。第三,法律推理的能力。法律推理属于实践推理,是指法律人从解决法律实际问题出发,运用概念、命题,综合法律因素、道德因素、社会情势、当事人具体状况等多重因素进行的法律推理。法律中的实践推理最能体现法律人的综合素质。第四,对即将作出的法律裁决或法律意见进行论证的能力。特别是法律裁决文书对当事人的说服力和对社会的公信力,往往取决于法律人的论证能力。

(四)普通高校的法学专业教育与专门学校的职业培训有机结合

由于学制的限定,普通高校的法学本科教育不可能承担法律职业教育的全部任务,这一任务是由其他教育机构共同完成的。为此,1997年,建立了国家法官学院,这是中国第一所培训高级法官的高等学府;1998年,原中央检察官管理学院更名为国家检察官学院,这是培训高级检察官的高等学府;2002年,建立了培养司法警官的专门学校——中央司法警官学院(加挂国家律师学院牌子)。这三所学院主要从事法官、检察官、司法警官和律师的职业培训。

(五)法学教育与法律职业资格考试有效衔接、良性互动

1986年开始实施的律师资格考试是新中国最早的法律职业准入考试制度。2001年6月30日,第九届全国人大常委会第二十二次会议修改了《法官法》和《检察官法》,规定初任法官、检察官采用严格考核的办法,按照德才兼备的标准,通过国家统一司法考试取得资格。同年12月29日,第九届全国人大常委会第二十五次会议通过修改《律师法》的决定,规定取得律师资格应当经过国家统一司法考试,从而正式建立了中国的国家统一司法考试制度。所谓"统一",就是统一法官、检察官、律师以及公证员考试制度。统一国家司法考试制度的建立促进了法学教育与法律职业的有效衔接,对法学教育目标的调整和课程的设置起到了一定的引导作用,使高等法学教育机构更加重视培养学生的法律职业素质和法律实务技能。中国共产党第十八届中央委员会第四次全体会议提出健全国家统一法律职业资格制度,用统一法律职业资格考试取代统一司法考试。2015年1月,中共中央、国务院发布《关于完善国家统一法律职业资格制度的意见》,使这项改革制度化。2018年4月,司法部公布了《国家统一法律职业资格考试实施办法》。统一法律职业资格考试是连接法学教育和法律职业的中间环节,对于推进法学教育发展和改革,促进法律职业资格考试、法学教育与法律职业的互动关系具有重要意义:不仅有利于提高法治工作队

伍的职业素质,有利于促进中国法律职业共同体成员基本的共同法律语言、法律逻辑思维、法律精神的形成,而且有利于统一法律职业内部对法律的共同理解和适用,有利于保障和促进社会公正,在最大范围内选才。统一法律职业资格考试制度为有志于从事法律职业的公民设置了准入标准,为法学教育的发展起到了引导和促进作用,为所有符合报名条件和考试合格的公民从事法律职业提供了机会。国家统一法律职业资格考试制度有效地兼顾了法学教育的发展状况,在报考资格、考试内容等方面都体现了与法学教育的衔接。

小结

法学是以法律现象为研究对象的各种科学活动及其认识成果的总称。法学与哲学、政治学、经济学、社会学、历史学、逻辑学等其他学科有着密切的关系。法学研究方法主要包括阶级分析、价值分析、实证研究等基本方法。法学体系是近代法学发展的产物,构建中国特色法学体系、推进中国法学教育现代化,是新时代中国法学的重大任务。

思考题

1. 什么是法学？
2. 如何认识和理解法学与相邻学科之间的关系？
3. 法学研究的基本方法有哪些？
4. 怎样认识中国特色法学体系?
5. 如何看待中国法学教育的基本模式与特征?

第二章　法理学的性质与对象

不习经史,无以立身;不习法理,无以效职。

——(唐)杜佑[①]

　　法理学是以"法理"为中心主题和研究对象而形成的知识体系、理论体系和话语体系,也是法学课程体系的核心与基础。本章系统地阐释了法理学的性质及其在法学体系中的地位和作用,论述了法理学的研究对象,说明了学习法理学的意义和方法,以期帮助学生准确把握法理学重要的学科地位、理论属性及实践意义。

[①]　杜佑(735—812),字君卿,京兆万年(今陕西西安)人,唐代政治家、史学家。本题记选自(唐)杜佑:《选举五·选人条例》,载《通典》卷十七,王文锦、王永兴点校,中华书局 1988 年版,第 425 页。

第一节　法理学的性质

现代法理学最早可追溯到古希腊、古罗马的法律思想中，比如古希腊的苏格拉底（Socrates）、柏拉图（Plato）、亚里士多德（Aristotle）以及古罗马的西塞罗（Marcus Tullius Cicero）等人的法律思想。正如美国法学家庞德（Roscoe Pound）所言："2 400 年来——从公元前 5 世纪的古希腊思想家提出权利之正当性到底渊源于自然还是仅仅渊源于立法和惯例这样的疑问，到当代的社会哲学家追求社会控制的目标、伦理基础和永恒原理——在所有关于人类制度的研究中，法哲学一直占居着主导地位。"[1] 但是，学科意义上的法理学却形成于19 世纪的英国。据考证，第一次在学科意义上使用 jurisprudence 的是英国思想家边沁（Jeremy Bentham）。他在 1782 年写就了《法理学限定的界限》（The Limits of Jurisprudence Defined），第一次从法律理论的意义上来理解和使用 jurisprudence。但这本书 1945 年才被发现，因而对法理学的学科发展并没有产生多大影响。创立法理学学科的当属英国法学家奥斯丁。1826年伦敦大学成立时，他被聘为该校第一任法理学教授（Chair of Jurisprudence），也可能是整个英语世界第一位被称为"法理学教授"的法学家。1832 年，奥斯丁出版了他的《法理学的范围》（The Province of Jurisprudence Determined）。奥斯丁去世后，学生们将其讲演整理为《法理学或实证法哲学讲演集》。这是两本在英美国家广泛被人阅读、摘引和评论的著作。从此以后，在英美法系各国便有了"法理学"（Jurisprudence）的正式学术称谓。

中国出现法理学这门学科，是清末西方法理学传播到中国的结果。据考证，汉语中的"法理学"一词来自日本。1881 年，日本法学家穗积陈重在东京帝国大学法学部讲授"法论"时，认为当时流行日本的"法哲学"（德文 Rechts-philosophie 的日文译名）一词形而上学气息太重，提出了"法理学"这个译名，并在日本历史上第一次开设法理学课程。[2] 在中国，最早使用"法理学"一词的大概要算梁启超的《中国法理学发达史论》。但是，100 多年来，中国法理学这门学科的名称几经变化，直到 20 世纪 90 年代才被确定下来。

在旧中国，只有少数大学法律院系开设"法理学"课程，大部分大学法律院系开设的是"法学通论""法学绪论""法学概论""法学大纲""法学总论""法学导论"等课程。此类课程既讲授法理学的有关内容，也讲授宪法、刑法、民法、诉讼法等部门法的基本内容。

新中国成立后不久就对高等教育进行了改革和调整。大学法律院系的基础理论课程仿效当时苏联的学科建制模式，称为"国家与法的理论"或"国家与法权理论"，基本上使用苏联在 1940—1950 年出版的同名教材。这种做法实际上是以国家理论为主导将国家理论与法的理论合二为一，否定了法理学作为独立学科存在的地位和价值。在当时，"法理学"被

---

[1]　Roscoe Pound, *An Introduction to the Philosophy of Law*, Yale University Press, 1922, p.1.

[2]　参见洪逊欣：《法理学》，三民书局 1994 年版，第 4—5 页。

认为是资产阶级的意识形态和专有名词而禁止使用。《苏联大百科全书》明确宣布,法理学或法哲学是"资产阶级法学的一个分科"。我国 20 世纪 70 年代末和 80 年代出版的《中国大百科全书·法学》《法学词典》等也把法理学解释为"资产阶级法哲学的别称",甚至把法哲学(法理学)定性为"剥削阶级法学家用唯心主义哲学的方法抽象地研究法的一般问题的思想学说"。

1978 年以后,在中国共产党第十一届中央委员会第三次全体会议"解放思想、实事求是"的思想路线的引领下,我国法学界提出把国家与法分开,分别由政治学和法学研究的主张。随着政治学学科地位的恢复,国家理论与法的理论分离,前者主要由政治学研究,后者主要由法学研究。但在当时,法学界仍不敢名正言顺地使用"法理学"的名称,而是使用"法学基础理论"或"法的一般理论"。1981 年,北京大学编著的法理学教材的名称就是《法学基础理论》;1982 年,司法部组织编写的法理学教材的名称也是《法学基础理论》;1988 年,东北地区高校联合编著的法理学教材名称为《法的一般理论》。直到 1993 年,中国法学会法学基础理论研究会更名为"中国法学会法理学研究会",1994 年由教育部组织编写、沈宗灵教授主编、高等教育出版社出版的《法理学》教材发行,"法理学"的名称终于正式获得"合法"地位,为法学界普遍接受。法理学从此名正言顺地进入中国法学学科体系、课程体系和教材体系,并成为法学专业核心课程。

在现代法学学科体系中,法理学具有特殊的地位和作用。

一、法理学是法学的一般理论

法学的所有学科都研究法律现象,但是不同的学科从不同角度、不同层面来研究法律现象或研究法律现象的不同方面和领域。法理学不同于其他法学学科之处在于,它从宏观的、整体的角度来研究法律现象,而不是从微观的、局域的角度研究法律现象。或者说,法理学思考和研究法律现象的一般性、普遍性问题,而不是法律现象某一领域或某一方面的具体问题。所谓一般性问题,就是指包括宪法、行政法、民法、商法、经济法、社会法、环境资源法、刑法、诉讼法、国际法等在内的整个法律体系,包括立法、行政执法、司法、守法、法律监督等在内的法律运行全过程,以及古今中外各种类型的法律制度及其各个发展阶段中普遍存在的问题。譬如,什么是法,法有什么作用,法的价值有哪些,法与道德之间的关系如何,等等。正是由于法理学研究法的一般性问题,很多法学家直接称法理学为"法的一般理论"。如美国法学家理查德·波斯纳(Richard A. Posner)认为,法理学是"对所谓法律的社会现象进行的最基本、最一般、最理论化层面的分析"[①]。美国法学家罗纳德·德沃金认为:"法律的一般理论肯定是抽象的,因为它们旨在阐释法律实践的主要特点和基本结构而不是法律实践的某一具体方面或具体部分。"[②] 孙国华指出:"法理学是我国法学体系中处于基础理论地位的理论学科,

---

① [美]理查德·A.波斯纳:《法理学问题》,苏力译,中国政法大学出版社 2002 年版,原文序第 1 页。

② [美]德沃金:《法律帝国》,李常青译,中国大百科全书出版社 1996 年版,第 83 页。

它是系统阐述马克思主义法律观,从总体上研究法和法律现实的一般规律,研究法的产生、本质、作用、发展等基本问题,研究法的创制和实施的一般理论,并着重研究我国社会主义法和法治的基本理论问题的理论学科。"①

法理学从宏观的或整体的角度研究法律的一般性问题,并不表明它不关注法律生活中的具体问题或事件。实际情况正好相反,法理学家们往往从现实生活中某些具体的法律问题或事件出发进行法理学思考,并从这些具体的法律问题或事件中获得思想的灵感或启迪。当然,法理学关注具体的法律问题或事件时,并不是就事论事,而是小中见大,思考和回答这些具体的问题中折射出来的普遍性意蕴。譬如,刑法是否应当禁止同性恋和卖淫行为,这原本是一个具体的刑法问题,但法理学对这个问题的思考不是简单地提出某些理由作出一个肯定或否定的回答,而是阐明并解答这个具体的问题背后隐含的一个具有普遍意义的问题,即道德的法律强制问题。

尽管各个国家的法理学家都努力解答法的一般性问题,都努力建立普遍适用于所有国家的法的一般理论,但其研究的立足点和参照系都难以脱离本国法的历史和现实,其理论往往打上本国法的历史和现实的深刻烙印。一些注重法理学之实际功用的法理学家,更是自觉地以本国法律实践为研究的立足点、中心和归宿,努力为本国法律实践提供理论服务。中国的法理学家在思考和研究法的一般性问题的同时,也把密切关注和研究中国的法律实践、为当代中国的法治建设提供理论指南作为自己的核心任务。

二、法理学是法学的基础理论

法学的各门学科都为人们提供关于法的知识、理论。法理学不同于其他法学学科之处在于,它提供的不是法的具体的知识,而是法的抽象的、基础的理论。沈宗灵指出:"法理学是当代中国法学中的主要理论学科,法律教育的基础课程。……它要研究有关一般的法,特别是有关我国社会主义法的产生、本质、特征、作用、形式、发展以及法的制定和实施等基本概念、规律和原理。"② 举例来说,法理学和民法学等部门法学都研究权利问题,部门法学主要研究各种具体的权利,如研究这些权利的种类、特征、范围、界限、法律保护等具体问题,从而提供关于这些权利的知识,而法理学主要研究何谓权利、为什么存在权利、人应当有哪些权利这些根本问题,提供关于权利的基础理论。法理学虽然不能为人们解决实际的法律案件提供直接答案,但它使人们知道如何正确地思考权利问题。正是在这种意义上,一些法学家认为,法理学关心的不是法律的知识(knowledge),而是对法律的思考或思想(thought)。在所有的法学学科中,法理学是理论性、思想性最为突出的学科,它是法学的智慧之学。

法理学之所以具有基础性,不仅因为它是关于法的根本性、普遍性问题的理论,还因为它是一定时代的法的精神、理念的表达。法的精神、理念是各种具体的法律制度的灵魂,是

①　孙国华、朱景文主编:《法理学》(第四版),中国人民大学出版社2015年版,第6页。

②　沈宗灵主编:《法理学》(第二版),高等教育出版社2004年版,第22页。

整个法律体系大厦的支柱。法的精神、理念的变化,必然导致法律制度和法学的变革。法理学的一项重要功能,就是通过捕捉和表达所处时代的法理,为法律体系、法学体系的建立寻求思想基石,或者为法律制度和法学的变革提供精神推动力量。

三、法理学是法学的方法论

法理学是法学世界观和法学方法论的统一。它既是法学的一般理论和基础理论,提供一系列关于法的基本思想、理论,又是法学的方法论,提供一系列研究法律现象的基本方法。法理学之所以是法学的方法论,可以从两个方面加以说明:

第一,法理学对法学研究具有方法论价值。理论和方法并不是两类截然不同的东西,而是经常相互转化的。当人们自觉运用一定的理论思考、研究和解决问题时,理论实际上就已经成为指导或规范研究活动的方法。法理学的使命不仅在于认识和理解法律现象,为人们提供法的理论、思想,还在于支配和指导人们的认识活动,为人们认识和理解法律现象提供方法论。法理学提供的科学理论往往构成人们进一步认识和理解法律现象的科学思路和方法。例如,富勒的"法的道德性"理论[1]、德沃金的"权利理论"[2]、佩雷尔曼(Chaïm Perelman)的"形式主义"理论[3]、罗尔斯(John Rawls)的"社会正义"理论[4]、拉兹(Joseph Raz)的"法律权威"理论[5]、孙国华的"法是理与力的结合"理论[6]等,都为我们深入理解法律现象提供了科学方法。

第二,法学方法论是法理学的重要研究内容。由于研究方法是否正确和有效对法学研究至关重要,因此,作为法学之基础学科的法理学,越来越重视对法学方法论的研究,努力为法学建立起科学的方法论。近年来,中国法理学特别注重研究如何把马克思主义认识世界的一般方法(即哲学方法论)转化为认识法律现象的具体方法;注重总结法学学者在法学研究中积累起来的行之有效的经验,通过理性升华,使之成为普遍有效的研究方法;注重移植其他人文社会学科、自然科学的研究方法;注重批判地借鉴国外法学研究中的科学方法。法理学对方法论的研究对提高整个法学的研究能力和水平起到了至关重要的作用。

四、法理学是法学的意识形态

尽管西方的思想家经常从貌似中立、客观的立场来阐述法理学的思想、理论,但事实上,法理学具有强烈的政治属性和意识形态色彩。所谓意识形态,就是指一定阶级或集团的思

---

① 参见[美]富勒:《法律的道德性》,郑戈译,商务印书馆 2005 年版。

② 参见[美]罗纳德·德沃金:《认真对待权利》,信春鹰、吴玉章译,中国大百科全书出版社 1998 年版。

③ See C. Perelman, *Justice*, Random House, 1967.

④ 参见[美]约翰·罗尔斯:《正义论》,何怀宏、何包钢、廖申白译,中国社会科学出版社 1988 年版。

⑤ 关于拉兹的权威理论,参见朱振:《法律的权威性:基于实践哲学的研究》,上海三联书店 2016 年版。

⑥ 参见孙国华、黄金华:《法是"理"与"力"的结合》,载《法学》1996 年第 1 期。

想家根据本阶级或集团的经济利益、政治立场、价值取向、法理主张、思想传统、社会理想而构建起来的相对独立、完整的思想体系,是本阶级、本集团制定政治纲领和行为准则的理论依据。法理学就是法学和法律领域的意识形态。

首先,法理学深受一定意识形态的影响。不论何种流派的法理学,都会自觉或不自觉地以一定的意识形态为基础。法学家在法学研究中所坚持或遵循的意识形态,直接决定着其观察、思考、解决各种法律问题的基本立场、观点、方法。不同流派的法学家在法的一般性、普遍性问题上的许多理论分歧,归根结底是因为他们所坚持或遵循的意识形态不同。当代中国法理学自觉地坚持以马克思主义的基本原理为指导,紧密联系中国特色社会主义法治建设的伟大实践,不断总结、应用、检验、完善法学理论,形成了中国特色社会主义法理学。

其次,法理学本身是意识形态的重要组成部分。法理学提炼和浓缩了法学的一系列基本立场、观点和方法,是整个法学体系的理论基础和方法论的核心,是法学的基本思想路线和认识论,是观察、认识和辨析法学领域大是大非问题,体现政治方向、理论导向和鲜明时代精神的思想和观念体系。法理学提出的法的一般理论,是对法的基本理论问题的本质性理解和阐释,体现了法学的总体性精神结构和独立自足的观念特征。简言之,它是统领和贯穿于全部法学领域的思想主线、理论原则和价值体系,是整个法学的根基和灵魂。正是在这个意义上,法理学是法学的意识形态。中国特色社会主义法理学是当代中国法学的意识形态。

第二节　法理学的研究对象

关于法理学的研究对象,西方学者有各种各样的观点和论证,中国法理学者亦有各种论述。这些论述关涉法理学乃至整个法学的初始问题,构成法理学的逻辑起点。

一、法理学的研究对象是"法理"

法理学,顾名思义,就是"法理之学",其研究对象是"法理"。对此,当代法理学家都有直接或间接的深刻论述。例如,伯克(John Burke)认为,jurisprudence,即法的科学或哲学,其作用就在于确定法律规则所立基的原则。[①]雷丁(Max Radin)认为,jurisprudence,即法的科学,或是对法律理论的体系化研究,或是对法律的分析,或是从哲学、社会学、心理学的一般观点出发对法律理念的考察。[②]柯曾(Leslie Basil Curzon)认为,jurisprudence,即法的科学或哲学,记载了关于法和法律体系的渊源、本质、目的和效果的实质性或描述性的思考。[③]

---

① See John Burke, *Jowitts Dictionary of English Law*, Sweet and Maxwell, 1977, p. 1035.

② See Max Radin, *Radin Law Dictionary*, Oceana Publications Inc., 1970, p.177.

③ See L. B. Curzon, *A Dictionary of Law*, Macdonald and Evans, 1983, p. 203.

斯塔克斯基（William P. Statsky）认为，jurisprudence，即：法的哲学；探究构成法律规则之根基的法律原则的科学；关于实在法和法律关系的科学。[1] 塞纳（M. J. Sethna）认为，我们可以把"jurisprudence"定义为关于基本法律原则的研究，其衍生于社会研究，后者对国家制定法的形成具有决定性作用。法理学研究法律原则，包括这些原则的哲学的、历史的和社会学的基础，以及法律概念的分析。法理学的目标是考察现存法律及其立基的原则，借助历史研究和比较研究（关于世界不同的法律体系）来分析法律的概念，探究法的深层次的理据来检验现存法律的有效性，借助社会学、心理学以及规则背后的自然正义和社会良知来考察法律。[2]

更有许多法理学大师，如庞德、富勒、德沃金、拉兹、斯通（Julius Stone）、菲尼斯（John Finnis）、考夫曼等，把法律与利益、法律与传统、法律原则、法的道德性、法律与正义、法律与逻辑、法律理念、自然正义、自然权利、法律权威的来源等作为法理学研究的对象或重点。[3]

中国法学家关于法理学的性质和研究对象的论述中也有关于"法之理""法理之学"的观点。例如，100 多年前，梁启超在《中国法理学发达史论》中就明确指出：法理学的研究对象不仅包括法文（即成文法之条文）解释，而且包括法文以外的法理研究（"求法理于法文之外"）；对于法学而言，"抽象的法理其最要也"。[4] 新近几年出版的多部法理学论著和教材在法学认识论、本体论、价值论、社会论、发展论等理论板块中包含着对法理要素的认知和探寻，在有关法律运作、法律解释、法律推理、法律论证、法律修辞中，也都或多或少、直接或间接地触及法理。

但是，总体上看，我国法理学的"法理"意识还不够强，把"法理"作为法理学研究对象和中心主题的认识比较模糊，至今还没有形成理论自觉。"法理"还没有进入法理学研究的中心位置，在法理学知识体系、理论体系和话语体系中，"法理"事实上处于缺席或半缺席的状态。因而，本书强调法理学研究要以"法理"为中心主题，以"法理"为核心对象。

二、"法理"的语义和意义

法理学以"法理"为研究对象，那么，什么是"法理"呢？

早在 1 900 多年前的汉代典籍中就出现了"法理"词语，并逐渐演化为"法理"概念。在史册中，有"明于法理""明达法理""明练法理""雅长法理"等词汇，作为对法律人才的

---

[1]　Willian P. Statsky, *Legal Thesaurus/Dictionary*, West Publishing Company, 1985, p. 439.

[2]　M. J. Sethna, *Contribution to Synthetic Jurisprudence*, Oceana Publications Inc., 1962, p. 11.

[3]　详见张文显：《二十世纪西方法哲学思潮研究》，法律出版社 2006 年版，绪论，第一章至第九章。

[4]　参见付子堂主编：《法理学高阶》，高等教育出版社 2008 年版，第 18 页。

称赞之语。① 随着历史的发展,"法理"一词的内涵逐渐丰富,其作用也为统治者所重视。南朝齐武帝永明年间,曾诏令群臣,删正刑律。时任廷尉的孔稚珪主持修订律文 20 卷、录叙 1 卷共 21 卷呈送预览。其表云:"臣闻匠万物者以绳墨为正,驭大国者以法理为本。是以古之圣王,临朝思理,远防邪萌,深杜奸渐,莫不资法理以成化,明刑赏以树功者也。"② 这里的"法理"一词含义更为深刻,驾驭世间万物需要建立法度,治理国家必须以"法理"为基础。"法理"不仅是律令条文所蕴含的基本价值,更上升为治国理政的根本原理。到唐代,成文法典、法律解释、审判制度更加缜密和成熟,法学教育盛行,"法理"一词与法律及其适用的关系更为密切,不仅在正史中出现,还常常被司法官运用于司法判决之中。在唐代,"法理"一词有多处指法意、法条、法律智慧等。例如,"大中六年正月,盐铁转运使裴休奏:诸道节度、观察使,置店停上茶商,每斤收揭地钱,并税经过商人,颇乖法理。"③ "时韦方质详练法理,又委其事于咸阳尉王守慎,又有经理之才,故垂拱格、式,议者称为详密。"④ "凡天下诸州断罪应申覆者,每年正月与吏部择使,取历任清勤、明识法理者,仍过中书门下定讫以闻,乃令分道巡覆。"⑤ 唐代统治者明确提出"不习经史,无以立身;不习法理,无以效职"⑥,把熟谙法理作为选拔官员的重要条件之一。在法制成就发展到顶峰的宋代,"法理"一词表现出多种内涵⑦:(1)"法理"指法律条文。如:"县官、寨官不顾法理,而宁畏豪家,是自求案劾也。"⑧ "惟得之求,宁顾法理。"⑨(2)"法理"指天理与国法。如"当职于孤幼之词讼,尤不敢苟,务当人情,合法理,绝后患,馀并从拟行,帖县照应,备榜市曹。"⑩(3)"法理"指法官断案时依据案情分析出来的法律原理。如:"此正类何武事也。夫所谓严明者,谨持法理,深察人

① 如西晋名臣卫瓘就有极高的法律素养,史书称之"明法理,每至听讼,小大以情"。制定《泰始律》的西晋名臣贾充也是"雅长法理,有平反之称"。汉和帝时,张禹因"明达法理,有张释之风",从而越级提拔,授以廷尉之职。唐德宗贞元年间的京兆尹薛珏也是"刚严明察,练达法理,以勤身率下"。参见(唐)房玄龄等:《晋书》卷三十六,《卫瓘传》(简体版),中华书局 2000 年版,第 691 页;(唐)房玄龄等:《晋书》卷四十,《贾充传》(简体版),中华书局 2000 年版,第 765 页;(汉)刘珍等:《东观汉记校注》卷十六,《张禹传》,中华书局 2008 年版,第 705 页;(后晋)刘昫等:《旧唐书》卷一百八十五下,《薛珏传》(简体版),中华书局 2000 年版,第 3283 页。

② (梁)萧子显:《南齐书》卷四十八,《孔稚珪传》(简体版),中华书局 2000 年版,第 567 页。

③ (后晋)刘昫等:《旧唐书》卷四十九,《志第二十九·食货下》(简体版),中华书局 2000 年版,第 1436 页。

④ (后晋)刘昫等:《旧唐书》卷五十,《志第三十·刑法》(简体版),中华书局 2000 年版,第 1446 页。

⑤ (唐)李林甫等:《唐六典》卷六,《尚书刑部》,陈仲夫点校,中华书局 1992 年版,第 180 页。

⑥ (唐)杜佑:《通典》卷十七,《选举五·选人条例》,王文锦、王永兴点校,中华书局 1988 年版,第 425 页。

⑦ 参见陈景良:《宋代"法官"、"司法"和"法理"考略——兼论宋代司法传统及其历史转型》,载《法商研究》2006 年第 1 期。

⑧ (明)张四维辑:《名公书判清明集》卷一,《不许县官寨官擅自押人下寨》,中国社会科学院历史研究所宋辽金元研究室点校,中华书局 1987 年版,第 33 页。

⑨ (明)张四维辑:《名公书判清明集》卷十二,《检法书拟》,中国社会科学院历史研究所宋辽金元研究室点校,中华书局 1987 年版,第 463 页。

⑩ (明)张四维辑:《名公书判清明集》卷七,《房长论侧室父包并物业》,中国社会科学院历史研究所宋辽金元研究室点校,中华书局 1987 年版,第 233 页。

情也。"①

总之,经过历史的积淀,传统中国的"法理"一词的内涵不断丰富完善,并深刻地影响着国家立法和司法实践。尽管传统中国的"法理"概念的内涵与现代的"法理"概念存在一定的差异,但从基本含义上来说,作为法律条文背后蕴含的观念、规律、价值追求及正当性依据,它们相差无几。

中国古代文献中不仅大量出现"法理"词语和概念,还有许多经典的法理表达和精湛的法理格言。有些法理表达和格言接近现代法理,甚至比现代法理更为深刻。例如:"法令行则国治,法令弛则国乱。"② "夫法者,所以兴功惧暴也。律者,所以定分止争也。令者,所以令人知事也。法律政令者,吏民规矩绳墨也。"③ "不知法之义而正法之数者,虽博,临事必乱。"④ "德礼为政教之本,刑罚为政教之用,犹昏晓阳秋相须而成者也。"⑤ "立善防恶谓之礼,禁非立是谓之法。"⑥ "天下之事,不难于立法,而难于法之必行。"⑦ "律法断罪,皆当以法律令正文;若无正文,依附名例断之;其正文名例所不及,皆勿论。"⑧

总之,法理作为概念和理论,是祖先留给我们的极其宝贵的精神遗产,是我们今天能够树立和保持法学自信、法治自信和法律文化自信的底气所在。在制度、文化等层面,中国古代有丰厚的法理底蕴,而这却长期被人忽视。今天,构建中国法理学知识体系和理论体系、建设社会主义法治文化,需要我们认真对待中国古代的法理遗产。

根据文献检索和学术规整,在现代社会,"法理"作为一个统合概念,其内涵十分丰富和深邃。至少有以下基本语义和意义:

1. 法之道理、"是"理。有些法学家把法理看作法律或法律体系背后恒定不变、超越时空、具有普遍意义的东西,属于法的规律性、本质性因素。由于法理为法之道理、事之理路,所以"法理"属于所有法源之基础,是制定法、习惯法、判例法等法源之最根底之"物"。借用毛泽东关于"实事求是"的论断,法理就是"法"这一客观事物("实事")的内在机理和规律("是")。法学研究中的实事求是方法,就是通过法律或法律体系去研究法理。

美国法学家博登海默(Edgar Bodenheimer)将法理作为法的道理进行了精辟论述,指出,"在法律制度实施过程中会出现这样的情形,即解决某个问题的特定方法会有一种令人非同意不可的和不可辩驳的力量,从而迫使法律决策者去接受它"。在此情形中,"事物性

---

① (宋)郑克:《折狱龟鉴译注》卷八,《何武夺财》,刘俊文译注,上海古籍出版社 1988 年版,第 461 页。

② (东汉)王符:《潜夫论笺校正》卷四,《述赦》,(清)汪继培笺,彭铎校正,中华书局 1985 年版,第 190 页。

③ 《管子·七臣七主》。

④ (清)王先谦:《荀子集解·卷第八·君道篇第十二》,沈啸寰、王星贤点校,中华书局 1988 年版,第 230 页。

⑤ (唐)长孙无忌等:《唐律疏议》卷一,《名例》,刘俊文点校,中华书局 1983 年版,第 3 页。

⑥ (西晋)傅玄:《傅子·法刑》。

⑦ (明)张居正:《张太岳集》卷三十八,《请稽查章奏随事考成以修实政疏》,上海古籍出版社 1984 年版,第 482 页。

⑧ (唐)房玄龄等:《晋书》卷三十,《刑法志》(简体版),中华书局 2000 年版,第 610 页。这一主张与现代"法无明文规定不为罪,法无明文规定不处罚"的原则极其相近。可以说,这是传统中国最为彻底的罪刑法定主张。从传世法典《唐律疏议》来看,其中也有不少类似于今日"罪刑法定"原则的法理表达。

质之本身(在罗马法学家的术语中,它被称为 *natura rerum*)已然把某个结果强加给了立法机关和司法机关"[①]。在他看来,为某些情形提供了审判标准的 *natura rerum*,可被分为下述内容:(1)它可能源于某种固定的和必然的人的自然状况;(2)它可能源于某种物理性质所具有的必然的给定特性;(3)它可能植根于某种人类政治和社会生活制度的基本属性之中;(4)它可能立基于人们对构成某个特定社会形态之基础的基本必要条件或前提条件的认识。[②]

2. 法之原理,关于法的学理、学说。《汉语大词典》将"法理"解释为"法律原理"[③]。《辞海》对"法理"的解释是:"形成某一国家法律或其中某一部门法律的基本精神与学理。"[④]王泽鉴认为,"学说是法学家对于成文法的阐释、习惯法的认知及法理的探求"。[⑤]张文显认为:"法理主要是指法学家对法律的各种学理性说明、解释和理论阐发,这种学理性解释(法理)能否成为具有法律效力的法律渊源,取决于各个时代和各个国家的法律规定和法律传统。在法律发展早期,如古罗马时代,法学家的著作中所阐发的法理成为具有法律效力的法律渊源之一。在现代,各个国家一般不承认法理是具有直接法律效力的法律渊源,但却是具有说服力意义上的法律渊源。"[⑥]梁慧星认为:"所谓法理,指依据民法之基本原则所应有的原理。"[⑦]王利明认为:"所谓法理,指的是民法的学说、理论。"[⑧]学说是对法理的探求,法理则在学说中得到阐发与体现。在法律史上,获得人们公认的学说往往会逐渐演变成为公认的法理。例如,"罪刑法定学说"最终成为世界范围内公认的"罪刑法定原则"。

3. 法之条理。条理,或称事理,泛指事物的规矩性。法理意义上的条理首次出现在清末的民事立法之中。1911 年起草完毕的《大清民律草案》第 1 条规定:"民事,本律所未规定者,依习惯法;无习惯法者,依条理。"何谓条理?《大清民律草案》的起草者们把"条理"等同于"情理""天理"。《大清民律草案》第 1 条按语曰:"凡关于民事,应先依民律所规定,民律未规定者,依习惯法;无习惯法者,则依条理断之。条理者,乃推定社交上必应之处置。例如事君以忠,事亲以孝,及一切当然应尊奉者,……"可见,条理是社会生活中处理事务的当然之理、伦理纲常、道德教义。中华民国初期,大理院的法官们在四种意义上解读和适用条理,即:(1)平等原则;(2)立法宗旨(如维护"礼教"、公共秩序、良善风俗);(3)法律理念(如法的正义性、合目的性、法的安定性);(4)事物的性质(法律规范、法律关系的质的

---

① [美]E. 博登海默:《法理学:法律哲学与法律方法》,邓正来译,中国政法大学出版社 2004 年版,第 473—474 页。

② 参见[美]E. 博登海默:《法理学:法律哲学与法律方法》,邓正来译,中国政法大学出版社 2004 年版,第 474 页。

③ 罗竹风主编:《汉语大词典(缩印本)》(中卷),汉语大词典出版社 1997 年版,第 3176 页。

④ 《辞海(缩印本)》,上海辞书出版社 2000 年版,第 1079 页。

⑤ 王泽鉴:《法律思维与民法实例:请求权基础理论体系》,中国政法大学出版社 2001 年版,第 299 页。

⑥ 张文显:《法哲学通论》,辽宁人民出版社 2009 年版,第 180 页。

⑦ 梁慧星:《民法总论》(第四版),法律出版社 2011 年版,第 28 页。

⑧ 王利明:《民法总则研究》(第二版),中国人民大学出版社 2012 年版,第 68 页。

规定性）。① 基于这些立法和司法解释，又可把法理意义上的条理理解为法律"事物之本性"（die Natur der Sache）或"一般原则"（general principle of law）。

条理有时候也与判例关联。判例之所以成为条理的载体之一，乃是因为判例往往体现司法机关对法律或法理的支配性见解，体现为司法领域的"通说"；判例与个案不同，它们具有"规则性指向"与"普遍化倾向"；判例作为法官在无法律条文及习惯法可资依循时创设的司法规范，具备充分的说理和论证，且判例的内容必须是原判决中具有重要性的理据；优秀法官往往在疑难案件中将法理与自由裁量权相结合去发掘个案正义、拓展正义的疆域，并形成新的判例及新的法理。

4. 法之公理，即与正义、良善、信念、公德、共同价值等关联的公理。公理具有融通性、普遍性、普适性，用公理指称法理，道出了法理的鲜明特征。法学上的公理是指长期以来已经被法学界普遍接受的理论命题。在西方一些人看来，法律应该像自然科学如数学、物理学、化学、天文学的公理、定则、规律或公式一样客观稳定，不以人的意志或情感为转移。如美国法学家兰德尔（Christopher Columbus Langdell）坚持认为，法律和法学要从被认为是不言自明的公理出发，凭演绎推理得出一系列的定理，由此来统合整个体系。他认为，天赋人权就是这样一个不言自明的公理，现代西方法律就是从这个公理出发，通过逻辑演绎得出一系列的法则（定理），适用于任何事实情况的。② 德沃金认为，政府应该对它治下的所有人给予"平等关怀和尊重"，这是人们的一项基本权利；人们拥有这项权利是道德上的一个公理，所有的其他权利都是从这里推导出来的。③

在法学和法治领域，有许多源自良知、经验、理论的命题和经典性的论述、论断已被越来越多的法律人和法学家奉为不证自明的公理。例如，西塞罗说，"法律是植根于自然的、指挥应然行为并禁止相反行为的最高理性"④。格劳秀斯（Hugo Grotius）提出："理性将以下观点作为它的法典中首要的公理：除非其目的是出于某种明显和重要的利益，否则没有人可以作出伤害他人的任何行为。"⑤ 儒佩基奇（Bostjan M. Zupancic）提出："以公正的逻辑代替武力的逻辑是法律本质的全部所在。"⑥ 马克思指出："法官除了法律就没有别的上司。"⑦ 意大利刑法学家贝卡里亚（Cesare Beccaria）提出："一切违背人的自然感情的法律的命运，就同一座直接横断河流的堤坝一样，或者被立即冲垮和淹没，或者被自己造成的漩涡所侵蚀，并逐渐地溃灭。"⑧ 伯尔曼（Harold J.Berman）提出："法律必须被信仰，否则它将形同

① 参见刘得宽：《法学入门》，中国政法大学出版社 2006 年版，第 21 页。

② 参见［美］黄宗智：《我们的问题意识：对美国的中国研究的反思》，载《开放时代》2016 年第 1 期。

③ 参见张文显：《二十世纪西方法哲学思潮研究》，法律出版社 2006 年版，第 59—61 页。

④ ［古罗马］西塞罗：《国家篇 法律篇》，沈叔平、苏力译，商务印书馆 1999 年版，第 151 页。

⑤ ［荷］胡果·格劳秀斯：《战争与和平法》，［美］A. C. 坎贝尔英译，何勤华等译，上海人民出版社 2013 年版，第 203 页。

⑥ ［斯洛文尼亚］卜思天·儒佩基奇：《从刑事诉讼法治透视反对自证有罪原则》，王铮、降华玮译，载《比较法研究》1999 年第 2 期。

⑦ 《马克思恩格斯全集》第 1 卷，人民出版社 1995 年版，第 180—181 页。

⑧ ［意］贝卡里亚：《论犯罪与刑罚》，黄风译，中国大百科全书出版社 1993 年版，第 30 页。

虚设。"①

在法学和法治领域,也有许多脍炙人口的格言、谚语,它们凝聚着千百年来法律实践的智慧和法治文化的理性,以简洁、优雅、精湛的语言承载和表达人类社会的法理。诸如,"杀人偿命、欠债还钱,理也。""国法既坏,天道遂行。""法律就是秩序,有好的法律才有好的秩序。""法典就是人民自由的圣经。""公正是一种完善的理性。""法律是最保险的头盔。""法立于上则俗成于下。""法无授权不得为。""法无禁止即自由。""惩罚是对正义的伸张。""正义不仅要实现,而且应当以人们看得见的方式实现。""无救济,则无权利。""没有诉权,就没有法律。""任何人不能成为自己案子的法官。""迟来的正义即非正义。""法律不保护权利上的睡眠者。""民众对权利和审判漠不关心的态度对法律来说,是一个坏兆头。""法律为未来作规定,法官为过去做判决。"

5. 法之原则。法律原则是法理的基本载体。在法理学中,法律原则是指可以作为法律规则的基础或本源的综合性、稳定性的原理和标准。法律原则,特别是其中的普适性原则和基本原则,体现着一个社会的基本法理,是整个法律活动的指导思想和出发点,构成了一个法律体系的灵魂,决定着法律的内在统一性和稳定性。法律规则的正当性和有效性有赖于原则的证成和支持。

在判例法国家,各种原则是法官将司法经验组织起来的产品。他们将各种案件加以区别,并在区别之后定上一条原则,以及将某一领域内长期发展起来的判决经验进行比较。为了便于推理,或者把某些案件归于一个总的出发点,而把其他一些案件归于某个其他出发点;或者找出一个适用于整个领域的更能包括一切的出发点。"任何人不得从其犯罪行为中获利""享用自己的财物应以不损害他人利益为度"等原则都是这样形成的。而在成文法国家,法律原则通常是由国家立法机关在法律、法律解释或法律说明中确定的,也有一些法律原则是在司法解释中阐述的。诸如"权利不得滥用""罪刑法定""疑罪从无""禁止不正当竞争""法律活动不得违背公序良俗"等。

6. 法之美德。法理,也意味着法的美德。认真对待法理,就是要认真对待美德。美德是一个包容性很强的概念。自古以来,很多思想家、政治家、法学家把法与美德相连,以至于用"美德"指称良法。他们指出:人民的幸福是至高无上的法;善良的心是最好的法律;人民之安宁乃最高之法律;一切法律的总目标一般是或应该是增加社会幸福;法律不可能使人人平等,但是在法律面前人人是平等的;制定法律法令,就是为了不让强者做什么事都横行霸道;法律之内,应有天理人情在;人类受制于法律,法律受制于情理;法律不强人所难;法律如果推不开特权的门,也一定跨不进人民的心;任何人在被证明有罪前皆应被视为无辜。

在法的美德中,人们尤其重视法的正义性。柏拉图把美德分为谨慎与智慧,勇气、坚贞和刚毅,克制、斟酌和自律,以及正义和正直,其中正义和正直属于最高美德(至善)。亚

---

① [美]哈罗德·J.伯尔曼:《法律与宗教》,梁治平译,生活·读书·新知三联书店1991年版,第28页。

里士多德也认为:"守法的公正不是德性的一部分,而是德性的总体。它的相反者,即不公正,也不是恶的一部分,而是恶的总体。"① 古典自然法学派把遵守契约、不侵占他人财产、不对他人施暴、损害赔偿、杀人偿命等自然正义原则作为法的普遍德性和品质。原国际法律哲学和社会哲学协会主席、国际哲学学会副主席佩雷尔曼把正义作为一种超级美德,指出:"在所有有号召力的概念中,正义概念似乎是最伟大的、最有号召力的概念。"佩雷尔曼借助哲学家蒲鲁东(Pierre-Joseph Proudhon)的话说道:"正义,在各种名义下统治着世界自然、人类、科学、良心、逻辑、道德、政治、经济、政治学、历史、文学和艺术。正义是人类灵魂中最纯朴之物、社会中最根本之物、观念中最神圣之物、民众中最热烈要求之物。它是宗教的实质,同时又是理性的形式;是信仰的神秘客体,又是知识的始端、中间和末端。人类不可能想象得到比正义更普遍、更强大和更完善的东西。"② 罗尔斯把"以分配正义为核心的社会正义"看作社会首要美德。③ 当下西方法理学界研究法的美德、法律情感、法律情理、法的信念很时髦,一种叫作"德性法理学"或"美德法理学"(virtue jurisprudence)的思潮正在兴起。索伦(Lawrence Solum)等人提出应建构"德性法理学",主张把道德、美德、德性、人类繁荣等纳入法理学的概念体系和理论体系,并付诸法律实践特别是司法实践。④ 这为我们理解作为美德的"法理"提供了新的理论支点。

7. 法之价值。庞德指出:"在法律史的各个经典时期,无论在古代和近代世界里,对价值准则的论证、批判或合乎逻辑的适用,都曾是法学家们的主要活动。"⑤ 在当代中国,对法的价值、法律价值观、法律价值标准、法律价值体系的研究,促进了社会主义核心价值建设与法治建设的密切融合,实现了法理研究的新突破。

法治文明的历史也证明,法的生命力、感召力,法的权威性、实效性,皆取决于法的核心价值。秩序、自由、平等、人权、和谐、正义、和平、发展、效率、包容等都是法的重要价值,在实践中体现为以人民为中心,以人为本、尊重人权,保护产权,维护和促进公平正义,保障经济社会发展,保护生态文明,引领社会风尚,推动人类文明等。

8. 法之理据,即对法律或法治的合法性、正当性等的解释或论证。在现代民主共和国家,每一项立法、每一项重大决策都需要论证其合法性、合理性、可行性等,以获得公众的认同和接受,而法理就是立法之合法性、合理性、可行性的核心理由。这是因为任何一部法律,特别是基本法律、涉及重大利益关系的法律,其规则、原则、制度都必须建立在某种法理的基础上,以某种法理为依据,并经得起法理的检验,而不管它是否使用了"法理"这一词语。在

---

① [古希腊]亚里士多德:《尼各马可伦理学》,廖申白译注,商务印书馆 2003 年版,第 131 页。

② C. Perelman, *Justice, Law, and Argument*, D. Reidel Publishing Company, 1980, p.1.

③ 参见张文显:《二十世纪西方法哲学思潮研究》,法律出版社 2006 年版,第 589—593 页。

④ 参见[美]劳伦斯·索伦:《法理词汇:法学院学生的工具箱》,王凌皞译,中国政法大学出版社 2010 年版,第 166—173 页。

⑤ [美]罗斯科·庞德:《通过法律的社会控制》,沈宗灵译,商务印书馆 2010 年版,第 62 页。

法律制定的过程中,往往伴随有对立法理由进行的各种详细论证,这本身就体现了立法层面的法理论证。也就是说,在立法中,法理起到极为重要的论证功能。

在当今世界,"法理"是一个被广泛使用的概念。无论是法律人还是非法律人,无论是政治家还是新闻记者和作家,无论是在法庭上还是在联合国峰会上,在各类人群的用语中、各种场合里,"法理"都已成为一个热门词汇。特别是在立法草案说明、法律法规、立法解释、司法解释、诉讼文书、司法裁判、指导案例、法学作品中,"法理依据""法理主张""法理支撑""法理前提""法理基础""法理支点""法理认同""依……的法理"等表达更是比比皆是。把法理作为合法性、合理性、正当性的依据,已经成为政治法律生活的新常态。

9. 法之条件,即法律之所以成为法、有资格被认为是法的一系列形式合理性。法学史上,许多法学家都对法律的"法的资格"问题即法律的形式合理性问题进行过研究,并提出了相应的法理依据。例如,富勒把"法的内在道德"作为法律之为法所绝对必需的先决条件。他提出法的内在道德包括这样八个要素:一般性或普遍性;公开性,即法律必须公布;可预测性或非溯及既往;明确性,即含义确切;不矛盾性;可为人遵守,不强人所难;稳定性、连续性;官员的行为与已公布的规则的一致性,即官员依法行政、依法办事。[①]菲尼斯提出了法治之"善"作为法律的(资格)要件,即法律规则是:关于将来的;可能服从的;公布的;清楚的;与其他规则一致的;充分稳定的;裁决和命令的制作是由本身是公布的、清楚的、稳定的和相对一般的规则指导的;制定、执行和适用规则者有责任遵守与其活动相关的规则,并且实际上是前后一致地依法执法。[②]又如日本法学家穗积陈重在《法典论》中所说:"法律有实质以及形体的两种元素。一国的法律是否真正地具备实现国家利益,促进人民幸福的条规的问题就是该部法律的实质问题。一国的法律是否真正地制作出简明正确的条文,又是否以该国人民容易知其权利义务所在的问题就是法律的形体问题。"[③]这就意味着,法律的形式构成了一部法律之所以称为法律的要素,是评价法之条件的基本标准。

10. 法之理论(法理学)。《北京大学法学百科全书——法理学、立法学、法律社会学》指出,"法理"一词也是"法理学的一种并非规范的简称"[④]。的确,无论是在日常环境中,还是在学术环境中,把"法理"等同于"法的理论"或"法理学",已经是习以为常的事情。人们经常听到"今天有法理课""我是学法理的""我的专业是法理",也时常看到法学理论专业研究生填写各种表格时把自己的专业填写为"法理",甚至专业的翻译机构也把"法理"理解和翻译为"legal theory""theory of law",等等。可见,"法理"已时常成为"法的理论""法

① 参见张文显:《二十世纪西方法哲学思潮研究》,法律出版社 2006 年版,第 53—55 页。
② 参见张文显:《二十世纪西方法哲学思潮研究》,法律出版社 2006 年版,第 64 页。
③ [日]穗积陈重:《法典论》,李求轶译,商务印书馆 2014 年版,第 5 页。
④ 周旺生、朱苏力主编:《北京大学法学百科全书——法理学、立法学、法律社会学》,北京大学出版社 2010 年版,第 243 页。

理学"的简称了。当然,必须指出,尽管"法理"概念内含着法的理论、法学理论、法学原理等,但把"法理"与"法的理论""法理学"混同,正如把"法"与"法学"、"宪法"与"宪法学"、"民法"与"民法学"、"国际法"与"国际法学"混同一样,极易造成语义混乱和认知错位。

以上考据和语义分析表明,"法理"作为词语和概念,体现了人们对法的规律性、终极性、普遍性的探究和认知,体现了人们对法的目的性、合理性、正当性的判断和共识,体现了人们对法律之所以获得尊重、值得遵守、应当服从的那些内在依据的评价和认同。法理是一个综合概念,包容了一切美好的价值元素;法理是一个文化概念,体现了法律和法治文化传统中定分止争、惩恶扬善、治国理政的智慧,积淀着法治文明的优秀成果;法理是一个具有普适内涵的概念,融通了古今中外关于法和法治的原理、理论、学说、共同价值;法理是一个实践理性概念,来源于实践,并在实践中凝练、在实践中运用、在实践中发展;法理是一个纯正的中国本土概念,"法理"一词是中国人的首创,作为一个概念也是由中国人凝练的。法理无处不在,无时不有,无所不能。它们像一个个精灵,在法律的灵魂深处跳跃;它们穿越在法律的时空中,播扬在法律和社会的广阔领域。是它们激活了法律的生命之原,也是它们点燃了法治的理性之光。

第三节　学习法理学的意义和方法

一、学习法理学的意义

法理学作为法理之学,作为法学的一般理论、基础理论、方法论和意识形态,在法学教育、法学研究和法律实践中具有方向引导、思想启蒙、理论指引的功能。在当代中国,学习法理学具有独特的意义。

(一)树立马克思主义法律观的需要

法律观是法理学的核心问题,是法学家们建立其法学理论体系的基础,也是不同法学流派的根本区别之所在。马克思主义法律观以辩证唯物主义和历史唯物主义为指导,深刻地揭示法的本质、价值、作用和历史发展规律,为我们认识和思考法律问题提供科学的理论和方法。当代中国的法理学担负着正确阐述马克思主义法律观,引导学生准确把握中国特色社会主义法律制度的核心价值和时代精神,分清法律观上理论是非的重要任务。本书关于法的概念与本质,法的产生、演进,法的历史类型,法的基本范畴,法的价值,以及当代中国社会主义法律体系等的内容,全面地阐述了马克思主义法律观,为我们树立科学的、理性的、民主的法律观提供了思想原理。

(二)培养中国特色社会主义法治理念的需要

法治理念、法治精神、中国特色社会主义法治理论是当代中国法理学研究和教学的重要内容。以习近平新时代中国特色社会主义法治思想为主体的中国特色社会主义法治理论体系是关于什么是法治、什么是社会主义法治、为什么实行社会主义法治、如何坚持和发展中国特色社会主义法治、如何全面推进依法治国等重大问题的智识结晶,是建设法治中国、推进社会主义法治现代化的美好理想,是尊重法治、崇尚法治、积极参与法治实践的坚定信念。熟知中国特色社会主义法治理论,树立法治理念,弘扬法治精神,是法学专业学生必须具备的基本素质,也是法学专业学生投身于社会主义法治建设的基本条件。

（三）培养法律思维、法治思维和法理思维的需要

法学专业的学生,要想成为一名合格的法律人,就要认真学习法理学,研习法理,培养法律思维、法治思维和法理思维,掌握法律解释、法律推理、法律发现、法理论证等基本方法和技能。这是因为法律人不仅要知道有关的法律规范,还必须知道它们是怎样成为这样的法律规范的以及为什么是这样的法律规范;不仅要知道解释和运用法律规范的技术,还必须知道解释和运用法律规范时应当坚持的价值标准。

在法治生活领域,涉法思维有法律思维、法治思维和法理思维三种基本形态,三者既有所区别,又互相联系、有机统一、依次递进。

法律思维实质上就是规则思维、权利义务思维。因为规则的核心是权利和义务,法律规则体系是以权利和义务为基本构成要素的,所有法律规则都表现为对权利和义务或其实现方式的规定,权利和义务贯穿于一切法律部门和法律运行的全部环节,所以,作为规则思维的法律思维,概括而言就是权利义务思维,是能够做什么、可以做什么、不能做什么、禁止做什么的思考和推理,是法律人最基本的职业思维。

法治思维的实质是依法治理的思维。法治思维是把对法律的敬畏转化成思维方式和行为方式,其关键是:想问题、作决策、办事情要守规则、重程序,做到法定职责必须为、法无授权不可为,尊重和保护人民权益,自觉接受监督;牢固树立宪法法律至上、法律面前人人平等、权由法定、权依法使等基本法治观念,彻底摒弃人治思想和长官意志,不搞以言代法、以权压法、以言废法;努力营造办事依法、遇事找法、解决问题用法、化解矛盾靠法的法治环境。

法理思维的实质是基于对法律、法治本质意义和美德的追求,对法律精神和法治精神的深刻理解,以及基于良法善治的实践理性而形成的思维方式。法理思维比法律思维和法治思维有着更多的想象力和更大的思维空间,它把民主、人权、公正、秩序、良善、和谐、自由等价值精神融入法律和法治之内,因而更具包容性、综合性、协调性和公共理性。法理思维,作为新的思维范式,比法律思维和法治思维提出问题和解决问题的能力要强很多,任何能够在法律思维和法治思维范式中得到解决的问题,也可以在法理思维范式中得到解决,但反过来却办不到。

概括而言,法律思维是规则模式的思维,法治思维是依法而治的思维,法理思维是良法善治的思维。合格的、高素质的法律人必须学会这三种思维方式,娴熟地运用法律思维、法治思维和法理思维分析和解决各种法律问题。

必须强调的是,由于现代社会各方面的发展都很迅猛,社会对法律的需要不断增加和变动,法律越来越信息化、法理化、高难化。在这种情况下,仅仅学习现有的具体法律条文和具体概念是远远不够的,还应当认真学习法理学,不断提高法理学理论素养,并学会运用法律思维、法治思维和法理思维处理法律问题。

二、学习法理学的方法

如何学好法理学是初学法理学的人经常提出的问题。应当说,学习法理学与学习其他科学一样,并没有投机取巧的方法可寻,必须扎扎实实地下一番功夫。

第一,认真阅读法理学经典著作。法理学经典著作对法理要素的研究和凝练,构成了我们学习法理学基本读本和开展法理学研究的学术起点,从经典著作中可以获得用之不尽的营养。在新时代,中国法理学将全面系统地整理和研究从孔子到孙中山、从苏格拉底到拉兹的法学经典著作,深入研究马克思主义、列宁主义、毛泽东思想的法学经典,研究中国特色社会主义法治理论体系的科学论述,研究习近平总书记关于全面依法治国、建设法治中国的系列论述。法科学生要认真学习法理学经典,学习法学专家对法理学经典著作的研究成果。可以预见,伴随着"经典著作热",法理学的受教育者、一代又一代法学青年学人将不再因为在校期间与法学经典擦肩而过而遗憾终生。

第二,善于从生活中的具体事例或案例出发进行法理学思考,提炼或检验法理学理论。尽管法理学以抽象的概念、命题和理论表现出来,但法理学的问题和理论内容都来源于社会生活。法理学的理论大多是从具体的法律事件、法律案件、法律规定中概括出来的,是法律实践经验的系统化和理性化。因而,我们需要把理论与社会实践联系起来理解,要善于通过思考社会实践中的法律事件、案件,特别是自己亲身经历或耳闻目睹的法律事件、案件,提炼或检验法理学理论。简言之,即"由生活揭示法理,以法理透视生活"。

第三,注重联系其他学科的知识来理解和掌握法理学理论。法理学不仅与法学的其他学科存在着密切的联系,与哲学、政治学、经济学、社会学、伦理学等人文社会科学以及自然科学也存在着密切的联系。法理学经常从其他人文社会科学以及自然科学中获取理论和方法,以不断丰富自身的理论和方法。当代法理学的理论和方法有不少来自其他学科,包含着其他学科的知识。因此,我们要理解和把握这些理论和方法,必须掌握其他学科的一些知识。譬如,我们要理解法律的效率价值和经济分析方法,就要掌握一些经济学知识。

第四,要了解法理学的发展史,通过法理学的发展史来理解和掌握理论。现代法理学是历史上的法理学的继承和发展。法理学的各个概念、问题、理论都有其产生、演变的历史过程,都是经过一定时期的发展而呈现为当前的状态的。我们要深入把握这些概念、问题、理论,就要了解其产生、演变的历史。在一定意义上说,只有了解历史上的法理学,才能深刻理解现代法理学。我们尤其要认真对待中国传统法律文化。"我国古代法制蕴含着十分丰富的智慧和资源,中华法系在世界几大法系中独树一帜。要注意研究我国古代法制传统和成败得失,挖掘和传承中华法律文化精华,汲取营养、择善而用。"① 法理存在于历史传统、民族精神之中,历史上形成的许多法律谚语、格言、警句、经典论述,都是法理的载体与存在形态,意蕴极其深厚,如"以民为本""奉法利民""奉法强国""社会和合""礼法互补""德法共治""以法为教""定分止争""明德慎刑""大德而小刑""法、情、理统合""弘风阐化""刚柔相济""宽严相济""刑当贤、罚当暴,不杀不辜,不失有罪"等。中国传统法理是现代法治的文化基因,是现代法学的思想精华。在中国特色社会主义新时代,青年一代法律人要点燃对中华民族世世代代形成和积累的优秀传统法律文化的热情,涤荡法学领域的历史虚无主义思潮,以时代精神激活中华优秀传统法律文化的生命力,推进中华优秀传统法律文化创造性转化和创新性发展,推进法治的民族精神和时代精神融汇,使源远流长的中华传统法律文化发扬光大,使中华法治文明跟进中华民族伟大复兴梦的坚定步伐而重新彰显其无穷魅力和影响力。

第五,要了解西方法理学,通过联系和比较中西方法理学来学习法理学。西方的法理学经过上千年的发展,已经形成了包括自然法学、分析法学、社会学法学、经济分析法学、行为法学、新马克思主义法学、批判法学、后现代法学在内的众多法理学流派,在法的概念、法的本质、法的要素、法的作用、法的效力、法律发展、法制现代化、法与道德、法与科技等问题上提出了一系列观点。一方面,西方法理学的很多合理内容已经为中国法理学所吸收,因而我们必须联系西方法理学来学习中国法理学。另一方面,中国法理学也有自己的特色和成果,对中西方法理学进行比较,有助于加深对中国法理学的理解。

第六,要了解中国法理学的研究现状,积极参与法理学的讨论。改革开放以来,中国法理学界坚持解放思想、实事求是的思想路线,对法学理论和法律实践中的各种问题展开了广泛的研究和热烈的探讨,在很多问题上都形成了多种观点并存的格局。我们要了解现有的研究成果,积极参与有关的讨论,培养自己的理论思维能力,提高科学研究水平。

第七,注意将理论法学(法理学)与部门法学(法律学)的学习相结合。将法学划分为理论法学与部门法学只有分类学的意义,事实上,理论法学和部门法学从来都是水乳交融的。理论法学的学术功能在于概括各种类型的法律制度、各个部门法及其运行的共同规律、基本范畴,从而为部门法学的教学和研究提供理论依据和指导。相应地,部门法学则为理论法学提供了丰富的实践基础和理论源泉,离开了法律实践和对部门法学的学习和把握,理论法学将会变成无源之水、无本之木,失却安身立命之地。为此,一方面,理论法学必须以法律实践和部门法学为基础,总结法律实践的经验和部门法学的研究成果;另一方面,理论法学必须高于实践、超越部门法学,从特殊上升到一般。因此,必须消解理论法学与部门法学的人为障碍,消除理论法学与部门法学互相脱节的现象,注重将理论法学与部门法学的学习密切结合。

---

① 习近平:《加快建设社会主义法治国家》(2014 年 10 月 23 日),载《十八大以来重要文献选编》(中),中央文献出版社 2016 年版,第 186 页。

小结

　　学科意义上的法理学产生于 19 世纪的英国。中国现代法理学是法学的一般理论、基础理论、方法论、意识形态。法理学的研究对象是"法理",法理是一个具有普适内涵的概念,融通了古今中外关于法和法治的原理、理论、学说、共同价值。学好法理学对于完成整个法学学业和今后从事法律职业意义深远。

思考题

1. 如何理解法理学在法学体系中的地位和意义?
2. 如何理解法理学的研究对象?
3. 阐述作为法理学研究对象的"法理"的语义和意义。
4. 在当代中国,学习法理学的意义是什么?
5. 找一个司法案例,体会案例中的法理学。

第三章　马克思主义法理学的产生与发展

在人类思想史上，没有一种思想理论像马克思主义那样对人类产生了如此广泛而深刻的影响。

——习近平[1]

马克思主义法理学是人类历史上最先进、最科学的法学理论体系。本章叙述马克思主义法理学的形成和发展过程，阐释马克思主义法理学的历史变革意义，简述列宁对马克思主义法理学的继承和发展，重点分析马克思主义法理学中国化的历史进程及其重大理论成果对马克思主义法理学的创新和发展。

第一节　马克思主义法理学的形成与发展

第二节　马克思主义法理学中国化的进程

---

① 习近平:《在纪念马克思诞辰200周年大会上的讲话》(2018年5月4日),载《人民日报》2018年5月5日,第2版。

第一节 马克思主义法理学的形成与发展

一、马克思主义法理学的形成

马克思、恩格斯生活的时代,是资本主义商品经济充分发展的时代,是反思精神活跃、反抗权威和传统以及要求思想自由、感情和行动自由的时代,也是资产阶级政治革命风起云涌的时代。在那个时代,"正像达尔文发现有机界的发展规律一样,马克思发现了人类历史的发展规律"①。"马克思主义深刻揭示了自然界、人类社会、人类思维发展的普遍规律,为人类社会发展进步指明了方向;马克思主义坚持实现人民解放、维护人民利益的立场,以实现人的自由而全面的发展和全人类解放为己任,反映了人类对理想社会的美好憧憬;马克思主义揭示了事物的本质、内在联系及发展规律,是'伟大的认识工具',是人们观察世界、分析问题的有力思想武器;马克思主义具有鲜明的实践品格,不仅致力于科学'解释世界',而且致力于积极'改变世界'。"②马克思主义诞生以来,整个文明社会发生了极其深刻的变化,充分显现了其巨大的理论逻辑力量。"实践也证明,无论时代如何变迁、科学如何进步,马克思主义依然显示出科学思想的伟力,依然占据着真理和道义的制高点。"③

马克思主义法理学是马克思主义科学理论体系的有机组成部分。近代西方经济的、社会的、政治的与法律的诸方面因素和条件,为马克思主义法理学的形成与发展提供了广阔而坚实的基础。

马克思主义法理学的形成,经历了一个辩证的发展过程。马克思法学思想的最初出发点是康德法学。马克思企望通过艰苦的研究,在康德法学世界观的指导下,去分析法的一切领域,进而构架起一个无所不包的新的法哲学体系。在继续进行的理论研究中,特别是1837年夏秋同青年黑格尔派的接触,使马克思越来越认识到康德理想主义法学观的缺陷,从而在精神世界的风暴中,由康德主义转向了黑格尔主义。

1842年1—2月,马克思写下了《评普鲁士最近的书报检查令》,站在革命民主主义的立场上,以黑格尔的国家理性观为原则,来评判国家、法的合理性。1842年4月,马克思成为《莱茵报》的撰稿人。他为《莱茵报》写的第一篇文章就是《关于新闻出版自由和公布省等级会议辩论情况的辩论》。他发挥了康德(Immanuel Kant)的自由观,认为自由是全部精神存在的类的本质,"哪里法律成为实际的法律,即成为自由的存在,哪里法律就成为人的实际的自由存在"④。

从1842年初夏到1843年年初,是马克思参加《莱茵报》工作的后期。在这一时期,马

---

① 《马克思恩格斯选集》第3卷,人民出版社1995年版,第776页。

② 习近平:《在哲学社会科学工作座谈会上的讲话》(2016年5月17日),人民出版社2016年版,第9页。

③ 习近平:《在哲学社会科学工作座谈会上的讲话》(2016年5月17日),人民出版社2016年版,第10页。

④ 《马克思恩格斯全集》第1卷,人民出版社1995年版,第176页。

克思广泛参加社会政治生活,开始对新理性批判主义法学观产生怀疑,并且试图从一种实证角度来考察法这一社会现象。在《关于林木盗窃法的辩论》一文中,马克思的思想呈现出一幅新旧观点相互交织的画面:一方面,仍然把法律看成正义、理性的化身,因而企求一种同自由理性相适应的理想国家和抽象的"永恒法律秩序";另一方面,他目睹了眼前的变化过程,抨击普鲁士政府的专制统治,维护人民权利,开始明白当私人利益同法的原则发生矛盾时,利益总是占法的上风。显然,马克思对法的现象属性的认识正在沿着科学的轨迹升华。

1843年夏秋之际,马克思撰写了《黑格尔法哲学批判》,第一次站在唯物主义立场上批判了黑格尔的唯心主义法学观,指出市民社会是国家和法律的前提和基础。1844年年初,《德法年鉴》在巴黎创刊,刊载了马克思的两篇文章,即《论犹太人问题》和《〈黑格尔法哲学批判〉导言》。马克思分析了资产阶级法律的历史局限性,指出了黑格尔思辨法哲学的实质,特别是第一次指出无产阶级是能够实现人民革命的根本力量,无产阶级的历史使命是彻底废除私有财产制度,根本变革建立在私有财产制度基础上的国家制度。这表明,马克思在从唯心主义法学观到唯物主义法学观、从革命民主主义到共产主义的转变中已经取得了决定性的胜利。

在马克思完成上述转变的同时,恩格斯通过亲身接触直接的现实斗争生活,也实现了向历史唯物主义法律观的转变。从1844年8月底到10月初,马克思和恩格斯共同创作了《神圣家族》,强调不是公平的观念决定法,而是社会经济关系的运动决定法的现象,并且揭露了资产阶级法律面前人人平等原则的虚伪性。从1845年9月到1846年年初,《德意志意识形态》的写作标志着马克思主义法理学理论体系已初步形成。在这部手稿中,马克思和恩格斯第一次把社会的基本矛盾归于生产力与"交往形式"(即生产关系)之间的矛盾,并且由此出发,第一次比较系统地阐述了历史唯物主义法学基本原理,揭示了法的现象的产生、发展和消亡的规律性,对法的现象的本质和特征、法律的继承性、法律关系从野蛮到文明的发展等一系列法理学领域的重大问题作出了科学的探讨,为后人提供了打开法与法律这一社会现象奥秘的科学钥匙。

从1846年12月底到1847年6月,马克思写作了《哲学的贫困》,批判了蒲鲁东的唯心主义法学观,提出了一个十分重要的历史唯物主义法学命题:"无论是政治的立法或市民的立法,都只是表明和记载经济关系的要求而已。"①1848年2月出版的《共产党宣言》是科学共产主义的第一个纲领性文献,也是闪烁着历史唯物主义法学光辉的重要著作。"《共产党宣言》是第一次全面阐述科学社会主义原理的伟大著作。"《共产党宣言》是一部科学洞见人类社会发展规律的经典著作,是一部充满斗争精神、批判精神、革命精神的经典著作,是一部秉持人民立场、为人民大众谋利益、为全人类谋解放的经典著作。"②在《共产党宣言》中,马克思和恩格斯精辟地阐述了马克思主义法理学的基本原理,揭示了人类社会历史运动的

① 《马克思恩格斯全集》第4卷,人民出版社1958年版,第121—122页。
② 《深刻感悟和把握马克思主义真理力量 谱写新时代中国特色社会主义新篇章》,载《人民日报》2018年4月25日,第1版。

客观规律以及与此密切相关的法的现象的运动规律,分析并揭露了资产阶级法律的阶级本质。《共产党宣言》的问世,也标志着马克思主义法学理论的诞生。

二、马克思主义法理学的发展

1848 年欧洲革命失败以后,马克思从理论上对革命加以总结。从 1850 年开始,马克思陆续写下一些论著,如《1848 年至 1850 年的法兰西阶级斗争》《路易·波拿巴的雾月十八日》《中央委员会告共产主义同盟书》《揭露科伦共产党人案件》等。在这些理论著作中,马克思进一步阐发了社会经济关系对于法的现象的决定作用,揭露了资产阶级国家政治法律制度的虚幻性,分析了资本主义条件下无产阶级的法律斗争,指出建立无产阶级社会主义法制的历史必然性。

在 19 世纪 50—60 年代,马克思创作了《资本论》及其手稿这部饱含法律思想的鸿篇巨著,从而把马克思主义法理学推向新的高峰。在《资本论》及其手稿中,马克思全面系统地分析了构成法的现象基础的社会经济关系,认为一定的法的关系是一定经济条件的法权表述,是经济关系的意志化,离开对经济关系的考察,就无从认识法的现象的本质属性。当然,马克思也看到经济关系并不是决定法的现象的唯一因素,一定的自然条件、种族关系、历史传统等因素,对法的现象也会产生不同程度的影响。

进入 19 世纪 70 年代以后,马克思总结巴黎公社经验,论述了无产阶级专政国家的新型民主和新型法制,强调无产阶级革命不仅要摧毁旧的经济关系领域,改造旧的社会基础,还要从根本上改变全部上层建筑——政治、法律的体系。当然,在这一过程中,摧毁的是国家机器的基本环节即压迫和镇压机关,保留对工人阶级有用的某些机关即执行社会职能的机构。恩格斯批判了蒲鲁东主义的"永恒公平"观,他指出:"……公平则始终只是现存经济关系的或者反映其保守方面,或者反映其革命方面的观念化的神圣化的表现。"[①] 在同拉萨尔主义的论战中,马克思发表了《哥达纲领批判》,深刻地分析了从资本主义向共产主义过渡时期法权现象的性质,进一步揭示了社会经济生活条件对法权现象的决定性作用。

从 19 世纪 70 年代中期到马克思逝世前夕,他以极大的精力研究世界范围内的古代公社历史,阅读各种有关的学术著作,并对其中某些著作作了精心摘录、评注、删节、改造和补充,这些著作被称为马克思晚年的"人类学笔记"。在这些笔记中,马克思分析了古代社会法权关系的本质特征,探讨了公社所有制形态的演变,揭示了国家和法的现象的历史起源的一般规律。

1883 年 3 月 14 日,马克思在自己的住宅里与世长辞。马克思逝世以后,恩格斯勇敢地捍卫了马克思的思想学说,并且根据新的历史条件,先后完成《家庭、私有制和国家的起源》《路德维希·费尔巴哈和德国古典哲学的终结》等著述,从而推进了马克思主义法理学的新发展。

---

① 《马克思恩格斯选集》第 3 卷,人民出版社 2012 年版,第 261 页。

三、马克思主义法理学的伟大革命

以马克思的名字为标志的马克思主义法理学,是一个具有高度科学性和强大生命力的法学理论体系。马克思主义法理学经历了一个曲折复杂的形成与发展过程。正是在这一过程中,马克思主义法理学从纤弱的"嫩芽"成长为一株参天大树,标志着文明社会法学发展史的伟大革命,拓展了文明社会法学发展的崭新天地。

(一)马克思主义法理学的本体论意义

首先,把法的现象放置到整个社会大系统中来考察,科学地确证法的现象在社会系统中的地位。在批判黑格尔唯心主义法哲学观的过程中,马克思把被黑格尔颠倒了的关系再颠倒过来,明确指出不是国家和法决定市民社会,而是市民社会决定国家和法。

其次,对法的现象的本体属性进行逻辑的"思辨",深入分析法的现象与社会生活条件的相互关系。马克思主义法理学关于法的现象的本体属性的命题,绝不是单一的、片面的、局部的、抽象的规定性,而是一个具有多种规定性的分层次的综合性命题。

最后,准确把握法的现象与社会系统之间的相互作用,探讨法的现象相对独立的内在机理,揭示法的现象与经济基础之间存在着的相互作用,考察上层建筑自身内部各个要素之间相互作用的复杂情形。

(二)马克思主义法理学的价值论意义

首先,致力于分析法的现象的功能状态。一方面,法律要发挥特殊的政治职能,即维护掌握国家政权的统治阶级的利益;另一方面,法律又要发挥一般的社会职能,即调整社会生活关系,建立和维护一定的社会生活秩序。当然,前者是以后者为基础的。

其次,把握法权关系发展的社会人类学向度。在马克思看来,人类社会有三种形态,即以人的依赖关系为特征的社会形态、以物的依赖性为基础的人的独立性形态以及自由人的联合体形态,相应地,法权关系也呈现出连续性与阶段性有机统一的发展格局。

最后,深入探求法的现象的价值基础。马克思既强调人是社会的人,又强调社会本身是人的社会,从而奠定了科学的法学价值论的基础。

(三)马克思主义法理学的方法论意义

首先是研究方法,即"从具体到抽象"。马克思主义经典作家从辩证唯物主义和历史唯物主义的科学世界观出发,批判地继承了黑格尔的法哲学方法论思想,提出并坚持唯物主义的"从具体到抽象"的方法论原则。

其次是叙述方法,这是建立法学理论体系的方法,即"从抽象上升到具体"。马克思批判地改造了黑格尔法哲学体系"从抽象上升到具体"的叙述方法,确立了科学的"从抽象上升到具体"的法学体系的叙述方法。在马克思看来,必须把法学作为一个概念、范畴的系统来看待,揭示各个概念、范畴和原理之间的联系、转化以及由简单到复杂的过程。

马克思主义法理学方法论的上述两个方面并不是漠不相关的,而是互相联系的。法学研究方法是法学叙述方法的前提,法学叙述方法则是法学研究方法在思维过程中的再现或

"复归",二者构成马克思主义法理学方法论的完整系统,成为科学的法学思维的辩证法。

四、列宁对马克思主义法理学的继承与发展

在马克思主义法理学的理论宝库中,列宁的法律思想占有十分重要的地位,它是马克思主义法理学在帝国主义和无产阶级革命时代的创造性运用和发展,把马克思主义法理学推进到一个新的历史发展阶段。

在《什么是"人民之友"以及他们如何攻击社会民主党人?》(1894年春夏)、《民粹主义的经济内容及其在司徒卢威先生的书中受到的批评》(1894年底—1895年初)、《俄国资本主义的发展》(1895年底—1899年1月)等一系列重要著述中,列宁深刻阐述了历史唯物主义法律思想的基本原理,揭示了俄国社会法权关系变动的规律性及其内在特征,进而不仅坚定地确立了马克思主义法律观,还丰富了历史唯物主义社会哲学与法哲学的理论内容。首先,列宁运用马克思主义历史唯物主义原理,揭示了法的现象的基本性质,指出作为思想的社会关系和社会意识的存在形式之一的法的现象,属于社会发展的主观方面。它既是对不以人们的意志和意识为转移的物质关系的反映,也是人们维持自身生存的活动方式。其次,列宁探讨了意志自由与历史必然性的关系。他认为,必须深入考察个人的行为及其活动的性质,揭示个人活动与社会环境之间的关联。在阶级社会,离开阶级的观点来谈论自由、平等之类的法权问题,只能导致混乱。最后,列宁辩证地考察了近代俄国社会法权关系变动的历史规律及其特点。一方面,列宁站在历史哲学的高度,对俄国的资本主义改革给予历史性的肯定评价,论证资本主义在俄国发展的可能性。但另一方面,列宁清楚地看到俄国资本主义发展所必然产生的深刻的全面的社会矛盾,明确指出俄国引进的资本主义法制所必然具有的形式与内容的矛盾,强调"必须到俄国社会各个阶级的物质利益中去寻找对于社会思想流派和法律政治制度的解释"[①]。

进入20世纪以来,世界范围内的民主革命浪潮汹涌澎湃。列宁坚持马克思主义的立场、观点与方法,系统阐释和发展了马克思主义国家与法律学说。首先,列宁科学地概括了无产阶级革命政权的鲜明的民主特点。他指出:"无产阶级民主(苏维埃政权就是它的一种形式)在世界上史无前例地发展和扩大了的,正是对大多数居民即对被剥削劳动者的民主。"[②]无产阶级民主是穷人的民主而非富人的民主。其次,列宁深刻地分析了从资本主义到共产主义的过渡阶段无产阶级法权要求的基本特点,进一步阐发了马克思在《哥达纲领批判》中关于过渡时期的思想,认为过渡时期无产阶级的法权要求有着全新的内容、丰富的形式和特殊的任务。最后,列宁精辟地论述了社会主义法制对于保障人民权利的极端重要性。一方面,要运用法律形式全面地确认人民的自由和权利;另一方面,社会主义人权实践不能把重点放在宣布全体人民的权利和自由上,而要切实保证人民群众能够实际参与国家事务管理。

---

① 《列宁全集》第2卷,人民出版社1984年版,第385页。

② 《列宁全集》第35卷,人民出版社1985年版,第247页。

总的看来,列宁在新的历史条件下,密切结合苏俄革命的实际,丰富和发展了马克思主义法理学理论。

第一,列宁深化了历史唯物主义法学理论。这集中地体现在列宁对于历史唯物主义法学理论的方法论原则的理解与阐述方面。在他看来,法的关系既不能从它们本身来理解,也不能从所谓人类精神的一般发展来理解,而是根源于物质生活关系。很显然,列宁从唯物史观方法论原则的高度,深刻地把握了马克思主义历史唯物主义法学的精髓和真谛,从而有力地推动了马克思主义法理学的新发展。

第二,列宁系统阐述了马克思主义国家学说。列宁根据马克思主义国家观,不仅分析了国家的本质、特征和职能,而且揭示了一切资产阶级国家的阶级实质,即政权总是被操纵在资本家手中。列宁特别强调,无产阶级专政学说是马克思主义国家学说的核心,并深入阐述了马克思主义经典作家关于无产阶级专政的思想,极大地丰富了马克思主义的国家学说。

第三,列宁创造性地提出了社会主义法制的基本理论。在马克思主义法学理论发展史上,列宁第一次对社会主义历史条件下的法制建设作了比较系统的阐述,为在经济文化落后的国家建设社会主义法制奠定了思想理论基础。

第二节 马克思主义法理学中国化的进程

20 世纪以来,马克思主义在中国得到广泛传播与深入发展。中国共产党人在领导全国各族人民进行新民主主义革命和社会主义革命、建设与改革的历史进程中,把马克思主义写在自己的旗帜上,坚持马克思主义基本原理与中国革命、建设和改革的具体实际相结合,形成了毛泽东思想和中国特色社会主义理论体系这两大理论成果。历史和实践充分证明,"马克思主义为中国革命、建设、改革提供了强大思想武器,使中国这个古老的东方大国创造了人类历史上前所未有的发展奇迹"[①]。与此同时,伴随着中华民族迎来了站起来、富起来到强起来的伟大飞跃的历史过程,马克思主义法理学中国化的伟大进程波澜壮阔、与时俱进,极大地推动了马克思主义法理学的新发展。

一、第一次历史性飞跃

1919 年五四运动以后,马克思列宁主义日益与中国革命的具体实践相结合,并逐渐形成了标志着马克思主义与中国革命实际相结合的第一次历史性飞跃的毛泽东思想。毛泽东法律思想是毛泽东思想的重要组成部分,是以毛泽东同志为主要代表的中国共产党人运用马克思主义法律观的一般原理来解决中国革命和建设中的法律问题的具体产物,实现了马克思主义法理学中国化进程的第一次历史性飞跃。它不仅揭开了中国法律思想史的崭新篇章,而且为新民主主义和社会主义的法制建设奠定了重要的理论基础。

---

① 习近平:《在纪念马克思诞辰 200 周年大会上的讲话》(2018 年 5 月 4 日),载《人民日报》2018 年 5 月 5 日,第 2 版。

中国是一个东方大国,同其他西方国家的情况差异很大。把马克思主义法理学理论成功地运用到中国这样的国家,需要极大的理论勇气和创造精神。在新民主主义革命时期,毛泽东强调,要根据中国新民主主义革命的实际来建设新民主主义革命的法制,以马克思主义法律观作为观察中国法律状况的工具,分析中国的法律问题,开展新民主主义法制建设。经过不懈的探索实践,新民主主义法制确立了一系列重要的法律原则与法律制度,如工农兵代表大会制度、法律面前一律平等、保障人权、镇压与宽大相结合、死刑复核、管制、男女平等、婚姻自由、审判公开、辩护、人民调解制度等。这些无疑体现了新民主主义法律文化的基本性质,进而为中国社会主义法治发展创造了条件。

1949年新民主主义革命的胜利,催生了当代中国的第一次法律革命。这场法律革命适应全新的社会经济和政治条件的需要,创造了一个全新的政权形式、政府组织和运行机制。毛泽东指出:"总结我们的经验,集中到一点,就是工人阶级(经过共产党)领导的以工农联盟为基础的人民民主专政。"[①]在这一理论指导下,1949年9月中国人民政治协商会议第一次全体会议通过的《中国人民政治协商会议共同纲领》以及《中央人民政府组织法》,对新中国成立初期的国家政权系统作了明确的规定,建立了一个全新的国家政治制度,从而实现了对辛亥革命所创设的资产阶级民主共和国方案的历史性超越。随着我国社会由新民主主义向社会主义的过渡,1954年9月召开的第一届全国人大第一次会议通过了《中华人民共和国宪法》。1954年《宪法》确立了我国社会主义政治、经济、社会制度的基本原则,为社会主义制度在中国的全面确立奠定了根本法基础。在1954年《宪法》的指引下,从1954年9月开始到1956年,国家进入较大规模创制法律的阶段。在这一历史时期,毛泽东认为,在加强民主和法制的过程中,要正确认识和处理两类不同性质的矛盾。在人民民主专政的历史条件下,敌我之间矛盾和人民内部矛盾二者的性质不同,解决的办法也不同。

二、第二次历史性飞跃

以1978年12月中共十一届三中全会为标志,中国开始了改革开放的伟大社会变革,法制也由此进入了一个重建与迅速发展的历史新时期,展开了当代中国法治发展进程中的第二次法律革命。这一法律革命的基本目标,就是要实行依法治国,建设社会主义法治国家。而构成这一法律革命的理论基础,正是邓小平的法治理论。以邓小平同志为主要代表的中国共产党人在探索中国特色社会主义道路的历史过程中,推动马克思主义与当代中国改革开放实际的有机结合,产生了中国特色社会主义理论,进而开启了马克思主义法理学中国化进程的第二次历史性飞跃。

邓小平认为,在中国这样一个经济文化比较落后的东方大国建设社会主义法治,必须始终考虑中国的国情特点,探索出一个具有中国特色的法治发展模式。他精辟地指出:"我们

---

① 《毛泽东选集》第4卷,人民出版社1991年版,第1480页。

的现代化建设,必须从中国的实际出发。无论是革命还是建设,都要注意学习和借鉴外国经验。但是,照抄照搬别国经验、别国模式,从来不能得到成功。"① 只有立足于自己的实际情况和条件,对外来的法律发展经验和模式进行具体的辨析,才能把握中国社会主义法治建设的基本方向和途径,顺利推进中国社会主义法治建设。

邓小平明确指出了当代中国法治建设的基本目标。进入改革开放的历史新时期以后,如何保持党和国家的长治久安?怎样避免"文化大革命"那样的错误重现?这些重大时代课题摆在全党全国人民面前。法治反映了人类文明社会法律制度成长与变迁的基本走向,体现了社会主体从事法律变革的价值理想。邓小平在谈到政治体制改革的目标时指出:"进行政治体制改革的目的,总的来讲是要消除官僚主义,发展社会主义民主,调动人民和基层单位的积极性。要通过改革,处理好法治和人治的关系,处理好党和政府的关系。"② 实现人治社会向法治社会的历史性转变,建设社会主义法治国家,牢固确立法律的权威,是当代中国法制建设的一项时代使命。邓小平反复强调,要保持党和国家的长治久安,避免"文化大革命"那样的历史悲剧重演,就必须从制度上解决问题,确立法制在国家和社会生活中的权威性地位,"还是要靠法制,搞法制靠得住些"③。"为了保障人民民主,必须加强法制。必须使民主制度化、法律化,使这种制度和法律不因领导人的改变而改变,不因领导人的看法和注意力的改变而改变。"④ 在当代中国,将民主制度化、法律化,具有鲜明的时代意义,体现了社会主义法治建设的基本要求,也反映了世界法治变革的一般趋势。

中国共产党第十三届中央委员会第四次全体会议以后,以江泽民同志为主要代表的中国共产党人,运用马克思主义基本原理,科学分析国际国内形势的新变化,深刻总结中国共产党的历史经验,提出了"三个代表"重要思想,正确回答了建设中国特色社会主义法治实践中迫切需要解决的重大问题,促进了马克思主义法理学中国化进程的第二次历史性飞跃。

江泽民指出,中国共产党"必须始终代表中国先进生产力的发展要求,代表中国先进文化的前进方向,代表中国最广大人民的根本利益"⑤。这是对"三个代表"重要思想的集中概括。"三个代表"重要思想蕴含着丰富的马克思主义法理学思想。按照"三个代表"重要思想的要求,必须紧紧把握先进生产力的发展趋势和要求,切实做好法律创制和实施工作,促进先进生产力的发展;必须充分发挥法律的教育示范和引领功能,促进全社会的精神文明建设,弘扬先进文化;必须通过严格执法、公正司法,维护广大人民群众的根本利益。因此,评价当代中国法治建设的基本标尺,说到底要看法律功能的发挥是否促进了先进生产力的发展,是否代表了先进文化的前进方向,是否维护了最广大人民的根本利益。很显然,"三个代表"重要思

---

① 《邓小平文选》第3卷,人民出版社1993年版,第2页。

② 《邓小平文选》第3卷,人民出版社1993年版,第177页。

③ 《邓小平文选》第3卷,人民出版社1993年版,第379页。

④ 《邓小平文选》第2卷,人民出版社1994年版,第146页。

⑤ 江泽民:《论"三个代表"》,中央文献出版社2001年版,第152页。

想把马克思主义法理学中国化的理论探索提高到了一个新水平。正是基于这一总的指导思想,江泽民在《高举邓小平理论伟大旗帜,把建设有中国特色社会主义事业全面推向二十一世纪——在中国共产党第十五次全国代表大会上的报告》中提出了依法治国、建设社会主义法治国家的战略思想,指明了当代中国法治建设的历史性任务。

"三个代表"重要思想对马克思主义法理学中国化的主要理论贡献在于:一是论述了依法治国与党的领导之间的密不可分的关系。在1997年9月的中共十五大报告中,江泽民强调中国共产党是执政党,在整个国家政治与社会生活中处于领导地位。依法治国是党领导人民治理国家的基本方略,与党的根本利益是完全一致的。它是实现党的领导的制度化的基本途径之一,是党的执政方式与领导方式的重大创新。"依法治国把坚持党的领导、发扬人民民主和严格依法办事统一起来,从制度和法律上保证党的基本路线和基本方针的贯彻实施,保证党始终发挥总揽全局、协调各方的领导核心作用。"① 因此,坚持依法治国与坚持党的领导是一个有机统一的整体。二是揭示了市场经济与法治建设之间的内在关联。江泽民紧密结合当代中国经济改革的生动实践,深入分析发展市场经济与加强法治建设之间的相互关系,精辟阐述了社会主义市场经济是法治型经济的重要理论命题。并指出:在建立社会主义市场经济体制的新的历史条件下,要"高度重视法制建设。加强立法工作,特别是抓紧制订与完善保障改革开放、加强宏观经济管理、规范微观经济行为的法律和法规,这是建立社会主义市场经济体制的迫切要求"②。后来,他又进一步指出:"世界经济的实践证明,一个比较成熟的市场经济,必然要求并具有比较完备的法制。"③ 因此,社会主义市场经济体制必须建立在坚实的法治基础之上,必须获得法治的保障。三是阐述了依法治国与以德治国之间相辅相成的互动机理。在建设社会主义法治国家的历史进程中,法治与德治相辅相成,缺一不可。江泽民指出:"法律和道德作为上层建筑的组成部分,都是维护社会秩序、规范人们思想和行为的重要手段,它们相互联系、相互补充。法治以其权威性和强制手段规范社会成员的行为,德治以其说服力和劝导力提高社会成员的思想认识和道德觉悟。道德规范和法律规范应该相互结合,统一发挥作用。"④ 因此,法治与德治是一个有机联系、紧密结合的整体。前者属于政治建设,属于政治文明的范畴;后者则属于思想建设,属于精神文明的范畴。尽管二者范畴不同,在治理国家和社会中的方式与特点不同,但它们的地位和功能都是很重要的,二者相互促进,不可偏废,必须把依法治国与以德治国内在地结合起来,把法治建设与道德建设紧密结合起来。

中共十六大以来,以胡锦涛同志为主要代表的中国共产党人在领导人民全面建成小康社会的伟大实践中,深刻分析当代中国改革开放关键时期出现的新情况新问题,提出并系统阐述了科学发展观的指导思想,大大丰富了马克思主义关于共产党执政规律、社会主义建设

---

① 《江泽民文选》第2卷,人民出版社2006年版,第29页。

② 《江泽民文选》第1卷,人民出版社2006年版,第236页。

③ 《江泽民文选》第1卷,人民出版社2006年版,第511页。

④ 《江泽民文选》第3卷,人民出版社2006年版,第91页。

规律和人类社会发展规律的思想,深化了马克思主义法理学中国化进程的第二次历史性飞跃,开辟了马克思主义法理学中国化进程的新境界。

科学发展观是马克思主义发展理论的崭新升华。在 2007 年 10 月的《高举中国特色社会主义伟大旗帜　为夺取全面建设小康社会新胜利而奋斗——在中国共产党第十七次全国代表大会上的报告》中,胡锦涛深刻阐述了科学发展观的基本内涵,指出:"科学发展观,第一要义是发展,核心是以人为本,基本要求是全面协调可持续,根本方法是统筹兼顾。"[①]科学发展观第一次把以人为本与经济社会发展有机统一起来,把经济发展与社会发展、经济发展与政治发展、经济发展与文化发展以及人与自然的和谐发展诸方面内在地结合起来,从而表明了中国共产党执政理念的新飞跃。以人为本的科学发展观闪烁着马克思主义法哲学的理论光辉。坚持以人为本的科学发展观,可以使我们更好地理解文明社会法治发展的基本尺度,认识到一部法治文明史,充分展示了人的主体性规律,反映了人的价值日益受到重视、弘扬、确证的客观进程;可以使我们更好地理解建设社会主义法治国家的价值准则,深刻体会到在一个法治的社会里,法律不仅应该保障和促进公民权利的实现,而且要创造一个正常的社会生活条件,使个人的合法愿望和尊严能够在这些条件下实现;还可以使我们更好地把握当代中国法治发展的全局,牢固树立发展是第一要义的中国特色社会主义法治发展观,把维护人民利益作为法治发展的根本出发点和落脚点,坚持法治事业的全面协调可持续发展,注重运用统筹兼顾的根本方法妥善解决关系当代中国法治发展全局的重大理论和实践问题。

科学发展观对马克思主义法理学中国化的主要理论贡献在于:第一,提出依法执政观。进入 21 世纪以来,中国共产党人鲜明地提出了依法执政的重大命题。胡锦涛强调:"要适应新形势新任务的要求,不断改革和完善党的领导方式和执政方式,坚持依法治国的基本方略,把依法执政作为党治国理政的一个基本方式,坚持在宪法和法律范围内活动,严格依法办事,善于运用国家政权处理国家事务。"[②]第二,提出和谐法治观。中国共产党第十六次全国代表大会以后,以胡锦涛同志为总书记的党中央审时度势,总揽全局,不失时机地把构建社会主义和谐社会的历史任务,提到全党全国人民面前,这对于保证转型与变革时期中国社会的平稳运行和社会的有效治理至关重要。胡锦涛指出:"我们所要建设的社会主义和谐社会,应该是民主法治、公平正义、诚信友爱、充满活力、安定有序、人与自然和谐相处的社会。"[③]2006 年 10 月召开的中国共产党第十六届中央委员会第六次全体会议通过了《中共中央关于构建社会主义和谐社会若干重大问题的决定》,系统阐述和部署了构建社会主义和谐社会的重大战略任务,对夯实和谐社会的法治基础问题作了突出强调,并且从法治原则、立法工作、法治政府建设、权力制约与监督、司法保障等方面提出了具体的要求。显然,把"民

---

①　胡锦涛:《高举中国特色社会主义伟大旗帜,为夺取全面建设小康社会新胜利而奋斗》(2007 年 10 月 15 日),载《十七大以来重要文献选编》(上),中央文献出版社 2009 年版,第 11—12 页。

②　胡锦涛:《在首都各界纪念全国人民代表大会成立 50 周年大会上的讲话》(2004 年 9 月 15 日),载《十六大以来重要文献选编》(中),中央文献出版社 2011 年版,第 226 页。

③　胡锦涛:《论构建社会主义和谐社会》,中央文献出版社 2013 年版,第 52 页。

主法治"作为社会主义和谐社会的首要特征,鲜明体现了和谐社会的法治要求和法治属性,意味着法治是构建和谐社会的前提,必须把和谐社会构筑在坚实的法治基础之上,在全社会形成崇尚宪法和法律、维护法治尊严和权威的良好氛围。第三,提出社会主义法治理念。2006 年 10 月,中共十六届六中全会《决定》强调,要"树立社会主义法治理念,增强全社会法律意识"①。2007 年 10 月召开的中国共产党第十七次全国代表大会进一步提出,要"树立社会主义法治理念"②。坚持和树立社会主义法治理念,是坚持马克思主义在法学与法律意识形态中的指导地位的必然要求,也是坚持从中国国情出发、走中国特色社会主义政治发展道路的内在需要。

三、第三次伟大飞跃

中共十八大以来,中国特色社会主义进入新时代,以习近平同志为核心的党中央从坚持和发展中国特色社会主义全局出发,形成一系列治国理政新理念、新思想、新战略,把全面推进依法治国、加快建设法治中国放在中国特色社会主义"五位一体"总体布局和"四个全面"战略布局中来把握,作为事关党和国家长治久安的重要议程加以谋划和推进。2013 年 11 月召开的中国共产党第十八届中央委员会第三次全体会议通过了《中共中央关于全面深化改革若干重大问题的决定》,把"完善和发展中国特色社会主义制度,推进国家治理体系和治理能力现代化"作为全面深化改革的总目标,提出"推进法治中国建设"的重大战略任务。③2014 年 10 月召开的中共十八届四中全会,在中国共产党历史上首次以一次全会专题研究全面推进依法治国重大问题,第一次专门作出《中共中央关于全面推进依法治国若干重大问题的决定》,鲜明提出要"坚定不移走中国特色社会主义法治道路",并且把"建设中国特色社会主义法治体系,建设社会主义法治国家"确定为全面推进依法治国的总目标。④2015 年 10 月召开的中国共产党第十八届中央委员会第五次全体会议通过了《中共中央关于制定国民经济和社会发展第十三个五年规划的建议》,提出了"创新、协调、绿色、开放、共享"的新发展理念,强调"法治是发展的可靠保障",要"运用法治思维和法治方式推动发展","加快建设法治经济和法治社会,把经济社会发展纳入法治轨道",并且对全面建成小康社会的新的法治发展目标作了具体设定。⑤全面推进依法治国、加快建设法治中国的重大战略决策部署,在当代中国法治发展进程中具有里程碑性质的重大意义,全面依法治国进入了一个新时代。

---

①　参见《中共中央关于构建社会主义和谐社会若干重大问题的决定》(2006 年 10 月 11 日),载《十六大以来重要文献选编》(下),中央文献出版社 2008 年版,第 652 页。

②　胡锦涛:《高举中国特色社会主义伟大旗帜,为夺取全面建设小康社会新胜利而奋斗》(2007 年 10 月 15 日),载《十七大以来重要文献选编》(上),中央文献出版社 2009 年版,第 22 页。

③　参见《中共中央关于全面深化改革若干重大问题的决定》,人民出版社 2013 年版,第 3、31 页。

④　参见《中共中央关于全面推进依法治国若干重大问题的决定》,人民出版社 2014 年版,第 11 页。

⑤　参见《中共中央关于制定国民经济和社会发展第十三个五年规划的建议》,人民出版社 2015 年版,第 8—9、6、41 页。

　　中共十八大以来,习近平发表了一系列重要讲话,从坚持和拓展中国特色社会主义法治道路的战略高度,深刻阐述了中国特色社会主义法治建设的重大问题,精辟提出了全面推进依法治国、加快建设法治中国的一系列新思想、新论断、新命题和新观点,系统论述了全面依法治国的指导思想、根本性质、基本原则、总体目标、工作重点和前进方向,创造性地形成了具有中国特质的全面依法治国的理论逻辑系统。2017年10月召开的中国共产党第十九次全国代表大会的最重大的历史性贡献,就是确立了习近平新时代中国特色社会主义思想的历史地位,深刻阐述了习近平新时代中国特色社会主义思想的丰富内涵和精神实质,从而为全党全国人民提供了为实现中华民族伟大复兴而奋斗的行动指南,意义重大,影响深远。习近平新时代中国特色社会主义法治思想是习近平新时代中国特色社会主义思想的有机组成部分,是马克思主义法理学中国化进程的最新重大理论成果,实现了马克思主义法理学基本原理与中国具体法治实际相结合的新飞跃。习近平新时代中国特色社会主义法治思想博大精深,内容丰厚,逻辑严密,体系完整,科学论述了新的时代条件下中国特色社会主义法治发展的一系列重大理论与实践问题,对马克思主义法理学在当代中国的创新发展作出了原创性的理论贡献,是当代中国马克思主义法学、21世纪马克思主义法学,充分展现了21世纪中国马克思主义法理学的巨大理论逻辑力量。

　　第一,深入阐释了全面依法治国的战略考量。习近平新时代中国特色社会主义法治思想的一个显著特点,即在于不是就法治论法治,而是注重在中国特色社会主义事业的"五位一体"总体布局和"四个全面"战略布局中悉心思考和筹划全面依法治国,强调"没有全面依法治国,我们就治不好国、理不好政,我们的战略布局就会落空"[1];坚持在推进国家治理体系和治理能力现代化的进程中悉心思考和谋划全面依法治国,指出"法律是治国之重器,法治是国家治理体系和治理能力的重要依托"[2];突出"创新、协调、绿色、开放、共享"的新发展理念对于全面依法治国的引领作用,强调"要深入分析新发展理念对法治建设提出的新要求,深入分析贯彻落实新发展理念在法治领域遇到的突出问题,有针对性地采取对策措施,运用法治思维和法治方式贯彻落实新发展理念"[3];着眼于确保党和国家长治久安这个重大根本问题悉心思考和谋划全面依法治国,指出"全面推进依法治国,是着眼于实现中华民族伟大复兴中国梦、实现党和国家长治久安的长远考虑"[4]。在《决胜全面建成小康社会　夺取新时代中国特色社会主义伟大胜利——在中国共产党第十九次全国代表大会上的报告》中,习近平深刻分析了新时代我国社会主要矛盾的新变化,指出:"中国特色社会主义进入新

　　[1]　习近平:《在省部级主要领导干部学习贯彻党的十八届四中全会精神全面推进依法治国专题研讨班上的讲话》(2015年2月2日),载《习近平关于全面依法治国论述摘编》,中央文献出版社2015年版,第15页。

　　[2]　习近平:《关于〈中共中央关于全面推进依法治国若干重大问题的决定〉的说明》(2014年10月20日),载《十八大以来重要文献选编》(中),中央文献出版社2016年版,第141页。

　　[3]　习近平:《在省部级主要领导干部学习贯彻党的十八届五中全会精神专题研讨班上的讲话》(2016年1月18日),人民出版社2016年版,第39页。

　　[4]　习近平:《在中共十八届四中全会第二次全体会议上的讲话》(2014年10月23日),载《习近平关于全面依法治国论述摘编》,中央文献出版社2015版,第11页。

时代,我国社会主要矛盾已经转化为人民日益增长的美好生活需要和不平衡不充分的发展之间的矛盾。"① 这一重大政治判断准确地反映了当代中国社会发展的阶段性特征,对新时代全面依法治国、建设法治中国具有重大指导作用。在新的时代条件下,一方面,随着人民生活水平明显提高,人民对民主法治、公平正义的需要也在不断增长,愈益期待党和国家通过推进法治领域改革,有力回应人民的法治新需求。另一方面,全面依法治国迈出重大步伐,但法治领域不平衡不充分发展的问题还比较突出。因此,新时代全面依法治国、深化法治改革的出发点和落脚点,就是要悉心把握人民对法治建设的新要求新期待,采取有针对性的依法治国举措,推动新时代中国法治领域更加平衡更加充分地发展,更好地满足人民日益增长的法治新需求。

第二,科学指明了全面依法治国的根本遵循。全面推进依法治国,是一项开创性的伟大事业,必须坚持正确的方向,沿着正确的道路稳步前进。习近平在对中共十八届四中全会《决定》的说明中对坚持中国特色社会主义法治道路作了精辟的阐述,指出四中全会决定"向国内外鲜明宣示我们将坚定不移走中国特色社会主义法治道路"②。中国特色社会主义法治道路,是中国特色社会主义道路及其政治发展道路的有机组成部分,"本质上是中国特色社会主义道路在法治领域的具体体现"③,是中国共产党人在建设中国特色社会主义法治的伟大实践中走出的一条符合中国国情条件的法治发展道路,蕴涵着丰富的理论内涵与实践指向。习近平强调:"全面推进依法治国这件大事能不能办好,最关键的是方向是不是正确、政治保证是不是坚强有力,具体讲就是要坚持党的领导,坚持中国特色社会主义制度,贯彻中国特色社会主义法治理论。"④ 实际上,这三个方面乃是中国特色社会主义法治道路的核心要义。全面依法治国必须坚持中国共产党的领导,"党政军民学,东南西北中,党是领导一切的","必须把党的领导贯彻落实到依法治国全过程和各方面"。⑤ 坚持党对全面依法治国的领导,这是一个不可动摇的重大法治原则。"党和法的关系是一个根本问题,处理得好,则法治兴、党兴、国家兴;处理得不好,则法治衰、党衰、国家衰。""党的领导是中国特色社会主义法治之魂,是我们的法治同西方资本主义国家的法治最大的区别。""党和法、党的领导和依法治国是高度统一的。"⑥ 全面依法治国必须坚持中国特色社会主义制

① 习近平:《决胜全面建成小康社会　夺取新时代中国特色社会主义伟大胜利——在中国共产党第十九次全国代表大会上的报告》(2017年10月18日),人民出版社2017年版,第11页。

② 习近平:《关于〈中共中央关于全面推进依法治国若干重大问题的决定〉的说明》(2014年10月20日),载《十八大以来重要文献选编》(中),中央文献出版社2016年版,第147页。

③ 习近平:《在省部级主要领导干部学习贯彻党的十八届四中全会精神全面推进依法治国专题研讨班上的讲话》(2015年2月2日),载《习近平关于全面依法治国论述摘编》,中央文献出版社2015年版,第35页。

④ 习近平:《关于〈中共中央关于全面推进依法治国若干重大问题的决定〉的说明》(2014年10月20日),载《十八大以来重要文献选编》(中),中央文献出版社2016年版,第146页。

⑤ 习近平:《决胜全面建成小康社会　夺取新时代中国特色社会主义伟大胜利——在中国共产党第十九次全国代表大会上的报告》(2017年10月18日),人民出版社2017年版,第20、22页。

⑥ 习近平:《在省部级主要领导干部学习贯彻党的十八届四中全会精神全面推进依法治国专题研讨班上的讲话》(2015年2月2日),载《习近平关于全面依法治国论述摘编》,中央文献出版社2015年版,第33、35、36页。

度，"我们要建设的中国特色社会主义法治体系,本质上是中国特色社会主义制度的法律表现形式"①。全面依法治国必须贯彻中国特色社会主义法治理论,"中国特色社会主义法治理论是中国特色社会主义法治体系的理论指导和学理支撑,是全面推进依法治国的行动指南"②。

　　第三,深刻阐明了全面依法治国的基本方略。在中共十九大报告中,习近平把中共十八大以来党中央治国理政的战略谋划和崭新实践,凝练地概括为新时代坚持和发展中国特色社会主义的基本方略,使之成为新时代中国特色社会主义在行动纲领层面的表述。新时代坚持和发展中国特色社会主义的基本方略由"十四个坚持"组成,它们之间相互联系、紧密结合,构成了一个内在统一、不可分割的新时代中国治国理政方略的有机整体。在这个施政方略的大系统中,"坚持全面依法治国"基本方略③集中体现了习近平新时代中国特色社会主义法治思想的核心要义,深刻把握了新时代中国特色社会主义法治发展的基本规律,充分反映了新时代坚持和发展中国特色社会主义法治事业的时代要求,为在新的历史条件下全面推进依法治国、加快建设法治中国提供了基本准则。习近平始终立足于中国的国情条件,注重从历史、现实与未来相统一的战略高度,针对当代中国法治建设中的突出问题,统筹谋划全面依法治国的总体思路,深刻把握全面依法治国的推进布局,提出了一系列运筹全面依法治国的重要法治方略思想。把握全面依法治国的基本定位,着眼于新时代坚持和发展中国特色社会主义的伟大事业,强调"全面依法治国是中国特色社会主义的本质要求和重要保障"④。把握全面依法治国的总抓手,将建设中国特色社会主义法治体系称为全面推进依法治国的"总抓手",强调"依法治国各项工作都要围绕这个总抓手来谋划、来推进"⑤,"加快形成完备的法律规范体系、高效的法治实施体系、严密的法治监督体系、有力的法治保障体系,形成完善的党内法规体系"⑥。把握全面依法治国的工作布局,指出要"坚持依法治国、依法执政、依法行政共同推进,坚持法治国家、法治政府、法治社会一体建设"⑦,在共同推进上着力,在一体建设上用劲。把握全面依法治国的宪法要求,强调"依法治国,首先是依宪治国;依

---

　　① 习近平:《在省部级主要领导干部学习贯彻党的十八届四中全会精神全面推进依法治国专题研讨班上的讲话》(2015年2月2日),《习近平关于全面依法治国论述摘编》,中央文献出版社2015年版,第35页。

　　② 习近平:《关于〈中共中央关于全面推进依法治国若干重大问题的决定〉的说明》(2014年10月20日),载《十八大以来重要文献选编》(中),中央文献出版社2016年版,第146页。

　　③ 习近平:《决胜全面建成小康社会　夺取新时代中国特色社会主义伟大胜利——在中国共产党第十九次全国代表大会上的报告》(2017年10月18日),人民出版社2017年版,第22页。

　　④ 习近平:《决胜全面建成小康社会　夺取新时代中国特色社会主义伟大胜利——在中国共产党第十九次全国代表大会上的报告》(2017年10月18日),人民出版社2017年版,第22页。

　　⑤ 习近平:《关于〈中共中央关于全面推进依法治国若干重大问题的决定〉的说明》(2014年10月20日),载《十八大以来重要文献选编》(中),中央文献出版社2016年版,第147—148页。

　　⑥ 习近平:《加快建设社会主义法治国家》(2014年10月23日),载《十八大以来重要文献选编》(中),中央文献出版社2016年版,第187页。

　　⑦ 习近平:《关于〈中共中央关于全面推进依法治国若干重大问题的决定〉的说明》(2014年10月20日),载《十八大以来重要文献选编》(中),中央文献出版社2016年版,第147页。

法执政,关键是依宪执政"①。把握全面依法治国的重点任务,指出要"着力推进科学立法、严格执法、公正司法、全民守法"②,在重点方面和关键环节上加大工作力度,协调配套展开。把握全面依法治国的统筹机制,强调要"坚持依法治国和以德治国相结合,依法治国和依规治党有机统一"③。这充分表明全面依法治国是一个庞大的系统工程,必须整体谋划,统筹兼顾。

第四,着力构架了全面依法治国的战略安排。中共十九大报告的一个重大理论贡献,就是深刻反映了中国特色社会主义进入新时代的运动逻辑,勾画了从全面建成小康社会到基本实现现代化再到全面建成社会主义现代化强国的发展图式,习近平称之为"新时代中国特色社会主义发展的战略安排"④。这一战略安排具有鲜明的法治发展指向,提出了推进新时代中国法治现代化的新"三步走"战略构想,从而指明了全面建设法治中国的宏伟愿景。第一步,到 2020 年全面建成小康社会。根据《中共中央关于制定国民经济和社会发展第十三个五年规划的建议》对于全面建成小康社会法治发展目标的战略构想,到那时,"各方面制度更加成熟更加定型。国家治理体系和治理能力现代化取得重大进展,各领域基础性制度体系基本形成。人民民主更加健全,法治政府基本建成,司法公信力明显提高。人权得到切实保障,产权得到有效保护"⑤。第二步,从 2020 年到 2035 年基本实现现代化。到那时,在政治建设与法治发展领域,"人民平等参与、平等发展权利得到充分保障,法治国家、法治政府、法治社会基本建成,各方面制度更加完善,国家治理体系和治理能力现代化基本实现"⑥。第三步,从 2035 年到 21 世纪中叶全面建成富强民主文明和谐美丽的社会主义现代化强国。到那时,在政治与法治发展领域,我国社会主义政治文明"将全面提升,实现国家治理体系和治理能力现代化"⑦。法治文明是政治文明的重要内容。我国政治文明的全面提升,必然意味着在这一进程中我国法治文明历时地得到全面提升。法治现代化是国家治理现代化的有机组成部分,二者内在联系、不可分割,处于同一个历史过程之中。中国国家治理现代化的实现,同样表明中国法治现代化的全面实现。因此,习近平在中共十九大报告中对中国现代化进程中第二个百年奋斗目标的崭新的重大战略设计,凝聚着当代中国共产党人加快推进

① 习近平:《在首都各界纪念现行宪法公布施行三十周年大会上的讲话》(2012 年 12 月 4 日),载《十八大以来重要文献选编》(上),中央文献出版社 2014 年版,第 91 页。

② 习近平:《加快建设社会主义法治国家》(2014 年 10 月 23 日),载《十八大以来重要文献选编》(中),中央文献出版社 2016 年版,第 189 页。

③ 习近平:《决胜全面建成小康社会　夺取新时代中国特色社会主义伟大胜利——在中国共产党第十九次全国代表大会上的报告》(2017 年 10 月 18 日),人民出版社 2017 年版,第 22 页。

④ 习近平:《决胜全面建成小康社会　夺取新时代中国特色社会主义伟大胜利——在中国共产党第十九次全国代表大会上的报告》(2017 年 10 月 18 日),人民出版社 2017 年版,第 29 页。

⑤ 《中共中央关于制定国民经济和社会发展第十三个五年规划的建议》,载《十八大以来重要文献选编》(中),中央文献出版社 2016 年版,第 791—792 页。

⑥ 习近平:《决胜全面建成小康社会　夺取新时代中国特色社会主义伟大胜利——在中国共产党第十九次全国代表大会上的报告》(2017 年 10 月 18 日),人民出版社 2017 年版,第 28 页。

⑦ 习近平:《决胜全面建成小康社会　夺取新时代中国特色社会主义伟大胜利——在中国共产党第十九次全国代表大会上的报告》(2017 年 10 月 18 日),人民出版社 2017 年版,第 29 页。

中国现代化的坚韧不拔、锲而不舍的战略意志和坚定决心,描绘了一幅新时代中国法治现代化进程的恢宏画卷。

第五,辩证揭示了全面依法治国的动力机制。在当代中国,"改革和法治如鸟之两翼、车之两轮"①。法治发展进程与法治改革进程是内在地结合在一起的。习近平始终把推进法治领域改革作为统筹全面依法治国这件大事的重大议程加以谋划和推进,强调全面依法治国"是国家治理领域一场广泛而深刻的革命",因而必须"坚定不移推进法治领域改革,坚决破除束缚全面推进依法治国的体制机制障碍"。②因此,坚定不移推进法治领域改革,有效破解法治实践中存在的法治难题,努力克服影响法治发展的体制性、机制性、保障性障碍,进而推动中国特色社会主义法律制度的自我完善和发展,这是全面推进依法治国、加快建设法治中国的深厚动力基础和重大战略任务。中共十八大以来,随着全面深化改革的迅速推进,当代中国法治改革进入了一个全方位的深化发展的新的历史阶段。此外,对于正在走向现代法治社会的中国来说,高度重视法治发展中的本土资源,努力推动传统法律文化的创造性转换,乃是全面推进依法治国的深厚文化动力。习近平强调,在建设法治中国的历史进程中,固然"要学习借鉴世界上优秀的法治文明成果",但是,"学习借鉴不等于是简单的拿来主义,必须坚持以我为主、为我所用,认真鉴别、合理吸收"。更为重要的是,要立足本国法治国情,"注意研究我国古代法制传统和成败得失,挖掘和传承中华法律文化精华,吸取营养、择善而用"③,推动优秀传统法律文化与现实法律文化的相融相通,进而实现中国法治现代化。

第六,坚持统筹国内法治和国际法治两个大局,推进全球治理体制变革。当今世界正处在一个全球性治理体系重构的历史进程之中。中共十八大以来,习近平悉心把握文明社会历史发展大势,深入思考"建设一个什么样的世界、如何建设这个世界"这一关乎人类前途命运的重大时代论题,形成了构建人类命运共同体的思想理论体系。在法治领域,要正确处理国内法治与国际法治的关系,更好地运用国内规则和国际规则两个规则体系维护我国的合法利益,为中国的繁荣富强、持续稳定发展创造更为有利的条件。推动国际关系民主化、法治化、合理化,是推进全球治理格局、治理体制、治理规则变革的重要抓手和实践路径。世界的命运必须由各国人民共同掌握,世界上的事情应该由各国政府和人民共同商量来办;在国际关系中普遍遵守国际法和公认的国际关系基本原则,用统一适用的规则来明是非、促和平、谋发展;体现各方关切和诉求,适应国际力量对比的新变化,更好维护新兴市场国家和广大发展中国家的正当权益。中国应更加主动、更有作为地参与或主导国际规则的制定、实施和适用,提高中国在国际事务中的话语权。

在当代全球化浪潮的激荡下,新时代中国的社会变革正在以空前的广度和深度波澜壮

---

① 习近平:《在庆祝中国共产党成立95周年大会上的讲话》(2016年7月1日),人民出版社2016年版,第17页。

② 习近平:《加快建设社会主义法治国家》(2014年10月23日),载《十八大以来重要文献选编》(中),中央文献出版社2016年版,第191—192页。

③ 习近平:《加快建设社会主义法治国家》(2014年10月23日),载《十八大以来重要文献选编》(中),中央文献出版社2016年版,第186—187页。

阔地展开。这场伟大变革的进程已经并且将继续深刻地改变着中国社会的基本面貌,导引着中国社会的未来发展走向。全面推进依法治国、加快建设法治中国的伟大实践,不仅构成这个伟大变革时代的强劲的主旋律,还对 21 世纪中国马克思主义法理学发展提出新的重大理论需要,注入新的强大动力,推动 21 世纪中国马克思主义法理学紧随着时代的脚步不断丰富和发展,进而成为新时代中国特色社会主义法治事业的伟大理论工具。正如恩格斯所说:"马克思的整个世界观不是教义,而是方法。它提供的不是现成的教条,而是进一步研究的出发点和供这种研究使用的方法。"① 习近平也指出:"马克思主义尽管诞生在一个半多世纪之前,但历史和现实都证明它是科学的理论,迄今依然有着强大生命力。""马克思主义是随着时代、实践、科学发展而不断发展的开放的理论体系,它并没有结束真理,而是开辟了通向真理的道路。""马克思主义中国化取得了重大成果,但还远未结束。我国哲学社会科学的一项重要任务就是继续推进马克思主义中国化、时代化、大众化,继续发展 21 世纪马克思主义、当代中国马克思主义。"② 毫无疑问,马克思主义法理学绝不是自我封闭的僵化体系,它因立足于社会实践生活的激流之中而永葆青春活力。"马克思主义法学原理必须随着社会现实和法治实践的发展而发展;思想理论僵化和法学教条主义则是马克思主义法学原理发展的主要障碍,必须坚决摒弃。"③"时代是思想之母,实践是理论之源。"④ 马克思主义法理学的产生和发展历程以及马克思主义法理学中国化的进程充分表明:只有把马克思主义法理学的基本原理同具体的时代条件和本国的基本国情密切结合起来,并加以创造性地应用,才能推动马克思主义法理学的新发展新飞跃。我们要用马克思主义法学基本原理和发展着的当代中国马克思主义法理学指导法学理论研究和全面推进法治中国建设的伟大实践,着眼于当代中国发展着的马克思主义法理学的实际运用,推动 21 世纪中国马克思主义法理学在新的时代条件下不断丰富和创新发展,保持马克思主义法理学的强大生命力,为建设中国特色、中国风格、中国气派的马克思主义法学理论体系而不懈奋斗。

小结

马克思主义法理学经历了一个曲折复杂的形成与发展过程。它的诞生标志着文明社会法学发展史上的伟大革命。这不仅体现在法学本体论和法学价值论上,也体现在法学方法论上。列宁在新的时代条件下,密切结合苏俄革命的实际,丰富和发展了马克思主义法理学理论。20 世纪以来,中国共产党人把马克思主义普遍原理与中国革命、建设和改革的具体实际相结合,形成了毛泽东思想和中国特色社会主义理论体系这两个重大理论成果,推动了

---

① 《马克思恩格斯全集》第 39 卷(上册),人民出版社 1974 年版,第 406 页。

② 习近平:《在哲学社会科学工作座谈会上的讲话》(2016 年 5 月 17 日),人民出版社 2016 年版,第 8—13 页。

③ 李步云、高全喜主编:《马克思主义法学原理》,社会科学文献出版社 2014 年版,第 4 页。

④ 习近平:《决胜全面建成小康社会 夺取新时代中国特色社会主义伟大胜利——在中国共产党第十九次全国代表大会上的报告》(2017 年 10 月 18 日),人民出版社 2017 年版,第 26 页。

马克思主义法理学中国化的历史进程。习近平新时代中国特色社会主义法治思想的创立，标志着21世纪中国马克思主义法理学的新飞跃。

思考题

1. 为什么说马克思主义法理学的产生是文明社会法学史上的伟大革命？

2. 列宁对马克思主义法理学的发展作出了哪些重要贡献？

3. 如何理解马克思主义法理学中国化进程的第一次历史性飞跃？

4. 如何理解马克思主义法理学中国化进程的第二次历史性飞跃？

5. 为什么说习近平新时代中国特色社会主义法治思想标志着21世纪中国马克思主义法理学的新飞跃？

第二编 | 法理学基本概念

　　科学研究是最高的理性认识。理性认识的发生和发展是一个形成概念并将概念序列化、体系化的过程。概念是理论的载体，概念的形成和发展过程同时也是理论和理论体系形成和发展的过程。"属于科学发明的事务中，最奇妙的就是科学概念。它们实际上是科学思维和对话的尖端工具和高超技术。"[①] 科学概念以其内涵和外延的确定性标准促进认识的精确化和精细化，以其包容的想象力、新思维、新视野推进认识的拓展和深化，以其对事物本质和客观世界规律的正确反映指导人们的行为、提高人们实践活动的自觉性和能动性。

　　法理学之所以是科学，其重要标志之一就在于形成了一个内容丰富、逻辑严谨的概念体系和理论体系。本编所分析的法（法律）、法的渊源和效力、法律体系、法的要素、权利和义务、法律行为、法律关系、法律责任都是法理学和整个法学体系的基本概念（基本范畴）。它们之所以是基本概念（基本范畴），就在于法理学和法学的其他概念只有从它们特别是权利和义务这对中心范畴中获得其语义和意义，才能获得其完全科学的意义。

---

① ［美］M.W. 瓦托夫斯基：《科学思想的概念基础——科学哲学导论》，范岱年等译，求实出版社 1982 年版，第 12 页。

第四章　法、法律

法,国之权衡也,时之准绳也;权衡所以定轻重,准绳所以正曲直。

——(唐)吴兢[1]

法的概念是法理学和整个法学的核心问题,也可以说是法的本体论问题。法理学只有科学阐释了法的概念问题,才能建立相应的法学理论体系,并为进一步解决法学的所有问题提供理论前提。法的概念问题涉及法和法律的语义、法的本质、法的基本特征、法的作用等,涉及法与国家、阶级、社会物质生活条件等的关系。对法的概念问题的回答历来是划分各种不同法学流派的主要依据和标准,也是马克思主义法理学区别于其他法理学的主要之点。

---

[1] 吴兢(670—749),汴州浚仪(今河南开封)人,唐代史学家。本题记选自(唐)吴兢:《贞观政要·公平》,载骈宇骞、骈骅译注:《贞观政要》,中华书局2009年版,第150页。

第一节   "法""法律"的语义分析

一、古今汉语中的"法"和"法律"

据我国历史上第一部字书——东汉许慎著的《说文解字》的考证,汉语中"法"的古体是"灋"。"灋,刑也,平之如水,从水;廌,所以触不直者去之,从去。"[1] 这一解释表明:第一,在有比较确凿的史料支撑的前提下,至少从东汉上溯到西周时代,"法"和"刑"是通用的。古代的"刑"字,既有刑戮、罚罪之意,也有规范之意。第二,"平之如水,从水。"对此有两种解释:一说认为法有公平之意;另一说认为法有驱逐、裁判之功能,即置罪者于水上,使之随流漂去。第三,"廌,所以触不直者去之,从去。"这表明法有"明断曲直"之意或"神明裁判"之威严。据说廌是一种独角神兽,性中正,辨是非,审判时被廌触者即为败诉或有罪,其"性知有罪,……有罪则触,无罪则不触"。我国法律史学家蔡枢衡对"灋"字有新解,认为"灋"的古音为"废(fèi)",等于"禁止",故法有禁止之意。但这种解释在词源学上尚难以认证。

在古代文献中,"法"除与"刑"通用外,也往往与"律"通用。据《尔雅·释诂》记载,在秦汉时期,"法"与"律"二字已同义,都有常规、均布、划一的意思。《唐律疏议》更明确指出:"法亦律也,故谓之为律。"书中又称,战国时李悝"集诸国刑典,造《法经》六篇……商鞅传授,改法为律"[2]。"法"与"律"复合,作为独立合成词"法律",虽在古代文献中偶尔出现过,但主要是近现代的用法。清末以来,"法"与"法律"是并用的。

在现代汉语中,"法律"一词有广义和狭义两种用法。广义的"法律"指法律的整体。例如,就我国现在的法律而论,它包括宪法、全国人大及其常委会制定的法律、国务院制定的行政法规、地方国家权力机关制定的地方性法规以及民族自治地方的人民代表大会制定的自治条例和单行条例等。狭义的法律仅指全国人大及其常委会制定的法律。为加以区别,学者们有时把广义的法律称为"法",把狭义的法律称作"法律",但在很多场合下,根据约定俗成的原则和话语习惯,"法"与"法律"是通用的,如"改革于法有据""权大还是法大""法律体系""宪法法律至上""法无明文规定不为罪"等。

二、西文中的"法"和"法律"及相关概念

在西文中,含有"法""法律"语义的词更为复杂。除英语中的 law 一词同汉语中的"法律"对应外,在欧洲大陆各主要民族语言中,广义的法律(法)与狭义的法律分别用两个不同的词来表达,如拉丁文的 jus 和 lex、法文中的 droit 和 loi、德文中的 Recht 和 Gesetz 等。特别值得注意的是,jus、droit、Recht 等词语不仅有"法"的意思,而且都兼有权利、公平、正义等含义。西方一些学者为了区别起见,不得不在这些词语的前边加上"客观的"或"主观

---

[1] (东汉)许慎:《说文解字》,中华书局 1985 年版,第 326 页。

[2] (唐)长孙无忌等:《唐律疏议》,刘俊文点校,中华书局 1983 年版,第 2 页。

的"作为定语,于是有"客观法"和"主观法"的称谓。所谓"客观法",指抽象的、不依个人的主观意志和行为而客观存在的法律规范;所谓"主观法",则指属于主体的并需通过主体的活动而实现的合法权利。正如耶林所言:"众所周知,Recht 这个词是在双重意义上被使用的,即客观意义和主观意义。客观意义的法(das Recht im objektiven Sinn)是由国家执行的法律规则的总和,即生活的制定法秩序;主观意义上的法(das Recht im subjektiven Sinn)是抽象规则具体化为个人的具体权利。"[①] 主观法与客观权利的纠葛,是西方"法"之特色。

还有些学者把"法"和"法律"二元化,使之成为对立的范畴。在他们看来,法指的是永恒的、普遍有效的正义原则和道德公理,而法律则指由国家机关制定和颁布的具体行为规则;法律是法的真实或虚假的表现形式。如西塞罗认为:"那种最高的法律适用于所有时代,产生于任何成文法之前。"[②] 阿奎那说:"人所制定的法律在其源于自然法的意义上具有法的效力。但是,如果它在任何一点上偏离了自然法,就不再是法而是法的误用。"[③] 这种二元结构是西方法律文化中特有的。它是"自然法"(理想法、正义法、应然法)与"实在法"(现实法、国家法、实然法)对立观念的法哲学概括。

还应注意的是,"法"和"法律"除作为法学上的用语外,有时也被扩大使用于其他领域,如党规党法、厂规厂法、道德法庭、章法等。在西文中,法还有规律、法则、定律等含义。

以上对"法"的词源和词义的考证和比较,只是简要说明了"法"作为一个文化符号的演化过程,揭示它所标识的事物及其本质和特征,则是法理学的重要任务。

第二节 法 的 本 质

一、马克思主义经典作家关于法的本质的论述

关于法的本质,资产阶级法学家有过各种各样的论述,其中具有代表性的有意志说、命令说、规则说、判决说、行为说、社会控制说、事业说等。资产阶级法学家关于法的本质的论述总体上是以唯心主义或形而上学为其哲学基础的,具有形式主义或神秘主义的特点,他们或者从法的表面现象来论述法的本质,或者从先验的精神世界寻找法的本质,其要害是用似是而非的言辞和定义掩盖资本主义社会法的资产阶级本质。

马克思主义经典作家认为,本质与现象是一对范畴。任何事物都有本质和现象两个方面,本质是事物的内部联系,现象是事物的外部表现。这两个方面是密不可分的,本质总要通过一定的现象表现出来,而现象总是本质的显现。把这一辩证法的原理运用于法学研究,可以说"法的本质"与"法的现象"是一对范畴,它们分别从法的内部依据和法的外部显现两个方面揭示法现象。法的现象是法的外部联系和表面特征,是外露的、多变的,通过经验

---

① [德]耶林:《为权利而斗争》,郑永流译,商务印书馆 2016 年版,第 99 页。

② [古罗马]西塞罗:《论法律》,王焕生译,上海人民出版社 2006 年版,第 35 页。

③ [意]阿奎那:《论法律》,杨天江译,商务印书馆 2016 年版,第 82—83 页。

的、感性的认识就能了解到。法的本质则深藏于法的现象背后,是法存在的基础和变化的决定性力量,是深刻的、稳定的,不可能通过感官直接把握,需要通过抽象思维来把握。对此,马克思在《资本论》中的论断一针见血,"如果事物的表现形式和事物的本质会直接合而为一,一切科学就都成为多余的了"①。而一些西方法学家和思想家或者看不到这一点,习惯于停留在表面现象就法论法;或者把法的现象等同于法的本质;或者到虚无缥缈的"宇宙精神""自然命令"或人的心灵世界中寻找法的本质。所以,他们从未真正发现法的本质。马克思主义创始人对法学的主要贡献在于从辩证唯物主义和历史唯物主义出发,科学地揭示了法的本质及其发展规律。

马克思在对黑格尔的法哲学进行批判性研究的过程中深刻地指出,"法的关系正像国家的形式一样,既不能从它们本身来理解,也不能从所谓人类精神的一般发展来理解,相反,它们根源于物质的生活关系"②。之后,马克思和恩格斯在《德意志意识形态》中明确指出:国家是统治阶级的各个人借以实现其共同利益的形式,这些"占统治地位的个人除了必须以国家的形式组织自己的力量外,他们还必须给予他们他们自己的由这些特定关系所决定的意志以国家意志即法律的一般表现形式"③。在《共产党宣言》中论述资产阶级观念时,他们更为明确地指出:"你们的观念本身是资产阶级的生产关系和所有制关系的产物,正像你们的法不过是被奉为法律的你们这个阶级的意志一样,而这种意志的内容是由你们这个阶级的物质生活条件来决定的。"④马克思主义创始人的这些不断明确和深化的论述不仅揭示出剥削阶级社会的法的本质,而且提供了认识法的本质的一般科学方法。

马克思主义经典作家关于法的本质的论述与资产阶级法学家关于法的本质的种种观点,形成鲜明对照。第一,马克思主义经典作家的论述揭示了法与统治阶级的内在关系。虽然在资产阶级法学家的论述中,对法是意志的体现、法以利益为基础、法是调整社会关系的准则等方面都论述到了,但这些论述都没有把法与统治阶级联系起来,并未揭示出法是统治阶级意志的体现,是以统治阶级利益为出发点和落脚点的,是从统治阶级的立场,根据统治阶级的利益主张和价值标准,来调整社会关系的,因而都没有抓住法的本质或实质。马克思主义经典作家的论述则做到了这一点,从而为人们理解法的本质提供了一把金钥匙,其意义不亚于"剩余价值学说"对于经济学的革命性意义。第二,马克思主义经典作家的论述揭示了法与国家的必然联系。法与国家的关系是法学的一个原则问题。这个问题不解决,就不可能科学地说明法的问题。资产阶级法学家从来没有很好地解决这个问题,他们往往把那些与国家没有直接联系的社会规范(非出自国家的社会规范)当作法,混淆了法与非法的界限,同时掩盖了资本主义国家的阶级本质。第三,马克思主义经典作家的论述揭示了法与社会生产方式的因果联系。资产阶级法学家往往在抽象的"人性""精神世界"或"权力意志"

---

① 《马克思恩格斯文集》第7卷,人民出版社2009年版,第925页。

② 《马克思恩格斯选集》第2卷,人民出版社1995年版,第32页。

③ 《马克思恩格斯全集》第3卷,人民出版社1960年版,第378页。

④ 《马克思恩格斯文集》第2卷,人民出版社2009年版,第48页。

之中寻找法的本源。与他们不同,马克思主义经典作家则深入法的背后寻找法的本源,揭示法的本质,指出法的关系既不能从它们本身来理解,也不能从人类精神的一般发展来理解,"只有理解了每一个与之相应的时代的物质生活条件,并且从这些物质条件中被引申出来的时候,才能理解"①。由于揭示了法与统治阶级、国家、社会物质生活条件的必然联系,马克思主义经典作家的论述推进了法学理论的根本变革。

二、法的阶级本质

根据马克思主义创始人关于法的阶级本质的一系列论述,我国法学界一般以"法是统治阶级意志的体现"来表述法的本质。此处的"统治阶级",泛指在经济、政治、意识形态上占支配地位的阶级,在剥削阶级社会分别指奴隶主阶级、封建地主阶级、资产阶级,在社会主义社会则指全体人民。

"法是统治阶级意志的体现"这一命题包含着丰富而深刻的思想内容。

第一,法是"意志"的体现。法是人们意识活动的产物,是立法者意志的直接反映,因此,法是意志的体现。那么,什么是意志呢? 意志是指为达到某种目的(如满足一种要求、获得某种利益)而产生的自觉的心理状态和心理过程,是支配人的思想和行为并影响他人的思想和行为的精神力量。意志的形成和作用在一定程度上受世界观和价值观的影响,归根到底受制于客观规律。意志作为一种心理状态和心理过程、一种精神力量,本身并不是法,只有表现为国家机关制定的法律、法规等规范性文件后才是法。"在这种关系中占统治地位的个人,除了必须把自己的力量构建成国家外,还必须使他们的由这些特定关系所决定的意志具有国家意志即法律这种一般表现形式。"② 所以说,法是意志的反映、意志的结果、意志的产物。正因为法是意志的产物,才可以说法属于社会结构中的上层建筑。

第二,法是"统治"阶级意志的反映。把法看作一种意志的反映,并不是马克思主义的首创,如果停留在这里,就不是马克思主义。在马克思主义产生之前,很多思想家就曾经说过法是"神的意志""民族意志""公共意志""主权者的意志"等,但是马克思主义创始人首次指出法是统治阶级的意志的表现或反映,是被奉为法律的统治阶级意志。这就揭露了法的阶级本质,驱散了笼罩在法的本质问题上的迷雾。所谓"统治阶级",就是掌握国家政权的阶级。因此,"法律就是取得胜利并掌握国家政权的阶级的意志的表现"③。不过,需要指出,虽然统治阶级意志是由统治阶级的根本利益和整体利益决定的,但其形成和调节也必然受到被统治阶级的制约。统治阶级在制定法律时,不能不考虑被统治阶级的承受能力、现实的阶级力量对比以及阶级斗争的形势,也不能不考虑在实行阶级统治的同时,执行某些公共事务职能和社会职能。正如恩格斯指出的,"政治统治到处都是以执行某种社会职能为

---

① 《马克思恩格斯选集》第 2 卷,人民出版社 1995 年版,第 38 页。

② [德]马克思、恩格斯:《德意志意识形态》(节选本),人民出版社 2003 年版,第 108 页。

③ 《列宁全集》第 16 卷,人民出版社 1988 年版,第 292 页。

基础,而且政治统治只有在它执行了它的这种社会职能时才能持续下去"①。统治阶级意志上升为国家意志、被奉为法律之后,在其实施过程中还会遇到来自被统治阶级的阻力。这种阻力会作为一种反馈信息,促使统治阶级调节其立法政策和法律规定。过去,受"左"的思潮的影响,人们对此视而不见或讳莫如深,是不正确的。必须指出的是,统治阶级意志的内容是丰富的,不能简单地把统治阶级意志归结于阶级斗争意志,更不能把阶级斗争等同于镇压(杀、关、管)。当然,应当清楚地看到,在任何情况下,被统治阶级的意志都不可能作为独立的意志直接体现在法律里面。它只有经过统治阶级的筛选,被吸收到统治阶级的意志之中,转化为统治阶级的国家意志,才能反映到法律中。所以,归根到底,法是统治阶级意志的体现。

第三,法是统治"阶级"的意志的反映。法所反映的意志是统治阶级的阶级意志,即统治阶级的共同意志。有些思想家在谈到法的意志性时,往往说法是"统治者"或"强者"的意志,这是非常含糊的。马克思主义认为,法不论是由统治阶级的代表集体制定的,还是由最高政治权威个人发布的,所反映的都是统治阶级的阶级意志,代表着统治阶级的整体利益,而不纯粹是某个人的利益,更不是个别人的任性。当然,统治阶级的共同意志并不是统治阶级内部各个成员的意志的简单相加,而是由统治阶级的正式代表以这个阶级的共同的根本利益为基础所集中起来的一般意志。也就是说,法所体现的是统治阶级的"公意",而不是统治阶级的"众意"。统治阶级的意志虽不是个人意志的简单相加,但也没有脱离个人的意志而产生和存在。正如马克思和恩格斯所指出的:统治者中的所有个人"通过法律形式来实现自己的意志,同时使其不受他们之中任何一个单个人的任性所左右……由他们的共同利益所决定的这种意志的表现,就是法律"②。

第四,法是"被奉为法律"的统治阶级的意志。马克思和恩格斯指出,法是"被奉为法律"的统治阶级意志,这意味着统治阶级意志本身也不是法,只有"被奉为法律"后才是法。"奉为法律",就是统治阶级经过国家机关把自己的意志上升为国家意志,并客观化为法律规定。正如马克思和恩格斯所指出的,"一切共同的规章都是以国家为中介的,都获得了政治形式"③。而国家"照例是最强大的、在经济上占统治地位的阶级的国家"④。我们注意到,马克思和恩格斯在这些论述中使用的是"法律"。他们之所以用"法律",是由于法律是法的"一般表现形式"。但通观法的历史,法的表现形式并不是只有法律这一种。除法律之外,还有最高统治者的决策、由国家认可的习惯、判例、权威性法理、法学家的注解等。所以,可以把马克思、恩格斯所用的"法律"普遍化为所有法的形式,这样就可以说,统治阶级的意志只有表现为国家有权机关制定的规范性文件,才具有法的效力。

① 《马克思恩格斯选集》第3卷,人民出版社1995年版,第523页。
② 《马克思恩格斯全集》第3卷,人民出版社1960年版,第378页。
③ 《马克思恩格斯选集》第1卷,人民出版社1995年版,第132页。
④ 《马克思恩格斯选集》第4卷,人民出版社1995年版,第172页。

三、法的本质由特定社会的物质生活条件决定

把法的本质首先归结于统治阶级的意志,触及了法的本质。但如果认识停止于此,仍摆脱不了唯心主义。要彻底认识法的本质,认识法产生和发展的规律,还必须深入到那些决定着统治阶级意志或人民意志的社会物质生活条件之中。社会物质生活条件使人们产生了法律需要,同时又决定着法的本质和发展。

社会物质生活条件指与人类生存相关的地理环境、人口和物质资料的生产方式,其中,物质资料的生产方式是决定性的内容。生产方式是生产力与生产关系的对立统一,生产力代表人与自然界的关系,生产关系代表生产过程中所发生的人与人之间的关系。马克思和恩格斯的一个伟大功绩,是发现了社会物质生活条件中生产方式因素的决定意义。马克思在《哲学的贫困》中提出:"只有毫无历史知识的人才不知道:君主们在任何时候都不得不服从经济条件,并且从来不能向经济条件发号施令。无论是政治的立法或市民的立法,都只是表明和记载经济关系的要求而已。"[①] 生产方式之所以是根本因素,是因为:一方面,正是生产力和生产关系使自然界的一部分转化成为社会物质生活条件,使生物的人上升为社会人,创造了社会;另一方面,生产过程中发生的人与人之间的关系是根本的社会关系(包括对生产资料的占有关系、生产过程的交换关系、对产品的分配关系等),其他一切关系包括法律关系在内都是从这里派生出来的。地形、气候、土壤、山林、水系、矿藏、动植物分布等地理环境因素和人口因素一般说来只有通过生产方式才能作用于法。如马克思所说,"一切社会变迁和政治变革的终极原因,不应当到人们的头脑中,到人们对永恒的真理和正义的日益增进的认识中去寻找,而应当到生产方式和交换方式的变更中去寻找"。[②]

当然,法的统治阶级意志的内容由社会物质生活条件决定,这是从终极意义上说的。除了社会物质生活条件外,政治、思想、道德、文化、历史传统、民族、科技等因素也对统治阶级的意志和法律制度产生不同程度的影响。恩格斯在阐述唯物史观的基本原理时曾指出:"政治、法、哲学、宗教、文学、艺术等等的发展是以经济发展为基础的。但是,它们又都互相作用并对经济基础发生作用。并非只有经济状况才是原因,才是积极的,其余一切都不过是消极的结果。这是在归根到底总是得到实现的经济必然性的基础上的互相作用。"[③] 如果不考虑这些因素,也就不能解释为什么基于同样的或相似的社会物质生活条件的法律制度之间会有很多差别,为什么几个国家或一个国家在不同地区、不同时期,虽然就经济制度或经济发展水平来说是同样的,但它们的法律却可能存在着千差万别的情况,也就不能完全解释为什么我国社会主义法会具有鲜明的中国特色。

在法的意志性与社会物质生活条件制约性的关系上,马克思主义法学认为,法律是统治阶级意志的体现,而统治阶级的意志归根结底又是由其社会物质生活条件决定的。对法

---

① 《马克思恩格斯全集》第 4 卷,人民出版社 1958 年版,第 121—122 页。

② 《马克思恩格斯文集》第 3 卷,人民出版社 2009 年版,第 547 页。

③ 《马克思恩格斯选集》第 4 卷,人民出版社 1995 年版,第 732 页。

律而言,统治阶级的意志和社会物质生活条件是其不同层次的本质。依据列宁关于本质问题的观点,即"由现象到本质,由所谓初级的本质到二级的本质,这样不断地加深下去,以至于无穷"[①],统治阶级的意志是法的"初级本质",社会物质生活条件是法的"更深层次"的本质。

第三节　法的基本特征

法的特征是法的本质的外化,是法与其他现象或事物的基本关系的表现。由于法与各种各样的现象或事物有着多方面的联系,法也就具有多方面的特征(特征总是在与不同现象或事物的联系和比较中显示出来的)。法的特征是法本身所固有的、确定的东西,不能由人们任意地编造或抹杀,主观地增加或减少。但是,由于实践需要和理论需要不同,认识主体可以只就某一或某些方面去辨识法的基本特征。从准确把握法的概念,加深对法的本质的理解,正确认识法的价值,充分发挥法的作用等需要出发,可以把法的基本特征概括为如下四点:

一、法是调整社会关系的行为规范

法是调整社会关系的规范,它通过规范人们的行为而达到调整社会关系的目的。管仲早已指出:"法者所以兴功惧暴也,律者所以定分止争也,令者所以令人知事也。"[②] 法并不会对人的所有行为都进行规范,因而也不会对所有社会关系都进行调整,它只调整它认为重要并且适合由其调整的社会关系。

作为社会规范,法既区别于思想意识和政治实体,又区别于技术规范。技术规范调整的主要对象是人与自然的关系,它们规定人们如何使用自然力、生产工具等,以有效地利用生产工具,开发自然资源。当然,有些技术规范如不遵守可能引起伤亡事故,导致效率低下,危及生产秩序和交通秩序,或直接与他人的生命财产攸关,因此社会需要强制人们遵守,并把它们变为劳动纪律、行政命令或法律规范,使之成为社会规范。法在形式上具有规范性、一般性、概括性的特征。这些特征使法区别于那些执行和适用法律、法规的非规范性文件,如政府的命令、法院的裁决等;法所调节的对象不是特定的,而是一般的行为或社会关系;法不是仅适用一次,而是在其有效期间反复适用的。作为由国家制定的社会规范,法具有指引、评价、预测、教育和强制等规范作用。正如哈特指出:"除了导引人类行为和对行为提供批判的标准之外,进一步为法律探求任何更特定的目的,都只是无用的尝试。"[③]

---

① 《列宁全集》第38卷,人民出版社1959年版,第278页。

② 《管子·七臣七主》。

③ [英]哈特:《法律的概念》(第二版),许家馨、李冠宜译,法律出版社2011年版,第230页。

二、法是由国家制定或认可的行为规范

社会规范泛指在人类社会生活中调整人们之间交互行为的准则。社会规范的种类繁多，法律规范只是其中的一种，此外还有道德规范、宗教规范、礼仪、政治规范（政治集团的章程、政治生活准则）、经济规范（经济交往中应遵守的规则、惯例）、职业规范等。正所谓："法者非一人之法，乃天下之法。"[①] 法律规范区别于其他社会规范的首要之点在于：法律规范是由国家制定或认可的普遍适用于一切社会成员的规范。这便是 "法者，国家所以布大信于天下"[②] 的内涵所在。韩非之语同样切中要害："法者，编著之图籍，设之于官府，而布之于百姓者也。"[③]

由国家制定或认可，是国家创制法的两种方式。国家制定的法，即通常所说的 "成文法"，是由有权创制法律规范的国家机关制定的。在不同的社会制度、政治制度和法律传统下，国家制定法律的方式有所不同。国家认可的法一般是指习惯法。习惯法是根据调整社会关系的需要，由国家立法机关或司法机关赋予社会上既存的某些习惯、教义、礼仪等以法律的效力而形成的法律规范，或者是法官对特殊的地方习惯的认可。由于它们一般不是通过规范性文件表现出来的，所以被称作 "不成文法"。随着社会的发展，国家治理与社会调节形成良性互动关系，越来越多的社会规范得到国家立法、执法和司法机关的认可而具有法律效力，如执政党的规范性政策、在经济社会领域广泛存在的公序良俗等。

法既然是由国家制定或认可的，它就必然具有国家意志的属性，因此具有高度的统一性、极大的权威性。这种统一性是从国家权力和国家意志的统一性中引申出来的。法的统一性首先是指各个法律规范之间在根本原则上的一致，其次是指一个国家原则上只能有一个总的法律体系，且该法律体系内部各规范之间不能相互矛盾。在联邦制国家或实行 "一国两制" 的国家，总的法律体系内部可能存在联邦成员法律之间、不同社会制度区域法律之间的局部冲突，但就联邦成员内部、同一区域内部而言，法律规范体系是一致的。法的统一有赖于国家的统一和政权稳定。如果一个国家处于分裂状态或混乱局面，国家意志和国家权力不能有效地支配在其领土范围内居住的人口，法就失去了其统一性。正如法国作家法朗士（Anatole France）所说："一个国家的所有利剑都是刺向同一个方向的。如果让它们彼此相向，那就要把国家给颠覆了。"[④] 其他社会规范则不具备这种高度的统一性。例如，每一个社会中都同时存在着若干不同的道德体系、宗教、风俗习惯、职业规范等。从法的统一性又可引申出法的普遍适用性，即法作为一个整体在本国主权范围内具有普遍的约束力，任何国家机关、团体和个人都不得超越法律或者凌驾于法律之上。古人所说的 "夫人君所与天下共者，法也"[⑤]，即是此理。法的权威性主要指法的不可违抗性，法律的权威代表着国家

---

① 《贞观政要·公平》。

② 《贞观政要·公平》。

③ 《韩非子·难三》。

④ ［法］法朗士：《克兰比尔》，载《外国短篇小说》（中册），上海文艺出版社 1978 年版，第 307 页。

⑤ 《晋书·刑法志》。

的权威,任何国家都不会容忍违法行为。正如商鞅所言:"虽民至亿万之数,县重赏而民不敢争,行罚而民不敢怨者,法也。"[1]

三、法是规定权利和义务的社会规范

法通过规定人们的权利和义务,影响人们的行为动机,指引人们的行为,调节社会关系。法所规定的权利和义务不仅指个人、组织(法人)及国家(作为普通法律主体)的权利和义务,还包括国家机关及其公职人员在依法执行公务时所行使的职权和职责。

法的这种调整和指导方式也使它与道德、宗教和习惯相区别。道德和宗教实质上或一般说来是以规定人对人的义务或人对神明的义务来调整社会关系的。法的这种独特的调整方式,使它为人们提供了比道德和宗教更广泛的选择自由和机会,因而更有助于充分发挥人们的积极性、创造性和主动精神。习惯是人们在长期共同劳动和生活过程中自发形成、世代沿袭并变成人们内在需要的行为模式。依习惯行事,不存在强制意义上的权利和义务。有的社会规范(如党章、团章、工会章程等)虽然也规定其成员的某种权利和义务,但在内容、范围和保证实施的方式等方面,与法律上的权利和义务有很大区别。

法以规定人们的权利和义务为自己的主要内容,所以,法属于"应然"的范畴,而不属于"实然"的范畴。"实然"和"应然"是两个不同的领域。就像英国哲学家休谟(David Hume)在那个精妙的比拟中所表达的:"决定一个人杀害父母的是意志或者选择;决定一棵橡树幼苗毁灭它所由以生长的老树的是物质和运动的规律"[2],前者属于法律所调整的"应然"的范畴,而后者则归属于"实然"的范畴。故而,属于实然范畴的是规律(亦即揭示规律的定则)。规律告诉人们,当一定的客观条件存在时,某种结果就会出现。法律则告诉人们,当某一预设(假定)的条件存在时,某种行为就可以作出(许可)、必须作出(命令)或者不得作出(禁止)。法律同规律既有联系,又有区别,同规律既可能一致,也可能不一致甚至违反规律。这是因为法是由人制定的规则,是立法者主观意志的反映,因而法能否反映规律取决于立法者对规律的认识程度和尊重程度,而立法者的认识要受到许多限制,不但常常受科学认知水平和技术条件的限制,也受客观事物发展过程及其表现程度的限制。由于这些限制,人们对规律的认识不可避免地会出现偏差,据此制定的法肯定会在一定程度上偏离规律,甚至违背规律。

四、法是由国家强制力保证实施的社会规范

任何一种社会规范,都有保证其实施的社会力量,即都有某种强制性。然而,不同社会规范的强制性在性质、范围、程度和方式等方面是不尽相同的。例如,道德是依靠人们的内心信念、社会舆论实施的,违反道德者通常会受到社会舆论的轻蔑、谴责;如果他是一个组织的成员,还可能同时受到所属组织(如政党、共青团、妇联、工会等)的处分。在这里,每一个

---

[1] 《商君书·画策》。

[2] [英]休谟:《人性论》(下册),关文运译,郑之骧校,商务印书馆1980年版,第507页。

有关的组织、每一个社会成员,都可以把违反道德的责任直接同违反者联系起来,直接对其实施道德制裁,而不一定经由特定的程序,也不一定借助系统的国家强制力。法的实施则不同。法是由国家强制力保证实施的,对违法和犯罪行为,国家将通过一定的程序对行为者进行强制制裁。耶林曾诗意地说:"无国家强制力之法,犹如不燃烧的火,不发亮的光。"①

必须指出,法由国家强制力保证实施,这是从终极意义即国家强制力是法的最后一道防线的意义上讲的,而非意味着法的每一个实施过程、每一个法律规范的实施都要借助国家的系统化的暴力,也不等于国家强制力是保证法实施的唯一力量。如果一个国家的法仅仅依靠国家政权及其暴力系统来维护,这个国家的法就会成为纯粹的暴力。"法备小人,不防君子。"②在法律实施过程中,国家暴力常常备而不用,"无所在,无所不在"。当人们的行为符合法律规范的要求时,法的强制力只是潜在的,不为人们所感知;只有当人们的行为触犯法律规范时,法的强制力才会显现出来。因此哈特说,"之所以要求'制裁',并不是作为通常的服从动机,而是确保那些自愿服从的人不致牺牲给那些不服从的人"③。

在社会主义社会,法律的实施虽然离不开国家的物质强制力量作为最后一道防线,但在其实施过程中起经常性保证作用的是法律自身的道德力量,是人们对法律的认同、尊重和信仰。正如古人云:"法,非从天下,非从地出,发于人间,合乎人心而已。"④在社会主义制度下,所有的公民,从国家元首、执政党的领袖到普通工人和农民,都既享有权利,又负有义务,享有的权利越多,承担的义务也越多;并且作为手段,社会主义法定权利和义务都是以人民的根本利益为依据的,都是为了巩固和发展社会主义民主和社会主义经济制度,建设社会主义物质文明、政治文明、精神文明、社会文明、生态文明,满足人民群众的物质利益和精神上自由发展的需要。这是空前公正合理的,能够引起绝大多数人的心理认同、道德拥护和自觉遵守。

关于法律的这一基本特征,孙国华用"法是'理'与'力'的结合"之命题作出了深刻的揭示。他认为:所谓"理",从法律的客观性方面看,是人们关于客观规律的某种程度的真理性认识,是科学上的"理";从主观方面看,是体现源于社会利益关系的正义观、道德观、价值观,是法律所体现的人们心目中的"公理";从法律对社会关系调整的角度看,法律或多或少地体现了一定的秩序、自由、正义、民主和法治原则,是价值领域的"道理";从法律经验和技术的角度看,法律凝结了人们运用权威性规则调整社会关系和人们行为的创见和智慧,是人类法律文化中的"合理性"。上述这些因素构成了法律之所以成为法律的"理"。所谓"力",是法律所仰赖和得以表现的"力",是把"理"奉为法律、制定或认可为法律规范的国家权"力",是保障法律实施和实现的国家强制"力"。在"理"与"力"之间,"理"是基本

① "Eine Rechtsnorm, nach der der Richter nicht zu sprechen hat, ist ein Widerspruch in sich selbst, ein Feuer, das nicht brennt, ein Licht, das nicht leuchtet".R.v.Jhering, Der Zweck im Recht, Band.I, Verlag von Breitkopf & Härtel, 1877, S.321.

② 《隋书·李穆传》。

③ [英]哈特:《法律的概念》,张文显等译,中国大百科全书出版社 1996 年版,第 193 页。

④ 《慎子·逸文》。

的,"力"是必要的,二者缺一不可。"理"与"力"的结合也正好反映了法律对人的行为产生影响的"自律性"和"他律性"特征:正因为以"理"作为其内容和根据,才使法律能够获得社会成员的自觉遵守,从而产生社会成员依法"自律"的良性效果,为法律的实施提供了最佳方式;正因为有"力"作为其形式依据和外在保障,当法律未能以主体"自律"的方式实现时,体现国家权力和强制力的"他律"方式就会起作用。[①]

第四节   法 的 作 用

一、法的作用的原理

在法学史上,各个时期的思想家、法学家都论述过法的作用。例如,法的作用是"定分止争""令人知事""实现社会控制""禁奸止暴""惩恶扬善""保护和扩大自由""促进社会正义"等。尽管有的论述确实包含着某些可以启迪思维的合理性因素,然而,从总体上看,它们或者有意掩盖法的真实作用,为剥削阶级国家的法辩护,或者离开法与阶级、国家和社会的有机联系,孤立看待法的作用。只有以历史唯物主义为认识论和方法论的马克思主义法学才彻底揭示出法的作用的实质或秘密。具体如下:

第一,法的作用是统治阶级(在阶级对立社会中)或人民(在社会主义社会中)的意志影响社会生活的体现。法是统治阶级或人民按照自己的意志支配人们的行为,控制、变革或发展社会的工具,目的是建立和维护有利于统治阶级或人民自己的社会关系、社会秩序和社会进程。所以,法作用于人们的行为和社会关系实质上是统治阶级或人民的意志在发挥作用,在影响社会。正如边沁所言,"法律的文字便构成统治规则的要旨"[②]。正是在这个意义上,我们说法的作用是法的本质的外在表现。

第二,法的作用是国家权力运行过程的体现。法是国家制定或认可并由国家强制力保证实施的,所以,国家权力是法的载体和支点,法是国家权力这一物质力量的意识形态化和制度化。法这一观念性的事物之所以能够对人们的行为或社会关系起到调整和控制的作用,正是由于国家权力的运行,有国家权力作为其后盾。

第三,法的作用是社会生产方式自身力量的体现。马克思主义把社会系统划分为经济基础和上层建筑。生产方式属于社会的经济基础(广义)。法与生产方式是相互联系、相互作用的。一方面,生产方式对法的内容、形式和效力起着决定性作用;另一方面,在生产方式起决定作用的前提下,法对生产方式具有能动的反作用。法的这种反作用从根源上是生产方式决定作用的回弹,从结果上取决于生产方式的活力——如果生产方式是先进的、合理的、富有生机的,则法能够有效地发挥对生产方式的保护和促进作用;相反,法虽然能够对竖立其上的生产方式起到延缓瓦解的作用,但不能持久下去,最终将随着旧生产方式被新生产

---

① 参见孙国华、黄金华:《法是"理"与"力"的结合》,载《法学》1996年第1期。
② [英]边沁:《政府片论》,沈叔平等译,商务印书馆1995年版,第153页。

方式代替而走向灭亡。总之,法能否发挥立法者预期的作用,从根本上取决于法所反映的生产方式自身有无生命力,而非取决于立法者的主观愿望。

二、法的作用的分类

为了具体、深入地了解法的作用,有必要对法的作用进行分类。

(一)一般作用与具体作用

这是根据一般与特殊的逻辑关系所作的分类。法的一般作用是对法的各种具体作用所作的最抽象的概括,主要是指法通过确定一定的权利义务并保障其实现,来建立、维护有利于统治阶级或人民的社会关系、社会秩序和社会进程。法的这种作用在任何社会都是一样的。但是,由于每种历史类型的法赖以存在的经济基础不同,它的本质和要达到的最终目的不同,每种法的具体作用也各不相同。例如,封建制法和资本主义法尽管在一般作用上都是首先维护剥削阶级的利益,但在具体作用上,封建制法确认和维护等级制度,而资本主义法则宣布废除等级特权,宣布法律面前人人平等。

(二)整体作用与局部作用

这是根据法的系统与子系统或要素各自的作用范围所作的分类。整体作用是指法作为统一的法律体系在社会生活中的作用,局部作用是指法律体系中某一子系统或构成要素(即个别法律部门或法律规范)在社会生活中的作用。虽然法的局部作用从属于整体作用,但每个法律部门或规范的特殊作用显然是不同的。例如,刑法的惩治作用就不同于民法的保护作用,实体法对主体权利和义务的保护方法与程序法的保护方法也明显不同。

(三)预期作用和实际作用

这是根据人们对法律的期待与法律的实际效果之间的区别所作的分类。预期作用是立法者立法时设想法律应当或可能发挥的作用,实际作用则是法律在调整社会关系、影响社会生活时实际起到的作用。实际作用与预期作用一致,说明"本本"上的法律规定已经转变为现实,说明法律是富有实效的;否则,表明法律缺乏实效。

(四)直接作用与间接作用

这是根据法作用于社会关系和社会生活的途径所作的分类。每个法律规范都是对特定社会关系的定向调整,这种定向调整就是法的直接作用。由于各种社会关系是互相联系的,因而法律规范对特定社会关系的调整不可避免地影响到其他社会关系,这就是法的间接作用。例如,交通法规的直接作用是建立和维护交通秩序,交通秩序的建立和维护有助于经济秩序的建立,有利于保护人的生命财产安全。后者就是法的间接作用。

(五)积极作用和消极作用

这是根据法的社会意义所作的分类。法对社会生活的调整是有目的的,而不是盲目的,因此,人们理所当然地会依据一定的价值标准对法律的作用作出肯定或否定的评价。肯定的评价表明法的作用是积极的,而否定的评价则表明法的作用是消极的。

（六）规范作用和社会作用

这是按照法作用于人的行为和社会关系的形式与内容之间的区别所作的分类。从法是一种社会规范看，法具有规范作用；从法的本质和目的看，法又具有社会作用。这两种作用是手段与目的的关系，即法通过其规范作用（作为手段）而实现其社会作用（作为目的）。[①] 这种由拉兹提出的分类既使人们清楚地认识到法的作用与上层建筑其他组成部分（如国家、社会组织等）的作用各自的特点，又使人们充分认识到不同历史类型的法的作用的区别，因而是一种比较理想的能够更加深入而具体地认识法的作用的分类。法的作用区别于上层建筑其他组成部分的作用的特点在于，它以自己特有的规范作用来实现其社会作用。

法的规范作用主要表现为：

1. 告知作用。"故圣人为法，必使之明白易知。"[②] 法律代表国家立法机关关于人们应当如何行为的意见和态度。这种意见和态度有的是赞许的，有的是不赞许的。国家机关的法律态度以要达到的目的为根据。这种目的反过来又受到社会价值准则、道德观念的决定。因此，通过法律，人们可以知道什么是国家赞成的，应当做、可以做的，什么是国家反对的，不该做的；可以知道国家的发展目标、价值取向和政策导向。

2. 指引作用。法律是通过规定人们在法律上的权利和义务以及违反法律规定应承担的责任来调整人们的行为的。调整就是指引。指引有两种情况：第一，确定性的指引，即通过规定法律义务，要求人们作出或抑制一定行为。第二，不确定的指引，即通过授予法律权利，给人们创造一种选择的机会。从立法的意图来说，这两种指引所包括的两种法律后果都是促使人们行为时所考虑的因素。但不同的是，就确定的指引来说，法律的目的是防止人们作出违反法律指明的行为；而就不确定的指引来说，法律的目的是鼓励人们从事法律所容许的行为。

3. 评价作用。法律作为一种行为的标准和尺度，具有判断、衡量人们的行为的作用。法律不仅具有判断行为合法与否的作用，而且由于法律是建立在道德、理性之上的，所以也能衡量人们的行为是善良的、正确的还是邪恶的、错误的，是明智的还是愚蠢的。通过这种评价，影响人们的价值观念和是非标准，从而达到指引人们的行为的社会效果。

4. 预测作用。预测作用是指根据法律规定，人们可以预先估计到他们相互间将如何行为，国家机关及其工作人员将如何行为。例如，由于《治安管理处罚法》的存在，人们就可以相当准确地预见到哪些行为是违反治安管理的行为，会受到什么种类、什么程度的处罚。再如，由于《集会游行示威法》的颁布和宣传，人们可以相当准确地预见到组织非法游行的后果。总之，由于法律具有预测作用，人们就可以根据法律来确定自己的行为方向、方式、界限，合理地作出安排，采取措施。

---

① See J.Raz, *On the Function of Law*, *Oxford Essays in Jurisprudence*（2nd series）, ed., A.W.B.Simpson, Oxford University Press, 1973, p.280.

② 《商君书·定分》。

5. 教育作用。法律的教育作用表现为通过法律的实施而对一般人今后的行为发生影响。亚里士多德认为:"立法者通过塑造公民的习惯而使他们变好。这是所有立法者心中的目标。如果一个立法者做不到这一点,他也就实现不了他的目标。好政体同坏政体的区别也就在于能否做到这点。"[①] 例如,对违法行为的制裁可以教育人们,今后谁再作出此类行为也将受到同样的惩罚。再如,对合法行为的鼓励、保护,可以对一般人的行为起到示范和促进作用。这就是所谓的"石以砥焉,化钝为利;法以砥焉,化愚为智"[②]。

6. 强制作用。法律的强制作用在于制裁违法行为。通过制裁可以加强法律的权威性,保护人们的正当权利。制裁的形式是多种多样的。如刑法中的管制、拘役、有期徒刑、无期徒刑、死刑等;民法中的停止侵害、排除妨碍、消除危险、返还财产、恢复原状、赔偿损失、赔礼道歉、消除影响、恢复名誉、支付违约金、收缴进行非法活动的财产和非法所得、罚款;经济法中的停止供应原材料、停产整顿、停止贷款;行政法中的警告、罚款、拘留、没收、停止营业等。

三、法的局限性

法以其特有的规范作用和社会作用对社会生活发生着深刻的影响,正如以上所述,法是当代社会经济、政治、文化发展和社会全面进步所必不可少的因素。我们必须充分认识和重视法的作用,特别是法在社会主义初级阶段的重大作用,坚决克服轻视以至于忽视法的作用的法律虚无主义,大力推进我国社会的法治化进程,建设社会主义法治国家。但是,我们不能因此陷入"法律万能论"的误区,用教条主义思维方式搞"依法治路""依法治土""依法治林""依法治水""依法治火""依法治育(计划生育)""依法治村"。必须看到,法在作用于社会生活的范围、方式、效果等方面都存在一定的局限性。法的局限性主要表现在以下几个方面:

第一,法只是许多社会调整方法中的一种。法是调整社会关系的重要方法,但不是唯一的方法。沈家本说过:"是刑者,非威民之具,而以辅教之不足者也。"[③] 除法律之外,还有政策、纪律、规章、道德、民约、公约、宗教规范及其他社会规范,还有经济、行政、思想教育等手段。虽然在当代社会,就建立和维护整个社会秩序而言,法是十分重要的方法,但在某些社会关系和社会生活领域,法并不是主要的方法。在各种规范调整方法中,法律有时也不是成本最低的方法。

第二,法的作用范围不是无限的,也并非在任何问题上都是适当的。在现代社会,法的作用范围极为广泛,涉及经济、政治、文化、社会生活的方方面面,从摇篮到坟墓,法律无处不在。但是,应当看到,对不少社会关系、社会生活领域、社会问题,采用法律手段是不适宜的。正所谓:"强人之所不能,法必不立;禁人之所必犯,法必不行。"[④] 例如,涉及人们思想、

---

① [古希腊]亚里士多德:《尼各马可伦理学》,廖申白译注,商务印书馆2003年版,第36页。

② (唐)刘禹锡:《砥石赋》,载《刘禹锡集》,上海人民出版社1975年版,第2页。

③ (清)沈家本:《历代刑法考》,邓经元、骈宇骞点校,中华书局1985年版,第171页。

④ (清)魏源:《默觚下·治篇三》,载陆学艺、王处辉主编:《中国社会思想史资料选辑·晚清卷》,广西人民出版社2007年版,第12页。

认识、信仰、情感等私人生活范畴的问题,就不宜采用法律手段。正如法国思想家孟德斯鸠(Montesquieu)所说,"如果用法律去改变应该用习惯去改变的东西的话,那是极糟的策略"。[①] 因为法律是以国家意志的形式出现的,是由国家强制力保证实施的。对思想、认识、信仰、情感等私人生活领域采用法律手段强行干预、限制、禁止,不仅不可能起到应有的效果,而且往往有害。正如毛泽东指出的:"企图用行政命令的方法,用强制的方法解决思想问题、是非问题,不但没有效力,而且是有害的。"[②]

第三,法对千姿百态、不断变化的社会生活的涵盖性和适应性不可避免地存在一定的局限。法律作为规范,其内容是抽象的、概括的、定型的,制定出来之后有一定的稳定性。法律不能频繁变动,更不能朝令夕改,否则就会失去其确定性、连续性、稳定性和权威性。但是,它要处理的现实社会生活则是具体的、形形色色的、易变的。因而,不可能有天衣无缝、预先包容全部社会生活事实的法律。这就使得法律不可避免地出现规则真空,呈现出一定的不适应性和滞后性,这便是"事随势迁,而法必变"[③]。

第四,在实施法律所需的人力资源、精神条件和物质条件不具备的情况下,法不可能充分发挥作用。法律作为国家制定或认可的社会规范体系,必须由政府机关公职人员、法官、检察官、律师等法律专业人员来实施。即使有了制定精良的法律规范,如果缺乏具有良好法律素质和职业道德的法律专业人员,这样的法律也难以起到预期的作用。法律的实施也需要相应的精神条件或文化氛围,例如,需要公民和官员树立"有法可依,有法必依,执法必严,违法必究"的意识,强化权利和义务观念、程序意识等。如果一个社会还没有形成法律实施所需要的文化环境,法的作用必然受到限制。法律的实施还需要一定的物质条件,例如,要有相对完备的侦查、检察、审判组织及物质的附属物(法庭、监狱等)。这些组织及物质的附属物的设立和运行意味着大量的财政支出。假如财政困难,就会限制这些组织及物质的附属物的设立和运行。

总之,我们要充分认识到法的局限性,并以对法的局限性的认识为基础,把法的调整机制与其他社会调整机制有机地结合起来,特别是实行依法治国与以德治国相结合,以各种规范和调整机制的合力来建立良性社会秩序。

第五节　法 的 定 义

本章上述各节分别分析了法的词义和语义,阐释了法的本质、基本特征、主要作用,现在就可以尝试对法下一个定义。

---

① ［法］孟德斯鸠:《论法的精神》(上册),张雁深译,商务印书馆1961年版,第310页。
② 《毛泽东文集》第7卷,人民出版社1999年版,第209页。
③ (清)王夫之:《读通鉴论》卷五《成帝》,舒士彦点校,中华书局1975年版,第274页。

一、法学史上的法定义

在法学史上，许多法学家尝试过对法下定义。但是，要给法下一个精确的定义则是件困难的事情。哈特曾经引用圣·奥古斯丁（S.A）关于时间的著名说法来说明给法下定义的困难。奥古斯丁说，"什么是时间？若无人问我，我便知道；若要我向询问者解释，我便不知道"[①]。正是在这方面，即使最有经验的法学家也会感到，虽然他们知道很多法律，但却难以给法下个适当的定义。正像一个人，他能在一群动物中认出大象，却不能给大象下个准确的定义。

不过，由于法学不能没有法的定义，自古以来，无数思想家、法学家基于不同的立场、观点和方法，提出了琳琅满目的定义。概括起来，他们主要是从以下三个不同的角度给法下定义的。

第一，从法的本体的角度下定义，说明法是什么。在这方面比较有代表性的定义有：

（1）规则说：法即规则。例如，管仲说："法律政令者，吏民规矩绳墨也。"[②] 沈家本说："夫法者，天下之程式，万事之仪表也。"[③] 阿奎那说："法是人们赖以导致某些行动和不作其他一些行动的行动准则或尺度。"[④] 哈特说："法即第一性规则和第二性规则的结合。"[⑤]

（2）命令说：法即命令。例如，英国思想家霍布斯（Thomas Hobbes）说："法是国家对人民的命令。"[⑥] 边沁说："法律可以定义为，由一个国家内的主权者所创制的或者采纳的用以宣示其意志的符号的集合。"[⑦] 奥斯丁说："法律，是强制约束一个人或一些人的命令。"[⑧] 德国法学家黑克（Philipp Heck）说："作为一个整体，法律制度是由命令组成的。"[⑨] 中国古代皇帝的命令本身即为法的一种，例如刘熙说道："诏，照也，昭也，人暗不见事宜，则有所犯，以此昭示之，使昭然知所由也。"[⑩]

（3）判决说：法即判决。例如，美国法学家格雷（John Chipman Gray）说："法只是指法院在其判决中所规定的东西，法规、判例、专家意见、习惯和道德只是法的渊源。当法院作出判决时，真正的法才被创造出来。"[⑪] 美国法学家卢埃林（Karl N. Llewellyn）说："法不是本本上的官方律令，法存在于官员或平民的实际活动中，特别是存在于法官的审判活动中。官

[①]　［英］哈特：《法律的概念》，张文显等译，中国大百科全书出版社 1996 年版，第 15 页。

[②]　《管子·七臣七主》。

[③]　（清）沈家本：《历代刑法考》，中华书局 1985 年版，第 2243 页。

[④]　［意］托马斯·阿奎那：《阿奎那政治著作选》，马清槐译，商务印书馆 1963 年版，第 104 页。

[⑤]　［英］哈特：《法律的概念》，张文显等译，中国大百科全书出版社 1996 年版，第 81 页。

[⑥]　T.Hobbes, Leviathan, in G.C.Christie ed., *Jurisprudence—Text and Readings on the Philosophy of Law*, West Publishing Company, 1973, pp.336–337.

[⑦]　［英］杰里米·边沁：《论一般法律》，毛国权译，上海三联书店 2008 年版，第 1 页。

[⑧]　［英］约翰·奥斯丁著，［英］罗伯特·坎贝尔修订编辑：《法理学的范围》（中译本第二版），刘星译，北京大学出版社 2013 年版，第 33 页。

[⑨]　［德］菲利普·黑克：《利益法学》，傅广宇译，商务印书馆 2016 年版，第 13 页。

[⑩]　《释名》。

[⑪]　J.C.Gray, *The Nature and Sources of the Law*, Macmillan Co., 1921, pp.84—85.

员们关注争端所做的就是法律。"① 美国现实主义法学家弗兰克（Jerome New Frank）说："就任何具体情况而言，法或者是（1）实际的法，即关于这一情况的一个过去的判决；或者是（2）大概的法，即关于一个未来判决的预测。"②

（4）行为说：法即行为。例如，美国后现代主义法学家、法律行为主义论者布莱克（D.Black）认为："法存在于可以观察到的行为中，而非存在于规则中。"③

第二，从法的本源的角度下定义，着重说明法的基础或法自何出。在这方面，比较有代表性的定义有：

（1）神意说：法即神意。古代社会的"君权神授"理论包含的法观念几乎都主张法自神出，法是神（上帝、先知等）为人类规定的行为标准。甚至连亚里士多德也说过："法律恰恰正是免除一切情欲影响的神祇和理智的体现。"④ 现在，神学的自然法学家仍然主张法是上帝的意志的体现。

（2）理性说：法即理性。例如，古罗马思想家西塞罗说，"理性一存在就成了法律；它是与神的心灵同时出现的。因此，运用于指令和禁令的真正且首要的法律就是至高无上的朱庇特的正确理性"⑤。我国宋代哲学家朱熹说："法者，天下之理。"⑥

（3）意志论：法即意志或意志的反映。例如，法国思想家卢梭（Jean-Jacques Rousseau）说，法不过是"意志的记录""公意的宣告"，就是说法所体现的意志是普遍的或共同的意志，"一个人，不论他是谁，擅自发号施令就绝不能成为法律"⑦。法国政治家罗伯斯比尔（Maximilien Robespierre）说："法律是什么？这是按照它与理智、正义和自然界的永恒法则所具有的相同程度，自由表达或多或少符合于民族权力和利益的共同意志。每一公民在这种共同意志中都有自己的一份，都和自己有利害关系；从而他甚至应当运用自己的全部知识和精力，来阐明、改变和改善这种意志。"他还说："法律是人民意志的自由而庄严的表现。"⑧ 黑格尔也认为法即意志的表现。他说，"法的基地一般说来是精神的东西，它的确定的地位和出发点是意志。意志是自由的，所以自由就构成法的实体和规定性。至于法的体系是实现了的自由的王国"。又说："任何定在，只要是自由意志的定在，就叫做法。所以一般说来，法就是作为理念的自由。"⑨

（4）权力论：法即权力的表现或派生物。例如，中国古代法家代表人物韩非说："法者，宪令著于官府，刑罚必于民心，赏存乎慎法，而罚加乎奸令者也。"⑩ 美国法律人类学家霍贝尔

---

① K.N.Llewelly, *The Bramble Bush*, Oceana Publications, Inc., 1960, p.3.

② J.N.Frank, *Law and Modern Mind*, Coward McCann, Inc., 1930, pp.51—52.

③ D.Black, The Boundaries of Legal Sociology, *The Yale Law Journal*, Vol.81, p.1096.

④ ［古希腊］亚里士多德：《政治学》，吴寿彭译，商务印书馆 1965 年版，第 169 页。

⑤ ［古罗马］西塞罗：《国家篇 法律篇》，沈叔平、苏力译，商务印书馆 1999 年版，第 180 页。

⑥ 《朱子大全·学校贡举私议》。

⑦ ［法］卢梭：《社会契约论》，何兆武译，商务印书馆 1980 年版，第 51 页。

⑧ ［法］罗伯斯比尔：《革命法制和审判》，赵涵舆译，商务印书馆 1965 年版，第 58、138 页。

⑨ ［德］黑格尔：《法哲学原理》，范扬、张企泰译，商务印书馆 1961 年版，第 10、36 页。

⑩ 《韩非子·定法》。

（E. Adamson Hoebel）说："这样的社会规范就是法律规范，即如果对它置之不理或违反，按例就会遇到拥有社会承认的，可以这样行为的权力的人或集团，以运用物质武力相威胁或事实上加以运用。"①

（5）必然论（规律论）：法即某种必然关系或规律。例如，孟德斯鸠指出："从最广泛的意义来说，法是由事物的性质产生出来的必然关系。在这个意义上，一切存在物都有它们的法。"②孟德斯鸠意识到法是有规律的，因而要研究法的规律，但他把法律等同于规律，是不可取的。

第三，从法的作用或功能的角度下定义，着重说明法的工具性。在这方面比较有代表性的定义有：

（1）正义工具论。例如，亚里士多德说："要使事物合于正义（公平），须有毫无偏私的权衡；法律恰恰正是这样一个中道的权衡。"③无独有偶，我国古人云："法，国之权衡也，时之准绳也。"④我国清末资产阶级启蒙思想家梁启超也说过："法者天下之公器也。"⑤

（2）社会控制论：法是社会控制的手段。例如，我国汉代思想家桓宽说："法者，刑罚也，所以禁强御暴也。"⑥欧阳修说："夫法者，所以禁民为非而使其迁善远罪也。"⑦罗斯科·庞德说："我把法理解为在发达的政治上组织起来的社会高度专门化的社会控制形式——一种有系统有秩序地适用社会强力的社会控制。在这种意义上，它是一种统治方式，我称之为法律程序的统治方式。"⑧

（3）事业论，这是美国新自然法学派代表人物富勒对法的定义。其概括的表述是："法是使人们的行为服从规则治理的事业。"⑨

二、马克思主义的法定义

根据马克思主义经典作家对法的概念的阐释，吸收国内外法学研究的成果，我国法学界把法定义为：法是由国家制定或认可并由国家强制力保证实施的，反映由特定社会物质生活条件所决定的（在阶级对立社会中）统治阶级意志或（在社会主义社会中）人民意志，以权利和义务为内容，以确认、保护和发展对统治阶级或人民有利的社会关系、社会秩序和社会发展目标为目的的行为规范体系。从这一定义可以看出，本书所说的法是指国家制定或认

① E.D.Hoebel, *The Law of Primitive Man—A Study in Comparative Legal Dynamics*, Harvard University Press, 1954, p.28.

② ［法］孟德斯鸠：《论法的精神》（上册），张雁深译，商务印书馆1961年版，第1页。

③ ［古希腊］亚里士多德：《政治学》，吴寿彭译，商务印书馆1965年版，第169页。

④ 《贞观政要·公平》。

⑤ （清）梁启超：《饮冰室合集》，中华书局1989年版，第8页。

⑥ 《盐铁论·诏圣》。

⑦ 欧阳修：《剑州司理参军董寿可大理寺丞制》，载张春林编：《欧阳修全集》，中国文史出版社1999年版，第722页。

⑧ R.Pound, "My Philosophy of Law", in C.Morris ed., *The Great Legal Philosophers—Selected Readings in Jurisprudence*, University of Pennsylvania Press, 1971, p.532.

⑨ L.Fuller, *The Morality of Law*, revised edition, Yale University Press, 1969, p.106.

可的法,包括国内法和国际法,而不包括非国家主体创造或发展的规范体系。通常,人们将这个定义称为马克思主义关于法的定义,以区别于各种非马克思主义关于法的定义。

必须指出的是,给法下一个定义,对于法学本科生来说是必要的。但是,对法的认识和深刻理解不能停留于法的定义上,不能用熟记法的定义代替对活生生的法律现实的研究,否则法学思维就会陷于严重的封闭性、武断性、保守性和教条性中。事实上,定义不过是用简明的语言揭示概念内涵的初级方法。对于仅想对被定义的词语(对象)有一个大致的、概括性了解的人来说,定义可能是个方便的工具。而对于从事科学研究和法律职业的人来说,定义是远远不够的。马克思主义经典作家早就告诫人们:"在科学上,一切定义都只有微小的价值。"① "如果不忘记所有定义都只有有条件的、相对的意义,永远也不能包括充分发展的现象一切方面的联系。"② 对各种概念,特别是一些基本概念,"我们不能把它们限定在僵硬的定义中,而是要在它们的历史的或逻辑的形成过程中来加以阐明"③ 。

小结

马克思主义法学深刻地揭示了法的本质及其规律,强调法与统治阶级、国家、社会物质生活条件的必然联系,并以此为基础就法的特征和法的作用作出科学阐述,形成了一整套全新的法的概念,从而使马克思主义法律观从根本上区别于其他各种法学流派的法律观。

思考题

1. 马克思主义法学关于法的本质的认识有何进步意义?

2. 法的基本特征有哪些?

3. 如何理解法的局限性?

4. 如何理解法的定义?

5.《说文解字》记载:"灋,刑也,平之如水,从水;廌,所以触不直者去之,从去。" 请结合该语境,从法的基本特征的角度,谈谈你对法的强制性和正当性的理解。

6. 如何理解"法是'理'与'力'的结合"?

---

① 《马克思恩格斯选集》第 3 卷,人民出版社 1995 年版,第 423 页。

② 《列宁全集》第 27 卷,人民出版社 1990 年版,第 401 页。

③ 《马克思恩格斯全集》第 25 卷,人民出版社 1965 年版,第 17 页。

第五章　法的渊源、分类和效力

> 法律的效力是以它所引起的爱戴和尊重为转移的,而这种爱戴和这种尊重是以内心感到法律公正和合理为转移的。
>
> ——[法]马克西米连·佛朗索瓦·马里·伊西多·德·罗伯斯比尔[①]

法的渊源作为法学的基本概念之一,对于思考法学的基本理论问题和从事法律实践均有重大意义。本章的主要内容在于探讨法的渊源的科学内涵和类别,并对与之密切相关的法的分类问题和法的效力问题进行阐释。

[①]　马克西米连·佛朗索瓦·马里·伊西多·德·罗伯斯比尔(Maximilien François Marie Isidore de Robespierre, 1758—1794),法国革命家、政治家。本题记选自[法]罗伯斯比尔:《革命法制和审判》,赵涵舆译,商务印书馆 1965 年版,第 73 页。

第一节　法　的　渊　源

一、法的渊源的语义

法的渊源作为法学的专门术语,语出古罗马法的 *Fontes juris*,意为"法的源泉"。自清末传入中国后,我国学者沿袭通用说法,将其解释为"研究或适用法律者所有汲取法律之泉源,正如水之有源然"①。"渊源"一词内涵清晰,但外延广泛,因此学者们常从不同角度理解并使用它。参照《牛津法律大辞典》的例举,法的渊源主要有如下几种含义②:

第一,法的历史渊源,指形成法律的历史材料,或历史上产生某一法律原则或规则的行为和事件。如将英国 1215 年的大宪章运动视为税收法定制度的历史渊源。

第二,法的理论渊源,亦即法理,指法律原则或法律制度的理论基础,或指法的立、改、废、释所依据的原理。如西方法律中关于"平等原则"的规定的理论渊源是自然法学中有关自然正义的学说。

第三,法的文献渊源,指对法律规则作出权威性说明的文件,包括法律文件的原始记录、综述和汇编,人们可以从中找到对法律的权威性阐述。如古罗马的《查士丁尼国法大全》便是比较典型的古罗马法的文献渊源。

第四,法的文学渊源,指有关法律的百科全书、教材、专著及法学参考资料,人们可以从中找到关于法律的非权威性解说,如《中国大百科全书·法学》和国家统编的法学各专业的教材等。

第五,法的本质渊源,指法的本质的根源。如马克思主义法学认为,法的本质根源于决定统治阶级意志或人民意志的社会物质生活条件;而神学家们把法归结于上帝的意志;历史法学派则认为法是民族精神的反映。

第六,法的效力渊源,又称法的形式渊源或法律规范的渊源,专指作为首创法律规范的文件、作为具有法的效力和意义的法的外部表现形式。本章采用这种说法,因为它说明了法的效力的直接来源。

古往今来,多数法学家赞成法的渊源的说法,但也有个别人持反对态度。后者比较典型的有规范法学派的凯尔森(Hans Kelsen)和社会法学派的庞德。凯尔森把"法的渊源"说得毫无用处,认为"法的渊源"一词含糊不清,应该用一个有明确含义的词去代替它。庞德则直接用"法的形式"取代"法的渊源"。我国法学界曾一度受他们二人的影响,在较长时间内使用"法的形式"。考虑到"法的形式"尚不能充分揭示这一概念的完整内涵,并且"形式"一语也难以与"法的效力"直接联系在一起,所以自 20 世纪 80 年代后期,我国法学家在教科书中多使用"法的渊源"。

---

① 韩忠谟:《法学绪论》,中国政法大学出版社 2002 年版,第 26 页。

② David M. Walker, *The Oxford Companion to Law*, Oxford University Press, 1980, p.1156.

　　尽管共同使用"法的渊源"一词,但我国法学界对其的解释仍存在理论上的分歧,表现为两种不同的观点,即"立法中心主义说"和"司法中心主义说"。前者把"法的渊源"看成立法机关制定法律所依据的材料,主张把"法的渊源"与"法的形式"分开;后者则把"法的渊源"看作司法机关裁判纠纷所依据的材料。然而,法治总不啻立法和司法中的一方面,因此只有将两种理解综合起来,才能完整地理解法的渊源的科学内涵。

二、法的渊源的内涵

　　法的渊源包括两个不可分割的要素:一是其与法的效力的直接联系;二是其表现为一定的法律外部形式。二者缺一不可。

　　一方面,法的渊源必然与法的效力相联系。"绝对无效性的情况是不在法律之列的。"[①]也就是说,只有产生法的效力的法律文本或其他规范,才有可能成为法的渊源。这实际上是立法或司法的必然要求。没有法律效力的法律规范只有两种情况:要么被实践中的其他规则所替代或者修正;要么因被废除或修改而失效,成为历史的法律文献。当然,法的效力的生成因素是多种多样的,如传统的影响、心理因素的促成和习惯势力的约束等,都可以保障法的效力的实现。但是最关键的因素是国家的强制力,没有国家强制力为后盾,法是很难被适用和执行的。

　　另一方面,法的渊源必然要表现为一定的法的形式,即要求任何具有法律效力的规范性文件或非规范性文件,都必须以一定的法的形式表现出来。至于这些法律形式的具体名称,则因各国国情和文件等级的不同或效力范围的差异而有所不同。以我国为例,全国人大及其常委会制定的法律,一般称为"法";而国务院和省级人大及其常委会通过的法律文件,一般称为"法规",有时称为"条例""规定"等。当然,这是成文法国家的做法。至于不成文法国家,对有法律文本的一般均叫"法",而不成文的一般称为"习惯法"或"判例法"。总之,法律文件的效力与形式是统一的,凡是具有法的效力的法律文本,都有一定的表现形式。二者是法的渊源不可或缺的要件。

三、法的渊源的类别

　　综览各国法的效力形式,我们可以将法的渊源分成两大类。

(一)成文法(制定法)

　　成文法,或称制定法,是现代国家主要的法的渊源。其既包括一国内部制定的规范性法律文件,也包括国际协定和国际条约。

　　规范性法律文件,专指一定的国家机关按照法定权力范围,依据法定程序制定出来的、以权利义务为主要内容的、有约束力的、要求人们普遍遵守的行为规则的总称。它是一个国家法律体系的主干部分,包括宪法、法律、法规和规章。一般均有如下特征:第一,规范性,即

---

　　① [奥]凯尔森:《法与国家的一般理论》,沈宗灵译,中国大百科全书出版社1996年版,第182页。

规定行动模式,明确权利义务,确定行为后果。第二,强制性,即一般以教育引导人民自觉遵守,同时以国家强制力为后盾,对不遵守者予以制裁。第三,公开性,即公之于众,告诉人们哪些行为可以做、哪些行为应该做、哪些行为禁止做。第四,一般性,即不是针对某一个人,而是针对其调整范围内的所有人;不是只适用一次,而是可以反复适用。

国际协定和国际条约,是指两国或多国缔结的双边或多边条约、协定和其他具有条约、协定性质的文件。国际条约是国际法的主要渊源,也是现代社会的重要法律渊源之一。在法律全球化时代,双边条约和多边条约越来越多,国际法事实上已经成为越来越重要的法律渊源,是首创了许多具有约束力的法律规范,是法律规范的一种越来越重要的表现形式。

(二)不成文法(非制定法)

1. 习惯法。习惯法是不成文法中常见的一种,是由习惯发展而来的一种法的渊源,是被国家机关认可并具有法律效力的习惯规范的总称。在成文法出现之前,习惯法是用以判定是非曲直或就某一具体事项达成协议的依据。当然,习惯法是由习惯演变而来的。习惯—习惯法—成文法,这是法律产生与发展的规律之一。在原始社会,习惯是调整人们相互关系的主要的社会规范。随着生产力的发展和人类社会的进步,便出现了习惯法。最初的习惯法大都通过口耳相传的方式沿袭,后来多用文字记载下来而成为人类最早的法律形式,如著名的《十二表法》便是古罗马习惯法的集中体现。欧洲中世纪习惯法盛行,中国古代也承认习惯法,有的少数民族地区的习惯法甚至流传至今。18 世纪之后,成文法已占主导地位,但习惯法仍然有一定作用,特别是在非洲或亚洲一些国家与地区,仍占重要地位。

2. 判例法。判例法泛指可作为先例据以裁决的法院判决。确认判例法的国家,有"法官造法"之说,这是英美法系国家的特点。"遵循先例"是适用判例法的根本原则,是指某一判决所依据的法律原则,不仅适用于该案,还可作为一种先例适用于该法院及其所属下级法院所管辖的案情基本相同或近似的案件。法院审级越高,其案例的影响就越大。例如,英国上议院(即原来的贵族院)作为最高的上诉审法院,其所判的案例对其全国都有巨大影响。判例法有一定优势,但也有局限性,如 1966 年英国大法官就曾声明"太严格地遵循先例可能导致特殊案件不公正,并且也导致对法的正当发展的不适当限制"[1],要求法官注重一定的灵活性。

3. 惯例。惯例,亦称"通例"。按《辞海》解释,惯例指"法律上没有明文规定,但过去曾经施行,可以仿照办理的做法"[2]。如他国元首来访,东道国鸣礼炮 21 响;政府首脑来访,鸣礼炮 19 响。这便是国际礼仪上的惯例。国内法也有惯例,诸如各种商事惯例。国际贸易中的惯例就更多了,一般都共同遵守。

---

① 转引自孙国华主编:《中华法学大辞典·法理学卷》,中国检察出版社 1997 年版,第 547 页。

② 《辞海》,上海辞书出版社 2010 年版,第 638 页。

四、当代中国法的渊源

当代中国法的渊源以宪法为核心、以制定法为主要表现形式。这是由中国的国情、文化、传统和社会实践决定的。首先,人民代表大会制度是我国的根本政治制度,全国人大是我国的最高权力机关,其他国家机关,如行政机关、监察机关、审判机关、检察机关等,都由它产生、对它负责。立法权属于全国人大及其常委会,因此,法的渊源必然以宪法为核心,以制定法为主。其次,这与中国的文化、传统和公民心理因素有关。在中国历史上,制定法一直居主导地位,致使民众对于制定法具有特殊的心理认同。最后,中国特色社会主义法治建设的伟大实践和宝贵经验表明:制定法公布于世,有利于发挥法的引导、教育、规范和奖惩的功能,更有助于推进法治文明进程。

(一)正式渊源

1. 宪法。宪法是我国治国安邦的总章程,不仅是中国革命和建设经验的科学总结和胜利成果,还是建设中国特色社会主义的伟大纲领。《中华人民共和国宪法》制定于 1954 年,此后先后于 1975 年、1978 年、1982 年进行了三次较大修改,并于 1988 年、1993 年、1999 年、2004 年、2018 年对 1982 年宪法即现行宪法的个别条款和部分内容作出了必要且重要的修正。现行宪法及其 52 条修正案规定了我国的根本制度,确立了我国的国体、政体和国家结构形式,确认了公民的基本权利和义务,规定了国家机关的组织与活动原则、职权,确立了国旗、国歌、国徽和首都。几十年来,宪法发挥了和正在进一步发挥着它的巨大作用,是坚持全面依法治国、建设中国特色社会主义法治体系、建设社会主义法治国家的最高法律依据。维护宪法权威,保障宪法实施,是全国人民共同的神圣职责。

2. 法律。法律是指由全国人大或其常委会制定的规范性法律文件。通常人们把法律分为两类:一是基本法律,即由全国人大制定和修改的规范性法律文件;二是基本法律以外的其他法律,即由全国人大常委会制定和修改的除应当由全国人大制定的法律以外的规范性法律文件,这类法律数量较多,是我国法的渊源的重要组成部分。

3. 行政法规。行政法规专指我国最高行政机关即国务院依照宪法规定的权限和法定程序制定和修改的规范性法律文件的总称,其法律地位仅次于宪法和法律。它调整范围广,数量多,在国家生活中起着重要作用。与此同时,国务院常务会议通过的决议、决定和它发布的行政命令,亦属于行政法规的范畴,具有同等法律效力。

4. 地方性法规。按《中华人民共和国宪法》《立法法》规定的权限,省、自治区、直辖市的人民代表大会及其常委会根据本行政区域的具体情况和实际需要,在不同宪法、法律、行政法规相抵触的前提下,可以制定地方性法规;设区的市的人民代表大会及其常委会根据本市的具体情况和实际需要,在不同宪法、法律、行政法规和本省、自治区的地方性法规相抵触的前提下,可以对城乡建设与管理、环境保护、历史文化保护等方面的事项制定地方性法规,法律对设区的市制定地方性法规的事项另有规定的,从其规定;自治州的人民代表大会及其常委会可以行使设区的市制定地方性法规的职权。地方性法规具有如下特点:(1)其立法主体具体包括省、自治区、直辖市、省级人民政府所在地的市和国务院批准的较大的市、其他设区的市、自治州的人民代表大会及其常委会。（2）只在本行政区域内具有法律效力。（3）内容广泛，但不能涉及军事和法律规定不能涉及的领域，如不能规定刑罚的种类和运用等。

5. 自治法规。我国是统一的多民族国家。实行民族区域自治是中国共产党的一项基本民族政策，也是国家的一项基本政治制度。按宪法规定，我国在少数民族聚居的地方实行区域自治，设立自治机关。它们除行使地方国家机关的职权外，还有权在法定范围内行使自治权，包括有权依据当地特点制定被统称为自治法规的自治条例与单行条例。但自治区的自治条例和单行条例，须报全国人大常委会批准后方能生效；自治州、自治县的自治条例和单行条例，报省、自治区、直辖市的人民代表大会常委会批准后生效，并报全国人大常委会和国务院备案。自治法规不能同宪法、法律、行政法规相抵触，只在该自治地方有效。

6. 经济特区的经济法规。设立经济特区是我国改革开放以来所实行的一项特殊政策，主要是为了发展对外经济贸易，特别是利用外资和先进技术。1981年，全国人大常委会授权广东省、福建省人大及其常委会制定所属经济特区的各项单行经济法规；1989年，第七届全国人民代表大会第二次会议决定，授权深圳经济特区制定本特区的经济法规。经济特区的经济法规、规章不能与宪法、法律、行政法规相抵触，否则无效。经济特区的经济法规根据授权对法律、行政法规、地方性法规作变通规定的，在本经济特区内适用经济特区经济法规的规定。

7. 特别行政区的法律、法规。《中华人民共和国宪法》第31条规定："国家在必要时得设立特别行政区。在特别行政区内实行的制度按照具体情况由全国人民代表大会以法律规定。"按照1990年4月4日第七届全国人大第三次会议通过的《中华人民共和国香港特别行政区基本法》和1993年3月31日第八届全国人大第一次会议通过的《中华人民共和国澳门特别行政区基本法》的有关规定，香港、澳门这两个特别行政区有权制定在各自辖区内生效的法律、法规和命令等。特别行政区的法律、法规必须符合"一国两制"的精神，不能与宪法和全国人大制定的本特别行政区的基本法相抵触，并报全国人大常委会备案，备案不影响法律的生效。

8. 国际条约与协定。作为我国正式法律渊源的国际条约与协定，特指我国缔结或参加的国际条约与协定。按照1990年12月28日第七届全国人大常委会第十七次会议通过的《中华人民共和国缔结条约程序法》和有关法律的规定，凡我国缔结或参加的国际条约与协定在我国具有法律效力，属于当代中国法的渊源之一。

9. 法律解释。法律解释是当代中国法的正式渊源之一，是指有权的国家机关对现行法律的内容和含义所作的说明。根据《中华人民共和国立法法》和全国人大常委会通过的《关于加强法律解释工作的决议》，并从我国法律解释工作的实际运行来看，我国法律的正式解释有三种：立法解释、行政解释和司法解释（详见本书第十九章第三节）。

（二）非正式渊源

1. 习惯。人们的同一行为方式经多次重复实践而逐渐为多数人认可，谓之习惯。习惯在历史上曾是重要的法的渊源,中世纪的欧洲便是典型。在古代中国亦是如此。当代中国法的渊源主要是成文法(制定法),但在某些情况下,也认可习惯,如我国《民法总则》第10条确认了不违背公序良俗的习惯具有民法渊源的地位。

2. 政策。政策是国家或政党为了完成一定时期的任务而制定的活动准则。它包括国家政策和政党政策。国家的基本政策确定国家的大政方针,体现宪法的基本精神或直接被宪法和法律予以确认,无疑是当代中国法的重要渊源。中国共产党是中国特色社会主义事业的领导核心,党的政策是立法的依据,是执法和司法活动的指导,因而具有法源的地位和作用。

3. 指导性案例。指导性案例由最高人民法院、最高人民检察院、公安部分别发布或共同发布,对各级人民法院、人民检察院、公安机关在处理类似案件时具有应当参照的拘束力,在这种意义上也具备了法律渊源的地位。

4. 道德规范和正义观念。这也是具有普遍性的法的渊源。中国传统文化素以隆德为重要特色,在这种传统下,道德规范以及与其相关的正义观念,成了中国自古以来的一种法的渊源。尤其是在坚持依法治国和以德治国相结合的时代背景下,道德规范和正义观念是我国法的非正式渊源的重要组成部分。例如,在家事纠纷案件的审判中,文明进步的婚姻家庭伦理道德观念、社会主义核心价值观、中华民族传统家庭美德和善良风俗习惯都是司法裁判的核心理念和基本原则。

5. 法理。法理是一个综合性、普适性概念,其内涵十分丰富和深邃,凝聚了法之道理、法之原理、法之条理、法之公理、法之原则、法之美德、法之价值、法之理据、法之条件、法之理论等。自古以来,法理都被视为法律渊源或补充渊源或最后适用的兜底性法源。在社会情势急剧变化的当代世界,以法理作为断案的理据,已不是法官的"拾遗补缺",而逐渐成为一种常态。

第二节　法　的　分　类

法的分类是指从一定角度或根据一定标准,将法划分为不同的类别。世界上绝大多数国家公认和适用的法的分类,主要包括以下几种。

一、国内法和国际法

以制定法律的主体和适用范围为标准,可将法分为国内法和国际法。国内法是指由一国的立法机关制定或认可并适用于本国主权范围内的法律规范的总称。国际法是作为国际关系主体的国家、地区或国际组织之间缔结或参加并适用于它们之间的法律规范的总称。在国际关系法治化的时代,国内法与国际法的关系日益密切。它们的关系有的由宪法规定,有的由具体部门法律规定。一般而言,国际法具有优先于国内法的效力,但必须以该国缔结或加入该国际条约或协定为前提。

二、公法和私法

这种分类方法最早出现于古罗马法,在《查士丁尼国法大全》和《法学阶梯》中均有此说法。一般认为,公法指有关公共权力(职权)和义务(职责)的法律规定;私法指有关私人权利和义务的规定。前者如关于国家机关职权和职责的规定,涉及国家权力在社会生活中的地位、作用、运行程序等,包括宪法、行政法、刑法等;后者如关于公民、法人等非国家组织的权利和义务的规定,包括民法、商法等。诉讼法则是公法和私法的结合体。公法和私法的划分主要存在于大陆法系,是大陆法系划分部门法的基础。自第二次世界大战(以下简称"二战")以来,随着公法私法化和私法公法化,两者区别日益变小。其实,按照列宁的说法,社会主义国家不存在传统意义上的私法问题,因为所有的法都要维护国家利益和公民个人利益。

三、成文法和不成文法

以法的创制方式和表现形式为标准,可将法分为成文法和不成文法。成文法亦称制定法,是指有立法权或立法性职权的国家机关制定或认可的并以成文形式出现的规范性法律文件的总称,如宪法、民法典、刑法典等。不成文法是指由法定的国家机关认可,不具有文字形式或虽有文字形式但不具有规范化成文形式的法律规范的总称,如习惯法、判例法等。

四、实体法和程序法

以法规定的内容的不同和价值取向为标准,可将法分为实体法和程序法。实体法是规定法律关系主体权利和义务(或职权和职责),以追求实体正义为主要内容的法律规范的总称,如民法、刑法等。程序法一般是保障法律关系主体的权利义务的实现或保证职权和职责得以履行所需程序,以追求程序正义为主要内容的法律规范的总称,如立法程序法、行政程序法、民事诉讼法、刑事诉讼法、行政诉讼法等。

五、根本法和普通法

以法的效力等级、基本内容和制定程序为标准,可分为根本法和普通法。这种分类主要适用于成文法国家。根本法是指在一国的法律体系中具有最高法律效力和居核心地位的、规定国家根本制度和公民基本权利与义务的、制定与修改程序均特殊严格的宪法。作为同根本法相对称的普通法,有别于普通法法系中同衡平法相对称的普通法,是除宪法之外的成文法的总称。普通法的效力和地位低于宪法,制定或修改的程序也不及宪法那样严格复杂,其内容必须以宪法为依据而不能与之相抵触,否则将不具备法律效力。

六、一般法和特别法

以法的适用范围为标准,可以分为一般法和特别法。一般法是指适用于一般主体、一般事项、一般时间、一般空间范围,具有普遍约束力的法律规范的总称,如民法、刑法、经济法等。特别法专指适用范围限于特定主体、特定事项、特定时间、特定空间的法律。如教育法属于一般法,相对而言,高等教育法便是特别法。同一位阶上的法律,特别法优于一般法。当然,特别法与相关的法律在基本精神上应保持一致,并不能同宪法和其他上位法相抵触。

在一般分类之外,还存在对法的特殊分类。法的特殊分类指那些适用于个别国家或一定历史时期的国家的法的划分方式,如固有法与继受法、联邦法与联邦成员法、普通法与衡平法等。

第三节　法 的 效 力

一、法的效力的概念

对于"法的效力"一词,学者有不同解释。多数学者认为,法的效力泛指法的约束力。从广义上讲,法的效力指法律文件对人们行为的约束力。包括规范性法律文件对人们的行为产生的普遍的约束力,非规范性文件对特定的人和事产生的法律约束力,以及因双方、多方协议或单方行为如遗嘱而产生的对特定人的法律约束力。法的效力是法的基本属性,是法的各种约束力的统称。一般认为,法的效力是由适用对象、适用时间和适用空间三个要素构成的。

法的效力,从某种意义上讲是法的生命。"一旦法律丧失了力量,一切就都告绝望了;只要法律不再有力量,一切合法的东西也都不会再有力量"[1]。法之所以存在和发生作用,就在于它对人们的行为具有约束力,在于它通过其效力来调整人们的相互关系,控制和维护社会秩序。它既涉及立法意图的实现,又涉及法律权威的显现,更涉及对公民权利和国家利益的保障。因此,法的效力是法学研究和法治实践极为关注的问题。

对"法的效力"的理解,必须把握两个维度:一是"强制与保障",而且是国家的强制与保障。"法律是有牙齿的,必要的时候它会咬人。"[2] 如果没有国家的强制力与保障力,法的效力就会成为一句空话。二是"价值与功能"。法之所以产生效力,根本原因在于法有其价值与功能。在本书第五编中,我们将探讨法的价值问题。法不仅要引导人们追求公平正义,还要协调各种利益关系,更要规范对人权的保障、对秩序的维护和对社会和谐的促成。因此,法的效力实际上就是指法的约束力和保障力。鉴于约束力与保障力密不可分,是一个问题的两个方面,法的效力也可以泛指约束力。

二、法的效力与法的实效

法的效力与法的实效是两个既紧密联系又相互区别的概念。法的实效意指法产生了预

---

① [法]卢梭:《社会契约论》,何兆武译,商务印书馆1980年版,第168页。
② [美]E.A.霍贝尔:《初民的法律——法的动态比较研究》,周勇译,中国社会科学出版社1993年版,第27页。

期的实际效果。而法的效力,则是保证法的实施的约束力,其结果有两种可能,即立法目的的实现和未实现。具体而言,它们的区别在于:首先,法的效力指法律规范是有约束力的,它意味着人们应该按照法律规范所规定的行为模式行动;而实效指规范事实上被服从和适用。其次,法的效力尽管也涉及对法的内容的保障,但其重点是表明立法者的主观愿望,也是任何法律规范区别于其他社会规范的重要标志,属于"应然"范畴。然而,"法律实质上并不仅仅是欲然和应然,而且还是民众生活中一种实际有效的力量"[①]。法的实效表明的就是法的实现的客观结果与状态,属于"实然"范畴。当然,二者之间的联系也是不可忽视的,法的效力是法取得实效的前提,法的实效是法的效力实现的结果。

三、法的效力范围

法的效力范围,又称法的适用范围或生效范围,意指法对什么人、在什么时间和空间有效。因此,它是执法、司法和守法的前提。

具体而言,法的效力范围包括三种,亦称"三个效力范围"。

(一)法的对象效力

法的对象效力,亦称法对人的行为的效力,或法对人的效力。"法律的力量应该形影不离地跟踪着每一个公民。"[②] 各国法律因历史传统和各种因素的作用,在法对人的行为的效力上往往遵循不同的原则。这些原则有:

1. 属人主义原则。这在历史上是较早的一个原则,它是以人的国籍和组织的国别为标准而确立的。其含义是:凡本国的人和组织,无论是在国内还是国外,均受本国法律约束。很显然,若绝对地、唯一地实施这一原则,将有碍国家主权的维护,导致一国的法不适用于在该国领域的外国人和外国组织。

2. 属地主义原则。即依领土来确定法的适用范围:凡属一国管辖范围的人,无论是本国公民还是外国公民或无国籍人,都受该国法律的保护和约束。若绝对地、唯一地实施这一原则,将有碍该国主权,它将使一部分本国公民在国外的违法行为不受本国法律追究,其合法权利也将不受保障。

3. 保护主义原则。这项原则以保护本国利益为目的来确定法的适用范围。其含义是:只要有碍本国利益,不论违法者是具有任何国籍的公民还是无国籍的人,一律受该国法律约束。

4. 以属地主义为主,结合属人主义和保护主义原则,又称为"综合主义原则"。这一原则已被绝大多数国家认可,因为它既维护了本国主权,也维护了他国主权,有利于国际交往。我国也适用这一原则。

中国法在对人的行为效力上,主要涉及两个方面:第一,对中国公民的行为的效力。按中国有关法律规定,凡属中国的公民在法律上一律平等,即:平等地享受宪法和法律规定的

[①] [德]拉德布鲁赫:《法学导论》,米健译,商务印书馆2013年版,第14页。

[②] [意]贝卡里亚:《论犯罪与刑罚》,黄风译,中国大百科全书出版社1993年版,第61页。

权利,平等地履行宪法和法律规定的义务;即使在国外,仍然受中国法律的保护;当然,他们也必须遵守中国法律。同时,由于各国法律的内容和要求的差异,在国外的中国公民,必须遵守所在国的法律,尊重他国主权。一旦发生利害冲突,按有关国际法和国际惯例妥善解决;特别是在民事行为方面,适用居住国的法律。第二,中国法对外国公民或无国籍的人的行为的效力。这里包括两种情况:一是对在中国领域内的外国公民或无国籍的人的行为适用法的问题;二是对在中国领域外的外国公民或无国籍的人的行为适用法的问题。中国法律既保护外国人的合法权益,又要追究他们的违法犯罪责任。当然,也有例外,即对有豁免权和外交特权的外国人犯罪,需要追究刑事责任的,应通过外交途径解决。对于外国人在中国领域外对中华人民共和国和中国公民的犯罪行为,依我国法律最低判处有期徒刑3年以上者,可直接适用中国刑法,但按犯罪地国家的法律不受处罚的除外。这是相互尊重主权的体现。对于外国公民、无国籍人的人身权利、财产权利、受教育权利和其他合法权利,中国法律均予以保护。但他们不能享受中国公民的某些权利,如选举权;也不承担某些义务,如服兵役等。

(二)法的时间效力

法的时间效力是指法的效力起始和终止的期限以及有无溯及力的问题。

法的生效时间指法从何时起开始发生效力。法通过后要予以公布,公布是法开始生效的前提。在多数情况下,法律自公布之日起生效。公布的方式因各国具体情况而定。在当代,绝大多数国家将法律文本公布在国家确定的"公报"上。除公布之日起生效外,还有几种情况:一是法律本身规定一个具体生效时间;二是该法律规定具备某种条件后生效;三是以法律文本送达的时间为生效时间;四是该法规定试行,待试行后生效。

法的终止又称法的废止,指法的效力绝对消灭。这有两种情况:一是明示终止;二是默示终止,即事实上发生法律冲突时,依照本国确定的原则,该法实际上终止。

法的溯及力问题是法的时间效力的重要部分。所谓法的溯及力,是指新法对它生效以前的行为和事件可否予以适用,即是否溯及既往的问题。如果适用,则该法有溯及力,反之则没有溯及力。一般而言,"法律仅仅适用于将来"[①],法律是指导人们行为的准则,因此,一般只应适用于它生效后发生的行为、事件和形成的关系。国家不能用今天的法律规范指导人们昨天的行为,命令人们昨天应该做这或做那,亦不能因人们先前的某种行为现在看来是违法的而制裁他们。但在现代社会,法不溯及既往的原则不是绝对的,在有些情况下,立法者可以把新法溯及既往地适用于过去的行为、事件和关系,以补充法不溯及既往原则的不足。但这样做应遵循有利追溯的原则。有利追溯的原则在民法中多表现为,如果先前的行为和关系现在看来是合法的,并且对各方都是有益的,新法应承认其合法性并予以保护;有利追溯原则在刑法中表现为从轻追溯,即新法不认为是犯罪或处罚较轻时,适用新法。

---

① 《法国民法典》第2条。

（三）法的空间效力

法的空间效力即法的效力的地域范围。古人云："唯奉三尺之律，以绳四海之人。"[①] 法的空间效力直接体现国家主权，即它适用于该国主权的一切领域，既包括领陆、领水、领空及底土，也包括延伸意义的领土，如驻外使领馆、该国的境外飞行器和停泊在境外的船舶。

法的空间效力一般分为域内与域外两个方面。

在域内，有三种情况：（1）有的法在全国范围有效。在我国，由全国人大及其常委会和国务院制定的规范性法律文件，如宪法、法律、行政法规在全国有效。（2）有的法在局部地域有效。凡由我国地方国家机关在法定范围内制定的法在其管辖范围有效，民族自治机关制定的自治条例和单行条例在该自治地方有效。（3）由全国人大通过的《中华人民共和国香港特别行政区基本法》和《中华人民共和国澳门特别行政区基本法》分别对香港和澳门有效。域外方面，在互相尊重国家主权和领土完整的国际法原则基础上，从维护国家核心利益和公民权益出发，我国某些法律或某些法律条款具有域外效力。例如，在民事婚姻家庭方面，有些法律实行有条件的域外效力原则；在刑事方面，明确规定某些犯罪应由我国追究其刑事责任，又规定我国国家机关公务员和军人在域外触犯我国刑法规定之罪者，应适用中国刑法。

四、法的效力冲突及其处理原则

由于法的数量非常多，它们由不同的立法主体制定或认可，且产生的时间和侧重点不同，使得它们之间常有冲突。法的效力冲突直接影响国家法制的统一，这是现代法治国家必须解决的法律问题。

解决法的效力冲突，首先必须明确法的效力等级。法的效力等级，亦称法的效力位阶，是指在一国的法律体系中，基于制定法律规范的国家机关的地位高低不同而形成的法律规范在效力上的等级差别。一般讲，制定法律规范的国家机关的地位高，其制定的法律规范的等级就高。处理法的效力冲突，一般适用如下原则：第一，根本法优于普通法；第二，上位法优于下位法；第三，新法优于旧法；第四，特别法优于一般法。

小结

在本章中，法的渊源是同法的效力相联系的表现形式。法的渊源包括两个不可分割的要素：一是与法的效力直接联系；二是表现为一定的法律形式。在与法的渊源密切相关的法的分类问题和法的效力问题当中，本章着重介绍了法的一般分类和法的特殊分类、法的效力与法的实效、法的效力范围以及法的效力冲突问题。

[①]《贞观政要·公平》。

思考题

1. 当代中国法的正式渊源有哪些？

2. 法的效力与法的实效的区别和联系是什么？

3. 如何处理法的效力冲突？

4. 法谚有云："实体从旧，程序从新。"请结合法的时间效力的相关内容，阐述其中的法理。

5. "法律的效力是以它所引起的爱戴和尊重为转移的，而这种爱戴和这种尊重是以内心感到法律公正和合理为转移的。"请结合本章内容，阐述其中的法理。

第六章　法　律　体　系

法并不是像有时所说的一个规则,它是具有那种我们理解为体系的统一性的一系列规则。如果我们将注意力局限于个别的孤立的规则,那就不可能了解法的性质。

——［奥］汉斯·凯尔森[①]

法律体系是由一个国家的全部现行法律构成的整体,是由法律部门分类组合而形成的呈体系化的有机整体。本章论述了法律体系的概念和特点、法律体系与相关概念之异同,分析了法律部门的概念和特点、法律部门的划分标准和划分原则,介绍了构成中国特色社会主义法律体系的九大法律部门。

[①]　汉斯·凯尔森(Hans Kelsen, 1881—1973),美籍奥地利法学家。本题记选自［奥］凯尔森:《法与国家的一般理论》,沈宗灵译,中国大百科全书出版社 1996 年版,第 3 页。

第一节　法律体系释义

一、法律体系的概念和特点

"法律体系也就是法律规范的体系"①,法学中有时也称"法的体系"或简称为"法体系",是指由一国现行的全部法律规范按照不同的法律部门分类组合而形成的一个呈体系化的有机联系的统一整体。

法律体系有以下几个特点:

第一,法律体系是由一个国家的全部现行法律构成的整体。这就是说,它既不是由几个国家的法律构成的整体,也不是由一个地区或几个地区的法律构成的整体,而是由一个主权国家的法律构成的整体;它既不包括一国历史上的法律或已经失效的法律,也不包括一国将要制定的法律或尚未生效的法律,只包括现行的国内法和被本国承认的国际法。法律体系不仅是一个国家的社会、经济、政治、文化、生态等条件和要求的综合性法律表现,还是一个国家主权的象征和表现。

第二,法律体系是一个由法律部门分类组合而形成的呈体系化的有机整体。"体系"一词指由若干事物构成的一个相互联系的有机整体,它和静态意义上的"系统"概念相似。法律体系作为一个"体系",它的内部构成要素是法律部门,并且法律部门也不是机械、混乱地堆积在一起的,而是按照一定的标准进行分类组合,呈现为一个体系化、系统化的相互联系的有机整体。"法从形式上应合理组织,内部结构要协调一致,以免由于内在矛盾而推翻自己。从这一观点来说,法应是专门的法律调节体系,或者同样地拥有系统化特征。"② 这既是法律体系的客观构成,也是法律体系的一种理性化要求。

第三,法律体系的理想化要求是门类齐全、结构严密、内在协调。门类齐全是指在一个法律体系中,在宪法的统领下,应该具备调整不同社会关系的一些最基本的法律部门,不能有缺漏。结构严密是指不但在整个法律体系内部要有一个严密的结构,在各个法律部门内部也要形成一个由基本法律及与其相配套的一系列法规、实施细则等构成的严密结构。"像房子一样,法律和法律都是相互依存的。"③ 内部协调是指在一个法律体系中,一切法律部门都要服从宪法并与其保持协调一致,即普通法与根本法相协调、程序法与实体法相协调等,也即恩格斯曾指出的:"在现代国家中,法不仅必须适应于总的经济状况,不仅必须是它的表现,而且还必须是不因内在矛盾而自相抵触的一种内部和谐一致的表现。"④

第四,法律体系是客观法则和主观属性的有机统一。"法的体系的这种统一性、系统性,

---

① [英]约瑟夫・拉兹:《法律体系的概念》,吴玉章译,中国法制出版社2003年版,第54页。
② [俄]B.B.拉扎列夫主编:《法与国家的一般理论》,王哲等译,法律出版社1999年版,第156页。
③ 辛辉、荣丽双主编:《法律的精神——法律格言智慧警句精选》,中国法制出版社2016年版,第42页。
④ 《马克思恩格斯选集》第4卷,人民出版社1995年版,第702页。

决定于一国现行法规范都是同一经济基础的上层建筑的特殊组成部分,反映着同一社会政治制度的特点和同样的阶级意志,有着共同的指导思想和完成着同样的使命。"① 从终极的意义上讲,法律体系是经济关系的反映,它必须适应总的经济状况,因此,法律体系的形成是由客观经济规律和经济关系决定的;但从法律体系的形成过程来讲,它又离不开人的意志、主观能动性、意识形态、文化传统等的作用,由此而使世界各国的法律体系呈现出不同的模式、形态等。因此,法律体系是客观法则和主观属性的有机统一。

二、法律体系与其他相近概念

在法学理论中,同法律体系这一概念较为相近的概念有法制体系、法学体系和法系等概念。这些概念之间既有一定的联系,又有一定的区别,有必要对它们加以区分。

(一)法律体系与法制体系

法制体系,有时也称法制系统,它同法律体系虽一字之差,但含义不同。法律体系是指由一国现行的全部法律规范按照不同的法律部门分类组合而形成的有机联系的统一整体,而法制体系则是指法制运转机制和运转环节的全系统。法制体系包括立法体系、执法体系、司法体系、守法体系、法制监督体系等,是由这些体系组合而成的一个法制运转体系。法律体系着重说明的是呈静态状的法律本身的体系构成,而法制体系虽也包括静态的法律规范,但更着重说明的是呈动态状的法制运转机制系统。从相互关系来讲,法制体系包容着法律体系,而法律体系则组合在法制体系之中。

(二)法律体系与法学体系

这是两个不同但却有密切联系的概念。首先,法学体系是指一个国家的有关法律的学科体系,它属于社会科学范畴,具有意识形态和思想文化属性;而法律体系则是指一国现行的法律规范体系,属于社会中的规范体系范畴,是社会及个人的行为准则,有实际的法律效力,并产生实际的法律后果。一个属思想范畴,一个属规范体系,这是两者的本质区别。其次,由于法学体系属于思想范畴,而法律体系属于规范范畴,因而法学体系的内容和范围就比法律体系的内容和范围要大得多。比如,法学体系有法哲学、法理学、法律心理学、法律史学等,而作为规范体系的法律体系则不含有这些内容。最后,法律体系具有属国性,即它一般是一个主权国家的表现形式,在该主权范围内发生效力;而法学体系则具有跨国性,多个不同的国家可能在法学体系方面具有相同性或相通性。

当然,两者之间也有密切的联系:第一,法律体系是法学体系形成、建立的前提和基础。一个国家法学体系中的实体法学内容,是同法律体系中的法律部门划分相对应的,如法律部门划分为宪法、刑法、民法、商法、行政法、经济法、诉讼法等,法学体系也就相应地划分为宪法学、刑法学、民法学、商法学、行政法学、经济法学、诉讼法学等。第二,法律体系也是法学体系发展的重要动力。法律体系中新的法律内容的增加和扩充,会促成新的法学体系内容

---

① 孙国华:《建设中国特色的社会主义法律体系的几个问题》,载张友渔等:《法学理论论文集》,群众出版社 1984 年版,第 67 页。

的出现。比如,行政法、环境资源法、军事法的产生和出现,便推动了行政法学、环境资源法学、军事法学的产生,等等。第三,法学体系反过来也会成为法律体系发生变化的原因,这表现在两个方面:其一,法学体系的研究结果,会促成新的法律的产生,补充和调整原有法律体系的内容和结构;其二,法学体系中关于"法律体系"的学术研究,也会调整原有法律体系的布局和结构,使法律体系重新布局(因为法律体系也是人类认识的结果,渗透着浓厚的主观内容),以适应变化了的客观情势和认识发展的要求。

(三)法律体系与法系

这是两个含义不同的法学概念。法系是指由不同的国家或地区在历史上所形成的具有相同法的结构和法的表现形式(法的渊源)的一种法的类型。法系的概念更多地表达的是一种法律传统,它是跨越历史和国度的。而法律体系则指的是一国内由现行法律规范组合而成的法律部门的统一整体。它只能是现行法,而且也只能在一个主权国家范围之内构成。在人类历史上,公认有五大法系,即中华法系、伊斯兰法系、印度法系、大陆法系、英美法系,它们都是跨越历史和国度的法律传统。

第二节　法律部门及其划分标准

一、法律部门的概念和特点

"法律部门"这一概念,在有的法学著作和教材中被称为"部门法",它是指根据一定的标准和原则,按照法律规范自身的不同性质、调整社会关系的不同领域和不同方法等所划分的同类法律规范的总和。法律部门是法律体系的基本构成,各个不同的法律部门的有机组合便成为一国的法律体系。

法律部门具有如下一些特点:

第一,法律部门既是一个法学概念,也是组成法律体系的一种客观实体。根据法律所调整的不同法律关系(社会关系)的性质,可将众多法律划分为不同的法律部门,如将调整民事法律关系的法律规范归属于民法法律部门,将调整刑事法律关系的法律规范归属于刑法法律部门,等等。这种划分虽然是一种学理上的划分,但对法律体系的建立以及法治实践是非常重要的,它直接影响着立法、执法、司法的实践进程。

第二,在某一法律部门中,又可以划分为若干个子部门,这些子部门是法律部门的进一步细化和具体化,在法律部门中具有相对的独立性。子部门由法律部门中的一些特殊种类的法律制度和法律规范构成,它同法律部门是一种"种属关系"。如同样是调整民事法律关系的法律制度和法律规范,根据其调整的具体法律关系的不同,又可划分为物权法、合同法、侵权责任法、婚姻法、继承法等子部门;同样是调整宪法法律关系的法律制度和法律规范,又可划分为立法法、组织法、选举法等子部门;等等。子部门的划分一方面说明法律体系从法律部门到子部门是一个大的系统化的结构,同时也为法律体系的完善、健全提供了一个逐步深化的指向。

第三,法律部门是法律体系的基本构成,而构成法律部门和子部门的基本内容则是法律制度及其相应的法律规范的总和。比如,在一个国家的法律体系中,凡是调整民事法律关系的法律制度和法律规范,均属于民法法律部门;凡是调整刑事法律关系的法律制度和法律规范,均属于刑法法律部门。这就产生了一个问题:任何一个国家的不同的法律部门就不是只有一部法律或一部法典,还包括那些散见于其他法律中的有关法律制度和法律规范。因此,"总和"这一概念表明,有的法律部门和子部门以一部法律或法典为轴心,同时包括其他法律中的相关法律制度和法律规范,如民法法律部门、刑法法律部门;有的法律部门和子部门则没有一部轴心法律或法典,而是由若干部性质相同或相近的规范性法律文件组合而成的,如行政法法律部门、经济法法律部门等。

第四,上一点说明了组成法律部门和子部门的法律制度和法律规范的多来源性和总和性,反过来,法律制度对于法律部门来讲又存在着一种交叉性和综合性,即同一法律制度可能由一个或几个法律部门中的具有相同或相近调整属性的法律规范组成。比如,有关所有权的法律制度,就有可能体现在宪法、民法、经济法、商法等多个法律部门中;诉讼中的辩护制度、证据制度、回避制度等,就有可能体现在刑事诉讼法、民事诉讼法、行政诉讼法等多个不同的诉讼法律子部门中。

二、法律部门的划分标准

法律部门既然是指按照法律规范自身的不同性质、调整社会关系的不同领域和不同方法等所划分的不同法律规范的总和,那么,法律部门的划分标准自然就应该是:(1)法律规范所调整的社会关系;(2)法律规范的调整方法。这两方面有着较为密切的内在关系。

(一)法律规范所调整的社会关系

法律是调整社会关系的行为准则,任何法律都有其所调整的社会关系,否则,就不成其为法律。法律部门就是以法律所调整的社会关系的内容为依据来确定一部法律、法规、规则属于何种法律部门的,因为调整社会关系的内容决定着法律规范的性质。社会关系是多种多样且复杂变化的,人们可以将社会关系分为政治关系、经济关系、文化关系、宗教关系、家庭关系等。这些不同领域的社会关系成为法律调整的领域之后,便成了法律部门形成的基础,而调整不同领域的社会关系的法律又形成不同的法律部门。

(二)法律规范的调整方法

法律规范所调整的社会关系虽然是划分法律部门的重要标准,但仅仅以此为划分标准还是不够的,因为它不能解释同一社会关系需由不同的法律部门来调整这一法律现象。因此,划分法律部门,还需将法律规范的调整方法作为划分标准。如可将以刑罚制裁方法为特征的法律规范归入刑法法律部门,将以承担民事责任为特征的法律规范归入民法法律部门,等等。

此外,国内有些法学论著还提出以法律规范的数量及方便归类等作为法律部门划分的辅助方法。例如,2001 年全国人大常委会工作报告提出中国特色社会主义法律体系划分为七个主要法律部门时,因环境法律的数量还比较少,就把它们分别归类于行政法或经济法,而没有单独作为一个法律部门。

第三节 中国特色社会主义法律体系

1978 年中国实行改革开放、加强社会主义民主和法制建设之后,经过 40 年的努力,中国特色社会主义法律体系已经形成。从 1997 年到 2007 年,连续三次中国共产党全国代表大会都对法律体系建设提出了具体的目标,并将此作为建设社会主义法治国家的重要内容和前提:1997 年中国共产党第十五次全国代表大会提出 "到 2010 年形成有中国特色社会主义法律体系",2002 年中共十六大重申 "到 2010 年形成中国特色社会主义法律体系",2007 年中共十七大提出 "完善中国特色社会主义法律体系"。2011 年 3 月 10 日,在第十一届全国人民代表大会第四次会议上,全国人大常委会工作报告宣告:"一个立足中国国情和实际、适应改革开放和社会主义现代化建设需要、集中体现党和人民意志的,以宪法为统帅,以宪法相关法、民法商法等多个法律部门的法律为主干,由法律、行政法规、地方性法规等多个层次的法律规范构成的中国特色社会主义法律体系已经形成,国家经济建设、政治建设、文化建设、社会建设以及生态文明建设的各个方面实现有法可依,中共十五大提出到 2010 年形成中国特色社会主义法律体系的立法工作目标如期完成。"

在中国特色社会主义法律体系已经形成、中共十五大提出到 2010 年形成中国特色社会主义法律体系的立法工作目标如期完成之后,2012 年中共十八大进一步提出 "完善中国特色社会主义法律体系,加强重点领域立法,拓展人民有序参与立法途径" 的立法任务。2014 年中共十八届四中全会《决定》提出 "完善以宪法为核心的中国特色社会主义法律体系,加强宪法实施" 的重大任务。2017 年中共十九大又明确提出 "坚定不移走中国特色社会主义法治道路,完善以宪法为核心的中国特色社会主义法律体系,建设中国特色社会主义法治体系,建设社会主义法治国家" 以及 "推进科学立法、民主立法、依法立法,以良法促进发展、保障善治" 的战略任务。这对立法以及中国特色社会主义法律体系建设提出了更高的要求。

按照中国实行 "依法治国,建设社会主义法治国家" 的战略目标和任务,根据全国人大常委会对中国特色社会主义法律体系的目标设计,2001 年,全国人大常委会曾将中国特色社会主义法律体系划分为七个主要法律部门:宪法及宪法相关法、民法商法、行政法、经济法、社会法、刑法、诉讼与非诉讼程序法。但是,随着我国经济社会的发展和生态文明建设的不断深入,随着法律体系的完善和发展,法律体系内部产生了一些新的法律部门,例如环境资源法、军事法。因此,中国特色社会主义法律体系可以划分为以下九个主要法律部门:宪法及宪法相关法、民法商法、行政法、经济法、社会法、环境资源法、军事法、刑法、诉讼与非诉讼程序法。截至 2018 年 3 月 31 日,我国现行有效的法律共有 264 件。每个法律部门中又包括若干子部门,有些子部门下面还可进一步划分。

一、宪法及宪法相关法

在中国特色社会主义法律体系中,宪法是根本大法,是国家活动的总章程。宪法及宪法相关法是我国法律体系的主导法律部门,它是我国社会制度、国家制度、经济制度、政治制度、公民的基本权利和义务、国家机关的组织与活动的原则等方面法律规范的总和。它规定国家和社会生活的根本问题,不仅反映了我国社会主义法律的本质和基本原则,还确立了各项法律的基本原则。除最基本的规范外,宪法及宪法相关法还包括国家机构的组织和行为方面的法律、民族区域自治方面的法律、特别行政区方面的基本法律、保障和规范公民政治权利方面的法律,以及有关国家领域、国家主权、国家象征等方面的法律。

在宪法及宪法相关法这一占主导地位的法律部门中,现行的主要法律规范就是 1982 年通过的《中华人民共和国宪法》以及 1988 年、1993 年、1999 年、2004 年和 2018 年五次修宪通过的 52 条修正案。

除此以外,我国法律体系中现行有效的宪法相关法包括如下种类的宪法性法律文件和规范:(1)国家机构方面的法律,主要有《全国人民代表大会组织法》《国务院组织法》《地方各级人民代表大会和地方各级人民政府组织法》《监察法》《人民法院组织法》《人民检察院组织法》等。这些法律确立了国家权力机关、行政机关、监察机关、司法机关的基本体制、职责权限、运作方式、工作原则、议事程序等。(2)民族区域自治方面的法律,主要有《民族区域自治法》。(3)特别行政区基本法,目前主要有《香港特别行政区基本法》和《澳门特别行政区基本法》。(4)立法方面的法律,主要有《立法法》。(5)保障公民民主权利,扩大基层民主方面的法律,主要有《全国人民代表大会和地方各级人民代表大会选举法》《全国人民代表大会常务委员会关于县级以下人民代表大会代表直接选举的若干规定》《村民委员会组织法》《城市居民委员会组织法》《全国人民代表大会常务委员会关于批准中央军事委员会〈关于授予军队离休干部中国人民解放军功勋荣誉章的规定〉的决定》等。(6)涉及国家领域、国家主权、国家象征及公民的有关政治权利等方面的法律,主要有《国防法》《国家安全法》《领海及毗连区法》《专属经济区和大陆架法》《国旗法》《国歌法》《国徽法》《国籍法》《集会游行示威法》《戒严法》《国家赔偿法》《香港特别行政区驻军法》《澳门特别行政区驻军法》《外交特权与豁免条例》《领事特权与豁免条例》《外国中央银行财产司法强制措施豁免法》《缔结条约程序法》《反分裂国家法》等。

二、民法商法

民法商法是规范民事和商事活动的基础性法律。在我国法律体系中,民法商法法律部门包括民法和商法两大种类的法律文件和规范。

民法是调整平等主体的自然人、法人和非法人组织之间人身关系和财产关系的法律规范的总和。世界上大多数国家以一部较完整的民法典为民法法律部门的轴心法律规范,而我国目前尚无一部较完整的民法典,而以一部《民法总则》以及尚未被废止的《民法通则》为轴心法律规范,附之以其他一些单行民事法律,这些单行民事法律包括《物权法》《合同法》《担保法》《拍卖法》《商标法》《专利法》《著作权法》《婚姻法》《继承法》《收养法》《农村土地承包法》《消费者权益保护法》《侵权责任法》《涉外民事关系法律适用法》等。按照中共十八届四中全会的决定,现在正在进行民法典编纂工作。编纂民法典拟按照"两步走"的工作思路进行:第一步,编纂《民法总则》,该任务已经完成,于2017年3月召开的第十二届全国人大第五次会议审议通过;第二步,编纂民法典各分编,争取于2020年3月将民法典各分编一并提请全国人大会议审议通过。

商法和民法是市场经济法律制度中的车之两轮、鸟之两翼,缺一不可。商法和民法在调整对象上比较接近,例如都涉及调整平等主体之间的经济关系,二者的区别在于,民法是调整平等主体之间民事财产关系和民事人身关系的法律部门,而商法则主要是调整平等主体之间商事关系和商事行为的法律部门。商法是我国实行市场经济体制之后才开始被承认和逐渐发展的一个新兴的法律部门。目前,我国商法法律部门的有关法律规范主要有《公司法》《合伙企业法》《证券法》《保险法》《票据法》《商业银行法》《信托法》《个人独资企业法》《中外合资经营企业法》《中外合作经营企业法》《外资企业法》《招标投标法》《企业破产法》《电子签名法》等。

三、行政法

行政法是调整有关国家行政管理活动的法律规范的总和。它包括有关行政管理主体、行政行为、行政程序、行政监察与监督以及国家公务员制度等方面的法律规范。行政法涉及的范围很广,包括国防、人事、民政、公安、国家安全、民族、宗教、侨务、教育、科学技术、文化体育卫生、城市建设、环境保护等行政管理方面的法律。

我国法律体系中现行有效的行政法律包括以下种类的法律文件和规范:(1)在规范行政机关行政权力方面,有《行政处罚法》《行政复议法》《行政许可法》《行政强制法》《公务员法》;(2)在国防、外交方面,有《人民防空法》《国防教育法》《国防动员法》《驻外外交人员法》;(3)在公安、国家安全、人事、民政等方面,有《人民警察法》《人民警察警衔条例》《人民武装警察法》《海关法》《海关关衔条例》《居民身份证法》《出境入境管理法》《护照法》《治安管理处罚法》《反间谍法》《反恐怖主义法》《国防交通法》《核安全法》《国家情报法》等;(4)在教育、科学技术、文化、体育、卫生等方面,有《教育法》《义务教育法》《职业教育法》《高等教育法》《教师法》《科学技术进步法》《科学技术普及法》《促进科技成果转化法》《国家通用语言文字法》《文物保护法》《非物质文化遗产法》《网络安全法》《电影产业促进法》《公共文化服务保障法》《公共图书馆法》《人口与计划生育法》《中医药法》《母婴保健法》《传染病防治法》《献血法》《体育法》等;(5)在司法行政方面,有《律师法》《公证法》《监狱法》等;(6)在城市土地、房地产管理方面,制定了《土地管理法》《城市房地产管理法》《城乡规划法》等。

四、经济法

经济法是指调整国家从社会整体利益出发对经济活动实行干预、管理或调控所产生的社会经济关系的法律规范的总和。经济法主要包含两个部分：一是创造平等竞争环境、维护市场秩序方面的法律，主要是反垄断、反不正当竞争、反倾销和反补贴等方面的法律；二是国家宏观调控和经济管理方面的法律，主要是有关财政、税务、金融、审计、统计、物价、技术监督、工商管理、对外贸易和经济合作等方面的法律。

我国法律体系中现行有效的经济法律包括以下种类的法律文件和规范：(1)在加强宏观调控方面，制定了《预算法》《审计法》《会计法》《中国人民银行法》《银行业监督管理法》《价格法》《税收征收管理法》《企业所得税法》《个人所得税法》《烟叶税法》《船舶吨税法》等；(2)在规范市场秩序和竞争规则方面，制定了《反垄断法》《反不正当竞争法》《产品质量法》《广告法》《政府采购法》《烟草专卖法》《农产品质量安全法》《反洗钱法》等；(3)在扩大对外开放、促进对外经济贸易的发展方面，制定了《对外贸易法》《台湾同胞投资保护法》等；(4)在促进重点产业的振兴和发展方面，制定了《农业法》《渔业法》《畜牧法》《种子法》《铁路法》《民用航空法》《港口法》《公路法》《电力法》《煤炭法》《旅游法》《农业技术推广法》《农业机械化促进法》《循环经济促进法》等。此外，还制定了作为国民经济发展基础制度的《标准化法》《计量法》《统计法》《资产评估法》《中小企业促进法》等。

五、社会法

社会法是调整有关劳动关系、社会保障和社会福利关系，加强民生和社会建设的法律规范的总和，它主要是保障劳动者、失业者、丧失劳动能力的人和其他需要扶助的人的权益的法律。社会法的目的在于从社会整体利益出发，对上述各种人的权益进行必要的、切实的保障。它包括劳动用工、工资福利、职业安全卫生、社会保险、社会救济、特殊保障等方面的法律。

我国法律体系中现行有效的社会法律包括以下主要的法律文件和规范：《劳动法》《劳动合同法》《安全生产法》《残疾人保障法》《未成年人保护法》《预防未成年人犯罪法》《妇女权益保障法》《反家庭暴力法》《老年人权益保障法》《工会法》《红十字会法》《公益事业捐赠法》《归侨侨眷权益保护法》《就业促进法》《社会保险法》《军人保险法》《慈善法》等。

六、环境资源法

环境资源法是关于保护、治理和合理开发自然资源，保护环境，防治污染和其他公害，维护生态平衡的法律规范的总称。环境资源法对于合理利用自然资源，防止环境污染和生态破坏，推进生态文明建设，保护人民健康，建设美丽中国，促进经济持续发展和社会全面进步,具有重大和深远的意义。

我国法律体系中现行有效的环境资源法包括以下主要法律文件和规范:有关环境保护和污染防治的法律,包括《环境保护法》《海洋环境保护法》《野生动物保护法》《水污染防治法》《大气污染防治法》《固体废物污染环境防治法》《环境噪声污染防治法》;有关保护、治理和合理开发自然资源的法律,包括《矿产资源法》《森林法》《草原法》《渔业法》《土地管理法》《水法》《水土保持法》;其他特别环境资源立法,包括《环境影响评价法》《清洁生产促进法》《可再生能源法》《循环经济促进法》《环境保护税法》《海域使用管理法》《石油天然气管道保护法》《深海海底区域资源勘探开发法》等。

七、军事法

军事法是有关国防和军队建设的法律规范的总称。军事法律体系是中国特色社会主义法律体系的重要组成部分,依法治军、从严治军是强军之基,是建军、治军的基本方略。军事法律部门的形成,对于构建系统完备、严密高效的军事法规制度体系和提高国防和军队建设法治化水平,推进依法治军、依法强军,推动国防管理的科学化、法治化有着重要的作用。

我国法律体系中,现行有效的军事法包括以下主要法律文件和规范:《国防法》《兵役法》《现役军官法》《预备役军官法》《军官军衔条例》《军事设施保护法》,国务院和中央军委联合制定的军事行政法规,以及中央军委制定的军事法规等。

八、刑法

刑法是规定犯罪、刑事责任和刑罚的法律规范的总和。刑法所调整的是因犯罪而产生的社会关系。刑法所采用的调整方法是最严厉的一种法律制裁方法,即刑罚的方法。“刑网简要,疏而不失。”[1]它在个人或单位的行为严重危害社会、触犯刑事法律的情况下,给予其刑事处罚。刑法执行着保护社会和保卫人民的功能,承担着惩治各种刑事犯罪,维护社会正常秩序,保护国家利益、集体利益以及公民各项合法权益的重要任务。

我国法律体系中刑法类的法律主要是以《中华人民共和国刑法》为轴心的法律规范,还有此后的 10 个刑法修正案,以及《全国人民代表大会常务委员会关于惩治骗购外汇、逃汇和非法买卖外汇犯罪的决定》等。

九、诉讼与非诉讼程序法

诉讼与非诉讼程序法是调整因诉讼活动和非诉讼活动而产生的社会关系的法律规范的总和。它包括民事诉讼、刑事诉讼、行政诉讼和仲裁等方面的法律。这方面的法律不仅是实体法的实现形式和实体法内部生命力的表现,也是人民权利实现的最重要保障,其目的在于

---

[1] 《隋书·志第十二》。

保证实体法的公正实施。

我国法律体系中诉讼与非诉讼程序法现行有效的法律包括《刑事诉讼法》《民事诉讼法》《行政诉讼法》《海事诉讼特别程序法》《引渡法》《仲裁法》《劳动争议调解仲裁法》《农村土地承包经营纠纷调解仲裁法》《人民调解法》《全国人民代表大会常务委员会关于对中华人民共和国缔结或者参加的国际条约所规定的罪行行使刑事管辖权的决定》等。

在我国的法律体系中,还有一个国际法的问题。国际法不是一个独立的法律部门,它主要表现为国际条约和国际惯例。国际条约是指我国同外国缔结的双边和多边条约、协定和其他具有条约、协定性质的文件。国际条约本是国际法的主要渊源,但由于它对签约国有约束力,因而凡是我国政府签订的国际条约,也属于我国法的渊源之一,自然也是我国法律体系的组成部分。

根据第七届全国人大常委会第十七次会议于 1990 年通过的《缔结条约程序法》的规定,国际条约的缔结权限分别为:国务院同外国缔结条约和协定;全国人大常委会决定同外国缔结的条约和重要协定的批准和废除;中华人民共和国主席根据全国人大常委会的决定,批准和废除同外国缔结的条约和重要协定。该程序法还规定:加入多边条约和协定,分别由全国人大或国务院决定;接受多边条约和协定,由国务院决定。

小结

一个国家现行的全部法律是呈体系化、有机联系在一起的。根据一定的标准和原则,所有法律规范被分门别类,划归到不同的法律部门中。法律部门是法律体系的基本构成,各个法律部门的有机组合就成为一国的法律体系。当代中国的法律体系包含九个重要的法律部门,即宪法及宪法相关法、民法商法、行政法、经济法、社会法、环境资源法、军事法、刑法、诉讼与非诉讼程序法。

思考题

1. 如何理解法律体系的概念和特征?

2. 如何理解法律部门的概念及划分标准?

3. 中国特色社会主义法律体系的主要法律部门有哪些?

4. 凯尔森认为:"法并不是像有时所说的一个规则,它是具有那种我们理解为体系的统一性的一系列规则。如果我们将注意力局限于个别的孤立的规则,那就不可能了解法的性质。"请结合该语境,谈谈你对建立和完善中国特色社会主义法律体系的必要性的理解。

第七章 法的要素

实证主义者把法律描绘成一幅规则体系的图画,也许由于它太简单,对我们的想象力起着一种坚韧的限制作用。如果我们从这一规则模式中解脱出来,我们也许能够去建立一种对我们错综复杂的实践更为真实的模式。

——[美]罗纳德·德沃金[①]

在讨论了法律体系之后,本章将以一种内部的视角来考察法的构成元素,即法的要素。与法的要素密切相关的一个法理学问题是法的模式问题。由于法学家对法的要素持有不同的观点,相应地形成了不同的法的模式理论。本章在介绍几种有代表性的法的模式理论之后,详细论述了法律概念、法律规则、法律原则这三种最重要的法的要素。

---

① 罗纳德·德沃金(Ronald M.Dworkin,1931—2013),美国哲学家、法学家。本题记选自[美]罗纳德·德沃金:《认真对待权利》,信春鹰、吴玉章译,中国大百科全书出版社 1998 年版,第 68 页。

第一节　法的要素概述

一、法的要素释义

法的要素指法的基本成分,即构成法律的基本元素。任何时空中以整体形态存在的法律都是由基本的要素构成的。法的要素与法律渊源不同,法的渊源是法的外表形态,法的要素是法(制定法、习惯法、判例法)的基本质料。

与法律整体相对应的法的要素具有以下特征:(1)个别性和局部性。它表现为一个个元素或个体,是组成法律有机体的细胞。(2)多样性和差别性。组成法律的要素具有多样性,不同的要素具有差别性。这可以从两个层次上来理解。一是法的要素可以分成不同的种类,它不是同一的;二是相同种类的法的要素又可以有不同的个性。(3)整体性和不可分割性。虽然每个法的要素都是独立的单位,但是法的要素作为法律的组成部分又具有整体性和不可分割性。某一法的要素的改变可能会引起其他要素或整体发生相应的变化,某一要素被违反可能会引起整体或其他要素的反应。每一个要素都与其他要素相联结,具有不可分割性。例如,法律适用上的"特权原则"向"平等原则"的转变将极大地影响对一系列法律规则与概念的理解与解释,"犯罪"这一概念的变化可能会影响整个刑法体系及许多刑事规则。

法的要素质量的优劣通常是衡量法律合理化、科学化程度的重要标志。法律进化的过程本身是法的要素的质和量提高的过程。法的要素质量越高,法律的可预测性程度就越高,法律的确定性程度也就越高,在其他因素不变的条件下,法律中所包含的正义和理性也会越丰富。判断一个社会的法的要素质量高低的标准通常有:(1)法的要素含义的明确性与确定性程度。(2)法的要素间联系的紧密性及协调性程度。(3)法的要素的专门化、技术化程度。

二、法的要素的分类

法的要素的分类涉及一个前提性问题:将复杂的法律现象归结为哪些简单要素,即法要素的"模式"问题,这是西方法理学中的"传统问题"。早在古希腊,就曾发生过法律是"命令"还是"劝告"的争论。近代以来,流行的法要素模式的理论主要有四种:第一,"命令"模式,即将法律归结为单一的"命令"要素。这一理论始于法国人博丹(Jean Bodin),经英国思想家霍布斯,到分析法学派创始人奥斯丁时,成为主宰西方法学一个多世纪的强势理论。第二,规则模式。该模式由新分析法学派的哈特在批判命令模式的基础上创造。哈特认为法律是一个规则系统,法律规则可以分为主要规则和次要规则。第三,规则—政策—原则模式。美国法学家德沃金认为,单一规则不足以构成法律,法律中还有政策和原则这两个要素。所谓政策,是指某种标准规范,这种标准规范设定了一个要实现的目标,一般说来,这个目标是特定共同体在经济、政治或者社会方面的某种改善。所谓原则,是指另外一种标准规范,亦即某种有关正义或公平的要求或者其他道德维度的要求,而非旨在促进或确保某种被认为值得追求的经济的、政治的或社会的情势。[①]第四,律令—技术—理想模式。庞德认为,人们使用的法律这一概念有三种含义:法律秩序、权威性资料、司法行政过程。其中,权威性资料包括律令、技术和法律理想,律令又包括规则、原则、概念、标准。

我国法学界长期以来通行"法律规范"说,将法律归结为法律规范这一单一要素。这一理论来自1949年以后对苏联法学的承袭,其理论源头是西方的命令说和规则说。近年来,学者们开始主张多要素说。综观各家关于法的要素的学说,法律概念、法律规则、法律原则三要素说有较强的说服力,且对认识法律有重要的工具价值。下面我们逐一加以介绍。

第二节 法 律 概 念

一、法律概念释义

从哲学上讲,概念是认识事物过程中形成的思维形式,是认识之网上的纽结。法律概念是有法律意义的概念,是认识法律与表达法律的认识之网上的纽结,即对各种有关法律的事物、状态、行为进行概括而形成的法律术语;是"法律规范和法律制度的建筑材料"[②];是"解决法律问题所必需的和必不可少的工具。没有限定严格的专门概念,我们便不能清楚地和理性地思考法律问题"[③]。

法律概念有两个来源:一是脱胎于日常生活中的概念,经法律人对它的吸纳而成为法律概念;二是法律人(立法者、司法者、法学家)的创设。由于法律人的创设活动不可能离开日常生活,所以,法律概念实际上都直接或间接地来自日常生活。在这个意义上,法律概念也是法律与日常生活联系的纽带。[④]

由上可知,应当注意法律概念与日常生活中的概念的关系。可以这样说,法律概念源于日常生活中的概念,但又高于日常生活中的概念。日常生活中的概念变成法律概念以后,成为法律体系的一部分,它就具备了丰富的内涵,具有了相对明确的定义和应用范围。例如,日常用语中的"国家机关工作人员"就与作为法律概念的"国家机关工作人员"有别,后者的范围由专门的立法或司法解释确定。一个概念的技术含量越高,它就越远离日常生活而成为高度专门化的法律概念。例如,"死亡"作为日常生活概念指生命活动的终止,而

① Ronald Dworkin, *Taking Rights Seriously*, Harvard University Press, 1977, p.22.

② [德]魏德士:《法理学》,丁晓春、吴越译,法律出版社2005年版,第91页。

③ [美]E.博登海默:《法理学:法律哲学与法律方法》,邓正来译,中国政法大学出版社2004年版,第504页。

④ 德国学者将纯粹日常生活中的概念称为"观念性的概念",通过对"前法律概念"的吸纳,将它与法律的目的与法律规范相联系,前法律的"观念性概念"演变为法律概念,"观念性的概念"就成了"规范性的制度形成工具"。参见[德]魏德士:《法理学》,丁晓春、吴越译,法律出版社2005年版,第91页。

作为法律概念的“死亡”，各国法律大多有明确的定义。传统法律以心跳、呼吸停止作为死亡的标准。1968年第一例人工心脏移植成功后，美国哈佛大学成立了第一个确定脑死亡标准的委员会，瑞士还颁布了《脑死亡法》，确定“死亡”的法律含义。当然，法律纠纷都是发生在生活中的，法律纠纷的解决不可避免地涉及许多日常生活中的概念，当这些概念出现在立法或判例中时，它就是一个法律概念。[①] 所以，法律概念与非法律概念的界限是相对的。

虽然法律概念与法律规则和法律原则都是法的要素，但是在逻辑上，法律概念同法律规则和法律原则不是同一层面的存在，法律规则和法律原则中都包含法律概念。例如，“法律面前人人平等”这一法律原则中就包含了“法律”“人”“平等”这三个法律概念。不过，法律概念又是与法律规则和法律原则不同的存在，在认识和表达法律中有它特殊的作用，所以，还应单独予以研究。

法律概念对于法律的运作与法学研究具有重要意义。具体来讲，法律概念具有三大功能：（1）表达功能。法律概念及概念间的连接使法律得以表达，无概念的法律是难以想象的，“它们可能有助于提供一幅完整的图景并且突出某种关键的标准”[②]。同时，法律概念也是撰写诉状、答辩状、司法判决等法律文书的重要工具。（2）认识功能。“正是在词中，我们所想象的东西变成了我们所认识的东西，反过来，我们所认识的东西变成了我们每天表象给自身的东西。”[③] 法律概念使人们得以认识和理解法律，不借助法律概念，人们便无从认识法律的内容，难以进行法律交流，更无法在此基础上进行法律实践活动。（3）提高法律合理化程度的功能。丰富的、明确的法律概念可以提高法律的明确化程度和专业化程度，使法律成为专门的工具，使法律工作成为独立的职业。由于法律概念的含义不同，表面上同一的法律规则或原则可能表达不同的内容；相反，表面上不同的法律规则或原则其含义则可能是相同的。例如“法律面前人人平等”原则的核心内容是“平等”，赋予“平等”不同的含义就会改变这一原则的内容。

二、法律概念的分类

依不同标准可以对法律概念作不同分类。依概念涉及的内容来分，法律概念有涉人概念、涉事概念、涉物概念。涉人概念是关于人（自然人和团体人）的概念，如“公民”“人”“法人”“法定代理人”“律师”“法官”等。涉事概念是关于法律事件和法律行为的概念，如“故意”“过失”“责任”“贪污”“受贿”“代理”等。涉物概念是有关物品及其质量、数量和时间、空间等无人格的概念，如“标的”“金额”“国家财产”“有体物”“无体物”“证券”“无人驾驶汽

---

① 当一个概念在法律中没有明确定义时，司法者如何对它进行解释是一个值得注意的问题。按照法律解释的“字面解释”原则，司法者应当按照语言权威或日常生活中的共识进行解释。在判例法系国家，通过司法适用的概念就是一个法律概念。这也可以说明法律概念与日常生活中的概念的区别是相对的。

② Dennis Lloyd and Michael Freeman, *Lloyd's Introduction to Jurisprudence*, 5th ed., Stevens & Sons, 1985, p. 56.

③ ［法］米歇尔·福柯：《词与物——人文科学考古学》，莫伟民译，上海三联书店2001年版，第117页。

车""时效"等。

按法律概念的功能不同,可以将它分为描述性概念和规范性概念。描述性概念是对外在事物进行描述的概念,通过描述使法律得到表达。描述性概念通常是对与法律有关的事物、时间、地点的描述,如租赁、婚姻、盗窃、公务员等。规范性概念是对人的行为有规范意义、本身具有规范内容的概念,如故意、过失、违法等。

按法律概念的确定性程度不同,可以将它分为确定性法律概念和不确定性法律概念。确定性法律概念是外延、内涵相对确定的法律概念,不确定性法律概念是外延与内涵相对不确定的法律概念。前者如定金、赔偿、盗窃、证据,后者如正当程序、公序良俗等。当然,确定性是一个程度问题,"确定性""不确定性"这些词本身是相对的,因此,确定性法律概念与不确定性法律概念的区分也是相对的,且是可以转换的。一个不确定的法律概念可能通过立法或法律解释或法律适用而确定起来;由于新事物的产生,一个原本确定的法律概念也可能不确定起来。例如,美国宪法第一修正案中的"表达自由"在18世纪的立宪者们那里是很确定的,它是指言论自由与出书、出刊物的自由。当出现了广播、互联网以后,广播表达、互联网上的表达是否在宪法第一修正案的保护范围内就不确定了。当然,这种不确定经过法官的解释又取得了新的确定性。确定性法律概念的解释不允许自由裁量,只能依法而释;不确定性法律概念在运用时需要法官或执法者自由裁量。

按法律概念涵盖面大小,可以将法律概念划分为一般法律概念和部门法律概念。一般法律概念指适用于整个法领域的法律概念,例如权利、义务、责任、规则、原则等。一般法律概念是法律概念的最高等级,通常可称为法律范畴。部门法律概念是指仅适用于某一法律领域的法律概念,它的涵盖面远较一般法律概念为窄。例如,犯罪、刑罚、合同、债务、行政相对人、行政处罚、开庭、质证等,这些法律概念就只分别适用于刑法、民法、行政法或诉讼法领域。

第三节　法　律　规　则

一、法律规则释义

社会规则是由权威部门颁行的或社会习俗中包含的关于人们行为的准则、标准、规定等,即日常用语中所称的"规矩"。社会规则有很多种类,例如,中国古代的礼,社会交往的礼仪规则,道德规则,宗教规则,政党、社会团体的纪律规则,商人的行会规则等,当然还有法律规则。社会的各种规则形成一个有序的规则体系,是社会秩序的维系力量,也是个体权利的保障力量。在法治社会里,法律规则具有最高或最终的效力,法治社会的规则以主体权利为导向。

关于法律规则和法律规范是否为同一概念,学界有争议。我国法学界通常将英语中的 rule 译作"规则",将 norm 译作"规范"。凯尔森认为,立法者创制的是规范,法律科学表述的却是规则。前者是规定性的,后者是叙述性的。[①]凯尔森所讲的规则是一般性的,而规范除了一般性的以外,还包括"个别规范"。英国法学家沃克(David M.Walker)的观点则相反,他认为法律规则与法律规范都是规范人的行为的,但是规则较规范具体,规范比规则抽象。我国法学家倾向于把规则与规范看作同一概念,这从传统的"法律是行为规范的总和"这个法律定义中可以清楚地感知。这里,我们也将规则与规范作为同一概念使用。

法律规则是规定法律上的权利、义务、责任的准则、标准,或是赋予某种事实状态以法律意义的指示、规定。法律规则是构成法律的主要元素。

法律规则通常有严密的逻辑结构。对法律规则的逻辑结构,法学界有不同的看法,主要有三要素说和二要素说。

三要素说是占主导地位的学说。其主要内容是:法律规则由假定、处理、制裁三部分构成。假定是指出适用这一规则的前提、条件或情况的部分;处理是具体要求人们做什么或禁止人们做什么的那一部分;制裁是指出行为要承担的法律后果的部分。三要素说虽然传之久远,但由于内在的缺陷而在近年逐渐被相当一部分学者放弃。人们对三要素说的批评集中在三个方面:一是制裁只是法律的否定性结果,而否定性结果只是法律结果中的一种,在逻辑上有以偏概全之嫌;二是如果将肯定性或奖励性的结果也包括在内,则与中文"制裁"一词的含义相差甚远;三是"处理"一词的含义也与中文"处理"的本义不合。

二要素说是 20 世纪 90 年代在批评三要素说的基础上兴起的一种新的学说。二要素说将法律规则的结构分为行为模式、法律后果两部分。行为模式是指法律规则中规定人们可以作为、应该作为、不得作为的行为方式,它可以是课以义务的,也可以是授权的。法律后果是指法律规则中指示可能的法律结果或法律反应的部分。

法律规则与针对个别人或事项的个别性命令不同,它具有两大特色:(1)法律规则是普遍的行为模式,具有可重复适用性。(2)法律规则可以适用于一定的角色群或适用于一定法域中所有的人,即法律规则不是针对特定的个人的,而是对具有相同特性的个体普遍适用的,也就是具有适用的普遍性。

与法律原则相比,法律规则具有三大特点:(1)微观的指导性,即在规则所覆盖的相对有限的实施范围内,可以指导人们的行为。"一个规则和一个原则的差别在于,一个规则对于一个预定的事件作出一个固定的反应;而一个原则则指导我们在决定如何对一个特定的事件作出反应时,指导我们对特定因素的思考。"[②](2)可操作性较强。只要一个具体案件符合规则设定的事实状态,执法人员可直接适用该规则,一般公民也能较容易地依据规则选择自己的行为方式。(3)确定性程度较高。"规则会减少不确定性并因此带来收益"[③]。与原则

---

①　参见[奥]凯尔森:《法与国家的一般理论》,沈宗灵译,中国大百科全书出版社 1996 年版,第 48 页及以下。

②　[美]罗纳德·德沃金:《认真对待权利》,信春鹰、吴玉章译,中国大百科全书出版社 1998 年版,中文版序言第 18 页。

③　[美]理查德·A.波斯纳:《法理学问题》,苏力译,中国政法大学出版社 2002 年版,第 57 页。

相比,法律规则的确定性程度要高得多,这个确定性包括它的内容相对明确与恒定,它的效力也较为清楚明确。

法律规则有没有确定性这一问题在法学界也有不同的看法。规范法学派通常强调法律规则的确定性,而美国的现实主义法学和批判法学则否定、怀疑规则的确定性。我们认为,法律规则都具有确定性,否则就难以被重复适用,难以保障法的稳定与安定。但是,法律规则的确定性又是相对的,它的含义及适用范围有一个模糊的边缘地带,不同法律规则的确定性程度也有一定差别。例如,"早6点至晚6点间本街道禁止通车"这一规则在时间上是确定的,适用地域是确定的,行为模式也是基本确定的,但是它又不完全确定。汽车毫无疑问在禁止通行之列,至于"车"是否包括摩托车、自行车,甚至是否包括残疾人车(机动的、手动的)、手推车、儿童推车就不那么确定了。尽管法律规则的确定性是相对的,立法者却不得以此为由追求法律的不确定、追求"粗",立法者应当追求法律规则之最大限度的确定性,这是立法者的道德义务和法定职责。

二、法律规则的分类

依据不同的标准和出于不同的目的,可对法律规则作出不同的分类。按法律规则所在的法律部门不同,可将它分为刑法规则、民法规则、行政法规则、诉讼法规则等。按法律规则的内容不同,可将它分为实体性规则、程序性规则。按法律规则所属的不同法源,可将它分为制定法规则、习惯法规则、普通法规则、衡平法规则。按法律规则的位阶不同,可将它分为宪法性规则、法律性规则、规章性规则。按法律规则适用过程中裁量权的有无,可将它分为客观性规则和裁量性规则。客观性规则的条件相对明确,而裁量性规则如果不进行判断,便无法实施。[①] 对法学研究与法律实务意义较大的分类有四种。

(一)授权性规则、义务性规则和权义复合性规则

这是依据法律规则的内容所作的分类。授权性规则是指示人们可以作为、不作为或要求别人作为、不作为的规则。授权性规则的作用在于赋予人们一定的权利去构筑或变更、终止其法律地位或法律关系,为人们的自主行为和良性互动提供行为模式,为社会的良性运作和发展提供动力与规则保障。授权性规则的特点是为权利主体提供一定的选择自由,对于权利主体来说不具有强制性,它既不强令权利人作为,也不强令权利人不作为。相反,它为行为人的作为、不作为提供了一个自由选择的空间。权利规则常常同时暗含对相对义务人一定的作为或不作为义务的规定,否则授权性规则就会落空。宪法和民商法中含有丰富的授权性规则。例如,"中华人民共和国公民对于任何国家机关和国家工作人员,有提出批评和建议的权利"[②],就是授权性规则。授权性规则通常采用"可以""有权利""有……自由"等用语。授权性规则在法律中所占的比重随着法律的进化而递增。在现代法律中,授权性

---

① 参见[美]劳伦斯·M.弗里德曼:《法律制度——从社会科学角度观察》,李琼英、林欣译,中国政法大学出版社2004年版,第341页。

② 此为《中华人民共和国宪法》第41条第1款中的部分内容。

规则居首要地位。

义务性规则是直接要求人们作为或不作为的规则。与授权性规则不同,义务性规则表现为对义务主体的约束,为权利的实现、人际互助、维持社会安全提供保障。义务性规则具有三大特征:第一,强制性。义务性规则通常具有强行性,对于不履行义务的人具有压力,违反义务性规则的主体常常要付出代价,即法律会作出否定性反应,这种反应可能是否定行为的合法性、予以处罚或责令赔偿或补偿等。第二,必要性。为了维护社会成员的自由和利益,维系社会安全和法的权威,义务性规则是必要的,没有义务性规则,社会将不复存在。在法治社会,这种必要性还表现在立法者确定一项义务性规则必须有"社会必要性",即义务性规则的确立必须基于这一规则所保护的更高的价值,否则就不得规定,因为义务性规则本身是一种负担,随意确定义务性规则本身构成对公民权利的侵犯。第三,不利性。义务性规则虽然对他人和社会有利,但对义务人来说却是不利的,是一种牺牲或负担。应当指出,有些论著将法律规则分为授权性规则、义务性规则和禁止性规则三大类,这种将禁止性规则与义务性规则并列的做法是可商榷的。因为义务本身包括作为义务和不作为义务两种,禁止性规则规定的是不作为义务,它其实是义务性规则中的"不作为义务规则"。将禁止性规则与义务性规则并列存在"子项相容"之嫌。规定作为义务的义务性规则常采用"应当""应该""必须"等术语,规定不作为义务的义务性规则常采用"不得""禁止""严禁"等术语,或者在描述行为模式后加上不利的法律后果。

权义复合性规则指兼具授予权利、设定义务两种性质的法律规则。权义复合性规则大多是有关国家机关组织和活动的规则。依其指示的对象和作用又可以分为委任规则、组织规则、审判规则、承认规则等。权义复合性规则的特点是:一方面,被指示的对象有权按照法律规则的规定作出一定行为;另一方面,作出这些行为又是其不可推卸的义务。从有权作为的一面来看,它具有授权性规则的特性;从必须或应当作为的一面来看,它又具有义务性规则的属性。法律授予权力的规则通常是权义复合性规则,因为权力本身是一种作为的能力,同时,不按法律的规定作为又是违法的。例如,如果宪法规定某机关有权"监督宪法的实施",则该机关不去监督就构成不作为违法,当下的所谓"懒政"也大多属于此类。

(二)规范性规则和标准性规则

这是依据法律规则的形式特征所作的分类。规范性规则指内容明确、肯定和具体,可直接适用的规则。例如,"每一选民在一次选举中只有一个投票权"[1]。

标准性规则指法律规则的部分内容或全部内容(事实状态、权利、义务、后果等)具有一定伸缩性,须经解释方可适用且可适当裁量的法律规则。例如,"民事活动应当尊重社会公德,不得损害社会公共利益"[2]这一规则里的"社会公德""社会公共利益"均有很大的伸缩性,须经过解释才能适用。

---

[1] 《全国人民代表大会和地方各级人民代表大会选举法》第4条。

[2] 此为《民法通则》第7条中的部分内容。

（三）调整性规则和构成性规则

这是依据法律规则的功能所作的分类。调整性规则是对已有行为方式进行调整的规则，它的功能在于控制行为。从逻辑上讲，该规则所调整的行为先于规则本身，规则的功能在于对行为的模式予以控制、改变或统一。在这个意义上讲，调整性规则占了法律规则的大多数。

构成性规则是组织人们按规则规定的行为去活动的规则。从逻辑上讲，规则所规定的行为在逻辑上依赖规则本身。例如，设定某一机构的规则属构成性规则，这一机构的活动有赖于设立机构的组织性规则本身，没有相关组织的构成性规则，相关组织的活动是不可思议的。

（四）强行性规则和指导性规则

这是依据法律规则的强制性程度不同所作的分类。强行性规则是指要求行为主体必须作为或不作为、强制性程度较高的规则。绝大多数义务性规则属于强行性规则，国际强行法规定的规则是强行性规则。指导性规则是指只对行为人的行为提供指导、行为人可自主选择行为方式的规则。指导性规则只具有指导意义而不具有强行性，这是一种命令性较弱的义务性规则。国际法上许多规则对于国家来说属于指导性规则。例如，联合国《世界人权宣言》（1948）课以联合国成员国以保护人权的义务，但它的义务对成员国立法机关只具有指导性，不具有强行性。再如，行政法中课以国家机关义务的大部分规则是强行性规则，国家机关必须照办，但是英国行政法中存在对行政机关具有指导性的法律，其中的法律规则对行政机关只具指导意义。行政指导行为中涉及的法律规则对行政相对人来说也是指导性规则。

第四节　法　律　原　则

一、法律原则释义

法律原则（principles of law）本身存在与否是一个有争议的问题。具有规范法学倾向的学者通常否认或不重视法律原则的存在及其作用，而具有价值法学倾向的学者则常常重视法律原则的存在及其作用。哈特早期的思想忽视法律原则的存在，后期在与德沃金的学术争论中发展了自己的规则理论，其中的承认规则容纳了法律原则。德国法学家拉德布鲁赫的"五分钟法哲学"最后强调法律原则的存在。[①] 当代德国法学家拉伦茨（Karl Larenz）也

---

① 拉德布鲁赫说："存在一些法律原则，它们比其他的法律规章具有更高的效力，以至于只要哪个法律与它们相悖，那么这个法律就失去其有效性了，人们把这些法律原则称为自然法或者理性法。的确，它们在具体方面还处于一些质疑的包围之中，但是经过几个世纪的努力已经形成了一个稳定的规模，而且广泛协调地集中在所谓人权和公民权宣言之中。就这些法律原则中的某些部分而言，只有那些吹毛求疵的疑问才有可能仍然对这些法律原则保持着怀疑。"参见［德］古斯塔夫·拉德布鲁赫：《法哲学》，王朴译，法律出版社2013年版，附录二。

承认法律原则的存在,他的外部体系就是指法律原则的体系。① 在这两极中间,存在折中的"消极法律原则"理论。

从法理角度来看,法律原则不仅是存在的,而且是法理的重要载体,这可以从两方面观察:一是从经验的层面来看,法律原则存在于各种法律之中,它不但存在于国内法中,也存在于国际法中,同时存在于超国家法(如欧盟法)中。国内法中的公序良俗原则、不溯及既往原则是普遍存在的;国际法中的主权原则、国家平等原则也为各国所承认;在超国家法的欧盟法中,也存在一系列的法律原则,如基本权利原则、平等与不歧视原则、比例原则、保护合法期望的原则、禁止溯及既往原则、合法性原则、共同体的非契约性责任原则等。② 二是从逻辑的层面来看,法律原则也是一个法律体系所不可或缺的。因为人的理性不足应对法所规范的事物变化的无穷性,法与它所规范的事物之间存在永恒的矛盾。"处理法律中的显著矛盾的公认原则之一便是看能不能找到办法来协调看起来相互矛盾的条款。"③ 为适应与改变现实,法律中除了一般规则以外,就需要有一种较为灵活与机动的成分,以保持法律的开放性,填补法律空白、纠正法律讹误。同时,为保持法律的统一与和谐,在立法时也需要以一以贯之的价值——原则为基础。"我们只有承认法律既包括法律规则也包括法律原则,才能解释我们对于法律的特别尊敬。"④

法学家对法律原则的定义存在差异。英国法学家沃克从法律原则的功能——解决疑难案件的角度,将法律原则定义为:大量法律推理所凭借的前提,在较为特定的和具体的规范不能解决或不能完全彻底地解决案件之时,可以正当地适用于案件的一般原则。⑤《布莱克法律辞典》的解释是:法律的基础性真理或原理,为其他规则提供基础性或本源的综合性规则或原理,是法律行为、法律程序、法律决定的决定性规则。⑥ 我们认为《布莱克法律辞典》的上述定义基本可取。法律原则是法律的基础性真理、原理或为其他法的要素提供基础或本源的综合性原理或出发点。法律原则可以是非常抽象的,例如,法律面前人人平等原则、无罪推定原则、自然公正原则;也可以是很具体的,例如,任何人不能做自己案件的审判者。法律原则的作用是法律规则所不能替代的,主要表现在三个方面:(1)法律原则为法律规则和概念提供基础或出发点,对法律的制定具有指导意义,对理解法律规则也有指导意义。例如,无罪推定原则成为众多诉讼规则的出发点和基础。(2)法律原则可直接作为审判的依据。(3)法律原则可以作为疑难案件的断案依据,以纠正严格执行实在法可能带来的不公。诚如哈特所言,当某一案件的特殊事实导致适用原有规则不公正时,法律原则可作为断

①　参见[德]卡尔·拉伦茨:《法学方法论》,陈爱娥译,商务印书馆 2003 年版,第 348—349 页。

②　关于欧盟法的一般法律原则问题,参见李道刚:《论一般法律原则在共同体司法实践中的运用》,载《法学论坛》2003 年第 3 期。

③　[美]富勒:《法律的道德性》,郑戈译,商务印书馆 2005 年版,第 75 页。

④　[美]罗纳德·德沃金:《认真对待权利》,信春鹰、吴玉章译,中国大百科全书出版社 1998 年版,第 126 页。

⑤　参见[英]戴维·M.沃克:《牛津法律大辞典》,李双元等译,法律出版社 2003 年版,第 898 页。

⑥　See *Black's law Dictionary*, West Publishing Company., 1983, p.1074.

案依据。[①] 德沃金也指出:"当法学家们理解或者争论关于法律上的权利和义务问题的时候,特别是在疑难案件中,当我们与这些概念有关的问题看起来极其尖锐时,他们使用的不是作为规则发挥作用的标准,而是作为原则、政策和其他各种准则而发挥作用的标准。"[②]

二、法律原则与法律规则的区别

法律原则与法律规则有哪些不同? 在这方面,哈特与德沃金的理论无疑是极具启发性的。德沃金认为法律原则与法律规则的区别是"硬"的,非此即彼;而哈特则强调两者之间的差异是"软"的,即两者的区别是"程度性"的,不存在"尖锐对比"。基于上述"程度性"的认识,哈特指出法律原则有三大特性:一是广泛性,这是指它的不具体;二是原则是一种值得追求、坚持的事物,它不仅为具体的规则说明理由,而且在证立规则上也发挥"些许作用";三是"非决断性",即原则不像规则那样"全有全无"地适用,它的适用并不"确保"一个决定,只是"指向或有利于某种决定",或者导出某种可以"被凌驾的理由,这个理由可以被法院纳入考虑以使其倾向某个方向"。[③]

我们认为,哈特的理论更为准确,法律规则与法律原则的区别是相对的,是个程度问题。法律原则与法律规则同为法律的要素,两者有共性,在规则与原则间存在一个不明晰的边缘地带,甚至有些法的要素究属规则还是原则是难以定位的。不过法律原则与法律规则的区别还是存在的:(1)在对事及对人的覆盖面上,法律原则较宽,法律规则较窄,即法律原则有更大的宏观指导性,某一法律原则常常成为一群规则的基础。(2)在变化的速率方面,法律原则有较强的稳定性。"天下有定理而无定法。"[④] 法律原则通常是社会重大价值的积淀,不会轻易改变,相比之下,法律规则的改变要容易得多。(3)在是否适用的确定性方面,原则较为模糊,而规则较为明确;当原则与原则、规则与规则相互冲突时,选择的方法也不同。冲突的规则的适用常常是要么无效,要么有效;确定相互冲突的原则的适用时,则常常要对冲突的原则所承载的不同价值作出权衡,对相互冲突的原则必须进行衡量或平衡,以确定某些原则比其他原则具有更大的"分量"。

三、法律原则的分类

按不同的标准可以对法律原则作出不同的分类,对法学研究和法律适用有较大价值的分类有以下三种。

---

① 例如,在美国的里格斯诉帕尔默案(*Riggs v. Palmer*,1889)中,一个 16 岁的男孩毒死了他的祖父,因为他担心再婚的祖父会修改遗嘱,使他丧失继承权。他能否继承被害人的遗产? 按一般法律规则他是合法继承人,遗嘱符合法律要件,应当继承遗产。但这与法律的目的和一般社会伦理相悖,最终法院依据"一个人不能从他的不当行为中得利"这一法律原则剥夺了帕尔默的继承权。

② [美]罗纳德·德沃金:《认真对待权利》,信春鹰、吴玉章译,中国大百科全书出版社 1998 年版,第 40 页。

③ [英]哈特:《法律的概念》,许家馨、李冠宜译,法律出版社 2006 年版,第 241 页。

④ (清)王夫之:《读通鉴论》卷六《光武》,舒士彦点校,中华书局 1975 年版,第 368 页。

（一）政策性原则和公理性原则

这种分类的依据是原则产生的不同基础。政策性原则是国家和其他政治共同体为了达到某一目的或目标或实现某一时期、某一方面的任务而制定的方略,通常是关于社会的经济、政治、文化、国防的发展目标、战略措施或社会动员等问题的。或者更精辟地说:"原则的论据意在确立个人权利;政策的论据意在确立集体目标。原则是描述权利的陈述;政策是描述目标的陈述。"[①] 我国学者则因其常常出现在法律条文中而将它视为法律原则之一种。

公理性原则是从社会关系性质中产生并得到广泛认同的被奉为法律公理的法律原则,这是严格意义上的法律原则。例如,宪法中的分权原则和人权原则,选举法的普遍、直接、秘密、平等原则,现代刑法中的罪刑法定原则,民法中的诚实信用原则,行政法中的合法性原则,诉讼法中的独立审判原则,刑事诉讼法中的无罪推定原则,国际法中的国家平等原则等。由于公理性原则来自事物本身的性质,所以公理性原则较政策性原则有更大的普适性。

（二）基本原则和具体原则

这是依据法律原则的覆盖面作出的分类。基本原则是指体现法的根本价值的法律原则,它是整个法律活动的指导思想和出发点,构成法律体系的神经中枢。例如,现代法律中的法治原则、法律面前人人平等原则、基本人权不可侵犯原则等均为现代法律的基本原则。具体原则是基本原则的具体化,构成某一法律领域的法律规则的基础或出发点,如契约自由原则、罚当其罪原则、越权无效原则等。最具体的法律原则与法律规则难以区分,如回避原则、时效原则等。

（三）实体性原则和程序性原则

这是依据法律原则的不同内容作出的分类。实体性原则指规定实体法律问题的原则。实体性原则的功能是调整实体上的权利义务关系,如罪刑法定原则、诚实信用原则、公序良俗原则等。程序性原则是规定程序性法律问题的原则。程序性法律原则的功能是调整程序上的权利义务关系,如公开原则、谁主张谁举证原则、非法证据排除原则等。当然也有跨越实体与程序两界的法律原则,如平等原则、公平原则等。

应当指出,上述分类都是相对的,除了上述分类以外,还有其他的分类,例如,按照原则所在的法律部门不同也可对法律原则作出分类,美国法学家迈克尔·D. 贝勒斯（Michael D. Bayles）就将法律原则分为程序法原则、财产法原则、契约法原则、侵权法原则、刑法原则五大块。[②]

四、法律原则的适用

法律原则作为法的要素,它的可适用性是不容置疑的,在法律实践中,法律原则的适

---

① ［美］罗纳德·德沃金:《认真对待权利》,信春鹰、吴玉章译,中国大百科全书出版社 1998 年版,第 126 页。

② 参见［美］迈克尔·D. 贝勒斯:《法律的原则——一个规范的分析》,张文显等译,中国大百科全书出版社 1996 年版,第 1 页。

用事实上也不可避免。但是由于前述法律原则的特点,它本身的确定性程度较低,如果无限制地适用法律原则,将会对法律本身以及个案正义构成威胁。尤其在以法律原则排斥法律规则适用的场合,如果没有必要的限制,将会对法的安定构成冲击。如果我们承认法律的核心目的是为人的行为提供预期,那么,对法律原则的适用不加限制的话,将会背离法的目的。

与法律规则的适用相比,法律原则的适用有三个特点:一是法律原则的适用存在于法律运作的全过程。法律规则的适用只发生在将规则个别化的场合——司法与执法领域;法律原则的适用则不仅存在于这一场合,还存在于立法领域,这当然是指那些高度抽象的、重要的法律原则,如法律面前人人平等原则、法不溯及既往原则、明确性原则等。二是法律原则的适用存在分量问题,或者说,法律原则可以"部分"地适用,当两个法律原则发生碰撞时,可以将两个法律原则予以不同程度地适用。三是法律原则的适用可以排斥规则的适用,这发生在法律规则适用于个案可能产生与法的精神不一致的结果,即发生个案不公正的时候。当然,正如法律规则与法律原则的区别本身是个程度问题,法律原则的适用本身也是个程度问题。法律原则仅能作为"证立"个案判决的理由,还是可以直接适用,学界对此并无一致看法。部分学者认为可以直接适用,如德沃金。也有部分学者认为法律原则只能证立判决,而不能直接适用,如拉伦茨认为,法律原则虽然具有"主导性法律思想"的特质,但是不能直接用来裁判个案,它要依靠"法律或者司法裁判的具体化才能获得裁判基准;然而也有一些原则已经凝聚成可以直接适用的规则,其不仅是法律理由,毋宁已经是法律本身",他称后者为"法条形式的原则"[①],这类原则有最轻微的手段原则、尽可能最少限制的原则等。

由于法律原则的适用特别是司法适用可能存在弊端,因此,法律原则的司法适用必须遵守一定的规则:第一,只能适用法律原则,禁止适用道德原则、政治原则等非法律原则。这是因为法律是一个独立的规则和原则体系,如果适用非法律的原则,将破坏法律的统一,导致法律无法有效地对社会进行调整,无法保障权利。第二,法律规则优先适用。在选用法律的时候,优先选择适用法律规则,适用法律原则是例外,即所谓的"禁止向一般条款逃逸"。因为法律原则的抽象性程度高于规则,法律规则是法律原则的细化与具体化,因此,在理论上,应当假定法律规则正确体现了法律原则的精神,在存在法律规则的场合,应当适用法律规则;在特殊情况下,才允许排斥法律规则而适用法律原则,否则便否定了立法与判例的正当性,与执法者的宪法地位不符。第三,充分说明理由。在具备了适用法律原则的正当理由时,特别是在排斥规则而适用法律原则时,法律适用者还要承担充分说明理由的义务。这是因为此时法律适用者其实承担了(起码是部分地承担了)立法者与司法者的双重职能,适用原则有相当的主观性。为了最大限度地限制适用者个人主观因素对法律的侵害,保障法的安定与当事人的权利,适用者有义务向社会和当事人充分说明理由。

---

① [德]卡尔·拉伦茨:《法学方法论》,陈爱娥译,商务印书馆2003年版,第353页。

小结

本章综观各家关于法的要素的学说，认为法律概念、法律规则、法律原则三要素说有较强的说服力，且对认识法律有重要的工具价值。特别需要指出的是，学习区分法律规则与法律原则各自独特的属性和功能，对于树立法律思维和法理思维、更好地从事法律实践具有特别重要的意义。

思考题

1. 如何理解法律概念？
2. 法律原则与法律规则的区别是什么？
3. 在司法裁判中法律原则有哪些功能？
4. 德沃金认为："实证主义者把法律描绘成一幅规则体系的图画，也许由于它太简单，对我们的想象力起着一种坚韧的限制作用。如果我们从这一规则模式中解脱出来，我们也许能够去建立一种对我们错综复杂的实践更为真实的模式。"请结合本章内容，谈谈你是否同意该观点，并说明理由。

第八章 权利和义务

> 没有无义务的权利,也没有无权利的义务。
>
> ——[德]卡尔·海因里希·马克思[①]

权利和义务是法学的核心概念,全部法律问题都可归结于权利和义务。在这个意义上,法学就是权利义务之学。本章概括介绍了中西方历史上出现的主要权利义务观念,对权利、义务概念进行了语义和意义分析,根据不同的标准对权利和义务进行分类研究,同时,探讨了权利与义务之间的关系。

---

① 卡尔·海因里希·马克思(Karl Heinrich Marx, 1818—1883),马克思主义创始人之一。本题记选自《国际工人协会的共同章程和组织条例》,载《马克思恩格斯全集》第17卷,人民出版社1963年版,第476页。

第一节 历史上的权利和义务概念

权利和义务作为法学的核心概念,它们的形成有一个历史过程,是历史的产物,是法律文化和法律制度演进的凝结。

一、西方思想史上的权利和义务概念

据西方学者麦金泰尔(Alasdair Chalmers MacIntyre)的考证,"在中世纪临近结束之前的任何古代或中世纪语言中,都没有可以恰当地译作我们说的'一种权利'的表达"[①]。

17、18 世纪,资产阶级在反对封建统治的斗争中发明了"自然权利"(natural rights)的武器,举起了"天赋人权"(rights-in-born)的旗帜。"权利"和"人权"(人的权利,human rights)为上帝赐予或造物主赋予人的资格的观念得到广泛的认同和传播。这种观念在法国的《人权宣言》、美国的《独立宣言》等政治法律文献中得到肯定,被宣布为不可转让的权利。

19 世纪中期以后,由社会生产方式所推动,"权利"和"义务"被作为法律(法学)的基本概念总结出来,对权利和义务的研究进入实证化阶段。

20 世纪初期,英美分析法理学家尤其是霍菲尔德(Wesley Newcomb Hohfeld)摆脱权利分析中的形式主义和简单化模式,注重分析权利概念包含的丰富内容,并与义务和法律关系等概念联系起来加以研究,从而深化了对权利的理解。[②]

与对法律权利的分析相比,西方学者对法律义务的分析相对匮乏,众多著作中论述的义务基本上是道德义务或宗教义务。

在古希腊、古罗马时代,虽然义务的观念在社会中根深蒂固,并且苏格拉底、柏拉图、亚里士多德、西塞罗等思想家在论著中已相当广泛且深入地探讨了现今可以称之为法律义务的种种实质问题,但没有明确地提出法律义务概念。

中世纪的文献中也没有与法律权利相对应的法律义务的明确表述。奥古斯丁、托马斯·阿奎那等神学家虽然有过关于义务的分析,但他们的分析对象主要限于宗教义务和道德义务。

法律义务成为独立概念并被学理分析始于近代。分析法学派的鼻祖霍布斯可能是把义务与法律权利相对应、把义务作为限定自由之法律约束的第一人。后随着权利义务平等观念的传播,特别是立法的发展,义务作为权利的对应物进入更多法学家的视野。

20 世纪 50 年代以后,以英国法学家哈特、米尔恩(A. J. M. Milne)、迪亚斯(R.W.M.Dias)等为代表的新分析法学派(即语义分析法学派)对义务概念进行了卓越的研究,其最突出的特点也最富有启迪性的是,他们越来越强调义务概念中的"应当"而不是"制裁"要素——

---

① [美]A.麦金泰尔:《德性之后》,龚群等译,中国社会科学出版社 1995 年版,第 88—89 页。

② 参见[美]霍菲尔德:《基本法律概念》,张书友编译,中国法制出版社 2009 年版。

从分析"应当"入手,对义务概念和义务现象作了比较全面的分析,涉及义务的性质、义务的功能、义务的结构、义务的表现形式、义务的冲突、义务的违反、义务的实施等,使义务研究达到了相当深入的程度。①

二、中国思想史上的权利和义务概念

早在春秋战国时期,法家的代表人物管仲就明确说过,社会之需要法律,在于"兴功惧暴""定分止争""令人知事"。②荀子极其深刻地指出:"天下害生纵欲,欲恶同物,欲多而物寡,寡则必争矣。……离居不相待则穷,群而无分则争。穷者患也,争者祸也,救患除祸,则莫若明分使群矣。"③孟子也说过,夫政者,必自经界始。这里的"定分止争""明分""经界"翻译为现代概念,实质就是要明确权利和义务及各自的界限,以调整利益关系,缓解或消除利益冲突。汉代,董仲舒鉴于秦朝权利义务配置严重失衡,最终导致灭亡的历史教训,提出法制要"使富者足以示贵而不至于骄,贫者足以养生而不至于忧"④。汉以后,历代思想家亦有关于权利和义务的种种精彩论述。这些论述虽然距离"权利义务"的科学抽象还很远,但它们标志着我国古代思想家对法、权利和义务的认识已相当深刻。

法律上的权利和义务概念在中国出现是 19 世纪西学东渐之后的事情。以康有为、梁启超、严复等为代表的资产阶级启蒙思想家大力倡导学习西方变法自强,实行宪政、民主、法治,呼唤权利立法。康有为曾论道:"人者,天之所生也,有是身体,即有其权利,侵权者,谓之侵天权,让权者谓之失天职。"⑤他还以"自由"为指称概念解释权利,说:"人人有天授之权,即人人有天授自由之权。"⑥梁启超追随其师,为权利大声疾呼:"自由者,权利之表证也。凡人所以为人者有两大要件,一曰生命,二曰权利,二者缺一,实乃非人。"⑦学贯中西的严复则把英国自由主义思想家密尔的《论自由》翻译为《群己权界论》,说明他对权利和自由有着极其深刻的领悟。孙中山是资产阶级民主派的杰出代表。他不仅全面系统地宣传西方资产阶级的民主法治理论和权利理论,而且在其组织制定的《中华民国临时约法》中提出"民权主义"主张,把权利思想法律化、中国化。受西方资产阶级权利本位文化的启蒙,我国新文化运动的先驱们高扬权利旗帜,响亮地提出"以权利本位主义,易家族本位主义"⑧。

但是,由于以罪和罚为核心的封建法律文化根深蒂固,特别是由于中国缺乏权利观念发育的社会条件,旧中国的法学研究并未把权利和义务作为法的核心内容和法学的核心概念。

---

① 参见[英]迪亚斯:《法律的概念与价值》,黄文艺译,张文显校,载张文显、李步云主编:《法理学论丛》(第 2 卷),法律出版社 2000 年版,第 439—463 页。

② 《管子·七臣七主》。

③ 《荀子·富国》。

④ 《春秋繁露·度制》。

⑤ (清)康有为:《大同书》,章锡琛、周振甫校点,古籍出版社 1956 年版,第 130 页。

⑥ (清)康有为:《大同书》,章锡琛、周振甫校点,古籍出版社 1956 年版,第 136 页。

⑦ 张品兴主编:《梁启超全集》,北京出版社 1999 年版,第 429 页。

⑧ 乔丛启、杨一凡:《五四运动与中国法律文化》,载《法学研究》1989 年第 3 期。

进入社会主义时期后,由于人为地把商品经济当作资本主义或产生新资本主义温床的经济基础予以取缔,把法权(权利)一概视同资产阶级法权横加批判,同时在政治上忽视民主和法治建设,崇尚人治,奉行大规模群众运动和政治斗争,导致民众本来就淡薄的权利义务意识渐趋弱化,法学也随之被扭曲为人治和政治斗争的工具以及阶级斗争之学,致使对权利和义务的研究和宣传既无必要又无可能。

这种现象直到20世纪70年代末80年代初才逐渐改变。随着"阶级斗争为纲论"被否定,法学界一些学者提出"法学应以'权利义务'为自己的特殊对象"[①]。在20世纪80年代后期,一些学者提出权利和义务是法的核心的观点,呼吁"以权利和义务为基本范畴重构法学理论",并对此进行了系统而深刻的论述。[②]

由此可以看出,权利和义务概念的生成和演化经历了一个从朦胧到清晰、从具体到抽象、再从抽象到具体的认识过程。在这个过程中,尽管权利和义务概念在字面上没有多少改变,但其思想内容却在不断变化,并总是与一定时代的法律实践和法律精神相联系的。

第二节　权利和义务的概念

一、权利和义务是法学的核心概念

法是以权利和义务为机制调整人的行为和社会关系的。权利和义务贯穿于法律现象中具有逻辑联系的各个环节、法律的一切部门和法律运行的全部过程。

首先,权利和义务是从法律规范到法律关系再到法律责任的具有逻辑联系的各个环节的构成要素。权利和义务是法律规范的核心内容,一个标准之所以被称为法律规范,就在于它授予人们一定权利,告诉人们怎样的主张和行为是正当的、合法的、会受到法律的保护;或者给人们设定某种义务,指示人们怎样的行为是应为的、必为的或禁为的,在一定条件下会由国家权力强制履行或予以取缔。某一社会关系之所以是法律关系,就在于它是依法形成或由法律机关确认的、以权利和义务的相互联系和相互制约为内容的社会关系。至于法律责任,则是由于侵犯法定权利或违反法定义务、约定义务而引起的,由专门国家机关认定并归结于法律关系主体的,带有直接强制性的义务,亦即由于违反第一性义务而招致的第二性义务。

其次,权利和义务贯穿于法律的一切部门。宪法作为国家根本大法和总章程,规定国家的政治制度、经济制度、文化教育制度和法律制度,实际上就是确认和规定社会上各个阶级、阶层、集团、民族等社会基本力量在国家生活中的权利和义务,并以此为基础,规定了公民的

---

① 余先予、夏吉先:《论马克思主义法学的科学性》,载《法学研究》1980年第5期。

② 诸如:权利与义务的发生,权利与义务的社会价值,权利与义务的渊源、体系,权利与义务的主体与客体,权利与义务的存在形态,权利与义务的关系,权利与义务的分类,权利与义务以及民主法制,权利与权力,权利与自由,权利推定,权利保障与救济,权利立法,等等。

基本权利和义务,以及国家机关及其公务人员的职权和职责。行政法规定国家行政机关在组织实施国家职能的日常活动中所拥有的权利(权力、职权)和义务(职责),以及在政府与公民、法人等行政相对人的关系中双方各自的权利和义务。民法调整平等主体的自然人、法人和非法人组织之间的人身关系和财产关系中的权利和义务,提供解决因侵权或违约而发生的权利和义务纠纷的准则。经济法调整国家在经济管理活动中所发生的国家与经济组织之间、经济组织与经济组织之间的权利和义务。社会法是调整公民(自然人)基本生活权利之保障的权利和义务的规范体系。刑法规定何种行为是极端的、超过社会容忍极限的侵害个人、集体和国家权益的行为以及对这种行为所应采取的取缔和惩罚措施,以此敦促或强制罪犯履行法定义务,保护人们的权利。诉讼法则规定诉讼过程中诉讼当事人及其代理人、国家审判机关、国家检察机关等诉讼主体的权利义务。国际法也是以权利和义务为构成要素的,不过它是通过条约和协定、惯例等形式确定下来的国家之间、国家与国际组织之间、国际组织之间以及其他国际法主体之间的权利和义务。其他法律部门也都确定人们在某种社会生活领域和社会关系中的权利和义务。

再次,权利和义务贯穿法律的运行和操作的整个过程。法的运作以立法为起点,以守法、执法、司法、法律监督为主要环节。任何国家的立法都是统治阶级通过立法机关,根据本阶级的根本利益、实际的阶级力量对比以及民族文化传统等条件,确定人们的权利和义务,使之规范化和制度化的过程。守法就是公民、法人及其他社会组织正确行使法定权利,忠实而又积极地履行法定义务。与守法相对的违法则是超越法定权利边际“滥用权利”,或规避或疏于履行法定义务。执法就是国家行政机关在管理社会的活动中,依靠国家权力,落实法定权利和义务的过程。司法就是通过国家的审判活动和各种诉讼程序,确认被模糊的当事人的权利和义务,恢复被搁置、被破坏的权利和义务关系。法律监督就是国家法律监督机关对国家机关及其工作人员行使权利和履行义务的情况实行监督,追究违法者的法律责任的活动。

最后,权利和义务全面地表现和实现法的价值。权利、义务是法的价值得以实现的方式,正是通过权利和义务的宣告与落实,国家把社会主导的价值取向和价值选择变为国家和法的价值取向和选择,借助国家权威和法律程序加以实现。权利与义务的关系(结构)反映着法的价值的变化。通过分析不同历史类型的法律制度中权利和义务的关系(结构),可以透视不同法律制度的价值取向和价值排序。在前资本主义社会,总的说来,法重义务轻权利,以义务为本位来配置义务和权利。现代社会的法是充满活力的调整机制,它以权利为本位或重心来配置权利和义务,赋予人们各种政治权利、经济权利、文化权利和社会权利,给人们以充分的、越来越扩大的选择机会和行动自由,同时为了保障权利的实现,规定了一系列相应的义务。

因此,我们认为,权利和义务是法的核心内容,也是法学的核心概念,并进而主张法学应是权利义务之学,应以权利和义务为中心范畴建构当代中国的法学理论体系。

二、权利和义务释义

权利和义务是包括多种要素、具有丰富内容的概念，人们可以从任何一个要素或层面去理解权利和义务。

第一，"资格说"。该说把权利理解为资格，即行动的资格、占有的资格或享受的资格。按照这种理解，权利意味着"可以"，义务意味着"不可以"。一个人只有被赋予某种资格，具有权利主体的身份，才能够向别人提出作为与不作为的主张，才有法律能力或权利不受他人干预地从事某种活动。

第二，"主张说"。该说把权利理解为具有正当性、合法性、可强制执行的主张，即以某种正当的、合法的理由要求或吁请承认主张者对某物的占有，或要求返还某物，或要求承认某事实（行为）的法律效果。所以，义务就是被主张的对象或内容，即义务主体适应权利主体要求的作为与不作为。

第三，"自由说"。该说把权利理解为自由，即法律允许的自由——有限制但受到法律保护的自由。每一个真正的权利就是一种自由，包括权利主体的意志自由和行动自由，意味着主体在行使权利时不受法律上的干涉，主体实施或不实施一定行为不受他人的强制。

第四，"利益说"。该说把权利理解为法律所承认和保障的利益。不管权利的具体客体是什么，上升到抽象概念，对权利主体来说，它总是一种利益或必须包含某种利益，而义务则是负担或不利。

第五，"法力说"。该说把权利理解为法律赋予权利主体的一种用以享有或维护特定利益的力量，或一个人通过一定行为（包括作为和不作为）改变法律关系的能力。义务则是对法力的服从，或为保障权利主体的利益而承受一定的法律结果。

第六，"可能说"。该说把权利理解为法律规范规定的权利主体作出一定行为的可能性、要求他人作出一定行为的可能性以及请求国家强制力量给予协助的可能性。这种可能性受到由法律规范所责成的他人的相应的义务的保障。义务是法律所确定的并由国家强制力来保证的一定行为的必要性。

第七，"规范说"。该说把权利理解为法律所保障或允许的能够作出一定行为的尺度，是权利主体能够作出或不作出一定行为，以及要求他人相应地作出或不作出一定行为的许可与保障。与此相应，义务被解释为法律为满足权利人的权利需要而要求义务人作出必要行为的尺度，其未履行构成法律制裁的理由或根据。

第八，"选择说"，亦称"意志论"。该说把权利理解为在特定的人际关系中，法律规则承认一个人（权利主体）的选择或意志优越于他人（义务主体）的选择或意志。换言之，某人之所以有某项权利，取决于法律承认他关于某一标的物或特定关系的选择优越于他人的选择。正是法律对个人自由和选择效果的承认构成了权利观的核心。

凝聚中西法学家关于权利义务概念的思想精华，可以把权利义务理解为：法律权利是规定或隐含在法律规范中、实现于法律关系中的，主体以相对自由的作为或不作为的方式获得利益的一种手段;法律义务是设定或隐含在法律规范中、实现于法律关系中的,主体以相对抑制的作为或不作为的方式保障权利主体获得利益的一种约束手段。这表明:

第一,作为法学核心范畴的权利和义务,是由法律规范明文规定的,或包含在法律规范逻辑中的,或至少可以从法律精神和法律原则中推定出来的。在这个意义上,也可以说权利和义务是"实在"的。虽然人们可以提出"自然权利""自然义务""天赋人权"等口号,用以主张新的权利或应有权利,虽然法学研究不应局限于罗列或赞美已由法律加以确认或规定的权利,不能对应由法律承认和保护的权利不管不问,但在得到法律或法律机关承认、确认之前,法外的权利主张只是一种主观要求,没有客观的法律效力。"具体的权利不仅从抽象的法中获得生命和力量,它也还抽象的法以生命和力量。"①

第二,任何法律上的权利和义务都是社会上占支配地位的阶级(统治阶级)或集团(统治集团)的意志的体现,是该阶级或集团及其所代表的社会的价值观念和根本利益的体现,即它们是从占支配地位的阶级或集团的价值观点和标准出发,由法律所确立的确认在人们互相冲突和重叠的利益之间什么是正当的、应由法律加以承认和保护的,以及有关正当行为的类型和尺度的规定。

第三,权利和义务都有明确的界限。首先,权利和义务所体现的利益以及为追求这种利益而采取的行动,是被限制在占支配地位的阶级或集团的根本利益和社会普遍利益之中的,是受社会的经济结构以及社会的文化发展水平制约的,即以社会承受能力为限度。正如马克思所言:"权利决不能超出社会的经济结构以及由经济结构制约的社会的文化发展。"② 其次,权利和义务是互为界限的。最后,任何权利和义务在行使和履行时都有程度上的限定,即都有一定的度,超越这个度,权利和义务就失去其原有的性质。如果权利义务界限确定得适当,符合社会物质生活条件所提供的可能,可以带来社会的稳定和发展;反之,就会引发政治动荡、经济迟滞、社会失序甚至破坏社会的发展。立法者的基本任务就在于根据政治优选法的原理,正确地划分权利和义务的界限,合理地分配权利和义务。

第四,权利和义务归根结底都是工具,而不是目的。权利义务的工具性首先表现为它们是国家分配利益和负担,从而维护和促成一定阶级(集团)的利益或社会的普遍利益,实现政治经济统治和公共管理(社会控制)的手段。其次表现为它们是社会成员或其集体实现主体自我利益的手段。不管权利的具体内容如何,每项权利的享有和行使都同主体获取一定利益联系在一起。从更深层次上讲,没有对利益这一目的的关注,就不会产生对权利这一工具的需要,利益永远是权利形成的动机。正如耶林所说:"权利自身不外乎是一个在法律上受保护的利益。"③ 当然,作为权利之基础的利益不能是纯粹个人的利益或仅仅与个人有关的利益,而是能够被人们普遍享有、获得广泛关注的利益,即可以或可能互相竞争的利益,正是这种利益的竞争推进着权利和法律的变化和发展。

---

① ［德］耶林:《为权利而斗争》,郑永流译,商务印书馆 2016 年版,第 29 页。

② 《马克思恩格斯文集》第 3 卷,人民出版社 2009 年版,第 435 页。

③ ［德］耶林:《为权利而斗争》,郑永流译,商务印书馆 2016 年版,第 24 页。

第五,和义务相比,权利具有能动性和可选择性。权利的能动性和可选择性意味着法律权利给了权利主体在法定范围内为实现利益要求而表现意志、作出选择、从事一定活动的自由,包括在一定条件下转让权利或交换权利的自由,以及放弃某些可与人身相分离的权利的自由。权利主体可以自主决定其是否实际地享有、行使或实现某种权利,而不是被迫地去享有、行使或实现该权利。义务则是受动的,在任何情况下,义务主体都不能自行放弃义务,更不能拒不履行法律义务。对于是否履行义务,义务主体是无法选择的,除非有一个更紧迫的义务发生,以致义务主体不得不先履行后者。

第三节　权利和义务的分类

对权利和义务,可以从不同的角度、按照不同的标准进行分类。对权利和义务进行分类,是为了更好地把握权利、义务的属性与功能,更好地在实践中体现权利、义务的价值。

一、根据权利和义务的存在形态的分类

依据权利和义务的存在形态,可分为应有权利和义务、习惯权利和义务、法定权利和义务、现实权利和义务。

应有权利是权利的初始形态,它是特定社会的人们基于一定的物质生活条件、政治传统和文化传统而产生出来的权利需要和权利要求,是未被法律明文规定但主体认为应当享有或被承认应当享有的权利。由于应有权利往往又表现为道德上的主张(以道德主张出现),所以也被称为"道德权利"。应有义务是虽未被法律明文规定,但根据社会关系的本质和法律精神,应当由主体承担和履行的义务,通常以"道德义务"的形式存在,但不是纯粹的道德义务。

习惯权利是人们在长期的社会生活过程中形成的或从先前的社会传承下来的,表现为群体性、重复性自由行动的一种权利。习惯权利也是法外权利。习惯义务是人们在长期的社会生活过程中形成的或者从先前的社会传承下来的,表现为自愿服从而自主担当的对自身财富或者时间、精力付出的行为或者不作为(自我克制行为),"杀人偿命、欠债还钱""己所不欲,勿施于人""老吾老以及人之老、幼吾幼以及人之幼"等所表达的就是习惯义务的内容。

法定权利和义务是通过实在法律明确规定或通过立法纲领、法律原则加以宣布的,以规范以观念形态存在的权利和义务。在重视法治和人权的国家,法定权利和义务是权利和义务的主要存在形态。但法定权利不限于法律明文规定的权利,也包括根据社会经济、政治和文化发展水平,依照法律的精神和逻辑推定出来的权利,即"推定权利"。相反,根据现代法治精神,当法律没有明文规定时,一般情况下,不允许对法定义务进行随意推定和扩展。

现实权利是主体实际享有并行使的权利,亦称"实有权利"。现实权利是权利运行的终点,又是新权利运行的起点。因而现实权利是法定权利的另一种参照和评价标准。法定权

利只有转化为现实权利,才能成为或再现生活的事实,对主体来说,才有实际的价值,才是真实的和完整的;对国家来说,才算实现了统治阶级的意志和法律的价值。从法定权利到现实权利是一个决定性的转变。现实义务或实有义务是由主体实际承担和履行的义务,是法定义务的现实化。

二、根据权利和义务所体现的社会内容的分类

根据权利和义务所体现的社会内容即它们在权利义务体系中的地位、功能及社会价值的差别,可分为基本权利和义务与普通权利和义务。

基本权利和义务是人们在国家政治生活、经济生活、文化生活和社会生活中的根本权利和义务,是源于社会关系的本质,与主体的生存、发展、地位直接相关的权利和义务,是人生而有之且不可被剥夺、转让、规避并为社会所公认的权利和义务,因而也可说是"不证自明的权利和义务"。基本权利和义务是人们在基本政治关系、经济关系、文化关系和社会关系中所处地位的法律表现,一般由宪法或基本法确认或规定。普通权利和义务,即非基本的权利和义务,是人们在普通经济生活、文化生活和社会生活中的权利和义务,通常由宪法以外的法律或法规规定,如合同法中关于缔约人权利和义务的规定。

三、根据权利和义务对人们的效力范围的分类

根据权利和义务对人们的效力范围的不同,可分为一般权利和义务与特殊权利和义务。

一般权利亦称对世权利,其特点是权利主体无特定的义务人与之相对,而以一般人(社会上的每个人)作为可能的义务人。它的内容是排除他人的侵害,通常要求一般人不得作出一定的行为。国家的安全权、独立权以及公民的各项自由权、财产权等均属此类。一般义务亦称对世义务,其特点是无例外地适用于每个人,每个义务主体无特定的权利人与之相对。一般义务的内容通常不是积极的作为,而是消极的不作为。特殊权利亦称相对权利、对人权利或特定权利,其特点是权利主体有特定的义务人与之相对,权利主体可以要求义务人作出一定行为或抑制一定行为。特殊义务亦称对人义务或特定义务,其特点是义务主体有特定的权利主体与之相对,义务主体应当根据权利主体的合法要求作出一定行为,以其给付、协助等行为使特定权利主体的利益得以实现。经济合同关系中的权利和义务,借贷关系中的债权和债务,婚姻家庭关系中夫妻之间、父母与子女之间的权利和义务等均属此类。

四、根据权利之间、义务之间的因果关系的分类

根据权利之间、义务之间的因果关系,可将权利和义务划分为第一性权利和义务与第二性权利和义务。

第一性权利亦称原有权利,是直接由法律赋予的或由法律授权的主体依法通过其积极活动而创立的权利,如财产所有权、缔约权、合法契约中双方当事人的权利。第一性义务与第一性权利相对,是由法律直接规定的或由法律关系主体依法通过其积极活动而设定的

义务,其内容是不许侵害他人的权利,或适应权利主体的要求而作出一定行为,义务主体以自己的作为或不作为满足权利主体的合法主张。第二性权利亦称补救权利或救济权利,是在原有权利受到侵害时产生的权利,如诉权、恢复合法权益的请求权。第二性义务与第二性权利相对,其内容是违法行为发生后所应负的责任,如违约责任、侵权责任、行政赔偿责任等。

五、根据权利主体依法实现其意志和利益的方式的分类

根据权利主体依法实现其意志和利益的方式,可将权利和义务划分为行动权利和消极义务与接受权利和积极义务。

行动权利使主体有资格做某事或以某种方式采取行动,接受权利使主体有资格接受某事物或被以某种方式对待。选举权和被选举权就是一对典型的行动权利和接受权利。与行动权利和接受权利对应的是消极义务和积极义务。消极义务的内容是不作为,积极义务的内容是作为。当权利主体有资格做某事或以某种方式做某事时,义务主体处于避免做任何可能侵犯权利主体行动自由之事的消极状态,即不得干预、阻止或用不利的结果威胁权利主体。当权利主体拥有接受权利时,义务主体处于给付某物或作出某种对待的积极行动状态。

六、根据权利主体的分类

根据权利主体的不同,可将权利和义务划分为个体权利和义务、集体权利和义务、国家权利和义务、人类权利和义务。

个体权利是自然人依法享有的政治权利、经济权利、文化权利和社会权利,通常叫做公民权利;个体义务是自然人依法承担的义务,包括对其他个体的义务、对集体的义务和对国家的义务。集体权利是社会团体、企事业组织、法人等集体所享有的各种权利;集体义务则是这些集体组织依法承担的义务。国家权利是国家作为法律关系的主体以国家或社会的名义所享有的各种权利,如对财产的所有权、审判权、检察权、外交权等;国家义务是国家依法承担的义务,例如,保护公民的合法权益,为老人、病人或丧失劳动能力的人提供物质帮助,对因遭受国家机关和国家工作人员的侵害而蒙受损失的公民给予赔偿等。人类权利是指人类作为一个整体或地球上的所有居民共同享有的权利,如环境权、和平权、发展权等;人类义务是指人类每个成员、每个群体、各个国家都应承担的义务,如尊重人格、不互相伤害、禁止种族歧视和迫害、维护世界和平、维护生态平衡等。

第四节　权利与义务的关系

权利与义务的关系是极具法理意义的基本问题。我们可以把权利与义务的关系概述为结构上的相关关系、数量上的等值关系、功能上的互补关系、价值上的主次关系。

一、结构上的相关关系

权利与义务是互相关联、对立统一的。权利与义务一个表征利益,另一个表征负担;一个是主动的,另一个是受动的。就此而言,它们是法这一事物中两个分离的、相反的成分和因素,是两个互相排斥的对立面。同时,它们又是相互依存、相互贯通的。相互依存表现为权利和义务不可能孤立地存在和发展,它们的存在和发展必须以另一方的存在和发展为条件。正如马克思所言,"没有无义务的权利,也没有无权利的义务"[1]。相互贯通表现为权利和义务的相互渗透、相互包含以及一定条件下的相互转化。

二、数量上的等值关系

权利和义务在数量上是等值的。首先,一个社会的权利总量和义务总量是相等的。在一个社会,无论权利和义务怎样分配,不管每个社会成员具体享有的权利和承担的义务怎样不等,也不管规定权利与规定义务的法条数量是否相等,在数量关系的"绝对值"上,权利与义务总是等值或等额的。[2]其次,在具体法律关系中,权利和义务互相包含。权利的范围就是义务的界限,义务的范围也就是权利的界限。因而,一方面,权利主体超越义务范围,要求义务主体去从事"超法义务"或"法外义务"就是非法主张,义务主体有权拒绝;另一方面,权利主体有资格要求义务主体不折不扣地履行义务,以保障其权利的实现。

三、功能上的互补关系

法是以权利和义务机制来指引人们的行为、调整社会关系的,并且是在权利和义务的互动中运行的。权利和义务各有其独特而总体上又是互相补充的功能。

第一,权利直接体现法律的价值目标,义务保障价值目标和权利的实现。法律总是以确认和维护某种利益为其价值目标,并且以权利的宣告直接体现其价值目标的。当价值目标得以确立并且由权利加以体现之后,义务的设定就是必不可少的。单纯的权利宣告不足以保障法律价值目标的实现,就某些价值目标(如社会秩序)的实现而言,义务的设定或许更重要一些。

第二,权利提供不确定的指引,义务提供确定的指引。权利和义务都有指引人们行为的功能,但它们指引行为的方式及其结果是不同的。权利指引给人们较大的自我选择余地,它们预设的法律后果带有较大的或然性即不确定性。一般而言,义务通常与某种不利的或者说人们不希望发生的后果相连,为了避免这种结果的发生,人们就必须依法作出法律要求的行为,抑制法律禁止的行为,而不容义务主体任意选择。因此,义务指引能够产生确定的结果。

第三,确定指引与不确定指引标识着义务与权利另一功能上的差别:义务以其强制某些

①《马克思恩格斯文集》第3卷,人民出版社2009年版,第227页。
② 参见徐显明主编:《公民权利和义务通论》,群众出版社1991年版,第65页。

积极行为发生、防范某些消极行为出现的特有的约束机制而更有助于建立秩序,权利以其特有的利益导向和激励机制而更有助于实现自由。尽管二者在不同时代、不同社会制度和生活环境中所起作用的深度和广度有所不同,但由于秩序和自由都是社会的基本价值目标,因而义务和权利对一个社会来说都是必需的,缺一不可的。

四、价值上的主次关系

从价值意义或综合价值的视角看,在法律体系即权利义务体系中,权利和义务的地位并非不相伯仲,而是有主要与次要、主导与非主导之分的。德国哲学家康德将法理学称为权利的科学。① 拉德布鲁赫认为:"权利概念,而不是义务概念,是法律思想的起点。"② 德沃金指出:"不认真地对待权利",就"不能够认真地对待法律"。③ 耶林指出:"私法规范的实行和实际效力,只有在具体的权利中和依据具体的权利,才能表明其存在;正如一方面具体的权利从制定法中获得其生命,另一方面它又还制定法以生命;这是一个从心脏到心脏的流动的血液循环。"④ 在我国,关于权利和义务何者为主要或主导方面,即是权利本位(重心),还是义务本位(重心),或者权利义务无本位(重心),法学界争议很多。我们认为,由于各个历史时期的社会经济、文化、政治的性质和结构不同,法律的价值取向不同,权利与义务何者为本位是历史地变化着的:古代法律总体上是以义务为本位的,现代法律是或应当是以权利为本位的。正如美国法学家亨金(Louis Henkin)所言:"我们的时代是权利的时代。"⑤ 而在权利本位的法律模式中又存在阶级本质、社会意义的差别。权利本位具有如下四个法律特征:

第一,社会成员皆为法律上平等的权利主体,没有人因为性别、种族、肤色、语言、信仰等特殊情况而被剥夺权利主体的资格,在基本权利的分配上被歧视,或在基本义务的分配上被任意加重。所以,权利本位意味着法律面前人人平等。正如德沃金所言:"政府必须不仅仅关心和尊重人民,而且必须平等地关心和尊重人民。"⑥

第二,在权利与义务的关系范围内,权利是目的,义务是手段,法律设定义务的目的在于保障权利的实现;权利是第一性的因素,义务是第二性的因素,权利是义务存在的依据和意义。正如拉德布鲁赫所说:"在法律领域中,一个人的义务总是以他人的权利为原由。"⑦

第三,在法律没有明确禁止或强制的情况下,可以作出权利推定,即推定主体有权利(自由)去作为或不作为。

第四,权利主体在行使其权利的过程中,只受法律限制,而确定这种限制的目的又在于保证对其他主体的权利给予应有的同样的承认、尊重和保护,以创造一个尽可能使所有主体

---

① 参见[德]康德:《法的形而上学原理——权利的科学》,沈叔平译,商务印书馆1991年版,第21页。
② [德]拉德布鲁赫:《法学导论》,米健译,商务印书馆2013年版,第19页。
③ [美]罗纳德·德沃金:《认真对待权利》,信春鹰、吴玉章译,中国大百科全书出版社1998年版,第270页。
④ [德]鲁道夫·冯·耶林:《为权利而斗争》,郑永流译,法律出版社2007年版,第26页。
⑤ [美]L.亨金:《权利的时代》,信春鹰等译,知识出版社1997年版,第1页。
⑥ [美]罗纳德·德沃金:《认真对待权利》,信春鹰、吴玉章译,中国大百科全书出版社1998年版,第357页。
⑦ [德]拉德布鲁赫:《法学导论》,米健译,商务印书馆2013年版,第19页。

的权利都得以实现的自由、公平而且安全的法律秩序。也就是说,法律的力量仅限于禁止一个人损害别人的权利,而不能禁止其行使自己的权利。

小结

本章概括地介绍了权利义务观念在西方和中国的历史发展过程,介绍了权利和义务在法学和法律中的地位和作用,在概括地介绍几种主要的权利义务概念的基础上提出了法律权利和法律义务的定义,列举了根据不同的标准对权利和义务所进行的分类,并对权利与义务之间的主要关系作了论述。

思考题

1. 如何认识和理解权利、义务的概念?
2. 如何理解权利和义务的分类?
3. 如何理解权利与义务的关系?
4. 耶林说:"具体的权利不仅从抽象的法中获得生命和力量,它也还抽象的法以生命和力量。"请结合权利概念和法律概念的相关内容,谈谈你对这句话的理解。
5. 美国学者亨金说:"我们的时代是权利的时代。"请结合当下中国的社会背景,谈谈你对这句话的理解。

第九章 法 律 行 为

在任何法律系统中,决定性的因素是行为,即人们实际上做些什么。如果没有人们的行为,规则不过是一堆词句,结构也不过是被遗忘的缺之生命的空架子。

——[美]劳伦斯·弗里德曼[①]

理解法律世界,仅仅关注法的要素、形式及其体系构成,远远不够。维系任何法律制度存续的关键因素之一是法律行为,权利和义务的实现也是通过法律行为,正是法律行为赋予法律以鲜活的生命。正确认识和把握法律行为的概念、结构与分类,将有助于全面实现法律的目的和价值。

---

① 劳伦斯·弗里德曼(Lawrence M.Friedman, 1930—),美国法学家。本题记选自 L.Friedmann, *An Introduction to American Law*, Stanford University Press, 1984, p.46.

第一节　法律行为释义

一、行为和法律行为的界定

行为总是与人们一定的目的、欲望、意识、意志相联系的。如古人所言："行己有耻。"① "行则思义。"② "为,穷知而悬于欲也。"③ 可以说,行为就是人们在一定目的、欲望、意识、意志支配下作出的外部举动。行为构成诸多学科研究的对象,但不同的学科对此研究的侧重点又各有不同。例如,伦理学侧重探究行为之动机的善恶,社会学重在研究群体(社会)行为的意义,经济学强调考察经济行为的效益。

法律行为是法学的基本概念,在法学概念体系中居于关键的地位。"对于法律来说,除了我的行为以外,我是根本不存在的,我根本不是法律的对象。"④ 与其他学科不同,法学更强调在实在法意义上理解行为的含义、构成条件及其有效性,即从规范意义角度探讨法律行为的概念。

应当说,罗马法很早就形成了法律行为制度⑤,不过,当时还没有作为一般概念的"法律行为"一词,而仅有 "*actus*"(行为)和 "*negotium*"(事务,交易,行为)这些用语,但它们都不是法律术语或技术术语(*terminus technicus*)。"法律行为"作为一般的法律概念的出现则是近代的事情。据考证,德国 18 世纪法学家、哈勒大学法学教授丹尼尔·内特布拉德(Daniel Nettelbladt)于 1748 年出版的《实在法学原理体系》第一版开始将拉丁文 "*actus iuridicus*"(法律的行为)和 "*negotia juridica*"(法律的交易)引入法学理论之中。他在 1772 年出版的《日耳曼共同实在法学新导论》(*Nova Introductio in Iurisprudentiam Positivam Germanorum Communem*)一书第 495 节中将这两个词译作德文 "ein rechtliches Geschäft"(法律的行为)。内特布拉德的学生克里斯托弗–克里斯蒂安·冯·达贝洛(Christoph–Christian von Dabelow)在 1794 年出版的三卷本《当代综合民法体系》(*System des gesammten heutigen Civil-Rechts*)中继续沿用 "ein rechtliches Geschäft" 这个短语,将其理解为 "获得许可的人的行为,其内容为双方相互的权利和义务"。⑥1798 年,历史法学派的先驱者古斯塔夫·胡果(Gustav Hugo)在其出版的《作为实在法哲学,特别是作为私法哲学的自然法教科书》一书中使用 "juristische Geschäfte" 来表示 "法律行为",并首创德文 "法律行为人"(juristischer Geschäftsman)一语。⑦1807 年,胡果的学生、德国 "学说汇纂" 体系(Pandekten,又称 "潘德克顿" 体系)创立人格奥尔格·阿诺德·海泽(Georg Arnold Heise)在《供学说汇纂授

---

① 《论语·子路》。

② 《左传·昭公三十一年》。

③ 《墨经·经上》。

④ 《马克思恩格斯全集》第 1 卷,人民出版社 1956 年版,第 16—17 页。

⑤ 参见董安生:《民事法律行为》,中国人民大学出版社 1994 年版,第 1 章。

⑥ 参见[德]维尔纳·弗卢梅:《法律行为论》,迟颖译,米健校,法律出版社 2013 年版,第 32—33 页。

⑦ Hugo, *Lehrbuch des Naturrechts als einer Philosophie des positiven Rechts*, 4.Aufl. 1819, § 34, S.40.

课之用的共同民法体系纲要》（*Grundriß eines Systems des gemeinen Civilrechts zum Behufe von Pandecten-Vorlesungen*）第一编"总论"第六章"论行为"（Von den Handlungen）中明确使用了后被译作"法律行为"的德文名词"Rechtsgeschäft"，将它作为与"不法行为"（unerlaubte Handlungen，"不被许可的行为"或"侵权行为"）并列的行为类型，进而提出"法律行为的一般学说"（Allgemeine Lehre von den Rechtsgeschäften）。① 德国法学家弗里德里希·卡尔·冯·萨维尼（Friedrich Carl von Savigny）在《当代罗马法体系》第三卷中，在"法律关系的产生与消灭"之"法律事实"（juristische Thatsachen）项下对法律行为概念作了系统论述，被认为是法律行为理论的集大成者。② 萨维尼提出法律行为的"意思学说"，将"法律行为"与"意思表示"相提并论。③ 这一学说对后世民法理论及民事立法影响颇大。1887 年《德国民法典》"第一草案"立法理由书即采此论④，1896 年公布、1900 年施行的法典文本"总则"第三章第二节把"意思表示"作为法律行为之构件予以规定。这一带有"意思自由"和"私人自治"（Privatautonomie）印记的概念，在民法学上推导出一系列上位和下位的概念，如法行为（juristische Handlungen 或 Rechtshandlung，也有人译为"法律上之行为"）、准法律行为（geschäftsahnlichen Handlungen）、事实行为（Realakt）、涉法行为（das rechtlich relevant Verhalten）等，构成一个非常精致的民法上的行为概念体系。⑤

但应当看到，民法上的"法律行为"（Rechtsgeschäft）⑥ 只是在民法知识框架内的一个特定概念。按照萨维尼的说法，"意思表示"或"法律行为"作为"法律事实"应做如下理解：它不仅是行为人的自由行为（freie Handlungen），而且其行为人的意思直接指向某种法律关系之产生或解除。⑦ 所以，其准确的含义是指"据以设立、变更或废止法律关系之人的意思表示"⑧，这个意思表示的有效前提必须"符合法律规定"。在此意义上，民法上的"法律行为"只是"合法行为"（rechtsmäßiges Verhalten）的一种特殊情形（Sonderfall）。⑨

我们从中也可以看出，民法上的"法律行为"不可能作为一个最上位的概念，用来描述和解释一切法律部门（如刑法、行政法）的行为现象，否则将导致法律解释上的困难和

① Arnold Heise, *Grundriß eines Systems des gemeinen Civilrechts zum Behufe von Pandecten-Vorlesungen*, 3., Ausg., Mohr und Winter, Heidelberg, 1819, SS.29–33.

② Friedrich Carl von Savigny, *System des heutigen Römischen Rechts*, Bd. 3, Veit und Comp., Berlin, 1840, S. 1ff.

③ 参见徐国建：《德国民法总论》，经济科学出版社 1993 年版，第 85—86 页。

④ J.von Staudinger, *Kommentar zum Burgerlichen Gesetzbuch*, 12 Aufl. 1980, S.111.

⑤ 这些概念之间的关系，参见 Joachim Hellmer, *Recht*, Fischer Bucherei KG, 1959, S.116；史尚宽：《民法总论》，正大印书馆 1980 年版，第 273 页。

⑥ 1907 年，由我国学者王宠惠翻译、在伦敦出版的《德国民法典》英文本将该词译作 juristic act；一些英语辞书也将这个概念称为"act in the law"。 参见 David M. Walker（ed.）, *The Oxford Companion to Law*, Clarendon Press, 1980, p.684；Henry Campbell Black（ed.）, *Black's Law Dictionary*, 5th ed., West Publishing Company., 1979, p.24, p.768. 另见薛波主编：《元照英美法词典（缩印版）》，北京大学出版社 2013 年版，第 757 页。

⑦ Friedrich Carl von Savigny, *System des heutigen Römischen Rechts*, Bd. 3, Veit und Comp., 1840, SS. 98–99.

⑧ Heinrich Dernburg, *Pandekten*, Bd. I, Verlag von H. W. Müller, 1884, S.207.

⑨ Horst Tilch（Hsg.）, *Deutsches Rechts- Lexikon*, B. 3, 2. Aufl., Verlag C. H. Beck, Nördlingen 1992, S.56.

混乱。①也就是说,在法学上,应当有一个一般意义上理解的"法律行为"概念,这个概念应是各法律部门中的行为现象的高度抽象,是各部门法律行为(宪法行为、民事法律行为、行政法律行为、诉讼法律行为等)与各类别法律行为(如合法行为、违法行为、犯罪行为等)的最上位的法学概念(或法学范畴)。这个最上位的法律行为概念所描述的是包括 Rechtsgeschäft 在内的一切具有法律意义的行为现象。这个概念权且用德文"法行为"(juristische Handlungen 或 Rechtshandlung)一词来表达。阿图尔·考夫曼在其著作《法哲学》中则采用"法律意义上的行为"(Handlung im Rechtssinne)一语,并把它界定为"带有可由意志控制的(因而可归责于行为人的)因果关系结果之负责的、具有意义的事实形态",这个行为概念不仅包括合法与违法、故意与过失、既遂与未遂、正犯与共犯的积极行为("作为"),也包括行为人的消极行为("不作为")。其中,合法行为分为民法上的"法律行为"(Rechtsgeschäft,契约、共同行为、决议)、"准法律行为"、"事实行为"等;违法行为分为刑法上的"犯罪行为"、民法上的"不法行为"("不被许可的行为"或"侵权行为")和"不法状态"(不当得利)、公法上的违法行为和违法状态等。②应当说,考夫曼论述的所谓"法律意义上的行为"就是法理学(法哲学)上讲的广义的法律行为(法行为)概念。③

本书即采用这样一个广义的法律行为(法行为)概念(下文所说的"法律行为",即采此义),对其含义作如此界定:所谓法律行为(法行为),就是行为人所实施的,能够发生法律效力、产生一定法律效果(或者,作为法律事实,能够引起法律关系产生、变更和消灭)的行为。

这样一个广义的法律行为(法行为)概念是与"法外空间"(Der rechtsfreie Raum)这个概念相对称的。后者与合法行为、违法行为不同,它虽然与法律有关联,并且也受法律的规范,但可以合理地既不受合法也不受违法的评价。例如,立法者宣称某行为(无行为能力人所从事的损害行为)不可罚。确切地说,"法外空间"概念应被称为"法律无评价的空间"(Der rechtswertungsfreie Raum),它所指的实际上就是"法律上不予评价的行为"(Das rechtlich nicht bewertete Verhalten)。④

二、法律行为的基本特征

根据法律行为的定义,我们可以看出,法律行为具有下列三个特点。

①　有关我国《民法通则》第45条"民事法律行为"立法定义的争论,参见刘心稳主编:《中国民法学研究述评》,中国政法大学出版社1996年版,第1节;宋炳庸:《法律行为辩证论》,延边人民出版社1994年版,序言。

②　Arthur Kaufmann, *Rechtsphilosophie*, 2. Aufl., C. H. Beck' sche Verlagsbuchhandlung, München 1997, SS.30–32. 汉译本参见[德]考夫曼:《法律哲学》,刘幸义等译,法律出版社2004年版,第156—157页。

③　在汉语学界,将 Rechtsgeschäft 译作"法律行为",已基本成为通译,并被写进我国民法规范之中,这一事实不容改变。但在法学上,确实应当有一个广义的法律行为概念,在与民法上的"法律行为"(Rechtsgeschäft)相区别的场合,这个概念可以称为"法行为",后者在概念的外延上涵盖民法上的"法律行为"。

④　Arthur Kaufmann, *Rechtsphilosophie*, 2. Aufl., C. H. Beck' sche Verlagsbuchhandlung, München 1997, S.33. 汉译本参见[德]考夫曼:《法律哲学》,刘幸义等译,法律出版社2004年版,第156—157页。

（一）社会性

这里所说的"社会性"，是指法律行为的社会意义，即法律行为能够产生社会效果，造成社会影响，具有交互性，或者说，法律行为不是一种纯粹自我指向的行为，而是一种社会指向的行为。德国思想家马克斯·韦伯（Max Webber）说："当行为目的与他人行为相关，并正是为了与他人交往而实施某行为时，这个行为就称为'社会行为'。"[1] 法律行为的发生，一定会对行为者本人以外的其他个人或集体、国家之利益和关系产生直接或间接的影响。例如，对原有的社会关系和秩序的破坏（违法行为），相互利益的交换（买卖行为）和处分（赠与、继承行为），权利义务和社会资源的重新配置（立法行为），等等。总之，人在社会中生活，其行为在主要方面都是有社会指向的，它们与社会利益发生各种各样的联系，或者与社会利益一致，或者与社会利益产生矛盾和冲突。人的社会性本质决定了其活动和行为的社会性，这种社会性既可能表现为社会有益性，也可能表现为社会危害性。正是由于这一点，它们才可能具有法律意义。纯粹自我指向的行为一般是不具有法律意义的。

（二）法律性

所谓法律性，是指法律行为由法律规定，受法律调整，能够发生法律效力或产生法律效果。具体来说，首先，法律行为是由法律调整和规定的行为。由于行为具有社会指向，可能造成社会矛盾、社会冲突和社会危害，它们才有可能、有必要受到法律的调整。而法律正是基于这一理由把那些具有重要社会意义的行为纳入调整范围之内，并对不同的行为模式及行为结果作出明确的规定。诚如凯尔森所言："行为之所以成为法律行为正因为它是由法律规范所决定的。行为的法律性质等于行为与法律规范的关系。行为只是因为它是由法律规范决定并且也只在这一范围内才是一个'法律'行为。"[2] 其次，法律行为是能够发生法律效力或产生法律效果的行为。所谓能够发生法律效力，具有两层含义：（1）法律行为往往是交互性的，处在一定的关系（法律关系）之中，或对其他行为有支配力（如行使权力的行为），或受其他行为的支配（如履行义务的行为）。（2）法律行为一旦形成，就受法律的约束或保护。所谓产生法律效果，是指法律行为能够引起人们之间权利义务关系的产生、变更或消灭。

（三）意志性

法律行为是人所实施的行为，自然受人的意志的支配和控制，反映了人们对一定的社会价值的认同、对一定的利益和行为结果的追求以及对一定的活动方式的选择。德国法学家温德夏特（Bernhard Windscheid）认为："法律行为是志在法律效力之创立的私的意思宣告。"[3] 或者说，正是通过意志的表现，行为才获得了人的行为（包括法律行为）的性质。诚如

---

[1] ［德］马克斯·韦伯：《论经济与社会中的法律》，张乃根译，中国大百科全书出版社1998年版，第3页。

[2] ［奥］凯尔森：《法与国家的一般理论》，沈宗灵译，中国大百科全书出版社1996年版，第42页。

[3] ［法］莱昂·狄骥：《〈拿破仑法典〉以来私法的普通变迁》，徐砥平译，中国政法大学出版社2003年版，第81页。

萨维尼所言：“特定行为被认为从行为人的自由中分离出来，而从属于我们的意志。”[①] 在法律行为的结构中，只存在意志和意识能力强弱的差别，即有时候人们完全按照自我意志来实施法律行为，有时候则可能并不完全出于自由意志实施某种行为，但它本身并不是一个意志的有无问题。在法律上，纯粹无意识（无意志）的行为（如完全的精神病人所实施的行为），不能被看作法律行为，而属于“法外空间”（法律上不予评价的行为）。

第二节　法律行为的结构

法律行为的构成是需要一些条件的，我们将这些条件称为“法律行为的构成要件”，即法律规定的或通过法律解释确定的构成法律行为的要素。本节的内容就是要考察法律行为的结构，具体分析其构成要件和这些要件之间的联结方式。

一、法律行为的内在方面

任何法律行为都是主体与客体、主观因素与客观因素交互作用的复杂过程。客观要件只是法律行为外在方面的表现，仅有外部举动而无内部意思（意志），即为无意思之动作，与自然现象（事件）没有什么区别。故此，基于内部意思（意志）的作用，而有身体外部的举止，乃构成有意思的行为，或称为意思（意志）活动。正如西方名谚所示：“外部的行动显示出内在的秘密”（Acta exteriora indicant interiora secreta）。[②] 这里要考察的所谓“法律行为的内在方面”，又称“法律行为构成之心素”，是法律行为内在表现的一切方面。它们是行为主体在实施行为时一切心理活动、精神状态及认知能力的总和。

（一）动机

行为是受一定动机支配的，法律行为也是如此。所谓动机，是指直接推动行为人去行动以达到一定目的的内在动力或动因。马克斯·韦伯认为：“'动机'就是意向的相互关系，在行为者本人或观察者看来，这种意向的相互关系似乎是一种举止的意向上的'原因'。”[③] 法律行为的动机本身不是法律所直接调整的对象，但由于动机不同，行为人对行为的选择不同，可能产生不同的后果，法律则必须根据行为的后果，来考察和评价行为的动机。这种动机的形成是一个复杂的过程，它除受需要的激励外，可能还取决于一定的行为情境和行为人的人格特性。在法律上，必须对法律行为的动机作全面的、综合的考察，以便确定其是否正当、是否合法。从法律的角度看，行为动机的正当合法与否，与行为动机的善恶与否并非一一对应。一般而言，恶劣的行为动机既为道德所不尚，也为法律所禁止。然而，谈到善意的行为动机时，情况则较为复杂，有时候，道德上善良的行为动机在法律上却可能受到否定

---

① ［德］萨维尼：《当代罗马法体系 I：法律渊源·制定法解释·法律关系》，朱虎译，中国法制出版社 2010 年版，第263 页。

② ［奥］雷立柏编：《拉—英—德—汉法律格言辞典（包括罗马法和教会法的格言）》，宗教文化出版社 2008 年版，第 4 页。

③ ［德］马克斯·韦伯：《经济与社会》（上卷），林荣远译，商务印书馆 1997 年版，第 45 页。

的评价,例如,出于善良的意图而从事的侵权行为应承担相应的法律责任。

（二）目的

目的是行为的本质要素。它是指行为人通过实施一定的行为达到或力求实现某种目标和结果的主观意图。康德指出:"有理性者与世界的其余物类的分别就在于有理性者能够替自己立个目的。"[①] 在法律行为的结构中,目的构成行为的灵魂,并给予行为以规定性。正如法国法学家狄骥(Léon Duguit)所言,"人类意志的一切行为,看来是一种有形的动作,而这种动作却是人们为了一种所欲达成的目的而自觉地向外部发挥其内部精力的结果"[②]。考察法律行为,应当研究法律行为的目的。在刑法中,人们很大程度上正是根据有无犯罪目的及具有何种犯罪目的来确定行为人的行为到底属于犯罪还是不属于犯罪,是故意还是过失,是此罪还是彼罪的。在民法中,行为人所表示的"意思",其实就是其要达到或力求实现某种目标和结果的主观意图,因而,意思表示成为民事法律行为的本质要素。有时候,法律行为的目的可能停留在行为人的心理层面,这需要通过其行为的方式、情节或其他证据来推断其行为的目的。法律行为的目的往往采取表达的方式来体现,其表达可以采取明示的方式,也可以采取默示的方式;可以采取书面的方式,也可以采取口头的方式。在实际行为的过程中,行为人由于受动机、认识能力、态度、价值观或情势所迫等方面的影响,对自己行为的表达有时候充分,有时候不充分,甚至出现错误的表达,产生"目的(或意思)"与"表达"之间的分离,这些情形都将影响对法律行为的定性,是分析法律行为有效或无效、合法或违法的根据。应当指出,法律行为目的的表达并不是一切法律行为成立或有效的必备要件,例如,民法中的"无因行为"(不当得利、无因管理等)即不以原因(目的)存在作为成立或有效的前提条件。

（三）认知能力

法律行为的认定需要考察行为人对自己行为的法律意义和后果的认识能力。行为目的的形成并不完全是一个盲目的过程,它立基于人的认知能力、水平,立基于人对行为意义、后果的认识与判断。如果一个人根本无能力认识和判断行为的意义与后果,那么其行为就不可能构成法律行为。在法律上,正是根据人的认知能力的有无和强弱,将自然人分为完全行为能力人、限制行为能力人和无行为能力人。

在法律活动中,行为人受主、客观多方面因素的影响,常常会发生主观认识与客观存在不一致的情况,这就是所谓的认识错误。从法律角度看,它包括"事实错误"和"法律错误"两个方面。前者是指行为人所认识的内容与所发生的客观事实相背离。后者是指行为人对事实认识无误,但由于误解或不知法律而对该事实的法律意义和法律后果认识有误,具体表现在:(1)对行为程序认识错误;(2)对权利和义务的内容认识错误;(3)对法律性质和类别认识错误;(4)对行为的法律后果认识错误;(5)对行为人的资格认识错误;(6)对违法性认识错误,等等。认识错误,在一定程度上影响行为人动机和目的的形成,进而影响其对

---

① ［德］康德:《道德形上学探本》,唐钺重译,商务印书馆 1957 年版,第 51 页。

② ［法］莱翁·狄骥:《宪法论》(第 1 卷:法律规则和国家问题),钱克新译,商务印书馆 1959 年版,第 50 页。

行为及行为方式的选择。在民法中，"重大误解"是可撤销的民事行为的构成要件之一；而在刑法中，"不知法者不免其罪"则是普遍原则。

二、法律行为的外在方面

法律行为的外在方面，又可称为"法律行为构成之体素"，是法律行为外在表现的一切方面。

（一）行为

这是指人们通过身体、言语或意思而表现于外的举动。行为是法律行为构成的最基本的要素，它是法律行为主体作用于对象（包括其他主体、动物、物体、权利、关系、利益、秩序、整个社会）的中介及方式。没有任何外在行动的法律行为是不存在的。人的意志或意思只有外化为行动并对身外之世界（对象）产生影响，它才能成为法律调整（指引、评价、约束或保护）的对象。故此，西方法谚谓："无行为即无犯罪亦无刑罚。"马克思在评论普鲁士莱茵省《林木盗窃法》时表达了相同的观点："只是由于我表现自己，只是由于我踏入现实的领域，我才进入受立法者支配的范围。对于法律来说，除了我的行为以外，我是根本不存在的，我根本不是法律的对象。"[1]像任何其他行为一样，法律行为之外在行动（行为）也大体上分为两类：（1）身体行为。指通过人的身体（躯体及四肢）的任何部位作出的为人所感知的外部举动。这一类行为（如杀人放火、货物买卖）可以通过自身的外力直接作用于外部世界，引起法律关系产生、变更或消灭。（2）语言行为。即通过语言表达对他人产生影响的行为。它又包括两种：一种是书面语言行为，诸如书面声明、书面通知、书面要约和承诺、签署文件等。如《十二表法》第五表"继承和监护"第3条规定："凡以遗嘱处分自己的财产，或对其家属指定监护人的，具有法律上的效力。"[2]另一种是言语行为（speech act），即通过口语表达在说者—语义—听者之语言交际中完成的言语过程。显然，上述两种语言行为作为人的特殊行为，均能产生法律上的效果，从而具有法律意义。在主要方面，所谓意思表示，都是通过语言行为来完成的。

（二）手段

这是指行为人为达到预设的目的而在实施行为过程中所采取的各种方式和方法。其中包括：行动的计划、方案和措施，行动的程式、步骤和阶段，行动的技术和技巧，行动所借助的工具和器械，等等。正如德国哲学家胡塞尔（Edmund Husserl）所言，"每个必要的手段，是随目标而确立的，并在某种意义连带包含在目标之中"[3]。行为方式（手段）是考察行为的目的并进而判断行为的法律性质的重要标准，是考察法律行为是否成立以及行为人应否承担责任、承担责任之大小的根据。一般而言，行为人欲达到合法的目的，自然会选择合法的行动计划、措施、程式和技巧，否则就会选择违法的方式和方法。而且，行为的法律性质和归属的

---

[1] 《马克思恩格斯全集》第1卷，人民出版社1995年版，第121页。

[2] 周枏：《罗马法原论》（下），商务印书馆1994年版，第1010页。

[3] ［德］埃德蒙德·胡塞尔：《伦理学与价值论的基本问题》，艾四林、安仕侗译，中国城市出版社2002年版，第64页。

法律部门不同,其方式、方法和手段也会有所不同。例如,同样是合法行为,民事合法行为的方式就不完全等同于合法的行政行为的方式;同样是违法行为,刑事犯罪的方式就不能与一般的民事违法行为、行政违法行为的方式相提并论。除此而外,在法律上,还必须对各种特定行为方式予以规定,以便为法律行为性质和类别的判断提供具体的标准。这些特定的法律行为方式主要有:(1)与特定情景相关的行为方式。指某些行为方式只在特定的情形下方能使用,如正当防卫、紧急避险。(2)与特定主体身份相关的行为方式。指某些法律行为的成立只与具有特定法律资格的主体(个人或机关)相关联,其他主体无权采用此种法律行为的方式和方法,即使采用,也不能认定为该法律行为构成的要件,如父母对子女的监护、职务上的犯罪等。(3)与一定的时间和空间相关的行为方式。指某些行为的实施以法律所规定的时间或空间作为条件,故此选择时间和空间就成为法律行为方式的特定内容,如入室盗窃、死亡宣告等。(4)与特定对象相关的行为方式。指有些法律行为所实施的对象是特定的人或物,其行为方式由该特定对象的性质所决定,如奸淫幼女、挪用公款等。

(三)结果

法律行为必须要有结果,结果是法律行为事实的重要内容之一。没有结果的行为,一般不能被视为法律行为。正如贝卡里亚所宣告的:"衡量犯罪的唯一和真正的标尺是对国家造成的损害。"[①] 法律通常根据行为的结果来区分行为的法律性质和行为人对行为负责的界限和范围。在此,行为结果是行为过程和全部要素的综合体现。判断法律行为结果,主要有两个标准:(1)行为造成一定的社会影响。这种影响或者表现为对他人、社会有益,或者表现为对他人、社会有害,即造成一定的损害。此外,结果可能是物质性的(有形的),也可能是精神性的(无形的);可能是直接的,也可能是间接的。无论如何,结果—行为—行为人之间的联系是确定其结果归属的重要线索,在这里离不开对因果关系的考察。恰如"杀机动于内,祸乱极于外"[②],没有因果关系的法律行为也是不存在的。(2)该结果应当从法律角度进行评价,即由法律根据结果确定行为的法律性质和类别:行为是合法还是违法?是行政行为还是民事行为?如此等等。不过,这里应当明确的是,行为的结果并不等于法律后果,行为结果只是行为人承担法律后果的依据之一,并不是法律后果本身。

第三节　法律行为的分类

有关法律行为分类的理论构成法律行为理论的重要部分,是法律行为细化技术功能的表现。由于法律调整的对象不同,立法、司法实践技术的要求不同,法律行为分类的标准在逻辑上可能是多角度的。例如,我们可以以法律部门为标准分类,可以根据行为主体的性质和特点分类,可以根据行为的法律性质分类,也可以根据行为的表现形式与相互关系分类,或者根据行为构成要件分类。

---

① ［意］切萨雷·贝卡里亚:《论犯罪与刑罚》,黄风译,北京大学出版社 2008 年版,第 20 页。

② （清）王夫之著,傅云龙、吴可主编:《船山遗书》(第 5 卷),北京出版社 1999 年版,第 3062 页。

一、根据行为主体的性质和特点的分类

（一）个人行为、集体行为和国家行为

根据行为主体的特性不同,可以把法律行为分为个人行为、集体行为和国家行为。个人行为是公民(自然人)基于个人意志和认识所从事的具有法律意义的行为。集体行为是机关、组织或团体所从事的具有法律效力、产生法律效果的行为。国家行为是国家作为一个整体或由其代表机关(国家机关)以自己的名义所从事的具有法律意义的行为。

（二）单方行为与多方行为

根据主体意思表示的形式,可以把法律行为分为单方行为和多方行为。单方行为,又称"一方行为",指由行为人一方的意思表示即可成立的法律行为,如遗嘱、行政命令。多方行为指由两个或两个以上的多方行为人意思表示一致而成立的法律行为,如合同行为。

（三）自主行为与代理行为

根据主体实际参与行为的状态,可以把法律行为分为自主行为和代理行为。自主行为是指行为人在没有其他主体参与的情况下以自己的名义独立从事的法律行为。代理行为是指行为人根据法律授权或其他主体的委托而以被代理人的名义从事的法律行为。

二、根据行为的法律性质的分类

（一）合法行为与违法行为

根据行为是否符合法律的内容要求,可将其分为合法行为与违法行为。合法行为是指行为人实施的具有一定的法律意义、与法律规范内容要求相符合的行为。违法行为是行为人实施的违反法律规范的内容要求、应受惩罚的行为。

（二）公法行为与私法行为

根据行为的公法性质或私法性质,可将其分为公法行为和私法行为。所谓公法行为,是指具有公法效力、能够产生公法效果的行为,如立法行为、行政法律行为、司法行为等。所谓私法行为,是指具有私法性质和效力、能够产生私法效果的行为,如民法上的"法律行为"、商法行为等。

（三）实体法行为与程序法行为

根据行为的实体法性质或程序法性质,可将其分为实体法行为和程序法行为。所谓实体法行为,是指具有实体法性质和效力、能够产生实体法效果的行为。民法上的"法律行为"(契约、共同行为、决议)、"准法律行为"、"事实行为"等都可以被看作实体法行为。所谓程序法行为,是指具有程序法性质和效力、产生程序法效果的行为,如起诉、辩护等行为。

三、根据行为的表现形式与相互关系的分类

（一）积极行为与消极行为

根据行为的表现形式不同,可以把法律行为分为积极行为和消极行为。积极行为,又称

"作为",指以积极、主动的形式表现的、具有法律意义的行为。消极行为,又称"不作为",指以消极的、抑制的形式表现的,具有法律意义的行为。在法律上,这两种行为不能反向选择:当法律要求行为人作出积极行为时,他就不能作出消极行为;当法律要求行为人作出消极行为(禁止作出一定行为)时,他也不能作出积极行为,否则就构成违法行为。

（二）主行为与从行为

根据行为之主从关系,可以把法律行为分为主行为和从行为。主行为,是指无须以其他法律行为的存在为前提而具有独立存在意义、产生法律效果的行为。从行为,是指以另一种行为的存在为存在前提的法律行为。

小结

所谓法律行为,就是行为人实施的,能够发生法律效力、产生一定法律效果(或者,作为法律事实,能够引起法律关系产生、变更和消灭)的行为。法律行为具有社会性、法律性和意志性。判断法律行为是否存在或成立,重点在于考察法律行为的结构,具体分析其构成要件。由于法律行为是主体与客体、主观因素与客观因素交互作用的复杂过程,因此在结构上表现为行为的内在方面和外在方面。内在方面包括动机、目的、认知能力等要素,外在方面包括行为、手段、结果等要素。本章依据多个标准对法律行为进行了分类,这些分类从不同侧面展现了法律行为所具有的特性。

思考题

1. 法律行为的概念和基本特征是什么？

2. 如何理解法律行为的结构？

3. 法律行为的分类标准主要有哪些？

4. "在任何法律系统中,决定性的因素是行为,即人们实际上做些什么。如果没有人们的行为,规则不过是一堆词句,结构也不过是被遗忘的缺乏生命的空架子。"请结合本章内容,阐述其中的法理。

第十章　法　律　关　系

> 　　在所有既定情形中，法律关系这种生机勃勃的结构都是法实践的精神要素，并将法实践的高贵使命与外行人在法实践中看到的单纯的机械主义区分开来。
>
> 　　　　　　　　　　　　　　　　　　——［德］弗里德里希·卡尔·冯·萨维尼①

　　法律关系是法律规范作用于社会生活的过程和结果，是法律从静态到动态的转化，是法律秩序的存在形态。在一定意义上，法律秩序就是各种法律关系的总和。本章在解析法律关系概念的基础上，较为详细地分析了法律关系的主体、客体以及法律关系的形成、变更与消灭。

---

　　① 弗里德里希·卡尔·冯·萨维尼（Friedrich Carl von Savigny，1779—1861），德国法学家。本题记选自 Savigny，*System des heutigen Römischen Rechts*，Band I，Bei Deit und Comp，1840，S. 8. 中译本参见［德］萨维尼：《当代罗马法体系 I：法律渊源·制定法解释·法律关系》，朱虎译，中国法制出版社 2010 年版，第 258—259 页。

第一节　法律关系概述

一、法律关系释义

如凯尔森所言,"法律关系乃对现有社会关系之法律表述"[①]。法律关系属于社会关系的范畴,表现为人与人之间的关系。但是,法律关系不同于一般的社会关系,它是以法律规范为基础形成的、以法律权利与法律义务为内容的社会关系。作为一类特殊的社会关系,法律关系具有如下三个明显的特征。

(一)法律关系是以法律规范为基础形成的社会关系

法律规范的存在是法律关系形成的前提。如果不存在相应的法律规范,就不会出现相应的法律关系。有些社会关系,如友谊关系、恋爱关系,通常不适宜由法律调整,也不存在相应的法律规范,所以它们并不是法律关系。有些社会关系,虽然适合由法律调整,甚至急需得到法律调整,但由于国家还未制定相应的法律规范,它们也不是法律关系。

法律规范的内容将直接影响法律关系能否形成及其现实形态。如果法律规范的内容本身就不合理,或者不具有可行性,如禁止自杀的法律规范,就难以调整社会关系,也就难以形成事实上的法律关系。相反,如果法律规范的内容合理、可行、清晰,人们根据法律规范就知道可以做什么、必须做什么或不能做什么,不仅能推动法律关系的形成,而且能引导法律关系有序运转,防范法律纠纷的发生。

(二)法律关系是法律主体之间的社会关系

法律关系并非一般意义上的人与人之间的关系,而是法律意义上的主体之间的关系。如萨维尼所言:"所有的具体法律关系都是通过法规则而界定的人与人之间的联系。"[②]即使有血有肉的自然人,如果并不是法律意义上的主体,如古代奴隶社会的奴隶,仍不可能与他人形成法律关系。相反,即使不是有血有肉的自然人,如果是法律意义上的主体,如由众多自然人结合而成的法人,也可以与他人形成法律关系。在现代社会,动物在一定意义上也可以成为法律主体,比如,有的国家承认宠物有继承主人遗产的权利,此时宠物就可以与人形成某种法律关系。

法律主体作为法律关系的能动性要素,往往决定着法律关系的形成和变动。相当多的法律规范都赋予了法律主体自由选择权,即由法律主体决定是否和其他法律主体建立某种法律关系,是否变更和其他法律主体形成的某种法律关系。例如,一个符合法定结婚条件的自然人可以自由地决定和什么样的自然人结婚,形成婚姻法律关系;同样,该自然人在结婚后有权决定是否同其配偶离婚,终止婚姻法律关系。

---

① [奥]凯尔森:《纯粹法理论》,张书友译,中国法制出版社2008年版,第70页。

② [德]萨维尼:《当代罗马法体系I:法律渊源·制定法解释·法律关系》,朱虎译,中国法制出版社2010年版,第258—259页。

（三）法律关系是以权利和义务为内容的社会关系

这是法律关系与依据习惯、道德、宗教等行为规范而形成的社会关系的主要区别。英国法学家梅因（Henry Maine）说："我们应该设法把我们每一个人对世界上其余人的全部法律关系，聚集在一个概念之下。不论这些法律关系的性质和构成是怎样，这些法律关系在集合起来后，就成了一个概括的权利；只要我们仔细记着，在这个用语中不但应该包括权利并且也应该包括义务，则我们对于这个观念就很少有误解的危险。"[①] 这就道出了法律关系以权利和义务作为内容的特质。习惯是人们在长期共同劳动和生活过程中逐渐形成、世代沿袭并成为内在需要的行为定式。依习惯行事是无所谓权利和义务的，由习惯调整的社会关系当然不是权利义务关系。道德是按照一定的价值观念，通过规定人们在社会生活中的义务，并依靠社会舆论、个人内心信念和良知调控人际关系的行为规则。由于道德主要是一种义务规范，故基于道德而形成的社会关系也是以义务为纽带的。宗教是规定人们对"神明"及其在人间的"代表"的服从义务的戒律，所以宗教关系也主要是一种义务关系。在各种社会关系中，只有法律关系是一种肯定的、明确的权利义务关系。拉伦茨说："法律关系，一般来说，从一个人看是他的'权利'，从另一个人看就是一种义务，或者说是一种法律上的约束。"[②]

二、法律关系的分类

由于法律所调整的社会关系的领域非常广泛，现实生活中的法律关系也相当多元化。为了便于识别与把握不同法律关系的性质和特征，我们可以对复杂多样的法律关系进行分类。

（一）基本法律关系与普通法律关系

这是根据构成法律关系内容的社会关系在整个社会关系中的性质、等级和相应的法律关系的重要程度所做的分类。基本法律关系是由宪法或基本法律确认或创立的、存在于基本社会结构中的根本性经济关系和政治关系，包括各阶级之间的统治与被统治或领导与被领导的关系、公民与国家的关系、政党与国家的关系以及社会成员对基本生产资料和社会财富的占有关系和收益关系。基本法律关系是社会中的根本性权利和义务关系，它们体现着社会和国家的根本性质，决定着其他层次法律关系的性质，是其他层次法律关系的法律基础。基本法律关系有很强的续存性和稳定性，只要经济基础和上层建筑的基本性质和格局不变，其就不会发生变化。普通法律关系是具体的自然人之间、法人之间、自然人与法人之间以及法人、自然人与政府各管理部门之间的法律关系，是非基本社会关系的法律表现。其随着具体法律事实的变化而随时可能发生、变更或消灭。普通法律关系或基本法律关系遭到破坏之后所产生的诉讼法律关系也属于普通法律关系。

（二）调整性法律关系与创设性法律关系

根据法律关系发生的方式，可以分为调整性法律关系与创设性法律关系。调整性法律关系的特点是，在法律规范调整之前已经存在着某种社会关系，法律规范的调整只是给它披

---

① ［英］梅因：《古代法》，沈景一译，商务印书馆1959年版，第102页。
② ［德］卡尔·拉伦茨：《德国民法通论》（上册），王晓晔等译，法律出版社2003年版，第255—256页。

上法律的外衣,使之成为法律关系,如父母子女关系、买卖关系。创设性法律关系的特点是,在法律规范产生之前某种社会关系并不存在,法律规范作用于社会生活后才出现了该种社会关系,并使之成为法律关系,如破产法律关系。这一分类表明,法不仅具有调整和维护现存社会关系的"定型"作用,还具有塑造和创造新型社会关系的"变革"作用。

(三)纵向法律关系与横向法律关系

按照法律主体在法律关系中的地位不同,可以分为纵向(隶属)的法律关系和横向(平权)的法律关系。纵向的法律关系是指在不平等的法律主体之间建立的权力服从关系。其主要特点是:(1)法律主体处于不平等的地位。如亲权关系中的家长与子女、行政管理关系中的上级机关与下级机关,这些法律主体在法律地位上有管理与被管理、命令与服从、监督与被监督等方面的差别。(2)法律主体之间的权利与义务具有强制性,既不能随意转让,也不能任意放弃。与此不同,横向法律关系是指平等法律主体之间的权利义务关系。其特点在于,法律主体的地位是平等的,权利和义务的内容具有一定程度的任意性,如民事合同法律关系。

(四)双边法律关系与多边法律关系

这是根据法律关系主体数量的多少进行的分类。双边法律关系是指在特定的双方法律关系主体之间存在的权利义务关系,如债权债务关系。多边法律关系是指在三个或三个以上的法律关系主体之间存在的权利义务关系,如公司股东之间的关系。这种分类的意义在于可以更好地认识和处理法律关系中权利或义务的重叠或冲突,以便合理地确定各个主体的权利、义务及其界限。

(五)第一性法律关系与第二性法律关系

根据法律关系之间的因果联系,可以分为第一性法律关系与第二性法律关系。第一性法律关系是在法律规范发挥其指引作用的过程中,在人们合法行为的基础上形成的法律关系,如公民或法人根据民事法律规范设立、变更民事权利和义务而形成的法律关系。第二性法律关系是在第一性法律关系受到干扰、破坏的情况下对第一性法律关系起补救、保护作用的法律关系,如侵权赔偿法律关系、刑事法律关系等。第一性法律关系与第二性法律关系是一种历时性关系,即第一性法律关系在先,第二性法律关系在后。

第二节 法律关系的主体

一、法律关系主体的种类

法律关系主体,简称为法律主体,是指在法律关系中享有权利和履行义务的人。法律主体是法律关系的主导性因素。没有法律主体,法律关系就无从谈起。在很多情况下,法律主体直接决定着法律关系的形成、变更和消灭。例如,合同法律关系通常是基于合同各方当事人的共同意思表示而形成的。法律关系的存在表现为主体依法享有和行使权利或者承担和履行义务。在现实的法律关系中,享有权利的主体称为权利人,承担义务的主体称为义务人。

在一个国家中,什么样的个人或组织能够成为法律关系的主体,取决于该国的法律规定。在不同的社会,在不同的历史时期,法律关系主体的种类并不完全相同。例如,在奴隶社会中,奴隶被视为奴隶主的私有财产,不能成为政治法律关系和财产法律关系的主体。而在宗教社会中,上帝或神被作为某些法律关系的主体。从当代世界各国的情况来看,法律关系主体主要有四类。

(一)自然人

自然人是指具有生命的、个体意义上的人。自然人是所有法律关系主体中最基础的主体。在一国范围内,自然人通常包括本国公民、外国公民和无国籍人。根据我国宪法规定,凡是取得中华人民共和国国籍的人都是中华人民共和国公民。中国公民享有宪法和法律规定的权利,承担宪法和法律规定的义务,是政治、经济、文化、家庭等诸多领域法律关系的主体。某些法律关系,如选举法律关系,只有中国公民才能成为法律主体。依照中国法律和国际惯例,居住在中国的外国公民和无国籍人可以成为很多法律关系的主体。按照法律和司法解释的规定,自然人在出生之前、死亡之后,也可以成为一些法律关系的主体。例如,《民法总则》规定,涉及遗产继承、接受赠与等胎儿利益保护的,胎儿视为具有民事权利能力。

(二)法人

法人是具有权利能力和行为能力、依法独立享有权利和承担义务的组织。法人是现代社会最有影响力的法律关系主体。法人主要包括三类:第一类是营利法人,主要包括有限责任公司、股份有限公司和其他企业法人等。营利法人是以营利为目的,从事生产、流通或服务活动的独立核算的经济组织。第二类是非营利法人,主要包括事业单位、社会团体、基金会、社会服务机构等。事业单位是指以增进社会福利而不是以营利为目的,提供各种社会服务的社会组织。社会团体是指公民自愿组成,为实现会员共同意愿,按照其章程开展活动的非营利性社会组织,如中华全国律师协会等。第三类是特别法人,主要包括机关法人、农村集体经济组织法人、基层群众自治组织法人等。

(三)国家

这里所说的国家,是指拥有一定的居民、领土、政权组织和主权的社会实体。国家的整体或部分是某些重要法律关系的主体。在国际法领域,国家是国际法律关系的基本主体。在外交、战争、海洋、空间等国际法律关系中,国家是最重要的主体。在国内法领域,国家可以作为国家所有权法律关系、刑事法律关系、国家赔偿法律关系等法律关系的主体。在某些情况下,国家的构成单位也可以成为法律关系的主体。例如,在根据《香港特别行政区基本法》《澳门特别行政区基本法》所形成的法律关系中,香港、澳门就成为法律关系的一方主体。

(四)国家机关

国家的权利和义务是通过中央和地方各级各类国家机关来行使和履行的,如国家的权力机关、行政机关、监察机关、审判机关、检察机关。它们依照法定职权和程序行使国家权力,是宪法法律关系、行政法律关系、诉讼法律关系等多种法律关系的主体。

（五）其他主体

除了上述主要的、常规的法律主体,法律关系的主体还包括人民、民族、非法人组织等。人民是我国基本法律关系的主体。例如,《中华人民共和国宪法》规定:"中华人民共和国的一切权力属于人民。"这就确认了人民作为一个整体在社会主义基本法律关系中作为权利主体的资格。民族作为法律关系的主体,在我国主要是由宪法、民族区域自治法和其他法律规定的。例如,《中华人民共和国宪法》规定:"中华人民共和国各民族一律平等。"这就明确宣告了民族的法律关系主体地位。在我国,还存在诸多不具有法人资格,但是能够依法以自己的名义从事民事活动的组织,例如个人独资企业、合伙企业、不具有法人资格的专业服务机构等,它们是以非法人组织的地位成为法律关系的主体的。

另外,在当今世界,随着动物保护主义运动以及生态主义运动的蓬勃兴起,人以外的其他物种——特别是动物——开始被承认与人一样是世界的主体。在法律上,一些西方国家承认动物可以成为某些法律关系的主体。例如,美国等西方国家出现了以动物为原告的诉讼。

二、法律关系主体的资格

法律关系的主体必须同时具有法律上所说的权利能力和行为能力。这是成为法律关系主体的必备条件。下面以公民和法人为例说明法律关系主体的权利能力和行为能力。

（一）权利能力

权利能力,又称权利义务能力,是法律关系主体依法享有一定权利和承担一定义务的法律资格。如凯尔森所言:"当规范将某个人的行为当作法律条件或法律后果时,意思是只有这个人才有'能力'做或不做这一行为;只有他才有'资格'。"[①] 权利能力是法律关系主体实际取得权利、承担义务的前提条件。如果当事人没有权利能力,即使他能够独立地实施某些行为,这些行为也是无效的。

公民的权利能力可以从不同角度进行分类。首先,根据享有权利能力的主体范围不同,可以分为一般权利能力和特殊权利能力。前者又称基本的权利能力,是一国所有公民均具有的权利能力,是取得公民法律资格的基本条件,不能被任意剥夺或解除。后者是某些公民在特定条件下具有的法律资格。这种资格并不是每个公民都可以享有的,而只授予某些特定的法律主体。例如,国家机关及其工作人员行使法定职权的资格,就是特殊的权利能力。其次,按照法律部门的不同,可以分为民事权利能力、政治权利能力、行政权利能力、劳动权利能力、诉讼权利能力等。这其中既有一般权利能力（如民事权利能力）,也有特殊权利能力（如政治权利能力、劳动权利能力）。

法人的权利能力与公民的权利能力不同。一般而言,法人的权利能力的内容和范围由法人成立的宗旨和业务范围决定,自法人成立时产生,至法人解体时消灭。

---

① ［奥］凯尔森:《法与国家的一般理论》,沈宗灵译,中国大百科全书出版社1996年版,第101页。

（二）行为能力

行为能力是指法律关系主体能够通过自己的行为实际行使权利和履行义务的能力。

公民的行为能力是公民的意识能力在法律上的反映。确定公民有无行为能力,标准有二:一是其能否认识自己行为的性质、意义和后果;二是其能否控制自己的行为并对自己的行为负责。因此,公民达到一定年龄、心智正常,就成为公民具有行为能力的标志。例如,婴幼儿、精神病患者,因为其不可能预见自己行为的后果,所以法律不赋予其行为能力。在这种情形下,公民的行为能力有别于权利能力。具有行为能力必须首先具有权利能力,但具有权利能力并不必然具有行为能力。这表明,在公民这类法律主体身上,权利能力和行为能力可能是统一的,也可能是分离的。

公民的行为能力是由法律明确规定的。世界各国的法律,一般都把本国公民划分为完全行为能力人、限制行为能力人和无行为能力人。(1)完全行为能力人,指达到一定法定年龄、智力健全、能够对自己的行为负完全责任的公民。例如,我国《民法总则》规定,18周岁以上的自然人是成年人,具有完全的民事行为能力,可以独立进行民事活动,是完全民事行为能力人。(2)限制行为能力人,指行为能力受到一定限制,只具有部分行为能力的公民。例如,我国《民法总则》规定,8周岁以上的未成年人和不能完全辨认自己行为的成年人是限制行为能力人。(3)无行为能力人。这是指完全不能以自己的行为行使权利、履行义务的公民。我国《民法总则》规定,不满8周岁的未成年人和不能辨认自己行为的成年人是无行为能力人。

法人的行为能力与公民的行为能力不同:首先,公民的行为能力有完全与不完全之分;而法人在成立宗旨和业务范围之内具有完全行为能力,在成立宗旨和业务范围之外无行为能力。其次,公民的行为能力和权利能力并不是同时存在的;而法人的行为能力和权利能力却是同时产生、同时消灭的。法人一经依法成立,就同时具有权利能力和行为能力;法人一经依法撤销,其权利能力和行为能力就同时消灭。

第三节　法律关系的客体

一、法律关系客体的概念和特征

从哲学上说,客体是与主体相对的范畴,是指主体的意志和行为所指向、影响、作用的客观对象。从这个意义上说,法律关系的客体是法律关系主体发生权利义务联系的中介,是法律关系主体的权利和义务所指向、影响和作用的对象。客体是法律关系不可或缺的构成要素,是法律关系产生和存在的前提。缺少法律关系客体,法律关系主体的权利和义务就成为毫无意义的东西。作为法律关系客体的事物通常具有如下四个特性。

（一）客观性

法律关系客体应当是客观存在的事物,即独立于人的意识并能为人的意识所感知的事物。这里所说的客观存在的事物,不仅包括以一定物理形态存在的有形物,如土地、房屋、汽车,也包括不以物理形态存在但为社会成员普遍承认的无形物,如名誉、荣誉、知识。

(二)有用性

客观存在的事物是纷繁复杂的,并非所有客观事物都是法律关系客体。只有对人有价值的事物,即能够满足人的物质需要或精神需要的事物,才能成为法律关系客体。正是因为它是有用之物,会成为人们争夺的对象,才需要法律对之进行调整或规制。

(三)可控性

法律关系客体应当是人类可以控制或利用之物。只有人类能够控制的东西才适宜由法律调整,才能成为法律关系主体的权利和义务指向的对象。显然,人类控制和利用客观世界的能力取决于科学技术的发展水平。随着科学技术的不断发展,人类今天不能控制的东西将来可能会变成可以控制的东西。例如,月球上的矿产资源目前还不能成为法律关系客体,但到了人类能够开发利用月球资源的时代,它们就能成为法律关系客体。

(四)法律性

首先,哪些事物可以成为法律关系的客体,各类事物可以成为哪些法律关系的客体,通常都由法律加以明确规定。例如,我国《文物保护法》对国有文物、不可移动文物、考古发掘的文物、馆藏文物、民间收藏文物等各类文物分别可以成为哪些法律关系的客体作出了明确的规定。其次,法律的变动会引起法律关系客体的变动。例如,在相当长的时期内,我国一直禁止土地使用权转让,这使土地使用权不能成为市场交易关系的客体。我国1988年《宪法修正案》规定,土地的使用权可以依据法律规定转让。这一规定使土地使用权成为市场交易关系的客体。

二、法律关系客体的种类

在法律实践中,法律关系客体的具体形态多种多样,大体可以分为以下五大类。

(一)物

这里所说的物,是指以一定物理形态存在的有形物。它可以是天然物,如土地、河流、树木,也可以是生产物,如电视机、计算机、汽车、飞机;可以是实物,如房屋、电冰箱,也可以是有价证券,如支票、汇票、股票、债券。以物是否允许流通以及流通的范围为标准,可将物分为流通物、限制流通物、非流通物。根据我国法律的规定,矿藏、水流、海域以及国有森林、山岭、草原、荒地、滩涂、野生动植物资源、文物等属于非流通物,麻醉药品、运动枪支、民间收藏文物等属于限制流通物。

(二)人身、人格

人身和人格分别代表着人的物质形态和精神利益,是人之为人的两个不可或缺的要素。由于现代法律相当重视对人身和人格的保护,因而人身和人格成为许多法律关系的客体。一方面,人身和人格是生命权、身体权、健康权、姓名权、肖像权、名誉权、荣誉权等人身权和人格权指向的客体;另一方面,人身和人格又是禁止非法拘禁他人、禁止对犯罪嫌疑人刑讯逼供、禁止侮辱或诽谤他人、禁止卖身为奴、禁止卖淫等法律义务指向的客体。

（三）智力成果

智力成果是指人通过智力劳动创造出来的精神产品,如科学发现、技术成果、商标设计、学术著作、文艺作品、电脑软件等。智力成果通常也要以一定的物(如纸张、胶片、磁盘等)为载体存在,但其价值并不在于物质载体本身,而在于物质载体中所包含的信息、知识、技术、标识(符号)和其他精神因素。同时,智力成果又不同于人的主观精神活动本身,它是人的主观精神活动的物化、固定化。智力成果属于非物质财富,构成许多法律关系的客体。

（四）行为

行为也是一类重要的法律关系客体,如家庭关系中父母对子女的抚养、子女对父母的赡养,演出合同关系中演员的表演,诉讼法律关系中证人的作证,等等。在这些法律关系中,法律关系主体的权利和义务都是围绕着特定的行为建立起来的。在通常情况下,作为法律关系客体的行为,是指义务人按照法定或约定的义务而必须实施的行为,包括作为和不作为两种情形。

（五）信息

作为法律关系客体的信息,是指有价值的情报或资讯,如矿产情报、产业情报、国家机密、商业秘密、个人隐私等。随着信息时代的到来,特别是互联网的扩展和数码存储技术的发展,信息在法律关系客体中的地位将愈加重要。我国《网络安全法》第44条规定:"任何个人和组织不得窃取或者以其他非法方式获取个人信息,不得非法出售或者非法向他人提供个人信息。"显然已经把信息作为法律关系的客体予以保护。

（六）其他客体

法律关系的客体无限多样,而且不断发展更新,除了上述五类主要法律关系客体,法律关系客体还包括国家权力、企业等。国家权力在某些法律关系中充当着客体。例如,在现代民主制国家,国家权力就是基本政治法律关系的客体,阶级之间、政党之间的法律关系就是围绕着国家权力而形成和展开的。另外,在一定条件下,企业作为一个整体可以是法律关系的客体。例如,某企业从一个部门或地区被转让给另一个部门或地区,该企业就是两个部门或地区之间的法律关系的客体。

第四节 法律关系的形成、变更与消灭

一、法律关系形成、变更与消灭的条件

法律关系的形成、变更与消灭需要具备一定的条件。其中,最主要的条件有两个:一是法律规范;二是法律事实。法律规范是法律关系形成、变更与消灭的法律依据,没有一定的法律规范,就不会有相应的法律关系。但是,法律规范只设计出了法律主体权利和义务关系

的一般模式,它不是现实的法律关系本身。法律关系的形成、变更与消灭还必须具备直接的前提条件,这就是法律事实。它是联系法律规范与法律关系的中介。

所谓法律事实,就是法律规范所规定的,能够引起法律关系产生、变更与消灭的客观情况或现象。借用霍菲尔德的话,法律事实"乃是依有效的一般法律规则足以改变法律关系者,即要么创设新关系,要么消灭旧关系,要么同时起到上述两种作用之事实"[①]。也就是说,法律事实首先是一种客观存在的外在现象,而不是人们的一种心理现象或心理活动。纯粹的心理现象不能被看作法律事实。其次,法律事实是由法律规定的、具有法律意义的事实,能够引起法律关系的产生、变更或消灭。与人类生活无直接关系的纯粹的客观现象,如宇宙天体的运行,就不是法律事实。

萨维尼把法律规范和法律事实分别称为法律关系的形式要素和实质要素:"在每个法律关系中,可以区分出两个部分:第一个部分是素材(stoff),即联系(beziehung)本身;第二部分是法对于此素材的界定。我们可以将第一部分称为法律关系的实质要素,或者称为法律关系中的单纯事实;而将第二个部分称为法律关系的形式要素,即据此将事实联系(die tatsächliche Beziehung)提升为法形式的要素。"[②]

二、法律事实的种类

在法律实践中,法律事实多种多样,我们可以根据不同的标准将其划分为不同的种类。

(一)法律事件与法律行为

以是否以人们的意志为转移作标准,法律事实大体上可以分为法律事件和法律行为两类。

法律事件是法律规范规定的,不以当事人的意志为转移而引起法律关系形成、变更或消灭的客观事实。法律事件又分成社会事件和自然事件两种。前者如社会革命、战争等,后者如人的生老病死、自然灾害等。这两种事件对于特定的法律关系主体而言,都是不以其意志为转移的事件。但由于这些事件的出现,法律关系主体之间的权利与义务关系就有可能产生,也有可能发生变更,甚至完全归于消灭。例如,由于人的出生便产生了父母与子女间的抚养关系和监护关系,而人的死亡却导致抚养关系、夫妻关系或赡养关系的消灭和继承关系的产生。

法律行为可以作为法律事实而存在,能够引起法律关系形成、变更或消灭。因为人们的意志有善意与恶意、合法与违法之分,故其行为也可以分为善意行为、合法行为与恶意行为、违法行为。善意行为、合法行为能够引起法律关系的形成、变更或消灭。例如,依法登记结婚的行为引起婚姻关系的成立。同样,恶意行为、违法行为也能够引起法律关系的形成、

---

① [美]霍菲尔德:《基本法律概念》,张书友编译,中国法制出版社2009年版,第20—21页。

② [德]萨维尼:《当代罗马法体系I:法律渊源·制定法解释·法律关系》,朱虎译,中国法制出版社2010年版,第258—259页。

变更或消灭。例如,犯罪行为产生刑事法律关系,也可能引起某些民事法律关系(损害赔偿等)的产生或变更。

(二)肯定式法律事实与否定式法律事实

这是根据法律事实的存在形式而作的分类。肯定式法律事实是指只有当其存在时,才能引起法律后果的法律事实。达到法定婚龄,男女双方完全自愿,符合一夫一妻制原则,这三个法律事实都是结婚这一法律后果出现所必须具备的事实。否定式法律事实是指只有当其不存在时,才能引起法律后果的法律事实。例如,直系血亲和三代以内的旁系血亲不准结婚,法官不应当是案件当事人或当事人的近亲属,等等。

值得指出的是,在研究法律事实问题时,应当看到这样两种复杂的现象:(1)同一个法律事实(事件或者行为)可以引起多种法律关系的产生、变更或消灭。例如,工伤致死事件,不仅导致劳动关系、婚姻关系的消灭,而且导致劳动保险合同关系、继承关系的产生。(2)两个或两个以上的法律事实引起同一个法律关系的产生、变更或消灭。例如,房屋买卖关系,除了双方当事人签订买卖协议外,还须向房管部门办理登记过户手续方产生效力,相互之间的关系也才能够成立。在法学上,人们常常把两个或两个以上的法律事实所构成的一个相关的整体称为"事实构成"。

小结

法律关系是以法律规范为基础形成的、以法律权利和法律义务为内容的社会关系。法律关系的主体包括自然人、组织和国家。法律关系的主体必须具有权利能力和行为能力。法律关系的客体包括物、人身、人格、行为、智力成果、信息。引起法律关系形成、变更与消灭的法律事实包括法律事件和法律行为。

思考题

1. 如何理解法律关系乃对现有社会关系之法律表达?
2. 法律关系主体的必备条件有哪些?
3. 法律关系客体的特征有哪些?
4. 哪些事实可以成为法律事实?

第十一章　法　律　责　任

法律责任与道德谴责的相应性可能是一种值得赞美的理想,但这并非一种必然真理,甚至连既存事实也不是。

——[英]赫伯特·莱昂内尔·阿道弗斯·哈特①

作为法学的基本概念,法律责任与权利和义务、法律效力、法律实施、法律作用、法律权威密切相关。本章主要讨论法律责任的语义和定义、构成和种类,法律责任的原则,法律责任的认定与归结,法律责任承担的方式以及法律责任的减轻与免除等。

---

① 赫伯特·莱昂内尔·阿道弗斯·哈特(Herbert Lionel Adolphus Hart, 1907—1992),英国法学家、哲学家。本题记选自[英]H.L.A.哈特:《惩罚与责任》,王勇等译,华夏出版社1989年版,第212页。

第一节   法律责任概述

一、法律责任释义

（一）责任的词义

法律责任是"法律"与"责任"的合成概念。为了解释、界定法律责任,有必要首先对"责任"进行语义分析。

在古代汉语中,"责任"同"责",是一个语义丰富的概念。据《辞源》《辞海》等权威辞书,"责"在六种意义上被使用:(1)求,索取。如:"宋多责赂于郑。"[①](2)要求,督促。如:"不教而责成功,虐也。"[②](3)谴责,诘问,责备。如:"文姜通于齐侯,桓公闻,责之姜。"[③]"使先生自责,乃反自誉。"[④](4)处罚,责罚,加刑。如:"(刘)崇患太祖慵惰不作业,数加笞责。"[⑤]"责小过以大恶,安能服人。"[⑥]"苟可否多少在户部,则伤财害民,户部无所逃其责矣。"[⑦](5)同"则",责任,负责。如:"若尔三王,是有丕子之责于天。"[⑧](6)债,所欠的钱财。如:"乃有意欲为收责于薛乎?"[⑨]

在现代汉语中,"责任"一词有三个互相联系的基本词义:(1)分内应做的事,如"岗位责任""尽职尽责"等。这种责任实际上是一种角色义务。每个人在社会中都扮演一定角色,即有一定地位或职务,相应地,也就必须而且应当承担与其角色相应的义务。(2)特定人对特定事项的发生、发展、变化及其成果负有积极的助长义务,如"担保责任""举证责任"。(3)因没有做好分内的事情(没有履行角色义务)或没有履行助长义务而应承担的不利后果或强制性义务,如"违约责任""侵权责任""赔付责任"等。我们可以把前两种责任称为积极责任,而把后一种责任称为消极责任。在消极责任中,有违反政治义务的政治责任、违反道德准则的道德责任、不遵守或破坏纪律的违纪责任,也有违反法律要求的法律责任。

（二）法律责任的语义

由于"责任"一词在不同语境中具有不同的含义,加之其在法律文献中时常被按照不同的语义来使用,这就使得对法律责任的界定显得十分困难,以至迄今为止,在中国法学界乃至世界法学界尚没有一个能被所有人接受并能适用于一切场合的有关法律责任的定义。中

---

① 《左传·桓公十三年》。

② 《荀子·宥坐》。

③ 《管子·大匡》。

④ 《汉书·东方朔传》。

⑤ 《新五代史·梁家人传》。

⑥ 《论衡·问孔》。

⑦ 《宋史·苏辙传》。

⑧ 《尚书·金滕》。

⑨ 《战国策·齐策四》

国法理学者们通常把法律责任分成广义法律责任和狭义法律责任两类。按照这种区分，广义的法律责任就是一般意义上的法律义务的同义词；狭义的法律责任则是由违法行为所引起的不利法律后果。这种区分虽有一定的可取之处，但是，在法律术语的实际使用过程中却会不可避免地引起某种混乱。所以，越来越多的学者倾向于在狭义上使用"法律责任"这一术语。这样，一方面，可以消除把法律责任与一般意义上的法律义务混为一谈的混乱局面；另一方面，也可以寻求一个涵盖面更广的有关法律责任的定义。

关于如何界定法律责任，法学研究者们提出了许多不同的思路和观点，归纳起来，其中最具代表性的有三种方案。

第一种方案把法律责任界定为法律的否定性评价。它的优点在于，从法律的价值标准的角度揭示了法律责任总是与法律所不希望发生或明确反对的行为相联系的。它可以使人们清楚地认识到，某人之所以承担某种法律责任，其原因在于他的作为或不作为正是法律所不希望发生或明确反对的。不过，这种界定也存在不足之处，即法律的否定性评价并不一定就是法律责任。实际上，某些轻微的违法行为虽然也会受到法律的否定性评价，但行为人可能并不因此而承担法律责任。

第二种方案把法律责任界定为法律上的不利后果。例如，苏联学者萨莫先科认为："责任就是一个人必须承受他的行为给自己造成的不利后果。这是人民、阶级、团体、国家对犯有过失行为的人的一种剥夺，是外界根据他的行为作出的一种对他和他的生活不利的反应。"[1] 它的优点在于，从利害关系的角度揭示了法律责任与行为的联系，即行为人如果不遵循法律的指引去追求自身利益，那么，他的预期利益和现实利益就得不到法律的承认和保护，甚至要为此付出某种代价。但是，此种界定也有与第一种方案类似的不足之处，即法律上的不利后果与法律的否定性评价一样过于宽泛。在许多情况下，承担法律上的不利后果并不意味着承担法律责任。例如，在民事法律关系中，一项合同可能因缺乏某些有效要件而被宣告无效，此时，某方缔约人会因此而承担丧失其约定权利和预期利益的不利法律后果，但可能并不因此而承担民事法律责任。

第三种方案把法律责任界定为一种特殊意义上的义务。例如，《布莱克法律词典》解释说：法律责任指"因某种行为而产生的受惩罚的义务及对引起的损害予以赔偿或用别的方法予以补偿的义务"[2]。凯尔森认为："法律责任是与法律义务相关的概念。"[3] 苏联法学家雅维茨（L.S.Jawitsch）认为，法律责任"是违法者由于做出从法律的观点来看应受指责的行为而受到痛苦的一种特殊义务，而惩罚是对违法者适用法律的结果和法律责任的目的"[4]。所谓特殊意义上的义务是与一般意义上的义务相对而言的。一般意义上的义务又称第一性义务，即人们通常所说的法律义务，包括法定的作为或不作为的义务以及合法约定的作为或不

① ［苏联］巴格里·沙赫马托夫：《刑事责任与刑罚》，韦政强等译，法律出版社1984年版，第5页。

② *Black's Law Dictionary*, 5th Edition, West Publishing Co., 1983, p.1197.

③ ［奥］凯尔森：《法与国家的一般理论》，沈宗灵译，中国大百科全书出版社1996年版，第73页。

④ L.S.Jawitsch, *The General Theory of Law: Social and Philosophical Problems*, Progress Publisher, 1981, pp.236—237.

作为义务;特殊意义上的义务又称第二性义务,通常是指由于违反了法定义务或约定义务而引起的新的特定义务。例如,违反了法律规定的不得杀人的不作为义务,就可能引起接受刑罚惩罚的义务;违反了合同约定的按期交货的义务,就可能引起赔偿对方损失的义务,等等。此种界定的优点在于,它既揭示了责任与义务两者之间的联系,又明确了两者之间的区别。按此思路来界定法律责任,不仅可以理清法学主要范畴和基本法律术语之间的关系,也有助于在立法、执法、司法和法学研究过程中更加准确和规范地使用这些范畴和术语。

通过以上分析,我们认为,按如下方式来定义法律责任可能是适宜的,即法律责任是由特定法律事实引起的对损害予以补偿、强制履行或接受惩罚的特殊义务,亦即由于违反第一性义务而引起的第二性义务。

(三)法律责任的本质

法律责任的本质,是从更深层次回答法律责任是什么和为什么的问题。西方法学家在研究法律责任时,就法律责任的本质问题提出了不同的理论。其中,影响较大的有"三论",即道义责任论、社会责任论和规范责任论。

道义责任论是以哲学和伦理学上的非决定论亦即自由意志论为理论基础的。它假定人的意志是自由的,人有控制自己行为的能力,有自觉行为和进行自由选择的能力。由此推定,违法者应对自己出于自由意志而作出的违法行为负责,应该受到道义上的责难。如黑格尔宣称:"行动只有作为意志的过错才能归责于我。"[①]法律责任以道义责任为前提,对违法者的道义责难就是法律责任的本质所在。

与道义责任论相反,社会责任论是以哲学和伦理学上的决定论为理论基础的。它假定一切事物(包括人的行为)都有其规律性、必然性和因果制约性。由此推断,违法行为的发生不是由行为者自由的意志决定的,而是由客观条件决定的,因而只能根据行为人的行为环境和行为的社会危险性来确定法律责任的有无和轻重。确定和追究法律责任,一方面是为了维护社会秩序和社会存在;另一方面是为了使违法者适应社会生活和再社会化,这就是法律责任的本质。

规范责任论则认为,法体现了社会的价值观念,是指引和评价人的行为的规范。它对符合规范的行为持肯定(赞许)的态度,对违反规范的行为持否定(不赞许)的态度。否定的态度体现在法律责任的认定和归结中,这种责任就是法律规范和更根本的价值准则评价的结果。因此,行为的规范评价是法律责任的本质。

上述三种理论各有其合理性与局限性。道义责任论正确地揭示了行为的主观因素的作用,却忽视了社会环境对行为的方式的巨大影响;社会责任论正确揭示了行为发生受制于一定的客观条件,却忽视了行为人主观因素的重要作用。从历史哲学和法律哲学的角度看,前者所理解的个人,是一种脱离了特定社会关系和社会环境的孤立的个人,后者则完全否认了个人在社会整体面前的相对独立性和主观能动性。因而,这些理论的片面性都与其根本的

---

① [德]黑格尔:《法哲学原理》,范扬、张企泰译,商务印书馆1961年版,第119页。

理论出发点直接相联,仅仅靠增加理论的弹性或对之进行有限的改良,都难以完全消除这种片面性。

相对而言,规范责任论更加全面地对法律责任的本质进行了揭示。它强调了法律责任与体现一定价值标准的法律规范有直接联系。由于法律在评价行为时,不能排除对行为的主观因素和社会环境的考虑,这样,规范责任论从研究法律责任的形式特征入手,有可能把法律评价、主观因素和社会环境三者较好地统一起来,当然,这是以充分地理解社会生活中客观规律性与主观能动性的辩证关系为前提的。

基于以上分析,我们认为,法律责任的本质属性主要体现在以下三个方面:

首先,法律责任是居于统治地位的阶级或社会集团运用法律标准对行为给予的否定性评价。这种评价的直接目的在于为法律制裁提供法律上的前提,其根本目的则在于消除或减少滥用权利和不履行义务的行为,从而使占统治地位的阶级或社会集团的利益和兴趣在有秩序的状态下最大限度地得到实现。

其次,法律责任是自由意志支配下的行为所引起的合乎逻辑的不利法律后果。从法律范畴的逻辑联系上看,典型意义的法律责任(即违法责任和违约责任)总是与行为的内在方面和外在方面联结在一起的。根据"自由意味着责任"这样一条伦理学原则,那些在自由意志支配下的行为,如果其内在方面有过错,其外在方面以作为或不作为的方式对其他个人的和社会的正当利益造成了损害,那么,按照法律的逻辑,行为人就必须对此承担责任。在此意义上,法律责任就是直接由违法行为引起的不利法律后果。

最后,法律责任也是社会为了维护自身的生存条件而强制性地分配给某些社会成员的一种负担。从系统论的观点看,社会虽然是由个人组成的,但它并不能完全还原为一个个孤立的个人因素。社会作为一个有机的整体,它使一切个人因素都或多或少地具有了某种社会意义。因此,当事人之间的许多关系都不是纯粹的个人私事,任何违法行为,无论是直接针对自然人和法人的,还是针对社会或其正式代表——国家的,都是对统治阶级根本利益和国家确认、保护和发展的社会关系、社会秩序和社会发展目标的侵犯,是不能被容许的。因此,法律责任的实质是国家对违反法定义务、超越法定权利界限或滥用权利的违法行为所作的法律上的否定性评价和谴责,是国家强制违法者作出一定行为或禁止其作出一定行为,从而补救受到侵害的合法权益,恢复被破坏的法律关系(社会关系)和法律秩序(社会秩序)的手段。正如边沁所说:"所有惩罚都是损害,所有惩罚本身都是恶。根据功利原理,如果它应当被允许,那只是因为它有可能排除某种更大的恶。"[①] 在这种意义上,法律责任也是一种惩恶或纠错的机制。

二、法律责任的构成

法律责任的构成是指认定法律责任时所必须考虑的条件和因素。由于法律责任会给责

---

① 〔英〕边沁:《道德与立法原理导论》,时殷弘译,商务印书馆 2000 年版,第 216 页。

任主体带来法定的不利后果,表明了社会对责任主体的道德非难和法律处罚,因此,必须科学、合理地确定法律责任的构成,以保障行为人的行为自由,保护责任主体的利益,实现法律的功能,维持社会的秩序,促进社会发展。

由于违法行为和违约行为是最主要、最基本的产生法律责任的原因和根据,是认定和归结法律责任的前提,因此,违法行为或违约行为的构成要件与法律责任的构成有着密切的关系。根据构成违法行为或违约行为的要素,我们将法律责任的一般构成概括为责任主体、违法行为或违约行为、损害结果、主观过错四个方面。

（一）责任主体

责任主体是指因违反法律、约定或法律规定的事由而承担法律责任的人,包括自然人、法人和其他社会组织。责任主体是法律责任构成的必备条件。违法、违约首先是一种行为,没有行为就没有违法或违约,而行为是由人的意志支配的活动,因此,违法或违约必须有行为人。但是,并非任何人都可以成为违法行为或违约行为的责任主体,无行为能力的人就不可能成为违法行为或违约行为的责任主体。因此,责任主体与法律责任的有无、种类、大小有着密切的关系。

（二）违法行为或违约行为

违法行为或违约行为在法律责任的构成中居于重要地位,是法律责任的核心构成要素。违法行为或违约行为包括作为和不作为两类。作为是指人的积极的身体活动或言语表达。直接做了法律所禁止或合同所不允许的事自然要承担法律责任。不作为是指人的消极的身体活动,即行为人在能够履行自己应尽义务的情况下不履行该义务。例如,不做法律规定应做的事或不做合同中约定的事,也要承担法律责任。区分作为与不作为对于确定法律责任的范围、大小具有重要意义。

（三）损害结果

一般情况下,损害结果是指违法行为或违约行为侵犯他人或社会的权利和利益所造成的损失和伤害,包括实际损害、丧失所得利益及预期可得利益。损害结果可以是对人身的损害、对财产的损害、对精神的损害,也可以是其他方面的损害。损害结果表明法律所保护的合法权益遭受了侵害,因而具有侵害性。同时,损害结果具有确定性,它是违法行为或违约行为已经实际造成的侵害事实,而不是推测的、臆想的、虚构的、尚未发生的情况。损害结果的确定性,表明损害事实在客观上能够认定。认定损害结果时,一般根据法律、社会普遍认识、公平观念并结合社会影响、环境等因素进行。当然,这种损害结果是由一定的因果关系引起的。在这个意义上讲,因果关系是归责的基础和前提,是认定法律责任的基本依据。

（四）主观过错

主观过错是指行为人实施违法行为或违约行为时的主观心理状态。人类社会早期是按照客观原则进行归责的,因而主观过错对法律责任的构成没有什么意义,仅仅与法律责任的大小有一定关系。然而正如哈特所说:"所有文明的刑罚制度都不只是依据这样的事实即应受惩罚的人实施了犯罪之外在的行为,而且也依据他是在某种心理或意志构成状态下实施的这一行为,来确定就无论怎样严重的犯罪应承担的受惩罚的义务。"[1] 现代社会将主观过错作为法律责任构成的要件之一,不同的主观心理状态与认定某一行为是否有责及承担何种法律责任有着直接的联系。主观过错作为犯罪的主观要件,是犯罪构成的必要条件之一,对认定和衡量刑事法律责任即区分罪与非罪、此罪与彼罪、一罪与数罪、重罪与轻罪都具有重要作用。在民事法律责任方面,一般也要考虑主观过错,主要采用过错责任原则。

主观过错包括故意和过失两类。故意是指明知自己的行为会发生损害他人、危害社会的结果,希望或者放任这种结果发生的心理状态。过失是指应当预见自己的行为可能发生损害他人、危害社会的结果,因为疏忽大意而没有预见,或者已经预见但轻信能够避免,以致发生这种结果的心理状态。

需要注意的是,某些法律责任的构成仅要求这四个方面中的若干要素而非全部。

三、法律责任的种类

根据不同的标准可以对法律责任作不同的分类。例如,按照承担责任的主体的不同,法律责任可以分为自然人责任、法人责任和国家责任;按照责任承担的内容的不同,法律责任可以分为财产责任和非财产责任;按照责任的承担程度,法律责任可以分为有限责任和无限责任;按照责任实现形式的不同,法律责任可以分为惩罚性责任和补偿性责任;按照引起责任的法律事实与责任人的关系的不同,法律责任可以分为直接责任、连带责任和替代责任。在法律实践中,最基本的分类是根据法律责任的类型所作的分类,即把法律责任大致分为民事法律责任、行政法律责任、刑事法律责任和违宪责任四种类型。

(一)民事法律责任

民事法律责任是指公民或法人因侵权、违约或者基于法律规定的其他事由而依法承担的不利后果。民事法律责任是现代社会常见的法律责任,主要为补偿性的财产责任。民事法律责任的承担者是具有民事责任能力的自然人和法人。同时,在法律规定的某些条件下,国家也是民事责任的主体。民事法律责任主要是由违法行为或违约行为引起的,这种违法行为、违约行为除了民事违法行为和违约行为外,还包括部分刑事违法行为和行政违法行为。按照我国《侵权责任法》的规定,具体侵权责任包括产品责任、交通事故责任、医疗损害责任、环境污染责任、高度危险责任、饲养动物损害责任和物件损害责任。我国《民法总则》还规定了按份责任制度和连带责任制度。

(二)行政法律责任

行政法律责任是指因违反行政法或基于行政法规定的事由而应当承担的法定的不利后果。行政法律责任既包括行政机关及其工作人员、授权或委托的社会组织及其工作人员在行政管理中因违法失职、滥用职权或行政不当而产生的行政法律责任,也包括公民、社会组

---

① [英]H.L.A.哈特:《惩罚与责任》,王勇等译,华夏出版社 1989 年版,第 108 页。

织等行政相对人因违反行政法而产生的行政法律责任。

（三）刑事法律责任

刑事法律责任是指因违反刑事法律而应当承担的法定的不利后果。行为人违反刑事法律的行为必须具备犯罪的构成要件才承担刑事法律责任。刑事法律责任的主体，不仅包括公民，也包括法人和其他社会组织。刑事法律责任的方式为刑事惩罚，即责任主体受到国家强制力的制裁。刑事法律责任是严格的行为人个人责任，是最严厉的一种法律责任。

（四）违宪责任

违宪责任是指因违反宪法而应当承担的法定的不利后果。违宪通常是指有关国家机关制定的某种法律、法规和规章，以及国家机关、社会组织或公民的某种行为与宪法的规定相抵触。现代宪法一般都有"合宪性"的规定，即明确规定宪法具有最高的法律地位和法律效力，因而任何一种违宪的法律、法规、规章和行为都是无效的，都必须承担违宪责任。

第二节　法律责任的原则

一、法律责任原则的含义

法律责任原则是国家机关据以确定法律责任由行为人承担的理由、标准、基准或法理等。

法律责任原则体现了一定国家的立法政策和指导方针，是国家机关处理纠纷所应遵循的基本准则，体现了法律的价值判断和规范功能、社会作用。

法律责任原则存在一个发展、变化的过程，反映了人类社会不同时期法律的发展阶段。古代法律中强调结果责任原则，现代法律中更突出过错责任原则，后来又出现了严格责任原则。法律责任原则的多元化是一种趋势，但过错责任原则和严格责任原则始终是主要的法律责任原则。

二、法律责任原则的种类

法律责任原则主要包括过错责任原则和严格责任原则两类。

（一）过错责任原则

过错责任原则，也叫过失责任原则，它是以行为人主观上的过错为承担法律责任的基本条件的认定责任准则。例如，我国《侵权责任法》第 6 条第 1 款规定："行为人因过错侵害他人民事权益，应当承担侵权责任。"可见，在法律没有特别规定的情况下，都适用过错责任原则。

过错责任原则包含以下含义：第一，它以行为人的过错为责任的构成要件，行为人具有故意或者过失才可能承担法律责任。按过错责任原则，行为人仅在有过错的情况下，才承担法律责任。没有过错，就不承担法律责任。第二，它以行为人的过错程度作为确定责任形式、责任范围的依据。例如,在民事过错责任原则中,不仅要考虑行为人的过错,往往也会考虑受害人的过错或者第三人的过错。如果受害人或者第三人对损害的发生也存在过错的话,则要根据过错程度来分担损失,因此可能减轻甚至抵消行为人承担的责任。在共同侵权的场合,共同侵权人的过错程度甚至可能成为其内部分担损失的依据。

过错责任原则是在否定古代法律中的结果责任原则的基础上逐渐形成的,1804年《法国民法典》正式确立过错责任原则,该法第1382条和第1383条分别规定了作为和不作为的过错责任。我国自1987年开始施行的《民法通则》第106条第2款也规定了过错责任原则。这一原则的确立,为民事主体的行为确立了标准。它要求行为人善尽对他人的谨慎和注意,尽量避免损害后果的发生,也要求每个人充分尊重他人的权益,从而为行为人确立了自由行为的范围且体现了对人的尊重;它有利于预防损害的发生,通过赋予过错行为以侵权责任,教育行为人行为时应当谨慎、小心,尽到注意义务,努力避免损害的发生;它充分协调和平衡了"个人自由"和"社会安全"两种利益的关系。过错责任原则有利于贯彻诚实守信、遵守诺言、尊重他人劳动和财产的道德规范。例如,依该原则,只要合同当事人尽到了适当的注意,即使因不可抗力或意外事故造成合同不能履行或不能完全履行,也可以依法不承担责任。同时,每个主体对自己的过错行为负责,也有利于强化人们对自己行为负责的意识,从而有利于正当地实施交易行为,鼓励正当交易和竞争。此外,适用过错责任原则可惩罚有过错的当事人,并可对其起到教育和警示的作用。过错责任原则的弊端主要是当事人在违约时可获得较多免责的机会。而由于当事人在订约时很难预知未来可能出现的导致合同不能履行的情况,当这些情况又不可归责于违约方时,就使合同的履行难以保障;并且有时当事人有无过错很难判断,这就可能会使有过错的当事人却得到了无过错的认可,从而使其逃脱违约责任,放纵了违约行为。

与过错责任原则相联系的是过错推定责任原则,即一旦行为人的行为致人损害就推定其主观上有过错,除非其能证明自己没有过错,否则应承担法律责任。例如:《侵权责任法》第6条第2款规定:"根据法律规定推定行为人有过错,行为人不能证明自己没有过错的,应当承担侵权责任。"第72条规定:"占有或者使用易燃、易爆、剧毒、放射性等高度危险物造成他人损害的,占有人或者使用人应当承担侵权责任,但能够证明损害是因受害人故意或者不可抗力造成的,不承担责任。被侵权人对损害的发生有重大过失的,可以减轻占有人或者使用人的责任。"适用过错推定的情况,需要有法律的明确规定。行为人可以通过证明自己没有过错来获得免责的效果,在这个意义上,也将过错推定称为过错举证责任的倒置。因为在一般过错责任原则下,要由受害人证明行为人存在过错;而在过错推定原则的情况下,受害人不需要对行为人的过错承担举证责任,而由法律推定行为人存在过错,除非行为人能够证明自己没有过错。

（二）严格责任原则

严格责任原则包括刑法中的严格责任和民法中的严格责任。

在刑法上,严格责任又称绝对责任、无过错责任,是指法律允许对某些缺乏犯意的行为追究刑事责任。在某些特殊的犯罪中,即使被告人的行为不具有对被控犯罪必要后果的故意、放任或过失,即使被告人的行为是基于合理的错误认识,即使认为自己具有犯罪定义所规定的某个特殊的辩护理由,仍要承担刑事责任。

刑法中的严格责任本质上是一种归责原则,而并非在此归责原则下实现的责任主体所承担的一种法律责难后果与状态。关于刑法中严格责任制度的起源,最早可以追溯到古代刑法中的结果责任。关于刑法中的严格责任存在之合理性,刑法界历来争论不休。现代意义上的刑法严格责任产生于英美法系的刑法理论中,它作为一种刑法制度为英美法系所独有。英美刑法中关于严格责任的判例与立法,主要存在于有关侵犯公共福利或具有严重公害的工商业犯罪当中。

在民法上,严格责任指当事人一方不履行合同义务或者履行合同义务不符合约定的,应当承担继续履行、采取补救措施或者赔偿损失等违约责任。亦即不论违约方主观上是否有过错,只要其不履行合同义务或者履行合同义务不合约定,就必须承担违约责任。我国《合同法》第107条规定了严格责任原则。

严格责任原则不同于过错责任原则,其要求违约行为发生后,违约方即应承担违约责任,而不以违约方的主观过错作为其承担违约责任的要件,非违约方也无须就违约方是否有过错承担举证责任;相反,违约方则需要就自己没有过错或者出现了法定免责事由承担举证责任,方可免除违约责任。严格责任原则也不同于过错推定责任原则,即只有法定的抗辩事由可以作为免责事由,违约方没有过错不能作为免责的依据。

严格责任原则是以实际损害结果为要件的一种归责原则,它不注重对过错的惩罚,而注重补偿债权人的损失。这样,一方当事人即使在另一方当事人无过错(自己也没有违约)的情况下也可得到合理补偿,从而避免了因过错责任原则的适用而产生的弊端。相比过错责任原则,首先,严格责任原则免去了当事人证明对方有无过错的困难,利于诉讼和仲裁。其次,当事人的违约行为即不履行或不适当履行合同的行为与违约责任直接联系,互为因果,有利于增强当事人的责任心和法律意识。再次,严格责任原则更符合违约责任的本质。从某种意义上讲,合同中双方约定的义务就是双方当事人为自己制定的法律,当事人违反合同义务,无法定的免责事由的,就应当承担违约责任。最后,严格责任原则是现代合同法发展的趋势。如《联合国国际货物销售合同公约》等许多重要的合同方面的国际公约,采取的也都是严格责任原则。但是严格责任原则在立法方面缺乏弹性,也欠缺传统民法上的公平理念。

第三节 法律责任的认定与归结

一、法律责任的认定与归结的含义

法律责任的认定和归结是指对因违法行为、违约行为或基于法律规定而产生的法律责任,进行判断、认定、追究、归结以及减缓和免除的活动。法律责任的认定和归结是由国家特设或授权的专门机关依照法定程序进行的。在法律领域,有权认定违法责任并把它归结于违法者的,只能是具有归责权(追究权)的专门国家机关,而且认定和归结的过程表现为一系列法律程序。在我国,违法者的民事法律责任和刑事法律责任的认定和归结权属于人民法院;行政法律责任的认定和归结权属于公安、国家市场监督管理、税务、环境保护、劳动和社会保障、人口和计划生育等有特定职权的国家行政机关;在行政诉讼中,行政法律责任的认定和归结权属于人民法院;违宪责任的认定和归结权(即违宪责任审查权)属于全国人大及其常委会、宪法和法律委员会。"认定"和"归结"两个概念的使用表明,当特定的违法行为发生后,法律责任的存在就是客观的,专门国家机关所能做的,只是通过法律程序把客观存在的责任权威性地归结于有责主体。国家机关既不能任意创造或扩大法律责任,也不能任意消灭或缩小法律责任。国家机关认定法律责任和在此基础上的归责与免责,是法律调整社会关系、维护社会秩序、保障公民权利的重要环节。

归责,即法律责任的归结,是指国家机关或其他社会组织根据法律规定,依照法定程序判断、认定、归结和执行法律责任的活动。"归责的概念指的是不法行为与制裁之间的特种关系。"[1]归责是一个复杂的责任判断和责任归结过程,是由具有法定归责权的国家机关,如司法机关、行政机关,进行认定和归结的。此外,企事业组织、仲裁机构、调解组织等社会组织根据法律规定而由国家机关授权,也可以认定和归结法律责任。其他组织或个人都无权认定和归结法律责任。归责要严格按照法定程序进行,不能随心所欲、主观任性。

二、法律责任认定与归结的原则

认定和归结法律责任必须遵循一定的原则。归责原则在不同历史时期、不同国家存在差别。法律责任的认定与归结须以合法、公正为指导。根据我国法律的规定,适用法律来认定和归结法律责任一般应遵循以下四个原则。

(一)责任法定原则

责任法定原则是法治原则在归责问题上的具体运用,它的基本要求为:作为一种否定性的法律后果,法律责任应当由法律规范预先规定;违法行为或违约行为发生后,应当按照事先规定的性质、范围、程度、期限、方式追究违法者、违约者或相关人的责任。责任法定原则的基本特点为法定性、合理性和明确性,即事先用成文的法律形式明确地规定法律责任,而且这种规定必须合理。

责任法定原则否定和摒弃责任擅断、非法责罚等没有法律依据的行为,强调"罪刑法定""法无明文规定不为罪""法无明文规定不处罚";无法律授权的任何国家机关和社会组织都不能向责任主体认定和归结法律责任;国家机关和社会组织都不能超越权限追究责任主体的法律责任,都无权向责任主体追究法律明文规定以外的责任,向公民、法人实施非法的责罚;任何责任主体都有权拒绝承担法律明文规定以外的责任,并有权在被非法责罚时要

① [奥]凯尔森:《法与国家的一般理论》,沈宗灵译,中国大百科全书出版社1996年版,第104页。

求国家赔偿。

同时,责任法定原则不允许法律的类推适用。责任法定原则还否定和摒弃对行为人不利的溯及既往,强调"法不溯及既往",国家不能用今天的法律来要求人们昨天的行为,也不能用新法来制裁人们根据旧法并不违法的先前的行为,不能以法有溯及既往的效力为由扩大制裁面、加大制裁程度。

(二)因果联系原则

在认定和归结法律责任时,必须首先考虑因果联系,即引起与被引起关系。具体包括:(1)人的行为与损害结果或危害结果之间的因果联系,即人的某一行为是否引起了特定的物质性或非物质性损害结果或危害结果。(2)人的意志、心理、思想等主观因素与外部行为之间的因果联系,即导致损害结果或危害结果出现的违法行为或违约行为是否行为人内心主观意志支配外部客观行为的结果。

在认定和归结法律责任时,不仅要确认行为引起了损害结果或危害结果,确认这种行为是违法行为或违约行为,而且要确认这一违法行为或违约行为与其所引起的损害结果或危害结果之间具有内在的、直接的、逻辑的联系。这种因果联系表现为存在的客观性、因果的顺序性、作用的单向性、内容的决定性。然而,事物是普遍联系的,行为与结果之间的因果联系普遍存在,法律需要确定因果联系的界限。也正如美国法学家卡多佐(Benjamin N. Cardozo)所说的:"一个人不可能对其引起的所有伤害都承担法律责任,也并不是所有的伤害都能获得法律救济。这似乎不合情理,但世界万事万物都处在普遍联系之中,法律必须在某处划一条界线。这是一种公共政策,是另一种意义上的公正,或者说是一种方便。这不是逻辑,是一种现实的选择。"[①]

(三)责任与处罚相当原则

责任与处罚相当原则是公平观念在归责问题上的具体体现,其基本含义为法律责任的大小、处罚的轻重应与违法行为或违约行为的轻重相适应,做到"罪责均衡""罚当其罪"。古人云:"刑罚不中,则民无所措手足。"[②]边沁同样指出:"应当以这样的方式来调节惩罚,使之适合每项具体的罪过,即对应于每一部分损害,都能有一项制约犯罪者造成这份损害的动机。"[③]责任与处罚相当原则是实现法律目的的需要,通过惩罚违法行为人和违约行为人,发挥法律责任的积极功能,教育违法、违约者和其他社会成员,从而有利于预防违法行为、违约行为的发生。

责任与处罚相当原则的内容具体包括以下三个方面:(1)法律责任的性质与违法行为或违约行为的性质相适应。不同性质的违法行为或违约行为表明了不同的社会危害程度,

---

① 参见阎天怀:《法律救济的界限》,载《读书》2005年第9期。美国联邦最高法院大法官本杰明·卡多佐在审理帕斯格拉芙诉长岛火车站一案的判决书中,同时阐发了"一个理性人可以感知的危险的范围,决定其应当承担责任的范围"的"可预见性原则", *See Palsgraf v. Long Island Railroad Co.*, 248 N.Y. 339, 162 N.E. 99(1928)。

② 《论语·子路》。

③ 〔英〕边沁:《道德与立法原理导论》,时殷弘译,商务印书馆2000年版,第228页。

从而决定了法律责任的性质和法律责任的大小,因此就不能用刑事法律责任来追究民事违法行为。(2)法律责任的种类和轻重与违法行为或违约行为的具体情节相适应。违法行为或违约行为的情节是指反映主客观方面的各种情状或深度,进而影响违法、违约的社会危害程度的各种事实情况。不同的情节反映了不同的社会危害程度,在法律责任的归结方面就应有所不同。(3)法律责任的轻重、种类与行为人的主观恶性相适应。古语有云:"刑入于死者,乃罪大恶极。"① 行为人主观方面的故意、过失,以及平时品行、事后态度等因素,对法律责任的具体归结有一定影响。国家机关和其他社会组织在认定和归结法律责任时,都应当坚持上述三个"适应",全面衡量,不应偏废。

(四)责任自负原则

与古代社会个体不独立不同,现代社会每个人都是独立的个人,在法律上具有独立的地位,因此在归责问题上要求遵循责任自负原则。凡是实施了违法行为或违约行为的人,应当对自己的违法行为或违约行为负责,必须独立承担法律责任;同时,没有法律规定,就不能让没有违法行为或违约行为的人承担法律责任,国家机关或其他社会组织不得没有法律依据而追究与违法行为者或违约行为者虽有血缘等关系但无违法行为或违约行为的人的责任,防止株连或变相株连。当然,责任自负原则也不是绝对的,在某些特殊情况下,基于社会利益保护的需要,会产生责任的转移承担问题,如监护人对被监护人、担保人对被担保人承担替代责任。

第四节 法律责任的承担

由于违反了法律规定和约定,或者基于法律规定,违法行为人、违约行为人或其他法律规定的人需要付出相应的代价,承担一定的法律责任。法律责任的承担是一个社会评价的过程,通过法律责任的实现,进行功利补救和道义谴责,以弥补社会损害,有效地分配社会资源,实现立法目的,体现法律权威,进行社会控制,保持社会平衡,恢复社会秩序,回复社会常态,维护社会公正。

主动的法律责任承担由责任主体自动实现,被动的法律责任承担只能由法定的国家机关等有权主体通过法定程序实现。一般而言,有权追究法律责任的主体是多样的,实现法律责任的方式和程序也各不相同。

一、法律责任承担的方式

法律责任承担的方式,是指承担或追究法律责任的具体形式。我国《侵权责任法》明确了过错责任、过错推定责任、无过错责任等责任构成,从而在立法上将责任承担方式体系化。法律责任承担的方式主要包括惩罚、补偿、强制三种。

---

① (宋)欧阳修:《纵囚论》,载(清)吴楚材、吴调侯选编:《古文观止注评》,王英志等注评,凤凰出版社2015年版,第411页。

（一）惩罚

惩罚即法律制裁,是国家通过强制对责任主体的人身、财产和精神实施制裁的责任方式。惩罚是最严厉的法律责任实现方式。惩罚主要针对人身进行,国家使用强制力对责任主体的人身、精神施加痛苦,限制或剥夺其财产,使责任主体受到压力、损失和道德非难,从而起到报复、预防和矫正的作用,以平衡社会关系,实现社会的有序发展,维持社会正义。惩罚(法律制裁)具体包括以下四类:

1. 民事制裁。民事制裁是指依照民事法律规定对责任主体依其所应承担的民事法律责任而实施的强制措施。民事制裁通常是由侵权行为或违约行为引起的,主要内容包括在国家的强制下进行赔偿或支付违约金等。我国《侵权责任法》明确规定了侵害人身权益造成严重精神损害的需要进行精神损害赔偿,这是我国法律中第一次明确规定精神损害赔偿。

2. 行政制裁。行政制裁是指依照行政法律规定对责任主体依其所应承担的行政法律责任而实施的强制措施,包括行政处罚、行政处分。行政处罚是特定的行政机关对违反行政法律规定的责任主体实施的惩罚措施,主要有警告、罚款、没收违法所得、责令停产停业、暂扣或者吊销许可证、行政拘留等。行政处分是指对违反法律规定的国家机关工作人员或被授权的执法人员实施的惩罚措施,主要有警告、记过、记大过、降级、撤职、开除等。

3. 刑事制裁。刑事制裁是指依照刑事法律规定对责任主体依其所应承担的刑事法律责任而实施的强制措施,通常称刑罚制裁。这是一种最严厉的制裁。我国法律规定的刑罚分为主刑和附加刑两类。其中,主刑包括管制、拘役、有期徒刑、无期徒刑、死刑;附加刑包括罚金、剥夺政治权利、没收财产、驱逐出境。

4. 违宪制裁。违宪制裁是指依照宪法的规定对责任主体依其所应承担的违宪责任而实施的一种强制措施。违宪制裁的主要方式有:撤销同宪法相抵触的法律、行政法规、地方性法规等;罢免国家机关的领导人员。

（二）补偿（赔偿）

补偿是通过国家强制力或应当事人要求由责任主体以作为或不作为形式弥补或赔偿所造成损失的责任方式。补偿包括防止性的补偿、回复性的补偿、补救性的补偿等不同性能的责任方式。补偿的作用在于制止对法律关系的侵害以及通过对被侵害的权利进行救济,使被侵害的社会关系恢复原态。补偿强调事实,较少渗入道德评判,目的主要在于弥补受害人的损害。

补偿的方式除了对不法行为的否定、精神慰藉外,主要为财产上的赔偿、补偿。在我国,补偿主要包括民事补偿和国家赔偿两类。

1. 民事补偿。民事补偿是指依照民事法律规定,由责任主体承担的停止、弥补、赔偿等责任方式,具体包括停止侵害、排除妨碍、消除危险、返还财产、恢复原状、修理、重作、更换、继续履行、赔偿损失、支付违约金、消除影响、恢复名誉、赔礼道歉等。承担民事责任的方式主要为民事补偿,法律规定惩罚性赔偿的,依照法律规定。

2. 国家赔偿。国家赔偿包括行政赔偿和刑事赔偿。行政赔偿是国家因行政主体及其工作人员行使职权造成相对人受损,而给予受害人赔偿的一种责任方式,主要包括因违法行政行为侵犯人身权的赔偿、因违法行政行为侵犯财产权的赔偿。此外,对因征用土地等合法行政行为造成的相对人的损害进行的行政补救也属于行政赔偿。刑事赔偿是国家因司法机关及其工作人员行使职权造成当事人受损,而给予受害人赔偿的一种责任方式。由于认定事实、适用法律错误,致使当事人受到损害的,国家要给予相应的赔偿。此外,人民法院在民事、行政诉讼过程中,违法采取对妨害诉讼的强制措施、保全措施、先予执行措施,或者对判决、裁定及其他生效法律文书执行错误,侵犯公民、法人和其他组织合法权益并造成损害的,赔偿请求人可以依法向人民法院申请非刑事司法赔偿。

（三）强制

强制是指国家通过强制力迫使不履行义务的责任主体履行义务的责任方式。强制的功能在于保障义务的履行,从而实现权利,使法律关系正常运作。强制包括对人身的强制、对财产的强制。对人身的强制有拘传、强制传唤、强制戒毒、强制治疗、强制检疫等方式。对财产的强制有强制划拨、强制扣缴、强制拆除、强制拍卖、强制变卖等方式。强制是承担行政法律责任的主要方式。强制主要为直接强制,也有代执行、执行罚等间接强制。

二、法律责任的减轻与免除

法律责任的减轻与免除,即通常所说的免责。"免责"同"无责任"或"不负责任"在内涵上是不同的。免责以法律责任的存在为前提,是指虽然违法者事实上违反了法律,并且具备承担法律责任的条件,但由于法律规定的某些主观或客观条件,可以被部分或全部地免除(即不实际承担)法律责任。"无责任"或"不负责任"则是指虽然行为人事实上或形式上违反了法律,但因其不具备法律上应负责任的条件,故没有(即不承担)法律责任。这两种情况时常被混淆。例如,许多论著和有些法规把未达到法定责任年龄、精神失常、正当防卫、紧急避险等不负法律责任的条件当作免除法律责任的条件。根据我国《侵权责任法》规定,如果损害是受害人故意、不可抗力、正当防卫造成的,行为人不承担责任;由第三人造成的,第三人承担侵权责任;正当防卫、紧急避险超过必要限度,造成不应有的损害的,应当承担适当的责任;被侵权人对损害的发生也有过错的,可以减轻侵权人的责任。

必须指出的是,"免责"也不能混同为"证成"。部分或全部免除责任并不意味着特定的违法行为是合理的,是法律允许的或法律不管的,更不意味着这些被免责的行为是法律赞成或支持的。

在我国的法律规定中,免责的条件和情况是多种多样的。一般而言,免责的条件和方式主要包括:

1. 时效免责。即违法者在其违法行为发生一定期限后不再承担强制性法律责任。时效免责初看起来是不公正的,但实际上它对于保障当事人的合法权利,督促法律关系的主体及时行使权利、结清债务,维护社会秩序的稳定,以及提高法院的工作效率和质量,有着重要的意义。

2. 不诉免责。即所谓"告诉才处理""不告不理"。在我国,不仅大多数民事违法行为是受害当事人或有关人告诉才处理,有些轻微的刑事违法行为也是不告不理。不告不理意味着当事人不告,国家就不会把法律责任归结于违法者,即意味着违法者实际上被免除了法律责任。在法律实践中,还有一种类似不诉免责的免责方式,即在国家机关宣布有责主体须承担法律责任的情况下,权利主体自己主动放弃执行法律责任的请求。必须注意,作为免责形式的"不告诉",必须是出于被害人及其代理人的自由意志。如果"不告诉"是在某种压力或强制环境下作出的,则不构成免除有责主体的法律责任的条件和依据。

3. 自首、立功免责。即对那些违法之后有自首情节或立功表现的人,免除其部分或全部法律责任。

4. 补救免责。即对于那些实施违法行为,造成一定损害,但在国家机关归责之前采取及时补救措施的人,免除其部分或全部责任。这种免责的理由是违法者在归责之前已经超前履行了第二性义务。

5. 协议免责或意定免责。即基于双方当事人在法律允许的范围内的协商同意的免责,即所谓的"私了"。这种免责一般不适用于犯罪行为和行政违法行为(即"公法"领域的违法行为),仅适用于民事违法行为(即"私法"领域的违法行为)。

6. 自助免责。自助免责是对自助行为所引起的法律责任的减轻或免除。所谓自助行为,是指权利人为保护自己的权利,在情势紧迫而又不能及时请求国家机关予以救助的情况下,对他人的财产或自由采取扣押、拘束或其他相应措施,而为法律或社会公共道德所认可的行为。自助行为可以免除部分或全部法律责任。

7. 人道主义免责。权利是以权利相对人即义务人的实际履行能力为限度的。在权利相对人没有能力履行责任或没有能力履行全部责任的情况下,有关的国家机关或权利主体可以出于人道主义考虑免除或部分免除有责主体的法律责任。例如,在损害赔偿的民事案件中,人民法院在确定赔偿责任的范围和数额时,应当考虑到有责主体的财产状况、收入能力、借贷能力等,适当减轻或者免除责任,不应使有责主体及其家庭因赔偿损失而处于无家可归、不能维持生计的状态。在有责主体无履行能力的情况下,即使人民法院把法律责任归结于他并试图强制执行,也会因其不能履行而落空。

小结

法律责任是由特定法律事实引起的对损害予以补偿、强制履行或接受惩罚的特殊义务,亦即由于违反第一性义务而引起的第二性义务。关于法律责任的本质,影响较大的有道义责任论、社会责任论和规范责任论等。法律责任原则主要包括过错责任原则和严格责任原则。法律责任的一般构成包括责任主体、违法行为或违约行为、损害结果、主观过错四个方面。法律责任的归结是指国家机关或其他社会组织根据法律规定,依照法定程序判断、认定、归结和执行法律责任的活动。根据我国法律的规定,适用法律来认定和归结法律责任一般应遵循责任法定原则、因果联系原则、责任与处罚相当原则、责任自负原则。法律责任承担的方式主要包括惩罚、补偿、强制三种。免责的条件和方式主要分为时效免责,不诉免责,自首、立功免责,补救免责,以及协议免责或意定免责,自助免责,人道主义免责等。

思考题

1. 如何理解法律责任与法律义务的关系?

2. 如何理解过错责任原则和严格责任原则?

3. 法律责任的一般构成要件有哪些?

4. 法律责任认定和归结的普遍原则有哪些?

5. 举例分析法律规范、法律行为、法律关系与法律责任之间的逻辑关系。

6. 哈特说:"法律责任与道德谴责的相应性可能是一种值得赞美的理想,但这并非一种必然真理,甚至连既存事实也不是。"请结合法律责任本质的相关内容,谈谈你对这句话的理解。

第三编 | 法的起源和发展

对任何一种科学研究来说，"最可靠、最必需、最重要的就是不要忘记基本的历史联系，考察每个问题都要看某种现象在历史上怎样产生，在发展中经过了哪些主要阶段，并根据它的这种发展去考察这一事物现在是怎样的"①。法学研究也必须遵循这一基本方法。无论是把法作为一个整体加以研究，还是研究法的其中一个部门或一个方面甚至一个概念，都不能与法及法学的历史脱节。不过，法理学研究法的历史、演进、发展方式，目的在于揭示法产生、发展的历史进程及其客观规律，揭示世界范围内法律发展的普遍规律和一般模式，以此阐明社会主义法区别于其他历史类型的法的本质特征，以及对前社会主义法实行继承和移植的必要性、可能性、原则性，阐述法律发展的基本模式，指引当代中国社会主义法立足国情、传承优秀法律文化，面向世界、借鉴外国法治文明成果，面向未来、探索全球化背景下中国法治现代化道路。

---

① 《列宁选集》第 4 卷，人民出版社 1972 年版，第 43 页。

第十二章 法 的 历 史

法律是人类最伟大的发明。别的发明让人类学会驾驭自然,而法律的发明则令人类学会如何驾驭自己。

—— [美]林登·贝恩斯·约翰逊[①]

了解法的历史是理解法的现状的基础。只有从理论上充分把握法的历史,才能更为准确而深入地把握法律演进的一般规律以及全球化时代法律发展的趋势。在讨论法律演进的规律以及当代法律发展问题之前,首先需要明确法的起源及其一般规律、法的历史类型等问题。

第一节　法的起源
第二节　法的历史类型

---

① 林登·贝恩斯·约翰逊(Lyndon Baines Johnson, 1908—1973),美国第 36 任总统。本题记选自林登·贝恩斯·约翰逊 1965 年 9 月 16 日在华盛顿"经由法律实现世界和平"大会上的演讲。See Lyndon B. Johnson, "Remarks to the Delegates to the Conference on World Peace Through Law", September 16, 1965, in Gerhard Peters and John T. Woolley, *The American Presidency Project*.

第一节　法 的 起 源

在有关法律起源的研究过程中,曾出现过多种不同的解释,如神意说、君意说、契约说、社会管理说等。根据马克思主义法学理论,国家和法是人类社会发展到一定历史阶段的产物。在此以前,人类经历了长达数百万年没有国家和法的原始社会时期。

一、原始社会的调控机制

原始社会是人类发展史上的最早阶段。在原始社会,人类的生产力水平低下,工具简陋,个人的生产能力和生存能力不足以对抗自然灾祸和外族入侵,因此群居是原始社会人类唯一的生活方式,共同占有与劳动、平均分配与消费是原始社会唯一的经济形态。与该经济形态相适应,原始社会没有阶级的划分,没有代表阶级利益的各种集团和组织。经过漫长的发展历程,氏族公社出现了,它是原始社会中后期最基本的经济组织与社会单位。

氏族是完全以血缘关系为纽带而形成的内部禁止通婚的社会组织形式,内部实行民主管理。氏族大会是氏族公社最高"权力机构",它以平等讨论的方式来决定氏族公社中的一切重大问题。氏族首领由选举产生,没有任何特权,与其他成员平等地参加劳动和分配。

受这种经济和社会条件的制约,原始社会没有政治国家和法律。它的社会秩序是通过原始习惯的调整来实现的。原始习惯是原始人在长期的共同生活中自发形成的,世世相袭、代代相依,成为调整各种社会关系的权威而有效的社会规范。

原始习惯表现在许多方面。在经济生活方面,按生理、年龄进行劳动分工,劳动所获的生活资料实行平均分配。在组织生活方面,重大事务由氏族大会讨论表决,集体决定,氏族首领由选举产生,可随时撤换,任何人都必须服从集体的决定。在血缘关系上,氏族内部禁止通婚和发生性关系,破坏此规则将受到惩罚。在处理纠纷方面,对内,同一氏族或部落成员互相帮助,相互支援;对外,实行集体复仇,最初为血亲复仇,后来发展成同态复仇,再后发展成为实物赔偿。在精神生活方面,氏族成员集体信仰某一教义和图腾,共同参加宗教仪式,共同遵守传统禁忌,自觉维护共同的原始道德。

受特有的原始社会生活条件的决定,原始人的个人利益与集体利益高度融合在一起,氏族习惯代表着全体社会成员的共同要求和共同利益。习惯规范的实施主要依靠氏族首领的道德感召力和威望、人们对传统的依赖和超自然神力的畏惧以及每个人的自觉和舆论的压力,辅之以简单的内部惩罚措施(比如剥夺成员资格等)。正可谓"刑政不用而治,甲兵不起而王。"[1] 恩格斯曾这样评价原始社会:"这种十分单纯质朴的氏族制度是一种多么美妙的制度呵!没有大兵、宪兵和警察,没有贵族、国王、总督、地方官和法官,没有监狱,没有诉讼,而一切都是有条有理的。一切争端和纠纷,都由当事人的全体即氏族或部落来解决,或者由各

---

[1]《商君书·画策》。

个氏族相互解决……一切问题,都由当事人自己解决,在大多数情况下,历来的习俗就把一切调整好了。"[1]

总的来说,原始习惯由当时的生产力状况决定并与之相适应。随着生产力的发展,这种制度形式越发暴露出它的狭隘性,因而,原始社会必然走向衰亡而让位于新的社会制度,原始社会规范也终将被文明社会的行为规范——法律所代替。

二、法的起源的一般规律

法作为相对独立的社会现象,在不同的民族和社会中有不同的形成过程。但在各种差别的背后,法的产生遵循着一些共同的规律。

首先,法出现的根本原因是社会生产力的发展。随着生产力和社会分工的发展,以及私有制、阶级和国家的出现,必然产生法,国家与法都是社会矛盾不可调和的产物。在原始社会的末期,生产工具的改进使生产力水平有所提高,于是家庭和个人劳动代替了原来的集体劳动,公有制解体,产生了私有制。同时,生产的发展也引起了社会分工和交换的出现。原始社会先后出现过三次社会大分工,即畜牧业和农业的分工、手工业和农业的分离以及西方的商人阶层的出现。这三次社会大分工都极大地促进了生产力发展。氏族内部的财产差别导致社会上逐渐出现了富人和穷人、剥削者和被剥削者、奴隶主和奴隶之分。社会内部生产力的发展引起以生产关系为基础的社会关系的变革,进而引起整个上层建筑包括调整社会关系的社会规范的变革,导致氏族组织无法满足日益复杂的社会管理需要,原始禁忌和习惯无力驾驭、控制日益复杂的社会矛盾,于是法就产生了。法在人类历史上的出现,是由社会基本矛盾运动决定的,具有客观的历史必然性,这就是法产生的根本原因。

其次,法的起源有一个从氏族习惯到习惯法,又从习惯法到成文法的演变和发展过程。正如马克思所说:"在社会发展某个很早的阶段,产生了这样一种需要:把每天重复着的产品生产、分配和交换用一个共同规则约束起来,借以使个人服从生产和交换的共同条件。这个规则首先表现为习惯,不久便成了法律。"[2] "如果一种生产方式持续一个时期,那么,它就会作为习惯和传统固定下来,最后被作为明文的法律加以神圣化。"[3] 法的出现并不是一朝一夕的事情,不是突然产生的。国家和法其实是在漫长的人类历史长河中逐渐地、同步地产生的。在国家逐步产生的同时,原始习惯开始转变为对每个氏族成员都有约束力的、具有特殊强制力的习惯法,通过对违反习惯法者采取特殊的强制措施,团结全体氏族社会的成员,维护社会的存在和发展。这种由习惯到习惯法的转变是质的飞跃,标志着法的产生。习惯法是法律化了的人们在生产和生活中所必须遵循的行为规范的总和。后来,随着社会的进步和法律科学的进一步发展,习惯法又发展为国家的广泛立法,出现了更为完善的法律形式——成文法。法从氏族习惯到习惯法再到成文法的演变和发展过程,也是对人们行为从

---

[1] 《马克思恩格斯选集》第 4 卷,人民出版社 1995 年版,第 95 页。

[2] 《马克思恩格斯选集》第 3 卷,人民出版社 1995 年版,第 211 页。

[3] 《马克思恩格斯全集》第 25 卷,人民出版社 1974 年版,第 894 页。

个别调整到规范性调整的过程,是由自发形成规范到自觉制定或认可规范的过程。

最后,法的起源过程受到宗教规范和道德规范的深刻影响,特别是最初的法律总是带有浓厚的宗教色彩和道德痕迹。正如梅因所指出的:"这些东方的和西方的法典的遗迹,也都明显地证明不管它们的主要性质是如何的不同,它们中间都混杂着宗教的、民事的以及仅仅是道德的各种命令;而这是和我们从其他来源所知道的古代思想完全一致的,至于把法律从道德中分离出来,把宗教从法律中分离出来,则非常明显属于智力发展的较后阶段的事。"[①] 原始习惯往往同时又是宗教戒律、道德规范,如性禁忌本身就有神学色彩,表现了原始人对两性乱婚关系的恐惧心理。在习惯上,氏族中的人们对万物具有一种崇拜的心理。脱胎于氏族习惯的法律也必然受宗教和道德的影响。印度《摩奴法典》之"摩奴"便是所谓天神的儿子;《旧约全书》中的"十诫"也是由上帝告诉摩西的;古巴比伦的《汉谟拉比法典》更是法律、道德规范和宗教戒律的混合体。此外,在司法程序上,各种文明最早采用的往往也是神明裁判的方式。

随着社会管理经验的积累和人类文明的进化,对相近或不同行为影响社会的性质和程度有了区分的必要和可能,法律规范与道德规范和宗教规范所调整行为的类型开始由混沌走向分化。这种分化在不同的社会所经历的过程不完全相同,但法律调整与道德调整和宗教调整相对区分开来,却是一个共同的大趋势。

三、法和原始习惯的区别

法和原始习惯都是社会行为规范,都起着调整社会关系的作用,并且它们都具有某种强制力,相互具有历史的联系,在形式上相似,所以在一定条件下原始习惯能够转化为法。然而,二者毕竟是两种不同性质的社会现象和社会规范,法并非原始习惯的简单延续和发展。二者的区别具体表现在:

第一,产生方式不同。原始习惯的产生和发展并不经由特殊的权力机关,而是人们在共同生产和生活过程中从必然的和无数偶然的相互联系和关系中,逐渐地、自然而然地自发形成,并世代传承和演变下来的;法是由国家有意识地制定或认可的,是掌握国家政权的社会集团基于自己的根本利益和整体利益,出于维护和发展这种利益的目的而有意识地对原始习惯加以选择、确认或自觉创制的。

第二,体现的意志不同。原始习惯是在生产资料氏族公有制的经济基础上产生和存在的,体现氏族全体成员的共同意志,反映的是人们之间利益的一致性和平等关系;而法是在生产资料奴隶主占有制的经济基础上产生和存在的,反映社会统治集团的意志,维护统治集团的根本利益。

第三,适用范围不同。原始习惯在基于血缘关系所结成的本氏族、部落范围内生效,适用于具有血缘关系的同一氏族或部落的所有成员,与地域无关;而法按地域划分其适用范

---

① ［英］梅因:《古代法》,沈景一译,商务印书馆 1959 年版,第 9—10 页。

围,一般适用于一定地域中的所有居民,而不论其属于何种血缘,即与血缘无关。

第四,调整内容不同。原始人依习惯而行事,在一般情况下无所谓是行使权利还是履行义务。"在氏族制度内部,还没有权利和义务的分别;参与公共事务,实行血族复仇或为此接受赎罪,究竟是权利还是义务这种问题,对印第安人来说是不存在的;在印第安人看来,这种问题正如吃饭、睡觉、打猎究竟是权利还是义务的问题一样荒谬。"[①] 而法律对行为的调整是以权利和义务的分离为条件的。如果没有权利与义务的区分,法律就不可能实现对各种行为的调整功能。

第五,实施方式不同。原始习惯和法律都有各自的实施方式和制裁手段。原始习惯是由社会舆论、氏族首领的威信、传统力量、人们的自觉和内心驱使等因素保证实施的。"氏族制度是从那种没有任何内部对立的社会中生长出来的,而且只适合于这种社会。除了舆论以外,它没有任何强制手段。"[②] 或者说,原始习惯虽然也具有一定的外在强制属性,但不是由专门权力机关强迫人们遵守,因此,不具有国家强制性。而法律是由国家这一特殊的暴力机关保证实施的,因而具有国家强制性。

第六,历史使命不同。原始习惯调整社会关系的目的在于维系氏族的血缘关系,维护原始人之间相互团结、平等互助的社会关系和社会秩序,维护共同利益;法调整社会关系的目的在于确立和维护有利于统治集团的社会关系和社会秩序。由此可见,法带有强烈的政治倾向;原始习惯具有平等性,而无政治色彩。

第二节　法的历史类型

一、法的历史类型释义

法的历史类型是与社会形态相联系的概念。按照中国法学界的通说,所谓法的历史类型,是指将人类历史上存在过的以及现实生活中存在着的法,根据其经济基础和阶级本质作出的基本分类。凡是建立在同一经济基础之上,反映同一阶级的整体意志的法,便属于同一个法的历史类型。一定的法的历史类型是同一定的国家历史类型以及一定的社会形态相适应的。人类社会从低级向高级发展,出现了原始社会、奴隶社会、封建社会、资本主义社会和社会主义社会五种基本社会形态。原始社会是一个没有国家和法律的社会,这是同原始社会的经济基础和社会形态相适应的。同后来的四种基本社会形态和国家类型相适应,依次有四种不同历史类型的法,即奴隶制法、封建制法、资本主义法和社会主义法。从历史发展角度来考察,四种历史类型的法大体上代表了法的四个发展阶段。它们在人类社会中产生和存在的时间有先有后,依次更替。

---

① 《马克思恩格斯选集》第4卷,人民出版社1995年版,第159页。

② 《马克思恩格斯选集》第4卷,人民出版社1995年版,第169页。

社会基本矛盾的运动是法的历史类型更替的根本原因。法出现之后,从奴隶制法发展到封建制法,继而发展到资本主义法和社会主义法,反映了法的发展的一般规律。法的发展的这一规律不能从法本身来理解,而要从社会基本矛盾运动中寻求原因。社会基本矛盾即生产关系和生产力之间、上层建筑和经济基础之间的矛盾。法是一种社会上层建筑,或者说它是建立在一定的经济基础之上的上层建筑的组成部分。经济基础决定上层建筑,有什么性质的经济基础就有什么性质的上层建筑,经济基础的发展变化决定着上层建筑的发展变化。上层建筑服务于自己的经济基础,对经济基础具有积极的反作用。因此,法的发展规律是社会基本矛盾运动规律的体现,社会基本矛盾的运动规律是法的历史类型更替的根本原因。

社会革命是法的历史类型更替的基本条件。从法的历史类型发生更替的方式上看,新历史类型的法取代旧历史类型的法都是在社会革命的过程中实现的。先进的生产关系取代落后的生产关系,以及与之相伴随的先进的法律制度取代落后的法律制度,都不可能自发地和毫无阻力地实现,而必须借助社会革命。社会革命的典型形式是自下而上的大规模暴力革命。因此,耶林说:"法律史必须记载下的一切丰功伟绩是:奴隶制和农奴制的废除、土地财产自由、经营自由、信仰自由,如此等等,所有这一切,须经最激烈的、常常是持续几百年的斗争才能赢得;在法律走过的这条路上,不难见血流成河,到处是被蹂躏的法律。因为'法是吞噬他自己孩子的撒旦',法只有通过与自己的过去决裂才能使自己变得年轻。"[①] 在近代史上,法国大革命、俄国十月革命就是最著名的实例。革命的直接结果就是旧的法律制度被废除,新的法律制度得以确立。此外,某些社会由于受当时具体历史条件的影响,也可能通过渐进式的社会革命达到社会转型的目的。这种渐进式的社会革命以英国资产阶级革命和日本的明治维新为代表,它较多地采取了自上而下的改革方式。

二、奴隶社会法律制度

奴隶社会法律制度,习惯上也称为"奴隶制法",是人类历史上出现的第一种历史类型的法。奴隶制法是由奴隶社会的物质生活条件所决定的奴隶主阶级意志的体现,主要具有如下四个特征:

第一,公开保护奴隶制生产关系。奴隶社会的生产关系的基本特点,是奴隶主不仅占有生产资料,而且占有奴隶本身。公开保护这种生产关系是奴隶制法最根本的特征。奴隶制法严格保护奴隶主的财产,维护以土地为主的生产资料的奴隶主所有制。中国西周实行的是土地王有制,如《诗经·小雅》所记:"普天之下,莫非王土。"《汉谟拉比法典》共有282条,其中有关财产保护的条文就达120条,关于侵犯财产罪的内容规定得最多,而且处罚极其残酷。同时,奴隶制法还特别保护奴隶主对奴隶的私有权。罗马法把工具分为三种:哑巴工具、会叫唤的工具和会说话的工具。奴隶就是"会说话的工具"。如果伤害了奴隶,在法律

---

① [德]鲁道夫·冯·耶林:《为权利而斗争》,郑永流译,法律出版社2007年版,第6页。

上并不被认为是犯罪,而只需负财产上的赔偿责任;如果盗窃奴隶,帮助奴隶逃跑,以及藏匿奴隶,或者未经主人同意私自改变奴隶身上或脸上的印记,在法律上则被认为是霸占别人的财产,对此行为以盗窃罪论处,实行严厉制裁。

第二,用宗教迷信和极端野蛮而随意的刑罚维护奴隶主阶级的政治统治。奴隶制法是奴隶主阶级意志的体现,奴隶主却给它披上神权的外衣,宣称是神的意志。《汉谟拉比法典》序言里宣称,国王的权力来自神的授予,汉谟拉比是"众王之神",是"巴比伦的太阳",是天神"安努"和地神"恩利尔"把国家交给他统治的。中国古代奴隶社会的最高统治者自称"天子",是天、人间的统一受命者,他借天意行事,实行"天罚"。奴隶制法往往采取非常残暴的惩罚措施以维护奴隶主统治。罗马帝国时,死刑被广泛使用,对犯人实行肉体折磨和精神虐待的死刑多采取残酷的方法,如火烧、钉十字架或将犯人押到角斗场让野兽吞噬等。中国奴隶制法律中有墨、劓、荆、宫、大辟五种酷刑;死刑中又有斩、杀、焚、辜、磬等;五刑之外还有流、赎、鞭、扑等处罚方法。此外,对于奴隶的惩罚更带有极大的随意性。

第三,公开确认人与人之间的等级划分与不平等地位。奴隶社会的自由民,也称自由人,是奴隶以外的居民的总称,通常包括奴隶主、商人、高利贷者、独立经营的农民和手工业者等。自由民基于他们拥有的土地和财产的多少的不同,在政治上所享有的权利也相应不同,被分为若干等级。法律则公开规定了自由民相互之间的不平等地位。根据罗马法的规定,要具备完全的法律上的人格,必须有自由权、市民权和家族权。自由人因此被划分为不同的等级,他们所享有的权利是极不平等的。《十二表法》第十一表以最残酷的刑罚禁止贵族与平民通婚。古印度《摩奴法典》规定了婆罗门、刹帝利、吠舍和首陀罗四个种姓等级,种姓世袭,界限森严。中国周王朝把人分为五个等级:天子、诸侯、卿大夫、士和庶人。不同等级的人,他们的身份地位、享有的权利各不相同,甚至在服饰用具上都有严格区分。

第四,明显带有原始公社行为规范的残余。这种残余表现为保留了一定的复仇习惯和土地公社占有制等。例如,《汉谟拉比法典》第229、230条规定:房屋倒塌致房主死亡时,承建该屋的建筑师应被处死;但如使房主之子致死时,则建筑师之子应被处死。这是比较典型的原始社会"同态复仇"习惯的残余。在某些情况下,奴隶制法还允许直接复仇,比如,若男子发现其妻、姐、妹、女与人通奸,他有权将对方男子立即处死;因谋杀罪而被判死刑的,刽子手要在受害人亲属的面前来执行。这些都是古时的风俗和血亲复仇的原始习惯在奴隶制法律制度中的反映。

三、封建社会法律制度

世界各国进入封建社会的时间不同,其历史发展过程也有着很大的差异。但总的来说,封建制法的共同特征是:严格维护封建土地所有制和农民对封建主的人身依附关系,确立封建等级关系,维护专制王权,诉讼具有形式主义的色彩,刑法残酷野蛮。

西方封建制法以西欧最为典型,东方封建制法则以中国为代表。中西方封建制法的主要差别有以下五个方面:

第一，中国封建制法以儒家思想作为立法的指导思想，具有伦理性；西欧封建制法一般以基督教神学为指导，具有宗教性。中国自汉武帝提出"罢黜百家，独尊儒术"以后，历代封建统治者均把儒家思想奉为立法的指导思想。儒家思想的长期指导，使中华民族形成了自己特有的伦理法观念。中国传统上历来是世俗法高于一切，不承认宗教法。西欧封建制法以基督教神学为指导，圣经具有法律效力，法律具有浓厚的宗教性，西方法律文化有比较浓厚的宗教色彩。

第二，中国封建制法从一开始就以统一的成文法典形式出现，具有封闭性；而西欧封建社会中，法律极为分散，具有开放性。从中国封建制历史上第一部法典——李悝的《法经》开始，经秦律、汉律以及隋律等，特别是集中国封建法律之大成的唐律，直到最后一部封建制法典——大清律，历经两千多年的岁月沧桑，专制主义的法律制度一直因袭相承，形成了独树一帜并对周边国家和地区产生巨大辐射力的"中华法系"。西欧封建社会没有统一的法典，多种法律体系相互交错并存，有时还相互排斥。早期，各国盛行日耳曼习惯法，又称"蛮族法"；进入封建社会中后期，由于商品经济的发展，罗马法复兴并被广泛采用。除此而外，教会法、习惯法、城市商法和国王的敕令等，都占有重要地位。

第三，中国封建制法以君权至上为最高原则，维护君主专制和等级特权；在西欧，君主的权力只是到封建社会末期才处于最高地位。中国封建王朝历来都实行中央集权的君主专制，中国传统法律文化强调君主意志的权威性，将"专制""特权"视为天经地义，帝王的立法权没有受到任何实质性限制。在西欧，国王的权力受到贵族、教会和法律的有力限制。国王与贵族的关系是一种契约关系，双方有各自的权利和义务；在权力等级中，教会优于国王，同时自然法观念和教会法都对国王构成了制约，即所谓"国王站在一切人之上，但须站在上帝和法律之下"。西欧封建法直到封建社会后期才确认了专制王权的绝对至上性。

第四，中国封建制法具有公法文化的特征，西方封建制法具有私法文化的特征。中国封建社会虽然不停地改朝换代，但生产方式并没有改变，自给自足的自然经济始终占主导地位。这种经济基础之上的法律，总是以"重本抑末"即"重农轻商"为宗旨，商品经济一直得不到发展。所以，中国的私法不发达，甚至公民的财产权利长期处于习惯状态，不具有法律权利的性质。而西方法律文化以私法为主干，公法为了维护私法秩序而存在。

第五，中西封建制法在司法体制上也存在着不同。中国封建社会时期司法与行政不分，没有独立的法院系统，历来都是行政官兼任司法官，即使中央的专职司法部门（大理院、刑部之类），其也只是行政机关的一个部门而已，更不用说王权集立法、行政、司法于一身；西欧国家一般设有专门的司法机关，西方国家在中世纪后期就已分化出来专司司法之职的法院，在分权的政治体制中司法独立且法官地位崇高。

四、资本主义法律制度

资本主义法是在封建时代后期孕育、萌发，通过资产阶级革命而最终确立的。资本主义法律制度以资本主义私有制关系为基础，它所体现的国家意志来自资产阶级，因此，它与古代两种历史类型的法一样,也属于剥削阶级的法。不过,由于资本主义法律制度是在资本主义的市场经济和民主政治条件下存在和运行的,所以,它又是近现代法律文明的一种形态,其奉行的许多原则明显不同于古代法律制度。

资本主义法律制度的一个总体特征就是按资本主义市场经济和民主政治的本质要求,建立了资本主义法治国家。这一特征集中体现在下述原则之中:

1. 私有财产神圣不可侵犯原则。在法律史上,这一原则首次出现在 1789 年法国《人权宣言》中:"财产是神圣不可侵犯的权利,除非当合法认定的公共需要所显然必需时,且在公平而预先赔偿的条件下,任何人的财产不得受到剥夺。"后来,各国的资本主义立法都确认了这条原则。

这一原则是资本主义法律制度的首要原则,因为它准确地反映了"自由地利用资本来剥削劳动"这一资本主义生产方式最本质的要求。前资本主义社会并不存在这样的法律原则。那时,私有财产虽然受法律保护,但并未达到神圣不可侵犯的程度。这一原则为交易安全提供了有力保障,对资本主义市场经济的发展具有巨大意义。

私有财产神圣不可侵犯原则在近代资本主义法中具体表现为一种绝对的所有权,它允许所有权人几乎可以任意地使用和处分自己的财产,任何人(包括政府)均不得干涉。这种绝对的所有权后来引发了一系列严重的社会矛盾。到了 20 世纪初,所有权的滥用开始受到限制,这是资本主义法制发展史上现代法制区别于近代法制的重要标志。

2. 契约自由原则。资本主义法律制度首次把契约自由上升为调整社会经济关系的基本原则。它承认一切人都具有独立的法律人格,具有平等的法律地位,可以在法律所界定的广阔领域中自主地处分自己的利益和权利,并在交往各方达成合意的条件下建立或改变彼此的权利、义务关系。

这一原则是市场经济关系的本质要求在法律上的体现。市场经济是自由交换的经济,它在法律上就表现为一系列契约订立和履行的过程。古代法律制度中的人身占有、人身依附、等级特权和专制王权都是与市场经济的内在规律不相容的,也是与契约自由原则不相容的。契约自由原则不仅为重新安排和调整经济生活提供了新的准则,也为整个社会生活的重新安排和调整提供了参照,自此,现代文明、现代法制的第一种形态——资本主义文明和法制才得以确立。正是在这种意义上,梅因认为"所有进步社会的运动,到此处为止,是一个'从身份到契约'的运动"[①]。

在资本主义条件下,契约自由原则在形式上给一切人提供了自由选择的机会。但是,对于不占有生产资料的普通劳动者来说,它只意味着决定把劳动力出卖给什么人的自由,在为了生存而必须出卖劳动力、接受剥削这一点上,普通劳动者是没有自由选择余地的。因此,契约自由对资产阶级才有完全的意义,对普通劳动者则只有部分意义,它是以契约自由的形式实现的经济强制。

---

① [英]梅因:《古代法》,沈景一译,商务印书馆 1959 年版,第 97 页。

3. 法律面前人人平等原则。体现法国大革命之理想的《人权宣言》在第 1 条和第 6 条分别规定:"人们在自由上而且在权利上,生来是平等的";"法律对于所有的人,无论保护或处罚都是一律的。在法律面前,所有的公民都是平等的"。这一原则同前述两条原则一样,也是由资本主义法律制度首先确立下来的。

法律面前人人平等原则包括丰富的内容,其中最基本的精神有三点:第一,所有自然人的法律人格(权利能力)一律平等。这种法律人格(权利能力)生而具有,不以任何特定事实为条件,任何人都享有做人的权利和资格。第二,所有公民都具有平等的基本法律地位。"公民"这一法律称呼代表着一种法律地位,它与基本权利和义务相联系。在一国主权管辖范围内,任何人只要具有公民资格,就享有与其他公民平等的基本权利和平等的基本义务。第三,法律平等地对待同样的行为。法律在对行为施加保护和惩罚时,只关注行为的性质和后果,而不关注行为人的身份。

法律面前人人平等原则的确立,是人类社会从古代法律制度进入现代法律制度最主要的标志,是等级社会和专制国家的死亡宣告,因而具有划时代的意义。但是,也应看到,在资本主义的经济和政治结构中,这一原则的法律意义和社会意义是不同的。尽管所有公民在法律上享有平等的基本权利,但法律规范中的权利只是一种可能性,权利的实现离不开必要的社会条件,在对经济资源、政治资源和信息资源的占有实际不平等的情况下,平等的权利对许多普通劳动者来说,很少具有实际意义。

五、当代中国社会主义法律制度

(一)当代中国社会主义法律制度的本质

中国社会主义法律制度是在中国人民反对帝国主义、封建主义和官僚资本主义的革命斗争中孕育,在社会主义国家建立之后正式确立,并在社会主义建设的过程中发展起来的。当代中国法律制度属于社会主义历史类型,因此,它具有与其他法律制度根本不同的本质规定性。这种本质规定性主要体现在以下四个层面:

1. 从阶级属性的层面上看,当代中国法律制度最重要的本质规定性在于它是工人阶级及其领导下的广大人民意志的体现。在中华人民共和国成立初期,董必武曾指出:"我们国家法制是人民意志的表现,所以,违反国家法制,就是违背人民的意志。"[①] "我们的法制体现了我们国家最大多数人的意志。"[②] 当代中国法律制度首先是工人阶级意志的体现,同时以工农政治联盟为基础,农民阶级同样是国家的主人,是人民的重要组成部分,因此,当代中国法律制度也必然要体现农民群众的基本要求。此外,基于中国新民主主义革命和社会主义革命与建设的特定历史背景,在我国还存在着广泛的爱国统一战线,工人阶级和农民阶级之外的社会主义建设者、拥护社会主义的爱国者和拥护祖国统一的爱国者,也是人民的一部分,他们的合理要求和愿望,也应在法律上予以肯定和确认。

---

① 董必武:《进一步加强人民民主法制,保障社会主义建设事业》,载《董必武选集》,人民出版社 1985 年版,第 418 页。
② 董必武:《在军事检察院检察长、军事法院院长会议上的讲话》,载《董必武选集》,人民出版社 1985 年版,第 451 页。

2. 从产生方式和存在方式的层面上看,当代中国法律制度最重要的本质规定性在于它是经由民主立法程序形成并存在于各种法律渊源之中的国家意志。按法治的原则,人民的意志并不能天然地具有法律效力,而且,来自人民群众的各种要求和愿望也不能不加区别地全都成为法律的一部分。人民的意志上升为法律的过程,也就是在民主立法的程序中寻求共识,最后形成集中的意志即统一的国家意志的过程。在这一过程中,少数必须服从多数,多数也必须尊重少数,任何人都只能按民主立法的程序和原则来行事。还应看到的是,国家意志也不全都以法律的形态存在。国家意志存在于国家的一切活动中,只有存在于各种法律渊源之中的、以行为规范的形式表现出来的国家意志才是法。也就是说,我国的法律制度是国家意志的规范化、制度化的存在形态,因此,任何国家机构及其负责人和工作人员,都不能以言代法、因言废法。

3. 从生产方式的层面上看,当代中国社会主义法律制度最重要的本质规定性在于它的根本使命是为解放生产力和发展生产力服务,为最终消灭剥削、消除两极分化和实现共同富裕服务。目前,我国还处于社会主义的初级阶段,生产力水平与发达国家相比有较大差距,综合国力亟待增强,人民美好生活水平必须进一步提高。所有这一切,决定了我国法律制度的根本使命是为解放生产力和发展生产力服务,为最终消灭剥削、消除两极分化,实现共同富裕服务。

4. 从社会作用的层面上看,当代中国法律制度最重要的本质规定性在于它是引导和保障我国社会主义建设各项事业顺利发展的权威性行为准则。我国法律制度是引导和保障社会主义市场经济建设、民主政治建设、精神文明建设、和谐社会建设、生态文明建设顺利发展的权威性准则,是引导和保障对外开放、维护和促进世界和平与发展的权威性准则。

(二)当代中国社会主义法律制度的基本特征

1. 阶级性与人民性的统一。我国的社会主义法律制度在本质上仍然具有阶级性,它是取得政权的工人阶级及其领导下的农民阶级和其他人民群众意志和利益的体现。在具有阶级性这一点上,我国法律制度与其他历史类型的法律制度是一致的,但我国法律制度的阶级性和人民性不再是对立关系,而是一致关系,它的阶级性正是通过对全体人民的共同意志和利益加以确认而表现出来的。

2. 国家意志与客观规律的统一。我国社会主义法律制度反映的不是少数人狭隘的特殊利益,而是全体人民的共同利益。这种共同利益的具体内容随着社会的发展变化也在相应地发展变化,它与历史发展的基本方向和基本规律是一致的。因此,国家意志和客观规律能够始终在社会发展过程中保持一种实质的动态性统一。

3. 权利确认与权利保障的统一。我国的法律制度是建立在社会主义经济基础之上的,因此,它一方面能够确认每个公民的平等权利,另一方面也能够为实现这种平等权利提供大体平等的保障条件。当然,由于我国目前还处于社会主义初级阶段,在为平等权利提供平等实现条件时尚受到种种因素的制约,不过,在社会不断进步的过程中,这些问题都可以逐步得到解决。

4. 强制实施与自觉遵守的统一。任何历史类型的法律,都必须有国家强制力做后盾保障实施。我国社会主义法律制度体现了人民群众的共同意志和利益,因此,在一般情况下,多数人民群众都能自觉遵守法律,只有针对少数人的违法行为时,国家强制力才会出现。

5. "一国"与"两制"的统一。目前,以一个社会主义的中华人民共和国政权为统一前提,我国已经形成以大陆社会主义法律制度为主体,在香港实行具有英美法系传统的资本主义法律制度,在澳门实行具有大陆法系传统的资本主义法律制度的格局。在一个统一的国家主权之下,两种历史类型的法律制度和平共处,既是当代中国法律制度最具独特性的重要特征,又是世界各国法律史上前所未有的状况。它既对中国法律制度的发展与完善提出了挑战,也提供了互相借鉴、取长补短的机遇。

6. 国情与公理的统一。当代中国的法律制度必须反映并适合中国的国情,所谓法律要符合客观规律,首先就体现在这一点上,否则,设计得再完美的法律制度也不能真正发挥作用。同时,中国又是在社会主义制度下实行市场经济和民主政治的国家,而市场经济和民主政治都具有内在的一般规律,例如,任何社会的市场经济都要求依法保障财产安全、交易安全、契约自由,任何社会的民主政治都要求人民主权、人权神圣、政府依法行政、公权接受监督,等等。这就决定了当代中国的法律制度在发展和完善的过程中必须把反映国情和反映现代法治公理统一起来。

小结

本章以历史唯物主义的立场、观点和方法叙述了法的起源及一般规律,揭示了法的历史类型,对奴隶制法律制度、封建社会法律制度、资本主义法律制度和社会主义法律制度分别进行了阐述,着重分析了当代中国社会主义法律制度的本质和特征。

思考题

1. 法的起源的一般规律是什么?

2. 法与原始习惯的区别是什么?

3. 如何理解中国社会主义法律制度的本质和特征?

4. "法律是人类最伟大的发明。别的发明让人类学会驾驭自然,而法律的发明则令人类学会如何驾驭自己。"请结合本章内容,阐述其中的法理。

第十三章 法律演进

> 日月星辰在今天同几千年以前一样闪耀；现在的玫瑰花盛开时和伊甸园里的玫瑰没有区别；然而法律已经不同于以前了。
>
> ——［德］尤利乌斯·冯·基尔希曼[①]

与社会的变迁和发展相适应，各个国家的法律处于不断演进和发展的历史过程之中。"盖法者，所以适变也，不必尽同。"[②]本章主要介绍法律演进的内涵、类型和基本规律，评介法律演进的主要理论模式和学说，重点分析法律演进的三种基本途径，即法律继承、法律移植和法治改革。

---

① 尤利乌斯·冯·基尔希曼（Julius von Kirchmann，1802—1884），德国法学家。本题记选自［德］尤利乌斯·冯·基尔希曼：《作为科学的法学的无价值性——在柏林法学会的演讲》，赵阳译，商务印书馆 2016 年版，第 15—16 页。

② 《战国策·曾子固序》。

第一节   法律演进概述

一、法律演进释义

在本书中,"法律演进"意指某一个国家或者社会之中的法律制度,在整体上从落后状态向先进状态的发展进步过程与状态。与"法律演进"密切关联的一个概念是"法律发展"。"法律发展"也是一个整体性概念,它指的是与社会经济、政治、文化等的全面发展相适应、相协调,包括法律制度的变迁、法律精神的转换、法律体系的重构等在内的法律进步过程与趋势。如果说法律演进表征的是法律制度从现在向过去回溯的整体上的变迁路径与过程,那么,"法律发展"关注的是法律制度在当下所发生的以及面向未来所可能发生的动态的进步过程。在一定意义上,"法律演进"和"法律发展"基本上是可以通用的等值概念,只是在特别强调法律的长时段的既存变化的时候我们多用"法律演进",而在特别强调法律的现实变化特别是以重大法律观念的变化所引导的法律制度方面的进步的时候,我们更多使用"法律发展"。

二、法律演进的理论模式和实践类型

(一)进化论与建构论

与社会发展有两种基本理论模式和历史实践类型相适应,法律发展也有进化论和建构论两种对立的理论模式及历史类型。

进化论强调法律的进步依赖社会自身的力量,认为经济和社会生活的需要、人民群众的呼唤和参与,是法律发展的真正动力,是避免法治文明出现逆转的根本保证。例如,假设没有改革开放以来商品经济和市场经济的发展,就不可能有民商法、经济法以及相关法律的出现和不断完善;没有政治体制改革和民主政治建设,就不会有日益健全的民主政治立法和政治法律体系;没有人民的主体精神、权利意识、法治信仰的高涨,就不可能有以保障人权和公民权利为宗旨的 1982 年宪法。同时,法律发展对社会发展也起着引导、保障和推动作用。社会需要法律,社会发展需要发展的法律,只有法律发展了,社会发展才有可能健康、有序、富有生机地进行。

建构论则更重视政府的主导作用。正像许多后发国家的市场经济和民主政治不是依靠社会自身力量缓慢发展而是依靠政府的设计和推动一样,当代中国法律的发展也不能仅靠自发的进化,缓慢的爬行必然制约社会的进步。中国要实现法律进步,建设社会主义法治国家,必须由中国共产党来领导,也必须由人民代表大会和政府来具体规划和实施。中国共产党提出的依法治国、建设社会主义法治国家的纲领,全国人大及其常委会的立法规划以及国务院的行政法制建设计划,都是理性建构的体现。近代以来,英国法律制度的演进可以说是"进化论"的典型,而日本法律制度的演进则是"建构论"的典型。

（二）本土化论与国际化论

与进化论和建构论相对应,法律演进有本土化论和国际化论两种理论模式和实践类型。

本土化论认为,法律演进、法律发展是在本国的历史条件下进行的,有其特殊的历史运动轨迹,具有独特的道路。例如,中华法系存在着许多有待开发的历史遗产,中华人民共和国成立后的法制建设也积累了丰富的本土资源。我们应当立足于本国既有的法律文化遗产和本土资源,在自己的生活中发现和培育法律进步的基因。这显然是一种历时性思维。

国际化论则认为,当今的世界,经济一体化、科技一体化,文化和政治领域的许多方面也呈现出一体化的要素,为了适应多元一体化的大趋势,满足经济改革和科技进步的急需,必须借助国外健全的法制和丰富的法治经验,在较短的时间内改变法制落后的状况,完成体制法制化、生活法治化的进程,还要最大限度地遵循国际惯例和世界通例,避免由于国家间不必要的个性差异而人为地增加贸易成本。

总之,在开发有限的本土资源的同时,必须加大借鉴、吸收和移植的力度,凡是现代法律中已有的,反映现代市场经济共同规律的法律概念、规范、原则、技术和制度,以及各国成功的立法经验和判例、学说,都在引进之列。这显然是一种共时性思维。清末以来,围绕法律演进和法制改革,我国时常发生"本土化论"与"国际化论"的论辩和斗争。在中华人民共和国第一部宪法制定过程中,毛泽东曾指出:"我们这个宪法草案,主要是总结了我国的革命经验和建设经验,同时它也是本国经验和国际经验的结合。"[①] 改革开放以来,我们始终坚持从国情出发,从实际出发,重视本土法律文化资源开发,特别是注重总结中国共产党领导人民建设中国特色社会主义法治的基本经验,同时,也注意研究和借鉴人类法治文明成果,使二者有机结合,加快法治现代化步伐,使我国在 40 年间走过了西方发达国家数百年的法治历程,取得了全世界瞩目的法治成就。

（三）内源型与外发型

法律发展还有内源型和外发型两种理论模式和实践类型。内源型的特点是,法律发展的基本动力是内在的,即来自国家和社会内部的需要,并通过人民和政府的长期努力而实现。外发型的特点是,法律发展的基本动力是外在的,即依靠外来力量(往往是外部压力)的推动。如"二战"结束后,以美国为首的战胜国迫使德国、日本等战败国接受以美国宪法为标本的宪法体制。

在当代中国,为了全面推进依法治国,加快建设法治中国,我们应当以习近平新时代中国特色社会主义思想和中国特色社会主义法治理论为指导,在科学分析各种理论模式和历史类型的基础上,吸纳进化论和建构论、本土化论和国际化论的合理因素,分析和借鉴内源型和外发型法律演进的成功经验,开辟中国特色社会主义法治道路。无论是何种理论模式和历史类型,当代中国的法律演进和法律发展都以继承、移植和改革作为基本途径和方法。

---

① 毛泽东:《关于中华人民共和国宪法草案》(1954 年 6 月 14 日),载《毛泽东文集》第 6 卷,人民出版社 1999 年版,第 326 页。

三、法律演进的基本规律

从世界各国法律演进的历史过程来看,法律演进体现出了如下一些基本规律:

第一,社会发展促进法律演进。由社会基本矛盾和主要矛盾决定的社会发展是决定和推动法律演进的根本力量。"法律是解决实际问题的,不是绘画绣花,不是做文章,法律是否完备,法制是否健全,是看它能否解决当前存在的实际问题,能否适应当前社会发展的客观要求,它没有一个任何地方、任何时候都适用的固定不变的标准。不同的时期对法制会有不同的要求,今天的法制被认为完备了,但明天就可能不够完备了。"① 在社会发展面前,法律必然由低级向高级演进。

第二,从技术的角度来看,法律演进体现为法律规范、法律制度及法律适用程序与技术从简单向复杂、从粗糙向精细、从感性向理性、从含混杂乱向明确和体系化发展,从单纯注重法律实体内容向既重视实体也重视程序发展,从单纯追求实质(实体)公正向既追求实体公正又注重正当程序和程序公正发展。

第三,从法律内容及其价值内涵来看,法律演进体现为从"义务本位"到"权利本位"的价值观念变革和法律制度的转型,即从义务的优先性向权利优先性发展。

第四,法律在演进过程中,其根本的动力的确在于一个社会内部需求的增长、进化和发展,但也离不开外部环境因素的影响和推动。法律演进既有社会自然进化的成分,又有社会理性建构的成分;既有本土化的内容,又有国际化的影响。

第五,在形式上,法律演进体现为独立法律体系从自我确证的封闭式发展,到互有差异的多元法律体系彼此交流与互鉴的开放式演进、发展过程。

第六,在具体途径上,法律演进体现为对历时性的由本国历史形成的法律传统的自觉与不自觉的继承、对共时性的其他国家和社会现存法律的借鉴或者移植,以及立足于本国现实需求的法律制度的创新或改革。

第二节 法 律 继 承

一、法律继承的概念

历史上,除了奴隶制法律制度(它是在原始社会氏族习惯的基础上演化出来的),每一种新的法律制度都是以先前的法律制度为起点和阶梯的,这就决定了法律继承必然是法律演进的基本形式和途径。

所谓法律继承,就是不同历史类型的法律制度之间的延续、相继、继受,一般表现为旧法律制度(原有法)对新法律制度(现行法)的影响和新法律制度对旧法律制度的承接和

---

① 《张友渔文选》(下卷),法律出版社 1997 年版,第 530 页。

继受。

法律继承不同于民法中的财产继承或国际法中的国家继承。财产继承或国家继承只是被继承对象的主体的更替,而被继承对象本身的属性和特征原封不动。张友渔曾指出:"如果说把新法对旧法的继承简单地看作如同继承财产那样,原封不动地完全继承下来,连它作为特定统治阶级的统治工具的实质也继承下来,那显然是不对的。相反,如果把法的继承理解为有选择地有批判地借鉴和吸收,那是可以的。"[①]

法律继承则是新事物(法律制度)对旧事物(法律制度)的扬弃。"扬弃"这个源自德国古典哲学的词语含有否定和肯定的双重意义。在否定的意义上,它意指取消或舍弃;在肯定的意义上,它意指保持或保存。用"扬弃"来解释法律演进过程中的继承性,可以生动而具体地揭示出法律继承的如下两个特点:

第一,在法律演进的客观过程中,每一种新法律对于旧法律来说都是一种否定,但又不是一种单纯的否定或完全抛弃,而是否定中包含着肯定,从而使法律演进过程呈现出对旧法既有抛弃又有保留的性质。

第二,从处理法律继承问题的主体的角度看,法律继承实际上是一种批判的即有选择的继承,也就是在否定旧法律制度固有的阶级本质和整体效力的前提下,经过反思、选择、改造,吸收旧法律中某些依然可用的因素,赋予它新的内容和社会功能,使之成为新法律体系的有机组成部分。不加分析地抄袭或复制旧法律的拿来主义以及根本否定新法律与旧法律之间存在历史联系和继承关系的虚无主义都是错误的,是不符合法律演进的历史真实的。

二、法律继承的原因

新法律之所以可以而且必然要批判地继承旧法律中的某些因素,其主要原因在于:

第一,社会生活条件的历史延续性决定了法律继承的客观存在。从根本上说,法律继承的依据在于社会生活条件的延续性与继承性。人类社会每一个新的历史阶段开始时,都不可避免地要从过去的历史阶段中继承下来许多既定的成分。生活于现实社会的一代人只能在历史留给他们的既定条件所允许的范围内重新塑造社会的形象和书写他们的历史。法律是社会生活的反映。尽管这种反映是通过人类的意识作出的,尽管立法者在表现社会生活条件时有一定范围的选择自由,但是,只要那些延续下来的生活条件在现实的社会中具有普遍意义,反映这些生活条件的既有规则就会或多或少地被继承下来并被纳入新的法律体系之中。

第二,法律的相对独立性决定了法律演进过程的延续性和继承性。法律作为社会意识或社会上层建筑的组成部分,它的产生和发展决定于社会存在或经济基础。在这个前提下,又必须承认法律的相对独立性。法律的相对独立性是社会意识相对独立性的体现。而所谓

---

① 《张友渔文选》(下卷),法律出版社 1997 年版,第 447 页。

社会意识的相对独立性,是指社会意识在反映社会存在的同时,还具有自身的能动性和独特的发展规律,这就是,每一历史时期的社会意识及其诸形式都同它以前的成果有着继承关系。每一个社会的特定的意识形态,无论论其内容还是形式来说,都有两个来源:在内容上,主要是反映现实的社会存在、社会经济形态,同时也保留着历史上形成的对过去的社会存在的某些意识和材料;在形式上,主要是从过去继承下来的方式、方法和手段,同时又根据新的内容和条件对它们加以改造、补充和发展,并增添了某些新的具体形式。

第三,法律作为人类文明成果的共同性决定了法律继承的必要性。法律作为社会调控的技术,是人类对自身社会的性质、经济、政治、文化以及其他社会关系及其客观规律的科学认识的结晶。例如,有关资源配置、生产管理、市场调节、环境保护、社会保障等方面的经济社会性法律规范,是人类对自然、经济规律认识的反映;有关代表会议、权力制衡、行政程序、反贪倡廉等方面的政治性法律规范,则是对政治关系、政治权力运行规律的科学认识。这些认识成果不管形成于何种社会,有何特定的时代性、阶级性和社会性,都是人类认识的成果和人类文明的标志,具有超越时空的长久而普遍的科学性、真理性和实践价值。

第四,法律演进的历史事实也验证了法律的继承性。法律继承不只是一个理论上可以说明的问题,也是一个实践上可以验证的问题。暂且不论古代封建社会的法律大量继承奴隶制社会的法律,近代以来,英国资产阶级持续沿用英国封建时代的法律、法国资产阶级以奴隶制时代的罗马法为基础制定《法国民法典》、日本资产阶级承袭日本封建时代的法律等事实,就足以表明剥削阶级类型的法律之间具有继承性。"十月革命"之后,列宁沿用旧俄国的民法典。1922年,苏联制定民法典时大量采用旧俄国民法典的条款。中华人民共和国成立前夕明确宣布废除国民党"六法全书",但我国现行社会主义法律体系中仍包含旧法律中的诸多原则、规则、技术、概念、术语。这些事实均表明,不仅私有制即剥削阶级类型的法律之间可以继承,社会主义法律也可以而且必然要批判地借鉴前社会主义社会的法律。

三、法律继承的内容

法律继承的内容是十分广泛的。就社会主义法律对资本主义法律的继承来说,一切能够与以科学、理性、民主、自由、公平、人权、法治、和平、秩序、效率、和谐为内容的时代精神融为一体的富有生命力或再生能力的积极因素都在被继承之列。具体言之,在法理学的意义上,法律继承的主要内容可归纳为以下四个主要方面:

第一,法律技术、概念。其中,法律技术是指制定、执行、解释、适用法律规范的各种方法,如立法程序、法典编纂、法律汇编、法律规范的构成及其分类、法律的解释方法、法律机构的设置、法律体系的结构、形式多样的诉讼程序等。

第二,反映商品经济、市场经济规律的法律原则和规范。商品经济、市场经济既是资本主义的经济形式,也是社会主义的经济形式,尽管它们之间存在着这样或那样的差别,但都必须和必然是与劳动分工和社会分工相联系的、为交换而进行生产的经济关系,是自由、公平地进行竞争的经济关系。所以,资本主义国家反映商品经济、市场经济一般规律的法律原则和规范,如有关市场主体、市场要素、市场行为、市场调控、国内市场与国际市场的联系等的法律规定,经过社会主义国家的选择、改造和加工之后,完全可以被纳入社会主义法律体系之中。

第三,反映民主政治的法律原则和规范。社会主义国家和资本主义国家在政体上都是民主政治、共和体制。资产阶级民主先于社会主义民主。资产阶级在长期的民主政治建设中积累了大量以公民权利制约国家权力、国家权力之间互相制约监督、保障权力运行秩序和效率的经验,比如,代议制、选举制、权力划分、权力制衡、立法权力的行使程序、行政权力的行使程序、关于公民各种政治权利的规定、国家赔偿制度等。这些制度和规定反映了民主政治的基本规律,具有普遍性、共同性、可复制性,反映了政治权力运行的一般规律。对于这些经验,社会主义国家在实行民主政治的过程中理所当然要有所甄别地加以借鉴和采纳。

第四,有关社会公共事务的组织与管理的法律规定。任何国家都执行两种职能:一是政治统治或阶级统治职能;二是公共事务或社会职能。相应地,在其法律体系中就必然包括两类法律规范:一类是有关政治统治的规范;另一类是有关公共事务的规范。在公共事务规范中有许多技术性规范或者反映社会整体利益的规范,如有关交通、环保、资源、水利、城建、人口、卫生、社保的法律规范。显然,这些"执行由一切社会的性质产生的各种公共事务"[①]职能的法律可以为社会主义国家所继承。

第三节 法 律 移 植

一、法律移植的概念

"法律继承"指新法律对旧法律的借鉴和吸收,体现了两种法律制度之间在时间上的先后顺序,在内容上的"影响—承受"关系,但它不能完全表征一个国家对其同时代的其他国家的法律或国际法律的引进、吸收和摄取,因此需要创造或借用别的术语对之进行概括。"法律移植"就是现成的可用来表征同时代(共时性)的国家间相互引进和吸收法律这种实践的术语。

一般说来,"移植"是指将有机体的一部分组织或器官补在或移入同一机体或另一机体的缺陷部分,使它逐渐长好。这种语义和意义上的"移植",在语源上来自植物学和医学。通常,"从植物学术语的角度看,移植意味着整株植物的移地栽培,因而有整体移入而非部分移入的意思。但是,从医学术语的角度看,器官的移植显然是指部分的移入而非整体的移入,而且器官移植还可使人想到人体的排他性等一系列复杂的生理活动的过程"[②]。法律意义上的"移植"显然是医学意义上的移植,而非植物学意义上的移植。法律移植指的是将

---

① 《马克思恩格斯选集》第 2 卷,人民出版社 1995 年版,第 510 页。
② 王晨光:《不同国家法律间的相互借鉴与吸收——比较法研究中的一项重要课题》,载《中国法学》1992 年第 4 期。

"特定国家(或地区)的某种法律规则或制度移植到其他国家(或地区)"[①]。它所表达的基本意思是:在鉴别、认同、调适、整合的基础上,引进、吸收、采纳、摄取、同化外国的法律(包括法律概念、技术、规范、原则、制度和法律观念等),使之成为本国法律体系的有机组成部分,为本国所用。法律移植的范围,一是外国的法律,二是国际法律和惯例,此两方面内容统称国外法。

值得指出的是,资本主义国家和地区之间发生的法律移植,是一种同质性法律文化之间规则和制度的摄取和同化;而社会主义法律制度对于资本主义法律制度的移植,则是异质性的法律文化之间的传播和学习,是社会主义法律制度对于资本主义法律制度的批判性借鉴和选择性吸收,由于二者之间社会本质和法律性质不同,所以绝不是前者对后者的照抄照搬,也不能是前者对后者的简单克隆。

二、法律移植的客观必然性和必要性

法律移植的客观必然性和必要性在于:

第一,社会发展和法律发展的不平衡性决定了移植的必然性。同一时期不同国家的发展是不平衡的,它们或者处于不同的社会形态,或者处于同一社会形态的不同发展阶段。在这种情况下,比较落后的或后发达国家为了赶上先进国家,有必要移植先进国家的某些法律,以保障和促进社会发展。世界法律的发展史已经表明这是落后国家加速发展的必由之路。早在古罗马国家形成的初期,土利乌斯在改革中就采纳过雅典城邦的立法经验。特别是近代以来,各国之间的法律移植更是一种普遍现象。欧洲大陆各国一度视《法国民法典》为楷模而竞相仿效。土耳其凯末尔(基马尔)当政时期大量采用欧洲法律,特别是瑞士民法、意大利刑法和德国诉讼法,使该国在阿拉伯国家中率先实现了法制现代化,较早地进入了现代社会。日本在明治时代,出于争取与西洋诸国平等的主权和促进社会近代化的需要,全面引进了德国民法和法国民法,以此为基础制定了日本的六法全书,使日本在不长的时间里建立起比较发达的资本主义法律制度。

第二,市场经济的客观规律和根本特征决定了法律移植的必要性。当今世界,市场经济是主导世界经济的最主要的机制。尽管在不同的社会制度下市场经济会有不同的特征,但它运行的基本规律,如价值规律、供求规律、优胜劣汰的规律是相同的,资源配置的效率原则、公正原则、诚信原则等也是相同的。法国法学家勒内·罗迪埃(René Rodiere)认为:"各种法律制度可以表明,法律形式从表面上看是不相同的,但其中却蕴藏着一种法律制度的真实的共同体。"[②] 这就决定了一个国家要建构自己的市场经济法律体系,就必须而且有可能吸收和采纳市场经济发达国家的立法经验。

第三,法律移植是对外开放的应有内容。在当代,任何一个国家要发展自己,都必须对外开放。对外开放反映了世界经济、政治和文化发展的客观规律。世界本来就是一个开放的世界,任何一个国家的发展都离不开世界。特别是像我们这样经济和文化都比较落后的发展中

---

① 沈宗灵:《论法律移植与比较法学》,载《外国法译评》1995年第1期。

② [法]勒内·罗迪埃:《比较法导论》,徐百康译,上海译文出版社1989年版,第55页。

国家,更有必要实行对外开放。我们所讲的对外开放,是全方位的,即对世界所有地区开放,对所有类型的国家开放;不仅经济上和技术上要对外开放,文化上和政治上也要对外开放。全方位的对外开放不仅使经济国际化,而且使其他的社会和公共事务,诸如资源开发、环境保护、人权保护、惩治犯罪、维和行动、婚姻关系、财产继承等也越来越带有跨国性质,从而使一个国家的国内法越来越具有涉外性和外向性,法律在处理涉外问题和跨国问题的过程中,必然逐步与国际社会通行的法律和惯例接轨。对外开放是经济全球化的时代标志,也是经济全球化的必然要求。法律移植则是顺应经济全球化大趋势而必须和必然采取的行动,它本身也构成了法律全球化的标志。在全球化背景下,法律移植有助于减少不同国家之间的法律抵触和冲突,降低法律适用上的成本,为长期、稳定、高效的经济技术合作创造良好的法律环境。

第四,法律移植是法制现代化的必然需要。在当今世界,法律制度之间的差异,不只是方法和技术上的差异,也是法的时代精神和价值理念的差异。正是基于时代精神和价值理念的差异,各种法律制度之间才有传统与现代、先进与落后的区分。对于法律制度仍处于传统型和落后状态的国家来说,要加速法制现代化进程,必须适量移植发达国家的法律和法律方法,尤其是对于发达国家法律制度中反映市场经济和社会发展共同规律和时代精神的法律概念、法律规则,更要大胆吸纳。如果对发达国家几百年乃至上千年积累的法制文明置之不理,一切从头做起,或者故意另起炉灶,那只能在发达国家的后面爬行,只能拉大与发达国家的差距,延缓本国法制现代化的进程,以致丧失法制现代化的机会。近代以来的历史充分说明,一个国家闭关自守或者排斥世界文明,就必然导致社会停止发展乃至倒退。

三、法律移植的实践

在法律演进的实践过程中,法律移植的类别或者主要形式有三类:

第一类,经济、文化和政治处于相同或基本相同发展阶段和发展水平的国家相互吸收对方的法律,以至融合和趋同。如 21 世纪以来,以判例法和习惯法为主的英美法系各国大量采纳以成文法为传统的大陆法系各国的立法技术、法律概念,制定成文法典和法规;大陆法系各国则越来越倾向于把判例作为法律的渊源之一或必要的补充,从而引进英美法系的技术,对典型判决进行整理、编纂和规则化或原则化的抽象。它们相互之间法律和法律方法的移植,既使各自的法律制度创新发展,又比较有效地应对了社会的法律需求。

第二类,落后国家或后发达国家直接采纳先进国家或发达国家的法律。如封建时代的日本曾全面引进中国盛唐时期的法律制度,建立了贯穿于日本封建社会始终的"法令制度",从而使日本的法律制度和经济文化向前迈进了几个世纪,史称"大化革新"。"二战"后许多发展中国家大量借鉴发达国家的立法、执法和司法经验,实现了法制跨越式发展。

第三类,法律移植的最高形式,即区域性法律统一运动和世界性法律统一运动。如欧盟法律体系就是在比较、采纳和整合欧盟各国法律制度、国际法和国际惯例的基础上形成的,可以说是一种"法律合成"。再如,在联合国国际法委员会、世界贸易组织、世界知识产权组织、罗马统一私法国际协会等国际组织的主持下,经各成员的共同努力而形成或制定的各种国际公约或协定。有些学者把这种类型的相互移植和合成称作"法律趋同"[1],有些学者称之为"法律全球化"或"法律一体化"。

世界法律发展的历史表明,移植是法律发展的重要途径。我国改革开放以来法制建设的实践也证明了这一点。例如,在改革开放以前,我国的知识产权法基本是空白的。为适应科学技术进步、文化事业繁荣、国际贸易发展以及国际经济技术合作的内在需要,从 20 世纪80 年代初起,我国认真研究、比较各发达国家和某些发展中国家有关知识产权的国内立法和国际知识产权保护制度的成熟技术和先进经验,并大胆引进,在此基础上制定和不断完善了《专利法》《商标法》《著作权法》及其配套法规和实施细则,使我国的知识产权法律体系在较短的时间内跨入世界先进行列。

当然,为了促进法律健康发展,使移植过来的法律和法律方法落地生根,在法律移植的过程中,首先,要注意国外法(供体)与本国法(受体)之间的同构性和兼容性,要对受体进行必要的机理调适,以防止移植之后出现被移植的"组织"或"器官"变异。其次,要注意外来法律的本土化,即用本国法去同化和整合国外法。"必须记住法律是特定民族的历史、文化、社会的价值和一般意识与观念的集中体现。任何两个国家的法律制度都不可能完全一样。法律是一种文化的表现形式,如果不经过某种本土化的过程,它便不可能轻易地从一种文化移植到另一种文化。"[2]再次,要注意法律移植的优选性。法律移植如同引进技术和设备,必须采用"优选法"。世界上有许多国家的法律可资借鉴,这就有一个选择移植对象的问题,只有优中选优,移植过来的法律才可能是最成熟、最先进、最实用的法律。最后,要注意法律移植的超前性,即移植国外法,无论是某一国家的法律,还是国际法和国际惯例,都要面向未来,面向现代化,把握世界法律发展的趋势。移植的时候,要对外来法律进行必要的改进,这样才能保持本国法的稳定性和进步性。要做到以上诸方面,前提是对外国法和国际法开展比较研究,对被移植的法律有充分的了解和深刻的理解,有科学的鉴别和真实的评价,有在此基础上的能动设定和理性选择。

第四节   法 治 改 革

一、法治改革的概念

法治改革,曾称为法制改革[3],指的是一个国家或社会在其社会的本质属性与基本的社会制度结构保持相对稳定,其现行法律制度的基本性质也没有根本性变化的前提下,整体意

---

[1]　参见李双元等:《中国法律趋同化问题之研究》,载《武汉大学学报(哲学社会科学版)》1994 年第 3 期。

[2]　[美]格伦顿、戈登、奥萨魁:《比较法律传统》,米健等译,中国政法大学出版社 1993 年版,第 6—7 页。

[3]　法制改革主要指法律制度创新,而法治改革则不限于法律制度创新,还包括法治体制和法治体系改革,如立法体制改革、执法体制改革、司法体制改革、监察体制改革、法治保障体制改革以及法治文化变革等。在中国特色社会主义新时代,我们要推进国家治理现代化,必须大力推进法治改革,把法制改革转换为法治改革。

义上的法律制度在法律的时代精神、法律的运作体制与框架、具体的法律制度等方面的自我创造、自我更新、自我完善和自我发展。也就是中国古代政治家、思想家们所说的"法随时变""因势变法""更革天下弊法""法与时转则治""天下无数百年不弊之法,无穷极不变之法,无不除弊而能兴利之法,无不易简而能变通之法"[①],或是中国历史上的"变法""顺流与之更始""有改制,无变道"。

法律是社会经济、政治、文化、其他社会生活和社会关系的制度形式,社会经济、政治、文化、其他社会生活和社会关系是其内容。内容的变化要求形式的变化。但是,法律一旦形成体系就具有相对的独立性和滞后性,或者说僵化性与保守性。从世界各国的普遍情况来看,对滞后于社会生活的法律仅仅通过常规的立、改、废、释进行更新协调,往往形成"头痛医头、脚痛医脚"式的"法律应急"惯例,更容易造成法律制度在整个制度体系和结构上的更大的矛盾和冲突,导致法律相对于社会发展要求的滞后性更加严重。在这种情况下,解决法律制度滞后性的较好方法就是实行法治改革。法律是改革的主要力量,是解决社会冲突的首要渠道。法治改革是使法律适应社会生活、与社会发展同步的必要的制度创新。

一般说来,法治改革的内容是非常广泛的,涉及法律制度的硬件和软件以及法律制度的表层现象、深层结构与实质内涵。就总体而言,法治改革的重心是法律体系的重构、法律精神的转换以及立法体制、执法体制、司法体制改革等。

法治改革尤其注重制度创新,是对既有的权利义务结构、权力与权力结构的调整,进而也是对社会利益关系和权力关系的深刻调整,所以法治改革不仅不可能一帆风顺,还会遇到各种各样的风险,遇到保守势力、既得利益集团的抗拒和阻碍,甚至会有所牺牲。对此,要有清醒的认识和估计、切实和有效的对策,既要敢于承担风险,又要尽可能减少风险及其对社会的有害影响。

二、法治改革的意义

就法律演进而言,法律继承和法律移植的确是必不可少的。但是,法律演进仅仅依靠法律继承和法律移植又是不够的,法治改革对于法律演进同样意义重大:

第一,法律继承是"古为今用",法律移植是"洋为中用",它们都以法律的既有存在为前提。而我们在现实中所经常面临的许多法律问题和法律事务是古人和外国人未曾遇到甚至不会想到的,这使得我们既无处进行法律继承,也无法进行法律移植,只有自我创新和原始创新才能解决问题。

第二,法律继承可以使一国现行法律制度保持与本民族法治文明的历史连续性,使新的法律制度在既往法治文明的基础上高起点进步。法律移植可以使一国法律体系在引进国外法、吸收先进法律经验和技术的基础上与世界法治文明同步发展。但它们均解决不了法律制度的创新问题。一个国家或社会的法律制度创新要靠法治改革。

---

① (清)魏源:《筹鹾篇》,载《默觚·魏源集》,赵丽霞选注,辽宁人民出版社1994年版,第200页。

第三，法律的演进和发展有质变和量变两种基本模式。法的历史类型的更替，即由一定经济基础和阶级关系所决定的新的法律上层建筑取代旧的法律上层建筑，属于质变，如封建社会法律制度代替奴隶社会法律制度、资本主义法律制度代替封建社会法律制度，都是历史性变革；法律的继承、移植和改革则属于量变。但是，法治改革这种量变与那种缓慢的、渐进的、不知不觉的演化不同，它是量变中的突变和巨变，是某一历史类型的法律体系与法治体系的创新或重构，是具有划时代意义的法律制度变迁，它在法律演进和发展中的意义是法律继承和法律移植无法代替的。

第四，法治改革也是法律继承和法律移植的前提。只有通过法治改革，突破旧的法律体系，破除落后的法律观念，才能为继承和吸收人类法治文明的成果创造结构前提和思想基础。在某种意义上，没有法治改革，法律继承和法律移植也就无从谈起。

第五，法律继承和法律移植的着眼点在于健全或完善现行法律制度，属于法律的外在输入；法治改革的着眼点在于法律制度、法律体系与法治体系的更新和重构，属于法律的内在成长。在社会主义物质文明、政治文明、精神文明、社会文明、生态文明建设呼唤建立与之相适应的法律体系的今天，法治改革的作用和意义更为突出。邓小平曾指出："我们要在大幅度提高社会生产力的同时，改革和完善社会主义的经济制度和政治制度，发展高度的社会主义民主和完备的社会主义法制。"[①]

第六，在当代世界，法律演进、法律发展与法治现代化是等值的概念，法治现代化意味着法制从传统到现代的转型。这样一个转型没有改革的推动是绝不可能成功的。在历史上，有所作为的政治家和社会活动家不仅十分重视法律的常规性的立、改、废活动，而且十分重视法治改革或"变法"，注重变法促进，强调通过变法革新来解决社会深层次矛盾，保持社会稳定，推动社会发展。我国战国时期商鞅在秦国进行的法制改革，汉初文、景二帝领导的法制改革，唐初李世民领导的法制改革，宋代"王安石变法"，明代"张居正变法"，都富有历史意义地推动了当时法律制度的发展，适应了当时的社会状况和需要，在极大的程度上和广泛的范围内保障了当时的社会稳定和发展。在外国历史上，古希腊雅典的克里斯提尼改革、伯利克里改革、梭伦改革推进了城邦民主制的发展；英国19世纪实行的包括司法改革在内的法治改革极大地推进了英国的法治现代化进程；日本的明治维新（变法）加速了日本的法治现代化和国家现代化进程，从而适应了迅速变化了的社会结构和社会需要；法国"二战"后实行的宪法改革巩固和发展了共和体制，使法国保持了长期的经济发展和社会稳定。

三、新时代中国的法治改革

在中国特色社会主义新时代，我们要推进法治现代化、推进国家治理体系和治理能力现代化，同样需要大力推进法治改革，推进伟大"变法"。中共十八大以来，习近平多次指出：

---

① 《邓小平文选》第2卷，人民出版社1994年版，第208页。

"全面推进依法治国是一个系统工程,是国家治理领域一场广泛而深刻的革命。"[①] "全面推进依法治国是一项长期而重大的历史任务"[②],也必然是一场深刻的社会变革和历史变迁。在中共十九大报告中,习近平又一次强调指出:"全面依法治国是国家治理的一场深刻革命。"[③]

把全面依法治国的性质和意义提到如此高度,在中国共产党的历史上前所未有。为什么说全面依法治国是一场深刻革命?因为全面依法治国,就是要彻底实现从人治到法治的革命,完成新民主主义革命和社会主义革命应当完全完成而没有完成的历史任务。

按照人类社会变迁的一般规律,社会主义是从资本主义发展而来的,进入社会主义社会就应当实现了民主和法治。然而,由于特殊的历史条件,中国社会主义社会是从半封建半殖民地社会走过来的,加上旧社会留给我们的民主法治传统很少,更多的是封建主义的专制和人治,因此在全面推进依法治国、建设法治国家的整个进程中,将始终伴随着铲除封建主义的专制和人治传统的政治革命。全面依法治国还必须彻底破除"要人治不要法治"的政治思维和法律虚无主义。"左"的政治思维和法律虚无主义曾经使中华人民共和国成立后开局良好的法制建设一度处于停滞状态甚至发生大倒退,最终导致了"文化大革命"。这种"左"的政治思维和法律虚无主义思潮仍潜在地制约着依法治国进程。所以,全面推进依法治国是一场伟大的政治革命和思想革命,领导这场革命的正是习近平总书记和以习近平同志为核心的党中央。

既然全面依法治国是一场任重道远的政治革命和思想革命,所以必须以革命的勇气和革命的思维,大刀阔斧地推进法治领域的改革,推动"变法",坚决破除一切妨碍依法执政、依法治国、依法行政、依法治军、依法办事的体制机制弊端和思想观念。

中共十八大以来,以习近平同志为核心的党中央始终把全面依法治国、建设法治中国作为全面深化改革的重要方面和重大任务,作为国家治理领域广泛而深刻的革命强力推进。党中央直面法治建设领域的突出问题,回应人民群众期待,坚持改革方向,提出对依法治国具有重要意义的一系列改革举措;"对依法治国具有重要意义的改革举措,纳入改革任务总台账,一体部署、一体落实、一体督办"[④];为坚定不移地推进法治领域的改革,中共十八届三中全会出台了20多项重大法治改革举措,中共十八届四中全会出台了190项重大法治改革举措,其中许多法治改革举措是涉及利益关系调整和权力格局变动的"硬骨头",是躲不开、绕不过的"深水区",是多年来想都不敢想、想了也不敢做、做了也未做成的老难题;以改革思维和改革方式推进法治建设,大力解决立法不良、有法不依、执法不严、司法不公、监督疲

① 习近平:《关于〈中共中央关于全面推进依法治国若干重大问题的决定〉的说明》(2014年10月20日),载《十八大以来重要文献选编》(中),中央文献出版社2016年版,第154页。

② 《立德树人德法兼修抓好法治人才培养　励志勤学刻苦磨炼促进青年成长进步》,载《人民日报》2017年5月4日,第1版。

③ 习近平:《决胜全面建成小康社会　夺取新时代中国特色社会主义伟大胜利——在中国共产党第十九次全国代表大会上的报告》(2017年10月18日),人民出版社2017年版,第38页。

④ 《学习贯彻党的十八届四中全会精神　运用法治思维和法治方式推进改革》,载《人民日报》2014年10月28日,第1版。

软、权力腐败、人权保障不力等突出问题；要求各级党政机关和领导干部必须从党和国家事业发展全局出发，全面理解和正确对待中央提出的重大法治改革举措，深刻领会法治改革的重大现实意义和深远历史意义，自觉支持改革、衷心拥护改革、积极参与改革，做法治改革的促进派。

习近平在中共十九大报告中指出，过去五年，改革全面发力、多点突破、纵深推进，着力增强改革系统性、整体性、协同性，压茬拓展改革广度和深度，全面深化改革取得重大突破。作为全面深化改革的重点领域，法治改革在重要领域和关键环节的改革取得突破性进展，100多项法治改革任务已经完成或接近完成，法治改革主体框架已经确立。但是，法治改革永远在路上。在全面依法治国、建设法治强国的新征程中，我们必须保持全面改革、深刻革命的思想准备，必须以大无畏的政治勇气和高超的政治智慧深入推进法治改革，确保法治改革任务相互协调、改革进程前后衔接、改革成果彼此配套。

小结

法律演进是指一个国家的法律制度从落后状态向先进状态的不间断的发展或者进步过程。法律演进的途径包括法律继承、法律移植和法制（法治）改革。法律继承表现为一国对历史上的法律制度的承接、继受；法律移植表现为一国对其他国家或国际上的法律制度的引进、吸收和摄取；法制（法治）改革则是国家治理领域的深刻变革，表现为一国对其既有的法律制度的重构、创新。简而言之，法律继承是古为今用，法律移植是洋为中用，法制（法治）改革是废旧立新。

思考题

1. 如何理解法律演进的基本规律？
2. 为什么说法律继承是法律演进的重要途径？
3. 法律移植应遵循哪些原则？
4. 法制（法治）变革的意义何在？
5. 如何理解"法随时变""因势变法"的含义与意义？
6. 为什么说全面依法治国是国家治理的一场深刻革命？

第十四章　全球化与世界法律发展

> 各民族的原始封闭状态由于日益完善的生产方式、交往以及因交往而自然形成的不同民族之间的分工消灭得越是彻底,历史也就越是成为世界历史。
>
> ——[德]卡尔·海因里希·马克思和弗里德里希·冯·恩格斯[①]

全球化是当今时代的标志性特征。全球化潮流正在强有力地改变着人类的生产方式、生活样式和生存状态,也深刻地影响着世界法律发展的方向和趋势。本章在讨论全球化的基本特征和中外全球化理论的基础上,介绍了当今世界法律发展所呈现出来的现代化、国际化、全球化、区域化、本土化等五种错综复杂的趋势,分析了法治与全球治理的关系以及全球治理法治化的历史走向和时代意义。

第一节　全球化概述
第二节　全球化时代的法律发展趋势
第三节　法治与全球治理

---

① 卡尔·海因里希·马克思(Karl Heinrich Marx,1818—1883)、弗里德里希·冯·恩格斯(Friedrich Von Engels,1820—1895),马克思主义的创始人。本题记选自《德意志意识形态》,载《马克思恩格斯选集》第1卷,人民出版社1995年版,第88页。

第一节   全球化概述

一、全球化释义

从 20 世纪下半叶特别是 20 世纪 90 年代以来,以先进的科学技术为支撑,以经济的全球一体化运动为先导,人类进入了一个全球化的新时代。虽然人们对什么是全球化持有不同甚至对立的理论观点,但是全球化理论家大体上都承认这样一个基本事实,即世界上各个民族已经发展成为密切联系与彼此依赖的共同体,我们这个遍布高山大洋的浩瀚星球正在变成一个真正的地球村。全球化就是世界上各个民族的相互联系与彼此依赖不断增长的历史过程。尽管全球化在人类生活的不同方面和领域的推进程度和表现形式有所不同,但全球化已经成为当今时代一个不可逆转的历史发展趋势。

科学技术的发展是全球化的物质基础和推动力。特别是交通、通信和信息技术的发展,为全球化创造了坚实的技术条件。在交通工具主要靠马、驴等牲畜的时代,全球化是不可想象的。那种跨越大洲的长途旅行活动,只是极少数富有坚强意志和冒险精神的人士偶尔为之的勇敢行动。马可·波罗(Marco Polo)从家乡威尼斯到元朝北部都城上都,单程就经历了四个寒暑。在今天,乘坐民航飞机,从罗马到北京只需要 10 个小时左右的时间。科学技术从两个方面支持和推进了全球化:就积极的方面而言,交通、通信和信息技术的发展,使得异地之间人们的沟通和交往变得非常方便和快捷,时空距离史无前例地被压缩,这使全球化成为可能;就消极的方面而言,科学技术的发展在提高人类改造自然和征服自然的能力的同时,也提高了人类破坏自然乃至毁灭世界的能力,产生了全球性的环境问题、核战争问题、恐怖主义问题等,这使全球化成为必要。

全球化趋势在经济领域表现得最为突出和明显。经济全球化的一个主要标志是全球大市场的形成。商品、资本、服务以及信息在全球范围内快速流动,并以空前的规模迅猛扩张。世界贸易的增长大大超过世界经济的增长,国际投资则以快于世界贸易增长的速度增加。世界金融市场更是急剧膨胀,成为左右世界经济发展的重要因素。经济全球化的另一个重要特征是跨国公司的迅速崛起和迅猛发展。目前,世界上共有跨国公司超过 10 万家,其分支机构超过 86 万家,它们是世界经济发展的主导力量。根据联合国贸易和发展会议《2017 年世界投资报告》的分析,全球跨国公司的销售收入占世界国内生产总值的 49.9%,控制着世界商品和服务贸易额的 85% 以上,还控制着国际工艺研究开发和技术转让的 80% 左右和世界对外直接投资的 90% 以上[1]。跨国公司也被认为是当今世界经济一体化的推进器,是经济全球化的形象代言人。

---

① UNCTAD, *World Investment Report 2017: Investment and The Digital Economy*, United Nations Publication, 2017.

二、全球化理论

虽然全球化是一种不可逆转的时代发展潮流,但在思想文化界,全球化却是一个极富争议性、分歧性的词汇。有人看到全球化带来了产品、资本、技术、思想、文化、人员的世界大流动,促进了全球贸易增长、资源开发、投资便利、技术创新、文化繁荣、社会进步,因而热情讴歌和拥抱全球化,涌现出一大批肯定、支持、推进全球化的理论、纲领、行动;有人看到了全球化过程中劳动力剥削、资源掠夺、环境破坏、就业机会流失、不公平竞争等问题,把全球化视作世界范围内贫富加剧、发展失衡、治理乱象等困境的罪魁祸首,因而四处抗议和抵制全球化,催生出形形色色的"反全球化""逆全球化"思潮。

全球化问题是马克思主义关注和研究的重大时代课题。马克思、恩格斯所生活的时代并没有出现今天这样的全球性问题,但是马克思、恩格斯极其敏锐地洞察到分散的民族历史向世界历史转变的客观趋势,并从全球的视野深刻地阐发了"世界历史"理论。马克思、恩格斯很早就把他们所处的时代概括为"转变为世界历史"的时代。在《德意志意识形态》一书中,马克思、恩格斯指出,"各民族的原始封闭状态由于日益完善的生产方式、交往以及因交往而自然形成的不同民族之间的分工消灭得越是彻底,历史也就越是成为世界历史"①。在《共产党宣言》中,他们更明确指出:"资产阶级,由于开拓了世界市场,使一切国家的生产和消费都成为世界性的了。……过去那种地方的和民族的自给自足和闭关自守状态,被各民族的各方面的互相往来和各方面的互相依赖所代替了。物质的生产是如此,精神的生产也是如此。"②

当今世界多极化、经济全球化、文化多样化深入发展,充分印证了马克思、恩格斯一百多年前所做的科学预见。马克思主义的世界历史理论为我们理解、评价和应对全球化潮流提供了正确的立场、观点和方法。改革开放以来,特别是中共十八大以来,以习近平同志为核心的党中央以全球视野和全球思维科学把握世界的格局,以世界的眼光深入分析中国的发展,提出了一系列关于如何正确理解、评价和应对全球化的观点,形成了中国立场和中国特色鲜明的全球化理论。

第二节　全球化时代的法律发展趋势

在当今的全球化时代,法律发展呈现出一种错综复杂的趋势与图景。法律现代化、国际化的进程仍在继续推进,法律全球化、区域化的潮流来势迅猛,但法律本土化、民族化的呼声也越来越高。这些发展趋势不仅会影响世界的整体法律格局,还会影响各个国家国内法律变革的方向。

---

① 《马克思恩格斯选集》第 1 卷,人民出版社 1995 年版,第 88 页。
② 《马克思恩格斯选集》第 1 卷,人民出版社 1995 年版,第 275—276 页。

一、法律现代化

以科技革命、工业革命和政治革命为推动力,从 17、18 世纪的西欧开始,世界各个地区的人们的生产方式、生活方式和思想观念或先或后地发生了空前急剧的历史变革。这一空前急剧的历史变革过程通常被称作"现代化"。与此相适应,世界范围内各个国家的法律体制、制度和观念也发生了深刻的变化。这些变化包括:第一,法律与宗教、道德、习惯等其他社会规范明确区分开来,并成为占主导地位的社会规范;第二,法律以成文的形式被事先公布,为公众所了解和知悉;第三,法律普遍适用于所有人,政府和公民一样,必须站在法律之下思考和行动;第四,司法权从其他国家权力中分离出来,由司法机关和司法官员独立行使;第五,法律由一批受过专门教育并取得职业资格的人员制定和实施,这些人形成了一个独立的社会阶层——法律职业阶层。这一变化的历史过程被称作"法律现代化"。

法律现代化作为一种世界性的历史进程,在不同民族和地区的发展有先有后。在欧洲,法律现代化的进程可以追溯到 11 世纪开始接受罗马法的时期。但是,这一历史进程直到 18 世纪末期才进入高潮阶段,到 19 世纪早期才扩展到欧洲的绝大部分地区。在整个 19 世纪,由于欧洲的强制性输出或示范性影响,欧洲的现代法律经验和模式在世界上很多地方被效仿。进入 20 世纪,特别是"二战"结束以来,法律现代化的浪潮席卷全球。在当今全球化时代,法律现代化进程不断加速,呈现出新的趋势和特征。

(一)法律网络的稠密化

当代法律的触角已伸到社会生活的方方面面,覆盖着比以往更为广泛的社会空间。传统的私生活领域已经被法律一步一步蚕食。新的社会生活领域一旦出现,如网络领域,就立即被纳入法律帝国的版图。法律已经无所不在,无所不管。在许多国家,几乎任何问题都可以被作为法律问题提交到法院解决,法院不能以"这不关我们的事"为由加以推托。这种过度司法化或法律化的现象已引起人们的反省和批判。

(二)法律话语的权利化

当今的时代是一个权利的时代,是一个权利备受尊重和关注的时代,是一个权利话语越来越彰显和张扬的时代。人们越来越习惯于从权利的角度来理解法律问题,来思考和解决社会问题。在这种权利话语和思维的支配下,当今的法律文献正以几何级数的增长速度制造出各种权利问题,连新闻媒体都争先恐后地报道各种新的权利主张或权利要求。

(三)法治运行的智能化

以移动互联网、大数据、物联网、人工智能为代表的新一轮科技革命,极大地提升了人类探索未知、塑造未来的能力,也给法治运行带来了一场智能化革命。许多原来由人力完成的法律工作将由各种人工智能系统来承担,既节约了人力资源,又提高了精准性、高效性。法院应用语音智能识别系统,自动区分庭审发言对象及发言内容,实时同步将发言转化为文字,使庭审效率和记录完整度明显提升。法官运用文本信息智能提取技术,自动检索以往法条案例,自动抓取电子卷宗信息,一键生成司法文书的基本内容,大幅提高了工作效率。"智慧法院""智慧检察"等概念脱颖而出,"互联网法院""互联网法庭"等实体纷纷建立。

二、法律国际化

"国际化"这一概念描述的是不同国家在经济、政治、法律、文化等各方面相互联系、彼此影响的程度。里斯本小组对"国际化"所作的解释是:"经济与社会的国际化描述的是两个或两个以上的民族国家之间所进行的各种原料、工业产品以及服务、货币、思想与人员的交换。"[①]从这个角度来理解,作为整个国际化进程一部分的法律国际化,表征的是各个国家在法律(包括法律观念、法律教育与研究、法律制度、法律运行、法律服务等)上相互联系、彼此影响的程度。在全球化时代,不同国家在法律上的相互联系更密切,在法律上的彼此影响更深刻。法律国际化的趋势在下列三个方面更加明显地表现出来:

(一)国家法(国内法)之间的相互影响

这是法律国际化的初级形式。一方面,国际经济、政治和文化交往的日益频繁要求各国的法律彼此协调、统一。各国法律之间的差异和冲突必然给国际交往和合作带来摩擦和矛盾,增加交易的成本和费用,因而不利于国际交往和合作的扩大和加强。另一方面,国际交往的频繁也意味着各国法律交流和沟通的增强。各个国家法律制度各自的特色和优势不同,法律发展水平也不尽相同。为了更好地推动本国法律的改革和发展,每个国家都必然或多或少地借鉴或移植其他国家比本国法更优秀的或者能弥补本国法缺陷的法律制度。因此,各国法之间的相互作用和影响,实际上主要表现为各国法的相互协调、借鉴和移植,最后表现为法律趋同。所谓法律趋同,是指各国调整相同类型社会关系的法律制度趋于一致。法律趋同已成为当今世界各国法律发展的一种基本趋势,也是各国适应国际化和全球化历史进程的必然要求。[②]在当今世界的法律国际化进程中,不仅公法、私法、社会法等各个法律制度领域普遍存在趋同的现象,法律观念、法治观念、权利观念、法律体制、法治体制、法律服务等各方面也日益趋同。

(二)国家间法律(国际法)的形成

这是法律国际化的高级形式。各国之间所进行的法律协调、借鉴和移植能够在一定程度上减少或消除法律的差异和冲突,但仍然与全方位、深层次的国际交流和合作的要求不相适应。全方位、深层次的国际交流和合作,特别是各国共同解决国际性问题,如打击跨国犯罪、解决跨国环境污染,要求各国依照相同的法律协调或者一致行动。各国共同遵守的法律只能由各国共同制定或认可,这就是国际法。"国际法的逐渐发展一方面主要取决于公共道德的标准,另一方面则取决于经济利益。公共道德标准越提高,国际法就越发展。而国际经

---

①　[美]里斯本小组:《竞争的极限:经济全球化与人类的未来》,张世鹏译,中央编译出版社2000年版,第34页。

②　关于法律趋同问题的全面研究,可参见李双元、于喜富:《法律趋同化:成因、内涵及在"公法"领域的表现》,载《法制与社会发展》1997年第1期。另参见李双元主编:《市场经济与当代国际私法趋同化问题研究》,武汉大学出版社1994年版;李双元主编:《中国与国际私法统一化进程研究》(修订版),武汉大学出版社1998年版。

济利益越重要,国际法也就越发展。"① 近现代国际法的大量涌现和迅速增长,是国际交流和合作不断密切与加强的必然要求,是近现代世界法律发展的一种基本趋势。从结果上看,国际法的形成和发展最后表现为国际社会法律的统一。在这里,我们必须区别"协调"与"统一"这两个容易混淆的概念。所谓统一,是指各国法律完全一致或相同。法律的统一要求消除一切法律差异和冲突。所谓协调,是指各国法律相互兼容。法律的协调并不意味着不容许各国法律存在差异和不同之处,而只是寻求一种使这些不同法律兼容的方法或机制。在今天,各国法律的统一主要表现为各国共同制定和遵守国际法。

(三)国际法与国内法的互动

国际法与国内法在并存的过程中必然会相互影响、相互作用。国际法与国内法的互动,既推动了国际法的发展,也推动了国内法的发展,是法律国际化的又一个重要表现形式。国际法对国内法的影响主要表现为国际法的国内化,即将国际法的概念、规则和原则转化为国内法的内容。这方面的例子非常多。譬如,1963 年签订的《维也纳领事关系公约》所规定的有关外交代表和领事特权与豁免的规定为许多国家的国内法所采纳;1982 年《联合国海洋法公约》订立之后为不少国家的国内法所吸收。从结果上看,国际法的国内化导致各国的国内法同国际法接轨,最后相互一致。国内法对国际法的影响主要表现为国内法的国际化,即国内法的概念、规则和原则上升为国际法的内容。国际法中使用的很多概念、规则和原则都不是国际法创造出来的,而是源自各国特别是欧美国家的国内法,如禁止反言规则、对等原则、用尽当地救济方法规则。从结果上看,国内法的国际化导致某些国家的国内法转化为具有普遍意义的法律,影响其他国家的国内法。在不少国家,由于国内法与国际法之间越来越密切地互动,国内法与国际法规则之间已经没有严格的区分。②

三、法律全球化

法律全球化表征的是全球社会法律发展的趋势和规律。不同学者由于对全球社会法律发展的趋势和规律的认识不同,因而对法律全球化的认识各异。有些学者认为,法律全球化就是世界法律走向统一的过程。③ 有些学者认为,法律全球化就是法律的非国家化或者私政府立法。④ 有些学者认为,法律全球化就是法律的趋同化和一体化。⑤ 这些解释分别从某些方面揭示了法律全球化的内容,但都有各执一端的缺陷。总结这些理论观点的合理内容,我们可将法律全球化的基本标志和内容概括为以下三项:

① [英]劳特派特修订:《奥本海国际法》(上卷第一分册),王铁崖、陈体强译,商务印书馆 1971 年版,第 61 页。
② 参见[英]戴维·赫尔德等:《全球大变革:全球化时代的政治、经济与文化》,杨雪冬等译,社会科学文献出版社 2001 年版,第 78 页。
③ See Martin Shapiro, "The Globalization of Law", *Indiana Journal of Global Legal Studies*, Vol.1, No.1, 1993, p.37.
④ See Joseph Delbrück, "Globalization of Law, Politics and Markets", *Indiana Journal of Global Legal Studies*, Vol.1, No.1, 1993, pp.10–11; Gunther Teubner, *Global Law without a State*, Dartmouth, 1996, Foreword.
⑤ 参见车丕照:《法律全球化——是现实?还是幻想?》,载陈安主编:《国际经济法论丛》(第 4 卷),法律出版社 2001 年版,第 31—33 页。

（一）世界法律的一体化

全球化一方面使地方与地方的时空距离越来越短,另一方面又使事物与事物之间的时空联系越来越紧密。某个组织或者某个人的一项决定,可能在世界上引起轩然大波,影响世界上很多人的生活。在法律方面,全球化使得全球范围内存在的各种形式的法比以往任何时候都更为紧密地联系在一起,成为一体。国内法与国内法、国内法与国际法、国家法与非国家法等各种形式的法之间以极其复杂多样的方式相互联系、相互作用。其中任何一种法律体系的变动,都可能会立即引起其他法律体系的变动或者反应。

（二）全球性共同法的形成

这里所说的全球性共同法,是指为世界各个国家、地区、组织普遍公认和遵守的规则。那种认为法律全球化就是世界法律统一的观点固然过于片面和极端,但不可否认,法律全球化必然推动国际社会产生越来越多的"全球性法律""世界性法律"。比如,《联合国宪章》确立了当代国际关系的基本准则,明确了各国主权平等、内政不容干涉、确保领土完整、倡导和平解决争端、禁止使用武力或以武力相威胁等国际法原则,就是典型的"全球性法律""世界性法律"。在当今世界的很多领域,都已出现了具有全球性共同法性质的条约、惯例、规则、原则。例如,1992年制定的《联合国气候变化框架公约》确立了"共同但有区别的责任"的法律原则,规定:"各缔约方应在公平的基础上,并根据它们共同但有区别的责任和各自的能力,为人类当代和后代的利益保护气候系统。因此,发达国家缔约方应当率先对付气候变化及其不利影响。"比如,由《马拉喀什建立世界贸易组织的协定》及其四个附件所组成的世界贸易组织规则体系,已成为具有全球性意义的国际贸易法规则。国际奥委会制定的大量有关奥林匹克运动的竞赛规则,已成为具有普遍约束力的国际体育法规则。

（三）全球性争端解决机制的出现

"二战"以来,随着国际社会越来越希望用法律的手段和平公正地解决各种形式的跨国争端,世界舞台上出现了越来越多的全球性争端解决机构。其中具有代表性的机构有国际法院、国际刑事法院、世界贸易组织争端解决机构（DSB）等。尽管与国内的司法机构相比,这类争端解决机构处理的案件数量有限,裁决的强制执行力也有限,但它们的出现是人类法律发展史上具有标志性意义的重大事件。国际法院是根据《联合国宪章》和《国际法院规约》设立的联合国司法机构,其主要职能是对各国提交的法律争端进行审理和裁判。1985年以来,提交国际法院的案件数量开始增加,诉讼案件半数以上都涉及领土和边界纠纷。世界贸易组织不仅设立有专门的争端解决机构,还有一套比较完备的争端解决规则和程序。

四、法律区域化

（一）区域化释义

全球化大潮不仅推动了全球一体化进程,也加快了区域一体化进程。有学者分析,以寻求区域经济合作为宗旨、以区域性贸易协定（RTAs）为形式的经济区域化的趋势早在19世纪就已经出现①,但大规模的区域化运动则是从 20 世纪 50 年代开始的,并在 20 世纪的最后 10 年和 21 世纪初达到前所未有的高度。据世界贸易组织(WTO)网站介绍,从 20 世纪 90 年代初开始,区域性贸易协定的发展持续升温。截止到 2018 年 1 月 1 日,到 WTO 登记的区域性贸易协定就达 669 个。

一般来说,区域化运动表现为位于特定地区内的若干国家为了追求共同的经济、政治、军事利益而建立起或松散或紧密的区域合作机制或组织的国际努力。最为松散的区域合作形式是以对话或讨论为主要形式、没有固定组织的地区性会议或论坛机制,如亚欧会议;较为紧密的区域合作形式是以双边或多边国际条约为基础、有固定的组织机构的区域性国际组织。

(二)法律区域化的基本特征

法律的区域化是经济、政治和军事区域化的过程中不可或缺的要素,对区域化进程的推进往往发挥着引导和保障作用。欧洲一体化、北美经济一体化等区域化进程的实例都说明了法律在区域化进程中的重要作用。欧洲的一体化在很大程度上依赖于法律,部分原因在于欧盟各成员国无法就一体化问题在国内取得一致意见。他们发现,遵循欧盟发布的规则、命令比他们自己"自愿地"签署协议能使事情变得更加容易,因为凡是建立在所谓自愿基础上的协议,注定会引发国内不同利益集团之间的矛盾。法律区域化的程度,即区域共同体法律发展的程度,往往取决于区域一体化的程度。在当今世界,欧盟是最为成功、最为紧密的区域共同体。

五、法律本土化

(一)本土化释义

本土化常常被当作一种与全球化相伴相随而又相逆相反的社会发展运动。不过,从学术界对这个词的使用情况来看,"本土化"是一个语义极为复杂的概念。在不同的论者那里,本土化意味着不同的社会发展趋势或运动。

在相当多的论者那里,在全球化的语境中,本土化是指一种主张、捍卫、复兴地方的或民族的传统的生活方式、价值观念和规范制度的社会思潮和社会实践。在全球化时代,外来文化的大规模涌入,特别是以美国为代表的西方文化以普适主义的姿态在全球范围内的输出和扩张,使很多地方和民族感觉到本土文化面临着巨大威胁。尤其是当非西方的地方和民族发现西方输出的价值观念和社会制度并不能有效地解决本地方、本民族的问题时,对本土文化怀旧的、思乡的情绪就更加高涨。这种怀旧的、思乡的情绪,有时极端化地表现为对本土文化的同质性、纯洁性的向往和追求,以及对外来文化、异质文化的排斥和抵制。

在一部分论者看来,本土化是指文化因素在全球传播过程中所发生的适应地方特点的

---

① Sungjoon Cho, "Breaking the Barrier Between Regionalism and Multilateralism: A New Perspective on Trade Regionalism", *Harvard International Law Journal*, Summer 2001(42), p.419.

变异过程。例如,英语在全世界传播的过程就是一个在各个区域不断本土化的过程。在这个过程中,英语被全球化了,成为一种世界性的语言;同时也被本土化了,产生出各种带有地域特色的新英语,如美国英语、澳大利亚英语、南非英语、印度英语、加拿大英语、新西兰英语等。在这种意义上,本土化又指人们在跨国或跨区域活动中积极适应当地情况传播、推销文化、商品的努力。例如,许多跨国公司在世界各地拓展业务时积极采取本土化策略,即按照当地的经济、文化、社会需求进行生产和经营。

(二) 法律本土化的基本表现

从全球范围来看,法律本土化已经成为当今世界一种清晰可辨的法律发展思潮和运动。例如,伊斯兰世界所发生的伊斯兰法复兴运动可以说是目前一场最强大的法律本土化运动。20 世纪 60 年代以来,许多伊斯兰国家纷纷废除或修改原有的来自西方的法律,重新恢复适用传统的伊斯兰法,这一变革被称为"伊斯兰法复兴运动"。[①]

从世界各国的情况来看,法律本土化运动的基本表现包括三个方面:

第一,复兴传统法律文化。法律的本土化在很大程度上就是法律的传统化,即回归或复兴传统法律文化。因而,复兴传统法律文化构成了法律本土化运动最为根本的理论主张与实践努力,乃至于伊斯兰世界的法律本土化运动被直接称为"伊斯兰法复兴运动"。在一个国家内部,传统法律文化复兴的范围和程度取决于法律本土化运动倡导者的影响力。例如,伊斯兰法复兴的内容相当广泛,包括伊斯兰法作为最主要和最高级法律渊源的地位的恢复、传统伊斯兰法律价值观念的恢复以及传统的刑事、民事法律制度的恢复。

第二,利用本土资源。法律本土化论者所提出的一种更为委婉和温和的主张是利用本土资源进行法治建设。所谓本土资源,既包括从历史上传承下来的、实际影响人们行为的观念以及在行为中体现出来的行为模式,也包括当前的社会实践中已经形成或正在萌芽发展的各种正式或非正式的制度,如各种民间习惯、乡规民约。他们认为,与外来的法律制度相比,从本土资源中产生的法律制度更容易获得人们的接受和认可,更易于贯彻实施,因而有利于减少国家强制力,减少社会的交易成本,建立比较稳定的社会预期。近年来,中国法律界和思想界强调弘扬中华法制文明,对中华优秀传统法律文化实行创新性发展,要以高度的文化自信推进中华法系的伟大复兴,这也可以说是一种"法律本土化"思潮。

第三,外来法的本土化改造。在全球化时代,完全排斥外来法是不可能的。法律本土化运动也不完全排斥外来法,甚至还主张适当地吸收或移植外来法。法律本土化论者强调从本国的文化或国情出发对外来法进行本土化调适和改造,以使外来法能够融入本国的法律体系或法律文化之中,为民众所接受和遵守。

---

① 关于伊斯兰法复兴运动,参见高鸿钧:《伊斯兰法:传统与现代化》,社会科学文献出版社 1996 年版,第 11 章。

第三节　法治与全球治理

一、推进全球治理体制变革的重要意义

全球化进程产生了一大批跨国的全球性公共问题,如地球环境污染、全球气候恶化、世界金融风暴、资源能源安全、网络信息安全、打击恐怖主义等。这些问题虽然涉及各个国家的国内事务,但远非单个国家所能解决的,甚至众多国家联合起来也难以解决,它们需要国家和非国家、公共和私人组织等各方面力量构建全球治理体制,共同解决。"如果我们要从全球化取其最佳而避其最恶,我们必须学会更好的治理,学会如何更好地共同治理。"[①] 在这种意义上,全球治理是指全球范围内各种政府组织、非政府组织等行为主体,通过正规化、制度化的合作机制,共同解决全球性公共问题的活动。

推进全球治理体制变革、构建世界新秩序,对中国和世界来说,都是极其重要和极为迫切的。

第一,国际格局的变化必然要求全球治理体制变革。进入 21 世纪以来,国际力量对比发生深刻变化,新兴市场国家和一大批发展中国家的国际影响力不断增强,这是近代以来国际力量对比中最具革命性的变化。全球治理体制变革正处在历史转折点上,加强全球治理、推进全球治理体制变革已是大势所趋。如哈贝马斯(Jürgen Habermas)所言,在旧的国际法体制下,"国际法主体早已失去了其纯洁性,因而由国际法主体构成的世界正在走向没落;跨国机构和国际会议还处于萌芽状态,它们所提供的合法性还很成问题,并且一如既往地依赖于强权国家和强权联盟的善良意志"[②]。只有改革和调整陈旧的国际关系,才能切实反映国际格局的变化,推动各国在国际经济合作中实现权利平等、机会平等、规则平等,使全球治理体制更加平衡地反映大多数国家的意愿和利益;才能更有效地坚持《联合国宪章》的宗旨和原则,更好地维护、发展和确立以联合国为核心的国际体系,进而创造人类更光明的未来。

第二,中华民族伟大复兴迫切需要全球治理体制变革。经过改革开放四十年的发展,中国前所未有地靠近世界舞台中心,前所未有地接近实现中华民族伟大复兴的目标。中国的发展越往前推进,遇到的阻力和压力就会越大,面临的外部风险和挑战就会越多。发达国家总体上仍然主导着全球治理和世界秩序,中国的快速崛起必定要面临既有国际规则和国际秩序的限制。中国参与推进全球治理体制变革,目标是争取在国际秩序和国际体系长远制度性安排中体现和尊重中国应有的地位和作用,争夺发展的制高点。

第三,有效应对全球性挑战迫切需要全球治理体制变革。当前,全球化深入发展,世界各国利益和命运更加紧密地联系在一起,形成了你中有我、我中有你的利益共同体。随着全

---

① ［加纳］科菲·安南:《联合国秘书长千年报告(摘要)》,载《当代世界》2000 年第 9 期。科菲·安南为联合国第七任秘书长(1997 年 7 月 1 日至 2006 年 12 月 31 日)。

② ［德］尤尔根·哈贝马斯:《后民族结构》,曹卫东译,上海人民出版社 2002 年版,第 138 页。

球性挑战日益增多、互相叠加,加强全球治理、推进全球治理体制变革已是大势所趋。应对这些全球性挑战,如气候变化谈判、国际货币基金组织改革、反恐、反腐败、网络安全等全球治理重点问题,以及扶贫减灾、粮食安全、能源安全、人道援助、防范重大传染性疾病等全球公共问题,应当构建开放合作的全球治理格局,努力使国内治理与国际治理有效衔接、相辅相成。

二、全球治理体制变革的目标

推动国际关系民主化、法治化、合理化、公正化,引领经济全球化,构建人类命运共同体,推动建设相互尊重、公平正义、合作共赢的新型国际关系,是推进全球治理格局、治理体制、治理规则变革的重要抓手和实践路径,也是全球治理体制变革和建设的主要目标。

(一)推动国际关系民主化

世界的命运必须由各国人民共同掌握,世界上的事情应该由各国政府和人民共同商量来办,全球事务应该由各国共同治理。在国际关系中,应当普遍遵守国际法和公认的国际关系基本原则,通过各国共同书写且统一适用的规则,明是非、促和平、谋发展;应当体现各方关切和诉求,适应国际力量对比的新变化,更好维护新型市场国家和广大发展中国家的正当权益。习近平指出:"垄断国际事务的想法是落后于时代的,垄断国际事务的行动也肯定是不能成功的。"[①]

(二)推动国际关系法治化

法治是文明社会的基本共识和人类的普遍追求,法治更是我们这个时代的主旋律。2015年10月12日,习近平在中央政治局第二十七次集体学习时指出:"建立国际机制、遵守国际规则、追求国际正义成为多数国家的共识。"[②]我们正在走入一个法治的时代,国际社会正在呈现出一种法治化的趋势。亨金曾指出:"在各国的关系中,文明的进展可以认为是从武力到外交、从外交到法律的运动。"[③]正如当前国内的很多问题已经纳入法治的轨道,国家之间、区域之间乃至世界范围内的很多问题也越来越多地纳入法治轨道。在全球治理结构法治化的背景下,将国际事务上升为法律问题的模式变革,是将政治、经济、文化、军事、环境等方面的问题作为法律议题加以讨论和解决。通过将国际关系各领域事务和问题法律化,国际社会将从强权政治的时代步入多元共存的新时代。

(三)推动国际关系合理化、公正化

纵观近代以来的历史,建立公正合理的国际秩序是人类孜孜以求的目标。推动国际关系合理化、公正化,其要义在于:第一,适应国际力量对比新变化,推进全球治理体制变革,体现

---

① 习近平:《弘扬和平共处五项原则 建设合作共赢美好世界——在和平共处五项原则发表60周年纪念大会上的讲话》(2014年6月28日),载《人民日报》2014年6月29日,第2版。

② 《推动全球治理体制更加公正更加合理 为我国发展和世界和平创造有利条件》,载《人民日报》2015年10月14日,第1版。

③ L. Henkin, *How Nations Behave: Law and Foreign Policy*, Columbia University Press, 1979, p.1.

各方关切和诉求,更好维护广大发展中国家的正当权益。人类社会进入 21 世纪以来,新兴市场国家和发展中国家对全球经济增长的贡献率已经达到 80%。过去数十年,国际经济力量对比深刻改变,而全球治理体系未能反映新格局,其代表性和包容性很不够。第二,公平正义是世界各国人民在国际关系领域追求的崇高目标。在当今国际关系中,公平正义还远远没有实现。新形势下,全球治理体制应当坚持主权平等,推动各国权利平等、机会平等、规则平等。

（四）引领经济全球化

经济全球化是社会生产力发展的客观要求和科技进步的必然结果。经济全球化为世界经济增长提供了强劲动力,促进了商品和资本流动、科技和文明进步、各国人民交往,深刻地影响着人类社会的经济制度、政治制度、法律制度以及人们的思维方式和行为方式。当然,我们也要承认,经济全球化是一把“双刃剑”:经济全球化把竞争从国内带向国际、从区域带向全球,这就必然引起世界范围的发展失衡、治理困境、数字鸿沟、公平赤字等问题。于是,“反全球化”“逆全球化”的舆论、思潮和运动波涛汹涌。在这种情况下,应以辩证思维分析全球化的利与弊、机遇与挑战,通过推进全球治理体制的法治化变革,引领经济全球化。主要包括:维护世界贸易组织规则,支持开放、透明、包容、非歧视性的多边贸易体制,构建开放型世界经济,让经济全球化进程更有活力、更加包容、更可持续;主动作为、适度管理,让经济全球化的正面效应更多释放出来,实现经济全球化进程再平衡;讲求效率、注重公平,让不同国家、不同阶层、不同人群共享经济全球化的好处。

（五）构建人类命运共同体

在推动全球治理体制变革、构建民主法治公正合理的世界秩序、引领全球化正确方向的基础上,向着建设人类利益共同体和人类命运共同体的方向前进,是全球化时代的法理精义。中共十八大报告首次明确提出“倡导人类命运共同体意识”。2014 年 3 月 27 日,习近平在联合国教科文组织总部的演讲中首次向世界阐释命运共同体,指出:“当今世界,人类生活在不同文化、种族、肤色、宗教和不同社会制度所组成的世界里,各国人民形成了你中有我、我中有你的命运共同体。”[①] 2017 年 1 月 18 日,习近平在联合国日内瓦总部发表了《共同构建人类命运共同体》主旨演讲,进一步指出:构建人类命运共同体,国际社会要从伙伴关系、安全格局、经济发展、文明交流、生态建设等方面作出努力。强调要坚持对话协商,建设一个持久和平的世界;坚持共建共享,建设一个普遍安全的世界;坚持合作共赢,建设一个共同繁荣的世界;坚持交流互鉴,建设一个开放包容的世界;坚持绿色低碳,建设一个清洁美丽的世界。

总之,推进全球治理体制变革,促进国际关系发展进步,构建人类命运共同体,就是努力创造一个各尽所能、合作共赢的未来,努力构建不冲突、不对抗、相互尊重、合作共赢的新型国际关系;努力创造一个奉行法治、公平正义的未来,确保国际规则有效遵守和实施,坚持民主、平等、正义,建设国际法治;努力创造一个包容互鉴、共同发展的未来,倡导和而不同,允许各国寻找最适合本国国情的应对之策;努力促进世界经济政治更加平衡、全球治理更加有

---

① 习近平:《在联合国教科文组织总部的演讲》,载《人民日报》2014 年 3 月 28 日,第 3 版。

效、国际关系更加民主公正。

三、法治与中国参与构建世界新秩序

法治化是推进全球治理体制变革、构建世界新秩序的必然要求,建设国际法治和全球法治是推进全球治理现代化和世界秩序法治化的必由之路,也是中国参与构建世界新秩序的必由之路。

第一,坚决维护以《联合国宪章》为基石的世界秩序。联合国是中国参与全球治理、推进国际关系重组、构建世界新秩序的最重要平台,必须继续维护以《联合国宪章》宗旨和原则为核心的国际秩序和国际体系,维护国际法和国际秩序的权威性和严肃性。联合国应对全球性威胁和挑战的作用不可替代,仍然是加强和完善全球治理的重要平台。在《联合国宪章》的基础上,各国还在政治安全、贸易发展、社会人权、科技卫生、劳工产权、文化体育等领域制定了一系列国际公约和法律文书。法律的生命在于实施,各国有责任维护国际法治权威,依法行使权利,善意履行义务;法律的生命也在于公平正义,各国和国际司法机构应该确保国际法平等统一适用,不能搞双重标准,不能"合则用、不合则弃",真正做到"无偏无党,王道荡荡"。除了联合国及相关国际组织之外,推进全球治理体制法治化,还应利用二十国集团(G20)、金砖国家组织、亚太经合组织(APEC)、中美、中欧、中法、七十七国集团、上合组织等全球性和区域性对话与合作平台。

第二,积极参与国际立法,力争主导某些重要立法。中共十八届四中全会《决定》提出:"积极参与国际规则制定,推动依法处理涉外经济、社会事务,增强我国在国际法律事务中的话语权和影响力,运用法律手段维护我国主权、安全、发展利益。"通过积极参与或主导国际立法,把中国的立场主张、利益诉求和价值观注入国际法律体系之中,推进全球治理领域的良法善治。

第三,积极参与国际执法。中国始终是国际秩序的维护者。中国作为联合国安理会常任理事国,参加联合国维和行动已经有 28 年,成为维和行动的主要出兵国和出资国,受到国际社会的肯定与赞誉。中共十八届四中全会《决定》提出要"积极参与执法安全国际合作,共同打击暴力恐怖势力、民族分裂势力、宗教极端势力和贩毒走私、跨国有组织犯罪",表达了中国积极参与国际执法、维护世界和平秩序的坚定立场。

第四,积极参加国际司法机构和司法活动。司法是维护公平正义的防线,也是人类社会文明的标志。改革开放以来,中国对国际司法采取积极合作的态度,尊重和支持说公道话、作公正裁决的国际司法,先后有三位法学家担任联合国国际法院法官[①],三位法学家担任联合国前南斯拉夫问题国际刑事法庭法官[②]。出于对国际法和国际司法的尊重,中国多部法律都明确规定:"中华人民共和国缔结或者参加的国际条约同中华人民共和国的法律有不同规

---

① 任期分别为:倪征燠,1985—1994 年;史久镛,1994—2010 年,其中 2003—2006 年担任国际法院院长;薛捍勤,2010 年起任。

② 任期分别为:李浩培,1993—1997 年;王铁崖,1997—2000 年;刘大群,2000—2017 年。

定的,适用国际条约的规定,但中华人民共和国声明保留的条款除外。""中华人民共和国法律和中华人民共和国缔结或者参加的国际条约没有规定的,可以适用国际惯例。"中共十八届四中全会《决定》对积极参加国际司法机构和司法活动作了专门论述,提出"深化司法领域国际合作,完善我国司法协助体制,扩大国际司法协助覆盖面。加强反腐败国际合作,加大海外追赃追逃、遣返引渡力度"。

第五,统筹国内法治和国际法治两个大局。统筹国内国际两个大局,是中国共产党治国理政的政治智慧和重要原则。在法治领域,同样要坚持统筹国内法治和国际法治两个大局,正确处理国内法治与国际法治的关系,更好地运用国内规则和国际规则两个规则体系维护我国的合法利益,为我国的繁荣富强、持续稳定发展创造更为有利的条件。统筹两个大局包含丰富的思想内涵,其核心是积极参加国际公共事务的商讨,参与全球治理对话,善于运用法治的话语表达中国的观点,将我国对国际公共事务的关切明确地表达出来,并彰显出建立和维护国际法治的立场,促进在各方面和领域形成国际法治的格局。这种方式不仅能够使世界认识到我国的法治国家形象,也有利于我国在国际事务的积极参与中确立法治自信。这种方式还能够促进我国法治与国际法治的良性互动,在国际法治的建立和运行中更为妥当地表达和维护我国的利益,国际法治也会因我国的积极参与呈现出更加平衡和公正的状态。

小结

全球化就是世界上各个民族的相互联系与彼此依赖不断增长的历史过程。科学技术的发展是全球化的物质基础和推动力,经济全球化是全球化中最为突出和明显的方面。在当今的全球化时代,世界法律发展呈现出一种错综复杂的趋势与图景。法律现代化、国际化的进程仍在继续推进,法律全球化、区域化的潮流来势迅猛,法律本土化、民族化的呼声越来越高。全球范围内各种政府组织、非政府组织等行为主体,要在法治轨道上推进全球治理,共同解决全球性公共问题,促进国际公平正义。推动国际关系民主化、法治化、合理化,是全球治理体制变革的主要目标。而建设国际法治和全球法治是推进全球治理现代化和世界秩序法治化的必由之路,也是中国参与构建世界新秩序的必由之路。

思考题

1. 如何理解全球化的时代特征?
2. 法律国际化与法律全球化的区别是什么?
3. 法律区域化呈现出哪些特征?
4. 全球治理体制变革的主要目标有哪些?
5. 如何理解法治在构建人类命运共同体中的作用?

第四编 | 法的运行

　　法的生命在于运行,法的价值在其运行中体现和实现,法治智慧彰显于法的运行之中。法的运行是一个从法的制定到实施的过程,也是一个由法的效力到法的实效的过程,还是一个从凝聚法的价值共识到法的价值实现的过程。法的制定即立法,是法运行的起点。法的实施则包括法的执行(执法)、法的适用(司法)、法的遵守(守法)等主要环节。如果说法的制定是把由物质生活条件所决定的阶级意志、人民意志以国家意志形式客观化的过程,是国家对法律资源进行的权威性、制度性配置的话,那么法的实施则是把国家意志进一步落到实处、把以观念形态存在的法律规范转换为现实的法律生活、把法定的权利义务转变为现实的权利义务、把法的核心价值及其价值体系付诸实践的过程。在法的运行中,法律程序贯穿始终,以立法者、执法者、法官、检察官、律师为主体的法律职业共同体具有主导作用,法律职业所采用的法律发现、法律解释、法律推理、法律论证、数据处理等法律方法是法律运行的驱动要素。

第十五章　法　的　制　定

立善法于天下,则天下治;立善法于一国,则一国治。

——（宋）王安石①

"法律是治国之重器,良法是善治之前提。"法的制定,即立法,是实现良法善治的基础。建设法律体系,必须坚持立法先行。探讨立法问题能够为形成完备的法律体系和良善的法治秩序提供思想基础和理论支撑。立法问题主要包括立法概念、立法体制、立法原则等基本问题。

---

① 王安石(1021—1086),字介甫,号半山,临川(今江西抚州市临川区)人,宋代思想家、政治家。本题记选自(宋)王安石:《临川先生文集》,中华书局 1959 年版,第 678 页。

第一节　立 法 概 述

一、立法的概念

立法,有狭义和广义两种含义。狭义的立法是指国家最高权力机关制定法律(特定的规范性文件)的专门活动。广义的立法是指特定的国家机关依据法定职权并通过法定程序创制法律规范的活动。我国《立法法》第2条规定:"法律、行政法规、地方性法规、自治条例和单行条例的制定、修改和废止,适用本法。"这一规定表明,《立法法》是在广义上使用"立法"概念的。本书所论述的"立法"是广义的立法。

作为国家专门活动的立法,包括:(1)制定法律、行政法规、地方性法规、自治条例和单行条例;(2)对这些规范性法律文件进行修改、废止;(3)对年久不用的行政法规和规章进行清理;(4)法律解释。

二、立法的特征

考察古今中外的立法活动,立法具有如下五个主要特征。

(一)立法是由特定主体进行的活动

立法是以国家的名义进行的。国家机关是由许多不同职能、不同级别、不同层次的专门机关构成的一个体系,并非这个体系中的所有机关都有权立法,只有其中特定的机关才能立法。这些特定的机关被称为有权立法的主体。

一国之内哪个或哪些主体有权立法,在不同历史时期、不同国情之下并不相同。在君主独掌立法权的专制制度下,专制君主是有权立法的主要主体;在现代各国,议会或代表机关则是有权立法的典型主体。一国究竟由哪个或哪些主体享有立法权,主要取决于国家的性质、组织形式、立法体制和其他国情因素。

立法之所以要由特定主体进行,根本原因在于立法是国家活动中最重要的活动之一。"小智治事,中智治人,大智立法。"[1]"立法之业,益为政治上第一关键,觇国家之盛衰强弱者,皆于此焉。"按照梁启超的说法,立法乃"立国之大本大原"[2]。立法在政治大局上关系到治国理政的根本大计和国计民生的长远大业,在法律制度上直接影响到能否形成一套适合调整相应社会关系的法律规范体系。因此,只有交由特定主体进行,才能确保立法权威,也才能保障立法质量。

(二)立法是依据一定职权进行的活动

政治的核心在于权力,立法职权则是其中至高无上的权力。立法既是政治权力的重要

---

[1]　习近平:《在中共十八届四中全会第二次全体会议上的讲话》(2014年10月23日),载《习近平关于全面依法治国论述摘编》,中央文献出版社2015年版,第12页。

[2]　梁启超:《梁启超法学文集》,中国政法大学出版社2000年版,第11页。

彰显,也是巩固政治权力的关键途径。有权立法的主体不能随便立法,而要依据其职权立法:第一,就自己享有的特定级别或层次的立法权进行立法。例如,只享有地方立法权的主体,便不能行使国家立法权。第二,就自己享有的特定种类的立法权进行立法。例如,只享有政府立法权的主体,便不能行使议会或代表机关的立法权。第三,就自己有权采取的特定法的形式进行立法。例如,只能制定行政法规的主体,便不能制定法律。第四,就自己所行使的立法权的完整性、独立性进行立法。例如,只能就制定某种法行使提案权的主体,便不能就制定该种法行使审议权、表决权和公布权;只有在特定主体授权下才能制定某种法的机关,便不能未经授权就制定该种法。第五,就自己能调整和应调整的事项进行立法。例如,只能就一般事项立法的主体,便不能就重大事项立法;只能就某些事项立法的主体,便不能就其他事项立法;应就一定事项立法的主体,便不能不就这些事项立法。

不同时代和国情下的立法主体,立法职权有大小之别,但它们实际的立法活动应当同它们的立法职权相一致。立法主体之所以必须依据职权立法,原因在于立法是国家政治中最重要的活动之一,若立法主体不依立法职权立法,就是超越或滥用职权,就无法尽职尽责地行使应当行使的职权,就会生出诸多立法弊端,就难有良好的立法局面,也难以实现立法目标。

（三）立法是依据一定程序进行的活动

立法是依据一定程序进行的活动,必须严格遵循法定的、惯常的立法程序。立法程序是指有关的国家机关在制定、修改和废止规范性法律文件时必须遵循的法定步骤和方法。严格遵守合理的、法定的立法程序是立法法治化、科学化、民主化的标志,也是法律合法性、科学性和民主性的重要保证。立法程序的内容在不同时代和国情下有较大差别。我国《立法法》和相关法律为了提高立法质量,以良法促进发展、保障善治,专门规定了全国人大及其常委会的立法程序,对行政法规、地方性法规、自治条例、单行条例的制定程序也作出了原则性规定。以全国人大及其常委会制定法律的程序为例,立法程序大体包括法律案的提出、法律案的审议(一般实行三审制)、法律案的表决、法律的公布等环节。

（四）立法是运用一定技术进行的活动

任何国家或立法主体要使所立之法有效地发挥作用,就不能不重视立法技术,以使立法臻于完善。立法技术在不同国家存在一定差别,但就其基本含义来说,是指立法主体在立法过程中采取的如何使所立之法臻于完善的技术性规则,或者说是制定和变动规范性法律文件活动中的操作技巧和方法。例如,法的构造技术、语言技术。随着法律尤其是制定法在国家治理中的地位越来越重要,立法技术的重要性愈益突出;随着法学特别是立法学的发展,立法技术已经成为立法主体和法学家更为重视的问题。

（五）立法是制定、认可和变动法的活动

作为产生和变动法的活动,立法是一项系统工程,包括制定法、认可法、修改法、解释法和废止法等一系列活动。所谓制定法,是指立法主体进行的直接立法活动,如全国人大及其常委会制定法律,国务院制定行政法规,有关地方权力机关制定地方性法规。所谓认可法,是指立法主体进行的旨在赋予某些习惯、判例、法理以法的效力的活动。所谓修改法、解释法和废止法,则是指立法主体变更或解释现行法的活动,宣布规范性法律文件废止、失效,对年久不用的行政法规、地方性法规和规章进行清理。

三、立法体制

立法体制是一国立法制度最重要的组成部分,它是由立法权配置、立法权运行和立法权载体等方面的制度和体系构成的有机整体,其核心是有关立法权限的制度和体系。

立法体制既涉及中央和地方立法权限的划分,又包括同级国家机关之间立法权限的划分。一国的立法体制是适应政治、经济、文化发展的需要,从国家的历史和现实出发建立起来的。由于具体条件的差异,不同国家或同一国家的不同时期,立法体制并不相同。在决定立法体制的各种因素中,国家的政治制度,即国体、政体和国家结构形式是首要的因素。独裁专制国家的立法体制是高度集权的体制,君主的意志就是法律,而且经常是言出法随,以言废法;民主共和国家通常采用代议制的立法体制,即代议机关作为立法机关,拥有立法权。在联邦制国家,立法体制是二元的或多元的,一国之内有两个或多个机关拥有各自专有的或并行的立法权,为保证法制的统一,联邦制国家一般在宪法中划分中央与地方的立法权限,并规定联邦成员的立法不得同联邦的立法相抵触;单一制国家的立法体制一般是一元的,立法权集中在最高国家权力机关,全国只有一个立法体系。

我国实行的是"一元多级"的立法体制。"一元"体现了单一制国家立法体制的共性,即在全国范围内,立法体系是统一的。"多级"则是中国特色,即我国的立法体制分为中央立法和地方立法多等级立法,包括各省、自治区、直辖市、设区的地级市的立法与香港、澳门两个特别行政区的立法。目前,台湾地区的"立法"尚未纳入中华人民共和国立法体制之中,随着祖国的完全统一,这一问题将迎刃而解。在"一国两制"的政治体制下,香港、澳门特别行政区的立法会在不同中华人民共和国宪法和特别行政区基本法相抵触的前提下,享有独立的立法权。

中共十八大以来,我国加大了立法体制改革的力度,使我国的立法体制更加适应国家治理体制和治理能力现代化的时代需要。习近平提出:"推进科学立法,关键是完善立法体制","优化立法职权配置","明确立法权力边界"。[①]一是加强党对立法工作的领导,把党的领导贯彻到立法工作全过程,确保立法反映党和国家事业发展要求、体现社会主义核心价值观、回应人民群众的关切和期待。在加强党对立法工作的领导的同时,要完善党对立法工作中重大问题决策的程序。2016年发布的《中共中央关于加强党领导立法工作的意见》对各级党委领导立法工作的权限、方式、程序等进行了明确规定。二是优化立法职权配置,发挥人大及其常委会在立法工作中的主导作用。健全有立法权的人大主导立法工作的体制机制,发挥人大及其常委会在立法工作中的主导作用;建立由全国人大相关专门委员会、全国人大常委会法制工作委员会组织有关部门参与起草综合性、全局性、基础性等重要法律草案制度;增加有法治实

---

① 习近平:《加快建设社会主义法治国家》(2014年10月23日),载《十八大以来重要文献选编》(中),中央文献出版社2016年版,第189页。

践经验的专职常委比例;依法建立健全专门委员会、工作委员会立法专家顾问制度;健全立法起草、论证、协调、审议机制,完善法律草案表决程序,增强法律法规的及时性、系统性、针对性、有效性,提高法律法规的可执行性、可操作性。三是加强和改进政府立法制度建设,完善行政法规、规章制定程序,完善公众参与政府立法机制;重要行政管理法律法规由政府法制机构组织起草,防止部门利益法律化。四是明确立法权力边界,从体制机制和工作程序上有效防止部门利益和地方保护主义法律化。对部门间争议较大的重要立法事项,由决策机关引入第三方评估,充分听取各方意见,协调决定,不能久拖不决。五是赋予设区的市地方立法权,同时明确地方立法权限和范围,禁止地方制发带有立法性质的文件,禁止利用法规实行地方保护主义,对全国形成统一开放、竞争有序的市场经济造成障碍,损害国家法制统一。

四、立法原则

(一)立法原则的含义

立法原则,实际就是立法中的法理,是立法主体据以进行立法活动的重要准绳,是立法指导思想在立法实践中的重要体现,是国家立法意识和立法制度的重要反映。

正确理解立法原则的含义,需要明晰立法原则与立法指导思想的关联和区别。立法指导思想是观念化和抽象化的立法原则,立法原则是规范化和具体化的立法指导思想;立法指导思想通过立法原则予以体现和具体化,立法原则根据立法指导思想确定。二者紧密相关。但是又有清楚的界限:其一,立法指导思想是为立法活动指明方向的理性认识和重要理论根据;立法原则是立法活动据以进行的基本准绳。其二,立法指导思想主要作用于立法者的思维方式,通过立法者的立法观念来影响立法活动;立法原则主要作用于立法者的立法行为,通常直接对立法活动发挥作用。其三,立法指导思想和立法原则也有抽象和具体的区别,不能把两者完全等同起来,不能以立法指导思想代替立法原则或是相反。

(二)立法原则的发展

立法是时代的反映,作为立法之内在法理的立法原则,也要随着时代的发展而变化。每个历史时期甚至每个历史时期的不同历史阶段,都会有相应的立法原则。2015年修改后的《立法法》直接规定了当代中国立法的基本原则,中共十九大报告进一步明确立法应当坚持依法立法原则、科学立法原则、民主立法原则。此外,在经济全球化和全球治理体系深刻变革的背景下,比较立法也是较为重要的一项立法原则。

第二节　依　法　立　法

一、依法立法原则的意义

在现代法治国家,任何权力的行使都必须纳入法治轨道,作为国家重要政治活动的立法权的行使更要受到法律规制。"任何人,甚至最优秀的立法者也不应该使他个人凌驾于他的法律之上。"① "只有立法者自身服从法治的条件下,立法才能托付给立法者。"② 这些法理格言都集中体现了依法立法原则的重要意义。

依法立法原则是全面依法治国的必然要求。中共十九大报告明确了全面推进依法治国的总目标是建设中国特色社会主义法治体系,建设社会主义法治国家。建设中国特色社会主义法治体系是一项系统工程,立法是其中的首要环节和关键内容。全面推进依法治国,不仅要求行政机关依法行政、司法机关公正司法,也必然要求立法机关依法行使立法权。只有深入推进依法立法,形成完备的法律规范体系,进一步提高立法质量,才能为全面依法治国提供更加有力的法律保障。

依法立法原则是促进宪法实施、维护宪法权威的重要手段。宪法是国家的根本法,是治国安邦的总章程,具有最高的法律地位。依法立法的根本依据就是依宪立法,一切法律法规的立法依据和基础都来源于宪法。完善中国特色社会主义法律体系,必须遵循宪法确立的国家制度和原则,严格依据法定权限和法定程序立法,确保每一项立法都符合宪法精神。因此,坚持依法立法是依宪立法的现实体现,是加强宪法实施的直接手段,也是维护宪法权威的重要保障。

二、依法立法原则的基本内涵和要求

依法立法原则的基本内涵是:第一,一切立法权的存在和行使都应有法的根据,"任何人乃至立法者都应当受法律的约束"③;立法活动的所有环节都必须依法运行;立法主体的所有行为均应以法律为准则,行使法定职权,履行法定职责。第二,规范立法制度和立法活动的法,应充分反映人民的意愿,要有利于立法发展,有利于社会进步,有利于保障人民的各项基本权利。只有立法机关认真地对待权利,人民才能认真地对待法律。第三,一切脱离法律轨道进行的立法活动和行为,都要依法受到法律的追究,相应主体要承担应有的责任。

依法立法原则在我国《立法法》中得到了明确体现。《立法法》第3条规定:"立法应当遵循宪法的基本原则……" 第4条规定:"立法应当依照法定的权限和程序,从国家整体利益出发,维护社会主义法制的统一和尊严。" 这些规定将依法立法原则具体化为三项基本要求:依宪立法,依据法律体系立法,严格遵循立法权限和立法程序。

(一)依法立法首先是依宪立法

宪法奠定了整个国家法律体系的基础,是所有法律、法规、规章的总依据,是其他所有规范性法律文件的效力来源,因此,坚持依法立法首先必须坚持依宪立法。

依宪立法就是要求立法遵循宪法的基本原则,坚持中国共产党全面领导,坚持马克思列宁主义、毛泽东思想、邓小平理论、"三个代表"重要思想、科学发展观、习近平新时代中国特色社会主义思想,坚持人民民主专政,坚持中国特色社会主义道路,坚持改革开放。

---

① 《马克思恩格斯全集》第1卷,人民出版社1972年版,第264页。

② [德]古斯塔夫·拉德布鲁赫:《法律智慧警句集》,舒国滢译,中国法制出版社2001年版,第50页。

③ [英]弗里德利希·冯·哈耶克:《法律、立法与自由》(第2、3卷),邓正来等译,中国大百科全书出版社2000年版,第489页。

依宪立法原则的具体要求主要包括：立法权的配置及立法体制要符合宪法对于国家权力的根本规定；立法权的行使和立法程序的运行要遵循宪法；包括《立法法》本身在内的法律的立改废释要依照宪法，不得同宪法相抵触；可能同宪法相抵触的行政法规、地方性法规、自治条例和单行条例，可以由全国人大常委会对其进行合宪性审查。例如，《立法法》有关"税收法定"的专属立法权规定，就是为了贯彻《中华人民共和国宪法》第56条规定的"税收法定"原则；国务院制定行政法规的部分权限就源自《中华人民共和国宪法》第89条规定的国务院行政管理职权的事项；《立法法》规定了全国人大常委会及其专门委员会和常委会工作机构针对报送的规范性文件要展开主动审查。这些都是贯彻依宪立法的重要制度安排。

依宪立法是遵守宪法、维护宪法权威的重要体现和方式，也是加强宪法实施的重要途径。在我国，依宪立法的目的就是完善以宪法为统帅的中国特色社会主义法律体系，把国家各项事业和各项工作纳入法制轨道，实现有法可依、有法必依、执法必严、违法必究。其要义在于以宪法为根本法，加强重点领域立法，通过完备的法律规范体系推动宪法实施，保证宪法确立的制度和原则得到落实。

（二）依法立法是依据法律体系立法

立法是法律、行政法规、地方性法规以及部门规章和地方规章等不同层次、不同效力的规范性文件的立改废释活动，涉及国家和社会生活的不同领域、各个方面，关系不同主体、复杂利益的协调、权衡，而且立法本身也是一个动态的系统，这使得仅仅依靠《中华人民共和国宪法》《立法法》并不足以规范整个立法活动、所有立法环节和全部立法内容。因此，依法立法除了要遵循宪法的基本原则，也要遵守规范立法活动的核心法律——《立法法》以及《全国人民代表大会组织法》《国务院组织法》《地方各级人民代表大会和地方各级人民政府组织法》等相关法律，特定领域的立法还要遵循相应领域的法律、行政法规等规范性文件，等等。

依据整个法律体系立法，就是坚持法制统一原则，就是要从国家的整体利益出发，充分考虑和维护人民的根本利益和长远利益，杜绝只强调本部门和本地方利益的狭隘部门保护主义和地方保护主义；依据整个法律体系立法，就是要按照已有法律内部之间的效力关系，保持法律体系内部的和谐一致，使法律体系内部的法律制定、修改、解释和废止有上位法根据，使各种法律部门尽可能相互协调、相辅相成。依据法律体系立法有利于法律体系内部的前后一致、上下融贯、整体和部分配套协调，有利于确保立法活动从整个法律体系的全局出发，是实现法制统一、维护法律权威、提高立法质量的重要保障。

（三）依法立法是依权限、守程序立法

国家机关职权法定是法治的一项重要内容和核心要求。为了确保立法权限在法律范围内的有序、有效行使，必须从法律上明确地、合理地划分中央与地方、权力机关与行政机关的立法权限。有立法权限，是依法立法的起点。

立法程序是立法权运行的重要方式、手续和步骤，也是立法活动顺利展开的必经环节和载体，立法权的行使不仅要遵照法定权限，还要按照法定程序展开。《立法法》规范立法活动的主要内容就是具体规定了各个立法主体行使立法权力、开展立法活动的程序。

第三节　科学立法

一、科学立法原则的意义

科学立法的要义是尊重立法规律、克服立法中的主观随意性和盲目性,避免或减少错误和失误,降低成本,提高立法效益。

坚持科学立法原则,就要实现立法观念的科学化和现代化,要把立法作为科学活动。马克思认为:"立法者应该把自己看作一个自然科学家。他不是在创造法律,不是在发明法律,而仅仅是在表述法律,他用有意识的实在法把精神关系的内在规律表现出来。"① 现代中国法制改革的先行者沈家本指出:"法之修也,不可不审,不可不明。而欲法之审,法之明,不可不穷其理。""若设一律,而未能尽合乎法理,……则何贵乎有此法也。"② 修法需要"穷理"、注重"法理",实际上就是在立法之前,对法律的规律、原理进行科学的研究。毛泽东也曾经明确提出:"搞宪法是搞科学。"③ 这些论述都说明了立法要遵循客观规律、体现科学立法的精神。因而,要建立科学的立法观念和理论,自觉运用科学理论指导立法,构造立法蓝图,作出立法决策,采取立法措施,对于立法实践中出现的问题和积累的经验教训,给予科学回答和合理总结。此外,还要从制度上解决问题,建立科学的立法权限划分体制、立法主体设置体制、立法运行体制;立法体制应当合乎社会发展规律和立法发展规律,合乎国情民意;立法组织、机构应当由具有高素质的立法者和立法工作人员组成。

坚持科学立法原则,更具直接意义的,是要实现立法方法、立法策略和其他立法技术的科学化、合理化。

从立法方法上说,立法要坚持从实际出发和注重理论指导相结合,坚持客观条件和主观条件相结合,坚持原则性和灵活性相结合,坚持稳定性、连续性和适时变动性相结合;坚持总结借鉴和科学预见相结合,坚持本国特色和国际大势相结合。

从立法策略上说,要正确处理立法的超前、滞后和同步的关系,要按照客观规律的要求确定立法指标,要尽可能选择最佳立法形式、内容和最佳法案起草者,要顾及全局并做到全面、系统,要分清轻重缓急并合理安排各个项目的先后顺序,要注重提高立法效率。

从其他立法技术上说,要注意法律法规之间的纵向和横向关系的协调一致,使法的内部结构协调一致;要注意立法的可行性,所立的法要能为人接受,宽严适度易于为人遵守;还要特别注意避免和消除混乱的弊病。

二、科学立法原则的基本内涵和要求

科学立法的核心在于尊重和体现客观规律,即尊重和体现经济、政治、文化、社会、生态建设

---

① 《马克思恩格斯全集》第 1 卷,人民出版社 1995 年版,第 347 页。

② (清)沈家本:《历代刑法考》,中华书局 1985 年版,第 2234、2084 页。

③ 《毛泽东著作选读》(下册),人民出版社 1986 年版,第 713 页。

与发展客观规律,使法律准确适应改革发展稳定安全需要,公正合理地协调利益关系;同时,要坚持问题导向,切实提高法律的针对性、及时性、系统性、协调性,增强法律的可执行性和可操作性,使每一部法律法规都切实管用。具体而言,科学立法原则的基本内涵和要求包括:

(一)从我国实际出发,正确处理立法与改革的关系

法律是调整社会关系的行为规范,法律规范作用的发挥和社会价值的实现,需要其在遵循法律体系自身内部基本规律的前提下,准确反映和体现其所调整的社会关系的现实状况和客观规律。因此,坚持科学立法,首先就是从实际出发,立足于我国的基本国情。"为国也,观俗立法则治,察国事本则宜。不观时俗,不察国本,则其法立而民乱,事剧而功寡。"[1] "当时而立法,因事而制礼。"[2] 立法必须从我国实际出发,既不能罔顾国情、超越阶段,也不能因循守旧、墨守成规,而要突出中国特色、实践特色、时代特色。当前我国最大的国情、最大的实际就是我们仍然是一个发展中国家,仍处于并将长期处于社会主义初级阶段。经过长期努力,中国特色社会主义进入了新时代,我国社会主要矛盾已经转化为人民日益增长的美好生活需要和不平衡不充分的发展之间的矛盾。通过全面深化改革解决发展中面临的一系列突出矛盾和挑战,必须正确处理立法与改革的关系,使立法适应经济社会发展和全面深化改革的要求,适应人民群众日益增长的多元化、高品质的法治需要。

一方面,要积极回应改革需求,加强重点领域立法。立法要紧紧围绕全面深化改革的奋斗目标和任务要求,针对现实中的矛盾问题,深入分析立法需求,区分轻重缓急,突出立法重点,对涉及全面深化改革、推动经济发展、完善社会治理、保障人民生活、维护国家安全的法律抓紧制定、及时修改。

另一方面,要坚持改革于法有据,充分发挥立法在引领、推动和保障改革方面的重要作用。立法对改革方案和改革措施的确认,要依情况而定:实践证明行之有效的,要及时上升为法律;实践条件还不成熟、需要先行先试的,要按照法定程序做出授权;不适应改革要求的法律法规,要及时修改和废止;要加强法律解释工作,及时明确法律规定含义和适用法律依据。我国《立法法》第1条规定"发挥立法的引领和推动作用",从法理上理顺了立法与改革的关系。

(二)科学合理地规定权利与义务、职权与职责

法律是调整社会各种利益的规范,立法是化解矛盾、平衡利益、协调关系的重要手段。法律调整利益的主要方式就是规定公民、法人和其他组织的权利与义务,规定国家机关的权力与责任。检验立法是否科学的实质标准,就是立法是否科学合理地规定了权利与义务、权力与责任。

没有无权利的义务,也没有无义务的权利。公民在享有相应的合法权利时,也应当履行相应的法律义务,立法对于公民权利义务的规定,应当做到权利与义务相匹配、相协调、相统一。《中华人民共和国宪法》明文规定了我国公民享有的基本权利以及相应的法律义务,法律、法规在设定公民权利和义务时,不得同宪法相抵触。对于宪法规定的基本权利,法律、法

---

[1] 《商君书·算地》。
[2] 《商君书·更法》。

规和规章不得任意加以限制和剥夺。《立法法》第 8 条明确规定了全国人大及其常委会的专属立法权,其中涉及犯罪和刑罚、剥夺公民政治权利、限制人身自由的强制措施和处罚的,只能制定法律,而且这些事项不得授权行政机关制定行政法规。《立法法》新增单列了"税种的设立、税率的确定和税收征收管理等税收基本制度"作为全国人大及其常委会的专属立法权,这对于保护公民的合法财产权具有重大意义。

国家机关履行相应的社会职能,必须具备相应的职权,立法除了规定公民的权利和义务,还要规定国家机关的职权与职责。合理地配置国家机关的职权,提高国家机关的治理能力和服务水平,需要实现职权法定。按照有权必有责的基本法治原则,既要法定确权又要严格立责,实现职权与职责相统一。《立法法》第 80 条规定:"……没有法律或者国务院的行政法规、决定、命令的依据,部门规章不得设定减损公民、法人和其他组织权利或者增加其义务的规范,不得增加本部门的权力或者减少本部门的法定职责。"第 82 条第 6 款规定:"没有法律、行政法规、地方性法规的依据,地方政府规章不得设定减损公民、法人和其他组织权利或者增加其义务的规范。"这是要求部门规章、地方政府规章科学合理规定公民权利和义务、国家机关职权和职责的基本要求。

第四节　民 主 立 法

中国自古就有民本立法观念。春秋时期思想家慎子就说过:"法非从天下,非从地出,发于人间,合乎人心而已。"[①] 现代民主立法原则的形成和确立,是"人民自己当家作主"的民主政治和"一切权力源自人民"的民权政治实现以后的事情。现代社会民权政治的基本原理是强调一切权力属于人民、一切权力源于人民、一切权力为了人民。立法作为现代社会的核心政治活动,同样需要体现民权保障、遵循民主原则。正如柏克所言:"反对国家中大多数人的法律在本质上不是一种合理的法律,同理,它也不具有权威性。因为所有的政府形式中,只有人民才是真正的立法者。"[②] 现代民权政治中的人民,通过亲身参与立法或通过其选举产生的代表行使立法权力,来体现人民的主体地位。

一、民主立法原则的意义

民主立法是践行民主政治、实现人民当家作主的本质要求。在中国,坚持民主立法原则,是实现人民主权所必需。中国是人民主权的国家,人民是国家的主人、民主的主体,国家活动的根本任务之一就是确认和保障人民的民主权利,特别是其当家作主管理国家的权利。民主立法的核心在于立法要为了人民、依靠人民,即"法生于义,义生于众适,众适合于人心,此治之要也"[③]。人民以各种渠道、多种方式广泛参与立法,立法权得到民主行使、公开

[①]《慎子·逸文》。

[②]［英］埃德蒙·柏克:《自由与传统——柏克政治论文选》,蒋庆等译,商务印书馆 2001 年版,第 283 页。

[③]《淮南子·主术训》。

运行,有利于更广泛地汇集和表达民意,更有效地凝聚社会共识。

民主立法是提升立法质量的重要途径。让人民成为立法的主人并参与立法,便能够更加充分地集中民智,更加全面地反映民意,更好地协调立法所涉及的各方利益。坚持民主立法原则,也是对立法实行有效监督和制约、防止滥用立法职权、个人独断或不尽立法职守所必需。让人民监督权力,让权力在阳光下运行,是把权力关进制度笼子的根本之策,只有坚持民主立法才能防止立法权的异化,才能防止地方保护主义和部门保护主义,进而使得立法体现国家整体利益、全局利益,从而更加科学合理地规定公民的权利与义务、国家机关的权力与责任。

民主立法也是进行法律教育、推动自觉守法、树立法律权威的重要方式。"法不察民情而立之,则不威。"[①] 人民权益要靠法律保障,法律权威要靠人民维护。法律的根基在于人民发自内心的拥护,法律的伟力在于人民出自真诚的信仰。只有保证人民民主参与立法的权利,只有立法保障人民的合法权益,法律才能深入人心,走入人民群众,遵守法律才能真正成为全体人民的自觉行动。只有实行民主立法,才能树立法律权威,才能使法律得到人民拥护。民主立法通过使公众参与立法,起到了普及法律知识的作用,是法律宣传教育的重要方式,同样有助于人们自觉遵守法律,增强法治意识。

二、民主立法原则的基本内涵和要求

民主立法的核心在于立法为了人民、依靠人民。即立法要坚持人民主体原则,以人民为中心,发扬社会主义民主,完善立法工作机制,创新公众参与立法方式,保障人民通过多种途径参与立法活动。具体而言,民主立法原则的基本内涵和要求包括:

(一)坚持人民通过人民代表大会制度民主立法

我国人民民主专政的国体和人民代表大会制度的政体,决定了人民民主是社会主义的生命,没有民主就没有社会主义,人民当家作主是社会主义民主政治的本质。人民代表大会制度作为党的领导、人民当家作主、依法治国有机统一的根本制度安排,是我国的根本政治制度,是人民民主的最高形式和重要途径,是社会主义政治文明的本质特征。坚持国家一切权力属于人民,坚持人民主体地位,就必须保证人民在国家中的主体地位,就必须支持和保证人民通过人民代表大会行使国家权力,就必须发挥人大及其常委会在立法工作中的主导作用。《立法法》第51条规定:"全国人民代表大会及其常务委员会加强对立法工作的组织协调,发挥在立法工作中的主导作用。" 为了贯彻民主立法原则,有必要进一步完善我国的人大组织制度、机构人事和工作制度,健全有立法权的人大及其常委会主导立法工作的体制机制,确保立法充分体现人民的共同意志,充分展现人民主体地位。

(二)充分发挥人大代表的主体性作用

各级人大代表是国家权力机关的组成人员,尊重代表的权利就是尊重人民的权利,保障

---

① 《商君书·壹言》。

代表依法履行职责就是保证人民当家作主。要建立人大代表的议案、建议与立法规划、立法计划的衔接机制，认真研究采纳代表议案提出的立法建议，增强代表法律议案办理实效；更多吸收人大代表参与立法调研、咨询和审议等立法活动，拓宽代表参与立法的途径和渠道，更好地发挥人大代表作用，保证代表充分行使立法权；密切代表同人民群众的联系，使得人大代表更好地反映人民的立法意志。我国《立法法》新增诸多关于人大代表列席、参与人大及其常委会、专门委员会以及行政机关立法审议、立法调研的规定，为人大代表参与立法提供了法律依据，是民主立法原则的法律表达。

（三）完善社会公众民主参与立法

坚持民主立法原则，除人民代表大会制度以及人大代表的代议民主外，社会公众直接参与立法活动的参与民主同样重要。"每一个人的伟大权利，权利中的权利，就是享有分享制定法律的权利。"参与意味着每个人与所有其他人在涉及他们的利益、权利和义务的重要事务中，应当被作为平等的个体予以有尊严地对待。① 因此，公众参与立法也是民主立法原则的必然要求和重要内容。

完善社会公众民主参与立法，前提是健全立法公开机制。《立法法》第5条对"坚持立法公开"的规定，为公众民主参与立法提供了前提性保障。《立法法》对法律草案公布机制的规定，是扩大公众有序参与立法的重要途径。

完善社会公众民主参与立法，主要是要健全社会公众参与立法制度。《立法法》规定了专家学者、社会公众参与法律草案起草、调研审议、公开征求意见、意见反馈机制、立法民主监督等丰富多样的社会公众民主参与立法的形式；社会公众可以通过听证会、座谈会、论证会以及书面征求意见等方式参与立法活动。这就拓宽了社会公众参与立法的渠道，扩大了社会公众参与立法的广度、深度，提升了社会公众参与立法的水平，有效地体现和实践了民主立法原则。例如，第十一届全国人大期间，全国人大及其常委会先后向社会公布了48件法律及法律修正案草案，共有30多万人次提出了100多万条意见。《个人所得税法修正案草案》公布后，收到了社会各界人民群众提出的23万多条意见，在综合考虑各方面意见的基础上，经过反复协商和充分审议，全国人大常委会对草案作出了重要修改，充分体现了立法的民主参与。

第五节　比　较　立　法

一、比较立法原则的意义

古今中外，比较立法是人们在立法活动中实际遵循的基本方法和重要原则，主要是指国家在立法过程中，通过横向认识不同社会制度或法律传统（法系）、法律体系中相关法律

---

① 参见［美］杰里米·沃尔德伦：《法律与分歧》，王柱国译，法律出版社2009年版，第304—333页。

制度,对比和参照不同法律制度的异同,以期理解和借鉴其他国家和地区立法经验和法律制度,推动自身立法工作和法制建设的立法方法和原则。

立法过程中进行比较立法的前提和基础在于:第一,人类法制文明的多元性为比较立法提供了前提。如果没有人类多元化的法制文明,就不存在比较认识的对象,没有多样性的差异法制文明,也就无须也无法进行比较立法。第二,人类法制文明的共存性为比较立法提供了条件。如果人类不同法制文明总是而且可以孤立存在,那么这些法制文明之间的交流、接触就没有必要,比较立法也就没有必要。但是恰恰相反,现代人类社会是一个共同生存、你中有我、我中有你的共同体,这使得通过不同法制文明之间的比较推动立法成为必要。耶林早已指出:"各民族的生活并不与邻国相隔绝,而与一国之内人们的生活相仿——那是一种源源不断的交往,是相互(和睦的与敌对的)联系与影响的系统,是有舍有得。简言之,是与人类一切相关事情上无边无际的往来。"[1] 第三,人类法制文明的共通性为比较立法提供了可能。两种完全不同的事物之间是无法进行比较的,人类法制文明虽然多元但又彼此共通,虽有差异但又紧密相关,只有具有内在共通性、彼此相关性的法律制度才具有可比性,也才能进行比较立法。

在我国实行比较立法,有着基本需求和重大意义:第一,认识他者,认识自身,知己知彼。可以说,不知别国法律者,对自己的法律便也一无所知。[2] 比较立法的首要内容就是客观中立地观察和认识其他国家和地区的相关法律制度,熟悉和理解其他法律体系中相关法律制度的原理、功能,获知相关法律制度的法律知识和法律信息,并且通过其他法制文明的映照,更加深刻地认识自身法制文明。第二,比较借鉴,取长补短,文明互鉴。客观地认识和理解是为了进一步地理性比较,通过对不同法律制度的比较,提供立法的域外参考和立法的别样思路,为自身的立法活动提供可行的法律解决方案。第三,求同存异,获得共识,和谐会通。比较立法不是为了通过比较确立某种法制文明居高临下的优越地位,不是为了以此优越地位相互欺凌、彼此霸蛮或进行法制征服和法制殖民,而是为了在不同法制文明之间求同存异,实现法制文明的自由传播和平等交流,是主动的立法学习而不是被动的立法接受,是为了更好地实现法律的国际衔接和全球合作,走向法制文明相互会通、彼此互鉴的世界。耶林说道:"世上的所有民族都有权利彼此往来。分工的法则同样盛行,并适用于各民族。没有哪一片土地会结出所有种类的果实,没有哪一个民族能够成就所有的业绩。各民族须相互取长补短,同舟共济;完美仅存在于整体中,存在于那各民族的共和国中。……这就是民族生活的形式——这就是各民族的宿命。民族的繁盛恰如个人的兴旺,其要害是源源不绝地从外部摄取养料。语言、艺术、习俗、整个国民文化状态,简言之,民族的个性或民族性,与一

---

① [德]鲁道夫·冯·耶林:《罗马法对现代世界的价值》,姚远译,载《厦门大学法律评论》(总第21辑),厦门大学出版社2013年版。

② 参见[德]茨威格特、克茨:《比较法总论》(上),潘汉典等译,中国法制出版社2017年版,中译本序。

个人的自然和精神的有机体相似,都是无穷无尽的外部影响和汲取的产物。"[1] 因此,比较立法的终极目标是实现人类法制文明的求同存异、协和万邦,实现一个面向现代化、面向世界、面向未来的全球法律共同体。

二、比较立法原则的基本内涵和要求

现代中国比较立法的实践历程可追溯至沈家本等晚清修律大臣的变法运动。沈家本提出:"我法之不善者当去之,当去而不去,是之为悖。彼法之善者,当取之,当取而不取,是之为愚。"[2] 民国时期的中国同样通过移植英、美、德、法、日本、苏联等国家的法律制度,制定了大量的新式法律。孙中山就曾指出:"查编纂法典,事体重大,非聚中外硕学,积多年之调查研究,不易告成。"[3] 这实际上就是通过熟悉中外法律的专家进行比较立法。

中华人民共和国成立以后,在起草、制定宪法和其他法律的过程中,我们对世界各国的宪法和有关法律进行了比较研究,并且充分借鉴了其他国家的法律制度。毛泽东在主持起草《中华人民共和国宪法》文本时,对可以搜集到的世界上的宪法进行了系统的比较分析,既借鉴了苏联社会主义宪法,也吸收了西方资本主义宪法的某些立宪技术和规则。改革开放以来,我们坚持对外开放搞建设的方针,在立法领域同样实行了比较立法的原则。[4] 立法所需的"经验"不仅包括自己的直接的实践经验,还包括他人的间接经验;不仅包括本国的经验,还包括国外的经验。立法活动必须根据时代的要求,以改革的精神加快立法,落实规划。立法工作不一定什么法都从头搞起,有的法律条文可以从国外直接移植过来,为我所用,对于符合我国国情、经实践证明是有益的法律规定,可以采取拿来主义,这有利于加快我国立法步伐。这些比较立法的实践和主张对于加快建设中国特色社会主义法律体系发挥了重要的作用。在经济全球化和全面依法治国的新时代,比较立法具有更显著的现实意义和时代内涵。

小结

本章主要探讨了立法概念、立法体制、立法原则三个问题。立法是指由特定的国家机关,依据一定职权和程序,运用一定技术,制定、认可、变动、解释法律规范的活动。立法体制是由立法权限、立法权运行和立法权载体诸方面的体系和制度构成的有机整体,其核心是有关立法权限的体系和制度。立法原则,即立法的法理,是立法主体据以进行立法活动的重要

① ［德］鲁道夫·冯·耶林:《罗马法对现代世界的价值》,姚远译,载《厦门大学法律评论》(总第21辑),厦门大学出版社2013年版。
② (清)沈家本:《历代刑法考》,中华书局1985年版,第2236—2237页。
③ 孙中山:《咨参议院请核议暂行法律文(一九一二年三月二十四日)》,载中国社会科学院近代史研究所中华民国史研究室等合编:《孙中山全集》(第2卷),中华书局1982年版,第276页。
④ 参见沈宗灵:《比较法研究》,北京大学出版社1998年版;吴大英等:《比较立法制度》,群众出版社1992年版,第1章;何勤华、李秀清:《外国法与中国法——20世纪中国移植外国法反思》,中国政法大学出版社2003年版。

准绳,是立法指导思想在立法实践中的重要体现。我国的立法原则有四项:依法立法、科学立法、民主立法、比较立法。贯彻这四项原则,是为了提高立法质量,努力使每一项立法都符合宪法精神,反映人民意愿,得到人民拥护,利于贯彻实施。

思考题

1. 如何理解立法的特征及其法治意义?

2. 如何理解依法立法原则?

3. 民主立法原则的核心要义是什么?

4. 为什么要实行比较立法?

5. 马克思说:"立法者应该把自己看作一个自然科学家。他不是在创造法律,不是在发明法律,而仅仅是在表述法律。"请结合本章内容阐述其中的法理。

第十六章 法 的 实 施

> 盖天下之事,不难于立法,而难于法之必行。
>
> ——（明）张居正[①]

　　法律的生命在于实施,法律的权威在于实施,法律的伟力也在于实施。"盖天下之事,不难于立法,而难于法之必行。"[②] 全面推进依法治国的重点应该是保证法律严格实施,首先是确保宪法的贯彻实施,真正做到"法立,有犯而必施;令出,唯行而不返"[③]。法律实施,是相对于法律制定而言的,执法、司法、守法是法律实施的基本形式。本章将对执法、司法、守法等法律实施的具体形式进行阐述。

---

　　① 张居正（1525—1582）,字叔大,号太岳,湖北江陵人（今湖北荆州）,明朝中后期政治家、改革家。本题记选自（明）张居正:《请稽查章奏随事考成以修实政疏》。

　　② （明）张居正:《请稽查章奏随事考成以修实政疏》。

　　③ （唐）王勃:《上刘右相书》。

第一节　法的实施概述

立法解决了有法可依,接着而来的是有法必依,即保证法律特别是宪法的全面严格实施。有法必依的基本保障是执法必严、违法必究。

一、法律实施释义

法的实施,亦称"法律实施",是相对于法律制定而言的,指宪法法律规范的要求通过执法、司法、守法、法律监督等各种形式在社会生活中得以运用、应用和实现的活动。在这个意义上,法律实施不仅包括国家机关及其工作人员依法立法、依法执法、依法司法、依法进行法律监督等国家活动,还包括政党、社会团体、企业事业单位、公民个人等主体依法执政、依法管理、依法经营、依法行使权利和履行义务等活动。

在法律运行系统中,法律制定(立法)是基础和起点,而法律实施则是使国家制定出来的法律规范具体化、将法律要求现实化的过程,是法律从应然状态到实然状态的过程,是把纸面上的法律变成行动中的法律,把抽象的法律行为模式变成法律主体的具体行为的过程。法律得以实施的标志是权利得到实现,权力受到制约,义务(职责)得到履行,禁令得到遵守,法律的价值和立法宗旨得到充分实现。

与法律实施相关的概念有两个:一个是法律实行(施行),一个是法律实现。

法律实行、法律施行与法律实施的内涵基本一致,区别在于:法律实行强调以实际行动落实法律要求,如果有了法律而不实行、束之高阁,或者实行不力、做表面文章,那制定再多法律也无济于事。法律施行习惯上用于法律文本,规定法律之生效,如"本条例自公布之日起施行"等。

法律实现既是法律实施的动力,又是法律实施的结果、效果。法律实施不仅要求实行法律规定,还要求实现立法的目的和宗旨。实行与实现是法律实施的两个阶段、两个层次。例如,在某些案件当中,法官机械地适用法律,虽然作出了与法律规定并不矛盾的判决,但是并未达到权利救济或定分止争的立法目的,这时就可以说法得到了实行,但立法宗旨并没有实现,甚至违背了立法宗旨。

二、法律实施的重大意义

对于法律实施的重要性,古今中外有许多思想家、政治家作了深刻论述。例如,古希腊思想家亚里士多德在解释法治的含义时指出:"法治应包含两重意义:已成立的法律获得普遍的服从,而大家所服从的法律又应该本身是制定得良好的法律。"[1] 我国战国时期的思想家韩非认为:"世不患无法,而患无必行之法。"[2] 汉代思想家王符说过:"法令行则国治,法令

---

[1] [古希腊]亚里士多德:《政治学》,吴寿彭译,商务印书馆1965年版,第199页。

[2] 《盐铁论·申韩》。

弛则国乱。"① 清末法学家沈家本认为："法立而不行,与无法等。"② 近代著名思想家梁启超提出："立法非以为观美也,期于行焉,法立而必施,令出而必行。"③ 最近几年,习近平多次就宪法法律实施作出过深刻论述和明确要求,指出："全面推进依法治国的重点应该是保证法律严格实施,做到'法立,有犯而必施;令出,唯行而不返'。""要加强宪法和法律实施,维护社会主义法制的统一、尊严、权威,形成人们不愿违法、不能违法、不敢违法的法治环境,做到有法必依、执法必严、违法必究。"④

实事求是地说,改革开放以来,我国法律实施的情况不断变好。然而,无论是在全社会的法治观念和行为习惯中,还是在执法和司法实践中,无论在直观上还是参照比较权威的法治评估数据,我国法律被尊重被遵守的情况都低于立法预期。问题和不足主要表现在:保证宪法实施的监督机制和具体制度还不健全,法律、法规、规章等规范性文件的合宪性审查仍然薄弱;有法不依、执法不严、违法不究现象在一些地方和部门依然存在,地方保护主义和部门逐利倾向时常干扰法律的执行和适用;关系人民群众切身利益的食品药品安全、环境保护、生产安全等执法司法问题还比较突出;不把宪法和法律当回事、不给宪法和法律"留面子"的实例时有发生,违法强拆、暴力强迁事件不断发生;一些公职人员滥用职权、失职渎职、执法犯法甚至徇私枉法,严重损害国家法律权威;"法律白条""裁判折扣""审结执行不能"的困局尚未突破等,这些现象的存在不仅损伤了人民群众的利益,影响了法律的实施,更对法治的尊严和权威提出了挑战。

法律实施不到位,使得我国法律体系应有的价值和作用大打折扣。面对法律实施的现状与立法机关的预期之间的反差,我们不得不把维护宪法法律的尊严和权威,确保宪法法律有效实施,作为当前和今后相当长时期法治中国建设的重中之重。

三、法律实施的基础与动力

(一)法律的人民性与法律实施

法律实施的根基在于人民的拥护和信赖。中共十八届四中全会《决定》深刻指出:"人民是依法治国的主体和力量源泉……必须使人民认识到法律既是保障自身权利的有力武器,也是必须遵守的行为规范,增强全社会学法尊法守法用法意识,使法律为人民所掌握、所遵守、所运用。"在国家治理现代化和法治现代化的进程中,我国宪法法律秉持以人为本的基本理念,以尊重人民主体地位、增进人民利益福祉、促进人的全面发展、保障和改善民生、确保改革成果的广泛公平分享为核心价值,必将获得人民群众发自内心的拥护和支持,进而不断增强宪法法律实施的内生动力,提升宪法法律实施的水平和效果。

---

① 《潜夫论·述赦》。
② (清)沈家本:《历代刑法考》,中华书局1985年版,第34页。
③ (清)梁启超:《梁启超全集》(第4册),北京出版社1999年版,第2468页。
④ 习近平:《在十八届中央政治局第四次集体学习时的讲话》(2013年2月23日),载《习近平关于全面依法治国论述摘编》,中央文献出版社2015年版,第44—45页。

（二）法律的公正性与法律实施

法律实施的前提是法律的公正性。公正是法律的生命线,保障和维护社会公正是法治的核心价值。法律公正是良法善治的基本标志,也是法律有效实施的基本前提。只有公正的法律才能获得人民群众的认可、接受和遵守。在法治的范畴内,法律公正主要包括权利公平、机会公平、规则公平等。中共十八届四中全会《决定》强调坚持法律面前人人平等的原则,指出:任何组织和个人都必须尊重宪法法律权威,都必须在宪法法律范围内活动,都必须依照宪法法律行使权力和权利、履行职责和义务,都不得有超越宪法法律的特权。必须维护国家法制的统一、尊严、权威,切实保证宪法法律有效实施,绝不允许任何人以任何借口、任何形式以言代法、以权压法、徇私枉法。

（三）法律的权威性与法律实施

法律的权威性是法律实施的根本保障。法律的权威性是指在国家生活中法律应当有至上的效力和最高的尊严,国家机关的一切职权根源于法律,应依法行使;国家行政机关、司法机关应受立法机关的监督和制约,其决定不得与立法机关的一般性法律和决策相冲突,否则无效;各个政党,包括执政党在内,必须在法律的范围内活动,政党的政策不得违反宪法和基本法律,而且要依法行使领导权和执政权;宪法和法律拥有足够的力量制约权力任性,维护宪法法律秩序,维护国家制度安全。

法律权威性的重要标志和基本保障在于,法律是由国家强制力保证实施的。在法治社会,尽管对于不同性质的法,保障其实施的国家强制力的性质、目的和范围有所不同,但是任何法要想成其为法和保持其效力,必须最终依靠国家对违法行为实施制裁。当然,在法律实施过程中,国家暴力常常是备而不用,"无所在,无所不在"的。

法律的权威性不仅来源于法律所具有的国家强制力,也来源于人民对法律的真心拥护和真诚信仰,只有这样,大家才会自觉守法、依法办事,法律才有权威。

维护法律尊严和权威的重要条件之一,是树立司法尊严和权威。在法治国家,司法是维护法律尊严和权威的有力保障和最后环节,一旦司法缺乏应有的尊严和权威,法律的尊严和权威必将一落千丈。树立司法尊严和权威的基础是树立人民法院生效裁判的尊严与权威。法院的裁决是适用法律的结果,最高人民法院的裁决具有终局效力。尊重法院的裁决特别是最高人民法院的终审裁决就是尊重法律,反之,就是藐视法律。

第二节　宪法的实施

一、全面实施宪法的重大意义

全面实施宪法是全面依法治国的首要任务,宪法实施是法律实施的重中之重。宪法实施的重要性是由宪法的性质所决定的。宪法是国家的根本法,是治国理政的总章程,是依法治国的总依据。可以说,宪法的实施既是宪法的生命,也是整个法律体系的生命。

首先,宪法实施决定着整个法律体系的实施。我国的法律体系是以宪法为统领的,法律的实施也必然以宪法的实施为统领。宪法实施得好,整个法律体系也将在法治运行中充满生机活力;宪法实施不到位,其他法律法规的实施便是一句空话。

其次,宪法实施关系到全面依法治国的全局。宪法是依法治国的总依据。"全面贯彻实施宪法,是建设社会主义法治国家的首要任务和基础性工作。"[1] 法治国家、法治政府、法治社会的一体化建设,离不开宪法的有效实施;严格执法、公正司法、全民守法的全过程推进,离不开宪法的有效保障。依法治国,首先是依宪治国,没有宪法的全面实施,就没有全面依法治国的光明前景。

最后,宪法实施影响着法治权威的树立。习近平总书记指出:"法治权威能不能树立起来,首先要看宪法有没有权威。"[2] 在现实生活中,一些部门只将宪法当作一部高高在上的大法,不少群众认为宪法与普通百姓的关系不大,加上宪法所确立的某些基本原则和基本制度缺乏相应的法律规范加以细化等原因,致使宪法被人们戏称为"闲法",当作"摆设"。在这种情况下,必须通过全面实施宪法增强宪法权威,焕发宪法的生命力,唤起人民对宪法的内心拥护和真诚信仰,进而在全社会、全体人民心中树立法治的权威。

二、全面实施宪法的首要任务

在新时代条件下,全面实施宪法的首要任务,就是把宪法实施提高到一个新水平。

把全面实施宪法提高到一个新水平,首先是中国共产党要坚持依宪治国、依宪执政。习近平总书记指出:"依法治国,首先是依宪治国;依法执政,关键是依宪执政。"[3] 党的领导与完善宪法监督制度是辩证统一的。"依宪治国、依宪执政,不是要否定和放弃党的领导,而是要强调党领导人民制定宪法和法律,党领导人民执行宪法和法律,党自身必须在宪法和法律范围内活动。"[4] 宪法的实施本身就体现着党的领导,而党员干部以宪法为行为准则,更以实际行动表明了党的先进性。宪法既是党依法执政的法宝,也是党员自身行为的标准。必须把依据党章从严治党与依据宪法治国理政统一起来,把党领导立法、保证执法、支持司法、带头守法统一起来,把依法治国、依法执政、依法行政统一起来。

把全面实施宪法提高到一个新水平,重点是进一步健全宪法实施和监督制度,充分发挥人大及其常委会在宪法实施中的重要作用。中共十八届三中全会提出,要进一步健全宪法的实施监督机制和程序。十八届四中全会《决定》进一步细化了宪法实施监督机制和程序

① 习近平:《在首都各界纪念现行宪法公布实行三十周年大会上的讲话》(2012年12月4日),载《十八大以来重要文献选编》(上),中央文献出版社2014年版,第88页。
② 习近平:《关于〈中共中央关于全面推进依法治国若干重大问题的决定〉的说明》(2014年10月20日),载《十八大以来重要文献选编》(中),中央文献出版社2016年版,第148页。
③ 习近平:《在首都各界纪念现行宪法公布实行三十周年大会上的讲话》(2012年12月4日),载《十八大以来重要文献选编》(上),中央文献出版社2014年版,第91页。
④ 习近平:《在省部级主要领导干部学习贯彻十八届三中全会精神全面深化改革专题研讨班上的讲话》(2014年2月17日),载《习近平关于全面依法治国论述摘编》,中央文献出版社2015年版,第21页。

的要求,并提出完善全国人大及其常委会宪法监督制度,健全宪法解释程序机制;加强备案审查制度和能力建设,依法撤销和纠正违宪违法的规范性文件;支持和引导公民和组织参与宪法实施监督,拓展公民和组织有序参与宪法监督的途径。中共十九大报告明确要求"加强宪法实施和监督,推进合宪性审查工作,维护宪法权威",更强调了合宪性审查对宪法实施的制度性保障作用。第五次修改后的《中华人民共和国宪法》将全国人大"法律委员会"更名为全国人大"宪法和法律委员会",为全国人大履行宪法监督、宪法解释、合宪性审查、宪法宣传等职权职责提供了坚实的制度保证和组织保障。2018 年《宪法修正案》确立了国家工作人员就职宪法宣誓制度,全国人大常委会还作出了《关于实行宪法宣誓制度的决定》。宪法宣誓制度促使国家工作人员树立宪法意识、恪守宪法原则、弘扬宪法精神、履行宪法使命,激励和教育国家工作人员忠于宪法、遵守宪法、维护宪法,加强宪法实施。

把全面实施宪法提高到一个新水平,更需要国家机关、各人民团体、企业事业单位、基层群众自治组织和社会组织的协同推进。国务院和地方各级人民政府作为国家权力机关的执行机关,作为国家行政机关,担负着严格实施宪法、法律的神圣使命,要坚持依宪施政、依法行政,严格规范政府行为,做到严格规范公正文明执法。各人民团体、企业事业单位、基层群众自治组织和社会组织等,享有宪法法律规定的地位、权利、义务,在社会主义经济建设、政治建设、文化建设、社会建设、生态文明建设中发挥着重要作用,也是维护宪法权威、自觉实施宪法不可或缺的重要力量。

把全面实施宪法提高到一个新水平,离不开全体人民的共同努力。宪法实施不仅是条文内容转化为合宪行动的过程,更是宪法价值和理念现实化的过程。要加强宪法宣传教育,在全社会广泛开展尊崇宪法、学习宪法、遵守宪法、维护宪法、运用宪法的宣传教育,让每个人都成为宪法的忠实崇尚者、自觉遵守者、坚定捍卫者。尤其是各级领导干部要带头做尊崇宪法、学习宪法、实施宪法的模范,并切实承担起宣传宪法、维护宪法尊严、保证宪法实施的职责。

三、全面实施宪法的精髓要义

全面实施宪法,不仅需要完备的制度体系和完善的制度保障,更重要的是要把握实施宪法的精髓和要义。制度体系和制度保障只是宪法有效实施的外在条件,而其精髓和要义则决定了宪法实施的实质性内涵。它具体表现为"四个坚持":

第一,坚持党的全面领导。"中国特色社会主义最本质的特征是中国共产党领导,中国特色社会主义制度的最大优势是中国共产党领导。"[①] 坚持党对一切工作的领导是新时代坚持和发展中国特色社会主义的第一方略。我国宪法以根本法确认了中国共产党的执政地位,确认了党在国家政权结构中总揽全局、协调各方的领导核心地位,坚持党的领导是宪法的根本要求,是依宪治国、依宪执政的根本体现。贯彻实施宪法,最根本的要求是强化"党政军民学,东西南北中,党是领导一切的"的意识,坚持党对国家和社会的全面领导,把党的

[①]　习近平:《决胜全面建成小康社会　夺取新时代中国特色社会主义伟大胜利——在中国共产党第十九次全国代表大会上的报告》(2017 年 10 月 18 日),人民出版社 2017 年版,第 20 页。

领导贯彻到治国理政全过程和各方面。在坚持党的全面领导的同时,不断改善党的领导,提高党的领导能力和水平。

第二,坚持正确政治方向。坚持正确政治方向,核心是坚定不移走中国特色社会主义政治发展道路。中国特色社会主义政治发展道路,是近代以来中国人民长期奋斗的历史逻辑、理论逻辑、实践逻辑的必然结果,是坚持党的本质属性、践行党的根本宗旨的必然要求。《中华人民共和国宪法》确认了这一政治发展道路的核心思想、主体内容、基本要求,规定了我国的根本制度和根本任务、领导核心和指导思想、国体、政体、基本政治制度、爱国统一战线、社会主义法治原则、民主集中制原则、尊重和保障人权原则等。坚持党的领导、人民当家作主、依法治国有机统一,是坚持中国特色社会主义政治发展道路的关键,也是宪法实施不能脱离的基本路线、不能偏离的正确方向。

第三,坚持全面依法治国基本方略。依法治国是坚持和发展中国特色社会主义的本质要求和重要保障,是实现国家治理体系和治理能力现代化的必然要求。《中华人民共和国宪法》明确规定:"发展社会主义民主,健全社会主义法治","中华人民共和国实行依法治国,建设社会主义法治国家"。因而,坚持依法治国基本方略是全面实施宪法的应有之义,是依宪治国、在法治的轨道上推进国家治理能力现代化的当然前提。落实依法治国基本方略,必须全面推进科学立法、严格执法、公正司法、全民守法进程,加快完善以宪法为统帅的中国特色社会主义法律体系,加快建设以宪法为基石的中国特色社会主义法治体系,确保国家各项事业和各项工作制度化、规范化、合法化。

第四,坚持以人民为中心,以人民为主体。法的真谛在于对权利的确认和保障,宪法更是人民权利和自由的保障书。正如马克思所说,"在民主制中,国家制度、法律、国家本身都只是人民的自我规定和特定内容"[①]。全面实施宪法,最根本的目的是权为民所享、福为民所谋、法为民所用,最根本的途径是以人民代表大会制度保证人民当家作主。一方面,要坚持宪法实施为了人民、依靠人民、造福人民、保护人民,以人民的根本权益为出发点和落脚点;另一方面,要继续扩大人民民主,健全民主制度,丰富民主形式,拓宽民主渠道,使国家权力始终掌握在人民手中,体现人民意志,代表人民利益。

第三节 执 法

一、执法的概念

执法有广义和狭义两种理解。广义的执法是指一切执行法律、适用法律的活动,包括国家行政机关、司法机关和法律授权、委托的组织及其公职人员,依照法定职权和程序,贯彻实施法律的活动。狭义的执法仅指国家行政机关和法律授权、委托的组织及其公职人员在行使行政管理权的过程中,依照法定职权和程序,贯彻实施法律的活动。本章所讲的执法,是

---

① 《马克思恩格斯全集》第 1 卷,人民出版社 1956 年版,第 282 页。

指狭义上的执法。

"令在必信,法在必行。"[①]国家制定法律,就是要使其在社会生活中得到遵守和执行,否则法律将变成一纸空文,失去其应有的效力和权威。因此,有效执法是现代社会实现法治国家的必然要求。"法律不是为了法律自身而被制定的,而是通过法律的执行成为社会的约束,使国家的各部分各得其所、各尽其应尽的职能……如果法律不能被执行,那就等于没有法律。"[②]执法的实质是国家行政机关将体现在法律中的国家意志落实到社会生活之中。在全部国家工作中,执法是最大量、最繁重、最经常的工作,是实现国家职能和法律价值的决定性环节。具体而言,执法有两项基本内容:一是组织实施法律,这是行政执法活动的中心环节;二是采取行政强制措施,排除执法过程中的阻力和违反法律、破坏法律秩序的行为。所谓组织实施法律,就是通过大量的组织工作将立法机关制定的法律变成人们实际遵守的规则,把权力机关关于经济和社会发展的规划、计划以及其他决定落实到各个地区、各个部门、各个单位以至每个公民。所谓采取行政强制措施,就是对侵犯法定权利、规避法定义务、扰乱公共秩序的行为给予必要的行政强制,排除执法过程中的阻力。

执法的显著特征表现在:(1)执法主体的特定性。即只有行政机关及其公职人员、法律或法规授权的组织及其工作人员、行政机关委托的组织或个人才能成为执法的主体。(2)执法内容的广泛性。即执法是以国家名义对社会实行全方位的组织和管理的行为,涉及政治、经济、社会、文化、生态等广泛领域。据统计,我国约80%的法律和法规是由行政机关执行的。(3)执法行为的主动性。即行政机关一般采取积极主动的行为去履行职责,保证法律的贯彻实施,而不需要行政相对人的意思表示。(4)执法权行使的优益性。即行政权行使具有优先性,行政权行使的优先性的实质是公共利益的优先性。(5)在某些特定法律关系中执法活动的单方性,如行政处罚。

二、执法的原则

执法的原则,即执法中的基本法理,是指行政执法主体在执法活动中所应遵循的基本原则。在我国,执法的原则主要有下列三项。

(一)合法性原则

合法性原则是现代法治国家对执法的基本要求,也是执法的最重要的一项原则。它要求执法主体必须在法律规定的范围内活动,法定职责必须为、法无授权不可为。具体内容主要包括:(1)执法主体必须在法律规定的权限范围内行使职权。行政授权和行政委托必须有法律依据,符合法律要旨。(2)执法内容必须根据法律的规定作出,行政机关不得法外设定权力,没有法律法规依据不得作出减损公民、法人和其他组织合法权益或者增加其义务的决定。(3)执法程序必须合法。执法主体要严格遵循法定程序,依法保障行政相对人、利害关系人的知情权、参与权和救济权;必须按照各自不同的执法内容来决定所适用的程序,不

① (宋)欧阳修:《司门员外郎李公谨秘书丞充集贤校理杨仪殿中丞段高磨勘改官制》。
② [英]洛克:《政府论》(下篇),叶启芳、瞿菊农译,商务印书馆1964年版,第132页。

能任意简化、改变、调换和省略程序。（4）执法主体违法或者不当行使职权,应当依法承担法律责任,实现权力与责任的统一,做到执法有保障、有权必有责、用权受监督、违法受追究、侵权须赔偿。

（二）合理性原则

合理性原则是指执法主体在执法活动中,特别是在行使自由裁量权时,必须客观、适度、合乎理性。合理性原则的确立与行政自由裁量权的存在和发展是密切相关的。行政管理是一项范围广泛、内容复杂的活动,法律不可能对每个事项都作出具体的规定,在许多领域只能规定基本原则、基本规则,给行政主体留有较大的自由裁量权。但是,随着国家职能的扩大,行政自由裁量权的日益扩张,为避免行政自由裁量权的滥用,对其加以必要的控制也就成为必然,而仅依靠合法性原则是难以达到全面控制自由裁量权的效果的,合理性原则因此得以确立。

合理性原则是现代行政法治精神的应有内涵,是依法行政的基本要求。执法主体在执法活动中遵循合理性原则,要平等对待行政相对人,要公平、公正、不偏私、不歧视;行使自由裁量权应当符合法律目的,排除不相关因素的干扰;所采取的措施和手段应当必要、适当;可以采用多种方式实现行政目的的,应当避免采用损害当事人权益的方式。

（三）效率原则

效率原则是指在依法行政的前提下,执法主体在对社会实行组织和管理过程中,以尽可能低的成本取得尽可能大的执法效益。

与国家立法活动、司法活动相比,执法活动更强调效率,要求执法主体从保护公民权利和国家利益出发对行政相对人的各项请求及时作出反应。执法主体必须严格按照法定程序和法定时限执法,积极履行法定职责,提高办事效率,提供优质服务,方便行政相对人、法人和其他组织。当然,执法主体不能以效率为借口而违反法律规定,不能以损害行政相对人的利益为代价满足效率的需要,效率原则是建立在合法性、合理性基础上的。遵循效率原则还应做到精准执法,避免出现不适当、不合理的执法而影响执法效率。各执法主体要相互配合、相互协调,保证执法活动有序、正常进行。执法主体要正确运用执法中的自由裁量权,及时决策,有效地行使国家行政职能。

三、严格规范公正文明执法

坚持严格规范公正文明执法,是深入推进依法行政、提升执法公信力的重要原则。严格规范公正文明执法是一个有机统一的整体。其中,严格是执法基本要求,规范是执法行为准则,公正是执法价值取向,文明是执法最高境界。

法律有效实施,严格执法是关键。然而,在一个时期内,执法失之于宽、失之于松的现象大量存在,执法随意性大,粗放执法、变通执法、越权执法现象比较突出,要么有案不立、有罪不究,要么违规立案、越权管辖;有的刑讯逼供、滥用强制措施;有的办关系案、人情案、金钱案,甚至徇私舞弊、贪赃枉法;等等。针对这些现象,党和政府反复强调行政执法要"严"字当头:"执法必严""严格执法""从严执法"。中共十八大、十八届三中全会和四中全会更是把严格执法作为全面推进依法治国的基本要务。

当然,严格执法并不意味着粗暴执法、野蛮执法,而是要把严格执法与理性文明执法相结合。特别是对于涉及群众的问题,要准确把握社会心态和群众情绪,充分考虑执法对象的切身感受,规范执法言行,推行人性化执法、柔性执法、阳光执法,尤其要遵循执法面前人人平等的原则。

为了保障严格规范公正文明执法,一方面,要完善行政执法程序,规范执法自由裁量权,科学合理地制定裁量标准,准确把握适用裁量标准,确保处罚公平、裁量公正、执法规范,不断提升执法机关的执法公信力;另一方面,要加强对行政执法的监督,全面落实行政执法责任制,坚决排除对执法活动的非法干预,坚决防止和克服地方保护主义和部门保护主义,坚决防止和克服执法工作中的利益驱动,坚决惩治腐败现象,实现有权必有责、用权受监督、违法必追究。

第四节　司　　法

一、司法的概念

司法,是指国家司法机关依据法定职权和法定程序,具体应用法律处理案件的专门活动。司法是以国家名义作出的,属于国家的基本职能之一,在国家全部活动中占有极其重要的地位。把司法视为与立法和行政相对的概念,源自孟德斯鸠的分权学说,即立法权、行政权和司法权三权分立。近代以来,世界各国通行的司法概念与审判实为同义语,即司法就是审判,相应地,司法权就是审判权,司法机关也就仅指法院。而检察权,则是作为行政权的一部分,检察机关隶属于政府行政系统。这是一种狭义的司法概念。

中国古代并无现代意义上的"司法"概念,"司法"一词是我国清朝末年从西方引进的。当时的"司法"一词也仅指审判。而在当代中国,"司法"的含义与世界通行的定义是有所不同的,我们在实践中更多采用的是广义的司法概念。我国现行的司法包括侦查、检察、审判、执行等专门活动,司法机关包括公安机关、检察机关、审判机关、司法行政机关。相应地,司法权包括侦查权、检察权、审判权、执行权,其中,侦查权由公安机关行使,检察权由检察机关行使,审判权由审判机关行使,执行权则主要由司法行政机关行使。这些机关各司其职、相互配合、相互制约,形成有机的整体。当然,基于习惯与便利的考虑,我们也常常使用狭义的司法含义,即将司法特指为国家审判机关(各级人民法院)适用法律、处理诉讼案件的活动,将司法权约化为审判权。

司法具有以下重要特征:一是专属性,即司法权只能由国家司法机关及其司法人员行使;二是程序性,即司法程序由专门程序法予以规定;三是专业性,即司法人员通常具有精深的法律专业知识和丰富的经验;四是权威性,即司法以国家强制力为后盾,可以通过国家强制力保证其裁判的执行;五是体系性,即司法主体按照宪法规定形成了特定机构体系。

二、司法权的性质与司法规律

(一)司法权的性质

对司法权性质的认识,不能脱离现实国情下的法治实践,也不能罔顾司法客观规律,而要做到特殊性与普遍性相统一。习近平结合我国法治实践和司法规律,对司法权作了科学界定。他指出:"司法活动具有特殊的性质和规律,司法权是对案件事实和法律的判断权和裁决权。"[①] 将司法权界定为"判断权和裁决权",一方面,给了司法权一个开放的结构,司法各个环节都行使着对事实和法律的判断权;另一方面,又强调了在司法权力当中具有决定意义的审判权。审判权的核心是裁决权。无论是侦查还是检察,说到底都服务于定罪量刑,都是裁判的前期准备工作;司法行政机关执行的是人民法院的裁判,只有裁判才是典型意义、终局意义上的司法。所谓裁决,就是在查明事实真相的基础上,依据法律以及道德、政策、法理等外部性因素作出判决,这是定分止争的判决,是实现权利救济的判决,是维护(恢复)公平正义的判决。

(二)司法规律

司法规律是法治规律的集中体现,是人类政治文明和法治文明在司法领域的特殊形式,是国家治理规律的具体展开。在我国的语境下,司法规律指的是"司法活动的客观规律""司法权运行规律"。

通常,我们可以从两个层面概括司法规律,把司法规律分为根本规律和基本规律。司法根本规律是司法权独立运行。司法权既是统一的国家权力体系的组成部分,又是一种相对独立的国家权力。司法权运行既有权力运行的一般规律,又有其特殊规律。其最显著的特殊规律就是司法权运行(行使)的独立性。审判权和检察权独立行使,是最根本最普遍的司法规律。我国宪法、人民法院组织法、人民检察院组织法、三大诉讼法以及中共中央一系列重要文件都明确规定司法权依法独立公正行使。习近平也多次强调指出:"要确保审判机关、检察机关依法独立公正行使审判权、检察权……司法不能受权力干扰,不能受金钱、人情、关系干扰"[②],司法机关办案"只服从事实、只服从法律"[③]。

司法基本规律包括:权责统一,即让审理者裁判、由裁判者负责;权力制约,即司法权分别由不同机关行使,分工负责、相互配合、相互制约;公开公正,即公开透明、维护社会公平;尊重程序,即程序公正合理,遵循正当程序;裁判终局,即裁决效力具有至上性和终结性。此

① 习近平:《在中央政治工作会议上的讲话》(2014年1月7日),载《习近平关于全面依法治国论述摘编》,中央文献出版社2015年版,第102页。

② 习近平:《在十八届中央政治局第四次集体学习时的讲话》(2013年2月23日),载《习近平关于全面依法治国论述摘编》,中央文献出版社2015年版,第69页。

③ 《坚持严格执法公正司法深化改革 促进社会公平正义保障人民安居乐业》,载《人民日报》2014年1月9日,第1版。

外,法官(断案)中立、律师(执业)自由也常常被视为司法的基本规律。

三、司法的原则

司法原则,即司法中的基本法理,是贯穿司法的全过程,指导和制约司法活动且为司法机关和司法人员必须遵循的基本准则,是人们探索司法规律的认识结晶和思想成果。主要有以下四项司法原则。

(一)司法权依法独立行使原则

司法权依法独立行使原则,是指司法机关在办案过程中,依照法律规定独立行使司法权。司法权依法独立行使原则体现了司法规律的根本要求。马克思曾经说过:"法官除了法律就没有别的上司。"[1]联合国核准认可的《关于司法机关独立的基本原则》也指出:"司法机关应不偏不倚、以事实为根据并依法律规定来裁决其所受理的案件,而不应有任何约束,也不应为任何直接间接不当影响、怂恿、压力、威胁或干涉所左右,不论其来自何方或出于何种理由。"联合国通过并颁布的《世界人权宣言》第10条规定:"人人完全平等地有权由一个独立而无偏倚的法庭进行公正的和公开的审讯,以确定他的权利和义务并判定对他提出的任何刑事指控。"

坚持司法权依法独立行使原则,并不意味着司法机关行使司法权可以不受任何监督和约束。司法权如同其他任何权力一样,都要接受监督和制约。在当今中国,司法机关要服从党对司法工作的领导,使司法权的行使有政治保证;要接受权力机关的监督,对权力机关负责,维护和实现人民的意志;要接受上级司法机关的监督和指导,保证司法权的统一行使;要接受其他机关、团体和人民群众的监督,以便正确地适用法律,防止司法腐败现象的发生。

(二)司法平等原则

司法平等原则是法律平等原则在司法活动中的具体体现。我国古代就有"王子犯法,与庶民同罪"的经典法谚,也有"法所当加,虽贵近不宥;事有所枉,虽疏贱必申"[2]的法理箴言。古今中外,许多名著文献中都有关于司法平等的深刻论述。美国作家哈珀·李(Nelle Harper Lee)写道:"在这个国家里,有一种方式能让一切人生来平等——有一种社会机构可以让乞丐平等于洛克菲勒,让蠢人平等于爱因斯坦,让无知的人平等于任何大学的校长。这种机构,先生们,就是法庭。"[3]在当代中国,司法平等原则具体地体现为"公民在法律面前一律平等"的原则。这个原则的内涵是各级司法机关及其司法人员在处理案件、行使司法权时,对于任何公民,不论其民族、种族、性别、职业、宗教信仰、教育程度、财产状况、居住期限等有何差别,也不论其出身、历史、社会地位和政治地位有何不同,在适用法律上一律平等,不允许有任何的特殊和差别对待。对于任何公民的违法犯罪行为,都必须同样地追究法

---

① 《马克思恩格斯全集》第1卷,人民出版社1956年版,第76页。

② (明)张居正:《陈六事疏》。

③ [美]哈珀·李:《杀死一只知更鸟》,高红梅译,译林出版社2012年版,第251页。

律责任,并给予相应的法律制裁;对于所有诉讼参与人都应当平等地、公平地对待,切实保障诉讼参与人充分行使诉讼权利和履行诉讼义务。这一原则不仅适用于公民个人,也适用于法人和其他各种社会组织。

(三)司法责任原则

司法责任原则,是指司法机关和司法人员在行使司法权过程中应当尽职尽责,故意违反法律规定或者因重大过失导致裁判错误并造成严重后果的,应承担相应的责任。司法责任原则的核心要义和科学内涵是"让审理者裁判,由裁判者负责"。

司法责任原则的法理根基在于权责统一。正所谓:"喜不可纵有罪,怒不可戮无辜。"[①]司法机关和司法人员接受人民的委托,行使国家的司法权,担负着重大的职责。一方面,司法机关及其司法人员行使司法权具有法律依据和保障,如法官有审理案件的权力,包括法定条件下的自由裁量权;另一方面,司法机关和司法人员的违法行为要受到法律追究,如法官应对办案质量终身负责,对错案负有终身责任。正如黑克所言:"现代的法官绝不是一台法律机器,而是在很大程度上充当立法者的助手,有着更高的自由,但相应地也负有较重的责任。"[②] 只有将司法权力与司法责任结合起来,才能增强司法机关和司法人员的责任感,有利于正确适用法律,防止司法过程中的违法行为,更好地维护社会主义司法和社会主义法制的权威、尊严。在我国,《国家赔偿法》《法官法》《检察官法》等法律明确了司法责任制度,有助于提高司法质量、效率和公信力,有利于实现公正司法、廉洁司法。

(四)司法公正原则

司法是维护社会公正的最后一道防线,司法公正是社会公平的底线,维护公平正义是司法的核心价值。司法公正原则是指司法机关及其司法人员在司法活动的过程和结果中应坚持和体现公平正义原则。司法公正是司法的生命和灵魂,是司法的本质要求和终极价值准则。追求司法公正是司法的永恒主题,也是民众对司法的根本期望。"公正是法治的生命线。司法公正对社会公正具有重要引领作用,司法不公对社会公正具有致命破坏作用。"[③]

司法公正包括实体公正和程序公正。其中实体公正主要是指司法裁判的结果公正,当事人的权益得到充分保障,违法犯罪者受到应有惩罚和制裁。程序公正主要是指司法过程的公正,司法程序具有正当性,当事人在司法过程中受到公平的对待。我国政府签署加入的《公民权利和政治权利国际公约》第 14 条第 1 款规定:"所有的人在法庭和裁判所前一律平等。在判定对任何人提出的任何刑事指控或确定他在一件诉讼案件中的权利和义务时,人人有资格由一个依法设立的合格的、独立的和无偏倚的法庭进行公正和公开的审讯。"这是对司法公正的最低标准的规定。司法活动的合法性、独立性、有效性,裁判人员的中立性,当

---

① 《便宜十六策·喜怒第十一》。

② [德]菲利普·黑克:《利益法学》,傅广宇译,商务印书馆 2016 年版,第 31 页。

③ 《中共中央关于全面推进依法治国若干重大问题的决定》,载《十八大以来重要文献选编》(中),中央文献出版社 2016 年版,第 168 页。

事人地位的平等性,以及裁判结果的公正性,都是司法公正的必然要求和体现。

(五)政策指导原则

在我国,司法必须贯彻"以事实为根据,以法律为准绳"的方针。除此之外,还应当坚持"以政策为指导"的基本原则。

以事实为根据,就是司法机关对案件作出处理决定,只能以被合法证据证明了的事实和依法推定的事实作为适用法律的依据。前一种事实属于客观事实的范围,它是已经被具有证明力并且合法的证据所确定的事实。后一种事实是在案件客观事实真相无法查明的情况下,依照法律中有关举证责任和法律原则推定的事实。尽管这种事实可能与客观事实有所不同,但是,其在法律上能够引起同样的效果。

以法律为准绳,就是指司法机关要严格按照法律规定办事,把法律作为处理案件的标准。查办案件的全过程,都要遵守法定权限和法定程序,在查明事实的基础上,依据法律的有关规定及相关因素,作出公正合理的裁决。

"党的政策是国家法律的先导和指引,是立法的依据和执法司法的重要指导。"[①]以政策为指导,就是要坚持以党的政策为工作导向。政策是法律的灵魂,法律是政策的体现与保障,只有坚持以党的政策为指导,才能做到正确适用法律,实现司法的法律效果、政治效果与社会效果的统一。司法政策以党和国家的基本政策作为指导思想和根本导向,对当时的社会政治经济形势和社会矛盾的发展变化作出及时回应。司法政策对司法活动有着重大的现实影响,在法律没有发生变化的情况下,司法活动所呈现的变化趋势,总是与司法政策的发展变化紧密相关。在司法活动中,司法政策主要具有解释功能和规范价值。以宽严相济的刑事政策为例:进入 21 世纪以来,人民法院判处死刑(特别是死刑立即执行)的案件大幅度减少,原因就在于党的宽严相济的刑事司法政策发挥了指导作用。我们知道,我国刑法关于死刑的构成要件没有实质性变化,严重刑事犯罪案件没有大幅度变化,局部地区甚至有增无减,然而人民法院判处死刑的案件却大幅度减少。这是因为在构建社会主义和谐社会的过程中,中共中央提出了宽严相济的刑事政策,并把它作为司法改革的重要内容。贯彻宽严相济的刑事政策,在刑事审判中,一方面要对涉黑涉恶罪犯、严重暴力罪犯、累犯和犯罪集团首犯、主犯等依法从严惩处,以维护社会稳定,增强人民群众的安全感;另一方面要少杀、慎杀,不能一味地顶格判刑。在坚持严格执法、有罪必究的前提下,对有从轻情节的初犯、偶犯、未成年犯、老年犯、妇女犯等依法从宽裁量。法律要想正确实施,必须正确处理法律与情理之间的关系。正如卡多佐法官所言:"法院的标准必须是一种客观的标准。在这些问题上,真正作数的并不是那些我认为是正确的东西,而是那些我有理由认为其他有正常智力和良心的人都可能会合乎情理地认为是正确的东西。"[②]

[①] 习近平:《在中央政法工作会议上的讲话》(2014 年 1 月 7 日),载《习近平关于全面依法治国论述摘编》,中央文献出版社 2015 年版,第 20 页。

[②] [美]本杰明·卡多佐:《司法过程的性质》,苏力译,商务印书馆 1998 年版,第 54 页。

第五节　守　　法

一、守法的概念

守法是指国家机关、社会组织和公民个人依照宪法法律的规定,行使权利(职权)和履行义务(职责)的活动。立法者制定法的目的就是要使法在社会生活中得到遵守。如果法制定出来了,却不能在社会生活中得到遵守和执行,那必将失去立法的意义和法的权威与尊严。正如沈家本所说:"法立而不行,与无法等,世未有无法之国而能长治久安者也。"[①] 在法理学中,守法不仅仅是履行法律义务,还包含着享有和行使权利,后者是更积极的守法。

守法的主体具有广泛性。任何一个国家和社会中的所有主体都应当成为守法的主体。"治人者,法也;守法者,人也。人法相维,上安下顺。"[②] 按照我国宪法的规定,守法主体包括一切国家机关、武装力量、政党、社会团体、企业事业组织,中华人民共和国公民,以及在我国领域内的外国组织、外国人和无国籍人。

守法的范围具有多样性。在我国,守法范围不仅包括宪法和法律,也包括行政法规、地方性法规等其他规范性法律文件以及那些具有法律效力的命令、判决、裁定等执行法律和适用法律的法律文件。

二、守法的根据和理由

守法是国家对社会主体的基本要求,也是社会主体对国家应尽的义务,这是守法最根本的根据和理由。但是,守法毕竟是个人和由个人构成的组织的行为。不同的个人在社会中所处的地位、所主张和试图实现的利益以及生活体验和心理感受均不相同,因此,个人对守法的根据和理由的认识有较大的差异。较常见的守法动机有:(1)出于服从权威的习惯。在个人缺乏法律知识却持续守法的情形中,惯性因素起着相当大的作用。(2)出于对惩罚的畏惧。有些人遵守法律,不敢违法犯罪,是由于畏惧法律的惩罚。(3)出于道德的考虑。即认为守法是个人应尽的道德义务。(4)出于社会的压力。这是一种具有消极性和被动性的守法。(5)出于对合法性的认识。当法律、政令或判决是具有合法权威的机关或官员依照法定正当程序作出的时候,人们会因为相信它们是合法的而予以遵守。(6)出于个人利益的考虑。个人(或组织)利益往往与法律规定协调一致,守法会产生肯定效果;即使守法不会直接产生物质利益,也会提高守法者的形象和威望。(7)出于较高的法律意识。例如,昂格尔(Roberto Mangabeira Unger)认为,"人们遵守法律的主要原因在于,集体的成员在信念上接受了这些法律,并且能够在行为上体现这些法律所表达的价值观念"[③]。

① (清)沈家本:《历代刑法考》,中华书局 1985 年版,第 34 页。

② 《元史·许衡传》。

③ [美]R.M.昂格尔:《现代社会中的法律》,吴玉章、周汉华译,译林出版社 2001 年版,第 29 页。

三、守法的条件

人们守法的状态,往往受到多种因素的影响和制约。一般说来,对守法具有重大影响的条件主要有主观条件和客观条件。

(一)守法的主观条件

守法的主观条件是守法主体的主观心理状态和法律意识水平。人们的政治意识、法律观念、道德观念、文化教育程度等都将对其守法行为产生潜移默化的影响。

政治意识是指人们关于政治现象的思想、观点和心理的总和,是一种重要的社会意识。政治意识处于社会意识诸形式的核心地位,它往往渗透到其他社会意识中,成为其中起指导作用的部分。人们政治意识的高或低、先进或落后、发达或不发达,都会影响到人们对法的遵守。

法律观念是人们对法所持的态度和信念,它较政治意识对人们的守法有着更为直接的影响。法律观念的形成,既可来自人们内心对法的认同,又可来自外部的传导灌输。法律观念的地域性很强,传统思想往往通过"文化沉淀"的途径影响人们。在当今中国,要依法治国,建设社会主义法治国家,就必须通过各种途径,彻底清除与法治原则和法治精神相悖的思想观念,逐步树立与法治建设相适应的法律观念。

道德观念是人们关于善与恶、公正与偏私、诚实与虚伪、荣誉与耻辱、正义与非正义等的观念。不同的道德观念会形成不同的善恶、是非、荣辱标准,引导人们对符合或违反法律的行为给予不同的评价,进而实施不同的行为。因此,道德观念也是影响人们是否守法的重要因素。

人们的文化教育程度同样会影响人们的守法状态。知识常常同文明相伴,而文明是守法的强化剂;无知往往同愚昧为伍,愚昧则是导致违法犯罪的祸根之一。文化的高低、知识的多寡、受教育的多少,直接影响人们守法的程度和效果。

(二)守法的客观条件

守法主体所处的客观社会环境,如法治状况、政治状况、经济状况、民族传统、国际形势、科学技术的发展等,都会对守法行为产生不同程度的影响,它们构成了守法的客观条件。其中法治状况、政治状况和经济状况是最主要的三个方面。

法治状况包括立法、执法、司法和法律监督等状况,这些都与守法有着密切的联系。守法的一个前提条件就是法自身必须具有优良品质。良法对人们守法会产生积极的作用。正所谓:"有权衡者,不可欺以轻重;有尺寸者,不可差以长短;有法度者,不可巧以诈伪。"[①] 只有法度良善,公民才无法施行诈伪,遵法而行。国家行政机关和司法机关适用法的活动也影响着人们的守法。国家行政机关及其工作人员严格执法,国家司法机关及其工作人员公正司法,树立良好的执法、司法和守法形象,必能带动和促进其他社会组织和公民的守法。法

---

① 《慎子·逸文》。

律监督是对法的运行和操作的合法性进行监察和督导的手段,它能强化法的威慑作用,进而促使人们自觉守法。

政治状况主要包括一个国家的社会制度、政治制度、各社会力量对比、社会秩序等方面。不同的社会制度具有不同性质的法,对人们的守法会产生不同的影响。国家的政治制度对守法也会产生一定的影响。如在民主制下,公民具有平等的法律地位,人民是终极的统治者,守法也就会成为人们自觉的行为。此外,在一个国家中,如果各种社会力量相对平衡,政局稳定,国泰民安,法就会有较高的权威,人们也就会更加自觉地去遵守它。

经济状况主要包括一个国家的经济制度、经济体制和经济发展的水平等。市场经济本质上是法治经济,在实行市场经济的国家,国家和政府都十分注意把市场经济纳入法治的轨道,这就为守法营造了一个良好的法治环境,促使人们运用法律手段来维护公平的竞争,维护自己的合法权益。此外,人们能否依法行使权利和履行义务,在很大程度上取决于社会能否为他们提供必要的物质条件,而这是与社会经济的发展水平密切相关的。

四、守法的原则

全民守法是法治社会的主要标志之一。全面推进依法治国,必须坚持全民守法。全民守法就是任何组织和个人都必须在宪法和法律的范围内活动,任何公民、社会组织和国家机关都要以宪法和法律为行为准则,依照宪法和法律行使权利或权力,履行义务或职责。守法的原则,即在全民守法的过程中应当遵循的基本准则。主要包括以下几方面:

(一)领导干部带头尊法守法

党和政府是我国法治建设的引领者,也是全民自觉守法的表率。党和政府的领导干部带头自觉遵守法律是全民自觉守法的前提,是实现全面依法治国目标和任务的关键所在。

领导干部带头尊法守法是依法执政、依法行政的内在要求。"打铁还需自身硬。"中国共产党作为执政党,各级党组织和党的领导干部能否带头知法、懂法、守法、护法,对推进法治社会建设至关重要。习近平总书记多次强调:"各级党组织必须坚持在宪法和法律范围内活动。各级领导干部要带头依法办事,带头遵守法律,对宪法和法律保持敬畏之心,牢固确立法律红线不能触碰、法律底线不能逾越的观念,不要去行使依法不该由自己行使的权力,也不要去干预依法自己不能干预的事情,更不能以言代法、以权压法、徇私枉法,做到法律面前不为私心所扰、不为人情所困、不为关系所累、不为利益所惑。不懂这个规矩,就不是合格的干部。如果领导干部都不遵守法律,怎么叫群众遵守法律?"[①]在推进依法治国方面,各级领导干部是"关键少数"。领导干部要做尊法的模范,带头尊崇法治、敬畏法律;做学法的模范,带头了解法律、掌握法律;做守法的模范,带头遵纪守法、捍卫法治;做用法的模范,带头厉行法治、依法办事。

在现实生活中,当遭遇法律事务时,一些群众首先想到的不是查阅法律上的规定,而是

---

① 习近平:《在十八届中央政治局第四次集体学习时的讲话》(2013年2月23日),载《习近平关于全面依法治国论述摘编》,中央文献出版社2015年版,第110-111页。

寻找人际中的关系。群众之所以"找关系""走后门",恰恰是因为一些领导干部不依法办事,在执行法律的过程中"看关系""开后门",使得普通百姓更相信"人情关系",而漠视"法律规定",将"人情关系"设定为默认的思维模式,请客送礼成为首选的行动策略,而法律思维则被搁置一边,自觉守法更无从谈起。因此,要想让百姓自觉守法,就要让百姓看到并相信党和政府的干部"不偏情""不徇私",严格依法办事。各级领导干部特别是高级干部要从自身做起,廉洁用权,做遵纪守法的模范,同时要坚持原则、敢抓敢管,立"明规矩"、破"潜规则",通过体制机制改革和制度创新促进政治生态不断改善。"守天下之法者吏也。吏不良,则有法而莫守。"① 只有各级领导干部"心中高悬法律的明镜,手中紧握法律的戒尺,知晓为官做事的尺度",才能纠正群众中不守法、不信法的不良氛围,打消"守法就会吃亏"的顾虑,切实推动全民自觉守法。

（二）全民自觉信法守法

生活中,我们总能在交通路口看见集体闯红灯的现象,这种"凑够一撮人就可以走了,和红绿灯无关"的"中国式过马路"现象不仅反映出人们交通安全意识淡薄,更加反映出人们心中"法不责众"的从众心理,恰是我国现阶段守法问题上的一个侧面写照。要彻底破除人们心中"不守规矩走遍天下,守规矩寸步难行"的顽念,形成守法光荣、违法可耻的社会氛围,从而使全体人民都成为社会主义法治的忠实崇尚者、自觉遵守者、坚定捍卫者。一方面,要对立法本身提出更高的要求,使法律制度更加科学完备,更加符合并满足百姓利益需求;另一方面,也要对全体民众提出要求,增强自身对法律的信任感,增强全社会厉行法治的积极性和主动性。

法律的根基在于人民发自内心的拥护,法律的稳定在于人民出自真诚的信仰。法律要发生作用,前提是全社会要信仰法律。否则,再好的法律,如果百姓不去信任它,不去主动遵守它,它也不能发挥出应有的作用。如果一个社会大多数人对法律没有信任感,不相信法律能够解决问题,而是要靠上访、信访,要靠找门路、托关系,甚至采取聚众闹事等极端行为解决问题,那就不可能建成法治社会。

要培育全民对法治的信仰,就要破除人们心中在守法上的"权贵思想""投机倾向"和"侥幸心理"的负能量,弘扬社会主义法治精神,弘扬崇法、守法的正能量。现实生活中,有一小部分人认为凭借着自身或祖辈的权力与财富可以凌驾于法律之上,超然于法律制裁之外,甚至觉得能够不按法律办事显得"倍儿有面子",违法行为值得炫耀。也有一小部分人心里想着"撑死胆大的,饿死胆小的",把违法行为当作一次"赌博",没有现形就是投机成功,而一旦受到法律制裁就责怪"运气不好"。维护法律的权威,确立法治信仰,就是要让那些不给法律"面子"的违法者"丢面子",让那些躲避法律视线的投机者无所遁形,让那些受到法律制裁的人不是感慨命舛数奇,而是甘心领罚。

法治信仰就是用敬畏法治、坚守法治的精神来提升自我的境界、管好自己的权力、守住

① （宋）王安石:《度支副使厅壁题名记》。

自身的底线,让法治犹如春风化雨、润物无声般地浸润全体人民的心田,孕育成法治中国的累累硕果。因此,增强全民法治观念,需要建设社会主义法治文化,加强公民道德建设,弘扬中华优秀传统文化,增强法治的道德底蕴,强化规则意识,倡导契约精神,弘扬公序良俗。发挥法治在解决道德领域突出问题中的作用,引导人们自觉履行法定义务、社会责任、家庭责任。正如伯尔曼所说,"真正能阻止犯罪的乃是守法的传统,这种传统又植根于一种深切而热烈的信念之中,那就是,法律不只是世俗政策的工具,它也是终极目的和生活意义的一部分"[1]。

(三)全社会协同推进学法用法

实现全民守法不仅有赖于个体层面的自觉尊法信法,还有赖于全社会协同推进学法用法。中共十八届四中全会《决定》明确指出"要坚持把全民普法和守法作为依法治国的长期基础性工作"。习近平也反复强调,建设法治社会,就要深入开展法治宣传教育,在全社会弘扬社会主义法治精神,引导全体人民遵守法律、有问题依靠法律来解决,形成守法光荣的良好氛围。要引导全民自觉守法、遇事找法、解决问题靠法,形成全民守法、崇法尚善、循法而行的良好社会氛围,离不开全社会通过机制建设协同推进全民学法用法。

守法激励机制和普法宣传教育机制是全社会协同推进学法用法的核心机制。其中,构建守法激励与失信惩戒机制,就是要坚持扭转违法者得利、守法者吃亏的现象,提高违法成本,严厉惩处一切违法行为,切实保护见义勇为、扶危济困、诚信守法等行为人的正当权益,激励社会成员守法尚德;就是要牢固树立有权力就有责任、有权利就有义务的观念。加强社会诚信建设,健全公民和组织守法信用记录,完善守法诚信褒奖机制和违法失信惩戒机制,使尊法守法成为全体人民的共同追求和自觉行动。例如,通过对全国道德模范与全国法治人物的表彰以及对失信被执行人的信息曝光,来引导人民群众信法守法,树立正确的权利和义务观念,正确行使权利,忠实履行义务,勇于承担责任;引导人民群众通过法律途径表达权益诉求,依据法律厘定权利义务,明晰责任,寻求权利救济,绝不允许在法律之外非法地表达利益诉求。

实现全民守法需要进一步加强并发挥各级党委和政府对普法工作的领导作用,充分发挥宣传、文化、教育部门和人民团体在普法教育中的职能作用。实行国家机关"谁执法谁普法"的普法责任制,建立法官、检察官、行政执法人员、律师等以案释法制度,加强普法讲师团、普法志愿者队伍建设。把法治教育纳入精神文明创建内容,开展群众性法治文化活动,健全媒体公益普法制度,加强新媒体、新技术在普法中的运用,结合各地、各部门行业特点和社会需求,利用各种传播手段,提高普法教育的水平和实效。开展送法进机关、进乡村、进社区、进学校、进企业、进单位活动,重视结合"12·4"国家宪法日暨全国法治宣传日、法律法规颁布纪念日和行业宣传日、宣传周、宣传月等特殊节点和时段,组织开展形式多样、影响面广的法治宣传活动。

---

[1] [美]伯尔曼:《法律与宗教》,梁治平译,商务印书馆2012年版,第20页。

法律不是僵死的教条,不是神坛上的经卷;守法不是对法条的熟诵,也不是对法典的供奉。法治社会的良好氛围在于学法、崇法、守法、用法的良性循环。学法是崇法的前提,崇法是守法的基础,用法是守法的升华。因而,全民守法的法治社会不仅是一个全民知法遵法的社会,也是一个全民信法用法的社会。建设法治社会,推动全民自觉守法,就是要在普及法律知识的同时,践行社会主义核心价值观,树立社会主义法治理念,弘扬法治精神,使法治思维方式融入百姓生活,让法治成为人们的基本生活方式。

小结

法律的生命在于实施。宪法实施是法律实施的重中之重。执法、司法、守法是法律实施的基本形式。执法机关在执法中应当遵循合法性原则、合理性原则、效率原则、严格规范公正文明执法原则。司法机关在法律适用中,必须坚持司法权依法独立行使原则、司法平等原则、司法责任原则、司法公正原则,贯彻以事实为根据,以法律为准绳,以政策为指导的基本原则。全民守法是全面依法治国的必然要求,必须坚持领导干部带头尊法守法、全民自觉信法守法、全社会协同推进学法用法等原则。

思考题

1. 为什么说法的生命和权威在于实施?

2. 如何坚持严格规范公正文明执法?

3. 如何理解司法权的性质及其运行规律?

4. 某法院在网络、微信等平台上公布失信被执行人名单以督促其履行义务,不少失信被执行人迫于面子和舆论压力主动找到法院配合执行。请根据上述材料,谈谈如何实现全民自觉守法。

5. 张居正说:"盖天下之事,不难于立法,而难于法之必行。"你是否同意该观点,并说明理由。

第十七章　法　律　程　序

正是程序决定了法治与恣意的人治之间的基本区别。

——［美］威廉姆斯·道格拉斯[①]

　　法律程序贯穿于法律运行的全过程。法律的立改废释、法律的执行和适用都必须遵循法定的、正当的程序。本章在对法律程序的概念、要点及发挥作用的方式作一般分析的基础上,重点讨论在现代法治社会中,正当程序所需的功能要件及其所具有的工具性价值和内在独立价值,深入分析了程序正义的地位和意义。

---

　　① 威廉姆斯·道格拉斯（Williams O. Douglas, 1898—1980）,美国联邦最高法院法官。本题记选自 Justice Williams O. Douglas's Comment in Joint Anti-Fascist Refugee Comm. Y. Mcgrath. *See United States Supreme Court Reports*（95 Law.Ed.Oct.1950 Tern）, The Lawyers Cooperative Publishing Company, 1951, p.858.

第一节　法律程序概述

一、法律程序释义

现代汉语中的"程序"是多义词,除可指诉讼过程,还可指机器的操作规程、事项的展开过程及其先后顺序等。从法学角度说,法律程序是法律的基本属性,内在于法律之中,贯穿于法律运行全过程,构成法律的存在形态和基础。正如贝勒斯所说:"程序占据了法律的中心地位。"[①] 法律程序是为作出法律性决定而预设的过程、方式和相互关系的系统。

法律程序在公私法领域皆存在。在私法领域,除法定程序(如不动产转移登记)外,法律程序更多表现为法律承认的约定或意定形式;在公法领域,法律程序因其规范公权力行使的特质,更多体现为制度形态并被视为法律程序的典型形态。法律程序不仅包括审判程序,也包括立法、行政、调解、仲裁等程序。原本属于政治活动的选举,近代以来也成为法律程序的重要形态。程序的类型不限于此,现代政治和公共决策程序也愈加具有法律上的性质或意义。随着市场活动日益制度化,市场行为的法律程序也在不断增加。

法律程序的概念包含如下要点:

1. 法律程序具有法律上的意义。法律程序不像民俗习惯、宗教典礼、社团仪式那样任意、松散,它是对形成法律性决定的过程、方式和关系的制度性预设,具有规范性、概括性、确定性、稳定性、普遍约束力和不得违反等特点,与基于法律程序而作出的"法律性决定"具有同等重要的意义。

2. 法律程序旨在作出法律性决定。"程序的目的和功能是形成决定"[②],其重点不是决定的内容、处理的结果,而是决定经由何种过程、方式和关系作出。立法、行政、司法、调解和仲裁程序等都旨在通过程序选择过程形成一定的法律性决定,如一项立法决议、行政决策、司法裁决、调解协议或仲裁决定等。需强调的是:第一,经由法律程序形成的法律性决定,其内容既可能是实体性的,也可能是程序性的,如经由立法程序形成的《立法法》《全国人民代表大会常务委员会议事规则》及《刑事诉讼法》《民事诉讼法》《行政诉讼法》等,都是程序性的法律。因而法律程序不等于"实现实体的手段"。第二,现代政治和公共决策愈加趋向于借助法律程序形成决策,表明经由法律程序形成的法律性决定也可以是政治决策或公共决策。

3. 法律程序是通过不同法律主体的互动而形成的。法律程序的对象及其参与者,往往是复数法律主体。经由法律程序所作出的法律性决定,也就往往是经由多个法律主体的互动而形成的。如诉讼程序就是由法官、陪审员、辩护人、公诉人等共同参与并互动的一种法律程序。在此意义上,德国法学家卢曼(Nicklas Luhmann)把法律程序界定为"为了法律性

---

① ［美］迈克尔·D.贝勒斯:《程序正义——向个人的分配》,邓海平译,高等教育出版社 2005 年版,第 1 页。

② 季卫东:《法治秩序的建构》,中国政法大学出版社 1999 年版,第 27 页。

决定的选择而预备的相互行为系统"①。选举、立法、行政、司法程序以及民商事法律程序都涉及复数法律主体之间的互动关系。

4. 法律程序是在法定时间和空间中展开的。时间要素包括时序和时限,前者是行为的先后顺序,后者是行为所占时间的长短。空间要素包括空间关系和行为方式。前者是主体及其相互行为的确定性和相关性,如"审判行为只属于法院"是确定性,"一切机关不得干预审判"则表明相关性;后者是行为的表现方式,如审判行为的公开或秘密进行等。

5. 法律程序具有形式性和相对独立性。程序的形式性体现为非人格化的同样情况同样处理,还体现为其具有时空、言行、仪式和器物特征。② 程序的形式性有助于建立对法律和社会生活的理性预期。在实体法不正义的情形下,程序若一以贯之地被适用,人们仍可依此预先有所规避或防备。与法律程序的形式性相关,法律程序还具有相对独立性,表现在:法律程序的合理性有其自身的评判标准;在程序制度的发展史上,较之于法律实体内容的变迁,其不少方面能保持相对稳定性和延续性;程序具有某种仪式性、象征性。③

6. 法律程序可以进行价值填充。法律程序具有形式性和技术性,相对于其所形成的结果或内容,法律程序是中立的,但这并不意味着法律程序不可以进行价值填充。无论是古代法律程序还是现代法律程序,都内蕴着一定的价值指向,并由此产生了正当程序与非正当程序之分。

二、法律程序对法律行为的调整方式

法律程序通过分工、抑制、导向、缓解、感染等方式实现对法律行为的调整。

(一)分工

法律程序通过时空要素实现程序角色的分配。如在诉讼程序中,法官行使审判权,陪审员、辩护人、公诉人等各司其职。陪审员对法官是既配合又牵制的角色,辩护人和公诉人则是平等发言、争辩的代表。缺乏分工或者分工不充分的法律程序在功能上是有缺失的。

(二)抑制

法律程序通过其时空要素克服和防止行为的随意性。如多层级的审级制度比一审终审更可能抑制法官判断的随意性;行政相对人直接参与行政决定程序、为自己的行为进行申辩,可在相当程度上限制行政主体的恣意行为。

(三)导向

法律程序的时空要素指引人们的行为依一定指向和标准在时间上延续,在空间上展开。一方面,程序为人们个别而具体的行为提供统一标准模式,以克服行为的个别化和非规范化;另一方面,程序的导向机制还能指示人们的行为在时间和空间上有秩序地连接,避免行为随意中断。

---

① 季卫东:《法治秩序的建构》,中国政法大学出版社1999年版,第18页。
② 参见孙笑侠:《程序的法理》,商务印书馆2005年版,第37—40页。
③ 参见孙笑侠:《程序的法理》,商务印书馆2005年版,第49—54页。

（四）缓解

法律程序以其时空要素缓解人们的心理冲突，消解紧张气氛，为冲突解决提供有条不紊的秩序条件。一方面，程序引导当事人避免发生激烈的外部对抗和冲突，当事人既然选择了法律程序，也就抛弃了野蛮和无序的争端解决方式。另一方面，通过法律程序形成了相对隔离的法律空间，将复杂的社会关系简化为相对简约、程式化的法律关系，排斥或隔离了原有社会角色和其他非程序因素的影响。

（五）感染

法律程序的仪式性、象征性及其神圣性，能够感染人的心态和情绪，引导主体产生心理上有意识或无意识的服从，遵循相应的行为模式。如庄严的宪法宣誓程序，代表着宣誓词的内心认同和良知呼唤；公正严明的程序促使当事人或证人作出诚实的供述或证词；回避程序使当事人对判决结果产生信心、提升司法公信力；等等。

第二节　正当法律程序

并非一切法律程序都是正当的。现代意义上的法律程序是一种有价值倾向的程序，即正当法律程序。正当法律程序区别于古代的法律程序和现实生活中的非正当程序。正当法律程序是一种为了限制恣意，通过角色分派与主体互动而进行的，具有理性选择特征的活动过程。

一、正当法律程序的历史演进

在西方法律史上，一般都把 1215 年英国《大宪章》作为"正当程序"原则的源头，而这一原则又与英国古老的"自然正义"原则存在极其密切的渊源关系。"自然正义"大致包括两项最基本的程序规则：（1）任何人不能审理自己的或与自己有利害关系的案件。（2）任何一方的诉词都要被听取。[①]

1354 年，英国正式出现了现代意义上的"正当程序"条款。[②] 此条款首次以法令形式表述了英国著名的自然正义原则，后经历代英国国王的反复确认，到 14 世纪末成为英国立宪体制的基本标志。法国《人权宣言》第 7 条也有类似规定："除依法判决和按法律规定的方式外，任何人都不应受到控告、逮捕或拘禁。"

在美国法律史上，"正当法律程序"这个完整的法律术语最早见于 1692 年马萨诸塞州的一部制定法。1791 年美国宪法第五修正案正式规定"非经正当法律程序，不得剥夺任何

[①]　参见［英］戴维·M.沃克：《牛津法律大辞典》，李双元等译，法律出版社 2003 年版，第 787 页。

[②]　根据丹宁勋爵（Alfred Thompson Denning）的考证，"正当法律程序"首次在成文法上的出现是 1354 年爱德华三世第二十八号法令第三章的规定："未经法律的正当程序进行答辩，对任何财产和身份的拥有者一律不得剥夺其土地或住所，不得逮捕或监禁，不得剥夺其继承权和生命。"［英］丹宁勋爵：《法律的正当程序》，李克强等译，法律出版社 1999 年版，第 1 页。

人的生命、自由或财产",1868 年宣布生效的美国宪法第十四修正案又采用"正当法律程序"一词,以此直接约束州政府、州政府官员和地方政府。[①] 在此过程中,美国法院经由一系列司法解释和经典判例,从原本只具程序性含义的正当程序中渐次开放出实质性内容和意义,形成了美国独具特色的"实体性正当程序"(substantive due process)和"程序性正当程序"(procedural due process)并重的宪法原则。后者涉及法律实施的方法和过程,要求用以解决利益争端的法律程序必须是公正、合理的。前者是对联邦和各州立法内容的宪法限制,要求涉及剥夺公民生命、自由和财产的法律本身应符合公平、正义、理性等基本理念。其意味着,当政府剥夺公民生命、自由和财产时,必须提供充分理由以证明其必要和正当。正如美国联邦最高法院法兰克福特(J. Frankfurter)大法官在"麦克纳博诉合众国"(*McNabb v.United States*)案中所说:"自由的历史在很大程度上是恪守程序保障的历史。"[②]

在我国,20 世纪 90 年代初,一些法理学者开始对正当程序的价值和功能进行法哲学意义上的探讨[③],其后部门法学者在各自领域内对正当程序的研究也有力推动了实务界对程序价值的关注。这既是对我国轻程序传统和现象的反拨,也因应了法治推进对于正当程序的内在需求。正当程序是现代法律的特征之一,是人治和法治的分水岭和试金石;就中国法律发展和法治现代化而言,正当程序是中国法走向现代化不可或缺的元素之一。正当程序的观念、制度和实际运行,是衡量一个国家法治文明、司法公正、诉讼民主、人权保障程度的重要标志。

二、正当法律程序的构成要件

(一)程序的分化

正当法律程序通过分散决定权来限制权力的恣意行使,而决定权的分散通过程序的功能分化和角色分派得以实现。程序的阶段性划分是时间维度的功能分化和角色分派,如立法中的议案提出、法案审议、法案表决、法律公布程序,刑事司法中的侦查、检控、审判、执行程序;程序的结构性安排是空间维度的功能分化和角色分派,如立法程序中代表不同利益的议员(代表)之间依程序安排进行的相互辩论,审判程序中法官、原告、被告、公诉人、辩护人、代理人、陪审员、证人的各司其职、相互牵制。程序将决定权分解于程序过程中,通过功能分化和角色分派来完成决定,每一程序环节、每一角色都有自己的独特价值和特定目标,限制或阻隔了对事件之结果或法律外目标的过早考虑,从而大大限制了权力恣意妄为的空间。

---

① 一般认为,美国宪法第十四修正案是保护公民不受州政府的侵犯,并不是不受公民个人的侵犯。参见[美]卡尔威因·帕尔德森:《美国宪法释义》,徐卫东、吴新平译,华夏出版社 1989 年版,第 279 页。

② Yale Kamisar, Wayne R. LaFave, Jerold H. Israel, *Modern Criminal Procedure*, 8th ed., West Publishing Co., 1994, p.53.

③ 在一般法理层面对正当程序价值和功能进行较早探讨的文章是孙笑侠发表于《当代法学》1990 年第 4 期的《论法律程序与程序法制》;季卫东发表于《中国社会科学》1993 年第 1 期的《法律程序的意义——对中国法制建设的另一种思考》被认为是系统阐述正当程序要素、功能、价值及其独特意义的论作。

（二）对立面的设置

程序始于利益和意见的冲突和竞争。为了在冲突和竞争中形成法律上的决定，就必须设置不同法律主体之间论辩、交涉的制度性平台。对立面的设置是利益对立或竞争的主体间进行制度性交涉的装置。在原告与被告、刑事追诉者与被追诉者、行政机关与相对人、相互竞争的竞选者、谈判双方或多方的程序性竞争和妥协中，存在着相互牵制的力量，营造了通过制度性交涉形成共识的空间，所形成的决定便更具可接受性。当然，"对立"并非一味"对抗"，对立意味着"和而不同"。

（三）程序中立

程序中立是正当程序的核心要素[①]，在决定者或程序主持者的中立之外[②]，还包括：第一，程序的预设性。程序设定的前提，是程序设计的参与者对该程序是否会使特定主体获益或受损处于"无知"状态，目的在于防止程序的"因人设制"。第二，程序设置的中立性。程序的设置应在冲突各方所秉持的利益或价值之间不偏不倚，使各方在程序地位、信息获得和发言机会上公平对等，保证决定或结论不是出自任何一方的强势，而是程序要件被遵守所导出的结果。

（四）自由平等且实质性的参与

参与是现代程序设计的一个突出特征，也是正当程序的必备要件。其不仅包括受法律决定影响的利害相关者对决策过程的实质性参与，也包括公众对立法和政治或公共决策过程的参与和影响。前者如行政相对人的辩解、陈述、申请听证，原被告双方与法官之间的论辩交涉，受刑事追诉者与刑事追诉机关之间的抗辩、对质等。后者如听证、公听、投票选举、全民公决、院外游说、行政公决、咨询机构接纳公民代表以及在公共决策过程引入谈判、协商和公共咨询制度等。参与应是自由的、平等的和实质性的参与。

自由的参与，首先意味着参与的自愿，包括参与的自愿和不参与的自愿。其次意味着参与不仅包括同意和承认，也包括参与过程中的异议、反对和批评。

平等的参与，首先意味着程序参与者在程序中的地位是平等的，在意见表达上享有同等的资格和机会，在涉及公共利益或自身利害的决策过程中拥有平等的尊严与发言权。其次意味着参与是公平的，不仅要求决定者或程序指挥者的中立地位、信息的对称和充分、类似情形类似处理，而且要求为少数反对派、弱者和处于不利地位的人提供特别的程序设置。

实质性的参与，首先意味着参与是法定的、有制度保障的。其次意味着参与应能实质性地影响决策结果，即决策结果是在程序过程中生成的，结果中包含甚至只包含程序参与者的参与因素。

（五）理性对话和交涉

参与是通过理性对话和交涉进行的。对话是参与程序的不同主体间为达成理性的合意

---

① 参见季卫东：《法治秩序的建构》，中国政法大学出版社 1999 年版，第 37 页。

② 有些程序类型不存在作为第三方的决定者，如立法程序、选举程序等，故程序中立包括但不限于决定者中立的要求。

围绕争论点而展开的意见交涉。通过对话,不仅要设法说服对方,还要在对方的观点主张下反思和整理自己的观点,并就自己的观点向对方作理性说明。"说明义务被高度地规范化,任何强词夺理或以各种借口逃避说明的行为都不能被允许"[①]。如果一方不能向对方阐明自己主张的合理根据,将可能承担不利后果。选举中的竞选演说及与选民的互动、立法中的辩论制度和议员的言论表决免责、行政决定的说明理由和听证制度、行政诉讼中公民与行政主体之间的诉答、民刑事审判中的质证和辩论等,都是理性对话和交涉的程序机制。通过法律程序中的对话交涉和理性反思妥协,合意得以达成,法律决策的实体性内容得以形成并获得正当性。

(六)信息充分和对等

这是参与得以有效进行的重要前提之一。正当法律程序应能保证信息、资讯或证据在程序参与者之间平等和充分地分享、传输和流动。在对信息、资讯或证据一无所知或知之甚少的情形下,程序参与者所进行的参与不可能是实质性的、有效的,由此而产生的心理上的紧张和不安,也会直接导致其对结果的正当性产生怀疑;信息在程序参与者之间的严重不对称,以及不能在公开或程序参与者均在场的程序中提交和传送,将导致程序结果难以获得真正认同。

(七)公开

"没有公开性,其他一切制约都无能力。和公开性相比,其他各种制约是小巫见大巫。"[②]公开作为正当法律程序的运作方式,意味着:第一,程序结果和理由的公开;第二,程序进行过程的公开;第三,作为参与前提的资讯和信息的公开。当然,公开不是绝对的,例如涉及个人隐私、国家秘密的案件可不公开审理,但审理结果应当公开。

(八)及时性和终结性

程序的及时性意味着程序在时序和时限上有统一、明确、规范的标准,是被限定的、有效率的、可被合理预期的,而不是任意、偶然、过于怠惰或急促的。程序的终结性意味着:第一,程序通过形成一项最终的决定而告终结,其与程序的时限性相关联;第二,结果应是从过程中生成的,程序对结果的形成具有唯一的决定作用;第三,该结果不能被随意推翻,欲修正该结果,必须通过启动另一法律程序来进行。

三、正当法律程序的价值

正当法律程序既具有工具性价值,更具有内在的独立价值。正当法律程序的工具性价值往往指其在实现好结果,如形成一项表达民意的立法、合理的行政决定或公正的司法判决方面的有用和有效。这种工具性价值还可细分为功利性的和道义性的。前者如实现效率、增进福利等,后者如发现真实、解决争端、恢复秩序、制约权力、保障权利、实现公正、提升法律权威等。而正当法律程序的内在的独立价值,是指其无须诉诸结果、无须经结果证明而独

---

① [日]棚濑孝雄:《纠纷的解决与审判制度》,王亚新译,中国政法大学出版社 2004 年版,第 126 页。

② 王名扬:《美国行政法》(上册),中国法制出版社 1995 年版,第 433 页。

立存在的本体价值。正当法律程序的价值包括以下几个方面：

第一，正当法律程序是权利平等的前提。现代法治原则要求"以相同的规则处理同类的人或事"，即平等地适用法律。而公正的核心是平等，程序是如何保证平等的呢？现实生活中，具体的人和事与抽象的法律规则之间存在差异和距离，这给法律适用带来难度。法律适用是对抽象规则与具体行为的认同过程，这个认同过程的高度"同一性"有赖于法律程序的保证。倘若没有统一的步骤和方法，没有时间和空间上的向导，就难以实现"同一性"，因而平等适用法律也就无从谈起。因此，正当法律程序是体现权利公平、机会公平、规则公平的法律制度的前提和基础。

第二，正当法律程序是权力约束的机制。法治国家的公权力应当受到法律的严格约束，而法律程序是其中不可或缺的一种约束机制。正当法律程序通过抑制、分工等方式对公权力进行约束。在社会经济生活要求国家自由裁量权相对扩大的今天，实体法规则的控权功能有所缩减，因此程序控权的功能大大增长。法律程序以其特有的功能补充了实体规则在控制权力方面的不足，追求权力与权利的平衡、效率与自由的协调、形式合理性与实质合理性的结合。

第三，正当法律程序是解纷效率的保证。正当合理的法律程序总是能够使纠纷及时、有效、公正、合理地得以解决。相反，偏私或不合理的法律程序往往使纠纷的解决出现这样的情况：当事人在程序中就感到不公正因素；当事人在程序中尚未消除暴力的直接冲突；当事人为纠纷的解决花费了不必要的或过高的诉讼成本；当事人在处理结果面前仍有遗留的纠纷或由处理结果引起的新的冲突和矛盾。因此，正当合理的法律程序能够保证纠纷真正得到解决，从而实现实体公正。

第四，正当法律程序是权利实现的手段。首先，法律程序是权利义务实现的合法方式或必要条件。正当的程序能促使权利被实际享受，义务得到切实履行。其次，法律程序通过对权力的约束和控制来保障人权。正当法律程序是以权力约束和权利保障为特征的，通过"把权力关进制度的笼子"实现实体权利。最后，法律程序是纠纷解决的重要途径，正当法律程序对于权利又是一种有效而重要的补救手段。

第五，正当法律程序是法律权威的保障。法律权威固然需要国家强制力来保证，但是这种强制力有可能使法律权威异化为粗暴的武力。"在服从某一决定之前，人们必须考虑作出该项决定的正当化(justification)前提。这种前提主要就是程序要件的满足。"[①] 正当法律程序的意义在于通过法律程序使人们体会到法的公正与尊严。正当法律程序必定会增强人们对法律的好感、敬意和信心；相反，不正当的程序则引起人们对法律的厌恶、轻蔑和怀疑。人们对公正的理解和对法律权威的体验首先是从"能够看得见的"程序形式中开始的。

第六，正当法律程序促进公民行为理性化，引导公民规范有序地参与政治生活、社会生活、法律生活，确保参与过程的民主化、法治化、程序化。基于正当程序的这些内在价

---

① 季卫东：《法治秩序的建构》，中国政法大学出版社 1999 年版，第 53 页。

值,法治思维和法治方式的一个重要方面就是确立程序思维和程序方法,尊重和遵循正当程序。[①]

第三节　程 序 正 义

法谚有云:"正义不仅要实现,而且要以看得见的方式实现。"如果说,正当程序注重的是程序本身正当性要件的满足的话,程序正义要强调的则是其相对于实体正义的独立价值。

一、程序正义的兴起

程序正义的兴起经历了比较长的历史过程。亚里士多德将正义区分为分配的正义和矫正的正义,其后相当长时期内,有关正义的法哲学的讨论基本上是在实体或实质的层面展开的。尽管英国自 13 世纪起已萌发出程序中心主义的观念和制度,但对程序及程序正义的法哲学探讨则是 20 世纪 60 年代后的事情。20 世纪 60 年代,在美国兴起了"正当法律程序革命",关于程序独立价值的法哲学思考才渐入论题。罗尔斯的正义理论就是以程序倾向为特色的,其将程序正义作为与实体正义(分配或结果正义)相对的独立范畴进行类型分析,区分了纯粹的、完全的、不完全的程序正义(以及半纯粹的程序正义)[②]。其后,程序正义迅速成为学界关注的焦点,对漠视程序独立价值倾向进行反拨和批判的程序正义理论迅速崛起。其中,萨默斯(Robert S. Summers)、马肖(Jerry L. Mashaw)和贝勒斯的研究具有重要价值。萨默斯的"程序价值理论"区分出程序相对于实体的"好结果效能"和程序自身外在于结果的"程序价值",开创性地提出和论证了程序的独立价值标准问题。马肖的"尊严价值理论"揭示了程序正义的真正价值基础在于对程序参加者人格尊严和道德主体地位的尊重,使程序正义得以摆脱实体或结果的附庸地位而具有了终极性价值和意义。贝勒斯在对将程序视作实现某种外在目标的工具或手段的功利主义、经济成本和道德成本理论进行综合分析的基础上,对程序正义价值的性质、独立性、标准、理论基础和适用范围及界限等重大课题进行了整体性研究,发展出一种综合性程序价值理论。[③] 这些思想和理论有力地推动了程序正义

[①]　参见张文显:《法治的文化内涵——法治中国的文化建构》,载《吉林大学社会科学学报》2015 年第 2 期。

[②]　纯粹的程序正义以赌博为典型,不存在结果正当与否的标准,一切取决于程序要件的满足,只要游戏规则不偏不倚且被严格遵守,结果就被认为是公正的;完全的程序正义以著名的蛋糕等分为典型,既存在关于结果正当(蛋糕等分)的独立标准,也存在预设的程序正当规则(切蛋糕者须最后领取自己应得的那块),如此,程序总是导致正当的结果;不完全的程序正义以刑事审判为典型,存在关于结果是否正义的标准,但无论程序要件如何完备都不必然导致正当的结果。为了弥补不完全的程序正义不能确保正当结果的缺憾,需要借助程序正义的正当化作用,追加所谓半纯粹的程序正义,如陪审制度、当事人主义的参与等。

[③]　See Yale Kamisar, Wayne R. LaFave, Jerold H. Israel, *Modern Criminal Procedure*, 8th ed. , West Publishing Co., 1994, p.53; Jerry L. Mashaw, "The Supreme Court's Due Process Calculus-Three Factors in Search of a Theory of Value", *University of Chicago Law Review*, 1976; Jerry L. Mashaw, "Administrative Due Process: The Quest for a Dignitary Theory", *Boston University Law Review*, 1981; Jerry L. Mashaw, "'Rights' in the Federal Administrative State", *Yale Law Journal*, 1983; Robert S. Summers, "Evaluation and Improving Process-A Plea for Process Values", *Cornell Law Review*, 1974.

及其独立价值共识的形成。

二、程序正义的意涵

与实体正义相对的程序正义有其独立价值,其主要意涵如下:

第一,程序正义意味着程序除在形成实体结果方面具有工具性价值外,其自身还是一种具有独立价值的实体,具有独立的作为目的的内在价值,其意义丝毫不弱于实体正义。

第二,程序正义不依赖于实体结果而存在,程序结果的公正不能证明程序本身的公正,程序本身是否公正直接取决于程序的内在品质;而实体正义不仅需仰赖程序正义实现,还应借助程序正义证成。

第三,程序正义自身的内在价值标准包括但不限于参与、公开、平等、中立、理性、及时终结、人道性等,其终极意义的价值基础在于对人的尊严和道德主体地位的尊重。

第四,程序正义与实体正义在很多情况下可以和谐一致,如:一个使信息充分对等、使当事人平等有效参与的程序,显然比只由决定者偏听偏信更有助于事实真相的发现;裁判者不得与一方当事人单独接触,显然更易于增强裁判结果的公正性和认受度。但程序正义与实体正义也可能发生矛盾或冲突,其往往体现为形式理性与实质理性、过程取向与结果取向、手段正当与目标合理、自由与秩序、公正与效率、人权保障与真相查明等之间的价值冲突。如何进行衡平和选择,是法治实践和理论的重大课题。

程序正义在法治系统中的地位和功能,具体体现在:

第一,程序正义在许多方面体现法治的价值,应被更多关注和强调。英国从12世纪中叶以来就从程序出发来看待实体权利,奉行"程序优先于权利"的法律格言。程序正义应被更多关注和强调,这不只是对我国"重实体轻程序"传统和现实的反拨,还因为:(1)尽管程序正义并不必然导致实体正义,却是大多情形下达致实体正义的途径,结果不只由过程生成、实现,还由过程证成。(2)在实现实体正义所依据的客观真实无法直接有效获得、结果难以判别的情形下,程序正义的形式理性、功能自治、过程指向及其确定性、恒常性和可触及性,使其成为最可接近、坚守、触摸及易于达成共识的正义。(3)程序正义在建立和维护法的确定性、安定性并经此为人们提供确切稳定的理性预期方面具有独特功能和意义,而提供确切稳定的理性预期是法治区别于其他治理方式的基本标志,也是对人作为理性主体拥有尊严和自主地位的最基本承认和尊重。可见程序正义的"尊严价值"不只体现为平等参与、信息对等、理性沟通、程序中立,更体现在其提供最基本的理性预期上面。(4)法治根本上是对合法性、正当性的追问,在价值多元化的当今社会,选择成为生活主题而诉诸超验的终极性价值标准几无可能,而诉诸多元参与、平等对话、理性交涉和反思机制的程序正义"就一跃而成为价值的原点",其作为获得初期共识的前提条件,成为立法、行政、司法及政治和公共选择合法性、正当性的根据。(5)程序正义可以体现实体性意义。程序正义的角色分派、功能分化、多元参与、理性交涉和对话反思等牵制性设置本身即意味着对实体结构的安排,如美国国会参众两院通过法案后须经总统签署这一"程序",实则就是一种"实体"意义的分权结构安排。不仅如此,相对于实体正义的个案指向,程序正义以其对内在独立价值的一贯坚守,也可在整体和长远的意义上获得更多的实质上的正义。

第二,实体正义应在程序正义的框架下操作,且应经程序正义过程的过滤和补救。法谚有云:"迟来的正义非正义。"程序正义是通过满足形式要件而达成实质性共识的途径,为实现实体正义而进行的解释、推理、论证、漏洞补充、利益衡量、价值选择等都须纳入中立、平等、参与、理性沟通的程序正义框架下,而不得径直诉诸政治意识形态、道德或力量对比关系;各种实体性考虑都需经程序的过滤装置反映到立法、行政决策和司法决定中去,政治意识形态、道德和社会舆情不得径直成为形成法律性决定的根据或理由;实现实体正义的缺憾也应尽可能借助程序正义予以调节和补救,诸如司法中的当事人充分参与、对处于不利地位者施以程序倾斜以及陪审制度、法律援助、司法救助、法官释明等都是这种意义上的调节和补救。

第三,人的主体性和尊严是实体正义和程序正义之上的终极判准。程序正义与实体正义都应以对人的主体性和尊严的维护和尊重为终极价值,在二者冲突时,对人作为理性主体之尊严的尊重和维护应成为终极判准和衡量尺度。

小结

法律程序是为作出法律性决定而预设的过程、方式和相互关系的系统。法律程序在各个法律领域皆存在,其通过分工、抑制、导向、缓解、感染等方式实现对法律行为的调整。正当法律程序应具备一系列功能要件,包括程序的分化、对立面设置、程序中立、自由平等且实质性的参与、理性对话和交涉、信息充分和对等、公开、及时性和终结性等。正当法律程序的价值体现为其是权利平等的前提、权力约束的机制、纠纷解决效率的保证、权利实现的手段、法律权威的保障、公民理性的引导。程序正义是对程序被视作实体附庸这一倾向的反拨。在与实体正义的关系中,程序正义以其法治的多项价值应被更多地关注和强调;实体正义应在程序正义的框架下操作,且应经程序正义过程进行过滤和补救;人的主体性和尊严是实体正义和程序正义之上的终极判准。

思考题

1. 法律程序在一般含义上包含哪些要点?

2. 法律程序影响人们行为的方式是什么?

3. 正当法律程序的基本构成要件有哪些?

4. 如何理解程序正义及其与实体正义的关系?

5. 为什么说程序决定了法治与恣意的人治之间的基本区别?

第十八章　法　律　职　业

> 法律职业的地位是一个民族文明的标志。
>
> ——［美］戴维·达德利·费尔德①

法律运行中的专业任务通常交给法律专业人员，这是法治的规律。共同的专业形成共同体，即法律职业。本章着重介绍法律职业的概念、特征和历史，论述法律职业制度，重点阐述法律职业的基本素养，包括法律职业伦理与法律职业思维的基本原理。

---

① ［美］戴维·达德利·费尔德（David Dudley Field，1805—1894），美国律师、法律改革家。本题记的英文原文为"the condition of the legal profession is an index of the civilization of a people"，选自 David Dudley Field，"Study and Practice of the Law（1844）"，in David Dudley Field，*Speeches*，*Arguments*，*and Miscellaneous Papers of David Dudley Field*，D.Appleton & Company，1884，p.485.

第一节   法律职业概述

一、法律职业的概念与特征

传统上,法律职业是指包括法官、检察官、律师在内的,受过系统的法律专业训练,具有娴熟的法律技能与法律伦理的法律人所构成的职业共同体。随着经济社会和法律制度的发展以及社会分工的不断细化,尤其是随着法律影响力在当代社会的扩展和法治观念的变迁,法律职业的范围也在不断拓展。当代中国的法律职业,以立法者、执法者、法官、检察官、律师为主体,包括在党政军机关和社会各领域专职从事法治工作的各类人员。

法律职业有着不同于其他社会职业的显著特征,主要包括:

(一)法律职业的技能特征

法律职业技能来源于法学教育,没有发达的法学教育就没有法律职业的形成。法学教育提供给法律职业的法律学问是系统的而不是零星的,是统一的而不是相互冲突的,这也是法律职业技能统一的前提。所以,对于从事法律职业的人来说,职业技能是通过正规的法科专业学习与系统训练形成的,它以系统而统一的法律学问为基础,并在职业实践中不间断地培训、学习和进取。个别国家在法律职业形成历史上虽然有过"师徒式"的律师职业教育,但这种教育仍然是以统一的法律学问为基础的。形成法律职业的技能是法律职业形成或成熟的标志之一。

(二)法律职业的伦理特征

法律职业必须具备本职业特有的伦理。法律职业内部传承着职业伦理,法律人实践着这种职业伦理。法律职业伦理有别于大众伦理和其他职业伦理,因为它受法律活动规律的制约,受法律职业技能的影响。比如,律师不得因委托人罪恶深重而拒绝接受委托,法官应当平和地对待刑事被告,只能对犯罪嫌疑人作无罪推定,等等。这显然有别于大众伦理"疾恶如仇"式的道德逻辑。法律职业伦理成为共同体内部的职业习惯、行为方式和内心信仰,从而维系着这个共同体的成员,克服职业技术理性所带来的职业弊端,并提升共同体的社会地位和声誉。

(三)法律职业的准入特征

加入法律职业必将受到认真考查,获得许可证,得到头衔,如律师资格的取得。法律职业与医生职业一样,是一个具有限制性特征的职业,未经专门训练,未掌握特殊的技能与伦理的人不得进入这个职业的殿堂,所以需要设定职业准入制度以检测申请者的素养。

二、当代中国的法治职业共同体

中华人民共和国成立以来很长一段时期内,人们把法官、检察官和律师看作法律职业,把法官、检察官和律师构成的群体叫做"法律职业共同体"。进入新时代以后,在全面推进依法治国、建设社会主义法治体系和法治国家的背景下,习近平提出了"法治工作者""法治队伍"等概念,用以取代"法律工作者"和"法律工作队伍"等概念,凸显了法治职业的广泛性、时代性。"法治工作者队伍"涵盖的范围比较广泛,举凡在党政军机关、司法机关、人民团队、社会各领域专职从事涉法工作和法治工作的人员,都可称为法治工作者,都隶属于法治队伍和法治职业共同体。具体而言,包括这样几个群体:

第一个群体,也可以说是最核心的队伍,是法治专门队伍。习近平指出:"我国专门的法治队伍主要包括在人大和政府从事立法工作的人员,在行政机关从事执法工作的人员,在司法机关从事司法工作的人员。全面推进依法治国,首先要把这几支队伍建设好。""立法、执法、司法这三支队伍既有共性又有个性,都十分重要。要按照政治过硬、业务过硬、责任过硬、纪律过硬、作风过硬的要求,教育和引导立法、执法、司法工作者牢固树立社会主义法治理念,恪守职业道德,做到忠于党、忠于国家、忠于人民、忠于法律。"[①]

第二个群体,是法律服务队伍。主要是律师,也包括公证员、基层法律服务工作者、人民调解员,以及法律服务志愿者。律师队伍是依法治国的一支重要力量,在保障法律正确实施、维护当事人合法权益、维护社会公平正义、支持司法机关定分止争、提高司法公信力中能够发挥十分重要的作用。

第三个群体,是通晓国际法律规则、善于处理涉外法律事务的涉外法治人才队伍。目前,在联合国及其所属组织的国际立法、国际执法、国际司法和其他国际法律事务中,我国参与的程度仍然有限,主要原因之一就在于我国缺乏相关法治人才。

第四个群体,是法学专家队伍。法学专家队伍对于探索和形成中国特色社会主义法学理论体系、法治理论体系和法治话语体系,用马克思主义法学思想统领法治意识形态阵地,培养高素质法治人才,具有不可替代的重要作用。习近平指出要"重点打造一支政治立场坚定、理论功底深厚、熟悉中国国情的高水平法学家和专家团队,建设高素质学术带头人、骨干教师、专兼职教师队伍"[②]。

改革开放和实施依法治国以来,我国高度重视法治人才的培养和法律职业共同体的建设,注重发挥法治职业人的作用,实施人才强法战略。中共十八届四中全会通过的《中共中央关于全面推进依法治国若干重大问题的决定》提出:"全面推进依法治国,必须大力提高法治工作队伍思想政治素质、业务工作能力、职业道德水准,着力建设一支忠于党、忠于国家、忠于人民、忠于法律的社会主义法治工作队伍,为加快建设社会主义法治国家提供强有力的组织和人才保障。"

法治职业共同体的形成过程,是法律职业素养统一、法治理念和法治信念统一的过程。法律职业素养包括职业信仰、职业道德、职业语言、职业知识、职业思维、职业技术等六个方

---

① 习近平:《加快建设社会主义法治国家》(2014年10月23日),载《十八大以来重要文献选编》(中),中央文献出版社2016年版,第190页。

② 《中共中央关于全面推进依法治国若干重大问题的决定》(2014年10月23日),载《十八大以来重要文献选编》(中),中央文献出版社2016年版,第176页。

面。这六个方面的统一，能够推动统一的法治职业共同体的形成。在这六个方面中，前两个方面构成法律职业的伦理，即我们通常所谓的"德"；后四个方面构成法律职业的技能，即我们通常所说的"才"。法律职业伦理与技能的统一主要依靠高水平的法学教育和长期的法治工作实践。

第二节   法律职业制度

法律职业制度是指国家关于法律职业培养、考试、培训、任职、待遇、惩戒、机构等一系列法律制度的总称。以下着重从法律职业资格考试制度、法律职业教育培训制度、法律职业保障制度三个方面来阐述。

一、法律职业资格考试制度

法律职业资格考试是对职业资质的检验和认定，通过资格考试这一门槛者方能取得法律职业资格。这个资格考试制度是限制性职业的典型象征，因此法律职业资格考试具有职业统一、资质准入、伦理达标、职业养成四个特点。

职业统一，是指职业素养资质标准的统一，因此在全国范围内实行统一组织、统一命题、统一标准、统一阅卷、统一招录。无论将来从事法官、检察官、律师、立法者、执法者等何种法律职业，只要经过这种考试，其门槛就达到了统一，所谓"不进一个门，不是一家人"，因而法官、检察官、律师、立法者、执法者等形成了法律职业共同体。

资质准入，是指以法律实务工作为内容导向的资质合格的准入门槛。其以对法官、检察官、律师、立法者、执法者等法律职业候选人的资质考查合格为目标。因此，除了法律综合试题之外，还应包括对论述分析的基本技能、职业能力等内容的考查。资质认定性考试与水平选拔性考试不同。水平选拔性考试强调考出水平的高低，而资质认定性考试则强调考出统一的资质，因此对法律职业资格考试应试者应在统一标准尺度下进行资质认定。

伦理达标，即不仅要求具有某种学识与技能，还要考查是否具有特殊伦理与责任感。如前所述，法律职业是由受过系统的法律专业训练、具有特殊伦理和法律技能的人士构成的具有自治性的职业共同体。因此，多数国家的法律职业资格考试都不仅对应试者进行资格综合考试，还要考查其法律职业伦理与责任。

职业养成，是指这种资格考试仅仅是职业养成的过程之一，而非最终结果。在许多国家，法科生并不是通过一次资格考试就可获得任职资格，通过考试后还要复加职前培训，有的进行两次考试，在任职前还要考核。经过这样反复的精挑细选，才进入法律职业，这就是法律职业养成过程的复杂性。一般而言，法律培训内容的针对性、实用性都很强。

我国从 2002 年起实行法官、检察官和律师资格考试的统一化，称为"国家司法考试"，体现了法律人门槛与素养的统一化，这是我国法律职业制度发展史上的重大进步。截至 2017 年，司法部共组织实施了 16 次司法考试，有 513 万余人次参加，96 万余人通过司法考试并取得法律职业资格,还有2万多人待申请法律职业资格。2015年1月,中共中央办公厅、国务院办公厅发布《关于完善国家统一法律职业资格制度的意见》,将原来的"国家司法考试"制度改为"国家统一法律职业资格考试"制度,是把法官、检察官和律师、立法者、执法者统一称为"法律职业"的一次制度变革,明确提出"法律职业资格考试制度是国家统一组织的选拔合格法律职业人才的国家考试制度"。2018年4月28日,司法部发布《国家统一法律职业资格考试实施办法》,至此,这项万众关注的法律职业资格考试制度改革尘埃落定。

在我国,专门从事立法、执法、司法、法律服务和法律教育研究等工作的职业人员,必须具备法律职业资格。担任法官、检察官、律师、公证员、法律顾问、法律类仲裁员及政府部门中从事行政处罚决定审核、行政复议、行政裁决的人员,均应当取得国家统一法律职业资格。国家还鼓励从事法律法规起草的立法工作者、其他行政执法人员、法学教育与法学研究工作者等,参加国家统一法律职业资格考试,取得职业资格。

改革后的法律职业资格考试内容呈现出诸多新的特点:第一,高度重视中国特色社会主义法治理论;第二,加大法律职业伦理的考查力度,使法律职业道德成为法律职业人员入职的重要条件;第三,突出宪法与法律知识的系统性;第四,考试以案例分析和法律方法运用题为主,借此考查实践中的法治思维和法治能力。

二、法律职业教育培训制度

法律职业教育培训包括职业资格考试后的职前教育培训和执业过程中的后续教育培训。教育培训的目的,一是使法学专业教育与职业入职教育相衔接,这是职前教育培训的目标;二是使现有法律职业素养的继续提高与专题深化相结合,这是后续教育培训的目标。

法律职业资格考试制度与职前培训制度密切关联,二者是法律职业养成过程中两个门槛性的重要环节。因此,职前培训也具有职业统一、资质准入、伦理达标、职业养成的特点。不同的是,职业资格考试在前,重视基本资质的考查与选拔;职前培训在后,重视实务能力的培养与训练。

《关于完善国家统一法律职业资格制度的意见》提出,由国家法律职业资格主管部门即司法部会同法治实务部门(最高人民法院、最高人民检察院等)制定法律职业入职前培训的内容和方式的统一标准和相关规范,实行"先选后训"培训模式,培训合格者方可准予从事法律职业。改革后,将建立法律职业资格档案管理和信息发布制度以及法律职业资格暂停、吊销制度。对违反宪法法律、妨害司法公正、违背职业伦理道德的获得法律职业资格人员,实行告诫或暂停、吊销法律职业资格等惩戒制度。对被终身禁止从事法律职业的人员,及时依法吊销其法律职业资格证书,并向社会公布。

从职前教育培训来讲,由于我国法学教育与司法实践有所脱节,因而职前培训的目的包括以下两方面:一是培养法律职业经验,锻炼法律职业品性。二是促进研修生法学知识与法律实践的有机结合,使其了解法律职业的社会环境,掌握从事法律工作的基本技能及必需的社会常识,从而完成从研修生身份到初任法官、初任检察官、律师、立法者、执法者的转变。以人民法院为例,目前改革后的司法入职人员从基层法院开始工作,上级司法机关的司法人员的选拔均从基层逐级选拔。职前培训机构与继续培训机构应当依托或直接设置于法律实务机构内。目前,我国国家法官学院和国家检察官学院具备这样的条件,除原有的继续培训功能之外,可承担对初任法官、初任检察官的职前培训。1997 年 3 月 13 日,司法部规定了现行律师业务培训制度主要内容:每年度培训不少于 40 课时,培训方式为短期培训班、专题讲座等。此外,建立了律师培训登录制度,年检注册时把参加规定课时的培训作为律师注册的前提条件之一。

三、法律职业保障制度

所谓法律职业保障,通说是指法官、检察官和律师在履行职责过程中所需要的个人权利、职业权利、地位、待遇、荣誉等方面的制度和物质保障。从司法原理以及各国司法制度与经验来看,除了享有常规的普通公民权利保障之外,还应当根据司法规律和法律职业特殊要求,从司法体制的层面有针对性地提供职业保障。从事法律职业具有特殊要求,既然承担特定职责,就需要特殊保障。例如,要求法官独立裁判并承担一定的司法责任,就应当保障其独立性,这就是法官职业保障的特殊性。又如,在刑事诉讼中承担辩护职责的辩护律师,其会见当事人、阅卷以及在侦查、法庭调查和辩论中的相关职业权利很容易受到司法机关的制度性甚或非制度性的人为挤压,这就需要为其提供相应的保障。

法律职业保障具有重要的意义。司法公正作为法律职业共同体的共同目标,其实现有赖于法律职业共同体各成员尽心尽责地履行其法定职责。作为法官、检察官和律师,他们尽心尽责地履行其法定职责,如果不对其职业提供切实、充分的保障,则会使职业责任沦为空谈。显然,从事法律职业,若缺乏有效的职业保障,是难以承担其职责的。在强调司法独立公正、司法责任制、追究错案责任和司法官员额制的今天,加强法律职业保障就是司法制度的体系性配套,这显得尤为重要。因此,基于中共十八届三中全会《决定》提出的建立公正高效权威的中国特色社会主义司法制度的改革目标,我国司法改革确定了完善司法责任制、完善司法人员分类管理制度、健全司法人员职业保障制度、推动省以下地方法院和检察院人财物统一管理这四项主要改革工作,作为健全我国司法制度的基础性改革措施。

法官、检察官职业保障制度主要包括以下三个方面:

第一,法官、检察官职业权利保障制度。保障法官、检察官在审判、检察工作中免受外界干涉、干预或干扰,确保法官、检察官依法独立公正行使职权。为公正执法的法官、检察官撑腰,决不允许任何单位或个人对其进行打击报复。要彰显法官、检察官在审判、检察工作中的中心地位,建立法官、检察官司法豁免制度,法官、检察官依法履行职务享有不受民事起诉的豁免权。要保障法官、检察官不因客观因素所致的裁判错误而受到责任追究,从而保证法官、检察官义无反顾地依法独立公正行使司法权。

第二,法官、检察官职业地位保障制度。法官、检察官职业具有稳定性、独立性、专属性等特点,消除对法官、检察官的行政化影响和制约。要有效保障法官、检察官职业地位和法官、检察官身份的稳定性,从制度上保证法官、检察官地位和身份,非因法定事由、非经法定程序不得将其免职、辞退或者给予降职或其他处分,增强法官、检察官职业的荣誉感和神圣感。2017年10月25日,中共中央办公厅印发《关于加强法官检察官正规化专业化职业化建设全面落实司法责任制的意见》,对法官、检察官依法履职作出了具体规定:"法官、检察官依法办理案件不受行政机关、社会团体和个人的干涉。任何单位或者个人不得要求法官、检察官从事超出法定职责范围的事务。法官、检察官应当拒绝任何单位或者个人违反法定职责或者法定程序、有碍司法公正的要求。非因法定事由、非经法定程序,不得将法官、检察官调离、免职、辞退或者作出降级、撤职等处分。对干扰阻碍司法活动,威胁、报复陷害、侮辱诽谤、暴力伤害法官、检察官及其近亲属的行为,依法严厉惩处。"

第三,法官、检察官优越待遇保障制度。法官、检察官的优越待遇是司法者的荣耀,是司法机关的荣耀,更是国家和人民的荣耀。一方面,通过"以薪养廉",可免除后顾之忧,防止钱物的诱惑;另一方面,也增强了司法职业的荣誉感和超然性。因此,各国司法制度都切实保障法官、检察官的物质待遇,包括在职待遇和退休待遇。《关于加强法官检察官正规化专业化职业化建设全面落实司法责任制的意见》规定:"根据审判、检察工作特点,实行与法官、检察官单独职务序列配套的工资制度。落实国家关于法官、检察官工资制度规定,确保法官、检察官的工资水平高于当地其他公务员工资水平一定比例。……根据个人意愿和工作需要,长期在审判、检察一线办案且多年考核业绩优秀的法官、检察官,到达法定退休年龄的,按照有关政策和干部管理权限,可以申请延长退休年龄。"

第三节 法律职业伦理与法律职业思维

在现代社会,法律职业具有专门性或专业性的特点,这是相对于法律职业的技术性而言的。在法律发展的早期,由于社会生活比较简单,执法人员可以根据普遍习惯的行为规则来判断是非、解决纠纷,只要凭深厚的生活经验和阅历就基本能够胜任执法角色。因此,古代执法人员可以不必经过专门化的职业训练。但是随着社会分工的增加、社会生活的复杂化,特别是市场经济条件下的社会分工的高度发展,法律职业的专门化在现代社会已被接受为一种社会生活的必需。有的学者提出,"法律活动专门化"意味着从事法律事务的人员的专门化。法律职业的专门性主要是指法律职业人员具有高度的法律职业伦理、职业思维和技能素养,这就是法律职业所谓的德才兼备,即"德法兼修"[①]。下面具体介绍法律职业伦理、法律职业语言与知识、法律职业思维、法律职业技术。

---

① 习近平2017年5月3日在中国政法大学考察时的讲话中提出"立德树人,德法兼修,培养大批高素质法治人才"。

一、法律职业伦理

法律职业有别于其他一般的社会职业,它基于公平、公正的立场将法律运用于具体的人和事。因此,它要求从业人员具备良好的道德品质。法律职业所谓的"德才兼备"也特别强调"以德为先"。伦理是人类社会生活关系之规范、原理、规则的总称,其建立于个人之良心、职业之惯例、自律之惩戒以及社会之舆论基础之上。各种职业因其性质、内容与社会期待的不同,存在着不同的职业伦理。法律职业伦理是指法律人在其职业实践中必须遵守的特殊道德规范。其虽然会因时代的不同而在内容上有所差异,但基本内容是相同的。

自从人类社会产生法律职业以来,就有了相应的法律职业道德。早在古希腊时代,柏拉图就主张执法者要"以心治心",亚里士多德主张执法者"应当凭国家的法度行事",西塞罗主张执法者必须公正、廉洁。在法律活动促进法律职业形成之前的近代西方社会,其内部就已经开始酝酿着一种"身份荣誉意识",进而发展为一种传承后世的法律职业伦理。它从集团内部维系着这个共同体的成员并保证该共同体的社会地位和声誉。中国虽然没有像西方那么早形成自治性的法律职业,但法律从业道德思想是十分丰富的。在周代出现了"明德慎罚"思想,周公提出要用有"德行"的人掌管诉讼的主张:"继自今立政,其勿以人,其惟吉士。"① 即为了正确处理狱讼,要用有"德行"的"吉士",而不要用心术不正的"人"管理政务。《尚书·吕刑》继承了周公的思想,提出"非佞折狱,惟良折狱""哀敬折狱""惟察惟法,其审克之",即处理狱讼要把心思放端正,要有同情心,要有责任感。秦律把司法官吏不能及时发现所辖地的犯罪活动叫做"不胜任",知道而不敢论处的叫做"不廉",处罚不当、失轻失重的叫做"失刑",罪当重而故意轻判或者罪当轻而故意重判的叫做"不直",等等。中国历代有"清官"作风,其实就是一种法律职业道德。宋代名臣包拯主张"法存画一""赏德罚罪""以法律权衡天下"等,成为千百年来人们称颂不衰的"包青天"。

法律职业伦理首先是一些具有可操作性的、主要用于各种伦理冲突时的一种指导或者技术规范。它是按照道德要求,对法律执业行为规范的一种技术性处理。换言之,法律职业伦理为执业者解决道德困境时提供一种具有可操作性的、确定性的、免除某些角色道德责任而承担另外一种角色道德责任的指引规范。更重要的是,法律职业伦理还是法治职业理想信念的基础和保障。依靠和凭借法律职业伦理,法律人以高贵的灵魂处理凡俗的法务,方能实现其职业理想。

在当代中国法治建设中,法治队伍职业伦理的重要性已经引起了高度重视。

"德法兼修""德才兼备"是对法治工作人员的基本要求。法治专门队伍、法律服务队伍、涉外法治人才队伍、法学专家队伍这四支法治队伍,在法律职业伦理方面既有共同性,也有各自特点。

---

① 《尚书·立政》。

（一）法官、检察官的职业伦理

为了适应建设公正、高效、权威的社会主义司法制度和提高司法公信力的需要,我国从20世纪90年代中期就开始推进法官、检察官职业化建设,进入21世纪以后,加快了法官、检察官职业化建设的步伐。随着中国特色社会主义法治进入新时代,法官、检察官职业化建设特别是职业伦理建设显得尤为重要和更加关键。

法官、检察官职业化建设包括的内容十分丰富,主要有:加强思想政治与职业道德建设,严格纪律作风要求,培养法官、检察官的职业精神和职业道德;严格法官、检察官的职业准入、遴选标准与程序,建立健全员额退出机制;规范权责配置、完善司法权运行机制,运用科技手段提升职业化水平,健全司法绩效考核制度,实行法官、检察官惩戒制度;强化法官、检察官的职业意识、提高法官、检察官的职业技能;加强法官、检察官的职业保障和履职保障;等等。就培养法官、检察官的职业精神和职业道德而言,其主要包括以下几个方面:

第一,爱岗敬业、尽职尽责。爱岗、敬业、尽责是最基本的职业精神。在司法领域,爱岗就是热爱人民司法事业,把维护社会公平当作最伟大的工作,把法官、检察官职业当作最神圣、最有价值的职业。职业意识和职业认同是做好法官、检察官本职工作的思想基础,只有热爱自己所在的岗位,才会有工作热情和激情,才能始终保持旺盛的精力和最好的工作状态。敬业是对爱岗的升华,因为敬业意味着把法官、检察官职业与人生最高价值目标连接在一起,而不仅仅是个人谋生的手段,意味着对自己所从事的职业的尊敬和热爱,有着强烈的职业荣誉感。尽责就是要用心工作、尽职尽责,全身心地投入到工作当中,做好工作中的每一件事情,并通过自己的尽职尽责彰显法治精神,使当事人和广大群众感受到法律的公正、法律的尊严、法律的权威,树立法官、检察官和法院、检察院良好的职业形象,提高法官、检察官的职业声望。

第二,追求真理、追求公平。对于法官、检察官来说,追求真理就是坚持以事实为根据。追求真理的过程是探知事实的过程,对事实的分析和认定直接决定着适用法律的最后结果,更是法律裁决取得合法性的基础。在司法活动中,一定要追求真理,弘扬科学精神与理性精神,坚持无罪推定的法治原则,坚持用事实说话,使法律事实与客观事实相一致,以实现司法公正。追求公平是对法官、检察官的底线要求,公平正义是法官、检察官职业精神和职业道德的灵魂。追求公平,意味着秉公执法,敢于排除权力、私情、利益等因素的干扰,敢于抵制地方保护主义、部门保护主义、特权保护主义的干预,依照法律要求审核证据、认定事实、适用法律、作出裁判;意味着法官中立地对待当事人,尊重律师,不掺杂个人的好恶和主观臆断,自觉执行法官行为规范;意味着严格遵循法律程序,让审判权、检察权在阳光下运行;意味着提高司法效率,及时获取证据,使被害人的权利及时得到救济,使受损害的法律秩序及时得到恢复,增强公众对司法机关的信任。

第三,忠实于法律,保证法律的有效实施。法官、检察官是宪法法律的执行者,也是宪法法律的守护者和捍卫者,必须始终忠实于宪法法律,忠实履行宪法法律赋予的职责,维护社会主义法制的尊严、统一和权威;必须严格遵守法定程序,坚持法律面前人人平等,做到执法必严、违法必究。法官、检察官必须做到公正司法、高效司法、廉洁司法,以严格、公正、文明、清廉的司法形象赢得群众的信任,不断提升司法公信力,维护宪法法律应有的尊严和权威。法官、检察官应当尊重其他司法官、遵守司法礼仪、保持良好仪表、重视法庭威严、避免降低法院品位等,维护法律尊严,提升法律权威。

(二)律师职业伦理

律师职业伦理的主要内容包括:

第一,对当事人而言,要勤奋工作,讲究效率,职业道德要求律师不得与当事人进行商业交易,不得利用(与此代理有关的)案情从事不利于当事人的活动;不得就所托事宜接受对方当事人报酬,或约定、要求利益;不接受与正在办理的案件有相反利害关系的案件;保守当事人秘密;不同时代理双方当事人;诚恳,不得假装有把握;不得接受自己一窍不通的诉讼案件;等等。

第二,对法官而言,尊重法官就是尊重法律,即使是在与法官的非职务性接触中也应当如此,但应不卑不屈,具有自己的独立性和尊严。具体内容包括:不故意作虚假陈述;不向法庭提供已知是虚假的证据或授意提交虚假证据;不向法庭隐瞒有关重要事实;不以法律禁止的手段影响法官、陪审员或者法庭其他工作人员;除法律许可外,律师不与法官私下联系;不向媒介作非理智的超越权限的陈述、传播;不得在法庭及其他场所实施有损审判威信的行为;不得教唆或支持诉讼关系人实施损害审判威信的言行;不得为达到拖延诉讼之目的而采取攻击防御行为;严格遵守出庭时间、提交文书时间,遵守与职业有关的纪律。

第三,对同行而言,不做任何有损于律师职业的事情;尊重同行;必须以正派、正直和认真的态度处理好与同行的关系;应当公平地对待对方律师,不得非法阻止对方取得证据;不以不正当方法招徕业务;不得直接或间接地谋取其他律师已承办的案件;不对对方律师进行人身攻击,不得诽谤同行;不得以提供好处的办法引诱对方当事人的律师;等等。

第四,律师的其他职业伦理,包括:不得通过给予他人有价物品的方式推销其法律服务;如果律师知道法官有违背职业道德的行为,应当向有权机关报告;不得从"以介绍案件为业者"手中接受委托;不得转让诉讼标的、制造事端或其他类似的行为;非经律师管理机构同意,不得经营以营利为目的的业务、充当雇员;等等。

(三)法律职业信仰

法律职业信仰是法律职业伦理不可或缺的组成部分。这种职业信仰其实是一种对法律的敬畏,是一种对规则、对程序、对人权、对法治的敬畏。在法律职业形成的过程中也就形成了一种职业信仰,它成为法律职业共同体的共同价值观和精神追求。我们常常说法律人应当有法治信念、法治观念、法治意识等,指的就是法律人应有的职业信仰。所以法律职业信仰的表现形态可以有法治信念、法治理念、法治观念、法治意识、法治思维、法治方式等,其核心是一种对法治的精神追求。法律职业信仰的内容包括规则至上、权利本位、程序正当、权力控制、善法之治等。法治职业队伍是法律机器的操作者,是社会秩序有效运作机制的维护者,更是法治精神与法治文明的传播者。如果法治职业人员本身缺乏法治信仰和法治精神,法治就会成为泡影。作为法治运行主体的专业法律人,确立职业信仰就会形成一种无形的纽带、一种无畏的气场、一种无限的能量,这对于建设法治国家和法治社会是十分重要的。

二、法律职业语言与知识

任何职业均拥有自己的职业话语体系。这些话语由专业词汇构成,形成专业领域,进而形成专业屏障。法律职业语言是一种特殊的语言,其中的术语由两部分组成:一是来自法律规定的法定术语;二是来自法学理论的法学术语。大众话语具有直观性、理想化的特点,而职业话语则具有理性化、专业化的特点。法律职业的语言特征决定了只有法律人才能够娴熟运用法定术语和法学术语进行观察、思考和判断。

法律是一种专门的技术知识,法律术语是这种专门知识中最基本的要素。法律语言具有交流与转化两大功能。所谓交流功能,是指法律语言能够准确、简约地传递信息,在法律职业共同体内的同行之间使用相同的术语进行交流,不会产生大众语言所带来的烦琐与不一致。所谓转化功能,是指所有的社会问题,不论它们来自民间还是官方,不论具体还是抽象,不论是春秋大义还是鸡毛蒜皮,一概可以运用法言法语转化为法律问题进行分析判断。甚至连不容易转化的政治问题,也完全可能被转化为法律问题而提交法院解决。法国思想家托克维尔(Alexis de Tocqueville)说,美国几乎所有的政治问题都迟早要变成法律问题。所有的党派在它们的日常活动中都要借助法律语言,大部分公职人员都是或曾经是法律家。[1] 如果一个社会崇尚法治,那么法律语言会成为广受推崇的语言。历史上,不仅法律家坚持使用法律语言,各界人士也对法律语言倍加推崇与赞誉。比如,意大利诗人但丁(Dante Alighieri)在其著作《论俗语》中将 "法庭的" 语言与 "光辉的" 语言、"中心的" 语言、"宫廷的" 语言并列为 "理想的语言",并指出法庭的语言是 "准确的、经过权衡斟酌的" [2],几乎可以成为普通语言。

法律职业的知识是一种专业知识,它主要由两部分构成:一部分是制定法中的关于规则的知识,另一部分是法律学问中的关于原理的知识。我们以往总是要求法官学法、懂法,这是局限于制定法中的规则知识,是一种基本层次的要求。事实上,关于规则的知识是暂时的,立法者大笔一挥就会改变这种知识,更何况关于规则的知识是机械的、有缺陷的,这就需要法官和律师们运用法理来处理规则与事实不对称所产生的问题。

三、法律职业思维

思维是客观事物在人脑中间接的和概括的反映,是借助语言所体现的理性认识过程。

---

① 参见[法]托克维尔:《论美国的民主》(上卷),董果良译,商务印书馆 1988 年版,第 310 页。

② 朱光潜:《西方美学史》(上),人民文学出版社 1963 年版,第 128 页。

思维是职业技能中的决定性因素,法律人的职业思维是其最重要的职业技能。法律职业思维主要有以下几个特点:

第一,运用法律术语进行观察、思考和判断,对术语概念采取法律方法进行解释和推理。

第二,通过程序进行思考。法律人总是以程序为优先,在程序内进行思考和判断。程序的设置是为了排斥权力的任意性,从而促进理性选择,形成公正、客观、稳妥的结论。

第三,以权利为中心进行思考。法律施行时,总是以权利和权利保障为圭臬,以法定的权利作为诉讼请求的依据,因此民事或行政审判均以请求权作为思维的逻辑起点。

第四,遵循向过去看的习惯,表现得较为稳妥,甚至保守。法官对待法律与事实的态度,只承认既定的规则和过去的事实。判例法国家遵循先例原则被视为尊重传统、传承经验的好的方式。

第五,注重缜密的逻辑,谨慎地对待情感因素。法律人强调推理的逻辑性,使当事者和全社会看到这个结论是出自理性的,即具有了说服力。虽然法律思维并不绝对排斥情感因素,但它与道德思维、宗教思维的情感倾向有着严格的界限。道德思维是一种以善恶评价为中心的思维活动,而法律判断是以事实与规则认定为中心的思维活动,因此法律思维首先是服从规则而不是听从情感。

第六,法律思维追求程序中的"真",而不是科学意义上的"真"。法律意义上的真实或真相其实只是程序意义上的,即法律上的真实和真相并不是现实中的真实和真相,它们之间可能存在较大距离。

第七,判断结论总是非此即彼。例如,法官的判决总会伤害一方而有利于另一方。"法律无法以一种完美无缺的公平方法来适用于一切情况"[1],司法必须对许多不允许妥协的问题作出"一刀切"的决定,所以法律职业思维的结论总是非此即彼、黑白分明的。

小结

法律职业是指以立法者、执法者、法官、检察官、律师等为主体的,受过系统法律专业训练,具有娴熟法律技能与高尚法律伦理的人所构成的职业共同体。法科生在法学院的摇篮中掌握法律职业伦理,成为德法兼修、德才兼备、以德为先的法律人,掌握职业知识和语言、职业思维、职业技能等方面的素养,在法律职业资格考试制度、法律职业培训制度和法律职业保障制度的保证下开始法律人的职业生涯。

---

[1] [英]彼得·斯坦、约翰·香德:《西方社会的法律价值》,王献平译,中国法制出版社2004年版,第133页。

思考题

1. 如何理解法律职业？
2. 当代中国法治职业共同体由哪几部分构成？
3. 法律职业制度有哪些主要内容？
4. 法官、检察官的职业伦理要求主要包括哪些方面？
5. 为什么说法律职业的地位是一个民族文明的标志？

第十九章　法　律　方　法

> 我们正是通过对词的深化认识去加深我们对现象的理解。
>
> ——［英］约翰·朗肖·奥斯汀[①]

　　法律方法是法律人认识、判断、处理和解决法律问题的思维路径。本章通过分析法律人独特的工作方式和思维方法,尤其是法律发现、法律解释、法律推理、法律论证、数据处理等,阐释法律人思维的基本内容、重要形式和主要规则,从而帮助学习者把握涉法思维的一般规律。

---

　　① 约翰·朗肖·奥斯汀(John Langshaw Austin, 1911—1960),英国语言哲学家。本题记选自奥斯汀的《为辩解进一言》,John Langshaw Austin, "A Plea for Excuses", *Proceedings of the Aristotelian Society*, New Series, Vol.57(1956—1957), p.13. 中译文参见[英]哈特:《法律的概念》,张文显等译,中国大百科全书出版社 1996 年版,序言。

第一节　法律方法概述

传统法理学一般都忽略法律实践中的技术方法,即法律方法(legal methods)。但是,随着法理学的实践理性和实践取向的增强,法律方法问题逐渐进入法理学的研究视野,成为法理学的重要论题。

一、法律方法的意义

当代西方法学家,诸如庞德、博登海默、德沃金、拉伦茨、阿列克西(Robert Alexy)等,都很重视法律方法。庞德把法律方法(技术)作为法的要素,并把法律方法的差异作为大陆法系与英美法系划分的重要标准。他指出:所谓法律方法或法律技术,是指解释和适用法律的规定、概念的方法和在权威性法律资料中寻找审理特殊案件的根据的方法。正是这个方法或技术,足以将西方近代世界中的两大法系(英美法系和大陆法系)区别开来。在英美法系,一项制定法为它规定范围内的各种案件提供一个规则,但并不为法律推理(类推)提供一个基础,这方面要依靠法院判例。在大陆法系,法官从立法机关的制定法出发进行推理和类推,并且认为司法判决对一定推理的确定只是确定了那个论点,而不是确定一个原则,一个用来进行法律推理的权威性出发点。一个依据判例进行推理,一个依据条文进行推理,判例法和成文法体制的区别主要在此。[①] 博登海默也指出:“我们必须探究法律制度为了最充分地、最有效地实现其社会目标而运用的工具、方法和技术方面的机制。这样一种探究完全属于法理学领域——该领域致力于研究法律的一般理论和法律哲学——的任务,因为它所关注的乃是法律各个领域所共有的问题,诸如方法论、推理程序(modes of reasoning)和解释过程(processes of interpretation)等问题,而不是专门领域的问题、原则和规则。”[②] 德沃金说道,“我们的法律存在于对我们的整个法律实践的最佳论证之中,存在于对这些法律实践做出尽可能最妥善的叙述之中”[③]。拉伦茨认为,法律方法是法学上不能绕过的主题,“它所关心的不仅是明确性及法的安定性,同时也致意于:在具体的细节上,以逐步进行的工作来实现‘更多的正义’。谁如果认为可以忽略这部分的工作,事实上他就不该与法学打交道”[④]。阿列克西把法律方法视为理论与实践的共同关注,他说:“这个理论,正像人们所期望的那样,也许有一天会有很牢固的基础并得到广泛的发展,以至于,它不仅能够阐明法学作为规范学科的特性,而且也将为从事法律实务活动的法律职业人提供(论证上的)支撑点”[⑤]。以上论述深刻地揭

---

① 参见[美]罗·庞德:《通过法律的社会控制　法律的任务》,沈宗灵等译,商务印书馆1984年版,第23页。

② [美]E.博登海默:《法理学:法律哲学与法律方法》,邓正来译,中国政法大学出版社2004年版,第427页。

③ [美]德沃金:《法律帝国》,李常青译,中国大百科全书出版社1996年版,前言第1页。

④ [德]卡尔·拉伦茨:《法学方法论》,陈爱娥译,商务印书馆2003年版,第77页。

⑤ [德]罗伯特·阿列克西:《法律论证理论——作为法律证立理论的理性论辩理论》,舒国滢译,中国法制出版社2002年版,第35页。

示出法律方法的性质和意义,也说明了加强法律方法研究在理论和实践方面的重要性。

在我国法学研究和法治工作领域,法律方法①一般是指法律职业者(或称法律人)认识、判断、处理和解决法律问题的专门方法,或者说,是指法律人为寻求法律问题的正确答案而使用的专门方法。凡是关于一部法律草案的论证、关于一起法律案件的正确解决方案、关于法律的适用和解释、关于法庭论辩的技术、关于利益的衡估、关于司法裁判说理,均可纳入到"法律方法"的主题之内。在这些意义上,法律方法是由法律人在长期的法律实践中积累和发展出来的法律技术,是法律实践智慧的结晶,是法律实践理性的表现形态。

在立法、执法、司法等法律实践中,法律人所使用的法律方法是极其丰富多样的。法律方法大体上可以分为三个层次:第一层次是法律思维方式或法律思维原则,即从法律的角度思考、分析和解决法律问题的原则或规律。法律思维方式在法律方法体系中占有重要地位,构成了统率所有法律方法的总原则或总方法。第二层次是基本的法律方法,如法律解释、法律推理、填补漏洞、认定事实、价值衡量等方法。第三层次是具体的法律方法,如文义解释、类比推理、演绎推理等方法。②

二、法律方法的基本特征

法律方法与其他方法相比,具有以下三个基本特征:

第一,法律方法是法律人思考和解决问题的职业方法。人们思考和解决问题的方法总是取决于他们自己所认识到的自己的特定社会角色、地位,有着一定的路径依赖。法律职业者有一种与其他职业者相区别的判断与解决问题的视角和方法,即法律角色的参照系。法律思维能力的形成集中表现为法律角色参照系的形成。一个法科学生,如果没有形成稳定的法律角色参照系,其知识结构、推理方式、论证方式和其他人没有区别,则意味着学业是不成功的。

法律角色的参照系是作为一个法律人在其所处的位置上对外观察和处理问题的方法、观点以及独特的推理、论证模式。在社会中生活和工作的人们都担当一定角色,每一角色都必然有其独特的参照系。法律角色也有自己的参照系。每个参照系都有三个主要的方面:第一,每个参照系内部都有许多概念,其中有些概念是关键性概念。法律角色参照系特有的概念很多,如法(法律)、法定、约定、权利、义务、法律规范、法律行为、法律关系、法律责任、合法、不法、违法、犯法、有效(力)、无效、失效等。这些概念是法律知识的支撑点,是法律思想的凝结,是法律推理和论证的要素。培养法律角色的参照系,首先是要掌握这数不尽的法律概念和这些概念所包容的法律知识。第二,参照系在观察问题的范围上是有取向的,它往

---

①　对"法律方法"相关用语的使用,国内外学界意见并不一致。"法学方法论"在大陆法系尤其是德国、我国台湾地区更为常见。"法律(学)方法论""法(律)解释学"则是日本学者的相应用语。近年来,国内更多的学者主张使用"法律方法(论)"这个用语,用以指称自20世纪90年代以来国内学界关于法律解释、法律推理、法律论证等法律适用方面的研究,以区别于"法学研究的方法"。

②　参见张文显主编:《马克思主义法理学——理论、方法和前沿》,高等教育出版社2003年版,第83页。

往指引人们把注意力集中在某一事物的某一方面,而不去关注事物的其他方面。法律角色的参照系总是指引人们敏锐地发现和关注事物的法律方面,即有法律意义的方面。例如,对一个精神病患者,医生关注的是他的病情、病因,而法律人关注的则是他的合法权益、认知能力、行为能力、责任能力等。第三,参照系规定了人们的推理、论证方法。法律角色的参照系有其独特的推理、论证方法。我们仍把法律工作者与医生比较。医生的角色参照系使他变得特别细心、谨慎,总是把来访者设想成病人,由此试图着手诊断,这就是“有病推理”。而法律人呢? 他的角色参照系使他特别关心人的权利和自由,因此在确证某人有罪之前不能设想该人有罪,这就是“无罪推理”。学习法律,并不是简单地了解法律是如何规定的,还要学会像一个法律职业者那样思考和解决问题,学会以法律人的职业角色看问题,换句话说,就是进入法律职业者的角色,掌握法律角色参照系。

第二,法律方法是根据法律理念、原则和规则思考和解决问题的方法。法律是法律人判断是非的标准。一个经过系统法律训练的法科学生和一个未受过此类训练的人,在看待一个法律问题时是有区别的。显而易见的是,前者对法律更执著。经过系统法律训练的合格的法律人通常以法律作为判断问题的主要根据。法律并不仅仅是一种由各种条文堆砌起来的知识,它还是一种建立在专门的技术和信念基础上的思想方式。这种思想方式,简单地说,就是以法律的立场和观点观察、思考和处理涉法事务。

第三,法律方法以司法实践问题为导向。人的活动大体上可以分为认识活动和实践活动两种类型。根据这种区分,方法可以分为认识方法和实践方法。法律方法属于实践方法的范畴。首先,法律方法的目的指向是一种实践指向,即如何有效地解决人们在实际生活中面临的法律问题。其次,法律方法的运用主体是法律实践的主体,即从事立法、执法、审判、检察、法律服务等法律实务工作的法律职业者。最后,法律方法的评价标准是实践标准。一种法律方法是否科学、合理,取决于它能否有效地解决现实生活中发生的各种法律问题。实践性是法律方法与法学方法等科学研究方法的重要区别。但应当指出,无论是一般意义上的认识方法和实践方法,还是法学方法和法律方法,都无法截然分开,在很多情况下是可以相互转化的。

法律方法是法律人专有的工作和思维方法,并不意味着其他人就不能或者不需要从法律角度分析问题,也不意味着现实中法律人不会寻求法律体制外的“非法律”力量解决问题。而是说,法律方法是法律人存在和活动的“本质特征”,是以法律人的实践活动为中心形成的。

第二节 法 律 发 现

一、法律发现的概念

“法律发现”是与如下三个概念相对而言的:

一是“法律创制”。关于法律以何种方式产生的问题,人们提出了法律创制和法律发现两种观点。前者认为,法律是人为创制的,理想的法律体系和制度可以凭借立法者的理性建构、推导出来。后者则认为,法律早就存在于人类社会生活关系和习惯之中,立法者要做的不是去创制法律,而仅仅是将既存的法律予以整理、记录和表达。也就是说,法律是在生活中被发现的,而非由立法者的意志决定的。

二是"法律适用"。一般情况下,人们将法律规范应用于案件事实的推理过程称为法律适用,并将其作为研究重点,而轻视法律推理大前提的建构,认为只要查清案件事实,就能轻而易举地获得与其相匹配的法律规定。美国法学家卢埃林提出规则怀疑论之后,法学家们开始关注和重视法律推理大前提的建构阶段,将其命名为"法律发现",并定义为:在司法过程中,法官在面对具体案件时,在法治理念的指引下,在各种法律渊源中寻找、选择、确定可以用来裁判具体案件的法律规范,也即法律推理的大前提。

三是"法律论证"。在科学哲学上,科学发现与科学论证相分离。科学发现被视为一个猜测的过程,依赖于直觉、灵感与顿悟等非理性因素,因而成为心理学研究的内容。受到科学发现与科学论证二分的启示,美国法学家沃瑟斯特罗姆(R.A.Wasserstrom)提出了法律发现与法律论证二分的理论。此后,司法上的法律适用过程被细分为两个阶段:一是法律发现,即法官实际上是如何得到一个判决结果的;二是法律论证,即法官是如何公开地证明该判决是正当的。

二、法律发现的特点

(一)法律发现只能在法律渊源内进行

法律渊源与法律发现联系密切,法律渊源理论确定了法律发现的范围和顺序。法律渊源是法律发现的场所,约束和限制着法律发现的路径。法治原则要求法律发现只能在法律渊源内进行,这在法治国家的制定法中都有明确要求。如《法国民法典》第5条规定:"审判员对于其审理的案件,不得用确立一般规则的方式进行判决。"[1] 又如《瑞士民法典》第1条规定,"法律未规定者,法院得依习惯法,无习惯法时,得依其作为立法者所提出的规则,为裁判。在前款情形,法院应遵从公认的学理和惯例。"[2] 上述规定,无论前者还是后者,实质上都是将法律发现约束在既定的法律渊源之内,只不过前者的法律渊源仅限于制定法,法官的作用仅仅在于找到正确的法律条款,他的每一项判决必须依据制定法作出。而后者的范围要宽泛一些,法律渊源不限于制定法,还包括惯例和学理。

(二)法律发现不能脱离整体法律秩序

"只有理解了整体,才能理解部分"。法律发现要在整体法律秩序内进行。整体的法律秩序由各种形式的法律渊源组成,不同形式的法律渊源之间并非毫无关系,而是先后有序排列,内容互相补充。因此,发现具体案件的裁判规范,实际上是在整个法律秩序内获取答案。法官只有依据并维护"法律秩序的统一性",在整体法律秩序中"瞻前顾后"和"左右逢源",

---

[1]《拿破仑法典(法国民法典)》,李浩培等译,商务印书馆1979年版,第1页。

[2]《瑞士民法典》,戴永盛译,中国政法大学出版社2016年版,第1页。

才能发现所要适用的法律。

在法律适用过程中,法官必须根据法律规范在法律体系中的地位和相互关系,来确定一条规范的内容及其优先性。实际上,"一旦有人适用一部法典的条文,他就是在适用整个法典"[①]。他是将特定的法律规范与整个法律秩序作为相互联系的内容与价值评价相统一的整体来发现的。

三、法律发现的途径

法律发现的途径有两种:法律识别和法律规范选择。

(一)法律识别

法律识别是指在适用法律规范时,依据一定的法律观念,对案件中的事实构成作出定性或分类,从而确定应适用哪一法律规范的认识过程。从一般意义上讲,识别是人类思维活动的一个普遍现象,人们常常需要凭借一定的思想观念或分类标准把现象和事实归入一定的范畴以更好地理解它们。法律识别可以分为三级:

一是法律意义识别。即法官分析和判断有关案件中的生活事实是否具有某种法律意义,是不是法律问题。法律作为以国家强制力为后盾的人类行为的规制方式,担负着维持社会秩序、安全和价值的核心任务,调整着社会关系的重要领域,道德和宗教则与法律相互配合,在各自的调整领域内发挥着作用。在法律实务中,法官、律师首要要做的便是查明生活事实是否属于法律处理的事务,如果属于,再看由哪个部门法、何种制度来处理。

二是部门法识别。即在前述识别案件事实具有法律意义的基础上,进一步分析和判断该案件事实是一个什么性质的法律问题,确定其所归属的部门法,以便寻找该案件所要适用的法律。一个案件被识别为刑事案件、民事案件或者行政案件,只是给案件的法律发现划定了大致的范围,至于个案裁判规范的发现,还需要对案件进行具体定性,亦即对案件进行类型识别或者是确定案由。案由制度在我国尤其体现在民事裁判中。按照最高人民法院《关于印发修改后的〈民事案件案由规定〉的通知》,民事案件案由是民事案件名称的重要组成部分,反映案件所涉及的民事法律关系的性质,是对诉讼争议所包含的法律关系的概括。

三是法律关系类型识别。即法官遵循各部门法内部的某种划分标准,确定事实所属的类型,将其归入特定的类型当中。最高人民法院 2008 年 2 月 4 日制定发布的《民事案件案由规定》,就是最高人民法院根据法律关系类型识别的原理制定出来的,该规定将民事案件划分为 10 大类、30 中类、361 小类。2011 年 2 月 18 日,最高人民法院发布《关于修改〈民事案件案由规定〉的决定》,进一步将民事案件案由调整为 10 大类、42 中类、424 小类。依此,当法官将案件事实归入《民事案件案由规定》中的某个法律关系类型即具体案由后,法官依此在各种民法规范中进行法律识别,就为待决案件找出了具体的裁判依据。

---

① 转引自[德]卡尔·恩吉施:《法律思维导论》,郑永流译,法律出版社 2004 年版,第 73 页。

（二）法律规范选择

法律规范可划分为多种不同的类型,各种规范类型之间具有一定的关系,这种关系反映了立法者对法律秩序的统一要求和安排,表明了法律秩序的正常状态,它决定了法律规范选择的顺序。通常,法律规范选择的一般顺序为:规则先于原则;上位法先于下位法;特别法先于一般法;程序法先于实体法。

第三节　法　律　解　释

一、法律解释的概念

萨维尼认为:"解释法律,系法律学之开始,并为其基础,系一项科学性之工作,但又为一种艺术。"[①] 法律解释是通过对法律、法规等法律文件或其部分条文、概念、术语的说明,揭示其中表达的立法者的意志和法的精神,进一步明确法定权利和义务及其界限或补充现行法律的规定的一种国家活动,是立法的继续。因而只有被授权的国家机关才能进行法律解释,法律解释属于官方解释或有权(有效)解释。

既然法律解释的主体是国家机关,法律解释也就具有国家权威性和法律的规范性。只要法律解释符合法的精神,并符合法定的权限和程序,这种解释就具有与被解释的法律、法规相同的效力,即在效力等级上、空间效力上、时间效力上、对象效力上具有同等级的效力,公民和国家工作人员就应当像遵守法律、法规那样服从法律解释,国家机关有权以国家强制力来保障它的实施。这里所说的"法律"是包括宪法、法律、法规在内的所有规范性法律文件。法律解释不仅是对个别法律条文、概念和术语的说明,也可以指对整个规范性法律文件的系统阐述。前者如最高人民法院对《婚姻法》中关于"夫或妻对夫妻共同所有的财产有平等的处理权"的规定的解释,后者如《最高人民法院关于适用〈中华人民共和国物权法〉若干问题的解释(一)》。

（一）法律解释的必要性

法律解释是法律实施的前提,又是法律发展的重要方法。之所以需要对法律进行解释,其原因和必要性在于:

第一,法律是概括的、抽象的,只有经过解释,才能成为具体行为的规范标准。概括性和抽象性是制定法的一个基本特点,法律不可能为个别行为而制定,这就需要将抽象的、一般的规定与具体的、个别的行为相结合。法律的实施就是将抽象的规定转化为对具体行为的指导。只有对抽象的规定加以解释,该规定才能适用于具体的行为和案件,才具有可操作性。

第二,法律具有相对的稳定性。只有具有稳定性,法律才具有权威性。自古以来,一个

---

①　Savigny, System des romischen Rechts, I, 1841, S. 206. 中文译文参见王泽鉴:《法律思维与民法实例:请求权基础理论体系》,中国政法大学出版社 2001 年版,第 212 页。

稳定的社会对法律修改都是十分慎重的。正如孟德斯鸠所言："有时的确需要修改某些法律,但此类情形极为罕见。当法律必须被修改时,且以颤抖的手触摸之。"[①] 但是,社会是变化多端、日新月异的,这就出现了法律的稳定性与其调整对象不断出现的新情况、新问题之间的矛盾。法律解释就是消除这种矛盾的重要机制。

第三,法律只有经过不断的解释,才能趋于完善。法律不可能完美无缺,总会存在这样或那样的不尽如人意之处。实践中,法律条文相互重叠、冲突、矛盾,文字模糊,表述不清,该规定而未规定的情况在所难免。这种情况不可能完全通过修改法律的方式来解决,因此,法律解释不仅是必不可少的,而且是长期需要的。

成文法的局限性与法的社会适应性之间的张力促成了法律解释,而法律解释的运用同样促成了法律自身的成长和发展。正是在不断被解释的过程中,法律才获得了更丰富的内容、更先进的理念和更强的时代气息。

(二)我国法律解释权限的划分

根据《中华人民共和国宪法》《立法法》和全国人大常委会《关于加强法律解释工作的决议》等法律文件的规定,我国法律解释包括立法解释、行政解释和司法解释三种。

1. 立法解释。从狭义上说,立法解释专指国家立法机关对法律所作的解释;从广义上说,则泛指所有依法有权制定法律、法规的国家机关或其授权机关,对自己制定的法律、法规进行的解释。这里所说的立法解释是广义的。它包括:(1)全国人大常委会对宪法的解释,以及对法律的规定需要进一步明确具体含义或法律制定后出现新的情况,需要明确适用法律依据的解释;(2)国务院及其主管部门对自己制定的需要进一步明确界限或作补充规定的行政法规、规章的解释;(3)省、自治区、直辖市和其他有权制定地方性法规的地方人大常委会对自己制定的需要进一步明确界限或作补充规定的地方性法规的解释。

立法解释包括事前解释和事后解释。事前解释一般是指为预防法律、法规在实施时发生疑问而预先在法律、法规中对有关条款和概念术语加以解释;事后解释是指法律、法规在实施中发生疑问时,由制定法律、法规的机关进行的解释。一般所说的法律解释是事后解释。

2. 行政解释。行政解释是指国家行政机关在依法行使职权时,对有关法律、法规如何具体应用问题所作的解释。它有两种情况:第一,国务院及其主管部门对不属于审判和检察工作中的其他法律、法令如何具体应用的问题所作的解释。这种解释,实践中一般体现在他们所制定的对有关法律的实施细则中。第二,省、自治区、直辖市人民政府主管部门对地方性法规如何具体应用的问题所作的解释。当然,这种解释仅在所辖地区内发生效力。

3. 司法解释。司法解释是指国家最高司法机关在适用法律、法规的过程中,对如何具体应用法律、法规的问题所作的解释。它包括:(1)审判解释,即最高人民法院对审判工作

---

① Montesquieu, Letters Persanes, CXXIX, Ceuvres Complètes, La Pléiade, t.l, p.323.

中如何具体应用法律的问题所作的解释;(2)检察解释,即最高人民检察院对检察工作中如何具体应用法律的问题所作的解释;(3)审判、检察联合解释,即最高人民法院和最高人民检察院对具体应用法律的问题所作的联合解释。在我国,为了正确实施法律,有时最高人民法院、最高人民检察院与公安部、司法部等国家行政机关会对法律应用中的共同性问题进行联合解释。这种解释兼具司法解释和行政解释的性质,同样被视为具有普遍约束力的法律文件。

二、法律解释的原则

为了维护法律的尊严和权威,维护社会主义法制统一,保证法律的正确实施和完善发展,法律解释必须贯彻以下五个基本原则。

(一)合法性原则

合法性原则是指法律解释要在权限、程序、内容等方面符合宪法、法律的规定。一方面,法律解释必须符合法定权限和程序。法律解释是立法的继续,是严肃的国家活动,因此必须依照法定的权限和程序进行。任何国家机关都不得越权解释,并不得代替解释。否则,它的解释是无效的,有关机关还应对越权解释和代替解释所造成的不良后果承担责任。另一方面,对下位法及其规范的解释必须符合上位法及其法律规范,并最终符合宪法规范、宪法原则和宪法精神。因为在法律规范体系中,每一个规范的效力都来自更高的规范,即取决于与更高规范的一致。

(二)合理性原则

合理性原则是指法律解释必须合乎法理、情理、公理、道理。它具体包括:一是符合社会主义市场经济、民主政治、和谐社会、先进文化的公理,符合社会主义核心价值观;二是不得违背公序良俗,保持法、理、情的一致性;三是顺应客观规律和社会发展趋势,有利于促进社会发展和法律进步;四是要以党和国家政策为指导,发挥中国特色社会主义法治的优势。

(三)法制统一原则

法制统一原则是指法律解释应该在法治的轨道上有序进行。它具体包括:一是对法律概念、术语、条款、规范的解释,必须符合相应法律部门和整个法律体系的指导思想和原则,法律解释要有助于维护法律体系整体内在的统一性;二是法律解释要遵循宪法法律规定的效力位阶,维护我国法律解释的现有体制;三是法律解释要在技术上和方法上保持统一,如语言上的统一、体例上的统一等。

(四)历史与现实相统一的原则

任何法律、法规都是立法者在某一时刻制定和付诸实施的,都有其历史背景。"法是历史的,在方法论的法之发现过程之外,不可能存在法的客观正确性。"[①] 法律解释不能脱离法律规范产生时的立法环境、立法政策、立法动机,甚至还要考虑当时的立法程序。为此,要研

---

① [德]阿图尔·考夫曼、温弗里德·哈斯默尔主编:《当代法哲学和法律理论导论》,郑永流译,法律出版社 2013 年版,第 303 页。

究法律、法规制定时的有关记录,如法律草案,立法机关对法律、法规草案所作的说明,审议过程中各有关方面的发言,以及社会舆论的反映、表决结果等,有时还需要把被解释的法律规范与已废止的同类法律规范进行比较研究。

说明被解释的法律规范产生的历史背景是必要的,但这对法律解释的目的来说是不够的。法律解释不是为了说明过去,而是为了服务现在、指导未来。被解释的法律规范产生于过去的某一时刻,但其效力延伸到现在,直到将来被废止。因此,法律解释必须在考虑法律规范产生的历史背景的同时,充分考虑已经变化了的社会情况和现实的需要。

（五）国内法与国际法相协调的原则

我们处在全球化的时代。这使得国内法与国际法的关系空前复杂,国内法与国际法的联系从来没有像今天这样密切。立法机关处理国内法与国际法的关系一般有两种方式:一是通过制定新法律或者修改已有法律把国际法转化为国内法的一部分;二是在有关的法律中明确规定当国内法与我们已经缔结或参加的国际条约或者国际惯例出现冲突时,国内法应当服从国际法(即依照国际条约和国际惯例行事)。在我国已经融入全球规则体系而法律准备却严重不足的现实情况下,立法解释的任务将是繁杂的。涉及国际民事活动、国际贸易、国际环境、国际人权和其他国际事务的立法解释与仅仅涉及国内事务的立法解释不同,特别要重视和体现国内法与国际法的适应性、一致性(不矛盾性)。这是国际法治社会的基本原则,也是我国作为开放的、文明的、负责任的法治大国所应当树立的形象和尊严。

三、法律解释的方法

法律解释必须遵循一定的方法,才能为法律适用提供前提,也才能有助于解决实践中的法律问题。具体而言,法律解释的方法可以分为一般解释方法与特殊解释方法两大类:

（一）一般解释方法

一般解释方法,亦称常规解释方法,包括语法解释、逻辑解释、历史解释、目的解释、当然解释等。

语法解释,又称文法解释、文义解释、文理解释,是指根据语法规则对法律条文的含义进行分析,以说明其内容的解释方法。法律解释通常都是从语法解释开始的。法律是高度概括和抽象的,要理解法律的含义,首先就要从法律规定的文字含义入手。

逻辑解释,又称体系解释、系统解释,是指运用形式逻辑的方法分析法律规范的结构、内容、适用范围和所用概念之间的关系,以保持法律内部统一的解释方法。"法律解释必须要努力在语言和逻辑的可能框架之内找到对问题的合乎正义的解决办法。"[①] 法律文件的内在统一性决定了法律概念、法律条文相互之间的逻辑关系,这也是法律确定性的保证。逻辑解释强调将需要解释的法律条文与其他法律条文联系起来,从该法律条文与其他法律条

---

① ［德］齐佩利乌斯:《法学方法论》,金振豹译,法律出版社 2010 年版,第十版前言。

文的关系、该法律条文在所属法律文件中的地位、有关法律规范与法律制度的联系等方面入手,系统全面地分析该法律条文的含义和内容,以免孤立地、片面地理解该法律条文的含义。

历史解释是指通过研究立法时的历史背景资料、立法机关审议情况、草案说明报告及档案资料,来说明立法当时立法者准备赋予法律的内容和含义。

目的解释是指从法律的目的出发对法律所作的说明。任何法律的制定都具有一定的立法目的。根据立法意图解答法律疑问,是法律解释的应有之义。富勒认为,"法律解释所关注的核心是法律的目的和结构,而非法律的词语"①。目的解释中的目的,不仅包括整个法律的目的,也包括各法律规范的目的;有些是法律明确规定的,但更多的则藏于法律规定之后;有的是立法当时的目的,有的则是后来赋予的。②因此,只有通过研究,才能予以说明。

当然解释是指在法律没有明文规定的情况下,根据已有的法律规定,某一行为合乎逻辑地应该被纳入该规定的适用范围内,从而对适用该规定所作的解释,也就是我们常说的"举重明轻"或"举轻明重"。例如,禁止小汽车通行的街道,正常情况下当然禁止大货车通过。

(二)特殊解释方法

特殊解释方法亦称非常规解释方法、自由解释方法,包括扩张解释和限缩解释两种情况。边沁指出:"解释可以被区分为严格的(strict)与宽松的(1iberal)。严格解释是这样的,你将你所认为的立法者在制定法律之时实际所含有的含义归予立法者。宽松解释则是这样的,你没有将你所认为的立法者实际所含有的含义归予立法者,而是你认为他仅仅是因为疏忽而未能含有某种含义、且将这种含义归予立法者。"③

此处的严格解释就是字面解释,是对法律所作的忠于法律文字含义的解释,既不扩大也不缩小法律的字面含义。

扩张解释是指当法律条文的字面含义过于狭窄,不足以表现立法意图、体现社会需要时,对法律条文所作的宽于其文字含义的解释。在我国,扩张解释不是也不能任意扩大法律的含义,它是为更好地实现法律条文文字未能包含的立法意图而设定的解释方法。因此,它必须始终以立法意图、法律目的和法律原则为基础。

限缩解释是指法律条文的字面含义较之立法意图或社会实际需求明显过宽时,对法律条文所作的窄于其字面含义的解释。它也是在法律条文的字面含义与立法意图、社会发展需要明显不符时,为贯彻立法意图或反映社会实际需求而设定的解释方法。

---

① [美]朗·富勒:《实证主义与忠于法律——答哈特教授》,何作译,载强世功:《法律的现代性剧场:哈特与富勒论战》,法律出版社 2006 年版,第 195 页。

② 耶林提出,法律的目的是保护社会利益和公共利益,因此,法官在处理具体案件时,应该不拘泥于陈规,可以由自由意志来弥补法律的不足。这种按法律的目的而不是法律的文字含义处理案件的观点对概念法学产生了很大的冲击。

③ [英]杰里米·边沁:《论一般法律》,毛国权译,上海三联书店 2008 年版,第 209 页。

第四节   法 律 推 理

一、法律推理的概念

法律推理是人们从一个或几个已知的前提(法律事实、法律规范、法律原则、法律概念、判例等法律资料)得出某种法律结论的思维过程。在法律运用阶段,法律推理几乎成为法官审判活动的全部内容。从最一般的意义上说,法律推理被认为是逻辑思维方法在法律领域中的运用,是法律方法科学性的突出体现。虽然法律推理必须建立在逻辑的基础之上,但法律推理与纯粹的逻辑推理有很大不同:后者只关注推理形式的准确性和无矛盾性;而法律推理不但要关心推理的形式,更要关注推理的前提,即法律规范和法律事实。这是因为,法律职业者适用法律的过程并非一个纯粹逻辑的计算或演绎过程,而是一个价值判断的过程,即根据法律规定中的价值标准对具体的社会事实作出合乎理性的价值评价。因而,法律推理过程中有两个要素起着根本性作用:一是概念,二是价值。

法律推理包括形式推理和辩证推理,它们都离不开概念。形式推理要获得有效性、合理性,即推理的确实性、无矛盾性,必须遵循形式逻辑;而概念是形式逻辑中最重要的构成要素,形式逻辑中的判断和推理是以严密、一贯、清晰、语义明白无误的概念为要素,并从概念开始的,即由概念而推理。辩证推理是一种比较复杂的推理方法。辩证推理应遵循辩证逻辑,而辩证逻辑实质上是关于具体概念的逻辑。与形式逻辑比较,辩证逻辑更重视概念,它以哲学反思的方法对待概念的形成和发展、概念与现实、概念与概念的联系,转化概念自身的矛盾(也是对象自身的矛盾),并透过概念的这种思维形式反思思维内容的矛盾。同样,法律推理作为一种创造性的法律实践活动,也必须以价值为依归,其任务不是通过逻辑探求真理,而是要实现法律的价值和达至实践的目的。

二、形式推理

形式推理又称分析推理,是运用形式逻辑进行的推理,一般是指演绎推理,也包括归纳推理、类比推理等。

演绎推理是指从一般的法律规定到个别特殊行为的推理。这是最简单的推理形式。由于我国是成文法国家,因此,司法活动中的形式推理一般被认为主要是演绎推理,即三段论推理。演绎推理的大前提是可以适用的法律规则和法律原则;小前提是经过认定的案件事实;结论体现在具有法律效力的针对个别行为的非规范性法律文件中,即判决或裁定。演绎推理的大、小前提是由相应法律概念结合起来的。法律概念是法律规则和法律原则的基础,法律规则和法律原则是围绕法律概念展开的。概念将有关行为分类,而以概念为基础的法律规则和法律原则则预设了作为大前提的某种行为模式及其法律后果;案件事实经过法庭调查认证,认定符合概念所指称的行为或事件,就构成了小前提;法官将两者联系起来所作的判决就是结论。如故意杀人应该判死刑,张三故意杀人了,张三就应该被判死刑。在法律规定明确、事实十分清楚的情况下,演绎推理是非常奏效的。但是,进行演绎推理时应该注意,除了三段论谬误外,法律适用中还有许多抗辩事由[①],有的大前提适用范围也有限,要避免推导错误。同时,法律推理是为了给结论提供正当的理由,需要对大、小前提仔细甄别。也就是说,用演绎推理得出正确结论的条件是:第一,前提真实;第二,推理形式有效。

归纳推理是指从特殊到一般的推理。当法官处理案件时,手边没有合适的法律规则和原则供适用,而刚巧从一系列早期的判例或指导案例中可以总结出可适用的规则和原则,那么,他就按先例处理了本案。这就是归纳推理。

类比推理也是一种形式推理。在法学上也被称为类推适用和比照适用,是指在法律没有明文规定的情况下,比照相近的法律规定加以处理的推理形式。类比推理具有以下特点:(1)寻找相似性。类比的关键是两个对象之间的相似性。寻找相似性的基本方法是比较。先比较两个对象,再理性分析,最后得出结论。(2)类比推理需要想象和猜测。想象、猜测与逻辑和经验同为法律生命的源泉,科学研究离不开想象,法律职业者的工作需要更大的想象空间。任何推理都不可能是严格的逻辑推理,严格的逻辑推理大概只存在于有关逻辑理论的著述之中。(3)其结论是或然的。根据类比推理得到的结论也可能是某一具体事例的若干结论中的一种,并不是唯一正确的结论。[②]

三、辩证推理

形式推理是有前提的。它不仅取决于法律规则内容的相对确定,而且依赖法律体系的完整、统一和协调。但是,在疑难案件面前,以及当法律规则之间、法律原则之间就如何对待同一事实存在认识上的冲突时,形式逻辑便无能为力。形式逻辑既不能帮助法官填补法的漏洞,也不能帮助法官在两个可适用的法律规范或原则之间作出选择。此时,法官必须运用另一种推理方法,即辩证推理的方法。

辩证推理不是从固定的概念或规则出发进行的推理。它是对各种价值、利益、政策进行的综合平衡和选择,属于实践推理。在处理新奇案件时,法官要从法的价值、目的和作用,法的基本原理(原则),国家政策和执政党的政策,以及社会公共道德准则等出发,选择或创立一个适当的规范填补法的漏洞。在处理棘手案件时,法官要对各种价值进行平衡和选择,适用在特定问题上价值优先的法律规范或原则。

司法过程中的辩证推理一般产生于下述具体情况:(1)法律没有明文规定,但对如何处理存在两种对立的理由;(2)法律虽然有规定,但它的规定过于笼统、模糊,以至可以根据同一规定提出两种对立的处理意见,需要法官从中加以判断和选择;(3)法律规定本身就是矛盾的,存在两种相互对立的法律规定,法官同样需要从中加以选择;(4)法律虽然有规定,但是由

---

① 参见沈宗灵主编:《法理学》,高等教育出版社1994年版,第440—441页。
② 参见於兴中:《法律中的类比推理》,载葛洪义主编:《法律方法与法律思维》(第1辑),中国政法大学出版社2002年版,第99—100页。

于新的情况的出现,适用这一规定明显不合理,即出现合法与合理的冲突,如安乐死问题等。

在上述情况下,由于缺乏必要的确定的大前提而无法使用形式推理,法官必须根据一定的价值观和法律信念进行推理,其往往从法理、政策、公共道德、习俗等方面出发,综合考虑与平衡,在相互冲突的价值之间确定处于优先地位的价值。尽管法官在选择时难以避免情感因素甚至偏见的影响,但是,只要制度本身是完善的(特别是高度健全的法律程序),法官的选择基本上就是理性的。同时,法官的选择客观上还要受到自身经验的约束,并不总是服从目的论原则,故将辩证推理等同于非理性主义是很不恰当的。另外,有时,辩证推理与形式推理也是结合使用的。

需要明确的是,辩证推理向法律职业者提出了更高的要求,要求他们在复杂的情况下,谨慎地确定、选择适用于本案的法律渊源、法律规范及其他规则,使自己的职业行为经得起历史的检验。

四、权利推理

法律推理是一种创造性的法律实践活动。这种创造性法律实践活动应以保护公民权利为目的,以此为目的导向的实践推理称为权利推理。

首先,权利推理表现为权利发现或权利体系扩充。任何法律或者专门的权利立法都不可能像流水账那样把人们应当享有的权利一一列举出来,所以人们的权利不限于法律明文宣告的那些,还有很多没有"入账"的、没有被列入"清单"的权利,或者被"遗漏"的权利。这些权利要靠法律推理来发现、拾取和确认。权利推理就是根据社会经济、政治和文化发展水平,依照法律的精神、法律逻辑和法律经验来发现、拾取和确认权利。历史上权利推理的典型要数英国资产阶级从《大宪章》中所作的人权推定。《大宪章》是1215年英国的贵族和教会为了限制国王的专制,确认各地诸侯的封建统治权力和教会的特权,而强迫英王约翰签署的一部法案。这部法案并未提出人权问题,更未涉及人民个人的自由和平等权利。但是,在16、17世纪的资产阶级革命中,与国王对立的资产阶级议会代表却从中推定出一系列有关人权的原则,从而使《大宪章》具有保障人权的性质和意义,以至于不少学者认为《大宪章》是世界上最早的权利立法。美国宪法为权利推理提供了法律框架。美国宪法第九修正案规定:"不得因本宪法的某些权利,而认为凡由人民所保留的其他权利可以被取消或抹煞。"这说明法律上明示的权利只是权利的一个不完全的清单,权利是发展的,没有确定的量,不能因为法律没有明确宣告而否定某些应有权利的存在。以保护公民权利为目的的法律推理的一个重要功能,就是去发现法律精神和法律原则肯定会包容的权利。例如,对于环境权,各地法官在司法实践中通过权利推理的方法肯定了环境权的存在并给予其司法保护。

其次,权利推理表现为自由推定——法不禁止即自由。凡是法律没有禁止的,都是允许的;凡是法律没有禁止的,都是合法的;每个人只要其行为不侵犯别人的自由和公认的公共利益,就有权利(自由)按照自己的意志活动。这些都是权利推理的典型。在市场经济条件下,在社会生活空前丰富的时代,什么事情都由法律明确规定下来,特别是人们可以做什么的自由都由法律规定,那是不可能,也没有必要的。在这种情况下,如何进行法律推理? 是"法授权才自由"还是"法不禁止即自由"? 权利本位理论吁请法律机关作出自由推定,或者像法国《人权宣言》宣告的那样——"法律只有权禁止有害于社会的行为。凡未经法律禁止的一切行动,都不受阻碍"——去推理。当然,这里所说的不受阻碍,是不受法律的阻碍,至于行为是否符合社会道德和公认的价值标准,那是另外一个问题。正如马克思所说:"在法律上既未明文规定,也未加以禁止",不是一个违法的问题,而"仅仅是一个妥当与否的问题"[①]。

再次,权利推理表现为保护社会弱者的原则。"社会弱者"在宏观层面是指社会弱势群体,如妇女、儿童、老人、残疾人、下岗职工等;在微观层面泛指权利受到侵害的个人,如人身权、人格权、财产权等民事权利因他人的过错而受到侵害的自然人、刑事案件中的被害人等。依据权利推理的原则和方法,在立法中,国家或者是制定专门的法律、法规,或者在宪法、行政法、民法、刑法、诉讼法等基本法律中列出一些条文,对社会弱者实行特殊的权利保护;在法律适用中,如在行政诉讼案件中,实行举证责任倒置,即将本应由原告(公民或法人)承担的举证责任转由被告承担,迫使强者(政府)承担举证责任来证明自己行为的合法性,以有效保护弱者(行政相对人)的合法利益。

最后,权利推理表现为无罪推定。无罪推定是指被控犯罪的人在被依法确定有罪之前,应当被视为无罪的人。"在极权主义国家,为了确保一个罪犯受到惩罚,可以处死五个人;而在民主国家,为了确保四个无辜者免受不公正的惩罚,就要让五个人得到自由。"[②]

第五节　法　律　论　证

一、法律论证的概念

法律论证是指通过提出一定的根据和理由来证明某种立法意见、法律表述、法律陈述或法律决定的正确性和正当性。法律论证是比较典型的对话性论证,既要证明自己的主张正确,又要反驳各种可能的不同意见。在法律和法律决定的形成过程中,存在着比较广泛的法律论证的需要。例如,立法过程中人大代表或人大常委会委员就自己的立法议案和立法意见公开进行的辩论;法庭上有关当事人特别是律师陈述辩护或代理意见;法官在合议庭和判决书中阐述案件处理意见等。这里,法律论证部分主要讨论如何通过合乎逻辑的方式来证明司法决定(包括司法判决、司法裁定、司法决定及其形成过程)、法律陈述(法庭上有关法律人的法律陈述)的正确性和正当性。

从法律方法的角度看,一个正确和正当的司法决定、法律陈述必须建立在合乎逻辑的证明过程之上,必须有足够的理由。只有这样,司法决定、法律陈述才是合理的,也才能够说服

---

① 参见《马克思恩格斯全集》第 1 卷,人民出版社 1956 年版,第 214 页。

② [美]R.T. 诺兰等:《伦理学与现实生活》,姚新中等译,华夏出版社 1988 年版,第 308 页。

人。正如美国法官亚狄瑟所说:"法律如果要受人尊重,就必须提出理由,而法律论证要被人接受,就必须符合逻辑思考的规范。"[1] 在本质意义上,法律论证属于法理论证的范畴。[2]

二、法律论证的方法

法律论证是通过提出一定的理由来证明某个法律规则、法律陈述或法律决定的正确性。因此,论证与法律规则、法律陈述或法律决定正确与否的标准问题联系密切。这样,法律论证的方法就主要涉及法律以及法律决定的"正确"的标准和如何得出正确的结论,具体包括三个问题:"正确"的标准;达致"正确"的方式;达致"正确"所需遵循的论证规则。

(一)"正确"的标准

按照知识论思想传统,陈述的正确与否取决于对客观真理的把握,即依赖于人的认识能力。但是,由于法律制度存在于日常生活之中,我们不能因为暂时没有把握真理,就不制定法律、不发表法律意见或不作司法决定;我们也不可能等待法律经过实践检验证明是正确的之后才适用相关的法律,何况真理是绝对与相对的统一。因此,实践中,验证法律规则、法律陈述和司法决定的正确性往往依靠的是一定范围的"共识"。社会生活中以制度的方式判断正确与错误,往往取决于多数人的意见。[3] 所以,正确与否,固然与人的认识相关,但是在具体的操作层面,则主要与民主制度相联。

(二)达致"正确"的方式

法律论证中的民主不是简单的少数服从多数。我们知道,票数与真理不是一回事。简单形成的多数并不能够保证最大多数人形成真正的共识。真理最初往往掌握在少数人手里。最先掌握真理的人,通过必要的说服逐渐让更多的人同意自己的观点。亚里士多德创建形式逻辑的目的就是建立一个认识真理的客观的思维形式和推理规则。现在我们知道,形式逻辑也并不能够保证推理的正确性,因此,必须建立一个形成共识的理性机制。或者说,因为只有在理性论辩的基础上,让所有人充分发表意见,才可能形成真正意义上的多数人的共识,所以,必须提供一个能够保证理性论辩充分展开的制度。由于这个制度的目的是要保证所有参与者都能够理性地参与决策形成的过程,并在理性的氛围中讨论问题,因此,这个制度的主干就是程序性的,即理性论辩的程序。

---

[1] [美]鲁格罗·亚狄瑟:《法律的逻辑》,唐欣伟译,商周出版社 2005 年版,第一版前言。

[2] 有关"法律论证",参见[德]罗伯特·阿列克西:《法律论证理论——作为法律证立理论的理性论辩理论》,舒国滢译,中国法制出版社 2002 年版;[德]乌尔弗里德·诺伊曼:《法律论证学》,张青波译,法律出版社 2014 年版;[荷兰]伊芙琳·T.菲特丽丝:《法律论证原理——司法裁决之证立理论概览》,张其山等译,商务印书馆 2005 年版。

[3] 当代德国思想家哈贝马斯通过提出交往行动理论和交往理性概念,认为生活世界中的真理就是一种共识,以"真理共识论"取代"真理符合论"。参见[德]哈贝马斯:《交往行动理论》(第 1 卷、第 2 卷),洪佩郁、蔺青译,重庆出版社 1994 年版。

（三）达致"正确"所需遵循的论证规则

这些规则首先可以分为一般规则和特殊规则。

法律论证的一般规则是指各种类型的法律论证都必须遵循的规则,主要包括如下内容:第一,每个论证参与者都享有平等的发言权,都可以参加论证,提出自己的主张;第二,任何人只能主张自己相信的东西,任何人都不得自我矛盾;第三,任何人都可以质疑任何主张,被质疑的一方有义务直接回答相关质疑,并合理负担举证责任;第四,每个人在提出自己的法律判断时必须引用一个普遍性规范,并且能够从该普遍性规范中合理地推导出该法律判断;第五,主张必须以已经生效的法律规则为依据,依据法律原则提出自己的主张时,则必须确切地证明没有相应的法律规则存在并证明该法律原则存在的真实性、中立性和不偏不倚;等等。

法律论证的特殊规则是指各种类型的法律论证活动各自应该遵循的规则。以法庭辩论和司法决定的形成为例。

法庭辩论过程中应遵循的论证规则有:第一,在法庭上,法官不得发表有利于某一方的诱导性言论,原被告双方享有平等地发表意见和质疑对方意见的权利;第二,原告方必须围绕案件直接陈述自己的主张,依据法律提出证据;第三,被告方必须回应且必须直接回应原告方的主张;第四,任何人均不得使用夸张或煽情的方式陈述自己的意见和主张;第五,权利主张必须依据法律提出,任何人不得在法庭上借用公共舆论、领导意见、公共政策、道德、宗教教义支持自己的主张,从而给对方及法庭施加压力;第六,必须区别法律规则的文字含义和对法律规则的解释,任何对法律规则的解释性言论,当对方需要时,必须就其中所涉及的概念进行说明和论证,直到对方不再有疑问;等等。

司法决定形成过程及表述中的论证规则有:第一,参与司法决定(包括司法判决、司法决定、司法裁定等)形成者必须实际参与案件审理的全部过程;第二,任何人对案件审理过程的各个环节都享有平等的发言权;第三,任何人必须有权且有条件独立陈述自己的意见;第四,任何人都负有证明自己的主张符合法律规定的义务;等等。

司法决定文字表达的论证规则有:第一,任何司法文书均须充分说理;第二,判决、裁定、决定意见必须清晰地从普遍性的法律规则中合乎逻辑地推导出来;第三,在关键概念上使用非法律术语时必须进行合法性说明;第四,没有相关法律规则时,形成司法决定的参与者负有更加审慎的义务,必须证明自己的意见不带任何偏见(非歧视、非个人偏好、非个人兴趣和道德倾向),必须证明自己的意见来自"客观"共识,来自基本法理;第五,必须对法庭上有争议的法律问题和事实问题明确表达自己的意见;第六,平等地表述少数人的意见,等等。

综上所述,法律论证作为一个理性的实践活动,需要一系列的论证规则来保证。这些规则的作用在于保证在法律论证的过程中,每个人都能够理性地讨论相关法律问题,使论证活动可以理性地进行,使司法决定可以避免武断的意见并建立在充分论证的基础上。

第六节 司法数据处理

一、司法数据处理的概念

司法数据处理是信息化时代新出现的一种法律方法。这种方法的思想渊源可以追溯到19世纪。针对自然语言的抽象模糊往往使纠纷处理变得复杂的情况,莱布尼茨(Gottfried Wilhelm Leibniz)曾设想:建立一种普遍的人工语言,通过这种语言把我们的推理变成演算,如果发生争论,那么只要坐下来,拿出纸和笔算一算就可以了。1879年,德国逻辑学家、哲学家弗雷格根据莱布尼茨的设想建立了一种形式语言,开创了现代逻辑。形式语言和演算赋予机器以智能,随着人工智能的发展,人们一直在讨论这样一个问题:法官的某些工作能否以及在多大程度上可以转由数据设备来承担? 甚至有人设想让电脑判案。关于概念法学的争论已经表明,要求法官严格服从"法律的语言",并以纯粹逻辑推演的方式适用法律,显然是错误的,完全由电脑裁判更是不切实际的幻想。但是,也必须承认,我们可以凭借精确的形式语言和逻辑,使法律演算体系化,从而使数据处理设备有能力完成某些法律适用的任务。[①]

机器在数学运算、数据归纳和高级逻辑推理上的能力远远超过人类个体。电子数据处理可以在很大程度上帮助我们方便地查找各种裁判资料,比如立法文件、以往的司法裁判和学术著作等。目前,人们已经用"应用认知驱动"技术从原始数据中迅速收集关键信息,并批量填充到相关的法律文件中;从大量案例的原始数据中自动分析法官的办案趋势、对方律师的诉讼策略、案件的时间进程等;快速识别特定条款,寻找到符合条件的法律规范;初步甄别证据材料的真伪,找出证据材料之间的矛盾;等等。数据处理按照纯粹的字面状态来查找资料,这种方式可以保证我们不会错过和遗漏与案件相关的法律规范和先前裁判。人们也可以一步步地查找有关资料,从而使裁判资料可以按照操作者不断推进的独特的思考方式一步步地被提供。

通过电子数据处理,在立法上可以避免矛盾和重复,在司法上可以建立越来越细致的类型化案例比较和类型区分。[②]例如,简化和优化收集、筛选和区分案例、行为类型,从而使一个新的待解决的案件、行为更容易地归入某个已经得到解决的类型之下来处理。按照这种方式,民法上,人们可以按照典型的身体伤害情况和相应的精神损害赔偿标准确立案例类型,为精神损害赔偿数额的计算建立稳定的标准体系;刑法上,可以对有关特定犯罪行为的大量判例按照与量刑有关的构成要素加以区分整理比较,建立一个稳定的量刑评价体系;借助信息技术可提高司法管理的透明度,提高办案效率,使审理流程发生广泛而深刻的变革。但是,在价值评价和利益平衡等问题上是很难借助计算器、机器人来解决的,电子数据不会

[①] 参见[德]齐佩利乌斯:《法学方法论》,金振豹译,法律出版社2009年版,第162—163页。

[②] 参见[德]齐佩利乌斯:《法学方法论》,金振豹译,法律出版社2009年版,第163—164页。

自动回应当事人和社会群体的正义诉求。

二、司法数据处理的原则、规则和方法

法官进行数据处理必须遵循一定的原则、规则和方法,具体包括如下四个方面:

第一,推理有效原则。数据可以直观地告诉人们一些已知情况,由已知数据能推出多少未知取决于两点:一是数据是否可靠;二是如何使用这些数据。不同的计算与推理方法很可能会得到不同的结论。推理有效原则的具体规则和方法如下:(1)保真,即正确有效的推理确保从真的前提推出真的结论。(2)必然,即推理的前提和结论之间存在必然的联系。(3)相关,即推理的前提和结论之间必须有意义和内容上的关联。(4)普遍,即数据处理方法要具有一般性和普遍性。(5)简单,即数据处理必须容易被理解和掌握。

第二,法官主体原则。人工智能具有天生的客观中立、无情感参与,从一些方面来看这是其优点,但从另一些方面来看这又是其缺点。法律作为人的实践理性,追求的一定是人想要的结果。司法裁判的终局性要求遵循法官主体原则,具体规则和方法如下:(1)数据处理中的数据是过去的状态,每一步从已知预测未知最终都必须由法官来决断和完成。(2)数据处理中的数据可能残缺不全,法官的思维应当是全面的。(3)基于数据的推理是否有效需要由法官来判断,推理结论的性质应由法官来评价。(4)在疑难和新奇案件中,法官必须基于对道德、正义和社会发展规律的认识进行辩证推理,正如齐佩利乌斯(Zippelius)所言:"个人受理性指引的良知是我们正义观念的最终判断者,并且正是在此基础上可以反复地寻求并通过理性的思考产生具有多数公认力的观念。"① 借助这些经由个人良知获得的正义观念,才能实现实质上的公平正义。

第三,司法论辩原则。无论是司法数据来源、数据适用方法选择,还是避免精确数字陷阱等,都需要多主体参与。在某种意义上可以说,公平正义在合力中产生,并且只能在合力中产生。法律适用过程中,司法论辩似乎是最后的检验法庭,理性思维要求"以审判为中心"。

第四,始终把大数据、云计算、信息技术、人工智能作为实现法律正义的辅助手段,切不可本末倒置,不可盲目依赖技术而忘记运用法官智慧。因为法律方法最终只能在个案之中经由法官来成就。

总之,司法数据处理尤其是对关键数据的分析研判对法官素质提出了更高的要求。只有更高素质的法官才能把现代信息技术作为重要的辅助手段,充分利用云计算、大数据、互联网、人工智能提供的客观资料、演算和定量分析,增强司法的确定性和公信力,而又不沦陷于"数据拜物教"。

---

① ［德］齐佩利乌斯:《法学方法论》,金振豹译,法律出版社2009年版,第十版前言。

小结

法律方法是法律工作者独特的思维方法,其伴随着法律职业作为一种社会分工的出现而出现,具有很强的专业性。法律发现、法律解释、法律推理、法律论证、数据处理等法律思维形式,构成法律方法的核心内容。法治原则要求在法律渊源内从整体上发现法律;法律解释不仅需要符合解释的一般规则,更是由国家政治制度、司法制度所决定并受其制约;法律推理作为一种实践推理,既要符合一般的形式逻辑推理规则,又要具有自己的实践特性;法律论证的目的是说服当事人、同行专家和社会公众,从而使法律以及法律决定符合法律制度的根本目的,即形成一个以"说理"为基础的和谐社会;司法数据处理是信息化时代的新型法律方法,这种方法的特点在于把现代信息技术作为重要辅助手段,充分利用云计算、大数据、互联网、人工智能提供的客观资料、演算和定量分析,增强司法的确定性,但是又不致沦陷于"数据拜物教"之中。

思考题

1. 法律解释的原则和方法有哪些?

2. 如何理解权利推理?

3. 法律论证应遵循哪些规则?

4. 司法数据处理应遵循什么样的原则、规则和方法?

5. 有学者认为:"一旦有人适用一部法典的条文,他就是在适用整个法典。"请结合法律发现的相关知识,谈谈你对这句话的理解。

第五编 | 法的价值

　　法的价值是法理学中十分重要的问题,因为法理学关于法律(法)、法治、法理等法学基本概念的研究,关于法的制定和实施的研究,关于法与社会的研究,在某种意义上说,都是为了准确地揭示并最大限度地实现法的价值。

　　法的价值是社会价值系统中的子系统。一方面,它表征作为主体的人与作为客体的法之间需要与满足的对应关系;另一方面,它又体现了法所具有的、对主体有意义的、可以满足主体需要的功能与属性,即法的有用性。法学史上关于法的价值形态的研究非常系统,为我们研究社会主义法的价值提供了丰富的理论资源。在当代中国,社会主义法的核心价值是"以人民为中心""以公平为生命线""以和平、发展、公平、正义、民主、自由为全人类共同价值"。在实践中,社会主义法的价值体现为对秩序的维护、对自由的保障、对效率的促进、对正义的追求、对人权的保障等。

　　法的价值是一个具有多样性和位阶性的体系,在某些情况下会发生矛盾和冲突,会出现位序排列的难题,这就需要法学家和法律工作者依据法理进行整合与选择。

第二十章　法的价值概述

在法律史的各个经典时期，无论在古代和近代世界里，对价值准则的论证、批判或合乎逻辑的适用，都曾是法学家们的主要活动。

——［美］罗斯科·庞德[①]

"法律是人类的作品，……一个无视人类作品价值的思考是不可能成立的，因此对法律的，或者对任何一个个别的法律现象的无视价值的思考也都是不能成立的。……法律只有在涉及价值的立场框架中才可能被理解。"[②]因此，法的价值问题是法理学最根本的问题之一，它涉及人们对法律制度的期待以及对法律的目的、正当性和理想图景的思考。在讨论具体的法的价值之前，要明确法的价值的概念、法的价值体系以及法的价值的冲突与整合等一般性问题，要把握社会主义法治的核心价值。

---

① 罗斯科·庞德（Roscoe Pound, 1870—1964），美国法学家。本题记选自［美］罗斯科·庞德：《通过法律的社会控制》，沈宗灵译，商务印书馆2010年版，第62页。

② ［德］古斯塔夫·拉德布鲁赫：《法哲学》，王朴译，法律出版社2013年版，第4—5页。

第一节　法的价值的概念

一、价值释义

价值既是一个哲学范畴,也是哲学之外的其他人文学科、社会科学以及日常生活中广泛使用的概念。理解这一概念的含义,可以从三个角度入手:一是把握价值概念的产生机理;二是考察价值概念的语义;三是厘清价值判断与事实判断的区别。

从价值这一概念的产生机理来看,价值是一个表征"关系"的范畴,它反映的是在人类实践活动中主体与客体的需求与被需求的关系,揭示的是人的实践活动的动机和目的。在人类的实践活动中,与单纯的认知活动不同,客体不仅是被感知、被反映、被了解的对象,同时也是满足人的目的和需要的对象。人和实践对象间的这种需求与被需求的对应关系,就是价值关系。在价值关系中,人是价值主体,满足需求的对象是价值客体。[①] 例如,自然风光或动听的音乐可以满足人们的审美生活需求;诚实、正直、善良的品格可以满足人们的伦理生活需求;食品、衣物、金钱可以满足人们的物质生活需求。因此,在与主体的关系中,它们就成为具有审美价值、伦理价值和功利价值的客体。

从语义分析的角度来考察,价值是一个表征"偏好"的范畴,用以表示事物所具有的对主体有意义的、可以满足主体需要的功能和属性。无论是在学术讨论还是在生活交流中,当人们说某些器物、性能、行为或思想等是"有价值"或"有很高价值"的时候,总是意味着这些被评价的事物符合他们的需要和目的。因此,在人类的实践中,凡是对人有用、有利、有益,能够满足人的某种需要,有助于实现人的目标的东西(实体与精神),就被认为是有价值的,就会得到人们的肯定性评价。反之,那些不能满足人的需要,无助于实现人的目标,对人无用、无利甚至有害的东西,就被认为是无价值的或负价值的,就会受到人们的否定性评价。诸如自由、正义、财富、知识、美德、健康、安全、快乐等,都是人们所希望的东西,因而被人们视为价值的存在形态。

从价值判断与事实判断之区别的角度,可以发现,价值判断与人们的情感直接关联,而事实判断与人们的情感只是间接地关联。所有的价值判断都是关于"应然"的判断,回答的是"应当是什么"的问题,如"法官应当中立裁判,不偏不倚""臣民应当效忠于国王""种族隔离应当被取消"等。比较而言,所有的事实判断都是关于"实然"的判断,回答的是"是什么"的问题。例如,"车祸导致三人死亡"描述了被观察到的事实是什么;"超速行驶导致了车祸"解释了引起这个事实发生的原因是什么;"加强交通管理有助于减少车祸"则揭示了达到某种目的的有效手段是什么。由于价值判断与情感因素直接关联,因此,对于同一问题,在道德、宗教、政治或文化等方面具有不同情感的人们,所给出的价值判断往往存在差别

[①]　参见李德顺:《价值论》(第二版),中国人民大学出版社 2007 年版,第一章;袁贵仁:《价值观的理论与实践——价值观若干问题的思考》,北京师范大学出版社 2013 年版,第 3—8 页。

甚至完全对立,由此所引发的争议并不能简单地通过列举事实证据来解决,即使在事实上所有的法官都没有"中立裁判",所有的有色人种都在被"隔离",也不能证成这在价值上就是"应当的"。现代哲学的著名命题——从"是"中不能推论出"应当"(即从事实判断中不能推导出价值判断),阐释的就是这个道理。

不过,由此并不能得出价值判断与事实因素毫无关系的结论。如果两者毫无关系,价值判断就成了每个人纯粹依据个人好恶来决定而没有任何共同是非标准的问题,这样一来,所有的价值问题就统统成为没有必要和不可能加以讨论的单纯个人情感的"好恶"问题了。实际上,每个人的价值判断都是以一定的价值观为标准的,而价值观的形成是由一定的事实因素决定的。社会的生产方式、生活方式、制度环境、文化传统等事实因素都是具体价值观形成的基础,因此,在正常情况下,特定的物质和精神生活条件下共同的社会实践,总是能够使一个社会或时代形成某种社会绝大多数成员自觉认同的核心价值观。例如,中共十八大所倡导的"富强、民主、文明、和谐、自由、平等、公正、法治、爱国、敬业、诚信、友善",就属于当代中国的核心价值观,得到了全社会的广泛认同。

二、法的价值释义

从学术用语的角度来考察,法的价值或法律价值并非中国法律传统固有的概念,而是自西方法学借鉴、移植而来的。在现代西方政治学理论和法学理论中,价值既被用来指称各种有价值的事物,如幸福、财富、安全、荣誉、技能等,也被用来指称人们用以评价各种事物的价值标准和价值观。

在法学中,"法的价值"这一术语有如下三种不同的使用方式和含义:

第一种是用"法的价值"来指称法律在发挥其社会作用的过程中能够保护和促进哪些值得期冀的或美好的东西。在现代法学文献和日常法律话语中,经常可以看到类似这样的表达方式:"法律的重要价值是保护人权";"程序法具有确保司法公正的价值";"宪法如果不能发挥制约公共权力的作用,它就变成了没有价值的具文";"合同法的价值侧重于保护交易的自愿和平等,而票据法的价值则侧重于保护交易的安全和有序",等等。按照一般的价值观念,人身安全、人格尊严、社会的公共福利、经济的可持续发展、善良风俗的维持、环境的保护与改善等,都是美好的和值得珍视的,都是有价值的。其中,人权、秩序、自由、正义和效率,在现代社会更是备受重视的基本价值,它们都需要用法律的方式来维系和促进。法律发挥社会作用的过程,就是对那些有价值的事物予以保护和推动的过程。被法律所保护或推动的安全、自由、正义、福利等诸种价值构成了法律所追求的理想和目的,是法律服务的对象,因此,可以称之为法的"目的价值""对象价值"或"外在价值"。

第二种是用"法的价值"来指称法律自身所应当具有的值得追求的品质和属性。比如,法律应该逻辑严谨,而不应当自相矛盾;应当简明扼要,而不应当含混繁琐;应当明确易懂,而不应当神秘莫测;等等。与法的目的价值不同,法律的这些品质与属性既不是法律所服务的对象,也不是法律所追求的社会目的和社会理想,而仅仅是指法律自身在形式上应当具备的和值得肯定的优良"品质"。对于此种意义上的法的价值,可称之为法的"内在价值"或"形式价值"。

第三种是用"法的价值"来指称法律所包含的价值评价标准。在英语、法语等语种中,"价值"一词同时具有名词和动词两种属性,当动词使用时其意思是"评价"。因此,在西方法学文献中,人们也时常在价值评价标准的意义上使用"法的价值"这一术语。在许多场合,讨论法的价值问题就是讨论法律评价的标准问题。

第二节 法的价值体系

一、法的价值体系释义

法的价值体系可以被看作由一组相关价值所构成的系统,它具有以下三个基本特征:

首先,从价值属性上看,法的价值体系是由一组与法律意义上的权利、义务、责任以及法的制定、实施相关的价值组成的系统。换言之,法的价值体系包含的各种价值是与法律直接相关的价值,而不是所有的价值。例如,爱情、友谊、虔敬、谦逊的美德和高雅的审美情趣都是美好的事物,都是价值的存在形态,但是它们并不直接具有法律上的意义。因此,它们只可能是道德意义上或美学意义上的价值体系的组成部分,而不是法律意义上价值体系的组成部分。相反,不重婚、不欺诈、不侮辱他人人格是好的和有价值的,生命安全、人身自由和财产的占有也是好的和有价值的,这些价值在法律上具有直接意义,可以转化为法律上的义务或权利,因此它们便构成了法的价值体系的组成部分。

其次,从价值主体上看,法的价值体系是由占统治地位的社会集团,即有效地控制了立法权、执法权和司法权的集团,所持有的一组价值所组成的系统。法的价值体系是群体现象,而不是个体现象。个人可以有自己独特的价值目标或价值观念,但是,法的价值体系并不是社会中每个人所持有的价值观的简单相加,而是占统治地位的价值目标和价值观念的权威表达,它是通过国家立法权的行使建立起来,并通过国家执法权和司法权的行使而获得国家强制力保障的权威性价值系统。因此,在阶级社会中,法的价值体系不可避免地带有阶级性,而不论那些支持或论证这一价值体系的人们在主观上是否意识到了这一点。当然,在阶级矛盾比较缓和的条件下,这种权威性的价值系统也不能不反映社会的公共利益和被统治阶级在现存秩序之内的某些合理要求,因而具有一定程度的社会性。

最后,从价值体系的结构上看,法的价值体系是由法的目的价值、形式价值和评价标准三种形式组成的价值系统。由于法的价值具有三种基本的含义和使用方式,因此,法的价值体系包含着目的价值系统、形式价值系统和评价标准系统三个子系统。其中,目的价值系统在整个法的价值体系中占突出的基础地位,它是法的社会作用所要达到的目的,反映着法律制度所追求的社会理想;形式价值系统则是保障目的价值能够有效实现的必要条件,离开了形式价值的辅佐,目的价值能否实现就要完全受到偶然性因素的影响;评价标准系统是用来证成目的价值的准则,也是用以评价形式价值的尺度。以法的目的价值为基础,法的目的价值、形式价值和评价标准之间相互依存、不可分离,失去任何一方,都会导致法的价值体系的瘫痪或灭失。

二、法的目的价值体系

法的目的价值构成了法律制度所追求的社会目的,反映着法律制定和实施的宗旨,它是关于社会关系的理想状态是什么的权威性蓝图,也是关于权利义务的分配格局应当怎样的权威性宣告。例如,中共十九大报告提出要"培育和践行社会主义核心价值观","把社会主义核心价值观融入社会发展各方面,转化为人们的情感认同和行为习惯"。其实,在以"富强、民主、文明、和谐、自由、平等、公正、法治、爱国、敬业、诚信、友善"为内容的中国社会主义核心价值体系中,每一项核心价值都属于中国社会主义法律制度所要保护和促进的目的价值。

法的目的价值是整个法的价值体系的基础,但通常它与法的形式价值和评价标准之间没有绝对的界限,三者有时难以区分、彼此交织。不过,相对而言,法的目的价值总是居于主导地位,形式价值和评价标准都是为一定的目的价值服务的,目的价值最集中地体现着法律制度的本质规定性和基本使命。"耶林提出了一条原理并予以证明:创造法律者,不是概念,而是利益和目的。"[1] 从最根本的哲学意义上来看,所谓法的形式价值和评价标准都是而且也不能不是以法的目的价值为基础和原点的。换言之,假如离开了法的目的价值,无论是法的形式价值还是评价标准都不可能具有独立存在的意义,因为它们都变成"中性"的东西了,没有了"价值"的意味。只有在法的目的价值这一基础和原点上,法的目的价值、形式价值和评价标准才得到了统一和协调。

对于社会秩序的形成和维系而言,法的目的价值具有无以复加的重要意义。社会是人类生活的共同体,既是物质生活的共同体,也是精神生活的共同体,如果人们在目的价值的领域不能达成最低限度的"价值共识",秩序的形成和维系就不可想象。人类社会发展的历史表明,一旦人们在何种生活方式值得追求、何种利益具有正当性、何种行为应当得到尊重和保护等一系列有关目的价值的判断上发生普遍的根本冲突,以至于最低限度的共同标准也不复存在,这就意味着社会已经处于即将解体的动荡之中。在这种意义上,我们可以把法律理解为对社会最低限度价值共识和共同标准的权威性表达。同时,任何法律制度的目的价值都具有以下两方面的重要属性:

其一,法的目的价值的多元性。凡是可以借助于法律上的权利、义务来加以保护和促进的美好事物,都可以被视为法的目的价值,例如,公平、正义、安全、自由、秩序、效率等。因而很难用简单列举的方式把法的目的价值一一列举出来,即使用归类的方法把它们概括成若

---

[1]　[德]菲利普·黑克:《利益法学》,傅广宇译,商务印书馆2016年版,第17页。

干基本的类型,仍然可能有所遗漏。法的目的价值的多元性,是与人的需求的多样性和法所调整的社会关系的多样性直接联系在一起的。由于现代社会在此种多样性方面大大超过了古代社会,因而,法的目的价值的多元性在现代法律制度中就更显突出。法理学对于法的目的价值的研究重点不在于对其详尽无遗的罗列,而是特别选取其中比较重要的目的价值加以分析考察。

其二,法的目的价值的时代性。社会特定的物质和精神生活条件是一定价值观念赖以形成的基础,换言之,任何社会和个人的价值观念都不是凭空产生的,而是生产方式、生活方式、制度环境和文化传统等现实因素所孕育的产物。在历史演进的过程中,由于社会生活条件的发展变化,不同时代的社会价值观不可能完全一致,因此,反映在法律制度层面的法的目的价值也呈现出一定的时代特征。也就是说,不同时代的法律制度,在它们所追求的理想和目的、所服务的对象方面,可能有不同的价值选择。例如,在中国古代社会,"纲常礼教"是法律所服务的目的价值,因而,赏罚上的"恩荫"和"株连",婚姻上的"父母之命,媒妁之言",就被看作是好的、应当的、有价值的,无论是上层社会还是普通民众,几乎都将其视为天经地义的公理。然而,随着社会生活条件的改变,在现代社会则是另外一番景象,平等、自由成为法律的重要目的价值,个人责任和婚姻自由被看作是好的、应当的、有价值的。即使同属于现代的时空范围,改革开放之前和改革开放之后的中国社会,法律所保护和推动的目的价值也发生着很大的变化。彼时被普遍认为具有负面价值因而被禁止并严惩的(如"长途贩运"以投机倒把罪处罚),此时可能被作为权利加以保护;彼时被普遍认为具有正面价值而被认同的(如未经司法程序而限制"地富反坏右分子"的人身自由),此时反而可能被严厉取缔。可以说,法律制度进步的最明显标志,就是其目的价值顺应时代发展而与时俱进地合理调整。

三、法的形式价值体系

法的形式价值是指法律制度在形式上或表层上所具有的优良品质。尽管这些品质并不直接反映法的社会理想和目的,但它们构成了"良法"或"善法"在形式上所必须具备的特殊品质。这些品质被认为是值得珍视和追求的,是合乎期望和理想的,因而也是有价值的;而与之相反的那些品质则是"不好"的和应当避免的,因而是无价值或负价值的。

法的形式价值包含着许多具体的内容。例如:法律应当具有公开性,而不应诡秘难知;应当具有稳定性,而不应朝令夕改;应当具有连续性,而不应陡然巨变;应当具有严谨性,而不应破绽百出;应当具有灵活性,而不应过于僵化;应当具有实用性,而不应华而不实;应当具有明确性,而不应含混不清;应当具有简练性,而不应冗长繁琐;等等。[①] 在法律的上述各种形式特点或品质中,前者往往被认为是有价值的"善",后者则否,甚至被普遍视作一种应

---

① 参见 John Finnis, *Natural Law and Natural Rights*, Oxford University Press, 2011, pp.270–271;[美]富勒:《法律的道德性》,郑戈译,商务印书馆 2005 年版,第 55—107 页;[英]约瑟夫·拉兹:《法律的权威:法律与道德论文集》,朱峰译,法律出版社 2005 年版,第 187—190 页。

予拒斥的"恶"。对于实现法的目的价值而言,形式价值的确具有无以复加的重要性。如果一种法律制度不具备形式上的优良品质,它就不是"良法",即使它追求良好的社会目的,这些目的也必然会归于虚幻。

对于旨在实现法治的社会而言,在法的诸多形式价值中,有四种价值显得特别重要,即法的权威性、普遍性、统一性和完备性。权威性指的是任何个人或团体都必须无条件地服从法律,法律的尊严神圣不可侵犯;普遍性指的是不因人设法,用一般性的规则来调控所有人的同类行为,"法不是为个别人而制定的,而是针对所有人"①;统一性指的是保持法律制度本身的和谐一致,消除矛盾和混乱;完备性指的是实现有法可依,在应由法律加以调整的行为领域消除法律空白和法律漏洞。任何人都不难想象,假如一个法律制度有着值得称许的理想和目的,却毫无权威性可言,经常对藐视法律的行为无可奈何,同时,它的规则也缺乏普遍性、统一性和完备性,经常因人设法、一事一法、自相矛盾、空白和漏洞过多,那么,所有美好的理想和目的就都会成为这种法律制度的"不堪承载之重"。

四、法的评价标准体系

法的评价标准也就是在法律上对各种事物进行价值判断时所遵循的准则。它主要用来解决两类问题:第一类问题是价值确认,即按一定的标准来确定什么样的要求、期待、行为或利益是正当的,是符合法律的理想和目的,因而是值得从法律上予以肯定和保护的;同时,也要确定什么样的要求、期待、行为或利益是不正当的,是抵触法律的理想和目的,因而是应当从法律上予以禁止和取缔的。第二类问题是确定价值位阶。可以说,法的所有目的价值和形式价值都是值得希求和珍视的美好事物,但是,并非所有有价值之物都是等价的,它们之间在价值大小、高低、多少上可能是有所差异的。由于各种法的价值的实现都需要相应的资源和机会,而资源和机会总是有限的,所以,就有必要对法的诸多价值按照一定的位阶顺序排列组合。当那些低位阶的价值与高位阶的价值发生冲突并不可兼得时,高位阶的价值就会被优先考虑。尽管这种位阶顺序具有一定的弹性,而且必须联系具体的条件和事实才能最后确定,然而,若没有这种价值位阶的排序,诸多法的价值之间就会经常发生无法控制的对立和冲突,从而可能引起法律规范和法律制度的极大混乱。

根据马克思主义基本原理及其中国化的理论成果,在我国的法治建设中,应当坚持下述评价标准或原则:

第一,生产力标准。马克思主义认为,物质生产力是全部社会生活的物质前提,同生产力发展一定阶段相适应的生产关系的总和构成社会经济基础。生产力和生产关系、经济基础和上层建筑相互作用、相互制约,支配着整个社会的发展进程。解放和发展生产力是社会主义的本质要求,是中国共产党人竭力探索、着力解决的重大问题。新中国成立以来,特别是改革开放以来,在不到70年的时间内,我们党带领人民坚定不移地解放和发展生产力,走

---

① 参见《学说汇纂》(第1卷:正义与法·人的身份与物的划分·执法官),罗智敏译,[意]纪蔚民校,中国政法大学出版社2008年版,第68—69页。

完了西方几百年的发展历程,推动我国快速发展成为世界第二大经济体。理论和实践告诉我们,在对法律现象进行价值评价时,必须首先坚持生产力标准,根据其是否有利于我国的社会生产力的进步,是否有利于我国的综合国力的提高,是否有利于在发展生产力的基础上改善人民的生活条件。

第二,人道主义标准。这一标准的核心含义是:以人为本,一切政治、法律制度,一切社会活动,只有当它有助于实现人类解放和人的自由而全面发展时,才是有价值的。以任何借口去粗暴践踏人权的行为,都是对人类尊严的亵渎,都不能为社会主义法治所允许。我国法律对未成年人、老年人、残疾人的权利以及其他社会弱势群体的权利予以特别保护,体现了人道主义的内涵。

第三,现实主义原则。对法律现象进行价值评价必须从社会实际出发,而不能从脱离现实的"乌托邦""理想国"出发,法律价值评价标准的具体内容也必须根据现实需要的变化而加以充实和调整。反之,如果在进行价值评价时脱离本国的国情,无视现实条件所能够提供的资源、手段和可能性,就会"欲速则不达",使社会付出不必要的代价;如果落后于现实生活的发展,无视现实生活条件的重大变化而墨守成规,则会阻碍法治与社会的进步。

第四,历史主义原则。对历史上出现过的各种法律现象进行价值评价时,必须持一种历史主义的态度,即要站在历史发生的当时用历史的眼光来看历史,而不是站在"现在"用现在的眼光来看历史。某些在现在看来是无价值甚至是反动的东西,在历史上可能不一定如此,相反却可能是非常进步和有价值的。在研究中华民族法律文明史的时候,尤其应注意这一点,否则,必然导致历史虚无主义。

上述四条标准或原则只是马克思主义法学在进行价值评价时必须遵循的主要标准和原则,而不是全部标准和原则。前两条标准是实质性的,后两条原则是程序性的。它们之间的逻辑联系并非像几何定理那样简单,只有通过深入的社会实践才能学会准确而灵活地运用它们进行价值评价。如果以教条主义的或经验主义的态度来运用它们,就难以得出正确的结论。

第三节　法的价值的冲突与整合

一、法的价值冲突

法的所有目的价值和形式价值都是值得希求和珍视的美好之物,如果能够使所有的价值都完全不受任何限制地充分实现,确实是一件再好不过的事情,然而,这是不可能的。因为价值之间具有非常复杂的关系,粗略地说,它们之间的关系可以有三种状态:一是无涉状态,即两种价值之间不存在直接关联,既没有正相关关系,也没有负相关关系;二是耦合状态,即两种价值之间存在正相关关系,两者之间任何一个变量的增减都意味着另一个变量的增减;三是竞合状态,即两种价值之间存在负相关关系,两者交集在一个点上并相互竞争,彼此消长之间呈现反向的关联——彼长则此消,此长则彼消。当法的不同价值在特定场合处于竞合状态时,法的价值冲突就出现了。

法的价值冲突既可能发生在目的价值层面,也可能发生在形式价值层面。例如,在市场经济中,交易自由和交易安全都是法律所服务的价值目标,在某些场合,两者之间的关系可能处于无涉状态或耦合状态。但是,在要式合同的交易中,立法者为了更好地保证交易安全,会规定一些特定的形式和手续作为合同成立的条件,即使交易双方达成合意,在不具备这些条件的情况下,该合意在法律上也不能产生合同效力,这样,交易自由显然受到了限制。再如,确定性和灵活性都是法的重要形式价值,人们期望法律在形式上具有确定性以防止法律本身的含混不清,同时,人们也期望法律在形式上具有一定的灵活性而不要过于僵硬机械。但是,在某些特定的场合,确定性的增长可能意味着灵活性的降低,而灵活性的增长又可能导致确定性被削弱。

一般而言,与形式价值冲突相比,法的目的价值冲突是一种更主要的冲突,同时,也是更不易于解决的冲突。在现代社会中,最为引人关注的目的价值冲突大抵就是公平与效率、自由与秩序之间的冲突。公平、效率、自由、秩序都是特别重要的社会价值,当它们成为法律的追求目标时,就是法的最重要的目的价值。在公平与效率之间、自由与秩序之间,前后两者并非总是处于负相关关系之中,但是,在某些特定的事项上,一方的上升却会在一定的范围内对另一方产生抑制作用。例如,在税收、公共福利、治安管制等问题上,公平与效率之间、自由与秩序之间就时常表现出深刻的矛盾、巨大的张力。较高的税率可以提高公共福利的标准从而支撑公平程度的提高,但又可能抑制投资的热情从而降低经济效率;提高治安管制的级别可以更有效地应对骚乱、暴力犯罪和恐怖主义从而维护秩序的安全,但人身自由往往会受到过多的限制。

法的各种价值之间为什么会发生冲突呢?正是人类社会生活本身的特殊性导致了价值冲突的必然性。

首先,人类生活需求的多样性决定了价值目标的多元化。人类作为一种高级生物,不像其他生物那样只有比较简单甚至近乎单一的需求,相反,人类的生活需求是多方面的,以至于很难用简单列举的方式加以罗列。与这一特点相适应,法律制度所要达到的目标也是多元的,而社会实现这些目标的资源和机会却是有限的。在法的价值发生冲突的所有特定场合,其背后都存在这样一种情形,即稀缺的资源和机会不足以支持所有价值目标同时得到实现。一言以蔽之,"正义只是起源于人的自私和有限的慷慨,以及自然为满足人类需要所准备的稀少的供应"[①]。

其次,人类社会利益主体的多元化使法的价值冲突变得更为常见和复杂。上面提及的社会价值目标的多元化只是使不同种类的价值之间发生冲突成为必然,如公平价值与效率价值的冲突、自由价值与秩序价值的冲突等。而利益主体的多元化又会导致两种形式的价值冲突:一方面,由于人们的价值偏好不同,一些人可能强烈期待法律服务更多地向某种价值倾斜(如分享更多的公共福利),而另一些人则可能有同样强烈的不同期待(如投资回报

---

① [英]休谟:《人性论》(下册),关文运译,郑之骧校,商务印书馆 1980 年版,第 536 页。

率的提高），由此会导致不同种类法的价值的冲突。另一方面，由于利益分化的作用，不同利益主体之间完全可能在同一种利益之上发生竞争，例如，财产利益是法律所保护的目的价值，然而，提高关税的法令在使国内制造商得到更多利益的同时，必定会使进口商的利益减损。

除了以上两点基本原因之外，社会变迁、制度改革以及立法政策的变更等因素，都会引起法的价值的冲突。

二、法的价值整合

为了把法的价值冲突控制在法律秩序允许的范围内，为了降低冲突的频率和强度，法的价值整合就成为一个必要的和意义重大的课题。法的价值整合的过程，是一个对各种具体的价值目标加以统筹协调的过程，也是一个谋求价值总量最大化的过程，在民主体制下，它也是一个通过公共理性进行对话交流、沟通协商来形成社会共识的过程。这一过程从法律创制开始，一直延伸到法律实施的各个阶段，在立法程序、行政程序和司法程序中都有所表现。

立法程序是法的价值整合的初始阶段。在立法程序中，法的价值整合具有三个基本特点：一是宏观性。即立法阶段对法的价值的整合不涉及具体的个案，而是在那些具有普遍意义的价值目标之间建立起逻辑联系，使之构建为一个有机的体系。二是基础性。所谓基础性，指的是立法者对各种价值目标所作出的制度安排，其本身就是统筹协调的整合过程，同时，它为此后的价值整合奠定了基础，决定着后续价值整合的基本走向。三是机动空间较大，立法者对各种价值目标的安排，尽管也要受到上位法、法律连续性、社会情势等因素的制约，但是，其回旋空间在一般情况下要远远大于法律适用者。

在行政程序和司法程序中，由于受到法治原则的限定，行政行为和司法行为都必须接受立法者根据法律施加的指引和约束，行政决策和司法裁判不得超越法律所确定的界限，但是，这并不意味着行政权和司法权在法的价值整合方面毫无用武之地。这里要区分两种情况：一种情况是在行政羁束行为和司法羁束行为领域，另一种情况是在行政裁量行为和司法裁量行为领域。在前一领域，行政权和司法权只是把立法者在价值整合过程中作出的一般性方案适用于具体个案；而在后一领域，行政和司法的作用不仅仅是"实施性"的，同时具有重新或二次价值整合的功能。这是因为，在裁量行为领域，立法者并没有向行政和司法发布一个"对号入座"式的明确指令，而是提供了数个可选择的方案或仅仅是解决问题的大致方向，因而，在这个范围之内，行政和司法在价值整合方面所扮演的角色与立法者有类似之处。

在立法、行政和司法程序中对法的价值进行整合，应当遵循若干原则。

第一，兼顾协调原则。无论是立法还是行政或司法，在价值整合时，都应当优先采取兼顾协调的立场和态度来处理各种价值目标的关系。因为所有的价值目标都是值得追求和珍视的，即使它们之间发生冲突，也与人身安全与暴力犯罪之间、财产利益与合同诈骗之间的冲突存在本质区别,故而,最大限度地协调它们之间的关系,尽可能地避免、弱化或是化解价值冲突,应当成为首位的选择。

第二,法益权衡原则。在价值整合的过程中,总会出现无法兼顾相互冲突的价值的情况。这时,继续采取兼顾协调的立场和态度已经不复可能,应当有所取舍。但是,取舍之间应当有所归依,在这种场合,法益之间的权衡比较必须作为重要方法予以考量,无论是以权利形态存在的法益(如言论自由、担保物权等),还是以非权利形态存在的法益(如善良风俗、公共安全等),都应当在经过仔细斟酌之后,以"两善相权取其重"的标准决定取舍。

第三,维护法律安定性原则。法治社会的特点是通过而不是绕开法律实现公平正义、促进自由和维护秩序,因此,确保法律本身的安定性成为现代法治特别重要甚至是头等重要的价值。"法的安定性的要求是:在任何一个法的争论中,总要有一个是最终的结论,哪怕这一结论是不切实际的。法的安定性要求缘起于它的深层需求:这种需求渴望将现实既定的纷乱纳入秩序之中,渴望对纷乱有事先的防范,并使之在人的控制之内。"[①]在人治主义传统和法律工具主义观念的影响下,法律的安定性在我国现实生活中没有得到足够的重视,许多人常常把它视为较次要的价值,通过牺牲法律的安定性来追求所谓的道德效果、经济效果或政治效果的事例时有发生,其结果必然使法律失去恒定可期、值得信赖的品质。如果为了实现某个具体的价值目标而动辄使法律的安定性受到损害,那么法治就成了一个无意义的价值目标,因此,在法的价值整合过程中,精心维护法律的安定性显得十分必要。

第四节　社会主义法治的核心价值

正如上文所述,价值观念和价值体系的形成,总是受到相关事实因素的影响,社会的生产方式、生活方式、制度环境、文化传统等事实因素都是具体价值观形成的基础,因此,不同年代、不同空间场域、不同文明形态的人类群体往往分持有不同的价值观念和价值体系。同样,古今中外的人类历史上,存在不同的法制文明和法律文化体系,因而相应地各种法律文化体系内部的法的价值体系也是千差万别的。即使在人类迈入现代法治文明的当今世界,这个地球上仍然存在着不同类型的法治。

自中共十一届三中全会以来,中国共产党始终重视法治建设,把依法治国确定为党领导人民治理国家的基本方略,把依法执政确定为党治国理政的基本方式,并在实践的基础上初步形成了中国特色社会主义法治理论。中共十八大以来,以习近平同志为核心的党中央在全面推进依法治国、加快建设中国特色社会主义法治体系和社会主义法治国家的伟大实践中,创造性地发展了中国特色社会主义法治理论。其中,有关社会主义法治核心价值的理论

---

① ［德］古斯塔夫·拉德布鲁赫:《法律智慧警句集》,舒国滢译,法律出版社2001年版,第17页。

成为中国特色社会主义法治理论的重要组成部分,成为中国特色社会主义法治核心价值的理论表达。

在反思和评估古今中外各种法治模式的基础上,中国共产党提出"法律是治国之重器,良法是善治之前提"。这是对中国特色社会主义法治作为形式法治与实质法治相统一的法治模式的精辟定型。所谓"良法",可在四种意义上把握:一是法律应符合人性、人文、自然、经济、政治、社会等的规律,与作为法律调整对象的各种关系的存在与发展规律保持一致,而不能蔑视规律、抗拒规律。二是法律制定得良好。这是法的形式价值体系的具体体现,也是形式法治的基本要求。法律规则确定的行为标准适度、可遵守、可执行、可适用,权利、义务、权力、责任对等,公开透明,标准统一,普遍适用,连续稳定,非溯及既往,规则与规则、法律与法律、法律部门与法律部门、实体法与程序法之间协调一致。三是法律实施得良好,不仅全民自觉守法,而且国家机关尊重宪法、严格执法、公正司法。四是法律体现社会良善价值。这是法的目的价值体系的具体内容,也是实质法治的基本要义。是不是良法善治,关键要看法律体系、法治体系以及国家治理体系贯通什么样的价值观和价值标准。基于良法善治的基本理念,中国特色社会主义法治重点强调以下核心价值。

一、以人民为中心

"以人民为中心",即"以人民为主体",亦即"法治为民",这是社会主义法治最核心的价值,是中国特色社会主义法治价值体系的基石。坚持法治的人民主体价值,就是要坚持法治为了人民、依靠人民、造福人民、保护人民,把实现好、维护好、发展好最广大人民根本利益作为法治建设的根本目的,把体现人民利益、反映人民意愿、维护人民权益、增进人民福祉、促进人的全面发展作为法治建设的出发点和落脚点。坚持法治的人民主体价值,就是要保证人民在中国共产党的领导下,依照法律规定,通过各种途径和形式管理国家事务,管理经济和文化事业,管理社会事务;保证人民依法享有广泛的权利和自由、承担应尽的义务,维护社会公平正义,保障人民平等参与、平等发展的权利;以法治来激励和保护人民的积极性、主动性、创造性,增强社会发展活力,确保人民安居乐业、社会安定有序。坚持法治的人民主体价值,就是要在依法治国全过程各领域坚持以人民为中心的工作导向;要恪守以民为本、立法为民理念,使每一项立法都贯彻社会主义核心价值观、符合宪法精神、反映人民意志、得到人民拥护;坚持执法司法为人民,依靠人民推进公正执法司法,通过公正执法司法维护人民权益。坚持法治的人民主体价值,就是要弘扬人民权益靠法律保障、法律权威靠人民维护的社会主义法治精神,做到法律为人民所掌握、所遵守、所运用,增强全社会尊法学法守法用法护法的自觉意识。

二、以公平正义为生命线

习近平指出:"公正是法治的生命线。公平正义是我们党追求的一个非常崇高的价值,全心全意为人民服务的宗旨决定了我们必须追求公平正义,保护人民权益、伸张正义。全面

依法治国,必须紧紧围绕保障和促进社会公平正义来进行。"① 公平正义的法律价值在立法
层面主要体现为权利平等、机会平等、规则平等,在法律实施层面集中体现为法律面前人人
平等。"平等是一种神圣的法律,一项先于其他所有法律的法律,一项派生出各种法律的法
律"②。平等更是社会主义法律的基本属性,是社会主义法治的基本要求。中共十八届四中全
会《决定》以及十八届三中全会和十八届五中全会有关法治改革和法治建设的决策全面贯
彻了公平正义价值观,强调:"要把公正、公平、公开原则贯穿立法全过程。""健全以公平为核
心原则的产权保护制度,加强对各种所有制经济组织和自然人财产权的保护,清理有违公平
的法律法规条款。""依法保障公民权利,加快完善体现权利公平、机会公平、规则公平的法律
制度,保障公民人身权、财产权、基本政治权利等各项权利不受侵犯,保障公民经济、文化、社
会等各方面权利得到落实,实现公民权利保障法治化。""必须完善司法管理体制和司法权力
运行机制,规范司法行为,加强对司法活动的监督,努力让人民群众在每一个司法案件中感
受到公平正义。"

三、以全人类共同价值为依归

除了以人民为中心(主体)和坚持公平正义之外,中国特色社会主义法治理论还融通了
人类社会的共同价值。与西方国家把自己的价值观和价值体系作为人类社会的"普世价值"
强加于人不同,我国主张在文明互鉴基础上形成人类社会的共同价值。在联合国峰会上,习
近平十分鲜明地提出:"和平、发展、公平、正义、民主、自由是全人类的共同价值,也是联合国
的崇高目标。"③ 以"和平、发展、公平、正义、民主、自由"为主要内容的共同价值观的提出,使
我国站在了国际社会价值和道德的制高点。

以"人民为中心(主体)"为基石、以"公平正义"为核心的社会主义法治价值体系的
阐发和法治价值体系的建构,以"和平、发展、公平、正义、民主、自由"为主要内容的全人
类共同价值的凝练与提出,增进了法治领域的价值共识,释放出推进法治文明进程的巨大
动力。

小结

"法的价值"这一概念,通常在三种意义上被使用,即法的目的价值、法的形式价值和法
律所包含的价值评价标准。当代中国的法律(法治)价值评价标准应当坚持生产力标准、人
道主义标准、现实主义原则和历史主义原则。基于法的价值和利益主体的多元化等原因,法

---

① 习近平:《在省部级主要领导干部学习贯彻党的十八届四中全会精神全面推进依法治国专题研讨班上的讲话》
(2015 年 2 月 2 日),载《习近平关于全面依法治国论述摘编》,中央文献出版社 2015 年版,第 38 页。

② [法]皮埃尔·勒鲁:《论平等》,王允道译,商务印书馆 1988 年版,第 20 页。

③ 习近平:《携手构建合作共赢新伙伴同心打造人类命运共同体——在第七十届联合国大会一般性辩论时的讲话》
(2015 年 9 月 28 日,纽约),载《人民日报》2015 年 9 月 29 日,第 2 版。

的价值之间会发生冲突,为了把法的价值冲突控制在法律秩序允许的范围内,也为了实现价值总量的最大化,就需要价值整合,在法的价值整合中,统筹兼顾、法益权衡和维护法律安定性等原则具有重要意义。社会主义法治的核心价值是以"人民为中心(主体)"为基石、以"公平正义"为核心,与全人类共同价值相联结。

思考题

1. 什么是法的目的价值?
2. 什么是法的形式价值?
3. 在社会主义法治国家中应当坚持哪些法律评价标准?
4. 如何解决法的价值冲突?
5. 如何理解社会主义法治的核心价值?
6. 为什么说法律只有在涉及价值的立场框架中才可能被理解?

第二十一章　法的基本价值

正义是社会制度的首要价值,正像真理是思想体系的首要价值一样。一种理论,无论它多么精致和简洁,只要它不真实,就必须加以拒绝或修正;同样,某些法律和制度,不管它们如何有效率和有条理,只要它们不正义,就必须加以改造或废除。

——［美］约翰·罗尔斯①

法的基本价值集中体现在秩序、自由、效率、正义、人权等目的价值上。为了更好地了解法的基本价值,本章就秩序、自由、效率、正义的法理进行了多方面的解析,并阐述了法对维护秩序、保障自由、促进效率、实现正义的作用。

---

① ［美］约翰·罗尔斯(John Rawls, 1921—2002),美国哲学家。本题记选自［美］约翰·罗尔斯:《正义论》(修订版),何怀宏、何包钢、廖申白译,中国社会科学出版社 2009 年版,第 3 页。

第一节　法与秩序

一、秩序释义

（一）秩序的含义

在哲学上,秩序是指其事物存在的一种有规则的关系状态。在一个系统中,组成系统的各个要素都存在和运行的特点。如果要素之间的关系总是能表现出某种恒定的规则性或协调性,那么我们就说这个系统或事物是有序的;反之,我们称之为无序。在人类世界中,存在多种秩序,例如自然秩序、心灵或思维秩序(逻辑)、社会秩序等。因此,秩序往往"意指在自然进程和社会进程中都存在着某种程度的一致性、连续性和确定性"[1]。在这种意义上,秩序根植于自然界和人类社会的内部结构之中,自然界和人类社会的内在规律是秩序的本质。本章所讨论的秩序主要是指社会秩序。抽象地说,社会秩序意指在社会中存在着某种程度的关系的稳定性、进程的连续性、行为的规则性以及财产和心理的安全性。

（二）社会秩序观

由于时代、哲学观和经济社会背景的差异,不同的人对社会秩序有着不同的界说。以历史阶段为线索,大体可归纳出以下四种社会秩序观:

第一,等级结构秩序观。等级结构秩序观的核心观点是把人分为不同的等级,各等级之间不得互相僭越,任何人不得破坏这种秩序。在历史上,这些观点都曾为奴隶主和封建主阶级所极力推崇并加以采纳而成为官方权威。通过对其历史背景加以分析可以发现,等级结构秩序观的主要目的在于维护贵族的特权地位,控制社会流动(上层向下层流动或下层向上层流动),或把社会流动限定在统治阶级根本利益所允许的范围内,其核心内容是维护剥削阶级对劳动人民的统治,从而最大限度地维护和实现统治阶级的根本利益。

第二,自由、平等秩序观。资产阶级上升时期,资产阶级的思想家和活动家所追求和强调的是一种使自由而平等的竞争和人道主义生活成为可能的秩序。自由、平等秩序观从个人权利的角度出发对社会基本秩序提出要求并加以设计,它集中反映了当时的资产阶级保护自由平等的竞争、反对政府干预、消除封建专制势力的愿望,对资本主义的经济、政治和文化的发展起到了巨大的推动作用。

第三,社会本位秩序观。资本主义进入垄断阶段以来,由于阶级冲突和各种社会矛盾的加剧,自由、平等的秩序观的破绽越来越大,于是资产阶级学者对秩序的思考开始从个人的角度转向社会的角度。"社会本位"的秩序观强调"社会统治""社会连带"及"个人与社会的和谐",并把它们作为资本主义社会应有秩序的内容。资产阶级试图通过此种秩序的建立和维护,来调整各种相互冲突的利益,减少人们之间的相互摩擦和无谓的牺

---

[1]　［美］E.博登海默:《法理学:法律哲学与法律方法》,邓正来译,中国政法大学出版社 2004 年版,第 227-228 页。

性,以使社会成员在最少阻碍和浪费的情况下享用各种资源,从而保障资产阶级的统治地位。

第四,历史唯物主义秩序观。这种秩序观主要有以下几方面的内容:(1)秩序的特殊性质取决于生产方式的历史性质。不同的社会有着不同的秩序,任何社会的秩序都是该社会生产方式的内在本质的展开。从最根本的意义上说,秩序是社会生产方式摆脱了偶然性和任意性而表现出来的形式,生产方式的历史个性决定着社会生活的基本面貌,也决定着秩序的社会性质。(2)秩序的力量最终来源于生产关系的历史合理性。从直接的意义上说,一个社会的现行秩序能否在利益冲突的压力下免于崩溃,取决于国家机构体系和法律规范体系能否正常地发挥作用。但是,从终极意义上说,现行秩序能否维持以及国家机构体系和法律规范体系能否有效工作,要以现行生产关系是否仍然具有历史合理性为决定性条件。(3)阶级社会中的秩序首先是阶级统治的秩序,真正意义上的自由、平等的秩序,只有在消灭了私有制、剥削和阶级之后,才能建立起来。

与秩序相对的是无序。当无序状态出现时,关系的稳定性消失了,结构的有序性混淆不清了,行为的规则性和进程的连续性被打破了,偶然的和不可预测的因素不断地干扰人们的社会生活,从而使人们之间的信任减少、不安全感增加。为了保护正常的社会秩序,人类必须采取措施消除无序状态或预防其发生。对于任何国家而言,国家治理第一位的、最直接的目的都是建立和维护安定有序的社会秩序。秩序的存在是人类生存、生活、生产活动的必要前提和基础。没有秩序,人类的公共性活动就不可能正常进行。在文明的社会中,法律是消除无序状态或预防无序状态的首要的、经常起作用的制度手段。

二、法对秩序的维护作用

(一)维护阶级统治秩序

马克思主义认为,在阶级对抗社会中,最根本的冲突是阶级冲突。此种冲突在本质上是不可调和的,如果缺乏有力的控制手段,必然导致相互冲突的阶级以至整个社会在无谓的斗争中同归于尽。

法作为与国家相互联系的一种重要统治手段,对于建立和维护阶级统治秩序起着不可替代的作用。它使一个阶级对另一个阶级的控制合法化、制度化、具体化。一方面,法将统治的触角延伸到社会各个层面,使统治阶级的根本利益得到最大化的实现;另一方面,法又把阶级冲突控制在统治秩序和社会存在所允许的范围内,从而保证阶级统治能够有条不紊地进行。当然,法确认和维护阶级统治秩序,并不排除被统治阶级成员的某些利益也会受到保护,也不排除统治阶级与被统治阶级之间存在少量的社会流动现象。

(二)维护权力运行秩序

权力是指个人、集团或国家不管他人同意与否而贯彻自己意志以及控制、操纵或影响他人行为的能力。它的运行既可能给社会带来利益,也可能对社会造成危害,是一把"双刃剑"。一般来讲,无秩序、无规则的权力运行对他人和社会造成的危害非常之大,而且极有可能损害统治阶级的根本利益,这已为历史所反复证明。因此,建立和维护权力运行秩序不可忽视。法律在此过程中可起到重要作用,而且从历史的趋势看,这种重要性将不断增强。

（三）维护经济秩序

恩格斯曾经说过:"在社会发展某个很早的阶段,产生了这样一种需要:把每天重复着的产品生产、分配和交换用一个共同规则约束起来,借以使个人服从生产和交换的共同条件。这个规则首先表现为习惯,不久便成了法律。"[①] 这里的"生产和交换的共同条件"就是经济秩序。这段话既说明了法产生的经济根源,也说明了法对经济秩序的维护功能。法对经济秩序的维护体现为使经济活动摆脱偶然性和任意性而获得稳定性及连续性。

在自然经济条件下,自给自足的农业经济居主导地位,而交换的规模很小,所以法主要对农业生产方面的关系进行调整。在进入商品经济阶段之后,社会生产力飞速发展,交换则成为商品实现价值的必经途径,经济形态日趋复杂,经济秩序对法的依赖性前所未有地增强了。恩格斯指出,罗马法是商品生产者社会的第一个世界性法律,"罗马法是纯粹私有制占统治的社会的生活条件和冲突的十分经典性的法律表现,以致一切后来的法律都不能对它做任何实质性的修改"[②]。商品经济社会,维护经济秩序方面的立法越来越细致,逐渐形成完备的体系,主要包括以下四个方面:第一,保护财产所有权。只有明确了谁是财产的合法所有人这一问题,商品生产才能有足够的动力,商品交换才能有合法的起点。第二,对经济主体资格加以必要规范。对经济主体若不加规范,则必然会产生经济主体的无限多样性,加之不合格主体的大量存在,又会危及交易安全,造成经济秩序的混乱。第三,调控经济活动。首先,以禁止性法律严禁经济活动中的偏离正常秩序的行为。其次,将计划、税收等宏观调控手段纳入法律体系,对全社会的生产、分配和交换加以更有效的调节,防止或缓和各经济部门的比例失调,消除生产经营中的盲目性。第四,保障劳动者的生存条件。劳动是经济运行的起点,为了经济正常运行必须确保劳动者能够维持正常的生存。

（四）维护正常的社会生活秩序

如果没有一个安定的环境让人们放心地享受其合法利益,人类的一切活动就都失去了最起码的条件。所以,任何社会都必须建立一个正常的社会生活秩序。法对此主要在以下三个方面发挥着重要作用:

第一,确定权利界限,避免纠纷。荀子说过:"人生而有欲,欲而不得,则不能无求,求而无度量分界,则不能不争。争则乱,乱则穷。先王恶其乱也,故制礼义以分之。"[③] 这就是说,人类生存所依赖的资源之有限性与人类欲望的无限性之间的矛盾是纠纷冲突的重要原因,而法律则通过确定权利的界限,将有限的资源按一定的标准在社会成员之中分配,以定分止

---

① 《马克思恩格斯选集》第 3 卷,人民出版社 1995 年版,第 211 页。

② 《马克思恩格斯全集》第 21 卷,人民出版社 1965 年版,第 454 页。

③ 《荀子·礼论》。

争。法律一般以三种形式划定权利的界限：一是由法律直接设定权利及义务，并赋之以明确的内容；二是法律只提供依据或规定某些标准，由当事人自行设定权利义务并确定具体内容；三是法律设立权威解释制度，对一些权利义务模糊之处，可依据一定的法律原则进行解释或加以推定，以弥补社会生活秩序出现和可能出现的破绽。

第二，以文明的手段解决纠纷。立法，无论其水平多高，都不是建立社会生活秩序的唯一前提条件。因为法律的实施和秩序的建立至少还需要两个条件，即人们承认法律的权威性和人们对法律有正确的理解。而这些条件在任何社会都是不充足的，因而纠纷是难以避免的。鉴于此，社会秩序的建立还必须辅之以解决纠纷的手段，而法则是文明社会里解决纠纷的最重要手段。

第三，对社会基本安全加以特殊维护。人身安全、财产安全、公共安全和国家安全等属于社会基本安全，它们是人类社会生活正常发展的最基本条件。此种条件若不能维持，社会关系的稳定性将被打破，社会将陷于一片混乱，一切秩序都将不复存在。所以，任何国家的法律都对社会基本安全加以特殊的维护。

（五）建立和维护国际政治经济新秩序

在现代社会，随着文明的进步，各种文明之间的交流、沟通、理解和融合也在逐步加强。同时，随着经济全球化进程的逐渐展开，世界上的绝大多数国家特别是发展中国家，提出了建立公正合理的国际政治经济新秩序的强烈要求。

在建立和维护国际政治经济新秩序中，法律往往既是各个国家在国际社会中彼此沟通、交流和理解的基本途径和手段，又是各个国家在这种彼此的沟通、交流和理解之中所达至的对待和处理建立、维护国际政治经济新秩序的最低限度共识的基本形式；既是具有最权威效力的关于建立和维护国际政治经济新秩序的各种观念与措施的制度表达，又是对侵害国际政治经济新秩序之行为有效、可靠、公正的障碍排除机制。特别要指出的是，对于建立和维护公正合理的国际政治经济新秩序来说，在反对恐怖主义、以和平方式解决国际争端、自然资源和环境保护等方面的全球治理领域，法律正在发挥着重要作用，而且将继续发挥更大的作用。

第二节　法 与 自 由

一、自由释义

（一）自由的含义

古代中国的"自由"一词，主要指"任由自己"，强调为所欲为、逍遥自在的无拘无束状态。现代意义的自由（liberty, freedom）概念源自西方文化，就西文字意来说，指的是从约束中解放出来，或者说是一种不受约束的状态。在拉丁语中，"自由"意味着从束缚中解放出来。早在古希腊时期，亚里士多德就曾说道："公民们都应遵守一邦所定的生活规则，让各人的行为有所约束,法律不应该被看作[和自由相对的]奴役,法律毋宁是拯救。"① 在罗马法中,自由(权)的定义是:"凡得以实现其意志之权力而不为法律所禁止者是为自由。"古罗马历史学家提图斯·李维(Titus Livius)推进、丰富了对于自由的理解,李维认为:"拥有自由,就是拥有无需依赖任何他人的意志,仅凭个人力量卓然挺立、独自行事的能力。"李维对于自由的这种认识,经由马基雅维利(Machiavelli)的进一步阐发,被传到了现代世界,成为现代社会理解自由的重要历史来源。②

自由广泛地存在于社会生活的各个领域,各学科对其理解则有所不同。

第一,哲学上自由的含义。在哲学上,自由的含义是对必然的认识和支配。在这里,"必然"是指客观规律。恩格斯曾经指出:"自由不在于幻想中摆脱自然规律而独立,而在于认识这些规律,从而能够有计划地使自然规律为一定的目的服务。这无论对外部自然的规律,或对支配人本身的肉体存在和精神存在的规律来说,都是一样的。"③

第二,政治学与社会学上自由的含义。如果说自由在哲学上的含义所指涉的是人与必然的关系的一种状态,那么,在政治学和社会学意义上,自由所指涉的则是人与社会的关系的一种状态,即人与人之间、人与社会组织和政治组织之间关系的一种状态。由此,从政治学和社会学上来理解自由,就是免于他人的压迫或控制,每个人能够自主地安排自己的行为(包括对公共事务的自主参与)。有些学者将这方面的自由解释为免于被控制。

第三,法学上自由的含义。与哲学、政治学和社会学不同,从法学上讨论自由,其所指涉的是人的行为与法律的关系。在法律调整的条件下,由于人们的政治自由以及社会生活中的各种自由获得了法律的表现形式,"在这些规范中自由获得了一种与个人无关的、理论的、不取决于个别人的任性的存在"④。因此,法学(或法律)上自由的含义在于,自由是法律上的权利,其边界就是不能从事法律所禁止的行为。孟德斯鸠认为:自由并不是愿意做什么就做什么,"在一个有法律的社会里,自由仅仅是:一个人能够做他应该做的事情,而不被强迫做他不应该做的事情"。"自由是做法律所许可的一切事情的权利;如果一个公民能够做法律所禁止的事情,他就不再有自由了,因为其他的人也同样会有这个权利。"⑤ 马克思、恩格斯同样指出:"自由就是从事一切对别人没有害处的活动的权利。每个人所能进行的对别人没有害处的活动的界限是由法律规定的,正像地界是由界标确定的一样。"⑥ 法国《人权宣言》表达了同样的精神,其第 4 条规定:"自由就是指有权从事一切无害于他人的行为。"⑦ 在人权法意义上,自由还意味着安全,意味着免于恐惧。美国总统富兰克林·罗斯福(Franklin D. Roosevelt)提出了四项"人类的基本自由",即言论和表达自

① [古希腊]亚里士多德:《政治学》,吴寿彭译,商务印书馆 1965 年版,第 276 页。

② Quentin Skinner, *Liberty Before Liberalism*, Cambridge University Press, 1998, p.46.

③ 《马克思恩格斯选集》第 3 卷,人民出版社 1995 年版,第 455 页。

④ 《马克思恩格斯全集》第 1 卷,人民出版社 1995 年版,第 176 页。

⑤ [法]孟德斯鸠:《论法的精神》(上册),张雁深译,商务印书馆 1961 年版,第 154 页。

⑥ 《马克思恩格斯全集》第 1 卷,人民出版社 1995 年版,第 438 页。

⑦ 董云虎、刘武萍编著:《世界人权约法总览》,四川人民出版社 1990 年版,第 296 页。

由（freedom of speech and expression）、宗教信仰自由（freedom of worship）、免于匮乏的自由（freedom from want）和免于恐惧的自由（freedom from fear）。这些自由被视为文明社会的基础。

（二）自由对于人的价值

就自由的含义来说，它意味着对必然的认识和支配，意味着人的自主，因此它对人来说是重要的。这种重要意义至少可以从以下三个方面理解：

第一，自由是人的属性，是人的主体性的表现。没有自由，人就不是主体。如果人在与自然的关系上没有自由，就只能像动物一样消极地适应自然，受自然的奴役；如果人在社会中没有自由，即意味着受到享受自由者的统治。无论被统治者得到怎样的物质待遇，只要否定了意志自由，否定了人的自主，他就处于一种受奴役状态。卢梭直陈："放弃自己的自由，就是放弃自己做人的资格，就是放弃人类的权利，甚至就是放弃自己的义务。"[①]

第二，自由是人的自我意识的现实化。人都要谋求自我生存和发展，都拥有生存和发展的自我意识。人在生存和发展中离不开人的主观能动性的发挥。人的自由，从一定意义上讲正是人的自我意识的现实化，是人发挥主观能动性的表观。

第三，自由是人类发展的助动力。人对自由的追求，以及社会自由程度的提高既是人类发展的表征，也是人类向新的自由度迈进、获得新的发展的保证。自由是人们奋进的动力和目标之一，人类沿着奔向更高自由的自由之路不断地超越过去、开创未来。

正因为自由有着如此重要的意义，对自由的追求构成了马克思主义理论的重要内容和马克思主义法学的重要目标。马克思、恩格斯在《共产党宣言》中明确表达了所要追求的目标，即："代替那存在着阶级和阶级对立的资产阶级旧社会的，将是这样一个联合体，在那里，每个人的自由发展是一切人的自由发展的条件。"[②]

二、法对自由的保障作用

在人类追求自由的过程中，在人类从必然王国向自由王国的发展进程中，自由的享有与否一直都与社会规范相关，这些规范包括禁忌、习惯、道德、教规、法律等。在法律作为社会管理主要规则的情况下，法律与自由的联系则更紧密和更有特别意义。

（一）自由需要法律的保障

自由需要法律保障，因为对自由构成妨碍的条件需要法律排除；只有在法律的保障下，自由才可能是稳定的和现实的。"在一个正义的法律制度所必须予以充分考虑的人的需要中，自由占有一个重要的位置。要求自由的欲望乃是人类根深蒂固的一种欲望。这种欲望连小孩都有。"[③] "法律的目的不是废除或限制自由，而是保护和扩大自由。"[④] 马克思也曾精

---

① ［法］卢梭：《社会契约论》，何兆武译，商务印书馆 1980 年版，第 16 页。

② 《马克思恩格斯选集》第 1 卷，人民出版社 1995 年版，第 294 页。

③ ［美］E. 博登海默：《法理学：法律哲学与法律方法》，邓正来译，中国政法大学出版社 2004 年版，第 298 页。

④ ［英］洛克：《政府论》（下篇），叶启芳、瞿菊农译，商务印书馆 1964 年版，第 36 页。

辟地指出:"法律不是压制自由的措施,正如重力定律不是阻止运动的措施一样。……法律是肯定的、明确的、普遍的规范,在这些规范中自由获得了一种与个人无关的、理论的、不取决于个别人的任性的存在。法典就是人民自由的圣经。"① 法律对自由的保障主要体现在以下两个方面:

第一,自由需要法律排除人们之间的强制和侵害。在社会中,由于主体多元和利益矛盾的存在,人们在自由行动方面难免互相冲突和侵犯,难免出现以强凌弱,难免出现人对人的强制与压迫,因此,人们需要法律以其特有的规范性和强制力,确认每个人或组织的自由活动范围,排除人们之间的强制和侵害,如此,自由才能得以实现。

第二,自由需要法律排除主体自身对自由的滥用。对每一个人自由的威胁不仅来源于他人的强制和侵害,也来源于主体自身对自由的滥用,如果没有法律的限制,主体滥用自由同样可以对自己的自由构成损害。

(二)法律保障自由的一般方式

第一,以权利义务方式设定自由的范围及其实现方式。以权利义务方式设定自由的范围及其实现方式,实质是将自由法律化为法律自由。法律规范社会活动的基本方式就是通过权利义务的设定,为每一个人及整个社会活动提供基本方案。在法律调整中,权利规范确认和描述了主体的自由;义务中的禁止表达了对他人自由不得妨碍的要求;义务中积极作为的规定,对应了权利人自由的要求,即通过作为方式构成权利人自由实现的条件。在法律对权利义务的设定中,不仅包含着对社会生活不同领域自由的选择和安排,也包含着对各种自由实现方式的选择和安排。这些设定,为每一社会活动主体和整个社会的自由活动提供了基本方案,为自由的享有提供了前提。

第二,将责任与自由联结。这里的责任不是一般意义上的义务,而是指"作为第二性义务的责任,即自由主体应当而且必须对自己的出于自由意志和自由选择、妨害他人的自由的违法行为承担法律责任。这种责任的设定否定了破坏自由的自由,对于保障每个人的平等自由是绝对必要的"②。在社会活动中,自由是可能被滥用的,自由的主体可能滥用自由进而损害他人的自由及其他利益。法律防止和补救这种可能性的重要手段就是设定法律责任,以此向社会表明滥用自由将承担的不利后果。责任将伴随着国家实施的法律制裁而得以实现。这是一种实体法上的保护手段,它加强了对权利义务所设定的自由活动方案的保护。

第三,设置国家权力及正当程序以提供救济。当社会活动主体的自由受到侵害,不可能也不能由各主体自行强制违法者承担法律责任。因此,确定违法者责任和对其实施法律制裁应当是一种国家权力,需要由专门国家机构行使。从法律调整的角度来说,法律是一种国家意志,当国家通过法律将一种自由确认为法律权利后,即意味着国家承担了保护的责任,当这种权利受到侵害时,国家有义务对受害者提供救济,追究违法者的责任。

---

① 《马克思恩格斯全集》第 1 卷,人民出版社 1995 年版,第 176 页。

② 张文显:《法哲学范畴研究》(修订版),中国政法大学出版社 2001 年版,第 212 页。

（三）法律保障自由的原则

第一，个人自由并存原则。法律所确认的自由，不应当只是社会中某些人的自由，而应当是所有社会成员的自由，每一社会成员的自由应当是并存的。这意味着要保证每个人享有同样的自由，并且每个人的自由应当互不冲突。因此，法律在权利义务的设置上，应当保证每一社会成员平等地享有相同的权利，同时要合理划分权利的边界以防止冲突出现。

第二，消极自由之保障原则。消极自由意味着从约束中解脱出来，不被干预、不被控制的状态。消极自由实现的条件就是没有外界的干预和控制。因此，消极自由之保障原则的基本内容就是排除对主体的干预，保证主体得以自主的外在条件。但是，自由之保障不可能没有干预和控制，如果没有干预和控制就不能防止有人滥用自由进而侵害别人的自由。因此，这一原则基本内容的表达是从干预角度作出的，即：法律应当保持对主体行为最大的不干预；仅当主体行使自由损害他人和社会利益时，得将干预施于该主体之上；即使是为了促进被干预者的福利也不构成对干预的授权。

第三，积极自由之保障原则。积极自由与不受干预的消极自由不同，它是去做某事的自由。积极自由之保障原则的含义就是，为了保障主体的某些自由而对其进行干预是可行和必要的。这种干预在形式上限制了主体一定的自由，而实质上是为了保证主体的自由。这种干预在许多国家的法律制度中已经存在，比如，要求摩托车骑手戴头盔，要求汽车驾驶员驾车时系安全带，等等。这些被干预的行为没有危害他人或社会，而直接"危害"的是行为人自己。这时的干预否定了被干预者的意思自治，但如果没有这种干预，行为人的重要自由将受到自己行为的损害。这正是这一原则得以成立的根据。但必须强调的是，积极自由保障原则并不意味着对干预的广泛授权，这种授权仍是有限的，即干预的根据不是为了促进被干预者的福利，而是为了防止其境况变坏，为了防止其重大利益受到损害。

第四，公益干预原则。公益干预原则所表达的是，为了保护公共利益或促进重要的公共福利，可以构成对个人自由干预的授权。这一原则的根据在于，社会化大生产造成了人们更紧密的联合，在自由得到扩展的同时，人们的公共空间和共同体利益也变得更为清晰实在，这些公共空间和共同体利益变成了每一个人自由的条件，如果它们受到损害，则个人的自由将受到损害。这一原则包含两个部分：其一，当公共利益受到个人自由侵害时，可以对个人自由施加干预。其二，当个人自由的行使妨碍重要公共福利的发展时，可以对个人自由施加干预。但是，这一原则有可能为政府权力随意干预个人自由大开方便之门，存在着政府滥用权力大规模侵害自由的危险。因此，实施这一原则应附有两个重要的前提条件：其一，证明干预的依据的确是公共利益；其二，证明对自由干预是最后的不可替代的选择。

第三节 法 与 效 率

一、效率释义

（一）效率的含义

"效率"一词可以在多种意义上使用,例如,可以说"办事效率高""有效率观念""富有效率""经济效率"等。综合"效率"一词的多种使用方式,我们可以归结出"效率"的基本意义:从一个给定的投入量中获得最大的产出,即以最少的资源消耗取得同样多的效果,或以同样的资源消耗取得最大的效果。也就是经济学家常说的"价值极大化"或"以价值极大化的方式配置和使用资源"。在这种基本意义上,说一个社会是有效率的,就是说它是能够以同样的投入取得比别的社会更多的有用产品,创造出更多财富和价值的社会。一个有效率的社会亦即自然、社会和人文资源优化配置(价值极大化)的社会。除此之外,效率还意味着根据预期目的对社会资源配置和利用的最终结果作出的社会评价,即社会资源的配置和利用使越来越多的人改善境况而没有人的境况因此而变坏,这就意味着效率提高了。

效率的概念和价值标准的适用范围大致有三种情况:

第一,资源配置上的效率。资源配置上的效率要求优化资源配置,促进资源由低效率利用向高效率利用转变。无论是自然资源(如土地、矿山、水源、森林等生产要素)还是人文资源(如产权、投资、信贷、政策、机会、信息等),无论是经济基础范畴的资源还是上层建筑范畴的资源,都要按照价值极大化的规律和原则进行配置。

第二,收入分配上的效率。人们在作用于自然界以及利用自然界来生产物质生活资料的过程中,不是彼此孤立的,相反往往需要联合起来、协调起来,彼此协同互动。这就必然发生如何对大家合作的成果(即收入)进行分配的问题。收入分配上的效率意味着,在对产品和一切由人们创造出来的价值物进行分配时,必须考虑以什么方式来分配才有利于调动合作者的积极性,有利于使分配本身成为扩大再生产、创造更多财富的调整机制。

第三,特定资源的配置和利用上的效率。许多特定资源(如法律资源、政治资源)的配置也存在效率的问题,这可称为特定指向的效率概念。我们这里主要讲法律资源的配置。法律资源是一切可以由法律界定和配置,并具有法律意义和社会意义的价值物,如权利、权力、义务、责任、法律信息、法律程序等,其中权利和权力是最重要的法律资源。法律资源配置上的效率优先意味着:在整个法律价值体系中,效率价值居于优先位阶,是配置社会资源的首要价值标准。效率优先的法律精神通过制度表现出来就是:首先,法律体系这一总体制度框架须以效率为优先价值来决定权利、权力等法律资源的社会配置。其次,权利和义务的具体设定的落实,须以效率为优先价值来引导资源的个体配置。最后,权利、权力的初始界定和安排不是恒定的,法律允许权利、权力资源的合理让渡和流通,即从低效率或负效率的利用转向高效率的利用,没有这种让渡和流通,权利、权力之类稀缺的法律资源就可能被浪费。

（二）效率与公平

效率与公平是既相适应又相矛盾的社会价值。一方面，只有以效率为标准配置社会资源，促进经济增长，增加社会财富总量，才有可能实现高层次的公平，即共同富裕。另一方面，如果把效率绝对化，而不考虑公平，就可能导致收入悬殊、两极分化，造成社会不稳，影响甚至从根本上损害效率。在效率和公平之间，我们要尽量扩大它们之间的适应性，缩小它们之间的矛盾性。在良好的制度与机制之下，这是有可能做到的。

这种可能性在于：第一，在良好的社会制度下，效率和公平本质上是统一的。统一的基础在于，效率属于经济范畴，公平属于伦理范畴，作为伦理范畴的公平应当来自并服务于作为经济范畴的效率；统一的标志在于，只有大力发展生产力，提高劳动生产率，增加社会财富总量，才有可能创造出兼顾公平的物质基础，实现高层次的公平，即共同富裕，而不是共同贫穷。第二，正确的效率观除了投入产出的比较分析外，还有更为深层的含义，即根据预期目的对社会资源配置和利用的最终结果作出社会评价，若社会资源的配置和利用使越来越多的人的境况得到改善的同时没有人的境况因此而变坏，就意味着效率提高了。这种效率观已经包含或部分包含着社会公平因素，是伦理与功利的统一，是经济效益与社会效益的统一。第三，效率是以自由而公平的竞争为前提的。在市场经济条件下，一方面，只有赋予主体尽可能广泛的追求利益的自由和最大限度的活动空间，才能保证资源利用的效率；另一方面，主体之间只有以平等的资格在平等的条件下公平竞争，才能激发和保证持续的效率。社会主义社会理应在处理效率与公平之间的关系上成为最成功的典范。

新中国成立之初，中国还是一个刚从频繁战乱之中走出来的积贫积弱国家，生产力受到严重束缚，经济发展极为落后，社会两极分化、贫富对立较为严重，因此党和国家实行了建设社会主义的一系列方针、政策和运动，以推动新中国生产力的发展和经济效率的提升，同时，党和国家也高度重视社会主义的公平问题，强调社会主义相较于资本主义的优势就是能够防止和化解两极分化和贫富对立。改革开放以来，针对计划经济体制下偏重倡导平均主义导致的效率低下、普遍贫穷问题，面对我国经济社会发展水平总体比较落后的状况，党和国家提出了"效率优先、兼顾公平"的发展政策和分配原则，强调在发展的基础上实现共同富裕。中共十三大报告指出，我们的分配政策"既要有利于善于经营的企业和诚实劳动的个人先富起来，合理拉开收入差距，又要防止贫富悬殊，坚持共同富裕的方向，在促进效率的前提下体现社会公平"。中国共产党第十四届中央委员会第三次全体会议通过的《中共中央关于建立社会主义市场经济体制若干问题的决定》明确提出了"效率优先、兼顾公平"的原则，这有利于充分调动广大劳动人民群众的生产积极性，极大地提高社会生产效率，推动了新时期我国经济社会的快速发展。

随着改革开放政策推进到 20 世纪 90 年代特别是进入 21 世纪以后，我国社会的贫富差距问题日益突出，我国分配领域的主要矛盾已经不再是改革开放之初的效率低下、普遍贫穷问题，而是贫富差距日益严重、分配不公的问题，因此党和国家适时地调整了"效率优先、兼

顾公平"的发展政策和分配原则。中国共产党第十六届中央委员会第四次全体会议通过
的《中共中央关于加强党的执政能力建设的决定》提出,"注重社会公平,合理调整国民收
入分配格局,切实采取有力措施解决地区之间和部分社会成员收入差距过大的问题,逐步
实现全体人民共同富裕",强调要把维护社会公平放到更加突出的地位。中共十六届六中
全会通过的《中共中央关于构建社会主义和谐社会若干重大问题的决定》提出:"在经济发
展的基础上,更加注重社会公平,着力提高低收入者收入水平,逐步扩大中等收入者比重,
有效调节过高收入,坚决取缔非法收入,促进共同富裕。"中共十七大报告明确提出了"初
次分配和再分配都要处理好效率与公平的关系,再分配更加注重公平"的发展政策和分配
原则。

中共十八大以来,党和国家针对我国经济社会发展的现实国情和主要矛盾,进一步调整
和完善了效率与公平的处理原则。中共十八大报告重申了"初次分配和再分配都要兼顾效
率和公平,再分配更加注重公平"的基本原则,与此同时,提出了"公平正义是中国特色社会
主义的内在要求","逐步建立以权利公平、机会公平、规则公平为主要内容的社会公平保障
体系"的政治主张;中共十八届三中全会更是倡导"以促进社会公平正义、增进人民福祉为
出发点和落脚点";中共十九大报告提出:"我们要激发全社会创造力和发展活力,努力实现
更高质量、更有效率、更加公平、更可持续的发展";"更有效率、更加公平"可以说是新时代
处理效率与公平关系的新原则。中共十九大报告同时强调:"必须始终把人民利益摆在至高
无上的地位,让改革发展成果更多更公平惠及全体人民,朝着实现全体人民共同富裕不断迈
进。"由此可见,社会主义中国在处理效率与公平之间的关系上不断适应时势要求、与时俱
进,努力实现效率与公平之间的协调、平衡。

二、法对效率的促进作用

正如制度经济学所揭示的,"制度建立的基本规则支配着所有公共的和私人的行动,
即从个人财产权到社会处理公共物品的方式,以及影响着收入的分配、资源配置的效率和
人力资源的发展"①。既然效率是社会发展的基本价值目标,而且效率受到社会制度的重
要影响,而法律又是现代人类社会制度体系之中最为重要的制度规范之一,那么法律对人
们的重要意义之一,就应当是以其特有的权威性的分配权利和义务的方式,实现效率的最
大化。

现代社会的法律,从实体法到程序法,从根本法到普通法,从成文法到不成文法,都有或
应有其内在的经济逻辑和宗旨:以有利于提高效率的方式分配资源,并以权利和义务的规定
保障资源的优化配置和使用。这里仅从以下六个方面说明法律怎样和应当怎样促进效率:

第一,通过确认和维护人权,调动生产者的积极性,促进生产力的进步。在基本意义上,
效率就是生产力的进步,而生产力的进步不能没有对主体亦即人的权利的保障。生产力的

---

① ［美］V. 奥斯特罗姆等编:《制度分析与发展的反思——问题与抉择》,王诚等译,商务印书馆 1992 年版,前言第
1 页。

基本因素有三个,即劳动者(人)、劳动资料(物)和劳动技能(智)。只有这三个要素得到保护,并且能够与自由相结合,生产力才能发展。这三个要素是分别由人权、物权、"智权"(如知识产权)来加以保护的。在我国,只有充分尊重和保护这些权利,使人民群众清楚地认识到自己在国家和社会中的主人和主体地位,切实感受到自己是人,有做人的权利,才能满腔热情、扎扎实实地去学习和工作,创造出人类前所未有的物质文明。诺斯和托马斯指出,"有效率的经济组织是经济增长的关键;……有效率的组织需要在制度上作出安排和确立所有权以便造成一种刺激,……如果社会上个人没有去从事能引起经济增长的那些活动,便会导致停滞状态。……如果一个社会没有经济增长,那是因为没有为经济创新提供刺激"[①]。因此,现代社会的法律需要而且应当为有效率的经济组织从法律制度层面作出安排和确立保障。

第二,承认并保障人们的物质利益,从而鼓励人们为物质利益而奋斗。利益,就是人们企求满足的一种要求、愿望或期待。依历史唯物论和社会心理学的观点,满足既被当作人们需要的实现,又是新的需要的起点和契机,因而追求利益是人类最一般、最基础的心理特征和行为规律,是一切创造性活动的源泉和动力。既然利益的不断实现和对利益的不断追求是提高生产力、促进经济增长的决定性动机,是社会发展的动力,那么,承认和保护人们的利益,并使之成为一种权利,从而激励人们在法的范围内尽其所能地实现物质利益,就成为人类需要法律的一个重要理由。人类在追逐物质利益的过程中必然会产生对立和摩擦,这种对立和摩擦会造成资源的浪费甚至是巨大的浪费,因此,法在承认和保护人们的物质利益的同时,还要权衡和调节各种利益冲突,以便把对立和摩擦减少到最低限度。法的整个运行过程实际上就是对各种利益进行平衡、选择、取舍,并通过权利和义务对这些不同利益进行权威性、规范性调整的过程。例如,科斯(Ronald H. Coase)等新制度经济学家就主张通过制度尤其是法律制度的合理安排,减少交易过程中的摩擦,实现交易成本的最小化,为企业等主体的经济效率提供良好的法律基础。[②]

第三,确认和保护产权关系,鼓励人们为效益的目的占有、使用或转让(交换)财产。财产权利的承认(产权关系的明确)是有效地利用自然资源的前提。人们只有获得了对资源的占有权和使用权,使物有其主,并有权排除他人对自己财产的侵犯或夺取,财产所有者才有信心和动机投入资源,发展财富。任何一个国家的法律都以财产权为重要内容。法在确认财产权的同时,还要创造财产权有效利用的机制,其中最主要的是为财产权的转移提供保障和便利。如果说对财产权的法律确认和保障是有效利用资源的必备条件,那么,财产权的可转移性(即从一主体向另一主体转移)就是有效利用资源的充分条件。

第四,确认、保护、创造最有效率的经济运行模式,使之更有效地推动社会生产力的快速发展。在不同的社会背景之下,不同社会和国家也许有不同的经济运行模式。但就当代

---

① 参见[美]道格拉斯·诺斯、罗伯斯·托马斯:《西方世界的兴起》,厉以平、蔡磊译,华夏出版社2017年版,第3—4页。

② 参见[美]罗纳德·哈里·科斯:《企业、市场与法律》,盛洪等译校,格致出版社、上海三联书店、上海人民出版社2014年版。

社会而言,最佳模式是市场经济模式。市场把生产者和经营者置于自由竞争、优胜劣汰的境地,为人们施展才能提供了广阔的空间,同时也使资源能够从低效益利用向高效益利用流转;市场经济中的宏观调控使市场中的竞争摆脱盲目状态,减少生产和经营中的偶然性、任意性、风险性及其他浪费资源的现象。正是基于法律对现有经济运行模式的确认和保护,我国的经济建设才取得了举世瞩目的成就。

第五,承认和保护知识产权,解放和发展科学技术。科学技术是第一生产力。要解放和发展生产力,首先要解放和发展科学技术。这在已经到来的知识经济时代尤为突出。法在这方面的作用主要是:其一,把科学技术活动及其成果宣布为权利,使"智慧的火焰加上利益的燃料",推动人们进行创造性活动,创造新思想、新知识、新技术。其二,组织和协调科学技术的发展,明确科学技术发展在国家经济和社会发展中的战略地位,制订科技发展规划和计划,改革科技管理体制,完善科技奖励制度,细化科技活动主体之间的权利和义务,以推动科技成果转化为现实的生产力,实现科技—经济一体化。

第六,实施制度创新,减少交易费用。"交易费用"这个概念是现代经济学中内容最丰富的概念之一。交易费用指生产以外的所有费用,包括信息费用(发现交易对象、产品质量、交易价格、市场行情等的费用),测量、界定和保护产权的费用(即提供交易条件或交易前提的费用),时间费用(包括讨价还价、订立合同的费用),执行合约的费用,监督违约行为并对之实行制裁以维护交易秩序的费用,以及风险费用等。新制度经济学家指出,交易费用是经济制度的运行费用,它类似于物理学中的摩擦力。减少交易费用的关键是产权制度、企业组织形式的创新以及市场机制的完善或补足。在制度创新中,法律制度的创新是非常重要的。[①]法律,特别是经济法、民商法、知识产权法和民事诉讼法,通过以效率为取向的制度改革和建构,为经济主体设定最有效率的交易模式和诉讼程序,保证人们以最可靠、最安全、最简便的手续,以最少的时间、精力和物质耗费,达到预期的经济目标。这也是对效率的推动与促进。

第四节　法　与　正　义

一、正义释义

(一)正义的含义

"正义"是一个古老而又常新的概念。在中文里,"正义"即公正、公平、公道。对于"公正",朱熹曾一言以蔽之:"公者,心之平也;正者,理之得也。"[②] 但是,就像我们天天在时间中

①　参见[美]罗纳德·哈里·科斯:《企业、市场与法律》,盛洪等译校,格致出版社、上海三联书店、上海人民出版社2014年版,前言第5页。

②　参见(宋)朱熹:《里仁篇上》,载(宋)黎靖德编:《朱子语类》(第2册),王星贤点校,中华书局1986年版,第645页。

生活却难以给时间下定义一样,我们虽能在经验上说出正义与不正义、公道与不公道,却难以给正义(公道、公正)下一个大家都能接受的定义。可以说,"正义有着一张普洛透斯似的脸(Protean face)"①。从各种不同的正义论出发,学者们提出了不同的正义定义。主要有以下几种:

第一,正义意味着各得其所。正义就在于根据每个人的品质、才能、地位、身份、贡献分配机会、财富和权利(权力),使人们各得其所。乌尔比安认为:"正义是给每个人属于他自己所应得的永恒不变的意志。"②西塞罗也持有类似观点,认为正义就是"使每个人获得其应得的东西的人类精神意向"③。

第二,正义意味着一种对等的回报。中国古代的格言——"以其人之道还治其人之身""己所不欲,勿施于人"和西方人所说的公理——"以血还血、以牙还牙"以及"一个以某一方式对待别人的人,不能认为别人在同样情况下以同一方式对待他自己是不公正的"都表达了这种正义观。1997年9月,由世界著名人士组成的"国际行动理事会"[又译为"前政府首脑国际行动理事会"(Inter Action Council of Former Heads of Government, ICFHG)]曾发表了一个《世界人类责任宣言》。这个宣言的起草者一致认为,世界上没有哪句格言比孔子提出的"己所不欲,勿施于人"更适合人类社会的需要了。宣言起草者之一、德国前总理施密特甚至把孔子提出的这个"古老的规则"称为"黄金规则"④。

第三,正义指一种形式上的平等。比利时法学家佩雷尔曼说,不管人们出自何种目的,在何种场合使用"正义"的概念,正义总是意味着某种平等,就是给予从某一特殊观点看来是平等的人,即给予属于同一"范畴"的人以同样的对待。至于这个范畴是什么则无关紧要。

第四,正义指某种"自然的"从而也是理想的关系。不过,人们对什么是"自然的""理想的"有不同理解。古代某些思想家认为,社会上划分自由民和奴隶、"治人者"和"治于人者"是"自然安排的",如果大家都遵循这些关系,正义就在社会上实现了。马克思主义者认为,正义意味着消灭阶级和阶级差别,首先就要消灭阶级剥削和阶级压迫。

第五,正义指法治或合法性。英国哲学家、法学家金斯堡(Ginsberg)认为,正义观念的核心是消除任意性,特别是消除任意权,因此合法性的发展就具有极大的重要性。这样人是受法的统治而不是受人的统治的观念就涌现出来。正义的历史大部分是反对法的迟误、反对任意适用法律规范、反对法律本身的不法的运动,这种意义上的正义通常被法学家们称为"法律正义"⑤。

---

① [美]E.博登海默:《法理学:法律哲学与法律方法》,邓正来译,中国政法大学出版社2004年版,第261页。

② 《学说汇纂》(第1卷:正义与法·人的身份与物的划分·执法官),罗智敏译,[意]纪蔚民校,中国政法大学出版社2008年版,第13页。

③ [美]E.博登海默:《法理学:法律哲学与法律方法》,邓正来译,中国政法大学出版社1999年版,第277页。

④ 林治波:《全球治理的黄金规则》,载《环球时报》2005年5月9日,第15版。

⑤ [英]金斯堡:《公正的概念》,耀辉译,载《现代外国哲学社会科学文摘》1964年第4期。

第六,正义指一种公正的体制。罗斯科·庞德指出,从法律的角度,正义并不是指个人的德行,也不是指人们之间的理想关系。它意味着一种体制,意味着对关系的调整和对行为的安排,以使人们生活得更好,使人类享有某些东西或实现各种主张,使大家尽可能地在最少阻碍和浪费的条件下得到满足。罗尔斯在其名著《正义论》中也持有相同的观点。

从古代到现代,人们不断地探讨个人、社会、国家为什么需要正义以及正义在社会中扮演的角色;绞尽脑汁去解答什么是正义,怎样的人、怎样的行为、怎样的规则、怎样的制度、怎样的社会、怎样的国家才算是公正的;正义的标准或正义原则应当是什么样子,以及正义与其他社会价值的矛盾与调和。这些问题随着时代的变迁和社会矛盾的复杂化而不断改变形式。正如考夫曼所言:"正义的许多原则——各得其所,黄金规则,绝对命令,公平原则,宽容要求以及其他等,被认为超越了一切历史经验,实际上为'空洞的公式',它们也不存在什么优先规则。这些原则只是在形成中,即它们如何在各自时代背景下展现内容,才具有含义和顺序。我们必须从历史中把握和完成我们今天的使命。"①

正义在不同的时空会改变其内容。但是正义也有其不变的内容,即正义有一个底线,这个底线是文明的人类社会所共同具有的价值标准。不遵守这一底线的社会不是文明的社会,否则就无法解释为什么所有文明的社会都会对杀人、盗窃、强奸等行为作出否定性评价。奥古斯丁早已指出,"如果没有形成对法律的一致同意,便没有人民;如果法律不是建立在正义的基础之上,便没有法律。由此可知,没有正义,便没有国家"②。汉密尔顿(Alexander Hamilton)等人同样说道:"正义是政府的目的。正义是人类社会的目的。"③因此,"国家一旦没了正义,就沦落为一个巨大的匪帮"④。现代社会是而且应当是建立在共同的价值(正义)底线之上的人类共同体。我们认为,现代社会正义的基本底线应当建立在尊重人的尊严之上,它的基本内容是人权。

(二)正义的种类

第一,从主体的角度,可把正义划分为个人正义与社会正义。个人正义适用于个人及其在特殊环境中的行动,指个人在处理与他人的关系中,应公平地对待他人的那种道德态度和行为准则;社会正义适用于社会及其基本的经济制度、政治制度和法律制度,指一个社会基本制度及其所含规则和原则的合理性和公正性。

第二,从正义发生和实践的领域的角度,可把正义划分为道德正义、法律正义、经济正义、政治正义、全球正义、转型正义等。道德正义是以个人美德和社会美德为价值取向和基本准则,对个人、群体、社会的需要进行调节并实现公平对待的理想与实践。法律正义是基

① [德]阿图尔·考夫曼、温弗里德·哈斯默尔主编:《当代法哲学和法律理论导论》,郑永流译,法律出版社2013年版,第53页。
② [英]韦恩·莫里森:《法理学:从古希腊到后现代》,李桂林等译,武汉大学出版社2003年版,第65页。
③ [美]汉密尔顿、杰伊、麦迪逊:《联邦党人文集》,程逢如等译,商务印书馆1980年版,第266页。
④ [德]古斯塔夫·拉德布鲁赫:《法律智慧警句集》,舒国滢译,中国法制出版社2001年版,第49页。

于法理原则和公理,通过创制和实施法律而合理地调整人与人、人与社会、公民与国家关系的制度与实践。经济正义是基于个人能力、贡献、必要需求等考量而对自然资源、生产要素、财富、机会进行配置和分配,以满足人们的利益和愿望的制度与实践。政治正义是基于规则公平、机会公平、程序公平而对社会政治资源进行合理配置,力求权力与权利平衡、秩序与自由兼容的制度与实践。全球正义是基于国家平等、民族平等、种族平等、文明平等、人类社会成员基本平等等理念和原则,调整国家关系、推进国际关系和世界秩序公正化、合理化、和平化的制度建构和实践活动。转型正义属于矫正正义范畴,是转型国家基于对人权尤其是被侵害群体及个人的人权的尊重,针对过去政府侵害人权的行为及其他不公正行为进行真相调查,并对受害者给予补偿甚至给予加害者惩罚的制度性反思和纠错。

第三,从正义与主体利益的关系角度,可把正义划分为实质正义与形式正义。实质正义涉及制定什么样的原则和规则(包括道德原则和规则、法律原则和规则等)来公正地分配社会资源的问题;形式正义则涉及怎样实施这些原则和规则以及当这些原则和规则被违反的时候如何处置的问题。在法律范围内,实质正义可以说是法律制定中的正义,形式正义则是法律执行和适用中的正义。由于实质正义和形式正义的划分正好对应了法的制定与法的执行和适用,所以法学论著广泛采用了这一分类。

二、法对正义的实现作用

"法是善良和正义的艺术。"[①] "盖人不平而法至平,人有私而法无私,人有存亡而法常在,故今世以'人乱法不乱'为常语,此所以难于任人而易于任法也。"[②] "正义环绕着法权,她一手提着天平,以此衡量法权,一手握有干戈,用之去维护法权。"[③] "正义只有通过良好的法律才能实现。"[④] 这些古老的法学格言和现代法学命题表明法是而且应当是捍卫和实现正义的手段,法律最重要的价值在于实现正义。

从正义的不同面向来看,法律对四个方面的正义有促进作用。

(一)法促进和保障分配正义

人类社会是这样一个社会,其中既存在着利益的一致,也存在着利益的冲突。因此,每个社会都需要有一套原则指导社会适当地分配利益和负担,这套原则就是正义原则。

人类社会迄今实行过五种均曾被人们视为"公正的"分配原则。它们分别是无差别分配的原则、按照优点分配的原则、按照劳动分配的原则、按照需要分配的原则和按照身份分配的原则。上述五种分配原则在各种社会中都不同程度地存在过或存在着,在不同的社会中占有不同的权重。我国实行的是以按照劳动分配的原则为主体的混合分配制度,即上述

[①] 《学说汇纂》(第1卷:正义与法·人的身份与物的划分·执法官),罗智敏译,[意]纪蔚民校,中国政法大学出版社2008年版,第5页。

[②] (宋)叶适:《新书》,载《叶适集》,刘公纯等点校,中华书局1961年版,第807页。

[③] [德]鲁道夫·冯·耶林:《为权利而斗争》,郑永流译,法律出版社2007年版,第2页。

[④] 张文显:《法哲学范畴研究》(修订版),中国政法大学出版社2001年版,第204页。

五种分配原则在不同程度上、不同分配领域都被采用了。在这些分配原则中,占主导的是按照劳动分配的原则。法在实现分配正义方面的作用,主要表现为把指导分配的正义原则法律化、制度化,并具体化为权利和义务,从而对资源、社会合作的利益和负担进行权威性的、公正的分配。因此,法律促进和保障分配正义,在法律层面主要体现为权利公平。权利公平主要包括三重意义:一是权利主体平等。排除性别、身份、出身、地位、职业、财产、民族等各种附加条件的限制,公民皆为权利主体,谁都不能被排除在主体之外。二是享有的权利特别是基本权利平等。在基本权利方面不允许不平等的存在,更不允许任何组织或者个人有超越宪法和法律的特权。三是权利保护和权利救济平等。"无救济则无权利。"任何人的权利都有可能受到侵害或削弱,当权利受到侵害或者削弱的时候,应当获得平等的法律保护和救济。

当然,法所促成实现的"分配正义",并非对一切人都是公正的。但是分配正义也不是绝对没有一致的、共同的内容。分配正义的底线是任何分配都不能是完全任意的,而是要依据一定的可识别的标准进行。

(二)法促进和保障司法公正

在社会生活中,人与人之间发生利益冲突是不可避免的,权利和义务的分配关系不可能受到所有人的尊重,由此引发法律纠纷也就在所难免。这些冲突和纠纷不仅应当和平地(即不使用单方武力)得到解决,而且应当公正地得到解决。法一方面可以为和平地解决冲突提供规则和程序,另一方面也可以为公正地解决冲突提供规则和程序。

借助法律公正地解决冲突,主要就是通过司法的途径和平理性地解决冲突,司法是维护社会公平的最后一道防线,司法公正是社会公平的底线。司法公正是司法公信和国家公信的基础,如果这一基础被虚化,人民对公平正义的信心、对法律的信任、对法治的期待就会一落千丈。法律促进和保障司法公正的主要标志是无偏见地适用公开的法律规范:类似案件类似处理,同样情况同样对待,也就是法律面前一律平等,"法律对所有人都用一个声音讲话"。在现代社会,为了保障冲突和纠纷的公正解决,法律所提供的规则和程序主要有:(1)独立公正司法。即司法机关独立地行使司法权,不受司法机关内外的行政机关、人民团体和个人等不享有司法权的主体违法干预、不当干预。如果没有这种独立和自由,就不可能有公正的司法。此外,法官在其任期内行使权力时,也不应有不利于他的工作调动。(2)回避制度。即任何人不应审理与自己有利害关系的案件。换言之,法律纠纷应由超然于当事人的第三方来审理。(3)审判公开。即案件的审理必须公开,接受社会的监督和法律的监督,但不受舆论所左右。当然,为了当事人的利益且法律规定可以不公开审理的案件除外。(4)诉权平等。即当事人享有平等的诉权。冲突和纠纷双方均应得到有关程序的公平通告,并有公平的机会去出示证据,进行抗辩。(5)合乎情理。即判决的内容应当有事实根据和法律依据,并为公认的正义观所支持。(6)案件的审理应当及时高效,不得延误。(7)应有上诉和申诉制度,容许对初审判决不服的当事人把初审法院的法官置于"被告"的地位,由上级法院审查下级法院判决的公正性和合法性。(8)律师自由。即律师能够没有顾虑地为当事人提供必要的法律帮助(如咨询、代理、辩护等)。

（三）法促进和保障社会正义

这里的社会正义是指一种特殊的正义，即社会体制的正义或社会基本结构的正义。所谓社会体制或社会基本结构，是指分配基本权利和义务的经济制度、政治制度和法律制度。"一个社会体系的正义，本质上依赖于如何分配基本的权利义务，依赖于在社会的不同阶层中存在着的经济机会和社会条件。"[①] 社会基本结构的正义包括两个层面：一是社会各种资源、利益以及负担之分配上的正义，二是社会利益冲突之解决上的正义。前者可谓"实体正义"，后者可谓"形式正义"或"诉讼正义"。

法律对于这一意义上的正义无疑具有重要的作用。第一，由法律规定各种社会资源的分配与社会负担之承担，可提高它的确定性与规范性程度，以防止权力对资源的垄断，防止权力对负担的无理分配。第二，法律可保障公民公平地参与竞争的社会环境，为每个公民的发展进步提供公平的机会，摒弃先赋性特权、身份、等级等不公正因素的影响，保证每个社会成员都能够有一个平等竞争的环境，从而拓展个人自由创造的空间，最大限度地发挥每一个人的能力和潜能。第三，法律为公民参与社会竞争的能力提供必要的社会保障，特别是保障公民平等地享有教育资源。机会公平当中最重要的就是教育公平，教育公平就是为人人提供同等的受教育的机会和均等的教育资源，为所有人创造自由而全面发展的均等条件。此外，法律还可为各类处于社会劣势地位的公民提供必要的社会保障，以使他们过上有尊严的生活。

（四）法促进和保障国际正义

法律与国际正义产生关联是人类社会进步与法律进化的产物。这就对法律在实现国际正义中的作用提出了更高的期望，同时也提供了更好的观念条件。

法律应至少在以下五个方面促进国际正义：（1）促进国家之间的平等相处，废除不人道的殖民主义。国家不论大小一律平等，这是平等原则在国际法中的体现，它提供与保障了最重要与最基本的国际正义。这一非殖民化的实现是以国际法的形式实现的。（2）为不同国际社会主体间的交往提供正当程序。这不仅会产生程序正义，还会通过这一正当程序产生更多的实质正义。（3）促进和平解决国际争端和纠纷。弱肉强食曾经是国际社会的常态。现在，暴力解决争端和纠纷不仅不具备正当性（对严重违反国际法者的惩罚是例外），而且为国际法所不容。国际关系中暴力的祛除无疑是对国际正义的一大促进。（4）对国际自然资源的合理分配和为弱化因发展不均衡所产生的不正义提供了规范保障。（5）制止国际犯罪行为。

小结

本章讨论了法的基本价值问题，主要分析了法的四个方面的价值：法有利于建立和维护

[①] ［美］约翰·罗尔斯：《正义论》，何怀宏、何包钢、廖申白译，中国社会科学出版社1988年版，第7页。

一定社会的政治、经济、社会生活等方面的秩序；法能通过一定的方式和原则保障人的自由；法以其特有的权威性的分配权利和义务的方式，实现效率的最大化；法能在实体和程序两个方面促进社会正义的实现。

思考题

1. 法如何维护秩序？
2. 为什么会存在无需法律的秩序和有法律却无秩序的状态？
3. 如何理解"法典是人民自由的圣经"？
4. 法如何促进效率？
5. 法如何实现正义？
6. 如何理解正义是社会制度的首要价值？

第二十二章 法 与 人 权

> 鉴于对人类家庭所有成员的固有尊严及其平等的和不移的权利的承认,乃是世界自由、正义与和平的基础,……大会发布这一世界人权宣言,作为所有公民和所有国家努力实现的共同标准,以期每一个人和社会机构经常铭念本宣言,努力通过教诲和教育促进对权利和自由的尊重,并通过国家的和国际的渐进措施,使这些权利和自由在各会员国公民及其管辖的领土的公民中得到普遍和有效的承认和遵行。
>
> ——《世界人权宣言》①

人权是现代法最基本的价值之一。尊重和保障人权既是人类文明的标志和法治文明的基本特征,也是现代法区别于传统法的基本标志。本章论述了人权的概念、人权的价值、人权体系、新兴人权、法对人权的保护、中国特色社会主义人权思想等问题。

---

① 本题记选自《世界人权宣言》。该宣言由联合国大会于 1948 年 12 月 10 日通过,并经包括中国、美国等国在内的 48 个国家签署,现已被翻译成 500 余种语言。

第一节　人权的概念

一、人权的含义

从一般意义上说,人权是人的价值的社会承认,是人区别于动物的观念上的、道德上的、政治上的、法律上的标准。它包含"人的权利""人作为人的权利""使人成其为人的权利"和"使人成为有尊严的人的权利"等多个层次。人权中的"人",可以解释为"自然人""人民""市民""公民""国民""民族""种族""集体"甚至"法人",涉及的是主体问题。第一次世界大战结束之后,人权主体理论已由传统的"生命主体论"过渡为"人格主体论"。人权中的"权",可以解释为"自然的权利""市民的权利""国民的权利""人民的权利""公民权""基本权""宪法权""公民的基本权利"等,涉及的是人权在所有权利中的地位问题。并不是所有被人享有的权利都是人权,也不是尚未被人享有的权利就不是人权。

我国法学界近年来所共同认可的人权的三种划分——应有的人权、法定的人权、实有的人权,说明的就是这个道理。一国人权的实际状况,其实就是三种形态间的比值关系。应有的人权如果全部上升为法定人权,而法定人权又全部变为实有人权,这种三者相比最后比值为"1"的状况就是理想的人权现实;相反,如果三者间的比值悬殊,则说明该国人权状况不甚理想。判断一国人权状况的实际,不能以三形态中的一种形态为准,如果把法定的人权当做实有的人权,那么人权保障就会仅停留在立法上,而这种认识和判断标准是无益于人权实践的。

人权的历史可分为观念的时期和制度的时期两个阶段。作为观念或要求的人权,早在产生"奴役人、束缚人、压迫人、禁锢人、使人不成其为人"的公权力那时起便产生了。观念时期的人权,如果由远及近追寻它的轨迹,只能称其为人权的萌芽、人权的要求、人权的思想和到 18 世纪中期后才形成的人权理论。作为制度意义上的人权,是资产阶级国家建立之后才有的事情。在资产阶级国家形成之后,人权随之进入法律领域而被分解为两部分:一部分被认为是先于国家和高于国家的权利,这部分仍被直呼为人权;另一部分被认为是后于国家和基于国家,与政治共同体紧密相联的权利,这部分被称为公民权。在西方人权理论中被广泛接受的有关人权的定义为:"指人们主张应当有或者有时明文规定的权利。这些权利在法律上得到确认并受到保护,以此确保个体在人格和精神、道德以及其他方面的独立得到最全面、最自由发展。它们被认为是人作为有理性、意志自由的动物固有的权利,而非某个实在法授予的,也不是实在法所能剥夺或削减的。"[1] 尽管资产阶级学者对人权的定义有上百种,比如仅美国的教科书中就有 20 余种,但他们对两形态的划分却是大致相同的。在人格不独立的社会是无人权可言的,人权制度发展至今已经历了自由本位时期和生存权本位时期。

---

① [英]戴维·M.沃克:《牛津法律大辞典》,李双元等译,法律出版社 2003 年版,第 537—538 页。

我国的人权制度,以人民的生存权为首要人权。

在我国,法律意义上的人权自《中华人民共和国宪法》制定之时即以"公民的基本权利"在宪法上予以表现。所谓基本权利,是指那些关于人的先天既存的和后天能够实现的价值在法律上的一般承认。它与人们自己设定法律关系时明确权利义务的个别承认有着本质的不同。基本权利直接否定的是特权制度和奴役制度。在人格不独立、机会不平等、表达不自由、起点有差别的社会便没有基本权利。基本权利中的"基本"有如下六方面含义:

第一,基本权利的不可或缺性。人之所以成其为人,原因就在于人是把生命与权利融为一体的动物。离开了后者,人可能连动物都不如。马克思在《〈黑格尔法哲学批判〉导言》中曾说:"人不是抽象的蛰居于世界之外的存在物。人就是人的世界,就是国家,社会。"[①] 只有摆脱了他人奴役与束缚的自立了的人才称得上真正社会化了的人,只有这样的人才对国家和社会有迫切的需要。受制于人的人还只是被他人作为工具的非人,这样的人对国家和社会不是感到需要而是产生抗拒。基本权利正是表明一个人不依附另一个人而与他人具有同等人格与尊严的使人得以自立的权利。它是人被获准掌握并被社会用制度普遍认可的区别于动物的标准,它的法定化对任何人都是不可或缺的。没有基本权利,人将不成其为人。

第二,基本权利的不可取代性。被视为基本权利的权利,每一项都代表着人参与社会生活的深度和广度的一个方面,将人从任何一种社会关系中隔离出去,都预示着人的不完整。人参与某种社会关系时被承认的主体价值不能替代参与另一种社会关系时的主体价值。基本权利中的每个单项,都不能用另一个单项来替换。基本权利是构筑一人所享全部权利的基石,抽掉了它,整个权利的大厦都将倾倒。基本权利不像物权可以转换为债权那样具有可更换性,用一项基本权利取代另一项基本权利,等于宣告人在被替代权利所联系着的社会关系领域内的主体地位被取消。

第三,基本权利的不可转让性。基本权利的不可取代性是相对国家而言的,它要求国家不得随意更改公民所享基本权利的种类。基本权利的不可转让性是相对公民个人而言的,它要求公民在基本权利面前约束自己的任性,通过自律珍惜基本权利。公民既不能放弃基本权利,也不能把基本权利转借于他人。人进入社会不是自己选择的结果,集中表现人的社会性的基本权利也就难以成为个人处理的对象。让渡基本权利,无异于自己把自己复归为兽类。基本权利是按人格分配的,即使一人的基本权利转让于另一人,另一人也无法获得法律承认的双份基本权利,这不像财产权易主那样表明获得财产权的人的财富增加了。一个人的人格权转让于他人,接受者并不因之而成为两个人。比如,选举权可以代为行使,但却不能说代人投票的人享有两个选举权。在基本权利面前,契约与人的合意变得毫无意义。

第四,基本权利的持久稳定性。基本权利的绝大多数是按时间效力划分出来的永久权

---

① 《马克思恩格斯全集》第 1 卷,人民出版社 1995 年版,第 1 页。

和不直接对应义务的绝对权。它与人的人身相始终,在人生命的整个旅程中是稳定不变的。初生幼儿与耄耋老人的生命权具有同等价值,不知尊严为何物的儿童与把尊严视为生命的成人在尊严权上受到同等保护。人从出生至死亡,一些基本权利中的一般权利如平等权、人格权、尊严权、表现权、信仰权等终生不得被剥夺。法律可以剥夺人的生命,却不能剥夺人的尊严。对他人尊严造成危害的人,不因自己行为的犯罪性而丧失尊严。基本权利的这种稳定性是其他权利所不具有的。基本权利的稳定性还有另一方面的表现,即对于国家立法来说,一旦认定某些权利是人的基本权利,法的修改和废除一般不再对这些权利有效,即使出现政府的变更、国家制度的改革、政策方针的调整,基本权利也不随之被取消。基本权利是限制宪法修改和为立法权划定界限的尺度,宪法的刚性主要是靠基本权利的稳定性来体现的。

第五,基本权利的母体性。基本权利在整个权利的大系统内起着中轴的作用,权利内容的充实和丰富都以基本权利的轴心为起始。在以宪法展现权利的方式为标准对权利分类的时候,基本权利可以分为宣言的权利和包含的权利两类。其中,包含的权利就是从宣言权利推演出来的权利。如根据尊严权,可以推导出维护人的尊严的私生活权;根据信仰自由,可以推导出良心自由;根据政治权,可以推导出参政所需的知情权;根据环境权,可以推导出良好生存环境所必需的净水权、净气权、稳静权等;根据财产权,可以推导出追求幸福的自由。基本权利的稳定性并不影响它的内容的丰富和发展,相反,以宣言的方式明示的基本权利越多,越说明基本权利家族的繁荣与稳定。基本权利与其他权利的关系如同宪法与其他法之间的关系,在把宪法当作母法的时候,基本权利就是母权利。

第六,基本权利的普遍性。能够以保障人权的最低限度实现为文明标准的现代各国,尽管社会制度不同,文化背景和传统有很大的差异,但在人权内容的肯定上却有共同性或相似性。这一点说明的正是恩格斯所指出的人权具有超越个别国界的性质。不管国家制度有多大的本质不同,社会是由人构成的这一点是相同的,共同的人的社会总能找到如何对待人的共同标准。法律文化之所以具有继承性、互融性以及世界性,观念上的原因在于人所共同需要的对人的价值一视同仁的标准。任何国家都不能以本国的传统或文化的特殊性为理由而把对待动物的方式说成是对待人的标准。人权的共性或普遍性标准在人类共同经历了反对专制统治、反对民族压迫、反对法西斯灭绝种族的暴行这三个人权史阶段的血与火的洗礼之后,已化为扎根于世界所有民族意识中的共同精神。一国对基本权利的肯定程度和基本权利的实现程度不再是依据该国的封闭标准所能自行加以判断的事,基本权利的世界性标准开始在国与国的交往中发挥作用。

综上六点,所谓基本权利,就是那些对于人和公民不可或缺的、不可取代的、不可转让的、持久稳定的、具有母体性和普遍性的权利。法律意义上的人权指的就是宪法制度保障的基本权利。

二、人权的价值

人权是和人须臾不可分离的东西,是人区别于动物的根本参照点。人权对人的价值表现为:

第一,人权是人的利益的度量分界。人权的本质属性首先表现为利益,而无论利益的表现形态是物质的还是精神的。正是从这一意义上讲,人权总是以利己的、自私的方式存在着。它是人实现利益的手段,并且是最可靠最有效的手段。人权对于人的利益价值并不必然产生人对私利无限膨胀的结果,人权所体现的利益有着两方面的道德要求,即既是利己的,又是无害于人的。人权之所以具有普遍性,原因就在于人权所要求的利益符合道德的一般标准,所以人权对于人的利益价值在于它使利益关系道德化。人权的无害性是相关利益都必须遵循的度量分界。一种利益如果是有害于人的,那么它不表现为人权,而表现为特权。特权不具有普遍性的要求,人权却是人对于利益的普遍性要求。

第二,人权是人关于公共权力评价的道德标准。人权的"无害于人"的道德要求,可以换言为"善待于人"的道德要求,善待者的主体首先是公共权力。公共权力能否善待于人是人权有无的道德标准。公共权力如果为人权而设,为人权而运作,性质受人权所判断,便可避免恶政,因为人权的主流精神始终是防止和抵抗公权力走向恶政。在公民和国家的关系中,人权对于人的价值表现为以人权制约国家,使国家善待它的公民。

第三,人权是人和人和谐相处的共同尺度。创造和谐而不是冲突是人权的内在要求。和谐的社会状态以安全和平为显著标志。安全对应着秩序,和平排斥暴力,人权有着建立秩序和消除暴力的功能。人权的政治表现为民主,它的法律表现是法治,法治即社会关系的秩序化。只有在有序的社会中才有安全与和平可言,无序的和失序的社会带给人的只是恐怖和暴力。和谐社会不可缺少的首要条件是平等待人,诚如恩格斯所言:"一切人,或至少是一个国家的一切公民,或一个社会的一切成员,都应当有平等的政治地位和社会地位。要从这种相对平等的原始观念中得出国家和社会中的平等权利的结论,要使这个结论甚至能够成为某种自然而然的、不言而喻的东西。"[①] 通过平等原则所要铲除的是观念上和制度上对人实行差别或歧视的土壤,这是社会和谐的基本条件。和谐社会所需要的另一重要条件是对个性的充分尊重,即对个人自由的崇尚和鼓励。没有个人自由就没有社会和谐,当每个人的自由都成为社会其他人自由的充分条件的时候,社会就能达到高度和谐。人和人相处,如果不想在冲突中失掉自己的价值,就应当使用人权作为共用尺度,这个尺度要求既以人权的标准待己,又以人权的标准待人。

利益、道德、和谐是人权对于人的普遍价值,它们分别指向自己、国家和社会。可以看出,人权具有利己性、批判性和求同性。

---

① 《马克思恩格斯选集》第3卷,人民出版社1995年版,第444页。

三、中国特色社会主义人权思想

中国特色社会主义人权思想是马克思主义人权观中国化、现实化和当代化的时代产物，是马克思主义人权原理与中国实际结合后进行创造性转化的思想结晶，是对西方人权价值观和历史上的人权思想进行扬弃的必然结果，是当代中国人权建设的根本指南。其基本内容和特征主要体现在以下八个方面：

第一，人权道路的独特性。坚持把人权的普遍性原则同中国实际相结合，不断推动经济社会发展，增进人民福祉，促进社会公平正义，加强人权法治保障，努力促进经济、社会、文化权利和公民、政治权利全面协调发展，走出了一条适合中国国情的人权发展道路。这条道路的法理依据在于，人权文化是多元的，可以互鉴共存。但受制于特定社会的经济文化条件，世界上没有完全相同的人权制度、模式或道路，不能抽象地评价人权的好坏，借人权干涉他国内政。中国坚定奉行独立自主的和平外交政策，尊重各国人民自主选择发展道路的权利。

第二，人权主体的复合性。与传统观点仅仅将个人当作人权主体不同，我们认为人权主体即人权的享有者是个人主体与集体主体的复合体。因为，人既是个体的存在，又必须过社会生活，生存于社会关系之中。人权的主体不是抽象的孤立的个人，而是在社会共同体中共同生活的生命体。个人是人权的主体，而个人所组成的集合体如国家、民族也是人权的主体。只有国家富强、民族兴旺，每一个人才能充分享有幸福生活的权利。当然，集体人权最终要落实到集合体的每一个个人。

第三，人权内容的广泛性。人权内容的广泛性是当代中国人权的又一特色。与西方自由主义人权观过于强调个人人身自由和政治自由不同，中国特色社会主义人权思想主张全方位地依法保障全体公民享有全面发展的自由权利。既保障公民的人身权、财产权、基本政治权利等各项权利不受侵犯，又保证公民的经济、文化、社会等各方面权利得到落实，还要在生态文明和美丽中国建设中实现环境权利，努力维护最广大人民根本利益，保障人民群众对美好生活的向往和追求。

第四，人权重心的现实性。人权受制约于现实的经济社会文化条件，人权建设应当坚持从实际出发原则，充分回应国际国内重大现实社会问题。和平与发展是当今世界的两大主题，应当重点解决贫困、医疗、就业、住房、教育、安全、环境等方面的现实难题。所以，在全面保护人权的同时，强调生存权和发展权是首要的基本人权。中国已经形成了生存权与发展权话语体系，其基本要点是：人权的实现依靠发展，发展是解决这一切问题的关键。为此，提出"发展才是硬道理"[1]"把发展作为党执政兴国的第一要务"[2]以及新时代的新发展理念，实施经济、政治、社会、文化和生态文明"五位一体"发展战略，全方位促进发展权利。发展的

---

[1]《邓小平文选》第 3 卷，人民出版社 1993 年版，第 377 页。

[2] 江泽民：《全面建设小康社会，开创中国特色社会主义事业新局面——在中国共产党第十六次全国代表大会上的报告》(2002 年 11 月 8 日)，载《十六大以来重要文献选编》(上)，中央文献出版社 2005 年版，第 10 页。

要义在于"让发展成果更多更公平惠及全体人民"①,保障全体人民"平等参与、平等发展权利"②,最终实现人的全面自由发展。

第五,人权基点的人民性。人是人权的立足点和出发点。尊重人格、体恤人情、弘扬人道、实现人权,无不彰显了人的价值。但是,在一味追求经济利益的自由市场模式下,在"见物不见人"的增长环境下,人权被异化。我国在继承和发扬古代"以人为本"优秀文化传统的前提下,坚持人民主体地位,坚持以人民为中心的发展,以人权为根本立足点、出发点和最终归属,一切为了人民、依靠人民、造福人民、保护人民,切实保障和充分实现人民的权利和自由。

第六,人权享有的普遍性。人权为全体人民普遍享有,人权的资格遍及所有人,由全体人民在人格、地位、权利上平等地共有共享。反对一切形式的歧视、不平等或特权。即全体社会成员,不分民族、种族、性别、职业、家庭出身、宗教信仰、教育程度、居住年限、财产状况,平等地享有人权。同时,还十分重视在发展中改善民生、促进社会公平正义,在幼有所育、学有所教、劳有所得、病有所医、老有所养、住有所居、弱有所扶上不断取得新进展,为社会弱势群体提供特别的人权保护,不让一个人掉队。

第七,人权保障的有效性。有效的人权保障必须依靠强有力的制度安排并落实到具体的行动。我国构建了一套以宪法为核心,由法律、政策、规划、行动计划和实施方案组成的人权保障体系,为人权提供保障,确保人权得到有效的贯彻落实。坚持长战略规划与务实推进相结合,认识到人权保障没有最好,只有更好,必须循序渐进,逐步累积。当前,中国人民正在为实现"两个一百年"奋斗目标、实现中华民族伟大复兴的中国梦而努力,中国人民生活将更加幸福,中国人民权利将得到更充分的保障。

第八,人权发展的包容性。中国不仅积极促进本国人民人权的不断实现,而且提出构建"人类命运共同体"以共同应对全球性的经济、社会、气候等危机与挑战,致力于实现全人类的普遍性权利。在价值原则上,坚持正确义利观,以和平、发展、公平、正义、民主、自由作为人类命运共同体下的人权价值观;在实践行动上,积极参与全球人权治理,着力推进包容性发展,为各国特别是发展中国家人民共享发展成果创造条件和机会,实现各国人权事业共同发展。

当今中国,社会主要矛盾转变为人民日益增长的美好生活需要和不平衡不充分的发展之间的矛盾。其中的"美好生活需要"本身就是一项人权,意味着"更好的教育、更稳定的工作、更满意的收入、更可靠的社会保障、更高水平的医疗卫生服务、更舒适的居住条件、更优美的环境"③。其实质就是要"多谋民生之利","不断促进人的全面发展、全体人民共同富

---

① 《中共中央关于全面深化改革若干重大问题的决定》,载《十八大以来重要文献选编》(上),中央文献出版社 2014 年版,第 512 页。

② 习近平:《在庆祝全国人民代表大会成立六十周年大会上的讲话》(2014 年 9 月 5 日),载《十八大以来重要文献选编》(中),中央文献出版社 2016 年版,第 55 页。

③ 习近平:《人民对美好生活的向往就是我们的奋斗目标》,载《人民日报》2012 年 11 月 16 日,第 4 版。

裕"①,从而推动人权事业发展到新时代、新境界、新高度。

第二节 人权体系

一、人权体系及其构成

人权是一个由不同权利形式构成的统一整体。人权体系是指将人权划分为不同类别而由不同人权形式相互区分、相互联系而形成的人权系统。② 在历史上最早进行人权分类的是英国思想家洛克(John Locke),他将人权分为生命权、健康权、自由权和财产权四种。其中,财产权是核心。1689 年英国《权利法案》首次以法律的形式宣告了请愿权、表达权、选举权和财产权等人权类型。1776 年美国《独立宣言》宣告:人人享有"生命权、自由权和追求幸福的权利"。1789 年法国《人权宣言》宣布:人人享有的"权利是自由、财产、安全与反抗压迫"。"二战"以后,出现了新兴独立国家特别是社会主义国家的人权体系。以《联合国宪章》为核心,以国际人权两大公约为主要载体的国际人权体系得以逐步建立。

人权的分类对于全面理解人权体系和把握不同人权形式在人权体系中的地位具有重大意义。从不同的角度可以对人权进行不同划分,主要包括:

第一,从作用方式来看,可分为消极人权、积极人权和社会连带人权。消极人权是指仅凭主体自身的存在和活动,无须相对方即义务人积极作为便可享有和实现的人权,包括公民政治权利。其中,公民权主要是指生命权、人身自由权;政治权主要是指选举权、被选举权、表达自由权。积极人权是指不仅需要权利的相对方消极不侵犯,更需要相对方积极作为,履行特定义务并付出相应的代价方能实现的人权,主要指经济、社会、文化权利。其中,经济权是指参加经济生活获得经济成果的权利,包括就业权、获得报酬权、同工同酬权、休息权等;社会权是指参与社会活动的权利,主要是劳动与社会保障权;文化权是指受教育的权利以及从事文学、科学、艺术创作活动的权利。社会连带权是只有全体社会成员分工与合作才能实现的人权,是积极人权和消极人权相互渗透而形成的一种新型人权,包括发展权、健康及生态平衡的环境权、和平权以及人类共同遗产所有权等。③ 离开了全体人类的共同努力与积极合作,这类权利便无法实现。

第二,从存在形式上看,可分为应然人权、法定人权和实有人权三种④。应然人权是从道德意义上讲人应当享有的一切人权。法定人权是人权法定化的具体表现,即为现行的法律

---

① 习近平:《决胜全面建成小康社会 夺取新时代中国特色社会主义伟大胜利——在中国共产党第十九次全国代表大会上的报告》(2017 年 10 月 18 日),人民出版社 2017 年版,第 23 页。

② 参见徐显明:《人权的体系与分类》,载《中国社会科学》2000 年第 6 期。

③ See Karel Vasak, "Human Rights: A Thirty-Year Struggle: The Sustained Efforts to Give Force of Law to the Universal Declaration of Human Rights", UNESCO Courier 30: 11, *United Nations Educational, Scientific, and Cultural Organization*, November 1977.

④ 参见李步云:《论人权的三种存在形态》,载《法学研究》1991 年第 4 期。

规范所确认和认可的人权。实有人权亦称实在人权,是指主体在现实中实际上可以享有的人权。实有人权和应然人权、法定人权相比,更为必要,是衡量一个社会人权保障水平高低的根本标志。

第三,从主体的数量上看,可分为个人人权和集体人权。个人人权指自然人或公民个人所享有的权利,是把人分解为单独的个体来看待的一种权利形式;集体人权则是人的集合体所享有的人权,其主体主要是国家、民族等,如国家的生存权就是集体人权最典型的表现形式。

第四,从人权的归宿上看,可分为一般主体的人权和特殊主体的人权。一般主体的人权就是全体人类普遍享有的共同的权利,它是一切人,无论是以自然属性还是以社会集体的形式存在,都无差别地平等享有的权利。特殊主体的人权是指由先天或后天的原因导致智力、体力、信仰、精神状况等诸方面具有与众不同的特性的主体所享有的权利,分为两种:一是特殊个体如残疾人、儿童、妇女、老人等享有的人权;二是特殊集体如土著、少数民族等享有的人权。

当然,以上分类不是绝对的,有的甚至存在一定的交叉,但有助于我们了解人权体系的结构要素。

二、新兴人权

人类进入 20 世纪以来,先后爆发了两次世界大战,给人类造成前所未有的灾难。冷战以来,南北发展严重失衡,贫困、失业、金融危机、恐怖主义、难民危机、重大传染性疾病、气候变化等各种危机对人类的生存与发展带来新的严峻挑战。传统自由主义人权观不仅无助于保护人类,反而会因为单边主义、无节制的自由主义而阻碍人权的公平、普遍实现。于是,在公民权利、政治权利和经济社会文化权利的基础上,和平权、发展权、环境权等新兴人权应运而生。

(一)和平权

和平权是在 20 世纪三四十年代人类反法西斯暴行的伟大斗争中不断孕育和形成的。联合国大会通过的《为各社会共享和平生活做好准备的宣言》《人民享有和平权利宣言》《和平权利宣言》确认了和平权。

和平权的法理依据在于它蕴含着尊重生命、人格尊严、平等、友善以及社会福利的人权价值。对此,《联合国宪章》第 55 条规定:发展"以尊重人民平等权利及自决原则为根据之和平友好关系"。《世界人权宣言》确认:"对人类家庭所有成员的固有尊严及其平等的和不移的权利的承认,乃是世界自由、正义及和平的基础。"和平与人权具有四重不可分离的关联性:一是和平与生命权的直接关系,反和平就是对生命这一最起码人权的直接侵犯;二是和平不仅直接关涉人类的生命,而且与人的固有尊严、平等人格与普遍善德息息相关,战争、侵略等就是对民族国家的国格和每一个人的人格尊严的最严重侵犯;三是和平植根于经济关系,构成经济权利的必备前提;四是和平为社会福祉创造条件,对和平的破坏,必然毁坏人类社会生活权利的根基。因此,和平权是一项基本权利,对和平权的尊重和维护是各国的根本义务。

就其基本构成而言,在主体上,和平权是个人、国家和人类的人权。和平权具有突出的集体人权属性,为国家、民族、特定区域人民集合体共同享有,并最终落实到每一个个人。和平权的客体是和平或者反对暴力、武装冲突等事实状态。其权利内容可归结为:(1)预防侵犯和平权。即消除贫困、疾病、饥饿、歧视、不公平等导致暴力与武装冲突的根源,防范诸如侵略、恐怖主义等一般暴力行为和在经济、政治、社会、文化制度上的结构性暴力的发生。(2)和平抵抗权。即以非和平的方法抵抗侵略或武力威胁,消灭来犯外敌和打击破坏和平的暴力行为。(3)冲突化解权。即通过和平与合作方式消除对抗,化解冲突,重返和平。(4)和平救济权。这是一种诉诸司法的程序性权利,旨在通过国际法治或国内司法方式制裁危害和平的行径。

(二)发展权

发展权是在发展中国家反对不平等不合理国际政治经济秩序的斗争中产生的,最早由时任联合国人权委员会委员凯巴·姆巴耶于 1970 年提出。1979 年,联合国通过《关于发展权概念的决议》,正式确认发展权这一人权新概念。1986 年,联合国通过《发展权利宣言》,对发展权的含义和实现进行了全面规定。发展权是指全体人民和所有个人享有的参与、促进、享受经济、政治、社会和文化发展的权利。在主体上,全体人类,不分民族、种族、大小强弱等,无论是个人还是个人组成的国家和民族集合体,都无一例外地平等享有发展权利。在当代,发展中国家及其人民应当是发展权的最重要主体。发展机会均等是发展权的内核,应当反对任何形式的歧视和剥夺,改变现有不合理不公平的国际秩序,为发展权的实现营造良好的国内国际环境。发展权的内容包括经济发展权、政治发展权、社会发展权、文化发展权以及生态上的可持续发展权。发展权的内在依据在于:发展权是人的内在素质不断外化的产物,是人的全面自由发展的必然要求。以人为中心的发展预示着必须通过发展来增进人的能力、保证人有尊严地生活,以自由看待发展,把发展当成一项权利。而全球正义、制度结构正义等也为发展权奠定了价值理论基础。

(三)环境权

环境权是人类享受良好环境并进行支配的权利。1994 年联合国《人权与环境基本原则草案》第 13 条指出,任何人"公平享受因自然资源之保护及永续利用所生利益之权利"。环境权作为一项人权的法理依据在于,无论是从资源稀缺性、环境危机论,还是从生态价值、代际补偿、环境正义、生态文明的意义上,它都蕴含了人权的基本价值与构成要素。具体体现为:(1)生态正义。"良好生态环境是最公平的公共产品。"[①] 生态环境是全体人类共同的生存空间,具有不可分割性,应当成为人人共享、人际共享、代际共享的权利。(2)福利价值。

---

① 《中共中央、国务院关于加快生态文明建设的意见》,载《十八大以来重要文献选编》(中),中央文献出版社 2016 年版,第 493 页。

"良好的生态环境是最普惠的民生福祉。"[1] 人首先是一个自然的存在物,需要洁净的空气、饮用水等最起码的自然资源。人的生命、健康与生态环境融为一体、不可分离。良好的生态环境不仅是人类获得生存权的基本前提,也是生命健康权的内在要素,还直接影响着医疗卫生社会保障诸方面社会权的实现。(3)经济理性。要正确处理"经济发展同生态环境保护的关系",牢固树立"保护生态环境就是保护生产力、改善生态环境就是发展生产力的理念"[2]。生态环境蕴含着巨大的财富与利益价值,而利益是人权的实体内容,人权是利益的外化。可见,环境权是生态利益外在化为权利的基本表现形式。(4)增进自由。自由是超越必然王国而向自由王国的飞跃,而在这一过程中,必须始终遵循人与自然和谐共生的客观规律。否则,不仅无法实现自由,还会遭受自然的惩罚,带来生态危机。只有尊重自然、保护环境、珍惜生态,并在此基础上改造世界和发展自身能力,才能真正获得摆脱自然奴役的环境权利能力。随着"美丽中国"建设的不断深化,绿色发展、循环发展、低碳发展深入推进,中国的环境权保护进入一个崭新的时代。

第三节 法对人权的保护作用

人权与法律有着十分密切的联系。没有法律对人权的确认、宣示和保障,人权要么只能停留于道德权利的应有状态,要么经常面临受侵害的危险而无法救济。人权的法律保护既表现为国内法的保护,又表现为国际法的保护。两种保护互为补充、互为促进、互为保障。

一、国内法对人权的保护

尽管"二战"以后人权的国际法保护开始出现和发展,但是迄今为止,人权的国内法保护仍然是人权法律保护的最主要、最经常、最有效的形式。人权的国内法保护主要包括宪法保障、立法保护、行政保护、司法保护四个方面。

(一)人权的宪法保障

确认和保障人权是宪法的核心价值和主要功能。宪法的基本内容是确认和保障人权,约束和限制公共权力。在这两方面中,第一方面处于核心的、主导的地位。正是为了保障人权,才需要约束和限制公共权力。以宪法的形式确认和保障人权,是近现代民主和法治的显著特征。

人权的宪法保障在人权的国内法保护中居于首要的、基础的地位,这是由宪法的性质和地位决定的。从性质上看,宪法是每个公民享有权利、履行义务的根本保证。宪法的根基在于人民发自内心的拥护,宪法的伟力在于人民真诚的信仰。只有保证公民在法律面前一

---

① 《中共中央、国务院关于加快生态文明建设的意见》,载《十八大以来重要文献选编》(中),中央文献出版社 2016 年版,第 493 页。

② 《在十八届中央政治局第六次集体学习时的讲话》,载中共中央文献研究室编:《习近平关于协调推进"四个全面"战略布局论述摘编》,中央文献出版社 2015 年版,第 31 页。

律平等,尊重和保障人权,保证人民依法享有广泛的权利和自由,宪法才能深入人心,走入人民群众,宪法实施才能真正成为全体人民的自觉行动。从地位看,宪法是一个国家的根本大法,是一个国家其他法律的母体。只有宪法首先对人权给予保护,才能使整个法律体系都对人权给予保护。一项人权只有为宪法所确认和保障,才能确立起崇高的法律地位和权威,才能有效地排除各种势力(包括国家机关)的侵犯。从实践来看,在很多国家,新的人权首先是由宪法宣告和确立的,然而再由其他法律予以具体保护。

(二)人权的立法保护

人权的立法保护包括两方面的内容:

一是实质上的保护。法律规定了法定人权的内容和范围,为人权的享有和实现、行政保护和司法保护提供了法定的标准。一般说来,人权的享有和实现必然要经过人权从应然状态(应有权利)到实然状态(法定权利)的转变。只有经过这个过程,才能使人权的实现成为可能。当然人权并不能马上实现从应然状态到实然状态的转变。人权的法定化和制度化是随着社会发展进化的程度而逐渐完备起来的。法定化和制度化的人权规则是人权主体请求行政保护和司法保护的文本依据,也是行政机关采取保护措施、司法机关进行司法判决的权威性依据,是司法机关和行政机关采取人权保护的前提条件。

二是程序上的保护。法律规定了享有和实现人权、行政机关对人权采取保护措施、司法机关对人权案件进行审判的原则、程序、方式、方法,为人权的享有、实现、保护和救济提供了有效的措施和可行的方式。这样既可以使人权按照法定的程序、方式得到实现、保护和救济,又可以防止国家机关对人权的侵害。另外,对国家机关职责的法定化和制度化,使国家机关及其工作人员必须认真对待人权受到侵害的行为和状态,进而也间接地保护了人权主体对人权的实现和享有。所以,人权的立法保护是人权得到实际保护的前提条件。为此,应当依法保障公民权利,加快完善体现权利公平、机会公平、规则公平的法律制度,保障公民人身权、财产权、基本政治权利等各项权利不受侵犯,保障公民经济、文化、社会等各方面权利得到落实,构建一套保障公民权利的法律规范体系。

(三)人权的行政保护

按照民主政治的内在逻辑,成立政府(行政机关)的目的在于保护社会成员的利益和权利,其中当然包括保护地位更为重要和根本的人权。真正民主的政府都必然将保护人权作为行政的重要目标。人权的行政保护主要体现在三个方面:首先,划定政府权力和公民权利的界限,坚持政府权力法定、公民权利推定这一法治原则。对政府,法无授权不可为;对公民,法不禁止皆可为。尽可能减少并取消不适当的行政审批事项,确保人权的充分实现。其次,政府认真执行宪法的人权条款和权力机关的人权立法,将法定的人权转化为现实的人权。最后,政府将保障人权作为决策的决定性因素,从而将保障人权贯穿于政府的全部行政决策和实践。与人权的司法保护相比较,人权的行政保护具有主动性。政府可以借助于国家的强制力,及时、有效地对侵犯人权的行为予以制止,把侵权人(包括行政机关本身)对人权的侵害程度限制在最小的范围内,而不至在人权已经受到侵害或完全被侵害时才予以救济。因此,人权的行政保护是人权实现的重要环节。

（四）人权的司法保护

司法保护是人权的法律保护体系中的重要环节,是人权的法律保护的最后一道防线。首先,司法为解决私人主体之间的人权纠纷提供了一种公正的、值得信赖的、有效的渠道。如果私人主体的人权受到了其他私人主体的侵犯,可以将其提交中立的司法机关审判,获得公正的裁判。其次,司法是纠正和扼制行政机关侵犯人权的行为的最有力的机制。从人权保护的实践来看,人权所面临的最大威胁,不是来自私人主体,而是来自拥有行政权的行政机关。而纠正和扼制行政机关侵犯人权的行为的最有力的机制就是行政诉讼。人权受到行政机关侵害的主体,可以向司法机关提起行政诉讼,要求司法机关审查、纠正行政机关的侵权行为。再次,在实行司法审查制度的国家,司法是排除反人权的立法的重要机制。司法机关通过行使司法审查权,可以宣布违反宪法的人权条款的议会立法或行政立法无效,从而排除反人权的立法。最后,但并非不重要的是,符合正当程序和法治原则的司法程序和司法过程本身就是对人权的保障。例如,实行罪刑法定、无罪推定、非法证据排除原则,禁止刑讯逼供、体罚虐待,保障当事人的知情权、陈述权、辩护辩论权、申请权、申诉权、法律援助权、司法救助权等。

二、国际法对人权的保护

在 20 世纪以前,人权问题基本上还是纯粹的国内问题。进入 20 世纪以后,特别是"二战"爆发后,鉴于纳粹法西斯政权和日本军国主义政权侵害各国人民人权的暴行,国际社会加强了对人权的普遍关注、保护和救济,大批有关人权保护的国际法纷纷制定出来,并形成了国际法的重要组成部分——国际人权法。一个以《联合国宪章》和《世界人权宣言》为基础、由 80 多种人权法律文件构成的国际人权法律体系已经形成,并在不断完善。国际人权法大体包括以下四类:(1) 人权宪章类,如《公民权利和政治权利国际公约》《经济、社会、文化权利国际公约》;(2) 防止和反对种族歧视类,如《防止并惩治灭绝种族罪公约》《消除一切形式种族歧视国际公约》;(3) 对妇女、儿童、难民和无国籍人等特殊主体(社会弱者) 人权保护类,如《消除对妇女一切形式歧视公约》;(4) 战时国际人道主义保护类,如《关于战俘待遇的日内瓦公约》。

建立在国际法基础上的国际人权保护和救济制度,就现在的状况来说,具有以下两个方面的内容:一是国家由于加入国际人权公约和公认的国际法原则而承担了保护人权(既包括本国人权主体的人权,也包括非本国人权主体的人权)的国际义务;二是有关人权保护的国际机构负有调查、监督人权问题及其解决情况的职责。

在尊重国家主权的基础上实行人权的国际法保护是必要的。对于粗暴侵犯人权的严重犯罪行为,以及种族隔离、种族歧视、灭绝种族、贩卖奴隶、国际恐怖组织侵犯人权的严重事件,国际社会都应进行干预与制止,实行人权的国际法保护。近几十年来,联合国在实行人权的国际保护方面发挥了重大作用,人权原则已成为联合国采取行动的基本依据之一。但是,必须坚决反对以保护人权为借口,粗暴干涉他国内政的做法。

有必要指出,人权的国际法保护同国家主权原则、不干涉他国内政原则是一致的。在正确认识与处理两者的关系时,一方面要抵制和反对"人权无国界论",维护《联合国宪章》的宗旨与原则,维护国家主权,坚持不干涉他国内政原则。如《联合国宪章》第2条第7款规定:"不得认为授权联合国干涉在本质上属于任何国家国内管辖之事件。"另一方面,也应加大人权的国际法保护的力度。对于危害人类和严重侵犯基本人权与自由,已构成国际罪行的行为,国际社会应进行干预与制止。同时,对于人权公约缔约国来说,也应按其所缔结的人权公约的规定,履行保护人权的国际义务。各国有责任维护国际法治权威,依法行使权利,善意履行义务。

人权的国际法保护是一个复杂的问题,包括尖锐的政治斗争与外交斗争,既是国际人权法中的重要理论与实践问题,也是涉及国家间关系的重要理论与实践问题,我们要把握问题的实质,从有利于人类进步与世界和平的高度正确认识与处理,从有利于当前反对恐怖主义、霸权主义、民族分裂主义的大局正确认识与处理。

我国政府一贯尊重和支持《联合国宪章》促进与保护人权的宗旨,并为实现这一宗旨做了大量的工作,为推动国际人权领域的合作发挥了积极的作用。我国在参加联合国人权机构的活动中,维护、丰富和发展了人权概念与理论,积极参与联合国人权文件的起草工作,并在较短时间内加入了一系列重要的国际人权公约。同时,我国为制止大规模粗暴侵犯人权的行为,抵制人权领域内的霸权主义,推动建设相互尊重、公平正义、合作共赢的新型国际关系,倡导构建人类命运共同体作出了巨大贡献,受到了广大第三世界国家的支持与好评。

小结

法律意义上的人权是指宪法和法律所保障的基本权利。所谓基本权利,就是那些对于公民或其他自然人不可或缺的、不可取代的、不可转让的、持久稳定的、具有母体性和普遍性的权利。2004年,"国家尊重和保障人权"这一纲领性人权原则以宪法修正案的方式入宪,是我国人权事业进步发展的里程碑。中共十八大以来,在习近平新时代中国特色社会主义人权思想的指引下,我国的人权法律保护从人权的宪法确认到加强人权司法保障再到加强人权法治保障,不断升华,我国人权事业迈入新时代。人权的法律保护既表现为国内法的保护,又表现为国际法的保护。

思考题

1. 人权的含义是什么?
2. 为什么说人权是现代法的最基本的价值之一?

3. 中国特色社会主义人权思想的基本内容和特征有哪些?

4. 法是如何保护人权的?

5. 如何理解人权和主权的关系?

6. "人类家庭所有成员的固有尊严及其平等的和不移的权利的承认,乃是世界自由、正义与和平的基础。"请结合本章内容,阐述其中的法理。

第六编 | 法治与法治中国

　　法是文明社会的制度形式，法治是现代国家治理的基本方式。法治决定于经济社会发展水平和发展趋势，又对经济社会发展发挥着能动作用。在当代中国，法治对社会主义市场经济、民主政治、先进文化、和谐社会、生态文明发挥着前所未有的保障和引领作用，而经济、政治、文化（科技）、社会、生态领域的全面改革也呼唤着并有力地推动着法治的现代化。

　　全面依法治国是中国特色社会主义的本质要求和重要保障，是国家治理的一场深刻革命，也必然是一场深刻的社会变革和历史变迁。立足于中国特色社会主义新时代新方位，面向人民在民主、法治、公平、正义、人权、安全、发展、环境等方面日益增长和不断提高的要求，面对任重道远的法治强国目标和依然繁重的全面依法治国任务，我们要以习近平新时代中国特色社会主义思想为指导，在中国共产党的领导下，保持法治定力、发展法治理论、提升法治方略、拓展法治道路、深化法治实践、统筹法治改革，为把我国建成社会主义现代化法治强国而努力奋斗！

第二十三章 法治原理

> 国无常强,无常弱。奉法者强则国强,奉法者弱则国弱。
>
> ——(战国)韩非[①]

　　"法治"这一词语,在人类历史上由来已久,甚至可以远溯至中国春秋战国时代以及西方古希腊、古罗马时代。随着历史发展,法治更成为现代社会与当代世界的基本概念,被广泛使用。本章主要论述法治的概念、现代法治的理念以及法治与法制、法治与人治、法治与德治的关系,以使学生对人类社会的法治概念、观念、理念有基本了解,把握法治的真谛,树立科学的法治观。

---

　　① 韩非(约前280—前233),新郑(今河南省郑州市新郑市)人,战国时期思想家、哲学家。本题记选自《韩非子·有度》,载(战国)韩非:《韩非子新校注》(上册),陈奇猷校注,上海古籍出版社2000年版,第84页。

第一节　法治的概念

法治的概念是研究法治问题的出发点。关于法治的种种学说与见解都与如何定义或分析法治概念以及如何理解法治的基本内涵相关。

一、历史上的法治观

在人类社会数千年历尽沧桑、兴衰交替的历史上,我们的祖先最早注意到法治与强国的关系,提出了奉法强国的伟大思想。先秦法家的代表韩非提出了"奉法者强则国强,奉法者弱则国弱"[①]的思想。在法家思想的直接影响下,春秋战国时期,秦国于群雄列强之间崛起,创造了以法治国、奉法强国的范例。先秦思想家的"以法治国"思想经过数百年的实践和在实践基础上的深化,深刻地影响了后世中国的国家治理,汉唐盛世更是谱写了奉法强国的壮丽乐章。

从法治概念和思想看,早在春秋战国时期,一些思想家和政治家就提出了"以法治国"的主张,并将这种政治主张阐述为系统理论,在一定程度上付诸实践。我国法史学家刘海年把这一时期的法治主张和理论概括为四个方面的内容:(1)治理国家必须实行法治,反对人治。即:"威不两错,政不二门,以法治国,则举错而已。"[②]"明王之治天下也,缘法而治。"[③]"君人者,舍法而以身治,则诛赏予夺,从君心出矣……君舍法,而以心裁轻重,则同功殊赏,同罪殊罚矣,怨之所由生也。"[④](2)法制要适应历史发展,符合当时实际,反对因循守旧。如商鞅认为:"是以圣人苟可以强国,不法其故;苟可以利民,不循其礼。""各当时而立法,因事而制礼。礼法以时而定,制令各顺其宜……治世不一道,便国不必法古。"[⑤]韩非更为明确而深刻地指出:"故治民无常,唯治为法,法与时转则治,治与世宜则有功……时移而治不易者乱。"[⑥](3)法令是人们言行的标准,君上臣下均不得曲法任私。为此,法令必须"布之于百姓"[⑦],使"万民皆知所避就","吏不敢以非法遇民,民不敢犯法以干法官也"。[⑧]他们还从历史的经验中得出"法之不行,自上犯之"[⑨]的精辟结论,提出要"壹刑",而"所谓壹刑者,刑无等级,自卿相将军以至大夫庶人,有不从王令,犯国禁,乱上制者,罪死不赦"[⑩]。"法

[①]《韩非子·有度》。
[②]《管子·明法》。
[③]《商君书·君臣》。
[④]《慎子·君人》。
[⑤]《商君书·更法》。
[⑥]《韩非子·心度》。
[⑦]《韩非子·难三》。
[⑧]《商君书·定分》。
[⑨]《史记·商君列传》。
[⑩]《商君书·赏罚》。

不阿贵,绳不挠曲,法之所加,智者弗能辞,勇者弗敢争。刑过不避大臣,赏善不遗匹夫。"[1]
(4)以法为本,法、势、术结合。管仲最早提出这种主张。他说:"有生法,有守法,有法于法。
夫生法者君也,守法者臣也,法于法者民也。君臣上下贵贱皆从法,此谓为大治。"[2]韩非继承
了这一思想,并把它系统化,明确指出,治国要"以法为本"[3],在此前提下也要"擅势"和"用
术"。"势"即权力或权威,"术"即监督、考核、驾驭群臣的手段。[4]

　　尽管法家的法治主张和理论局限在君主制的政体范围内,并作为君权政治的附属理论
而存在和发挥作用,但因为其反映了处于上升阶段的地主阶级的利益和要求,顺应了时代潮
流和社会需要,不仅对当时的经济发展、政治统一和社会发展起到了促进作用,对以后的政
治法律思想也产生了深远影响。战国以后,历代统治阶级都或多或少、公开或变相地承袭了
某些法家的法治思想,特别是秦代、汉代、唐代、明代、清代,有所作为的君主和政治家都曾奉
行过以法治国的政策,因而创造了一个又一个太平盛世。

　　在西方,早在古希腊时期,柏拉图曾经主张,理想的国家可以没有法律,只需有哲学家国
王或国王哲学家,即由握有权力的哲学家管理。他反对用法律束缚哲学家国王,认为"用法
律条文来束缚哲学家—国王的手脚是愚蠢的,就好像是强迫一个有经验的医生从医学教科
书的处方中去抄袭药方一样"[5]。几经碰壁之后,柏拉图在其晚年明确提出了以法治国方案,
作为未来理想国的预选方案之一。他说:"在法律服从于其他某种权威,而它自己一无所有
的地方,我看,这个国家的崩溃已为时不远了。但如果法律是政府的主人,并且政府是它的
奴仆,那么形势就充满了希望,人们能够享受众神赐给城市的一切好处。"[6]

　　继柏拉图之后,亚里士多德在认真思考"由最好的一人或由最好的法律统治,哪一方面
较为有利"这个问题之后,明确主张"法治应当优于一人之治"。[7]他并且对此作过详细论证,
认为法治之所以优于一人之治,乃是因为:第一,法治代表理性的统治,而人治则难免使政治
混入兽性的因素,因为即使最好的贤人也不能消除兽欲、热忱和私人情感,这就往往在执政
时引起偏见和腐败,而法律正是免除一切情欲影响的理性的体现。第二,法治是以民主共和
为基础的,民主共和有助于消除危及城邦幸福与和谐的某些个人的情欲或兽欲,因为群众比
任何一人更可能作出较好的裁断,多数群众比少数人较为不易腐败,正如物多不易腐败,大
泽水多则不朽一样。第三,法治内含着平等、自由、善德等社会价值,推行法治也就是在促进
这些社会价值,可以说"法律不应该被看作'和自由相对'的奴役,法律毋宁是拯救"[8]。亚里

---

①　《韩非子·有度》。

②　《管子·任法》。

③　《韩非子·饰邪》。

④　刘海年的上述概括和论述,详见其《中国古代的法治与社会经济发展》,载《法学研究》1992年第1期。

⑤　[美]乔治·霍兰·萨拜因著,[美]托马斯·兰敦·索尔森修订:《政治学说史》(上册),盛葵阳、崔妙因译,商务印书馆1986年版,第92页。

⑥　[古希腊]柏拉图:《法律篇》(第二版),张智仁、何勤华译,商务印书馆2016年版,第123—124页。

⑦　[古希腊]亚里士多德:《政治学》,吴寿彭译,商务印书馆1965年版,第167—168页。

⑧　[古希腊]亚里士多德:《政治学》,吴寿彭译,商务印书馆1965年版,第276页。

士多德还揭示了法治的精义,即:"法治应包含两重意义:已成立的法律获得普遍的服从,而大家所服从的法律本身又应该是制定得良好的法律"。①

古罗马法学家同样主张"以法为据"。他们除制定完备的法律,尤其是反映简单商品生产关系的发达的私法外,在法治理论上也颇有建树。他们借助于"自然法""理性""正义"等概念说明法律的本质,强调法律的权威和作用。例如,西塞罗曾写道:"既然法律统治长官,长官统治人民,因此确实可以说,长官是能言善辩的法律,而法律是沉默寡言的长官";"我们是法律的仆人,以便我们可以获得自由"。②

古希腊、古罗马的法治思想对西方法律文化和法治传统的形成和发展产生了深远影响。近代资产阶级法治理论很大程度上就是以古希腊、古罗马法治思想传统为基础而形成和发展起来的。当然,其内容是与时俱进的。

自文艺复兴以来,随着资本主义商品经济、市场经济及与之相应的自由、平等、人权等民主意识的发展,法治(而不是人治或神治)的观念开始广泛传播。在启蒙思想家的著述和演讲中,到处洋溢着要求法治、反对人治的激情,充满着鞭辟入里的精深论述。当资产阶级夺取政权,建立资产阶级民主制度之后,法治则由理想变为实践,法治观念也随之成为占支配地位的意识形态。

在英国,自由主义思想家哈林顿(James Harrington)指出,专制国家是"人的王国,而不是法律的王国",而法治国家则是"法律的王国,而不是人的王国"③,法律王国的基本要素是自由、平等和权力制约等。洛克从维护个人的自由、平等、人权不受政府权力侵犯出发,指出国家权力不应该是专断的和即兴的,而"应该以正式公布的既定的法律来进行统治"④,这样,"一方面使人民可以知道他们的责任并在法律范围内得到安全和保障,另一方面,也使统治者被限制在他们的适当范围之内……"⑤19世纪末,英国宪法学家戴雪(A.V.Diecy)明确论述了"法治"的概念,并把排除专断、法律至上、各个阶级与阶层在法律面前一律平等宣布为法治的基本原则。

在法国,孟德斯鸠把法治归结为"法律之下的自由和权力",没有法律,自由不复存在,权力亦会为所欲为。卢梭从"人民主权论"和"社会契约论"出发,指出实行法治的国家必须是也只能是民主共和国,并指出在民主共和国,法律是社会公意的体现,具有至上的权威,而统治者仅仅是法律的臣仆,他们的一切权力来源于法律并须依法行使。

在美国,潘恩(Thomas Paine)、杰斐逊(Thomas Jefferson)、亚当斯(John Adams)、汉密尔顿等政治家和思想家不仅全盘接受了英法启蒙思想家的法治思想,而且把它们写进了《独

---

① [古希腊]亚里士多德:《政治学》,吴寿彭译,商务印书馆1965年版,第199页。

② 转引自[美]乔治·霍兰·萨拜因著,[美]托马斯·兰敦·索尔森修订:《政治学说史》(上册),盛葵阳、崔妙因译,商务印书馆1986年版,第207、214页。

③ [英]詹姆士·哈林顿:《大洋国》,何新译,商务印书馆1963年版,第7、6页。

④ [英]洛克:《政府论》(下篇),叶启芳、瞿菊农译,商务印书馆1964年版,第88页。

⑤ [英]洛克:《政府论》(下篇),叶启芳、瞿菊农译,商务印书馆1964年版,第86页。

立宣言》、1787 年美国宪法及其权利法案中。潘恩指出,一个自由国家的政府不在于人,而在于法律;法律是国王,而非国王是法律。杰斐逊指出,人民的意志是最高的法律,是任何政府的唯一的合法基础。亚当斯在参与制定美国马萨诸塞州宪法时把"实现法治政府而非人治政府"宣布为该宪法之要旨。

在德国,康德、费希特(Johann G. Fichte)等思想家提出了"法治国"概念,并且认为法治国应当以人的权利和自由为目的和基础,应当是人民在法律之下的自由结合;法治国的要素包括:公布一部法律,特别是成文宪法,通过权力分立制度来明文限制国家权力;通过规定个人的基本权利来保证个人的不可侵犯、不受国家干预的活动范围;法院为防止国家权力侵犯公民的公权和私权而提供法律保护;法院独立;保证法定审判官制和禁止刑法的追溯力;行政机关依法办事;等等。

资产阶级启蒙思想家的这些法治主张和理论既起到了宣传革命、推动革命的历史进步作用,也促进了资产阶级民主和法治的诞生和发展。尽管有其阶级的和历史的局限性,但作为人类智慧的结晶和文明成果,至今仍然闪烁着思想光辉。

二、当今国际社会的法治观

法治是文明社会的基本共识和人类的普遍追求,法治更是我们这个时代的主旋律。我们正在走入一个法治的时代,国际社会正在呈现出一种法治化的趋势,国家之间、区域之间乃至世界范围内的很多问题越来越多地被纳入法治轨道。联合国积极推动建设国际法治,取得了不少成绩。2005 年《世界首脑会议成果文件》将法治作为一项价值观和基本原则,呼吁在国家和国际两级全面实行法治。联合国大会及其第六委员会和国际法委员会,致力于国际条约的制定和国际法的编纂,为"国际立法"作出了积极贡献。安全理事会积极预防和解决地区冲突,设立特设刑事法庭,把违反国际人道法和人权法的个人绳之以法,通过法治手段,维护国际和平与安全。国际法院通过司法手段解决国际争端,其判决和咨询意见阐明了国际法的有关原则和规则,丰富和发展了国际法。从 2006 年开始,联合国大会第六委员会开始讨论国家和国际两级法治的问题。中国代表在联合国大会第六委员会关于"国家和国际两级法治"议题的讨论中提出:法治是人类文明和进步的重要标志。在这样的时代背景下,法治观念和法治思想渗透于现代国际社会。自 1959 年《德里宣言》系统表达现代法治观念以来,国际社会的法治观念和理论发生了重大变化。1963 年,"通过法律维护世界和平中心"建立,其后来更名为"世界法学家协会",旨在帮助创建"一个新的法治社会:强者面对公正、弱者得到保护、和平得以永续"。该协会 1990 年在北京召开第十四届世界法律大会,会上发表的《北京宣言》强调:"世界和平与发展必须建立在公正、合理和有效的法律原则基础上。"2005 年,该协会在北京和上海召开第二十二届世界法律大会,大会代表围绕"法治与国际和谐社会"这一主题,就法治、联合国改革、国际恐怖主义、投资、司法与传媒、国际环境、人权、非诉讼解决争议等 22 个专题进行讨论,达成广泛共识。大会通过的《上海宣言》认为,法治是人类文明和进步的重要标志,是用和平理性的方式解决社会矛盾的最佳途径。通过法治构建国际和谐社会符合世界各国人民要和平、谋发展、促合作的共同心愿，需要各国人民共同努力。

2005年5月，世界法律哲学和社会哲学协会（IVR）第二十二届世界大会在西班牙南部古城格拉纳达召开，会后发表了由哈贝马斯等学者拟定的一份关于全球化的宣言，我国多位学者在宣言上签字。宣言包含着与会者对全球法治的共识，即必须将平等、自由融入全人类的有效价值，从而将全球化的方方面面均纳入法治的范围。这种法律应服从一般民众的意志，而非少数几个人的意愿，表达了全球正义、全球民主、全人类平等自由的法治理念。2009年10月，世界法律哲学和社会哲学协会第二十四届世界大会在北京召开，把法治理念聚焦在"和谐"上，号召广大会员和全世界法律哲学家致力于通过法治构建和谐社会与和谐世界。

第二节　现代法治的理念

一、现代法治的一般要义

现代法治，即法的统治，相当于英文中的"rule of law"，是以民主为前提和目标，以法律至上为原则，以严格依法办事为核心，以制约权力为关键的国家治理方式、社会管理机制、社会活动方式和社会秩序状态。

民主是法治的前提。法治必须以民主为前提。首先，没有民主，法就不可能是多数人意志的体现。不体现多数人的意志，法就失去了最基本的社会基础，依法而治就不可能进行。其次，没有民主，法就不可能在社会中得到有效的贯彻实施。法治主要不是指完备的法律制度，它更要求完备的法律制度在社会中得到切实施行。没有民主，法治就不能起步。最后，没有民主，法就可能为专制者所垄断、所驱使，成为权力的奴仆，法便失去了应有的尊严和权威。所以，法治必须以民主为基础。

民主是法治的目标。民主与法治相对于人类的全面自由发展来说都是手段，相对于立法、执法、司法、守法来说都是目的。在民主与法治二者之间，就局部看，民主、法治的手段与目的关系是相对的，民主与法治相应地互为手段和目的。就总体看，法治只能是手段，民主才是目的。因为法律如果最终追求的只是法治，而不包含民主，法治就会偏离方向，并因此而失去对于人类的更大价值，暗淡无光，人类也会在所谓"法治"的迷雾中丧失法治、丧失自我。把民主作为法治的目标，实际上是法治对于人的价值的最直接体现。民主乃人民主权，是多数人的权力、多数人的统治，法治必须建立在民主的基础之上又以民主为目的。不以民主为目标的法治必将蜕化为人治甚至专制。

法治的根本原则是法律至上。只有法律至上才可能实现法治，实现法的统治。法治并不否定政策、道德、纪律、习俗的重要作用，甚至还特别重视和依赖其作用的发挥。但是它们都不能与法律相抵触，法律在所有的社会规范中，具有至高的法律效力，任何人都必须服从，否则就应承担法律责任。法律至上最为重要的是要制约权力:任何权力都必须在法律的范围内行使,依照法律的程序规定来运行,不得凌驾于法律之上。

法治的核心是严格依法办事。依法办事是法治的最基本准则。在立法民主基础上的法治,核心问题就是一个严格依法办事的问题。离开了依法办事,再好的立法意图也不可能转化为社会现实。作为法治核心的依法办事,要求国家机关及其公务人员、全体公民、社会组织都必须服从法律,将法律作为真正的行为准则。

法治的关键在于制约权力。权力及其拥有者必须受到法律的制约,这是法治的重要标志。正如习近平所言:"纵观人类政治文明史,权力是一把双刃剑,在法治轨道上行使可以造福人民,在法律之外行使则必然祸害国家和人民。"[①] 因为权力拥有者一旦不依法办事,破坏法治,就比一般社会主体难以追究;他们的违法犯罪行为对法治的破坏比其他社会主体更为严重,因而他们是最容易破坏法治也可能是最严重地破坏法治的主体。法治必须首先对拥有权力的机关及其人员实行制约,其目的在于维护和实现法治,否则法治就可能因权力不受约束而毁于一旦。

法治是一种国家治理方式。法治首先而且一直都是作为国家治理的一种方式而产生、存在和发展的。国家从产生以来就出现了如何治理的问题。依靠什么方式来治国理政是国家面对的首要问题。人类最初治国理政的主要手段是人治,是人治中的英雄之治。国家政治中的强者、英雄成为国家的君主,实行专制或者开明的统治。随着人类社会的进一步发展,在对国家治理方式的反思与探索中,才进一步发现了是否该继续实行人治或者采取法治的问题。法治是人类社会对国家治理方式理性思考的成果,也是治国理政方式的重要进步。

法治是一种社会治理机制。作为社会治理机制的法治,与人治是对应和对抗的,它是社会控制者通过法进行的社会运作过程和社会组织形式。在法治中,法的规定是社会治理的根据和手段,法的实现是社会治理的目标和要求,法的实施是连接法的规定和法的实现的桥梁。法治中的法律不是机械的律条,而是充满活力的精灵,是一种流动的过程、有机的构架和法律化的现实。法在人们的心目中至上至尊,人们在法治秩序之下享受着自由。在法治中,社会被法连接构建成一个既有自由又有纪律,既有集体意志又有个人舒畅心情的生动、活泼、内在有机联系的整体。

法治是一种社会活动方式。在法治状态中,人们都自觉地把法当作自己的行为准则,用法来引导自身的行为,衡量他人的行为。人们依法从事社会生活或社会活动。在法治状态下,社会一般成员应以法律的方式构筑重要的社会关系,作出社会法律行为;社会的特殊成员、公共权力机构及其官员更必须遵循法的规定,依法执政、依法行政、依法治理。人们是否以法作为自己的活动方式,以及在何种程度上以法作为自己的活动方式,既是人们法治意识的外化,也是社会法治程度的标志。

---

① 习近平:《在省部级主要领导干部学习贯彻党的十八届四中全会精神全面推进依法治国专题研讨班上的讲话》(2015 年 2 月 2 日),载《习近平关于全面依法治国论述摘编》,中央文献出版社 2015 年版,第 37—38 页。

法治是一种社会秩序状态。社会的秩序状态是各式各样的,法治是一种良性的社会秩序状态。它是完备的法律制度被良好实施后的社会实在,是社会法治化的结果。作为社会秩序状态的法治远非法律制度可比,它以法律制度为基础却远远地高于法律制度。只有在法律制度相当完备并被很好地实施、实现时,才可能建立起作为社会秩序状态的法治。在这种法治之下,社会是稳定的也是发展的。社会是法治化了的社会,法治是社会化了的法治;社会以法治的状态出现和发展,法治在社会中得以充分展现。

二、当代中国法治的基本要义

法治是一个古老而又常新的概念。当代中国法治的基本要义是从中国法治国情实际出发,传承中西方古代社会的优秀法治文化,并融汇现代法治具有普遍意义的要素而形成的,比较集中地体现为两个“十六字方针”。

1978 年,中共十一届三中全会将我国对于法制建设的基本要义概括为“有法可依、有法必依、执法必严、违法必究”。法学界习惯上将其称为“十六字方针”。它是我国改革开放初期对法制建设提出的基本要求。严格地说,虽然这些仅仅是形式法治的基本要求,但在当时已经是很高的标准了。随着 1997 年中共十五大提出“依法治国,建设社会主义法治国家”,2002 年中共十六大提出“全面落实依法治国基本方略,加快建设社会主义法治国家”,我国的法治观也在发生着深刻变化。2012 年,中共十八大报告将新时代厉行法治的基本要求概括为“科学立法、严格执法、公正司法、全民守法”,法学界称之为“新十六字方针”。

科学立法是新时代法治发展对立法工作的基本要求,它要求立法必须确保内容科学、程序科学,并以程序科学来保障内容科学。主要是指立法程序科学合理并得到严格执行,立法内容符合客观实际与客观规律,并能有效地促进社会的科学发展。

严格执法广义上是指一切执法机关及其工作人员必须严格依照法律的实体规定和程序规定,运用法律处理相关事务,确保法律得到准确实施,既不缺位,也不越位。尤其是各级人民政府作为法律的主要执行机关,必须不折不扣地执行法律。

公正司法是指司法机关办理案件,必须从程序和实体两个方面都做到公平正义。公平正义既是司法的核心价值观,也是司法工作的现实目标,要让人民群众在每一个司法案件中都感受到公平正义。

全民守法是普遍守法这一法治原则的具体体现,是指所有社会成员都必须一体遵守法律的规定,依法办事、循法而行,而不得违反法律,任何组织和个人都没有超越法律的特权。

科学立法、严格执法、公正司法、全民守法是新时代社会主义法治的基本要求和法治建设的基本方针,是一个有机联系的统一整体,囊括了立法、执法、司法、守法四个环节、四大方面,任何一个环节或者方面都不可或缺或者偏废。

第三节　法治与法制

一、法制的含义

"法制"这一概念是法学学科与社会生活中十分重要的基本概念。对于法制概念及其基本要求的理解,是正确认识法制和法治的前提。法制,相当于英文中的 legal system,一是指法律制度的简称,二是指法律的体系、体制与架构的整体。法学界对于法制有着长期的研讨,也有着多重的理解。综观各种理解,法制包括三个基本方面的内容:

一是将法制理解为法律制度的简称。这是对于法制的十分普遍的认识与理解。董必武曾经说过:"现在世界上对于法制的定义,还没有统一的确切的解释。我们望文思义,国家的法律和制度,就是法制。" [1] 这一阐释简洁而明了,普遍而广泛。在许多情况下,人们对于法制的理解和运用都是在法律制度意义上进行的。这是最经常最普遍的对于法制含义的认识。自从人类创造法律以来,人类就具有了这种含义的法制,或者说,这种含义的法制从法律诞生以来就一直存在着。从奴隶制法、封建制法、资本主义法到社会主义法,在人类法律社会的各个历史时期,都有法律制度,也都有法制。

二是将法制理解为依法办事的制度。它的含义不仅仅局限于法律制度的客观存在,还要求将法律制度予以良好的贯彻实施。这一含义的法制包括法律制度的设立,以及人们对于这些法律制度的执行和遵守。例如,改革开放初期,人们通常把"有法可依、有法必依、执法必严、违法必究"作为社会主义法制的基本要求。中共十一届三中全会公报提出的"健全社会主义民主,加强社会主义法制"中的"法制"不限于法律和制度。这种含义的法制常常被理解为以民主为基础并与民主相伴随的法制,它由资产阶级所开创,并在社会主义社会获得了新的发展。

三是把法制理解为包括法律制度的制定、执行、遵守等在内的完整体系,是有关法律制度运行的一系列活动与环节的总称,它包括立法、执法、司法、守法、法律监督等诸多环节在内。这样的法制实际上是法的静态与动态的统一,具有极大的概括性和整体性。

二、法治与法制的相互联系

法治与法制二者之间的相互联系可以概括为:法制是法治的基础,法治是法制的深化。

一方面,法制是法治的基础。法制首先强调的是关于法律的制度建设,它为法治确立制度前提,奠定制度基础。法治是与法制相伴随的,是建立在完备的法律制度的基础之上的。因此,法制是法治的基础。

另一方面,法治是法制的深化。法律制度的建立及其被切实实现是法制的目的。只有

---

[1]　《董必武选集》,人民出版社 1985 年版,第 450 页。

法治建立了,法制才能获得最好的立法环境和实施机制、实现条件。如果认为民主是法制的终极目的,那么法治就是法制发展的直接目标。只有奠定法制的基础,进而实现法治的目标,才能实现依法治国,建立法治国家。

三、法治与法制的主要区别

法治与法制都是极为重要的概念,也是我们经常使用的概念,有必要从理论上清楚地认识二者之间的主要区别。它们之间的主要区别在于:

第一,是否强调法律至上不同。法治强调的是法的统治,就必然具有法律至上的含义。在法治的视野中,任何行为规则在与法律并存的时候都必须服从法律的规则,任何人的行为都必须遵守法律、服从法律,而不得违反。一旦出现违法的情形,违法者无论是谁,都必须承担法律责任。法制则不必然包含法律至上的含义。

第二,产生和存在的时代不同。法治,从严格的意义上讲,是资产阶级革命的产物,是资本主义时代才产生并建立的,只有在资本主义社会和社会主义社会才存在。法制是从法律出现以来就产生的,甚至是法律的另一种表述,它早在奴隶社会初期就产生了,它将伴随人类社会走过整个法律社会,即奴隶社会、封建社会、资本主义社会和社会主义社会。虽然在话语当中,"法治"概念早已有之,但是作为政治文明的标志和政治秩序的基础,"法治"却是现代社会的产物。

第三,与权力的关系不同。这是法治与法制的重要区别。法治要约束权力,对于公共权力或者国家权力的约束,是法治的基本特征。法治要求一切权力都必须服从法律,在法律之下活动。但是法制则不一定具有这样的要求。一般所说的法制,可能是能够约束权力的法治之下的法制,也可能是为权力所左右的人治之中的法制。

第四,具有的价值观念不同。法治必然地具有自由、平等、人权的价值观念,但是法制则不一定。具体说来,法治中的法制具有这样的价值观念,而人治中的法制则不具有这样的价值观念。换言之,法制既可以服务于"善",也可能服务于"恶"。20世纪上半叶,德国、意大利、日本的法西斯政权都曾经通过制定大量法律,剥夺人民的人权和自由、镇压民主运动、欺凌其他种族和国家,给人类带来巨大的灾难。臭名昭著的南非白人种族主义政权也曾以法制方式肆意地侵犯人权。

第五,与民主的关系不同。法治是与民主相联系的。没有民主,就没有法治。民主既是法治的价值观念,也是现实的政治基础和目标追求。但是法制则不要求必须有民主的政治基础,也不必然以民主作为自己的政治目标。

法治和法制既有区别,也有联系。任何法治都是以法制作为基础建立起来的。没有法制作为基础,法治就不可能建立和继续存在。鉴于此,还可以说法制是法治的内容,也是法治的前提和基础。

第四节 法治与人治

法治与人治之间的关系,一直是法治研究的核心问题之一。习近平精辟地指出:"法治和人治问题是人类政治文明史上的一个基本问题,也是各国在实现现代化过程中必须面对和解决的一个重大问题。综观世界近现代史,凡是顺利实现现代化的国家,没有一个不是较好解决了法治和人治问题的。相反,一些国家虽然也一度实现快速发展,但并没有顺利迈进现代化的门槛,而是陷入这样或那样的'陷阱',出现经济社会发展停滞甚至倒退的局面。后一种情况很大程度上与法治不彰有关。"[1] 所以,理清法治与人治的区别,实行法治,摒弃人治,意义重大。

一、人治的基本含义

人治是一种古老的国家与社会的治理方式。与法治不同的是,很少有思想家给人治下过定义。人们一般认为,古希腊柏拉图所主张的"贤人政治"就是人治;中国儒家所主张的"为政在人"就是人治。人治作为一种治国理念和方式,是最早出现的国家与社会治理方式,它长期与法治对应。

一般而言,人治是政治领袖个别人或少数人拥有公权力,运用其智慧以及军事、经济、政治、文化、法律、道德、宗教等手段来管理国家或者社会的治国方式和政治模式。中国传统社会的礼治、德治都是人治的一种表现形式,甚至是极为精致的人治。作为国家治理及社会治理基本方式的人治,它至少具有这样几个特征:一是人治根据的是特定意志。这种意志是拥有公权力的政治领袖个别人或者少数人的意志。政治领袖的意志直接就是国家或者社会的行动指南,就是根据,而无需规则,甚至无需转化为规则。即使有规则,也可以为权力拥有者一言以立,一言以废。二是人治具有随意专横的可能性质。由于人治依据的是政治领袖的意志,而这种意志又是易于变动的,于是就具有难以避免的随意性、专断性和专横性。政治领袖的专制与开明往往取决于政治领袖自身的修养与特定的权力结构。三是人治者往往轻视法律。在人治中,法律的地位是低下的,尤其是面对政治领袖的意志,法律始终是第二位的或者更低。人治者或许也会运用到法律,但法律不过是政治领袖手中的工具,只是达成政治领袖目标的手段,它本身并不是目的。四是人治中的法律服从于政治领袖意志。政治领袖可以任意改变法律,一旦法律的规定与政治领袖的意志相冲突,法律就会被毁弃。五是缺乏自由、平等、人权等价值理念与准则。在人治状态中,若政治领袖对人的自由、平等、人权有所顾及,会被认为是政治领袖的恩惠,成为政治领袖之伟大的证明或证据。

---

[1] 习近平:《在中共十八届四中全会第二次全体会议上的讲话》(2014年10月23日),载《习近平关于全面依法治国论述摘编》,中央文献出版社2015年版,第12页。

人治是人类社会最初自发的治理模式、治理方式、治理手段。法治是从人治脱胎而来的。如果说人治是人类自发产生的对公共事务的治理方式，那么法治就是人类理性进步的产物。在传统的农业社会，在自然经济条件下，人们以家为基本的生活生产单位，自给自足。这时也许只要有一个英明的君主，若干贤臣，一个夫唱妇随、父慈子孝的家庭，最多还需要一个宗法式的家族治理和社会治理就足够了。直到人类在进一步的理性发展中逐步认识到法治优于人治，人类才逐步地放弃人治，转而采取法治。尽管人类很早就认识到法治的意义，并论证了法治的优越性与重要性，真正的法治却是进入近代资本主义社会之后的事情。因为真正的法治是以市场经济和民主政治为基础的，资本主义的市场经济和民主政治为资本主义的法治提供了必要前提。

也就是说，人治在特定的历史条件下有其必然性。在自然经济、宗法社会中，人治具有其深厚的社会基础，而且正是那个社会所需要的治理模式。在当时，如果有充满仁爱、体现仁政的人治，那将是十分美好的政治环境和社会期待。进入近代社会之后，人治就再也无法适应市场经济、民主政治和多元文化的要求，于是逐步为法治所取代。

二、法治与人治的主要区别

法治与人治的区别主要表现在以下五个方面：

第一，政治领袖的地位不同。政治领袖的地位是区别法治与人治的重要标准之一。具体说来，在法治中，法律是至高无上的，政治领袖必须服从法律。即使政治领袖认为法律有所不妥，在法律发生改变之前，也必须遵守法律，而不能随意改变法律的规定。在人治中，政治领袖是至高无上的，他们拥有否定法律的特权。法治国家是"法律的王国"，而不是"人的王国"。[①]

第二，法律的地位和作用不同。在法治中，法律的地位是至高无上的，法律的作用是巨大的。在人治中，法律的地位是低下的，是被轻视的，正所谓"法者，治之端也；君子者，法之原也"[②]。尤其是在法律与权力相冲突的时候，让步的总是法律。法律只是纯粹的统治工具，而不是目的。

第三，权力是否受法律的约束不同。在法治中，虽然法律也要依赖于权力，但这是就整体而言的。就每个具体的权力来说，任何权力都必须服从于法律。权力受法律的约束，是法治的基本特征。但是在人治中，权力常常是不受法律约束的。如果偶然地出现权力自觉接受法律约束的情形，就只能是一种特例。人治中的权力只服从权力，而最高的权力是不受法律约束的。

第四，是否内含民主、自由、平等和人权等价值观念不同。在价值观念上，法治与人治有着根本的区别。法治总以民主作为自己的基础，并以民主作为自己的价值目标，同时把自

---

①　［英］詹姆士·哈林顿：《大洋国》，何新译，商务印书馆 1963 年版，第 6 页。

②　《荀子·君道》。

由、平等、人权等作为自己的价值观念加以贯彻和追求。人治总是与专制相联系,不但不具有自由、平等和人权的价值目标,甚至是反自由、反平等、反人权的。法治与人治在价值观念上的冲突和对立,必然导致在制度和规范设计上的矛盾。

第五,各自所要求和所具有的政治基础不同。法治与人治总是在一定政治基础上存在的,并作为一定政治的构成部分。从政治基础来看,法治与人治根本不同。法治以民主制度作为政治基础,人民在法治之中总有自己的地位。尽管这种民主并不尽善尽美,甚至还存在着很多不足,但是任何法律都必须凭借一定的民主才得以成立,也必须以民主为目标。人治总是以专制集权作为政治基础的。民主是人治的天敌,人治必然反对法治,更必然会反对民主。

三、法治与人的作用

如果仅从字面上来解读,人治并无任何不妥。人类社会或其政治国家,都只能依靠人来治理,甚至都必须靠人来治理。任何治理手段或方式都离不开人的作用的发挥。但是“人治”这一概念作为国家和社会的治理方式,早已有其确定的内涵,不可以用望文生义的认识来解读并使用人治的概念。简单地把人治理解为人的作用的发挥,显然是对人治的误读,以此来片面肯定人治就更加荒诞。人治当然需要人的作用的发挥,只是它是少数人乃至某个人作用的不当发挥。

法治从来都不否定人的作用,甚至只有使人的作用得到了充分而良好的发挥,国家和社会才能得到最好的治理,法治才能成为现实。与人治相比,法治在理性基础上强调发挥每个人的主观能动性和尊重每个人的自主性。在宏观上,法律的制定、执行、遵守每一个环节都离不开人的作用的发挥。从立法来看,法治所依赖的法必须是人制定的,法律的制定、修改、废止,都需要发挥人的作用,而且强调发挥最大多数人的作用,要求立法体现最广大人民的公共意志。从守法来看,法律只有获得全体人民的一体遵守和自觉服从,方能实现法律实效、树立法律权威。

是否依赖人,是否需要人的作用的发挥,不是法治与人治的区别。法治最终也是靠人运用法律来治理的。法治不仅不否定人的作用,甚至还要依赖人的作用的发挥。肯定人的作用和意义,并不是肯定人治。法治把人的作用通过规则来发挥,并且通过规则使之得到更好的发挥。法治与人治的根本区别形式上在于是否坚持了法律至上的法的统治,实质上在于其法律是否具有民主、自由、人权等价值内涵。法治与人治的分界线是:当法律与当权者的个人意志发生冲突时,是法律高于个人意志,还是个人意志凌驾于法律之上。也就是说,是“权大”还是“法大”。

第五节　法治与德治

法治与德治或依法治国与以德治国是中国社会自古至今的恒久主题。在当代中国,正确认识和处理法治与德治的关系,既有深刻的理论意义,更有重大的实践意义。

一、法治与德治的本质属性

法律与道德、法治与德治的关系问题历来都是政治家、法学家关心的基本问题。在中国古代,儒家、法家两派围绕着德治(礼治)与法治进行长期论战。儒家主张:"安上治民,莫善于礼"①;"事无礼则不成,国无礼则不宁"②;"道之以政,齐之以刑,民免而无耻。道之以德,齐之以礼,有耻且格"③;"阳为德,阴为刑,刑主杀而德主生"④。而法家则主张:"不务德而务法"⑤;"仁义礼乐者,皆出于法"⑥。尽管这一著名论战随着"隆礼重法""德主刑辅"成为封建国家的既定政策而消失在历史的深处,但两派思想的余脉,直到当代中国仍然存在。

中共十五大以来,党中央总结古今中外治国的成功经验,明确提出了依法治国与以德治国相结合的治国思想。2001年,在全国宣传部长会议上,江泽民指出:"我们在建设有中国特色社会主义,发展社会主义市场经济的过程中,要坚持不懈地加强社会主义法制建设,依法治国,同时也要坚持不懈地加强社会主义道德建设,以德治国。……我们应始终注意把法制建设与道德建设紧密结合起来,把依法治国与以德治国紧密结合起来。"⑦ 但是,这一思想并未马上在法学界达成共识,因为在一些法学家的视野里,法治和德治是两种完全对立的治国方式。如何能把这两种"对立的"治国方式结合起来呢? 中共十六大进一步把依法治国与以德治国相结合确定为党领导人民建设中国特色社会主义必须坚持的基本经验,并把依法治国纳入政治文明的范畴,把以德治国纳入精神文明的范畴。这表明法治属于政治建设和政治文明;德治属于思想建设和精神文明。十六大报告关于依法治国与以德治国的深刻论述突破了法治与德治水火不容的传统思维定势,阐明了一种现代法治和新型德治相结合的治国新思路。按照这种治国新思路,依法治国与以德治国并不是彼此对立、矛盾冲突的,而是互相补充、互相促进的。依法治国属于政治文明范畴,是治理国家的主要方式;以德治国属于精神文明范畴,是思想建设的主要方式,主要是以德教民、以德化民、以德育人。这样,在立法、执法、司法、法律监督、法律解释等政治法律活动中,必须严格遵循法治的精神、

---

① 《礼记·经解》。

② 《荀子·修身》。

③ 《论语·为政》。

④ 《汉书·董仲舒传》。

⑤ 《韩非子·显学》。

⑥ 《管子·任法》。

⑦ 《江泽民文选》第3卷,人民出版社2006年版,第200页。

原则和方法,不得以道德判断取代或冲击法治规则。而在相当广泛的政治社会领域和精神文明建设中,必须强调德治的精神、原则和方法,不能一味地用法律的强制手段解决思想道德问题,要注重弘扬和培育民族精神,提高全民族的思想道德素质。

二、法治与德治的互补性

改革开放使中国社会发生了翻天覆地的变化。与传统社会相比,在一个市场经济社会中,法律所具有的肯定性、普遍性、可预测性、结构完整性和国家强制性等优点,使其调整经济社会关系的作用的优势明显提升。而且,法律不仅能够调整个人行为,还具有调整社会各阶级的关系、重大利益关系,使占主导地位的秩序制度化、合法化的功能;不仅能够调整普遍的社会关系,而且负担巨大的政治、经济、文化的组织任务。因而,法律必然是实现国家职能,推动社会发展的最重要的、经常的、不可缺少的手段,在社会规范体系中不可避免地起着主导作用。

但是,法律不是万能的。法律有其固有的局限和弱点。法律的这些局限和弱点需要由其他社会调整机制给予辅助和补充。在法律之外的其他社会调整机制中,道德是非常重要的常规机制。正如习近平所指出的:"法律是成文的道德,道德是内心的法律。""法律和道德……在国家治理中都有其地位和功能。法安天下,德润人心。法律有效实施有赖于道德支持,道德践行也离不开法律约束。法治和德治不可分离、不可偏废,国家治理需要法律和道德协同发力。""法律是准绳,任何时候都必须遵循;道德是基石,任何时候都不可忽视。在新的历史条件下,我们要把依法治国基本方略、依法执政基本方式落实好,把法治中国建设好,必须坚持依法治国和以德治国相结合,使法治和德治在国家治理中相互补充、相互促进、相得益彰,推进国家治理体系和治理能力现代化。"①

小结

法治已经成为当今世界政治文明发展的历史潮流。法治的基本内涵已经成为人类社会的重要共识,对此必须有清晰认知。法治与法制既有联系也有区别,法治与人治水火不相容,法治与德治相辅相成。只有对法治与法制、法治与人治、法治与德治的关系有清楚而深刻的认知,我们才能很好地把握法治的原理。

思考题

1. 马克思说:"在民主的国家里,法律就是国王;在专制的国家里,国王就是法律。"请结合该语境,谈谈你对现代法治原理的理解。

---

① 习近平:《坚持依法治国和以德治国相结合》(2016年12月9日),载《习近平谈治国理政》(第2卷),外文出版社2017年版,第133页。

2. 法治与法制的主要区别是什么？

3. 法治与人治的主要区别是什么？

4. 为什么说"奉法者强则国强"？

5. 相传,清朝大学士张英的族人与邻人争宅基,两家因之成讼。族人驰书求助,张英却回诗一首:"一纸书来只为墙,让他三尺又何妨？万里长城今犹在,不见当年秦始皇。"族人大惭,遂后移宅基三尺。邻人见状亦将宅基后移三尺,两家重归于好。请根据上述材料,阐述依法治国和以德治国的关系。

第二十四章　法治与经济和科技

> 法治是文明社会的基石,由于科学在诸多领域内不断发展,深远探索,科学家们应当了解相关法律规则,指导自己工作的适当法律界限。此外,同样重要的是,法律人要熟悉科学的发展情况,法律需要跟上技术发展的步伐。
>
> ——［英］戴维·埃德蒙德·纽伯格[①]

在全部社会现象中,法与经济的联系可谓最直接、最密切。在当前,市场经济本身就是法治经济,理解法与经济的关系,尤其是理解法治与经济的关系,将有助于我们理解未来中国深化经济改革的方向及路径选择。就经济中最重要的部分——生产力而言,科技具有根本意义,因为科技是第一生产力。当前,科技发展尤其是互联网技术的发展对人类社会的影响越来越大,而确保其健康发展的最重要因素就是法治。本章就上述问题进行了分析和论述。

第一节　法治与经济

第二节　法治与科技

---

① 戴维·埃德蒙德·纽伯格(David Edmond Neuberger, 1948—),曾任英国最高法院院长(2012—2017)。本题记选自纽伯格于2015年11月24日在英国皇家学会(The Royal Society)发表的题为"Science and Law: Contrasts and Cooperation"的演讲。译文节选自［英］纽伯格勋爵:《法官如何借助科学技术判案》,葛峰译,载《新华文摘》2016年第22期。

第一节　法治与经济

一、经济释义

汉语"经济"一词有两个词源：古代汉语和外文翻译。其中，古代汉语中的"经济"一词具有的特定含义，现在已经不常用。在现代汉语中，"经济"一词来自外文翻译。

《周易》中就有了"经""济"二字。东晋时期已正式使用"经济"一词。据《晋书·纪瞻传》记述晋元帝司马睿褒奖纪瞻的诏书中说："瞻忠亮雅正，识局经济。"隋书《文中子·礼乐篇》里出现"经济之道"一说。唐代以后，"经济"一词使用渐多。杜甫《上水遣怀》诗中有："古来经济才，何事独罕有。"宋有"经济之士，必先富其国焉"[①]的名言。宋代以后，还出现了一些以"经济"命名的书，诸如宋代滕洪所编《经济文衡》，元朝李士瞻撰、其曾孙李仲辑《经济文集》，清朝《皇朝经济文编》等。清以后以"经济"命名的书籍逐步增多。综观"经济"一词的具体运用，其在中华传统文化中的本意都是"经世济民""经国济物"，也就是治国平天下之意，与现代意义上的"经济"一词的含义相去甚远。与现代意义上的"经济"最相近的词汇，在我国古代是《尚书·洪范》中的"食""货"《荀子》中的"富国"《史记》中的"货殖"等。

"经济"一词的现代意义是在西学东渐中被赋予的。如同其他诸多词汇一样，作为语词的"经济"在中国也发生了传统意义与现代意义的断裂。19世纪晚期，西方经济学在中国开始传播。economics最初被直接译到中国时，对应的中文词是"富国策""生计学""计学""理财学"等。日本首先借用汉字将economics翻译为"经济学"。日文"经济"有多重意思，其中有来自汉语"经邦治国"之"经济"的含义。中国人后来又把西文日译后的这个词"译"回了中国，成为现代汉语中"经济"一词的另一个来源。

在现代西方经济学中，对经济概念有多种理解。以1992年诺贝尔经济学奖获得者贝克尔（Gary.S.Becker）为代表，主张"广义经济学"的学者提出："经济"的概念，就是如何以最小的代价，取得最大的效果；就是如何在各种可能的选择中，即在各种主观与客观、自然与人际条件的制约下，选取代价最小而收效最大的那一种选择。[②]本书中，我们以马克思主义经济学为指导，主要从生产力与生产关系的意义上理解"经济"概念，认为经济或称经济状况是指整个社会的物质资料的生产和再生产，而"经济活动"是社会物质的生产、分配、交换和消费活动的统称。

二、经济与法律的关系

（一）经济基础决定法律

首先，法律基于经济发展的需要而产生。当经济发展到一定阶段，产生出对法律的需

---

① 《李觏集·富国策》。

② 参见［美］加里·S.贝克尔：《人类行为的经济分析》，王业宇、陈琪译，上海三联书店1993年版，第5页。

要时,作为特殊社会规范的法律便应运而生。一定生产关系的性质以及生产力的发展水平,决定着以该生产关系为基础的法律的本质和特征。一般而言,法律是在经济上占统治地位,从而在政治上也占统治地位的掌控国家政权的社会集团共同意志的反映。因此,历史上之所以出现过各种不同类型的法律,主要是由于它们赖以存在的经济基础的性质和特征不同。同一历史类型的各国法律,尽管它们也各有其特点,但由于它们赖以存在的经济基础的本质是一致的,所以它们有着共同的本质和基本特征。

其次,社会经济基础的发展变化必然反映到上层建筑,要求上层建筑与之相适应并为其服务。经济基础的根本变革,或早或迟要引起全部上层建筑的根本变革,这是一条确定无疑的历史规律。因此,经济基础的发展变化必然引起法律的发展变化。这种发展变化不仅表现在法律随着经济基础的根本变革而发生本质的变化,还表现在,当经济基础发生局部变化时,也会引起法律的相应变化。

任何掌控国家政权的社会集团都不可能离开其经济基础而随心所欲地制定或认可法律。不仅那些在现实生活中直接调整各种经济关系的法律必须由经济关系的实际内容决定,即使是政治性较强且离具体经济生活较远的法律,也必须符合经济关系的要求。作为掌控国家政权的社会集团的意志表现,法律必然受经济条件的制约,必须正确反映经济关系和社会发展的客观规律,符合经济基础的要求。正如马克思所说的,"只有毫无历史知识的人才不知道:君主们在任何时候都不得不服从经济条件,并且从来不能向经济条件发号施令。无论是政治的立法或市民的立法,都只是表明和记载经济关系的要求而已"[①]。"权利永远不能超出社会的经济结构以及由经济结构所制约的社会文化发展"[②]。

当然,也不能因为强调经济基础决定法律,就认为法律不受其他因素的影响,或与其他社会现象无关。上层建筑中的其他部分,如社会的政治观点、法律观点、宗教观点、道德观点、风俗习惯以及阶级力量对比关系和国际环境等,都同法律发生相互影响。显然,这是对"经济基础决定法律"观的一种修补。恩格斯在晚年曾这样回应对经济基础决定论的批评:"根据唯物史观,历史过程中的决定性因素归根到底是现实生活的生产和再生产。无论马克思或我都从来没有肯定过比这更多的东西。如果有人在这里加以歪曲,说经济因素是唯一决定性的因素,那么他就是把这个命题变成毫无内容的、抽象的、荒诞无稽的空话。经济状况是基础,但是对历史斗争的进程发生影响并且在许多情况下主要是决定着这一斗争的形式的,还有上层建筑的各种因素:阶级斗争的各种政治形式及其成果——由胜利了的阶级在获胜以后确立的宪法等等,各种法的形式以及所有这些实际斗争在参加者头脑中的反映,政治的、法律的和哲学的理论,宗教的观点以及它们向教义体系的进一步发展。"[③]"政治、法、哲学、宗教、文学、艺术等等的发展是以经济发展为基础的。但是,它们又都互相作用并对经济基础发生作用。并非只有经济状况才是原因,才是积极的,而其余一切都不过是消极的结

---

① 《马克思恩格斯全集》第 4 卷,人民出版社 1958 年版,第 121—122 页。
② 《马克思恩格斯选集》第 3 卷,人民出版社 1972 年版,第 12 页。
③ 《马克思恩格斯选集》第 4 卷,人民出版社 2012 年版,第 604 页。

果。"① 这就是说,在分析法律的决定性因素时,不能也不应该忽略经济条件以外的其他诸因素,即政治、思想、宗教、道德、文化、历史传统、民族、科技等因素。如果忽略或舍弃这些因素的作用,那就无法解释法律制度之间有时会出现相当大的差异。

（二）法律对经济的作用

经济生活是人类生活的重要方面,法律有必要对经济活动进行规范。否则,仅依靠人类自发行为会造成经济失序与不安全,甚至危及人类的生存状态。

法律对经济的作用主要表现在以下四个方面:

第一,确认经济关系。法律确认经济关系,是指法律创建新的生产关系及改造旧的生产关系。这种确认功能使社会基本经济关系得以以制度形式合法存在。该功能通常在宪法规范中表现得最为突出。

第二,规范经济行为。法律对经济主要通过民商法、经济法、行政法和程序法等加以间接调控,对经济行为加以规范,从而使经济在一定的法律秩序中运行。法律对经济行为的合理规范常常对经济的稳定与增长起到举足轻重的作用。尤其在当前经济全球化时代,经济要素在全球自由流通,经济运行规范的合理性、开放性及可信度构成经济运行的主要软环境,对经济要素的流动有极大影响,对区域经济发展尤为重要。

第三,维护经济秩序。法律对经济关系不仅作出确认、调整,而且加以维护和保障,确保其正常的发展秩序不受侵扰,这样才能体现法律经济功能的目的性及其本质。现阶段,我国法律的任务就是严格保护经过确认的各种经济形式和市场经济秩序,对于各种侵扰经济秩序的违法行为给予应有的法律制裁。

第四,服务经济活动。法律的经济功能不仅通过直接规定经济关系内容的法律规范体现,还通过服务于经济活动的各种法律制度来体现。"这些制度安排能够使经济单位实现规模经济(股份公司、企业),鼓励创新(奖金、专利法),提高要素市场的效率(圈地、汇票、废除农奴),或者减少市场的不完善(保险公司)"。② 因而,起到了提高经济效率、服务经济活动的作用。

三、建设法治经济

中共十八大以来,以习近平同志为核心的党中央围绕中国特色社会主义经济建设提出了一系列新的重大战略思想和重要理论观点,创造性地发展了中国特色社会主义政治经济学原理,为法治经济建设培植了更加深厚、更加科学的理论基础,为"社会主义市场经济本质上是法治经济""厉行法治是发展社会主义市场经济的内在要求""认识新常态、适应新常态、引领新常态"等科学命题提供了学理支撑。这些思想阐明了法治与经济的内在联系,说明了法治对经济发展的重大意义。根据"市场经济本质上是法治经济"科学定位,中共十八届五中全会审议通过的《中共中央关于制定国民经济和社会发展第十三个五年规划的建

---

① 《马克思恩格斯选集》第4卷,人民出版社1995年版,第732页。

② [美]道格拉斯·诺斯、罗伯斯·托马斯:《西方世界的兴起》,厉以平、蔡磊译,华夏出版社2017年版,第8页。

议》和第十二届全国人大第四次会议审议通过的《中华人民共和国国民经济和社会发展第十三个五年规划纲要》(以下简称《十三五规划纲要》)进一步提出要"加快建设法治经济和法治社会,把经济社会发展纳入法治轨道"[①]。建设社会主义法治经济的核心内涵和要求主要包括:

(一)坚持和完善社会主义基本经济制度

法治经济的基石是基本经济制度,建设法治经济的第一要务是以宪法和其他法律确认和巩固社会主义基本经济制度,引领经济体制改革的社会主义方向,完善和发展社会主义基本经济制度。对此,必须"坚持和完善公有制为主体、多种所有制经济共同发展的基本经济制度"[②],这是中国共产党确立的一项大政方针,是中国特色社会主义制度的重要组成部分,也是完善社会主义市场经济体制的必然要求,因而坚持和完善社会主义基本经济制度的原则应成为建设法治经济遵循的一个基本原则。

在社会主义经济体系的建设过程中,从中华人民共和国第一部宪法到现行宪法的五次修改,从《民法通则》的制定到《物权法》的颁布,我国立法机关始终跟进基本经济制度的完善和发展,适时立法、修法,巩固和发展社会主义基本经济制度,确认各类经济主体的法律地位,明确经济建设的方针和原则,使市场经济建设具有合法性、合理性,从而推进市场经济的健康发展,为法治经济建设铺就了制度基石。

(二)完善社会主义市场经济法律制度

"法治经济的本质要求就是把握规律、尊重规律。"[③]法治经济建设的基础性工作是坚持社会主义市场经济改革方向,遵循社会主义基本制度与市场经济有机结合的规律,以保护产权、维护契约、统一市场、平等交换、公平竞争、有效监管为基本导向,不断完善社会主义经济法律制度,充分发挥市场在资源配置中的决定性作用,并更好地发挥政府的作用。

完善社会主义市场经济法律制度,首先需要加快建设和完善现代产权制度。中共十八届四中全会《决定》就曾明确指出:"健全以公平为核心原则的产权保护制度,加强对各种所有制经济组织和自然人财产权的保护,清理有违公平的法律法规条款。创新适应公有制多种实现形式的产权保护制度,加强对国有、集体资产所有权、经营权和各类企业法人财产权的保护。"[④]《十三五规划纲要》又进一步指出:"健全归属清晰、权责明确、保护严格、流转顺畅的现代产权制度。推进产权保护法治化,依法保护各种所有制经济权益。"推进现代产权制度建设,重要的是确保和维护好广大农民的土地权益。始终把维护好、实现好、发展好农民权益作为土地制度改革的出发点和落脚点。在坚持农村土地集体所有的前提下,促进承

[①] 《中共中央关于制定国民经济和社会发展第十三个五年规划的建议》,人民出版社2015年版,第6页。
[②] 习近平:《关于〈中共中央关于全面深化改革若干重大问题的决定〉的说明》(2013年11月9日),载《十八大以来重要文献选编》(上),中央文献出版社2014年版,第500页。
[③] 习近平:《在中央经济工作会议上的讲话》(2014年12月9日),载《习近平关于全面依法治国论述摘编》,中央文献出版社2015年版,第115页。
[④] 《中共中央关于全面推进依法治国若干重大问题的决定》(2014年10月23日),载《十八大以来重要文献选编》(中),中央文献出版社2016年版,第162页。

包权和经营权分离,形成所有权、承包权、经营权三权分置,经营权合理流转的格局,让农民成为土地适度规模经营的积极参与者和真正受益者。

(三)营造公平竞争、规范有序的经济法治环境

中共十八大以来,中国共产党致力于为经济发展营造良好的法治环境。习近平多次强调:"全面深化改革,关键是要进一步形成公平竞争的发展环境"[①],"要积极推进全面依法治国,营造公平有序的经济发展法治环境"[②]。营造良好的经济法治环境的任务,包括:

第一,保障各类市场主体享有公平竞争的权利,特别是确认和保障非公有制经济的平等主体地位和平等权利。维护统一市场和公平竞争,必须实施公平竞争审查制度,建立统一规范、权责明确、公正高效、法治保障的市场监管和反垄断执法体系,消除所有制歧视和地域歧视,排除特权干扰和身份差异。交换和竞争是市场经济的基本机制,而市场主体地位的平等是自愿交换和公平竞争的前提。公有制经济和非公有制经济都是社会主义市场经济的重要组成部分,都是我国经济社会发展的重要基础,毫不动摇地鼓励、支持和引导非公有制经济的发展,废除对非公有制经济各种形式的不合理规定,消除各种隐性壁垒,坚持权利、规则和机会平等的原则,为其公平参与市场竞争营造良好的环境,也是法治经济建设的重要内容。

第二,打造一个法治化、国际化、便利化的营商环境。以开放促改革、促发展,是我国改革发展的成功经验。中共十八届三中全会、四中全会、五中全会为完善法治化、国际化、便利化的营商环境提出了一系列改革措施,《十三五规划纲要》进行了合理的制度安排。着力营造法治化、国际化的营商环境需要国际关系的法治化保障,促进国际关系民主化和全球治理平等化,创造公平竞争的市场环境,提高我国在全球经济治理中的制度性话语权。建立公平开放透明的市场规则,提高我国服务业国际竞争力。反对任何形式的歧视性政策,积极推动建立均衡、共赢、关注发展的多边经贸体制。破除一切阻碍对外开放的体制机制障碍,形成有利于培育新的比较优势和竞争优势的制度安排。从制度和规则层面进行改革,完善市场准入和监管、产权保护、信用体系等方面的法律制度。营造法治化、国际化、便利化的营商环境。

第三,积极推进和完善自贸区和经济法治示范区的建设。自贸区是新时代法治经济的试验田和示范区,为法治经济的形成提供重要的制度创新来源。加快实施自由贸易区战略,是我国新一轮对外开放的重要内容,是适应经济全球化新趋势的客观要求,是全面深化改革,构建开放型经济新体制的必然选择,也是我国积极运筹对外关系、实现对外战略目标的重要手段。中共十八大以来,党中央、国务院先后批准成立了包括上海、广东、天津、浙江、海南等在内的11个自由贸易区(简称"自贸区")。自贸区建设的核心任务就是制度创新,深

① 习近平:《关于〈中共中央关于全面深化改革若干重大问题的决定〉的说明》(2013年11月9日),载《十八大以来重要文献选编》(上),中央文献出版社2014年版,第496页。

② 《习近平李克强张德江俞正声刘云山王岐山张高丽分别参加全国人大会议一些代表团审议》,《人民日报》2015年3月9日,第1版。

化完善基本体系,突破瓶颈,聚焦商事制度、贸易监管制度、金融开放创新制度、事中事后监管制度等,率先形成法治化、国际化、便利化的营商环境,形成公平、统一、高效的市场环境。

(四)适应、把握和引领经济新常态

中共十八大以来,常用"经济新常态"来概括当前和未来一段时期中国经济发展的阶段性特征和经济法治的新逻辑。以法治方式领导和管理经济需要按照适应新常态、把握新常态、引领新常态的总要求,加快完善引领和保障经济发展新常态的法律规范体系。以法治方式适应、引领新常态,需要转变政府职能,处理好政府与市场的关系。理论和实践证明,通过市场配置资源是最有效率的形式。市场决定资源配置是市场经济的一般规律,市场经济本质上就是市场决定资源配置的经济。但同时必须看到,市场在资源配置中起决定性作用,而不是起全部作用。我国实行社会主义市场经济体制,仍然要坚持发挥我国社会主义制度的优越性,发挥党和政府的积极作用。因此,问题的关键在于加快转变政府职能,该放给市场和社会的权一定要放足、放到位,该政府管的事一定要管好、管到位。正确处理市场与政府的关系,使政府依法调控和治理经济,一个行之有效的机制就是实行市场准入负面清单制度。实行这一制度有利于发挥市场在资源配置中的决定性作用和更好地发挥政府调控作用,加快构建市场开放公平、规范有序,企业自主决策、平等竞争,政府权责清晰、监管有力的市场准入管理新体制。

(五)加快建设市场经济法律体系

法治经济是经济与法治高度融合的经济类型。要形成充分体现法治精神的经济体系,需要尽快完善和创新市场经济法律体系,培育更加公平的市场经济法治环境。建设法治经济,必须以新发展理念为指导。中共十八届五中全会提出了以"创新发展、协调发展、绿色发展、开放发展、共享发展"为主要内容的新发展理念,为我国经济社会发展指明了方向,也为我国法治经济建设确立了基本理念。我国民法典的编纂,同样应当遵循新发展理念,形成一部闪耀着创新、协调、绿色、开放、共享光芒的民法典。除了编纂民法典,也要重视商法体系的建设。就市场经济和法治经济而言,民法与商法是"车之两轮、鸟之两翼"的关系,应积极推动与新技术革命相适应的商事规则变革和商事立法,推进商法体系的创新和完备。此外,还要推进兼具公法和私法双重属性和特征的知识产权法、经济法等专门法律的完善和创新,与民法、商法共同构建出适应和引领经济发展新常态的社会主义经济法治体系。

第二节　法治与科技

一、科技释义

科技是"科学技术"的简称,因而对科技的释义即对"科学"与"技术"的释义。"科学"这一概念译自英文 science。明朝末年,士大夫用"格致"概括西方科学知识,时至清末梁启

超发表《格致学沿革考略》，用"格致"指涉科学在中国已约有三百年的历史。[①] "格致"一词源自春秋时期的《礼记·大学》中的"致知在格物，物格而后致知"。所谓"格物致知"，就是深究事物的原理以求知识。明治维新时期，日本学者接受了法国哲学家孔德（Auguste Comte）关于科学分类的观点，把 science 译成"科学"。康有为则首先把日文汉字"科学"直接引入中文。他于 1898 年在《戊戌奏稿》中提出"外求各国科学"。20 世纪初，"科学"一词开始在中国流行起来。

"技术"一词的希腊文词根是 Tech，其原意是指个人的技能或技艺。在漫长的技术发展过程中，每一个历史阶段都有其中心技术和相应的辅助技术，中心技术往往成为人类历史发展的时代标志。

科学与技术是辩证统一体：技术提出课题，而科学则完成课题；科学是发现，给技术以理论指导，而技术是发明，是科学的实际运用。随着生产的发展和科学技术本身的进步，近代以后，科学与技术的关系越来越密切，原来意义上的区别也越来越小。进入 20 世纪下半叶，科学技术在更高层次上的发展，使这两者的关系变得极为密切。今天，人们一般认为科学是以实验观察为基础的、以系统地发现因果关系为目的的社会实践，侧重以认识世界为目的；而技术则是人类改变或控制客观环境的手段或活动，以改造世界为目的。本章所说的"科学"，特指研究自然现象及其规律的自然科学；"技术"则只是泛指根据自然科学原理和生产实践经验，为某一实际目的而协同组成的各种工具、设备、技术和工艺体系，不包括与社会科学相应的技术内容。

人类社会文明的发展史，同时也是生产和科学技术发展的历史。数千年的历史表明，科学技术从一开始就是由生产决定的。社会生产不断给科学技术开辟新领域，提出新的研究对象。科技是生产力发展的产物，反过来，它又推动了生产力的发展。尤其是，发端于 18 世纪 60 年代的英国工业革命、技术革命和产业革命，真正把科学技术广泛地应用于生产，并引起了社会深刻变革。以 20 世纪初美国福特汽车公司大规模生产流水线的诞生为标志的第二次工业革命，为 20 世纪的人们开创了新世界。

自 2008 年国际金融危机爆发以来，如何走出危机实现复苏成为全球性的争论，为此引发了国外诸多学者关于"第三次工业革命"的讨论。美国经济学家杰里米·里夫金（Jeremy Rifkin）提出，新的通信技术和新的能源系统结合将再次出现——互联网技术和可再生能源将结合起来，为第三次工业革命创造强大的新基础设施。[②] 无疑，建立在互联网和新材料、新能源相结合的基础上的第三次工业革命，正在使全球技术要素和市场要素配置方式发生革命性变化，也正在推动人类社会进入个性化制造的崭新时代。

前三次工业革命使人类发展进入了空前繁荣的时代，但同时也急剧地扩大了人与自然之间的矛盾，造成了巨大的能源、资源消耗，人类付出了巨大的生态成本和环境代价。进入

---

① 参见金观涛、刘青峰：《观念史研究》，法律出版社 2009 年版，第 325—326 页。

② 参见 [美] 杰里米·里夫金：《第三次工业革命：新经济模式如何改变世界》，张体伟、孙豫宁译，中信出版社 2012 年版，第 274 页。

21世纪,人类日益面临空前的全球生态与环境危机、全球能源与资源危机、全球气候变化危机的多重挑战,由此引发了第四次工业革命。这是以互联网产业化、工业智能化、工业一体化为代表,以人工智能、清洁能源、无人控制技术、量子信息技术、虚拟现实以及生物技术为主的全新技术革命。

二、科技对于法治的影响

法治是一个动态的运行体系,科技对于法治的影响遍及法治运行的各个环节,包括立法、法律实施及公民的法律意识等。

(一)科技对立法的影响

第一,科技提出新的立法领域。随着科技的发展,出现了大量新的立法领域。科技成果一旦开始应用于生产领域,种种新的社会关系就相继出现,法律问题也接踵而至。1474年,威尼斯共和国颁布了人类历史上第一个专利法,开创了以法律保护技术发明的先河。到工业革命开始后,美国、德国、法国、俄国、日本等国家都相继颁布了专利法,成立了专利机构。这是科技发展影响立法的一个重要阶段。从此,许多国家开始通过立法来干预科技活动,调整科技领域中新的社会关系和社会秩序。特别是现代科学技术的发展,导致了计算机法、基因技术法、航空法、原子能法等的出现,许多新的法律纷纷登上法制史的舞台。随着有关科技法律的大量涌现,科技法也终于从原有的法律体系中脱颖而出,逐渐成为一个独立的法律部门;与此同时,关于科技法的研究也随之广泛开展起来,科技法学作为一个新的独立的学科,也被广泛承认。

科技的发展对一些传统法律领域提出了新挑战。例如,基因科技对人类影响越来越大。一方面,现代医学突飞猛进,人工授精、试管婴儿、人类胚胎移植等新技术的突破性发展,标志着人类自主干预生殖过程成为现实。随着人工授精的广泛应用和试管婴儿的大量诞生,形成了新型父母子女、抚养以及继承等关系,这对传统婚姻家庭和继承方面的法律产生了极大冲击。另一方面,转基因生物安全问题越来越引人注意,尤其是转基因食品安全问题。又如,在版权法领域,由于影印和静电复印技术的应用和普及,传统版权法的效力大大减弱。特别是数字技术(包括计算机、数据库、多媒体、信息高速公路等)的发展,使版权领域的法律问题更加突出。此外,科学技术的迅速发展使民法、刑法、国际法等法律部门也面临种种新的挑战。再如,人工智能的发展,将会对社会治理、法律制度、政府监管乃至社会伦理等产生极大影响和越来越多的挑战。

第二,科技运用于立法活动。科技知识及其研究成果被大量运用到立法过程中,法律规范的内容得以日趋科学化,立法技术也更加科学。例如,我国现行《婚姻法》中关于禁止"直系血亲和三代以内的旁系血亲"结婚、关于禁止"患有医学上认为不应当结婚的疾病"的人结婚的规定,就是以医学、遗传学和其他生物科学原理为依据的。同时,随着人类科学技术的发展以及立法水平的不断提高,法律运行各环节中必须应用的专门技术与方法规定,如关于立法技术的规定、关于解释法律和进行法律推理的方法与技术的规定等,越来越受到重视,从而出现了新的法律规范形式——技术法律规范,并逐渐形成了庞大的技术法律规范群。近两年,人工智能备受关注,大数据为人们分析和理解社会提供了越来越多的帮助,当我们要对社会某一领域进行立法的时候,大数据也必然为立法提供帮助。

(二)科技对法律实施的影响

科技对法律实施的影响集中体现于司法领域。一方面,司法的过程不断吸收新的科学技术方法,将之用于案件事实认定和裁判中。另一方面,以新技术发展为依托,司法方法不断实现自我创新。

在事实认定方面,越来越多的高科技产品被用于查明案件事实领域,收效明显。如借助于微电子技术、计算机技术、通信技术、生物技术、医学技术、摄影技术、化学技术及物理学方法,司法机关和司法人员能够快速准确地查获证据,认定事实。

同时,许多国家的科学研究者都在致力于开发各种人工智能计算机系统,探索新的司法方法创新。例如,在法律推理的定量化问题方面,1970年,布鲁斯·布坎南(Bruce Buchanan)和托马斯·亨德里克(Thomas Headrick)发表了《关于人工智能和法律推理若干问题的考察》一文,开启了法律推理的人工智能研究进程;20世纪70年代初,沃尔特·G.波普(Walter G.Popp)和伯纳德·施林克(Bernhard Schlink)开发了JUDITH律师推理系统。1977年,杰弗里·梅尔德曼(Jeffrey Meldman)开发了计算机辅助法律分析系统。1981年,D.A.沃特曼(D. A. Waterman)和M. A.皮特森(M. A. Peterson)开发了法律判决辅助系统。[①]一些人认为,人—机系统解决方案立足于人与机器的功能互补,目的是解放人的脑力劳动,服务于国家的法治建设。

(三)科技对公民法律意识的影响

法律意识对一个国家的法治建设有着重要作用,其常常受到科技发展的影响和启迪。例如,随着生理学、医学的发展,人们对于自然人的死亡的法律鉴定提出了更严格的要求,一些国家在法律上已经接受了"脑死亡"的概念;基于生理学、医学的发展,人们强调对于犯罪的精神病理因素持宽容态度;等等。

同时,科技发展促进了人们法律观念的革新,出现了一些新的法律思想、法学理论。例如,近些年来出现的法律信息论、法律系统论、法律控制论等,就是这一方面的例证。另外,科技的发展对于历史上已经形成的各个法系以及对于法学流派的产生、分化和发展也产生了重要影响。

三、法治对于科技的作用

(一)通过法律管理科技活动

"二战"以来,人类迎来"大科学"时代,科学技术已经突破了科学家个体或少数人集体研究的小天地,成为一项国家事业,政府和企业都参与进去,实现了政治家、企业家与科学家

---

① 参见张保生:《人工智能法律系统的法理学思考》,载《法学评论》2001年第5期。

的结合。科学家们的协同努力和集体攻关,离不开国家的科技发展规划以及对专门人才的培养和财政经费的支持,也离不开企业、银行、金融机构的资金投入。科技活动本身已是一项巨大的系统工程,涉及各环节的组织、协调、管理,这些都需要法律来规范,都需要一个良好的法律环境。

法律可以确认科技发展在一个国家社会生活中的战略地位。世界上很多国家,尤其是发达国家都通过制定专门科技法的形式来管理整个国家的科技活动。20 世纪 90 年代以来,我国也越来越重视相应法律的制定。1993 年 7 月 2 日,第八届全国人大常委会第二次会议通过《科学技术进步法》,这是指导我国科技事业发展的基本法律,该法于 2007 年 12 月 29 日由第十届全国人大常委会第三十一次会议修订。2002 年 6 月 29 日,《科学技术普及法》颁布施行,这是世界上第一部科普法规,标志着中国科普工作步入法制化轨道,对于提高全民族的科学文化素质,推动经济发展和社会进步,具有重要的功能。

法律对科技的国际竞争具有促进和保障作用。科技国际化已成为当今世界的重要发展趋势,科技事业已由国家事业发展为国际事业。另外,当代经济活动引发了许多全球性问题,如环境污染、气候变化、土地沙漠化、热带雨林锐减、大气臭氧层被破坏以及人口、资源和能源等问题。这些问题的解决必须依赖于科技的国际合作,而有序有效合作的前提就是形成一批对各国均有效力的法律文件。例如,2015 年 12 月 12 日在联合国巴黎气候变化大会上通过、2016 年 4 月 22 日在纽约签署的气候变化协定——《巴黎协定》,为 2020 年后全球应对气候变化行动作出了安排。2016 年 9 月 3 日,全国人大常委会批准中国加入《巴黎协定》,中国成为第 23 个完成批准协定的缔约方。

法律可以对科技活动起到组织、管理、协调作用。任何活动,尤其是涉及众多人员参与的科技活动,其有序发展的前提是在各方面形成切实有效的制度,如科技人员管理制度、研究开发机构制度、科技发展计划制度、科技奖励制度、科技信息管理制度等,而所有制度的前提都是制定相应的法律规范。

(二)法治促进科技经济一体化和科技成果商品化

"科学技术是第一生产力"并不必然推导出,有先进的科学技术,经济就会自然而然地发展。如果科学技术的存在状态仅仅停留在学术报告、实验图纸、展览样品的阶段,那么它还只是潜在的而非现实的生产力。只有使科技和经济相结合,大力促进科技成果商品化,经济才能高速增长,进而使社会对科技的物资、资金投入不断增加,使科技规模得以扩大,以保持或赢得经济上的竞争力,形成科技经济一体化协调发展的良性循环。然而,科技成果转化是一个复杂的系统工程,除了物质、资金投入外,还要解决其他一系列问题,如技术上要解决安全性问题、技术配套问题,体制上要解决科技与经济相脱节与平行发展的问题等。上述问题解决了,还有一个全局性的关键问题,即能否形成健全的机制。只有这个问题解决了,才能为成果转化提供多功能的社会服务体系,使研究、后续试验、开发、应用、推广直至形成新产品、新工艺、新材料,进而发展新产业等各个环节得以顺利和高效运作。在这些方面,法律都是不能忽视的重要基础因素。

国家可以规定各级政府部门在科技成果转化和推广中的地位和作用,明确其职责范围。1996 年 5 月 15 日,第八届全国人大常委会第十九次会议通过《促进科技成果转化法》;2015 年 8 月 29 日,第十二届全国人大常委会第十六次会议又通过《关于修改〈中华人民共和国促进科技成果转化法〉的决定》。根据该法规定,由国务院科学技术行政部门、经济综合管理部门及其他有关行政部门管理全国范围的科技成果转化工作,地方各级人民政府管理本行政区域内的科技成果转化工作。

法律可以有力地保护知识产权,规范无形资产的评估价值。科技成果的专利权、版权、商标权、技术秘密权等知识产权,是促进科技成果转化的利益驱动力量,是对权利人付出的回报。

法律规定技术交易规则,可以使科技成果的商品性质和交换关系规范化。一些发达国家的实践经验表明,将科技成果推向成熟、稳定的市场,促进科技成果源源不断地转化为现实生产能力,离不开公平有序的竞争规则,离不开相应的法律监督系统。

(三)法治预防科技引发的社会问题

科技活动的社会效果具有两重性:一方面,现代科技的发展为人类提供了改造和利用自然的新手段,提高了人们的生活质量。另一方面,科学技术也可能带来严重的社会问题。科学技术的失控、滥用引起了种种社会公害,如环境污染、生态平衡遭到破坏、自然资源日益枯竭等。20 世纪 90 年代以来,网络技术的飞速发展,为人们获取和传播信息提供了极为便利的手段,但对网络技术的非道德使用及其所带来的社会危害也越来越引人注目。事实表明,为防止对科技成果的误用、滥用和非道德使用所造成的社会危害,必须有相应的法律加以防治,并对受害者给予法律救济。同时,研究开发的科技成果,其应用有可能危害人类社会、造成不可逆转后果的,也应当以相应的立法预先作出有关应用范围与性质的规定。

四、网络社会的法律问题

(一)网络改变社会

2018 年 1 月 31 日,中国互联网络信息中心(CNNIC)在北京发布第 41 次《中国互联网络发展状况统计报告》。报告显示,截至 2017 年 12 月,中国网民规模达到 7.72 亿。互联网普及率为 55.8%,超过全球平均水平 4.1 个百分点。

互联网以其开放性、平等性和全球性三大特性深刻地改变了现实社会的各个方面,使人们在思维、生活、交流、交易等方面产生了翻天覆地的变化。同时,网络和现实中产生的问题呈现出"社会问题网络化""网络问题社会化"趋势。科技的迅猛发展加上相关法律法规的相对滞后,导致网络无序化进一步蔓延。例如:(1)网络暴力盛行。网络暴力是指网民针对某一现象以言论攻击方式进行的道德审判,它并非现实生活中对当事人造成财产或人身损害的暴力形式,而是通过网络舆论的集结优势达到强制干涉他人的目的,主要表现为人肉搜索、言语攻击、形象恶搞、隐私披露等形式。（2）网络违法犯罪普遍存在。例如，网络诈骗、网络色情、网络传销、网络贩卖公民个人信息、网络"钓鱼"、网络赌博、网络黑客攻击、网络贩卖假冒伪劣产品、网络贩毒和网络非法集资。这些网络违法犯罪行为骗取人们钱财，危害未成年人身心健康，扰乱市场秩序，侵犯个人隐私，威胁网络安全和社会稳定，同时也阻碍了网络对社会经济发展的推动作用。（3）网络表达无序。Web2.0时代开辟了双重公共空间——社会公共空间与虚拟公共空间。虚拟空间的网络匿名性在扩大人们表达自由的同时，也带来了一些网民"匿名的狂欢"，误认为网络是一个完全自由的世界，可以在网络世界里肆无忌惮地进行情绪发泄、言语攻击，甚至进行违法犯罪行为。

　　网络社会虽然是个虚拟的世界，但却是现实世界的折射。2015年12月16日，第二届世界互联网大会①在乌镇召开，中国国家主席习近平出席开幕式并发表重要讲话，讲话强调了法治之于网络的意义。网络空间同现实社会一样，既要提倡自由，也要保持秩序。自由是秩序的目的，秩序是自由的保障。既要尊重网民交流思想、表达意愿的权利，也要依法构建良好网络秩序，这有利于保障广大网民的合法权益。网络空间不是"法外之地"。网络空间是虚拟的，但运用网络空间的主体是现实的，大家都应该遵守法律，明确各方权利义务。要坚持依法治网、依法办网、依法上网，让互联网在法治轨道上健康运行。同时，要加强网络伦理、网络文明建设，发挥道德的教化引导作用，用人类文明优秀成果滋养网络空间，修复网络生态。

　　2017年12月3日，第四届世界互联网大会开幕，习近平主席亲致贺信，强调：当前，以信息技术为代表的新一轮科技和产业革命正在萌发，为经济社会发展注入了强劲动力，同时，互联网发展也给世界各国主权、安全、发展利益带来许多新的挑战。全球互联网治理体系变革进入关键时期，构建网络空间命运共同体日益成为国际社会的广泛共识。中国希望与国际社会一道，尊重网络主权，发扬伙伴精神，大家的事由大家商量着办，做到发展共同推进、安全共同维护、治理共同参与、成果共同分享。中共十九大制定了新时代中国特色社会主义的行动纲领和发展蓝图，提出要建设网络强国、数字中国、智慧社会，推动互联网、大数据、人工智能和实体经济深度融合，发展数字经济、共享经济，培育新增长点、形成新动能。中国数字经济发展将进入快车道。中国希望通过自己的努力，推动世界各国共同搭乘互联网和数字经济发展的快车。中国对外开放的大门不会关闭，只会越开越大。②

---

　　①　世界互联网大会（World Internet Conference）是由中华人民共和国倡导并每年在浙江省嘉兴市桐乡乌镇举办的世界性互联网盛会，旨在搭建中国与世界互联互通的国际平台和国际互联网共享共治的中国平台，让各国在争议中求共识、在共识中谋合作、在合作中创共赢。截至目前，世界互联网大会一共召开了四届：第一届于2014年11月19日至11月21日召开，主题为"互联互通　共享共治"；第二届于2015年12月16日至18日召开，主题为"互联互通　共享共治——构建网络空间命运共同体"；第三届于2016年11月16日至18日召开，主题为"创新驱动　造福人类——携手共建网络空间命运共同体"；第四届于2017年12月3日至5日召开，主题为"发展数字经济　促进开放共享——携手共建网络空间命运共同体"。

　　②　参见《习近平致第四届世界互联网大会的贺信》，载《光明日报》2017年12月4日，第1版。

网络与现实世界的融合和渗透,是推动当前互联网发展的根本动力;网络社会的乱象会对现实世界造成危害,必须用法律规范网络社会秩序,虚拟世界同样需要现实规则,网络空间依然需要法治。

（二）法律是调整网络秩序的重要规范

科技与法律相辅相成。互联网作为信息技术革命成果的最佳体现,深刻地影响和改变着人类生活的方方面面。中共十九大强调,要建设科技强国、网络强国、数字中国、智慧社会;要建立网络综合治理体系,营造清朗的网络空间;人类面临许多共同挑战,其中包括网络安全等非传统安全威胁持续蔓延。法律在维系现实社会秩序方面发挥着重要功能,自然也能成为调整网络秩序的重要规范。具体表现在以下三个方面:

第一,通过法律保障公民理性地进行网络表达。表达权是民主社会的根基,是个人发展和社会进步的一个基本条件,但网络表达的自由也应受到法律的限制。

第二,通过法律构建安全的网络经济活动环境。建立安全的网络经济活动环境,就是要通过依法打击网络诈骗、网络制假售假等网络侵权和网络犯罪行为,让网络经济主体能放心地利用网络进行市场交易,实现网络经济秩序的良性运转。2017 年 6 月 1 日,《网络安全法》正式实施,立法目的是保护我国网络空间主权和国家安全、社会公共利益,以及公民、法人和其他组织的合法权益,其有效实施构成了我国经济社会信息化健康发展的重要保障。

第三,通过网络治理培养一种便利生活、促进和谐的网络文化。网络便利了人们对信息资源的获取,提供了人们利用网络提升自己、展示自己、成就自己的平台。发挥网络社会的这种优势需要干净的网络环境和有秩序的网络参与。

（三）构建网络社会法治秩序

1. 立法先行,为纷繁复杂的网络行为制定规则。虽然网络空间是虚拟世界,但它毕竟是现实世界的折射。究其根本,网络社会中,除了极少数过去立法没有规范的行为之外,绝大多数行为都可以认为是现实行为的延伸或者折射。因而,网络空间的立法问题首先是原有规范的解释与变通问题,这一点,可以通过扩张化的司法解释让传统法律规则更具经济性、时效性;其次才是研究新的现象,通过创设新的规则来应对那些全新的情况。同时,还要借鉴其他国家关于互联网立法的先进经验,参与互联网国际立法。

2. 加大执法力度,净化网络环境。据统计,我国目前共出台了 40 多部法律、法规、部门规章、地方性法规以及行业规范等,用于规范互联网大环境。对已有或将来制定的法律规范,必须做到"有法必依,执法必严"。加强网络执法涉及以下三个问题:一是要整合执法部门和执法资源;二是要增大技术投入,加强执法技术力量;三是要加大处罚力度,对于网络违法行为,要根据相应的情节给予治安管理处罚或追究其刑事责任。

3. 提高司法公信力,主动应对网络时代新挑战。在全媒体、大数据时代背景下,司法工作面临一系列的新问题、新挑战和新机遇。为此,应立足于网络舆论传播规律和新形势,提高网络舆论引导能力,切实有效地提升司法公信力和司法权威。第一,提升应对网络事件的新技能。第二,建立常态化网络互动平台。第三,建立网络舆情研判和预警机制,及时发出预警信号,积极应对可能出现的各种情况。同时,也要加强对网络舆论的引导。第四,正确处理独立司法和新闻自由的关系。第五,大力推进网上公开裁判文书。

4. 建立法治化的网络治理模式。按照联合国网络治理工作组(Working Group on Internet Governance)的定义,网络治理是指由政府、私营机构和公民社会从他们各自的职责出发,共同形成、发展和运用的原则、规范、章程、决策程序和制度安排,以此影响和推进互联网的使用。中国目前的网络管理实践更侧重于政府监督功能的发挥,是一种"监管"模式,强调自上而下的、单一主体的管理模式。其在理念上强调通过政府净化网络环境和网络舆论,在实践上倾向于通过强制性的内容审查与过滤"防患于未然"。而互联网"治理"模式则强调多元主体的管理架构,强调在自发式、自律性的网络环境中的共同参与、共同责任。网络社会的复杂性要求实现从"监管"到"治理"的转变。每个网络参与者都有能力也有义务承担起约束自我行为和参与网络治理的责任。对每个公民而言,法治社会是一个可以依法行使权利的社会,同样也是一个需要承担责任的社会。因此,法治化的网络治理模式强调网络参与主体的道德自律,这也是法治意识的更高层次体现。

总之,法治化的网络治理模式必须倡导网络多元主体的相互合作,培养网络社会的法治精神和自治意识。通过法律确定的网络自由边界和网络行为规范,建立政府、企业和民众都能参与的全方位管理体系,最终实现法治秩序良好运行的网络社会。诚如习近平所指出的,只有网上网下同心聚力、齐抓共管,才能形成共同防范社会风险、共同构筑同心圆的良好局面。如果考虑到"互联网是人类的共同家园,各国应该共同构建网络空间命运共同体"[①],那么,网络治理还需要国内法治与国际法治的协调发展,这是国家间开放合作、互利共赢、互联互通、共享共治的共同期盼。

小结

经济与法律的关系,主要表现在经济基础对法律的决定作用和法律对经济的反作用。市场经济是法治经济。中国市场经济建立与发展的过程,实际上就是经济法治化的过程。科技对于法治的影响遍及法治运行的各个环节,包括立法、法律实施及公民的法律意识等。法治对于科技的作用主要在于:通过法律管理科技活动,促进科技经济一体化和科技成果商品化,抑制和预防科技引发的各种社会问题。在网络已对人类社会产生重大影响的今天,必须加强网络安全,推进网络治理的法治化。

---

① 习近平:《在第二届世界互联网大会开幕式上的讲话》(2015年12月16日),载《人民日报》2015年12月17日,第2版。

思考题

1. 如何全面建设法治经济?

2. 现代科技对法治发展有哪些影响?

3. 为什么说网络空间不是"法外之地"?

4. "法律人要熟悉科学的发展情况,法律需要跟上技术发展的步伐。"请结合本章内容,阐述其中的法理。

第二十五章　法治与社会发展

> 为了保障人民民主,必须加强法制。必须使民主制度化、法律化,使这种制度和法律不因领导人的改变而改变,不因领导人的看法和注意力的改变而改变。
>
> ——邓小平[①]

　　法与社会、法治与社会发展存在着必然联系。我国的社会发展内在地要求法治,法治对于我国社会发展具有无可替代的保障和促进作用。本章主要从法治与政治、法治与文化、法治与社会治理、法治与生态文明等方面,来讨论法治与社会发展的关系,由此了解法治与社会发展的关联性原理,特别是中国特色社会主义建设中法治与社会发展的关联性原理。

---

① 邓小平(1904—1997),四川广安人。本题记选自《解放思想,实事求是,团结一致向前看》,载《邓小平文选》第2卷,人民出版社1994年版,第146页。

第一节　法治与政治

法与政治同属上层建筑中的现象,两者关系密切。法治与政治是法与政治的一种特别关系。习近平指出:"法治当中有政治,没有脱离政治的法治。""每一种法治形态背后都有一套政治理论,每一种法治模式当中都有一种政治逻辑,每一条法治道路底下都有一种政治立场。"[①] 考虑理论原理学习与法治重大实践问题相结合的需要,本节着重讨论法与政治的一般关系、法治与执政党的关系、法治与民主的关系。

一、政治的含义

政治是一个复杂的概念,学术界对其有着多种解释。按照马克思主义的理论观点,政治包含着以下几层意思:

第一,政治是一定经济基础之上的上层建筑。以历史唯物主义的结构分析方法来看,社会构成可分为经济基础和上层建筑两大部分,政治属于上层建筑部分。政治是经济的集中表现,一切政治要求和主张,都直接或间接地表达着经济领域的要求。政治力量的形成和演变,归根到底受到经济领域的社会分工和利益分化的制约。

第二,政治以一定的阶级、阶层和社会集团的利益关系为内容。政治是一种社会关系,是一种公共领域中的关系,其内容是一定社会中的阶级、阶层和社会集团的利益。无论是政治对立还是合作,都是这些利益关系的表现。

第三,政治的核心是国家政权。政治关系和政治活动,总是直接或间接地以夺取或巩固政权、参与或影响国家政权为中心议题,总表现为直接或间接地运用国家政权来解决各种问题。

概言之,政治是一定经济基础之上的上层建筑部分,是经济的集中体现,是一定阶级、阶层和社会集团围绕国家政权及其运行而发生的社会关系和社会活动。[②]

二、法与政治的一般关系

法与政治的一般关系可以从两个方面认识:政治对法的影响和法对政治的作用。

(一)政治对法的影响

在一般关系上,政治对法的影响主要表现在以下三个方面:

第一,政治力量在国家中的构成状况决定国家政权的性质,也决定法律的性质。早在两千多年前,亚里士多德就说过:"立法学是政治学的一个部分","法律似乎可以说是政治活动的产品"。[③] 社会中各种政治力量在与国家政权的关系中通常是非均衡的,在阶级对立社会

---

①　习近平:《在省部级主要领导干部学习贯彻党的十八届四中全会精神全面推进依法治国专题研讨班上的讲话》(2015年2月2日),载《习近平关于全面依法治国论述摘编》,中央文献出版社2015年版,第34页。

②　参见《政治学概论》编写组:《政治学概论》,高等教育出版社、人民出版社2011年版,第1—5页。

③　[古希腊]亚里士多德:《尼各马可伦理学》,廖申白译注,商务印书馆2003年版,第316—317页。

中的非均衡性尤为明显,有掌握政权的统治阶级和被排斥在政权之外的被统治阶级。这种状况既决定国家的性质也决定法律的性质,国家的决策和法律体现统治阶级的意志,是统治阶级实现其意志的工具。在阶级对立不明显和政治力量多元的情况下,法律往往是政治力量对比关系的表现。

第二,政治力量状况所决定的国家政权组织形式,影响法律的制定和实施。国家政权组织形式不是个人选择的结果,而是由政治力量的构成及关系状况决定的。不同的政权组织形式会产生不同的法律制定要求和实施要求。比如,民主与专制的政权组织形式,对于法律的制定和实施就有不同的要求。如果政治力量严重冲突而无妥协,无法形成稳定的国家政权组织形式,或者致使国家政权机构无法运作,也就没有法律的制定与实施。

第三,政治的发展变化往往直接导致法的发展变化。一个国家内部政治结构的变化,比如阶级、阶层、民族、不同利益集团构成及关系的重大变化,会引起法律制度的变化。不仅因为不同的集团有不同的利益要求和法律诉求,而且它们直接就是影响国家权力的政治力量,其变化必然会引起法律的变化。

（二）法对政治的作用

法对政治的作用可以概括为以下几点:

第一,协调政治关系。政治关系是以政治利益和政治权力为内容的政治活动主体之间的关系,既包括社会各阶级、各阶层、各集团之间的关系及其与国家政权的关系,也包括国家机关各构成部分之间权力划分及关联关系。法律对于政治关系的协调,主要根据社会政治力量的构成和社会的政治目标,安排适当的政体以适应政治力量的参政要求,确定国家机关的构成和职权划分,将政治活动主体确定为参政主体并规定其权利义务,提供参政的法定方式与程序,由此缓和直接的政治冲突,将政治力量的联合与冲突纳入法律秩序当中。

第二,规范政治行为。政治行为是人们在特定利益基础上,围绕着政治权力的获得和运用、政治权利的获得和实现而展开的社会活动。作为政治关系的直接动态表现,政治行为包括政治斗争、政治管理、政治统治和政治参与等多种形式。法律通过对权利义务及程序的规定,为政治行为提供法定形式,将政治行为纳入法律秩序的范围,排除致乱因素,保证政治行为有序开展。柏拉图在《法律篇》中明确提出了通过法律规范政治的主张,强调政治的治理者应当成为"法律的仆人"。[①]

第三,促进政治发展。政治发展是指政治关系的变更和调整,表现为政治革命和政治改革。政治革命通常指的是一个阶级推翻另一个阶级的暴力行动,并以政权更替为特征,这通常难以在旧法基础上进行。因此,法律促进政治发展所指的不是政治革命,而是政治改革。政治改革是政治关系的量变过程,是对政治关系的调整和完善。这通常是指占支配地位的政治集团根据社会利益矛盾状况及各种政治的要求,有计划、有步骤进行的旨在改进政治体制、调节政治关系以巩固和完善其政治统治的政治过程。法律的作用就是提供适宜的法律框

---

① 参见［古希腊］柏拉图:《法律篇》(第二版),张智仁、何勤华译,商务印书馆2016年版,第123页。

架和稳定的法律秩序,保证改革的方案和过程在法律的框架中进行,保证政治发展平稳有序。

第四,解决政治问题。政治问题的核心是国家政权。有的政治问题是通过暴力或战争来解决的,但许多政治问题可以也应当用法律手段解决。虽然不是所有的政党关系和政党活动都会成为法律关系和法律行为,但至少,在围绕国家政权而发生的政党关系和政党活动中产生的问题,将越来越多地需要通过法律来解决。政治越是走向民主,国家越是走向法治,这种需要就越是突出。

三、法治与执政党

现代政治是政党政治,即各种政治力量围绕政权展开的活动是以政党活动为基本形式的,国家政权也是通过政党执政来实现的。因此,现代国家中法与政治的关系,突出地表现为法治与政党的关系,特别是法治与执政党的关系。正如习近平所指出的:"党和法的关系是政治和法治关系的集中反映。"[①] 习近平精炼地解释了新时代党法关系,即"社会主义法治必须坚持党的领导,党的领导必须依靠社会主义法治"[②]。一方面,社会主义法治必须坚持党的领导,党的领导是社会主义法治最根本的保证,是中国特色社会主义法治之魂。坚持党的领导,关键是充分发挥党总揽全局、协调各方的领导核心作用,通过领导立法、保证执法、支持司法、带头守法,把党的领导贯穿于依法治国全过程、各领域、各方面。另一方面,党的领导必须依靠社会主义法治。依靠社会主义法治,有利于巩固党的执政地位,完成党的执政使命,改善党的执政方式,提高党的执政能力。因此,要坚持依法执政,推进依法执政制度化、规范化、程序化,要坚持以法治的理念、法治的体制、法治的程序实行党的领导。在党与法的关系上,习近平旗帜鲜明地指出:"'党大还是法大'是一个政治陷阱,是一个伪命题。对这个问题,我们不能含糊其辞、语焉不详,要明确予以回答。"[③]

(一) 执政党对法的作用

执政党是在各政党与国家权力的关系中居于执掌政权地位的政党。在非法治条件下,执政党对法的作用完全可能是党的地位高于法律,党的意志代替法律,党的机构代替国家的法律机构。这种情况常常会在革命中或革命后一个新的政权刚建立时出现,比如,资产阶级革命和无产阶级革命均出现过这种情况。在法治条件下,执政党的地位和活动则表现为依法执政。由此,执政党对法律的作用表现在以下两个方面:

第一,以政策为法律制定的依据和法律实施的指导。执政党通过法定程序将自己的政策转变为法律和在法律的空间内以政策引导法律的实施,是现代政治和国家管理活动中的常态。

---

① 习近平:《在省部级主要领导干部学习贯彻党的十八届四中全会精神全面推进依法治国专题研讨班上的讲话》(2015年2月2日),载《习近平关于全面依法治国论述摘编》,中央文献出版社2015年版,第34页。

② 习近平:《关于〈中共中央关于全面推进依法治国若干重大问题的决定〉的说明》(2014年10月20日),载《十八大以来重要文献选编》(中),中央文献出版社2016年版,第158页。

③ 习近平:《在省部级主要领导干部学习贯彻党的十八届四中全会精神全面推进依法治国专题研讨班上的讲话》(2015年2月2日),载《习近平关于全面依法治国论述摘编》,中央文献出版社2015年版,第34页。

政党政策,是政党在一定的历史时期,为调整特定的社会关系和实现特定的任务而规定的路线、方针、规范和措施等行动准则的统称。根据其内容和地位,政策可分为总政策、基本政策和具体政策。其中,总政策规定一个历史时期的总任务和总路线。基本政策规定为实现总政策而采用的基本原则和基本措施。具体政策是为解决某一类具体问题而规定的具体准则。

执政党通常利用自己的执政地位通过法律程序将自己的总政策和基本政策转变为法律,进而实现自己的政治主张,政党争取执政的目的正在于此。从西方的政党竞选可以看到,取胜的政党的竞选纲领对国家法律和政策的制定都会产生明显的影响。在我国,宪法的修改和法律的制定,是以中国共产党的政策为依据的,这是一个将党的重要政策法律化的过程,所以,宪法和法律是人民意志和党的主张的统一体现,"保证宪法法律实施就是保证党和人民共同意志的实现"①。

除了将总政策和基本政策转变为法律外,执政党的具体政策在法律规定的空间内对法律的实施还起着指导或参照的作用。

第二,通过法定程序选择和安排国家的行政和司法官员以保证法的实施。对于国家行政、司法官员的选择和安排,也是执政党影响法治的重要方式。执政党这样做是通过政权机构的建设来保证执政党已经法律化的政策得以有效实施。因此,现代法治国家中的执政党都非常重视并力图通过法定程序将自己选择的人员安排在政府和司法机构的重要职位上。

（二）法对执政党的作用

在法治条件下,法对执政党的作用也表现在两个方面:

第一,法律保证执政党政策的实现。当执政党的政策转化为法律后,便获得了更为有效实现的途径,因为政策获得了法的规范形式,更具有可操作性和可执行性,同时具有了法律的普遍效力和国家强制力的保证,可以在国家和社会的广泛领域凭借国家强制力推行。

第二,法律对执政党的政策及活动的制约。法治要求任何政党、社会组织、个人以及国家机关都必须在宪法和法律的范围内活动,由此法律也构成了对执政党活动的制约,执政党的执政须是依法执政,尤其是依宪执政。这种制约对于一党长期执政的体制来说,可以保证执政党法律化了的总政策和基本政策不被随意改变,以及防止执政党的执政威信和执政地位受到不应有的损害。

理解执政党与法治关系的上述两个基本方面,对于全面推进依法治国非常重要。我国的政党体制是中国共产党领导下的多党合作制,在政党与国家政权关系方面,共产党是执政党,其他民主党派是参政党。共产党长期执政,是中国革命和建设的历史的必然选择,是中国特色社会主义最本质的特征,也是中国特色社会主义的最大优势。基于对我国社会主义建设经验和教训的总结,中国共产党已确定把依法治国作为党领导人民治理国家的基本方略,把依法执政作为党治国理政的基本方式;提出社会主义法治必须坚持党的领导,党的领

---

① 《中共中央关于全面推进依法治国若干重大问题的决定》,人民出版社2014年版,第34页。

导必须依靠社会主义法治；并且提出"善于使党的主张通过法定程序成为国家意志，善于使党组织推荐的人选通过法定程序成为国家政权机关的领导人员，善于通过国家政权机关实施党对国家和社会的领导，善于运用民主集中制原则维护党和国家权威、维护全党全国团结统一"[①]。这样的决定无疑对我国实现全面依法治国、对新时代中国特色社会主义建设和实现中华民族的伟大复兴，都将发挥具有决定意义的指导和推动作用。

四、法治与民主

法治与民主的关系是法与政治的关系在当代的重要内容。

"民主"一词源于古希腊文 δημοκρατία(democraţia)，意为普通人、人民或多数人的统治。中国古文献中也有"民主"一词，所指为"民众之主"，即君主。在现代社会，民主可以从广义和狭义两个层次来理解。广义的民主泛指在社会生活的各个领域中实行按照多数人的意志作出决定的社会活动机制。它既适用于国家领域，也适用于非国家领域；它既包括国家政治制度层面的民主，也包括社会层面的民主，如经济民主、文化民主和基层自治民主等。狭义的民主即民主政治，主要表现为国家政治制度层面的民主。在民主政治的意义上，民主与法治的关系可以概括为：民主是法治的基础，法治是民主的保障。

（一）民主是法治的基础

近现代的法治发展史表明，法治与民主有内在的联系和共生性，法治生存、发展和真正实现的政治条件和政治框架是民主政治。

从法治的产生来说，民主是法治产生的前提，没有民主就没有法治。在现代法治国家，由于科技和人文发展而产生的除魅作用，对神定法和抽象自然法的迷信在国家法领域已经淡化，法律被视为人民意志的表达，法治也被视为依法律化了的人民意志之治。由此，从发生意义上说，人民只有在争得民主、掌握国家政权后，才能将自己的意志上升为国家意志而成为法律。同时，法治的基本原则和表现是一切个人和社会组织必须守法，特别是国家权力必须依法行使，这只有在民主的基础上才是可能的。在古代，虽有依神法、自然法或君主之法而实行"法治"之说，但必然伴有能通晓神法、自然法并掌握国家权力的特别之人来实行这种"法治"，他们是这些"法"的代言人，自然不受其约束。依君主之法而行法治，君主自然是不受约束的。所以，古代的"法治"，并无普遍守法和国家一切权力依法行使之原则，这种"法治"，只是一些特别的人用"法"治理其他的人。只有在国家权力归于人民的民主政治中产生的法治，才会有普遍守法和国家一切权力必须依法行使的要求。

从法治的性质和内容来说，民主的性质和内容决定了法治的性质和内容。从历史的经验和理论逻辑来看，在资本主义民主的基础上产生的是资产阶级法治，体现和维护的是资产阶级的利益；在社会主义民主的基础上产生的是社会主义法治，体现和维护的是最广大的人

---

① 习近平：《在庆祝全国人民代表大会成立六十周年大会上的讲话》（2014 年 9 月 5 日），载《十八大以来重要文献选编》(中)，中央文献出版社 2016 年版，第 54 页。

民群众的利益。这也是民主决定法治的一个重要方面。

从法治实行和发展的动力来说，民主既是良法制定及适用的有效保障，也是推动法治发展的动力。民主能够为立法的科学性和民主性提供保障，也能够为法律实施和法律监督提供动力，还能促进法治的发展，这一切是因为民主的政治体制为民众参与国家活动提供了激励和制度空间。

（二）法治是民主的保障

民主从体制到活动，都要有规则和秩序，否则就会沦为大众的喧闹、多数人的暴政。所以，民主需要法治的保障。

法治意味着良好的法律得到普遍的遵守。法治对民主的保障表现为：通过法律确认民主的基本政治制度，确认民主的参与主体及相关权利和自由；划分和确定国家机关的职权、权力行使程序及责任，确定破坏民主制度、侵害民主权利的法律责任；通过法律的有效实施，使民主成为社会现实。

从两者的关系中我们可以看到，要实行民主不能离开法治，要实行法治也不能离开民主。当然，各国的法治与民主的具体关联，由于历史传统和现行政治体制的不同而各有特点。在中国，中国共产党的领导与人民当家作主和依法治国三者是有机统一的。习近平指出："把坚持党的领导、人民当家作主、依法治国有机统一起来是我国社会主义法治建设的一条基本经验。"[①] "在中国，发展社会主义民主政治，保证人民当家作主，保证国家政治生活既充满活力又安定有序，关键是要坚持党的领导、人民当家作主、依法治国有机统一。"[②] 这条基本经验也是一百多年来中国人民探索政治发展道路的基本结论，是中国社会一百多年激越变革、激荡发展的历史结果，是中国人民翻身作主、掌握自己命运的必然选择。为此，要"紧紧围绕坚持党的领导、人民当家作主、依法治国有机统一深化政治体制改革，加快推进社会主义民主政治制度化、规范化、程序化，建设社会主义法治国家，发展更加广泛、更加充分、更加健全的人民民主"[③]。要坚定不移走中国特色社会主义政治发展道路，健全人民当家作主制度体系，继续推进社会主义民主政治建设，发展社会主义政治文明。

第二节　法治与文化

法律、法治都与文化有着密切的关联，任何法律制度、任何一种法治都是一定文化的表现，同时又对文化构成中的其他部分产生重要影响。

---

① 习近平：《关于〈中共中央关于全面推进依法治国若干重大问题的决定〉的说明》（2014年10月20日），载《十八大以来重要文献选编》（中），中央文献出版社2016年版，第147页。

② 习近平：《在庆祝全国人民代表大会成立六十周年大会上的讲话》（2014年9月5日），载《十八大以来重要文献选编》（中），中央文献出版社2016年版，第54页。

③ 《中共中央关于全面深化改革若干重大问题的决定》（2013年11月12日），载《十八大以来重要文献选编》（上），中央文献出版社2014年版，第512页。

一、文化的含义

中文当中,"文"在早期多指纹理、规律和规则,"化"则指生成、教化。中国古文献《易》中曾记述:"观乎天文,以察时变;观乎人文,以化成天下。"在当代社会,对"文化"的定义很多,其中最广义的定义是指人们所创造的不同于自在自然和自身生物本能的东西,包括物质文化、精神文化和制度文化。①

从法律与文化的关系的角度考察,文化的以下特性值得特别注意:

第一,文化具有复合性。文化在内容上是多因素有机联系的综合体。文化可分解为精神和制度两大部分,每一部分还可进一步分解。比如精神文化,包含着信仰、价值、知识、态度等因素;制度文化,又可分解为习惯、道德、宗教、法律、社团规约等规范内容。文化因素间相互关联,相互影响,法律在其中与这些因素相辅相成。

第二,文化具有民族性。文化产生于人类的实践活动,而人类的实践都是以一定的社群为基础的,由此,文化具有社群特点并是某一社群的标志。当这种社群被称为民族时,文化的社群特点就是民族性。正因为如此,文化能标志或象征一个民族,也是民族划分的根据。②文化的民族性,必然使法律呈现出民族特点。

第三,文化具有历史性。文化的历史性指文化的内容和形式随人类实践活动的发展而发展。由此,文化的特定内容或形式,又标志了人类社会的历史阶段。文化的历史性使法的观念、法律制度等呈现出历史性特点。

第四,文化具有传递性。文化传递指文化在人与人之间传播和接受。文化传递包含着由一代人传递到下一代人的纵向传递和不同社群、民族之间的横向传递。前者能够促进文化民族特征的形成和保留,后者能够促进民族间的互相了解与融合。文化的传递性规律制约着法律文化传统的传承以及不同民族间法律观念和法律制度的相互影响。

总之,"文化是一个国家、一个民族的灵魂。文化兴国运兴,文化强民族强。"③"中国特色社会主义文化,源自于中华民族五千多年文明历史所孕育的中华优秀传统文化,熔铸于党领导人民在革命、建设、改革中创造的革命文化和社会主义先进文化,植根于中国特色社会主义伟大实践。"④

二、法与文化的一般关系

法是文化的一个部分。"法不仅仅是一个范畴,一切法律上的考察皆是由此出发并以此

---

① 参见《马克思主义哲学》编写组:《马克思主义哲学》,高等教育出版社、人民出版社 2009 年版,第 234 页。

② 参见王钟翰主编:《中国民族史》,中国社会科学出版社 1994 年版,第 20 页。

③ 习近平:《决胜全面建成小康社会 夺取新时代中国特色社会主义伟大胜利——在中国共产党第十九次全国代表大会上的报告》(2017 年 10 月 18 日),人民出版社 2017 年版,第 40—41 页。

④ 习近平:《决胜全面建成小康社会 夺取新时代中国特色社会主义伟大胜利——在中国共产党第十九次全国代表大会上的报告》(2017 年 10 月 18 日),人民出版社 2017 年版,第 41 页。

为基础的；也不仅仅是一个思考方式，舍此根本不能思考法律之事。而且它还是一种现实的文化形态，其使法律世界的一切事实得以形成和塑造。"① 因此，在讨论法与文化的一般关系时，所指的是法与文化其他部分的关系。这种关系可以从它们的相互作用来考察。

（一）文化对法的作用

任何国家的法都只能在其文化基础上产生和存在，不能脱离自己的文化而自立自足。孟德斯鸠指出："法律应该和国家的自然状态有关系；和寒、热、温的气候有关系；和土地的质量、形势与面积有关系；和农、猎、牧各种人民的生活方式有关系。法律应该和政制所能容忍的自由程度有关系；和居民的宗教、性癖、财富、人口、贸易、风俗、习惯相适应。最后，法律和法律之间也有关系，法律和它们的渊源，和立法者的目的，以及和作为法律建立的基础的事物的秩序也有关系。应该从所有这些观点去考察法律。……这些关系综合起来就构成所谓'法的精神'。"② 还有学者指出，"法律是维护社会秩序的最后凭借手段，而社会秩序依赖于一个国家的社会和文化特性。相应的是，一个社会和文化命题越是基本，它与法律和法律文化的联系就越是紧密"③。可以说，这些法学论述就是从文化机体的整全视角来探讨法律发展的复杂文化机理的，指明了文化对于法律发展的深刻影响。因此，这里用"决定"一词来表达在法与文化互动中文化对法的支配意义。文化对法的这种决定作用可以从以下方面理解：

第一，法所包含的基本价值标准，是社会中居主导地位的文化所包含的价值标准。任何法都包含着一定的价值标准。这些标准既是法追求的目标、方向，又是法律制度正当性的根据。法的这些标准来源于社会的主文化，即社会中居于支配地位的文化，它们通常存在于大多数人所接受的道德、宗教或信念当中，是社会中多数人评价制度和行为是否具有正当性的标准。一项立法要在正当性上得到认可，就必须符合社会主文化的价值标准；如果与其冲突，就会被人们认为是不正当的、应被废止的恶法。法的历史类型的变更，从文化演进的角度来看，就是一种否定旧制度的新价值标准逐步成为社会的主价值标准，进而引发社会革命和法律革命。

第二，法的规则通常是社会中通行的重要规则的重述。在法产生之前及在法之外，社会存在着其他的规则体系（包括道德、宗教、习惯等），这些体系中的规则对社会秩序的构成发挥着重要作用。但这些规则的普遍性和强制力在适应社会管理的广泛性和刚性要求方面存在局限，为强化社会的管理，人们就通过制定法律或认可法律的方式"重述"这些体系中的重要规则。在各民族的法律制度中我们可以看到，法律制裁的许多犯罪行为都是其道德、宗教或习惯所禁止和严厉谴责的行为，如杀人、放火、强奸、抢劫等。法的规定如果与社会规则体系的这些重要规则冲突，社会就会出现混乱。

---

① ［德］古斯塔夫·拉德布鲁赫：《法律智慧警句集》，舒国滢译，中国法制出版社 2016 年版，第 9 页。

② ［法］孟德斯鸠：《论法的精神》（上册），张雁深译，商务印书馆 1961 年版，第 7 页。

③ ［日］千叶正士：《法律多元——从日本法律文化迈向一般理论》，强世功等译，中国政法大学出版社 1997 年版，第 80—81 页。

第三,社会中亚文化对法也有重要影响。法律通常会认可或接受亚文化中的合理内容。比如,民族亚文化、职业亚文化中的合理内容,都会对法律的制定和实施产生积极影响,法律也会认可其作用的空间。

文化对法的深刻作用是任何立法者都不能抗拒的。如果立法与社会主文化的价值及规则体系相冲突,与人们普遍的科学知识水平相抵触,就会造成混乱和遭到抵制。

（二）法对文化的作用

法对文化的作用主要体现为对于主文化和社会文明的加强,正如庞德所言,"对过去来说,法律是文明的一种产物;对现在来说,法律是维系文明的一种工具;对未来来说,法律是增进文明的一种工具"[①]。具体表现为:

第一,促进文化事业的发展。法通过对文化事业建设、管理等活动的规制,保证和促进文化事业的发展。文化事业是精神文化发展的物质条件,文化事业的加强能够促进精神文化和制度文化的发展。尤其是,法对主文化中所包含的科学文化知识具有保护和推广的作用。

第二,强化主文化的价值标准。法以主文化的价值标准和信仰作为自己的合法性根据和目标,即以国家意志形式强化了社会主文化的价值标准和信仰。这种强化不仅进一步保证和提高了主文化价值标准作为判定行为、制度正当性标准的地位,还进一步向社会推广这些价值标准,使更多人了解和接受这些标准,并使这些价值标准渗透到社会的亚文化中,对亚文化起到同化和融和的作用,这对于整个社会的文化认同和凝聚力的加强具有非常重要的意义。

第三,强化社会主文化的行为模式。法律规范通过重述主文化的习惯、道德、宗教规则的方式,通过确认和保障主文化认可的公序良俗的方式,强化了社会主文化的行为模式。

三、法治的文化基础

从法与文化的关系可以看到,法治的建立需要文化基础的支撑和涵养。对这种文化基础,可以从一般性的文化基础和专门性的文化基础两个方面作简要的考察。

一般性的文化基础是整个社会主文化中的重要构成部分,如道德、宗教、习惯、风俗等,是与法治的要求相和谐或至少不抵触的文化构成要素。在主文化崇尚神治、人治的文化生态中,是无法建立起法治的。

专门性的文化基础即法律文化。法律文化是法律现象的精神部分,即由社会的经济基础和政治结构决定的、在历史进程中积累下来并不断创新的有关法和法律生活特别是权利义务的群体性认知、评价、心态和行为模式的总汇。这一释义包括五个要素:（1）法律文化是法律现象的组成部分。法律现象不只是狭义上的法律规范、法律技术和法律设施的总和,也包括把法律规范凝聚为一个整体,决定法律技术之运用和驱动法律设施的思想和观念。

① ［美］罗斯科·庞德:《法律史解释》,邓正来译,中国法制出版社2002年版,第212页。

如果可以把法律现象划分为客观（外在）方面和主观（内在）方面，则法律规范、法律技术、法律设施等属于客观（外在）方面，而人们的法律认识、法律评价、法律心态和行为模式属于主观（内在）方面。（2）法律文化的主要内容是社会成员对法律的认知、评价、心态和期待的行为模式。正如国内外很多文化学专家所说，文化概念可以多种多样，但文化的核心内容却是从历史上得到并被选择的思想、观念及相应的行为模式。（3）法律文化具有历史性，即法律文化是历史地形成和传输下来的，又是历史地变化和不断更新的，没有从来就有、永恒不变、自我绝对、僵化的法律文化。（4）法律文化具有群体性。当我们说到法律文化时，总是指广泛见于一个社会、民族、阶层或集团等群体的共同文化现象，而不是某种个人特有的或纯属私人性的东西。就是说，法律文化具有为整个群体或在一定时期为群体的特定部分所接受的特征。（5）法律文化是由社会的经济基础和政治结构决定的。每个社会、每个民族、每个阶层、每个群体的法律文化只能从其赖以存在的经济基础和政治结构并最终从其经济基础中得到说明，也只能随着经济和政治的发展而进化。不顾经济和政治基础及其发展进程，空谈法律文化的变革和进步是无意义的。

作为法治基础的法律文化属于法治文化。法治文化是法律文化的一种，它是肯定法治的价值、地位和方式的法律文化，同时包含着如何实现法治的法律技术性内容。法治文化直接构成法治的文化基础，其精神方面的核心内容可分为法治意识、法治理论、法治思维、法治方法等因素。法治意识指对法治意义、特征和要求的了解与认同。法治理论是关于法治的价值、地位、内容、形式等重要问题的理性论证体系。法治思维是在处理国家和社会事务中体现法治要求诸如权力法定、正当程序、人权保障、公平正义等因素的思维方式。法治方法是符合法治要求的技术性方法，如法治论证等。

法治文化孕育法治。法治的建立与实行依赖于法治文化的形成：人们普遍有法治意识，有较为成熟的系统化的法治理论，法治思维被社会管理者特别是领导者接受，法治方法在立法和法律实施中被认识和运用。

因此，法治的建设并非只是制度建设和机构建设，它需要有法治文化建设相匹配。我们要实现全面依法治国，必然要以建设相应的法治文化为条件。

四、法治对文化的维护和促进

法治对文化的作用与前述法对文化的一般作用在性质和范围上基本相同，它能够促进文化事业的发展，强化主文化的价值和行为规范，促进科学知识的传播与运用，并对亚文化产生影响。同时，法治以其限制权力和保障权利的特点，能够为社会活动主体提供更稳定的秩序和更大的自由空间，因而能保证社会活动主体在文化事业建设中发挥更大的自主性和创造性。基于这一特点，法治还能够为作为社会文化的重要内容和社会调整工具的其他规范体系，如道德、宗教、习惯、社群规范、组织规范等，提供发展和发挥作用的合理空间。也就是说，法治能够在自己选定的价值目标的前提下，保证和促进社会文化各因素自主地协调发展。

第三节　法治与社会治理

一、治理和社会治理的概念

"治理"是一个外来语。国外学者对"治理"有多种解读和解释,其中法国学者玛丽 – 克劳德·斯莫茨(Marie-Claude Smounts)的解读具有一定的代表性。她认为治理包括四大要素:第一,公民安全得到保障,法律得到尊重,特别是这一切都须通过法治来实现。第二,公共机构正确而公正地管理公共开支,亦即进行有效的行政管理。第三,政治领导人对其行为向人民负责,亦即实行责任制。第四,信息畅通,便于全体公民了解情况,亦即具有政治透明性。① "治理"一词的普遍定义主要来自世界银行、国际货币基金组织、联合国(特别是联合国开发计划署, United Nations Development Programme)、经济合作与发展组织等。例如,联合国开发计划署认为:治理是政府、公民、社会组织和私人部门在形成公共事务中相互作用,以及公民表达利益、协调分歧和行使政治、经济、社会权利的各种制度和过程。在中国语境中,"治理"远远超出了西方学者赋予"治理"的语义,其基本特质有三:一是以人为本;二是依法治理;三是公共治理。

改革开放以来,我国有关社会治理的观念不断更新。20 世纪 80 年代初期,中共中央提出了社会治安综合治理的方针,这可以看作社会治理的最初概念。1991 年,中共中央在社会治安综合治理基本经验的基础上,作出了《中共中央、国务院关于加强社会治安综合治理的决定》,明确提出了社会治安综合治理的指导思想、基本原则、主要任务和工作措施。2001 年,中共中央、国务院又发布了《关于进一步加强社会治安综合治理的意见》。在这两个文件当中,都明确提出要"依法治理",指出通过依法治理,把各项管理工作纳入法制轨道。

2006 年 10 月 11 日,中共十六届六中全会通过《中共中央关于构建社会主义和谐社会若干重大问题的决定》。在这个决定中,中共中央明确提出了"社会管理"概念,并强调"必须创新社会管理体制,整合社会管理资源,提高社会管理水平,健全党委领导、政府负责、社会协同、公众参与的社会管理格局,在服务中实施管理,在管理中体现服务"。同时提出坚持科学立法、民主立法,完善"推进社会事业、健全社会保障、规范社会组织、加强社会管理等方面的法律法规"。2012 年,中共十八大进一步将法治保障纳入社会管理格局,将"四位一体"的社会管理格局变更为"五位一体"的社会管理体制,提出"要围绕构建中国特色社会主义社会管理体系,加快形成党委领导、政府负责、社会协同、公众参与、法治保障的社会管理体制",把立法机关、执法机关、司法机关和法律服务组织及其法治活动作为社会管理体制不可缺少的重要组成部分。

中共十八大之后,依据推进国家治理体系和治理能力现代化的总体战略思想和总体部

---

① 参见[法]玛丽 – 克劳德·斯莫茨:《治理在国际关系中的正确运用》,肖孝毛译,载《国际社会科学杂志(中文版)》1999 年第 1 期。

署,中共中央在一系列重要文件中用"社会治理"概念取代了"社会管理"概念。中共十八届三中全会通过的《中共中央关于全面深化改革若干重大问题的决定》提出创新社会治理体制,十八届四中全会通过的《中共中央关于全面推进依法治国若干重大问题的决定》进一步提出"推进多层次多领域依法治理。坚持系统治理、依法治理、综合治理、源头治理,提高社会治理法治化水平"。坚持依法治理,就是要把法治作为社会治理的基本方式,运用法治思维和法治方式进行社会治理,善用法律调节社会关系、规范人们的行为,强化法律在权利救济和解决纠纷中的权威性作用,依法化解社会矛盾,维护社会稳定、促进社会和谐。习近平指出:"治理和管理一字之差,体现的是系统治理、依法治理、源头治理、综合施策。"① 其反映的是法治思维、依法善治,是中国共产党治国理政理论的又一重大创新。

二、坚持依法治理

"法令者,民之命也,为治之本也。"② 在社会治理中,坚持依法治国就是要遵循法治的规律和原则,运用法治思维和法治方式处理社会治理当中的问题和矛盾,不断满足人民日益增长的美好生活需要,不断促进社会公平正义,形成有效的社会治理、良好的社会秩序,使人民获得感、幸福感、安全感更加充实、更有保障、更可持续。

(一)加强社会治理立法,确保社会治理于法有据

1997 年中共十五大提出依法治国、建设社会主义法治国家的时候,明确提出要形成中国特色社会主义法律体系。全国人大常委会根据中共十五大精神,在充分调研和科学论证的基础上,提出了中国特色社会主义法律体系结构设计,把社会法与宪法及宪法相关法、民法商法、行政法、经济法、刑法、诉讼与非诉讼程序法一道,作为中国特色社会主义法律体系的重要法律部门。社会法是调整劳动关系、社会保障和社会福利关系,保护社会弱势群体,规范社会治理活动,加强社会建设等法律的总称,体现着国家积极参与社会分配,保障和改善民生,维护社会公平正义,促进社会和谐的宗旨。中共十八届四中全会把社会治理和社会建设立法作为全面深化改革和全面推进依法治国的重点立法领域,强调指出:要完善教育、就业、收入分配、社会保障、医疗卫生、食品安全、扶贫、慈善、社会救助和妇女儿童、老年人、残疾人合法权益保护等方面的法律法规;加强社会组织立法,规范和引导各类社会组织健康发展;制定社区矫正法,推进社区矫正法治化。

(二)推进多层次多领域依法治理

推进多层次多领域依法治理,反映了中国共产党对社会治理规律性认识的深化。多层次多领域依法治理,首要的是党和政府对社会实施依法治理。党是社会治理的领导者和组织者,政府是社会治理的主要实施者,因此,党和政府在社会治理中承担着重要职能,发挥着根本性作用。主要表现为:在法治轨道上维护社会正常秩序,协调各种社会利益关系,推动各项社会事业发展;建立健全依法维权和化解纠纷机制、利益表达机制、救济救助机制;畅

---

① 《推进中国上海自由贸易试验区建设　加强和创新特大城市社会治理》,载《人民日报》2014 年 3 月 6 日,第 1 版。
② 《商君书·定分》。

通群众利益协调、权益保障法律渠道;以法治的思维和方式处理维稳和维权的关系,善于引导和支持人们依法理性表达诉求,依法律按程序维护权益,把维稳建立在维权的基础上;健全重大决策社会稳定风险评估机制;改革行政复议体制,健全行政复议案件审理机制,纠正违法或不当行政行为;完善人民调解、行政调解、司法调解联动工作体系,建立调处化解矛盾纠纷综合机制;改革信访工作制度,把涉法涉诉信访纳入法治轨道解决,建立涉法涉诉信访依法终结制度;完善立体化社会治安防控体系,依法严厉打击各种严重犯罪活动,确保社会大局稳定。

(三)构建以司法为中心的多元化纠纷解决机制

进入21世纪之后,社会矛盾纠纷以司法案件的形式大量地涌入法院,致使中国社会持续呈现诉讼"井喷"、诉讼"爆炸",中国社会超乎人们预想地提前进入"诉讼社会"。"诉讼社会"这一概念表征了一个社会呈现涉法纠纷急剧增长、诉讼案件层出不穷的态势。据统计,20世纪80年代初期,全国法院每年受理的各类案件总量在40万件左右;2017年,全国各级人民法院受理案件约1 980万件。"诉讼社会"的到来使法院成为各种利益的竞技场、各种社会矛盾的集散地,人民法院成为社会矛盾纠纷化解的主渠道。随着人民群众的维权意识和诉讼观念的显著提升,人们越来越习惯于从法律的角度提出利益主张和诉求,越来越寄希望于通过司法程序解决矛盾纠纷,把定分止争、维护公正、救济权利的最后诉求付诸人民法院,寄希望于人民法官。这表明在法律与社会现代化过程中,公民理性和社会文明显著提升。

当然,所有的社会矛盾纠纷都依赖法院来解决,也是不可能的。首先,法院会不堪重负;其次,打官司也不是一件轻松的事情,请律师、走程序,常常费时、费钱、费力;最后,全部纠纷都靠到法院来解决会造成巨大的司法资源的浪费。因此要充分发挥社区调解、村民委员会和居民委员会调解的职能,发挥有影响力的民间组织、民间人士的作用,引导他们依据法律规定和善良风俗调处社会纠纷,将大量社会矛盾纠纷化解在基层和民间,降低司法治理社会的成本。在基层矛盾纠纷多元化解机制上,50多年前,浙江枫桥干部群众创造了"依靠群众就地化解矛盾"的枫桥经验,并根据形势变化不断赋予其新的内涵。此外,近几年,全国经济仲裁和劳动仲裁部门受理合同及财产纠纷仲裁、劳动纠纷仲裁、土地承包权纠纷仲裁超过100万件,人民调解组织处理各类民间矛盾纠纷700多万件。这说明我国已经形成了多元化社会矛盾纠纷化解机制。

(四)推进法律服务体系建设

在推进依法治理方面,要十分重视法律服务体系建设。良好的社会治理在于公民尊法学法守法用法的良性循环。然而,在浩繁复杂的法律规范面前,我们无法要求每一个公民都具有专业的法律知识,更无法奢望人们能够通晓法律规范的要义并具备运用法律的专业技能。所以,建设全民自觉守法、积极用法的法治社会也就需要建设完备的法律服务体系,帮助人们克服自身在运用法律手段维护切身权益过程中的障碍,为营造尊法学法守法用法的法治社会提供助推力。截至2017年底,全国共有执业律师36.5万人,公证员13 218人,基层法律服务工作者约 7 万人。[①] 总体上,我国法律服务体系建设与经济社会发展是相适应的,但也存在总量不足、布局不均衡、结构不协调的问题。为此,中共中央、国务院提出要建立完备的法律服务体系:一方面,要以法律服务规范化、体系化为基础,实现法律服务资源的均衡化和法律服务行为的规范化,统筹城乡、区域法律服务资源,推进覆盖城乡居民的公共法律服务体系建设;另一方面,要在法律服务队伍的专业化、法律服务对象的多元化、法律服务内容的丰富化、法律服务方式的多样化等方面进行推进。其中,法律服务队伍的专业化,即要形成一个包括律师、法律顾问、公证员、基层法律服务工作者、法律援助机构工作人员等群体在内的,具有较强法律专业素能、较硬思想政治素质、较高职业道德素养的法律服务综合性队伍。同时,要不断拓展法律服务领域,着力服务保障和改善民生,立足国家公共服务体系的重点领域,拓展教育、就业、社会保障、医疗卫生、住房保障、文化体育等领域的法律服务;着力服务社会和谐稳定,健全完善法律服务人员参与信访、调解、群体性案(事)件处置工作机制。

三、坚持法治与自治相结合

一个以市场为中心的平等、自由和协商的社会领域,始终是法治国家的根基所在。因为,普遍的法律秩序只有在市民社会排除政治的任意性干预的前提下,才成为可能和必要。法治秩序在结构上就是这种社会同政治国家协调的产物:社会赢得的是自主的空间,得以自由地缔约和结社并建构自身;国家和政府则作为社会公共领域在制度上的一种延伸,成为维护法律秩序的手段,本身不得侵入、压制或并吞社会的制度空间,否则,法治也就蜕变成赤裸裸的专制。对社会进行高度行政化的控制曾经是国家与社会之间关系的主要特征:国家通过公共权力对社会实行直接管理,社会事务基本都由国家来实施,国家包办一切。这种单一的治理模式造成社会活力不足、创造力缺乏、生产效率低下、公共服务短缺等问题。依法自治为公民、社会组织等各类社会主体通过自我协商、平等对话、参与社会治理、依法解决社会问题留出了广阔空间。自治是指个人或团体管理自身事务并对其行为负责的一种治理形态,它既是社会治理的一种形式,也是社会生活的一个价值目标。中共十八届三中全会《决定》提出正确处理政府和社会关系,"加快实施政社分开,推进社会组织明确权责、依法自治、发挥作用"以及"限期实现行业协会商会与行政机关真正脱钩"等一系列措施,放宽社会组织准入门槛,实现依法直接管理。中共十八届四中全会《决定》提出建立健全社会组织参与社会事务、维护公共利益、救助困难群众、帮教特殊人群、预防违法犯罪的机制和制度化渠道;支持行业协会、商会类社会组织发挥行业自律和专业服务功能,发挥社会组织对其成员的行为导引、规则约束、权益维护作用;深入开展多层次多形式法治创建活动,深化基层组织和部门、行业依法治理,支持各类社会主体自我约束、自我管理。截至 2017 年 3 月 17 日,在全国各地民政部门注册登记的社会组织共有 80.7 万个,其中社会团体约 37.4 万个,基金会 6 397 个,民办非企业单位约 42.8 万个。一个上下分权、自我管理、互动良好、运转有序的

[①] 《律师、公证、基层法律服务最新数据出炉》,载中华人民共和国司法部官网。

社会自治格局正在快速形成。社会组织的整体实力不断提升,已成为政府职能转移的主要承接者、社会政策的重要执行者和社会服务的重要提供者,成为我国社会主义现代化建设不可或缺的重要力量。

在支持社会组织自治的同时,也应大力推进社会组织依法自治。一是加快社会组织立法,为社会组织的成立和运行提供明确的法律依据。二是建立社会组织联合执法机制,加大对社会组织违法违规行为的查处力度。三是推进社会规范(社会软法)建设。社会依法治理需要加快完善各种"民间法"、行业协会规范、市民公约、乡规民约、团体章程等"软法"性质的社会规范,形成一个具有多层位阶和效力的软法体系。软法是相对于具有国家强制力的"硬法"而言的,指的是那些不能或不必运用国家强制力保证实施的类法规范。社会共同体创制的各类自治规范就属于软法的一种类型。中共十八届三中全会和四中全会都提出要发挥市民公约、乡规民约、行业规章、团体章程等社会规范在社会治理中的积极作用,发挥各种社会规范在法治社会建设中的积极作用。

中共十九大报告进一步明确了新时代社会主义治理的思想和方略。提出:打造共建共治共享的社会治理格局。加强社会治理制度建设,完善党委领导、政府负责、社会协同、公众参与、法治保障的社会治理体制,提高社会治理社会化、法治化、智能化、专业化水平。加强预防和化解社会矛盾机制建设,正确处理人民内部矛盾。树立安全发展理念,弘扬生命至上、安全第一的思想,健全公共安全体系,完善安全生产责任制,坚决遏制重特大安全事故,提升防灾减灾救灾能力。加快社会治安防控体系建设,依法打击和惩治黄赌毒黑拐骗等违法犯罪活动,保护人民人身权、财产权、人格权。加强社会心理服务体系建设,培育自尊自信、理性平和、积极向上的社会心态。加强社区治理体系建设,推动社会治理重心向基层下移,发挥社会组织作用,实现政府治理和社会调节、居民自治良性互动。加强农村基层基础工作,健全自治、法治、德治相结合的乡村治理体系。这些思想和方略,必将使中国的社会治理水平跃升到新的高度。

第四节　法治与生态文明

一、生态文明的含义

作为一个学术用语,"生态"原指某个生命体生存的样态,是该生命体与其存在环境的有机联系状态。这种定义和理解方式是以特定的生命体为中心的生态概念。后来,以特定生命体为中心的生态概念受到批评和逐步淡化,现在较多文献将生态理解为一切生物的生存状态,包括生物种类之间、各生物及生物界与环境之间环环相扣的关系。比如,联合国《生物多样性公约》将生态系统定义为"植物、动物和微生物群落和它们的无生命环境作为一个生态单位交互作用形成的一个动态复合体"。这个定义也可被看作生态的一般定义。

文明也有多种解释,在此我们所持的解释是,它是与愚昧、野蛮、落后相对立的人类进步状态,是人类认识自然、改造自然,认识社会、改造社会所取得的积极的物质和精神成果。生态文明是指人类作为主体在认识自然和改造自然过程中所取得的积极成果。它表现为人类能够依据规律建立和保证与自然和谐共处的关系,体现了人类在这种和谐共处关系中存在和发展的自觉。在这种和谐共处关系中,人类既不像动物那样只是消极地适应自然,是自然的奴隶;也非处于对自然征服和支配的地位,是自然的主人。在这种关系中,人的生存和发展与其他物种的存在和发展的自然过程并行不悖,与生物圈的存在和演进的环境和谐共处。对于生态文明的理念,虽然表述各有不同,但最基本的理念应当是:"人与自然是生命共同体,人类必须尊重自然、顺应自然、保护自然。"[①]这种认识和理念,以及联合国提出的可持续发展的科学模式和战略等,就是生态文明的重要内容。[②]

二、生态文明保护的法治要求

人与自然的关系需要法律调整,生态文明的成果需要法治保障;法治能够规范人与自然的关系,促进人与自然的和谐互动,能够保证可持续发展模式的贯彻。应当说,这就是法治与生态文明的一般关系。这里说的法治,既包含一国范围内的法治,也包含全球范围的法治。因为人与自然关系问题,既是一个国家内部的人民与环境的关系问题,也是一个全人类与整个自然的关系问题。

生态文明需要法治保护,其内生根据可以从下面几个方面理解:

第一,人与自然关系恶化的形势严峻,需要立法强制控制和修复。自工业化以来逐渐出现且日益严重的生态问题包括:大量的二氧化碳等废气排放到大气层,造成全球变暖,海平面上升,威胁到低海拔沿海地区人民的生存;臭氧层被破坏,皮肤癌及其他种类疾病快速增加;森林面积锐减,土地荒漠化加剧;土地、大气、水体污染,直接毒害到包括人类在内的生命体,物种在快速减少。据联合国环境规划署 2012 年 9 月发布的《全球环境展望 5》显示,随着人类给地球系统造成的压力升级,若干地区和领域的临界阈值或正在趋近,或已经超过。一旦超过了这些阈值,地球的生命支持功能很可能发生突变,会在现在或将来给人类福祉带来重大的不利影响。联合国可持续发展峰会 2015 年 9 月发布的《变革我们的世界:2030 年可持续发展议程》警告人与自然关系恶化形势的严重性,并特别提到,许多社会和维系地球的生物系统的生存处于危险之中。中国作为发展中国家,在快速发展的同时,也出现了日益严重的生态问题。比如,中国在成为世界第二大经济体的同时,二氧化碳的排放也跃居世界第一;在成为世界工厂的同时,自然资源被大量消耗,空气、土地、水体都受到了严重的污染。全球(包括中国在内)在生态方面出现的问题的严重性和需要解决的紧迫性,都向

---

① 习近平:《决胜全面建成小康社会　夺取新时代中国特色社会主义伟大胜利——在中国共产党第十九次全国代表大会上的报告》(2017 年 10 月 18 日),人民出版社 2017 年版,第 50 页。

② 关于可持续发展的理想与措施,联合国有一系列的文件。参见联合国《关于环境与发展的里约宣言》《21 世纪议程》《约翰内斯堡可持续发展宣言》《可持续发展世界首脑会议实施计划》以及《变革我们的世界:2030 年可持续发展议程》等文献。

运用法治来阻止生态恶化和进行生态修复提出了紧迫的要求。

第二,解决生态问题,需要以法治方式来调整和平衡各种利益关系。缺乏节制和协调的竞争经济,恶化了人与自然的关系。竞争刺激了对自然资源无节制的开发,而竞争又源于利益的驱动,因此,调整竞争中的利益关系,调整各竞争主体与自然的关系,是解决生态问题的一项基本措施。在国际上,联合国提出的可持续发展模式之所以难以贯彻,其中一个非常关键的原因就是发达国家不愿改变其高消耗的生活方式,不愿履行帮助发展中国家的义务。此外,发展中国家在竞争的压力下不得不奋起直追,也加速了对自然资源的开发和对环境的破坏。我国也存在类似情况,企业竞争特别是区域竞争都推动着对自然资源的开发和对环境的破坏。国际上发达国家与发展中国家的竞争以及我国的区域竞争,都展现了一种发展不平衡和利益不平衡的关系,这种关系需要用法治方式调整,而无法依靠单项的政治行动或行政措施解决。

第三,生态文明的成果需要用法治方式确认和推行。在长期的认识和改造自然的过程中,人们已经认识到许多自然过程的规律,已经获得大量正确处理人与自然关系的科学知识和技能,已经创造出治理受害环境的许多有效方法和方案,已经形成了一些能够保证可持续发展的生产生活模式和生态治理模式,这些都是生态文明的成果,要保证这些成果不被闲置并被有效地用于保护生态,就需要用法治方式予以确认和推行。

三、依靠法治保护生态和促进生态文明

运用法治保护生态和促进生态文明,需要以确认和保证可持续发展战略的实现为核心。可持续发展是联合国提出的一个发展战略,也是一个发展模式,它凝聚了人类迄今为止的科学认识与基本共识。它要求既满足当代人的生存发展需要,又不对后代人的生存发展构成危害。它不是一个只关涉经济发展的概念,而是一个包括经济增长、社会发展和生态保护的系统性发展概念,包含着在经济增长基础上社会公平和多种价值的实现、人类与自然的和谐共处。要保证这个战略的实现,生态保护的法律制度建设应当包括以下六个方面的内容:

第一,生态资源产权制度。生态之所以受到破坏,是因其所包含的因素,如土地、森林、矿物、动物等,是满足人们生产、生活所需要的资源,人们不断攫取。当一种有用的资源产权不明时,人们就会凭借自己的能力不受阻碍地无限制地攫取使用,且不会珍惜与节约,在这种情况下,大量的浪费和损耗就是必然的,这种情况在竞争性经济中尤为突出。只有明晰产权,资源才会得到产权人的珍惜与保护。产权制度意味着确定什么主体能够对什么资源实行占有、使用、处分、受益。生态保护需要有完备的生态资源产权制度,尽量做到有物必有关照的人。但这并非意味着生态资源的私有,许多生态资源是无法私有也不能私有的,比如空气、海洋及其生物,它们必须公有或为人类共有。公有或人类共有不是无主,制度应当设置明确的管理责任人,由其管理、安排和监督人们对资源的合理使用。

第二,生态资源使用制度。使用制度是产权制度的延伸。一般情况下,资源所有者会从自己利益最大化的角度考虑资源的利用,不会浪费,即所谓理性人的选择。但是这种选择是

从一时一地对自己最有利的方面考虑的,可能并不利于更长远的、更广范围的、更多数人的生态保护,比如在利润驱动下所有权人对森林的砍伐或将湿地不可恢复地改作他用。生态资源使用制度的设计,应关照到资源所有权人的利益、大众利益和生态资源的特有功能。比如通过生态补偿制度,确定付费使用、生态修复或功能补偿,以协调资源所有权人、使用者及大众的利益,保证生态整体功能的维持。又如,通过生态红线制度,确定使用中的禁止,防止对资源造成重大损害,保障生态结构的稳定。

第三,生物多样性保护制度。如果说产权制度和资源使用制度的运行在很大程度上还能利用市场的话,那么,生物多样性保护的实现在很大程度上是难以依靠市场而需要市场外的力量的。这项制度包括物种的调查、分类、监督、保护等内容,尤其是对濒危物种特别保护措施的选择和安排。

第四,生态权益平等和代际保障制度。生态权益平等指的是国家间、民族间、个人间对良好生态的享有相同的权利,该项权利不应因发达程度、贫富状况等的不同而不同。要特别防止富裕国家、地区或人群利用政治或财富等方面的优势,将污染或对环境不可恢复的损害留给落后国家或地区的人民。代际保障制度指的是在安排生态资源使用方面,要有专门的制度保护后代人的福利,为后代保留良好的生态资源。其内容涉及资源保护红线和对资源开发使用的限制性要求,这些内容会对传统民法上所有权的绝对性作进一步的限制。

第五,生态损害责任制度。这项制度的内容是确定生态损害责任。比如,损害主体的生态修复及其他民事、行政和刑事责任,政府机构和重要官员因渎职造成生态严重损害应承担的法律责任。

第六,生态保护创新与合作制度。这项制度的功能是促进生态保护的科学创新,促进保护措施的创新和推广。制度的内容除专利保护、创新奖励以外,还包括更广泛的政府资金、社会资金及对人力的组织和投入的鼓励。生态保护是人类的共同事业,需要广泛的合作,既包括国际上的政府间合作、社会组织间合作,也包括国内的社会组织间合作、政府与社会组织合作,这些合作都需要相应的法治条件去培育和保障。

中共十八大以来,党和国家着眼于全面建成小康社会,实现社会主义现代化和中华民族伟大复兴,作出了经济建设、政治建设、文化建设、社会建设、生态文明建设"五位一体"的总体布局,提出了推动物质文明、政治文明、精神文明、社会文明、生态文明协调发展,把我国建设成为富强民主文明和谐美丽的社会主义现代化强国的战略目标。在总体布局和战略目标中,美丽中国建设十分显赫。为此,中共十九大报告强调,要实行最严格的生态环境保护制度,形成绿色发展方式和生活方式,坚定走生产发展、生活富裕、生态良好的文明发展道路,建设美丽中国,为人民创造良好生产生活环境,为全球生态安全作出贡献。

小结

本章论述了法治与政治、法治与文化、法治与社会治理、法治与生态文明等法治与社会发展问题,既揭示它们之间的内在关系和相互作用,又着重讨论了社会主义法治与民主政治、社会文化、社会治理、生态文明的关系,特别是法治在民主政治、社会文化、社会治理、生态文明建设中的积极作用。

思考题

1. 如何理解法治与执政党的关系?
2. 如何理解法治与民主的关系?
3. 法治与法治文化的关联体现在何处?
4. 如何理解法治在社会治理中的作用?
5. 如何用法治保障生态和促进生态文明?
6. "为了保障人民民主,必须加强法制。必须使民主制度化、法律化,使这种制度和法律不因领导人的改变而改变,不因领导人的看法和注意力的改变而改变。"请结合本章内容,阐述其中的法理。

第二十六章　全面依法治国　建设法治中国

全面依法治国是中国特色社会主义的本质要求和重要保障。

——习近平[1]

"匠万物者以绳墨为正,驭大国者以法理为本。"[2]全面依法治国是当代中国法治建设的主题和关键,对推进国家治理体系和治理能力现代化、全面建成小康社会、实现中华民族伟大复兴中国梦具有深远历史意义和重大现实意义。我们应当以科学的法治理论和新时代中国法理为引领,全面深入地揭示依法治国基本方略,探索法治中国建设的基本理论和实践,尤其要深刻理解中国特色社会主义法治道路和中国特色社会主义法治体系及其实践问题。

---

①　本题记选自习近平:《决胜全面建成小康社会　夺取新时代中国特色社会主义伟大胜利——在中国共产党第十九次全国代表大会上的报告》(2017 年 10 月 18 日),人民出版社 2017 年版,第 22 页。

②　(梁)萧子显:《南齐书》(简体版)卷四十八《孔稚珪传》,中华书局 2000 年版,第 567 页。

第一节   全面依法治国方略

一、依法治国方略的提出

依法治国思想和依法治国方略形成于对 1949 年以来我国法治问题上的颠覆性错误和沉痛教训的反思。中华人民共和国成立初期,中国共产党就高度重视法治建设。1954 年,在继承具有临时宪法作用的《中国人民政治协商会议共同纲领》的精髓的基础上,制定了《中华人民共和国宪法》,并根据宪法制定了国家机构组织法和其他重要法律。宪法、国家机构组织法和其他重要法律确立了新中国的基本政治制度、法律制度、立法体制、司法体制,奠定了社会主义制度的"四梁八柱"。此后,1956 年,中国共产党第八次全国代表大会强调,随着革命的暴风雨时期的结束和社会主义建设时期的到来,应着手系统地制定比较完备的法律,健全国家的法制。但令人痛心的是,1957 年以后,由于受"左"的思想影响和国际国内复杂形势的严重干扰,我国法制建设停滞不前甚至倒退,法治衰败导致人治抬头、家长制盛行,经济和社会生活失序,时常出现"瞎指挥""乱折腾",频繁爆发侵犯人权、伤害干群、干扰经济的政治运动。"文化大革命"期间,大批领导干部、专家学者和普通群众惨遭迫害或侮辱,连国家主席和一批开国元勋也未能幸免于难。1981 年制定的《中国共产党中央委员会关于建国以来党的若干历史问题的决议》深刻分析了以往的教训,指出:种种历史原因使得"我们没有能把党内民主和国家政治社会生活的民主加以制度化、法律化,或者虽然制定了法律,却没有应有的权威",这"就使党和国家难于防止和制止'文化大革命'的发动和发展"。[①] 从 1957 年"反右派斗争扩大化"至 1976 年"文化大革命"结束,近 20 年的沉痛教训和切肤之痛使党和人民认识到搞人治很危险,而搞法治才靠得住。只有建立完备的法律制度和法治体制才能制约权力,防止权力任性;才能保障人权,使人权免遭恣意侵害;才能维护稳定,使人民群众安居乐业、国家长治久安。

基于这种深刻反思,1978 年 12 月,中共十一届三中全会在果断地停止使用"阶级斗争为纲"的口号,作出把工作重点转移到社会主义现代化建设上来的战略决策的同时,明确提出了健全社会主义法制和加强社会主义民主的方针,强调"有法可依、有法必依、执法必严、违法必究"。

那时候,"文化大革命"结束不久,整个社会仍处于"无法无天"的状态,法律几乎是空白。所以,当时法治建设的重中之重是制定一批恢复法律秩序、社会秩序和政治秩序所急需的法律。1979 年 7 月 1 日,第五届全国人大第二次会议一天通过了 7 部法律(中国法治史上著名的"一日七法"),包括《刑法》《刑事诉讼法》《地方各级人民代表大会和地方各级人民政府组织法》《全国人民代表大会和地方各级人民代表大会选举法》《人民法院组织法》

---

① 参见《中国共产党中央委员会关于建国以来党的若干历史问题的决议》,人民出版社 2009 年版,第 35—36 页。

《人民检察院组织法》《中外合资经营企业法》。同年 9 月 9 日，中共中央发出了《关于坚决保证刑法、刑事诉讼法切实实施的指示》，首次提出要实行"社会主义法治"。

法治的基石是宪法。为推进社会主义法制建设，1980 年，中共中央决定修改《中华人民共和国宪法》。经过 29 个月的艰苦努力，1982 年 12 月 4 日，第五届全国人大第五次会议完成了对宪法的修改，公布了新宪法文本，即现行宪法，为形成中国特色社会主义法律体系奠定了宪法基础。

1997 年，中共十五大提出"依法治国，建设社会主义法治国家"，这是中国共产党首次将依法治国作为党领导人民治理国家的基本方略，把建设社会主义法治国家作为国家建设和发展的重要目标之一。中共十五大报告全面阐述了依法治国的含义、意义和战略地位。1999 年 3 月 15 日，第九届全国人大第二次会议以宪法修正案的方式规定"中华人民共和国实行依法治国，建设社会主义法治国家"。至此，依法治国基本方略上升为宪法原则，得到了根本大法的确认。这标志着我国社会主义法治建设进入了一个新的发展阶段。

二、从依法治国到全面依法治国

2002 年召开的中共十六大和 2007 年召开的中共十七大重申"依法治国，建设社会主义法治国家"，并对全面落实依法治国基本方略、加快建设社会主义法治国家作出新的部署。2012 年，中共十八大作出"全面推进依法治国"的决策部署，强调法治是治国理政的基本方式，要推进科学立法、严格执法、公正司法、全民守法，坚持法律面前人人平等，保证有法必依、执法必严、违法必究。完善中国特色社会主义法律体系，加强重点领域立法，拓展人民有序参与立法途径。推进依法行政，切实做到严格规范公正文明执法。进一步深化司法体制改革，坚持和完善中国特色社会主义司法制度，确保审判机关、检察机关依法独立公正行使审判权、检察权。深入开展法制宣传教育，弘扬社会主义法治精神，树立社会主义法治理念，增强全社会学法尊法守法用法意识。提高领导干部运用法治思维和法治方式深化改革、推动发展、化解矛盾、维护稳定能力。党领导人民制定宪法和法律，党必须在宪法和法律范围内活动。任何组织或者个人都不得有超越宪法和法律的特权，绝不允许以言代法、以权压法、徇私枉法。"全面推进依法治国"在语义上已经接近"全面依法治国"。

中共十八大之后，习近平总书记发出"建设法治中国"的号召。2013 年，中共十八届三中全会《中共中央关于全面深化改革若干重大问题的决定》确认了"法治中国"概念，并鲜明提出"推进法治中国建设"，强调依法治国、依法执政、依法行政共同推进，法治国家、法治政府、法治社会一体建设。"共同推进、一体建设"既是法治中国的要义，也是全面依法治国的内涵。2014 年 10 月，中共十八届四中全会通过了《中共中央关于全面推进依法治国若干重大问题的决定》。中共十八届四中全会之后，中国共产党关于新时代中国特色社会主义的战略布局更加明晰，正式提出"全面建成小康社会""全面深化改革""全面依法治国""全面从严治党"。至此，实现了从"依法治国"到"全面依法治国"的概念转换。在概念转换之后，中共十九大进一步把"依法治国基本方略"转换为"全面依法治国基本方略"，同时把治国理政意义上的全面依法治国提升为新时代坚持和发展中国特色社会主义的基本方略,凸显了法治在"五位一体"总体布局和"四个全面"战略布局中的地位,提升了法治在推进国家治理现代化和建设社会主义现代化强国中的基础性、支撑性、引领性作用,也充分体现了中国共产党坚定不移全面依法治国的意志和智慧。这必将进一步坚定全党全国人民奉法强国的信念,强化对中国特色社会主义法治的道路自信、理论自信、制度自信、文化自信和实践自信。

三、全面依法治国的重大意义

全面依法治国基本方略的形成具有极为重大的意义。具体说来,全面依法治国是党领导人民治理国家的基本方略,是市场经济发展的客观需要,是民主政治建设的根本保障,是社会文明进步的重要标志,是共产党依法执政的法治前提,是国家长治久安的有力保证,是人民美好生活的急切要求。

第一,全面依法治国是党领导人民治理国家的基本方略。社会主义国家是人民当家作主的国家,人民是治理国家的主体。人民的治理活动需要统一的意志和统一的行为。人民作为一个整体,他们的整体意志需要一个形成过程和表达形式,人民的治国行为也需要统一行动。人民的意志必须借助立法予以整合,借助法律予以表达,人民的行动需要通过法律予以协调,人民通过制定法律、实施法律来实现当家作主与治国理政。

第二,全面依法治国是社会主义市场经济发展的客观需要。市场经济是法治经济,市场经济的主体需要法律确认,市场经济的规则需要法律确立,市场经济的行为需要法律调整,市场经济的秩序需要法律维护,市场经济的成果需要法律保护。因此,在市场经济的进一步发展中,法治就成了必然要求。没有国家政治生活和社会生活的法治化,市场经济就无法获得良好法治环境,也无法获得良好发展。所以,全面依法治国是推动市场经济发展、保障市场经济秩序的需要。

第三,全面依法治国是民主政治建设的根本保障。民主政治必然是法治政治,人民当家作主是民主政治的本质。人民是不确定的多数人,是不计其数的民众,他们当家作主离不开代议制。如何产生代表? 代表们如何履职? 代表们失职时人民如何制约? 如何判别代表的行为是否符合人民的意愿? 这些都需要法律提供准则,故人民当家作主必须有选举制。除了选任代表之外,还须选举国家和政府的政治领袖。这些领袖如何行使权力? 如何确保他们忠于人民? 如何判定他们是履职还是渎职? 等等,这些都需要法律提供必要的规则,并以此作为最终的标准,所以说,全面依法治国是民主政治建设的根本保障。

第四,全面依法治国是社会文明进步的重要标志。董必武曾指出,"说到文明,法制要算一项,虽不是唯一的一项,但也是主要的一项"①。社会的文明发展有其阶段性。从古代、近代

---

① 《董必武政治法律文集》,法律出版社 1986 年版,第 520 页。

到现代,从蒙昧、野蛮到文明的社会发展,使得人类越来越趋向于法治,并以法治来推动人类社会文明进步。在古代也许有某种程度的法治,但绝不是现代的法治。随着社会的发展,人类的文明不断提升。到现代,法治成为社会文明的重要标志之一,成为人类政治文明发展进步的潮流。

第五,全面依法治国是中国共产党依法执政的法治前提。全面依法治国是中国共产党执政兴国的必然要求。中国去向何方与中国共产党能否依法执政、如何依法执政、是否切实推进依法治国具有密切联系。依法执政是在依法治国的伟大事业中提出的,体现了中国共产党的法治自觉,体现了中国共产党坚持依法治国与依法执政、依法治国与依规治党的有机统一。

第六,全面依法治国是国家长治久安的有力保证。国家的长治久安是人民生活幸福、社会安定有序的客观前提。动荡的社会、民不聊生的局面必然导致人民生活艰辛,甚至成为人民的灾难。一百多年来,中华民族经受了太多的磨难、挫折、战乱、混乱,为此,我们付出了社会财富与生产力的极大代价,渴望长治久安是人民的共同心愿,也是社会持续发展、不断进步的保障。改革开放以来取得的巨大成功与成就,与安定团结的社会局面是分不开的。历史的经验教训与现实的客观需要,都要求我们必须全面依法治国,走法治之路,为长治久安,为安定团结、和谐发展创造良好的法治环境和法治基础。

第七,全面依法治国是人民美好生活的急切要求。中共十九大报告指出:"中国特色社会主义进入新时代,我国社会主要矛盾已经转化为人民日益增长的美好生活需要和不平衡不充分的发展之间的矛盾。"[①] 在人民日益增长的美好生活的需要中,增量部分集中在民主、法治、公平、正义、安全、环境等方面。在中国特色社会主义新时代,人民对民主法治的需求、对法治品质的要求、对公平正义的期待、对安全保障的法律依赖与优质法律产品供给不足、立法不优、执法不严、司法不公、监督不力、权力制约失衡、权利保护缺位、法治发展不平衡之间的矛盾进一步显现。在这种情况下,必须深化依法治国实践,加大法治改革力度和法治发展进度,推动法治"供给侧改革",坚持科学立法、民主立法、依法立法,提高立法质量,产出更多良法,修订或废止依然存在的"劣法""闲法""恶法""死法",增强法律权威,强化法律实施,不断提升法治的现代化水平,提高法治满足人民需要的能力。

第二节　中国特色社会主义法治道路

法治道路是达致法治目标的途径。道路决定命运。法治道路是否正确,直接决定着能否真正实现全面依法治国,能否最终建成法治中国。全面推进依法治国这件大事能不能办好,最关键的是方向是不是正确、政治保证是不是坚强有力。只有走对了路,法治建设才会焕发生机活力。否则,势必南辕北辙,偏离正确的轨道。

---

① 习近平:《决胜全面建成小康社会　夺取新时代中国特色社会主义伟大胜利——在中国共产党第十九次全国代表大会上的报告》(2017年10月18日),人民出版社2017年版,第11页。

一、法治道路的理性选择

一般而言,法治道路的选择是基于法治与社会发展的理论知识、实践试错、经验累积和主观意志这四者的有机统一作出的。

一是知识。法治道路的选择以科学的法治理论为指引。法治中国道路源自法治的普遍性与特殊性相结合而形成的独特法治理论知识体系。其基本依据是中国特色社会主义理论,尤其是当代中国的马克思主义法学和法治理论。全面推进依法治国,必须以马克思列宁主义、毛泽东思想、邓小平理论、"三个代表"重要思想、科学发展观、习近平新时代中国特色社会主义思想为指导,坚持党的领导、人民当家作主、依法治国有机统一,坚定不移走中国特色社会主义法治道路。当然,也要承继中华法系的优秀传统,借鉴西方法治文明的有益经验,并在这一基础上进行结合现实情况的创造性转换。

二是实践。实践探索具有累积经验和反复试错的双重功效,历经了实践的洗礼和优胜劣汰之后,沉淀下来的中国特色社会主义法治道路是中国特色社会主义道路在法治领域的具体体现。中国特色社会主义是发展中国、稳定中国的必由之路。这条道路来之不易,它是在改革开放40年的伟大实践中走出来的,是在中华人民共和国成立60多年的持续探索中走出来的,是在对近代以来170多年中华民族发展历程的深刻总结中走出来的,是在对中华民族5 000多年悠久文明的传承中走出来的,具有深厚历史渊源和广泛现实基础,彰显出历史的合法性(即合乎社会历史发展的客观规律)。

三是经验。法治的中国道路选择是深刻总结法治建设成功经验和深刻教训作出的重大抉择。清末民初,维新变法、辛亥革命倡行西式法治,仿效西方的法治道路,最终归于失败。中国共产党对法治问题的认识经历了一个不断深化的过程。新中国成立初期,积极运用新民主主义革命时期根据地法制建设的成功经验,抓紧建设社会主义法制,初步奠定了社会主义法治的基础。后来,党在指导思想上发生"左"的错误,逐渐对法制不那么重视了,特别是"文化大革命"使法制遭到严重破坏,付出了沉重代价,教训十分惨痛! 中共十一届三中全会认真总结、深刻反思偏离法治轨道的惨痛教训,得出必须厉行法治,搞法治靠得住的重大判断。从此,开启了中国特色社会主义法治道路。中共十八大以来更加深刻地认识到:"什么时候重视法治、法治昌明,什么时候就国泰民安;什么时候忽视法治、法治松弛,什么时候就国乱民怨。"① 改革开放40年来,经历了从法制到法治到依法治国再到全面依法治国的根本转变,为法治中国积累了宝贵经验,这是永远不能丢弃的精神财富。我国法治建设的成就,大大小小可以列举出十几条、几十条,但归结起来就是开辟了中国特色社会主义法治道路这一条。中国特色社会主义法治道路具有统揽全局的意义,只有抓住法治的社会主义本质和中国特色,法治道路才能越走越宽广。

四是意志。法治道路的选择立基于人民主权、人民民主原则,具有鲜明的人民性、公共

---

① 习近平:《在中共十八届四中全会第二次全体会议上的讲话》(2014年10月23日),载《习近平关于全面依法治国论述摘编》,中央文献出版社2015年版,第8页。

性、社会性和开放性。只有人民选择的法治道路,才真正符合客观规律性和人民最根本利益。否则,任何强加于人民和社会的法治都是不能长久的。古代的工具主义法制模式、近代的自由主义法治道路,都不适合当代中华法治文明的发展要求。我们既不走封闭僵化的老路,也不走改旗易帜的邪路。在法治领域,写好中国特色社会主义这篇大文章,就是要始终坚持并不断拓展中国特色社会主义法治道路。

总之,中国特色社会主义法治道路是法治中国建设的唯一正确道路。坚定不移走中国特色社会主义法治道路,是法治中国建设的必然选择。在走何种法治道路问题上,必须向社会释放正确而明确的信号,廓清不同的思潮和观点,明辨是非,端正方向,统一认识,一致行动,共创法治中国的美好未来。

二、中国特色社会主义法治道路的核心要义

中国特色社会主义法治道路包括三个"核心要义",即坚持党的领导,坚持中国特色社会主义制度,贯彻中国特色社会主义法治理论。这三个方面的"核心要义"规定和确保了中国特色社会主义法治体系和社会主义法治国家的制度属性和前进方向。

所谓"要义",就是规定本质性、实质性意义的精髓。在"要义"前面再加上"核心"二字,鲜明地凸显了其在法治的本质规定性中起决定性、根本性作用的关键地位。正是这三个"核心要义",明示了中国特色社会主义法治道路的基本内涵和基本内容,确定了中国特色社会主义法治道路的根本性质和根本要求,描绘了这条道路的鲜明特征和鲜明标识。深入理解、全面把握这三个"核心要义",对于坚持中国特色社会主义法治道路、全面依法治国、建设法治中国具有方向性、战略性、全局性意义。在中国特色社会主义法治道路的三个"核心要义"中,党的领导是根本,中国特色社会主义制度是基础,中国特色社会主义法治理论是指导思想和学理支撑。[①]

(一)坚持党的领导

党的领导是中国特色社会主义最本质的特征,是社会主义法治最根本的保证。法治中国只能而且必须坚持党的领导。作为执政党的中国共产党,应当义无反顾地担当起领导全面推进依法治国的神圣使命。中国共产党对全面推进依法治国的领导,既取决于党的本质属性和根本目标,又是全面推进依法治国的客观必要。

中国共产党是中国工人阶级的先锋队,也是中国人民和中华民族的先锋队。人民性、先进性是党的根本属性,党始终坚持全心全意为人民服务,始终把人民利益放在首位,始终保证人民行使当家作主的权利,始终以实现、维护、发展好最广大人民的最根本利益为第一要务。而社会主义法治在本质上是人民性、社会性和科学性的统一,是人民的共同意志和根本利益的反映,从人民主权出发,让人民当家作主,最终实现人民的权益。可见,党的性质和宗旨决定了其与社会主义法治在本质上的高度一致性。而党利用自身特有的政治、组织、思想

---

① 参见张文显:《习近平法治思想研究(中)——习近平法治思想的一般理论》,载《法制与社会发展》2016年第3期。

和理论以及社会优势,能够统揽全局、协调各方、凝聚人心、积聚力量,不断发挥领导核心、战斗堡垒、先锋模范作用,为法治建设提供最可靠的保障。正如中共十八届四中全会《决定》所指出的,把党的领导贯彻到依法治国全过程和各方面,是我国社会主义法治建设的一条基本经验。我国宪法确立了中国共产党的领导地位。坚持党的领导,是社会主义法治的根本要求,是党和国家的根本所在、命脉所在,是全国各族人民的利益所系、幸福所系,是全面推进依法治国的题中应有之义。坚持党的领导,就是不搞两党制、多党制,反对政党轮流执政,始终坚持共产党领导的多党合作制。

坚持党的领导具体体现为党领导立法、保证执法、支持司法、带头守法。领导立法是指党对国家重大立法规划、立法决策和宪法法律修改中的重大问题作出决定、提出建议或进行指导。党通过立法集合民意、集思广益时具有高度的统领性、回应性、盖然性和代表性,对实现良法善治意义重大。为此,既要加强党对立法工作的领导,也要完善党对立法工作中重大问题的决策程序。保证执法是指党通过政治和法律的方式确保体现党的意志和人民利益的法律得到正确实施和执行,要求党委积极支持和推动政府创新社会治理体制,完善行政执法程序,督促文明执法,防止滥用自由裁量权。支持司法是党的领导与司法规律有机结合的科学体现,指通过正确处理党的领导与司法机关依法独立公正行使司法职权的关系,保证党委及其政法委依照宪法法律、运用法治思维和法治方式领导政法工作,为独立公正司法创造良好环境,防止领导干部干预司法活动、插手具体案件处理。带头守法要求党组织树立法治信仰、维护法律权威,既带头遵守宪法法律,又引领全社会形成办事依法、遇事找法、解决问题用法、化解矛盾靠法的法治风尚,并领导和监督本单位党员模范守法,坚决查处执法犯法、违法用权行为。

(二)坚持中国特色社会主义制度

中国特色社会主义制度是中国特色社会主义法治体系的根本制度基础,是全面推进依法治国的根本制度保障。中国特色社会主义法治是中国特色社会主义制度的重要组成部分,中国特色社会主义法治道路坚持的是社会主义制度而不是其他性质的社会制度。其中,人民代表大会制度是中国特色社会主义法治道路的最重要制度载体。人民当家作主是中国特色社会主义制度的本质属性,人民行使当家作主权利的根本制度支柱是人民代表大会制度。坚持人民代表大会制度,就是要反对三权分立,不搞西方的两院制。

(三)贯彻中国特色社会主义法治理论

没有科学的法治理论就不可能取得法治中国建设的成功。中国特色社会主义法治理论是法治体系的理论指导和学理支撑,是全面推进依法治国的行动指南。

中国特色社会主义法治理论是将马克思主义法学思想和理论运用于中国法治实践而总结出来的科学理论,深刻揭示了法治中国建设的理论基础、科学内涵和实践规律。主要包括:一是关于民主和法治的理论。民主是法治的基础,法治是民主的保障,必须"发扬社会主义民主,健全社会主义法制"。二是关于法治原则的理论。法治的原则是一个体系,其中最根本的原则是"坚持党的领导、人民当家作主和依法治国的有机统一"。三是关于法治道路的理论。中国的法治只能走中国共产党领导下的中国特色社会主义道路。四是关于法治体系的理论。从法律体系到法治体系的转变,意味着对法治理论认识的进一步深化。五是关于良法善治的理论。"法治是国家治理体系和治理能力的重要依托";"法律是治国之重器,良法是善治之前提"。六是关于宪法至上的理论。"依法治国首先是依宪治国,依法执政首先是依宪执政"。七是关于立法协商的理论。"充分发挥政协委员、民主党派、工商联、无党派人士、人民团体、社会组织在立法协商中的作用"。八是关于法治政府的理论。科学地划分了公民权利和政府权力的界限,对政府而言,"法无授权不可为";对公民而言,"法不禁止皆可为"。九是关于法治实施的理论。"法律的生命在于实施,法律的权威在于实施,法律的伟力也在于实施"。十是关于公平正义的理论。"公正是法治的生命线","让人民群众在每一个司法案件中都感受到公平正义"。十一是关于人权保障的理论。确立了人民主体地位这一法治原则,强调"人民是依法治国的主体和源泉,法律为人民所掌握、所遵守、所运用";"法治建设以人民权益为根本出发点和落脚点";"加强重点领域立法";"加强人权司法保障",推进"人权保障法治化"。十二是关于法律权威的理论。"人民权益要靠法律保障,法律权威要靠人民维护";"法律的权威源自人民的内心拥护和真诚信仰";"法律红线不可逾越、法律底线不可碰触"。十三是关于法治思维的理论。要提高"法治思维和依法办事能力",等等。这些法治理论,凝聚着法治的中国精神,饱含着法治的中国元素,彰显了法治的中国价值,有利于在理论自信的基础上增强法治的道路自信和制度自信,为人类提供了法治的新经验和新话语,使法治中国建立在科学、完善、成熟的法治理论基础之上。

三、中国特色社会主义法治道路的基本原则

无论采取什么样的法治改革举措,无论创新出何种法治理论,走中国特色社会主义法治道路都必须始终坚持以下基本原则,即坚持中国共产党的领导、坚持人民主体地位、坚持法律面前人人平等、坚持依法治国和以德治国相结合、坚持依法治国与依规治党有机统一、坚持从中国实际出发。

第一,坚持中国共产党的领导。坚持中国共产党的领导,是全面推进依法治国必须坚持的首要原则。党的领导和社会主义法治是一致的,社会主义法治必须坚持党的领导,党的领导必须依靠社会主义法治。只有在党的领导下依法治国、厉行法治,人民当家作主才能充分实现,国家和社会生活法治化才能有序推进。

第二,坚持人民主体地位。始终坚持法治建设为了人民、依靠人民、造福人民、保护人民,以保障人民根本权益为出发点和落脚点,保证人民依法享有广泛的权利和自由、承担应尽的义务,维护社会公平正义,促进共同富裕;始终坚持保证人民在党的领导下,依照法律规定,通过各种途径和形式管理国家事务,管理经济文化事业,管理社会事务。法律为人民所掌握、所遵守、所运用,法律是全体公民必须遵守的行为规范,法律更是全体公民保障自身权利的有力武器。

第三,坚持法律面前人人平等。平等是社会主义法律的基本属性。任何组织和个人都

必须尊重宪法法律权威,在宪法法律范围内活动,依照宪法法律行使权力或权利、履行职责或义务,自觉维护法律的统一、尊严和权威,保证宪法法律实施。把平等性从各种属性当中抽取出来作为中国特色社会主义法治的基本原则,有其鲜明的针对性,即针对特权思想、特权人物、特权阶层,针对权大于法、钱大于法、情大于法。坚持法律面前人人平等,必须旗帜鲜明地反对任何人以任何借口任何形式以言代法、以权压法、徇私枉法。尤其是要以规范和约束公权力为重点,加大监督力度,做到有权必有责、用权受监督、违法必追究,坚决纠正有法不依、执法不严、违法不究行为。

第四,坚持依法治国和以德治国相结合。中共十八届四中全会《决定》强调"必须坚持一手抓法治、一手抓德治",大力弘扬社会主义核心价值观,弘扬中华传统美德,培育高尚的社会主义道德情操。依法治国与以德治国的关系在于:国家和社会治理需要法律和道德共同发挥作用,既重视发挥法律的规范作用,又重视发挥道德的教化作用。以法治体现道德理念,强化法律对道德建设的促进作用;以道德滋养法治精神,强化道德对法治文化的支撑作用。实现法律和道德相辅相成、法治和德治相得益彰。

第五,坚持依法治国与依规治党有机统一。习近平强调指出,中国共产党要履行好执政兴国的重大历史使命,赢得具有许多新的历史特点的伟大斗争胜利,实现党和国家的长治久安,必须坚持依法治国与依规治党统筹推进、有机统一,注重党内法规同国家法律的衔接和协调,发挥二者在治国理政中的互补作用。"全面推进依法治国,必须努力形成国家法律法规和党内法规制度相辅相成、相互促进、相互保障的格局。"[①]"新形势下,我们党要履行好执政兴国的重大职责,必须依据党章从严治党、依据宪法治国理政。"[②]建设中国特色社会主义法治体系,既要形成完备的法律规范体系,也要形成完善的党内法规体系,拥有一套完备的党内法规体系是中国共产党的一大政治优势。要以党章和宪法为基石,加快党内法规制度建设,力争到建党100周年时形成内容科学、程序严密、配套完备、运行有效的党内法规制度体系,为提高党的执政能力和领导水平、推进国家治理体系和治理能力现代化、实现中华民族伟大复兴的中国梦提供有力的制度保障。

第六,坚持从中国实际出发。中国特色社会主义法治道路和法治体系,只能建立在中国自身的基本国情和政治经济制度之上。"全面推进依法治国,必须从我国实际出发,同推进国家治理体系和治理能力现代化相适应,既不能罔顾国情、超越阶段,也不能因循守旧、墨守成规。"[③]坚持从实际出发就是要突出法治的中国特色、实践特色和时代特色,实现历史经验和现实需求与现实条件的统一,不断丰富和发展符合中国社会主义初级阶段客观实际、具有

---

① 习近平:《关于〈中共中央关于全面推进依法治国若干重大问题的决定〉的说明》(2014年10月20日),载《十八大以来重要文献选编》(中),中央文献出版社2016年版,第150页。

② 习近平:《关于〈中共中央关于全面推进依法治国若干重大问题的决定〉的说明》(2014年10月20日),载《十八大以来重要文献选编》(中),中央文献出版社2016年版,第142页。

③ 习近平:《加快建设社会主义法治国家》(2014年10月23日),载《十八大以来重要文献选编》(中),中央文献出版社2016年版,第186页。

鲜明中国特色、反映社会发展客观规律的社会主义法治理论,正确地指导全面依法治国伟大实践。

当然,坚持从实际出发,绝不是关起门来搞法治建设。法治的精髓和要旨对各国国家治理和社会治理具有普遍意义,应该秉持"以我为主,为我所用"这一基本原则进行科学甄别、合理吸收。

第三节　建设中国特色社会主义法治体系

法治中国建设作为一个长远的奋斗目标,需要循序渐进、一步一个脚印地扎扎实实向前推进。法治中国建设的当务之急就是要全面推进依法治国。全面推进依法治国不仅明确了法治中国建设的阶段性目标和时代任务,而且设计出了具体的时间表、线路图。体现为:全面推进依法治国,总目标是建设中国特色社会主义法治体系,建设社会主义法治国家。这就是,在中国共产党领导下,坚持中国特色社会主义制度,贯彻中国特色社会主义法治理论,形成完备的法律规范体系、高效的法治实施体系、严密的法治监督体系、有力的法治保障体系,形成完善的党内法规体系,坚持依法治国、依法执政、依法行政共同推进,坚持法治国家、法治政府、法治社会一体建设,实现科学立法、严格执法、公正司法、全民守法,促进国家治理体系和治理能力现代化。

其中,建设中国特色社会主义法治体系是全面推进依法治国的基础工程和关键任务,是国家治理体系的骨干工程,对法治中国建设具有重大的实践意义。这一法治体系由以下五个子系统构成:

一、完备的法律规范体系

完备的法律规范体系是法治体系的第一要义。目前,中国特色社会主义法律体系已经形成。而法律体系绝不是封闭的、静止不变的,需要不断完善与优化。从法律体系的形成到构建完备的法律规范体系,是全面推进依法治国新形势下的新期待和新任务。法律体系是一个宽泛的概念,而法律规范体系则相对具体明确。在"完备的法律规范体系"中,所谓"完备",是指法律规范的内在结构严谨,不同法律规范之间逻辑关联科学,法律规范对社会关系的调整全面协调,对权力和责任、权利和义务的设定科学合理,不仅在量上达到应有规模,做到全面系统、协调有序,而且在质上符合社会发展和文明进步的要求。

完备的法律规范体系对规范性法律文件的制定提出了更高的要求:一是价值优良。始终以时代的核心价值为引导,恪守以民为本、立法为民理念,坚持反映人民意志、实现人民利益的根本原则,把公正、公平、公开原则贯穿立法全过程,切实做到实质正义。二是逻辑严谨。构建以宪法为核心,上下有序,各部门法和同一法律部门不同法律规范之间协调一致、有效衔接,调控严密的法律体系,从而实现从法律大国向法治强国的根本转变。三是实际可行。对权利和权力、义务和责任的设定要明确具体,具有可操作性和可执行性,坚决反对打法律"白条",防止空洞抽象、逻辑模糊或自相矛盾。

二、高效的法治实施体系

高效的法治实施体系是法治体系的关键。法之不行,等于无法;倘若法律实施效率低下甚至不讲效率,也难以充分彰显公平正义的精神、赢得人民的高度信任。此即所谓的"迟到的正义"是"非正义"。公正是法治的核心价值,效率则是公正的条件和保障,两者相辅相成,不可偏废。

高效地实施法律是全面推进依法治国的实践要求。在现实中,我国的法律实施水平和质量还不尽如人意,正如中共十八届四中全会《决定》所指出的:"有法不依、执法不严、违法不究现象比较严重,执法体制权责脱节、多头执法、选择性执法现象仍然存在,执法司法不规范、不严格、不透明、不文明现象较为突出,群众对执法司法不公和腐败问题反映强烈。"① 如果这些问题得不到有效解决,不仅会破坏社会主义法治的权威性,更会侵犯人民群众的合法权益。为了克服上述现象,必须花大力气加强执法司法工作,完善法治实施体系。其中,最主要的是发扬人民民主、形成社会合力,健全宪法实施体制、强化宪法实效,创新执法体制、落实执法责任,推进司法改革、释放司法效能,坚持公开透明、注重信息建设,让民众通过执法司法获得公平正义。

三、严密的法治监督体系

法治监督就是对法律实施进行的监督,即对一切公权力及其行使,无论是行政权、司法权、执法权还是其他相关权力的行使,都必须依法依纪进行监督制约。有了好的法治实施体系,还必须对法治实施进行严密的监督制约。否则,便难以形成良性循环的法治实施体系。法治监督,"严"字当头。为此,应当织就疏而不漏的法治监督之网,加强党内监督、人大监督、民主监督、行政监督、司法监督、审计监督、社会监督、舆论监督制度建设,形成科学有效的权力运行和监督体系,增强监督实效。必须进一步强化法律监督,突出监督重点,加大监督力度,完善监督机制,提升监督能力。如果监督主体不明、监督范围过窄、监督程序不明、监督责任不清、监督疲弱乏力,那么,法治体系便会因为权力的膨胀性与扩张性而无法建立起来。所以,必须一手抓法律实施,一手抓法律监督,切实做到有权必有责、有责必追究;切实改变不愿监督、不敢监督、不会监督、不想监督的局面;坚决杜绝以权谋私、权钱交易,坚决破除潜规则、坚持对腐败的零容忍,坚决反对和克服特权思想、衙门作风、霸道作风,坚决反对和惩治粗暴执法、野蛮执法、权力寻租现象,确保法治在正确轨道上健康有序地运行。

四、有力的法治保障体系

法治局面的形成和有效运行需要强有力的保障体系。实践证明,若法治保障体系严谨、

---

① 《中共中央关于全面推进依法治国若干重大问题的决定》,人民出版社 2014 年版,第 3—4 页。

强大有力、方向正确,则法治实施健康有序、成效显著;若保障无力甚至缺少保障,法治制度便难以为继,不可能高效率地运行,更不可能达到预期的制度效果。所以,不仅要有一整套法治保障制度,还要确保法治保障体系强效而有力。

法治保障体系是由政治保障、思想保障、组织保障、能力保障、体制保障和履职保障以及实践运行保障构成的统一体。其中,坚持中国共产党的领导和中国特色社会主义道路是根本政治保障,马克思主义法学思想和中国特色社会主义法治理论是根本思想保障,切实提高领导干部的法治思维和依法办事能力、建设高素质的法治队伍是根本组织保障,而体制保障更具有根本性、长远性和全局性。行政执法体制的优化、司法体制的改革、社会治理体制的形成和依法执政体制的完善,都为法治建设奠定了坚实的基础。

五、完善的党内法规体系

无论是治国理政还是管党治党,无论是依法治国还是依法执政,不仅要有一套完备的国家法律规范体系,还要有一套完善的党内法规体系。中共十八届四中全会《决定》指出:"党内法规既是管党治党的重要依据,也是建设社会主义法治国家的有力保障。"党内法规体系的完善与否,是政党执政合法性和执政水平高低的主要标志,必须在"宪法至上、党章为本"基本原则指导下,建立健全以党章为根本、以民主集中制为核心的内容科学、程序严密、配套完备、运行有效的党内法规体系,实现党内法规与国家法律的衔接和协调,确保党领导人民制定宪法和法律,也带头遵守宪法和法律。

第四节　全面推进法治中国建设

一、"法治中国"的概念

"法治中国"是在深刻总结生动活泼的地方法治实践经验基础上提炼而成的新概念,是依法治国、建设法治国家的升级版。中共十八大闭幕不久,习近平总书记就提出要建设"法治中国"。中共十八届三中全会《决定》首次确认了"法治中国"这一概念,将法治改革与建设的纲领确定为"建设法治中国"。中共十八届四中全会发出了"向着建设法治中国不断前进""为建设法治中国而奋斗"的时代强音。

"法治中国"这一概念具有强大的凝聚力、感召力,它所表达的不仅是法治建设的目标或定位,更是建设法治强国的美好梦想和愿景。法治梦与中国梦一脉相承。中国梦,既是复兴梦,又是强国梦。在当今世界,一个强大的现代化的国家,必然是法治上的强国。全面推进法治中国建设,对于实现近代以来中国人民孜孜以求的法治梦,具有重大的现实意义和深远的历史意义。这集中体现在:第一,法治是强国的有效手段。法治兴,则国家兴;法治强,则国家强。强国的关键在于紧扣"发展"这一"时代主题"和"第一要务"。而要推动经济社会持续健康发展、民主政治建设与生态环境可持续发展,就必须全面推进依法治国,从法治上为解决这些问题提供制度化方案。法治不仅是制约、制裁的工具,还对经济社会发展具有导航、护航功能,更承载着公平正义、自由平等、民主人权的美好价值,而这些正是国富民强的体现和保障。第二,法治是强国的重要标志。法治是文明的标尺。法治既是治国之策,也是强国之道。中国古代的"盛世",往往是经由法治改革而形成的法治昌明、国力强大的景象。当今全面建成小康社会战略目标的提出,更加彰显了法治这一强国之根本保障的魅力。第三,法治是强国的构成要素。法治展示了国家的软实力。法治中国不仅立足于国内维度,更统筹国内和国际两个大局,呈现出鲜明的全球化时代特征。国力即国家实力,国家实力不仅是国内意义上的实力,更是在国际上凸显出来的比较优势。掌握和提升国际话语权是国家强盛的坚实后盾和表现,而在全球治理中的决策权和规则制定权则是话语权的重中之重。

法治中国通过全面推进依法治国,为全面深化改革、全面建成小康社会和实现中华民族伟大复兴的中国梦提供根本保障。以此为基点,法治中国在一系列大是大非上作出了鲜明的选择和响亮的回答,蕴含独特的内涵和要求:法治中国的主体是人民,法治建设为了人民、依靠人民;法治中国的核心在于依法治"权",依法规范与约束国家公共权力、规范公民行为与维护社会秩序;维度是统筹国内法治和国际法治两个大局,为实现中华民族的强国梦奠定基础;依据是以宪法为核心的中国特色社会主义法律体系;标志是维护宪法法律权威,依据国家法律治国理政,依据党内法规管党治党;总目标是建设社会主义法治体系、建设社会主义法治国家,通过法治来确立、维护和保障人权,让发展成果公平惠及全体人民,实现人的全面自由发展。可见,法治中国概念的提出,是中国共产党法治理论和法治战略上的又一次重大突破,不仅是关于人类法治建设经验教训的深刻总结,更是对未来中国法治建设的价值定位和超前导引,构成新时代我国法治建设的时代主题,成为中国特色社会主义法治话语体系和理论体系的统领性概念或基石性范畴。可以说,法治中国是社会主义法治建设的深化和升华,必将使我国法治建设达到新水平、新高度、新境界。

二、法治中国建设的总体要求

全面推进法治中国建设伟大实践的系统化、集成化创新之举,集中体现为坚持依法治国、依法执政、依法行政共同推进,坚持法治国家、法治政府、法治社会一体建设。

(一)依法治国、依法执政、依法行政共同推进

依法治国是党领导人民治理国家的基本方略,指全体人民在党的领导下,依照宪法法律管理国家事务、经济文化事业和社会事务,使国家各项工作法治化,实现人民民主的法律化、制度化。

依法执政是中国共产党执政的基本方式,是指党依照宪法法律和党法党规管党治党、领导国家和人民,即依照法定的程序和方式将自身意志上升为国家法律,以法治形式实施和执行自己的政治纲领和政治主张,领导人民带头遵守宪法法律和实施党法党规。主要内容包括:依法执掌、领导、运用国家政权,实现执政宗旨和目标;依法支持、督促、保障国家机关在

法治和民主的轨道上行使国家权力;依法行使党章和宪法所赋予的职权,参与重大国务活动;等等。为此,一要强化执政的法治意识。把法治精神当作主心骨,以法治思维和法治方式分析和解决问题,加强法治能力建设,把党建设成为依照法治思维和法治方式治国理政的执政党,依照国法和党规行使领导权和执政权的领导党。二要构建执政的法治体制。按照法治原则优化和规范好执政党与参政党、政党与国家、政府与人民之间的相互关系,确保党领导立法、保证执法、支持司法、带头守法,推进依法民主科学执政的制度化、规范化。三要严守执政的法治程序。依照法治程序进行民主决策、科学决策、依法运行执政权力,改进党的领导方式和执政方式,实现依法执政的规范化、程序化。

依法行政要求行政机关必须依法取得和行使行政权力并对行政行为的后果承担法律责任。"执法者必先守纪,律人者必先律己。"① 执法是行政机关履行政府职能、管理经济社会事务的主要方式,各级政府必须依法全面履行职能,坚持法定职责必须为、法无授权不可为,健全依法决策机制,完善执法程序,严格执法责任,做到严格规范公正文明执法。

依法治国、依法执政、依法行政是一个统一的整体,三者相辅相成、不可分离。其相互关系表现在:依法治国具有统领性、根本性和全局性,总揽法治的全局,能不能实现依法治国,关键在于执政党能不能坚持依法执政,政府能不能依法行政。依法执政具有导向性和决定性,为依法治国提供价值理念和政治意识。全面推进依法治国,建设法治中国,重点是党科学而有效地依法执政。依法行政则具有主体性和实践性,在法治体系中,政府执法无论在范围、对象还是数量上都极其广泛、庞大,事关依法治国战略部署的具体执行与落实。

(二)法治国家、法治政府、法治社会一体建设

法治国家不同于国家法治,它是通过依法治国和法治国家建设所要达到的理想的法治化状态。成熟的法治国家通常具备五个方面的基本标识:第一,法律之治。法治成为国家治理和社会治理的基本方式,实现民主政治、市场经济、社会管理、文化建设以及生态文明法治化。第二,程序之治。在某种意义上,法治就是程序之治,依法办事就是依照程序办事。程序是制约权力、保障人权、科学决策的保障。第三,人民主体。法治为了人民、依靠人民、造福人民、保护人民。第四,依法行政。政府权力既受法律的制约,同时要保证行政权力拥有足够的权威和效率。第五,良法善治。这是法治国家的最高境界。②

法治国家致力于在法治层面解决三大主要问题:一是国家权力的合法性来源。依法设定国家权力,使一切国家权力的取得和确认均具有宪法和法律上的依据,即合法律规范性;更为重要的是,作为蕴含着良善价值观的法治,赋予国家权力以文明进步、公平正义、以人为本、人民主权之类的先进价值诉求,从而不断强化合乎法律价值性。夯实公权力的合法性基础是良法善治在国家领域的具体实践要求。二是国家权力关系模式的法治化。从内部看,应该进一步优化国家权力的分工、协作与配合、制约关系;从外部看,则应不断理顺国家权力与政党权力的关系,在法治的轨道内通过全面深化改革,完善政党、立法、执法、行政、司法以及社会治

① 《明确任务落实责任加强监督　确保各项改革举措落地生根》,载《人民日报》2015年1月31日,第1版。
② 参见张文显:《习近平法治思想研究(中)——习近平法治思想的一般理论》,载《法制与社会发展》2016年第3期。

理制度,构建法治国家。三是国家权力运行的规范化。厉行法治乃治本之策。^①依法治国的前提在于依法规范和运行好国家权力,无论是公权力的执行原则、方式、途径与程序,还是其义务与责任,都要具有法律根据与法律强制保障,以防止法外用权、有权无责或有责难究。

法治政府在法治中国建设中发挥着重要而特殊的作用。法治政府是集为民政府、有限政府、阳光政府、诚信政府、程序政府、责任政府于一体的政府。现阶段,我国提出"加快建设职能科学、权责法定、执法严明、公开公正、廉洁高效、守法诚信的法治政府"^②,进一步明确了法治政府的核心指标与现实价值。从理论上讲,与政府法治、政府法制、行政法治不同,法治政府具有三个主要法理特征:一是在权力设定上,奉行"法无授权不可为"。坚持权力法定,政府权力必须在法律上有明确的规定;只有在法律上规定了的权力,才能行使;凡法律上无明文规定的,不能随意推定为政府的权力;应当正确处理政府与社会、政府与市场的关系,既要依法管理社会与调控市场,又要确保市场自由和社会自治。二是在权力行使上,遵循"法定职责必须为"。政府的法定职权也是政府的法定职责,必须严格按照法律的实体和程序要求,依法依规加以履行,不得消极怠权,也不得越权滥权。三是在权力约束上,坚持"违法用权必问责"。无论是作为的违法用权还是不作为的违法用权,均应追究法律责任。不受法律追究的政府违法行为,必然损害法治政府的根基。为此,要明确法治政府下的问责主体、问责对象、问责依据与法定方式。在具体实践中,加强法治政府建设,应当依法设定权力、行使权力、制约权力、监督权力,依法调控和治理经济,推行综合执法,将政府活动全面纳入法治轨道,争取在 2020 年基本建成法治政府。

法治社会是法治中国建设自上而下的必然要求,是创新社会治理、确保社会安定有序、人民安居乐业的生动表现。法治社会指法治得到全社会公认和践行的一种社会状态,旨在通过公民、社会组织或社会团体等社会主体及其行为的法治化而达致社会治理。与法治国家、法治政府相对应,法治社会具有以下基本特点:一是社会依法治理。从命令服从式的社会管理(administration)转变到上下良性互动共治的社会治理(governance)是法治社会的基本条件。要加强和创新社会治理,完善党委领导、政府主导、社会协同、公众参与、法治保障的社会治理体制,推进社会治理精细化,构建全民共建共治共享的社会治理格局。健全利益表达、利益协调、利益保护机制,引导群众依法行使权利、表达诉求、解决纠纷。二是社会依法自治。国家的"硬法"和社会的"软法"在社会治理中应共同发挥应有作用。其中,尤其要保证基层组织和部门、行业依法治理,各类社会主体自我约束、自我管理,重视发挥市民公约、乡规民约、行业规章、团体章程等社会规范在社会治理中的价值功能。增强社区服务功能,实现政府治理和社会调节、居民自治的良性互动。三是法治的社会信仰。即全体社会成员自觉服从和维护宪法法律权威,自觉尊法守法依法用法服法尚法,自觉弘扬法治精神和法治文化,形成普遍的法治信仰。四是营造依法治国的人文环境,形成人民不愿违法、不能违法、不敢违法的法治环境。此外,建设法治社会,还必须正确处理政府与社会、自治与他治、维权与维稳、活力与秩序、法律规范与其他社会规范的关系。

法治国家、法治政府和法治社会建设三者的相互关系体现为：一方面，在区别上，三者定位各有侧重。法治国家是从宏观层面对法治中国进行的顶层设计及实践，法治政府是在中观层面对行政机关提出的法治要求，而法治社会则是从微观层面对法治中国建设的基本保障。另一方面，在关联上，三者功能互补互促。法治国家是法治政府和法治社会建设的根本保障，法治政府是法治国家的关键环节和法治社会的主导，法治社会是法治国家和法治政府建设的基本前提和力量源泉。

全面推进依法治国是实现中华民族伟大复兴中国梦的强大推动力量，法治中国是中国梦的美好愿景之一。我们要紧密团结在以习近平同志为核心的党中央周围，高举中国特色社会主义伟大旗帜，积极投身全面推进依法治国伟大实践，开拓进取，扎实工作，为建设法治中国而努力奋斗。

小结

本章研究了全面依法治国、建设法治中国的重大理论和实践问题，着重论述了中国特色社会主义法治道路和中国特色社会主义法治体系问题，意在教育法科学生坚定奉法强国的信念，朝着建设社会主义现代化法治强国的目标前进。

法治的品质在法理。法治中国建设需要法理支撑和引领。以良法善治为本质特征的法治中国，在理论上最精确的概括性表达也许就是"法理中国"。"法治中国"与"法理中国"是并行的，推进法治中国建设与推进法理中国建设相辅相成、相得益彰；我们不仅要加快推进法治中国建设，而且要把中国特色社会主义法治理论和新时代中国法理体系贯彻其始终；不仅要让世界知道制度上和实践中的法治中国，而且要让世界知道理论上的、法理中的法治中国。我们将秉持这一坚定信念，以坚持不懈的探索进取和创新实践，奋力实现建设法治中国、构建法理中国、推进法治强国的伟大理想。

思考题

1. 如何理解全面依法治国基本方略？
2. 如何理解中国特色社会主义法治道路的核心要义？
3. 中国特色社会主义法治体系的基本构成是什么？
4. 如何全面推进法治中国建设？
5. 如何理解"法理中国"？
6. 古语有云："驭大国者以法理为本。"请结合全书相关内容，阐释其理论精义。

索 引

一、关键词索引

二、人名索引

参 考 文 献

一、马克思主义经典论述

1.《马克思恩格斯文集》(1—10 卷,人民出版社 2009 年版) 中有关国家、法律、法与社会等的论述。

2.《列宁专题文集》(1—5 卷,人民出版社 2009 年版) 中有关国家、法律、法制、法与社会等的论述。

3.《毛泽东文集》(1—8 卷,人民出版社 1993—1999 年版) 中有关新民主主义、人民民主专政、国家与法等的论述。

4.《董必武法学文集》,法律出版社 2001 年版。

5.《邓小平文选》(1—3 卷,人民出版社 1993–1994 年版) 中有关中国特色社会主义和社会主义民主与法制等的论述。

6.《江泽民文选》(1—3 卷,人民出版社 2006 年版) 中有关"三个代表"重要思想、社会主义民主与法治等的论述。

7.《胡锦涛文选》(1—3 卷,人民出版社 2016 年版) 中有关科学发展观、民主与法治、和谐社会、政治文明等的论述。

8.《习近平谈治国理政》(第 1 卷),外文出版社 2018 年版。

9.《习近平谈治国理政》(第 2 卷),外文出版社 2017 年版。

10. 中共中央文献研究室编:《习近平关于全面依法治国论述摘编》,中央文献出版社 2015 年版。

11. 中共中央文献研究室编:《习近平关于社会主义政治建设论述摘编》,中央文献出版社 2017 年版。

12. 习近平:《决胜全面建成小康社会 夺取新时代中国特色社会主义伟大胜利——在中国共产党第十九次全国代表大会上的报告》(2017 年 10 月 18 日),人民出版社 2017 年版。

13. 习近平:《关于〈中共中央关于全面深化改革若干重大问题的决定〉的说明》,载《求是》2013 年第 22 期。

14. 习近平:《关于〈中共中央关于全面推进依法治国若干重大问题的决定〉的说明》,载《人民日报》2014 年 10 月 29 日,第 2 版。

15. 习近平:《在庆祝全国人民代表大会成立 60 周年大会上的讲话》,载《人民日报》2014 年 9 月 6 日,第 2 版。

16. 习近平:《加快建设社会主义法治国家》,载《求是》2015 年第 1 期。

17. 习近平：《在哲学社会科学工作座谈会上的讲话》，载《人民日报》2016 年 5 月 19 日,第 2 版。

18. 习近平：《在纪念马克思诞辰 200 周年大会上的讲话》，载《人民日报》2018 年 5 月 5 日,第 2 版。

二、中国古代、近代经典文献

1.《论语》。

2.《尚书》。

3.《管子》。

4.《商君书》。

5.《韩非子》。

6.《荀子》。

7.《墨子》。

8.《左传》。

9.《春秋繁露》。

10.《史记》。

11.《汉书》。

12.《贞观政要》。

13.《唐律疏议》。

14.《临川先生文集》。

15.（清）王夫之：《读通鉴论》（上、中、下），中华书局 1975 年版。

16. 汤志钧编：《康有为政论集》（上、下），中华书局 1981 年版。

17.（清）梁启超：《饮冰室合集》（全 40 册），中华书局 2015 年版。

18.（清）沈家本：《历代刑法考·附寄簃文存》（全 4 册），中华书局 1985 年版。

19.《孙中山全集》（全 11 册），中华书局 2011 年版。

三、其他参考文献

（一）一般参考文献

1. 张友渔：《张友渔文选》（上、下卷），法律出版社 1997 年版。

2. 沈宗灵主编：《法理学》（第二版），高等教育出版社 2009 年版。

3. 沈宗灵：《现代西方法理学》，北京大学出版社 1992 年版。

4. 孙国华：《法的真谛——孙国华精选集》，中国人民大学出版社 2015 年版。

5. 张晋藩：《中国法律的传统与近代转型》（第三版），法律出版社 2009 年版。

6. 李步云：《论法理》，社会科学文献出版社 2013 年版。

7. 张文显：《法哲学范畴研究》（修订版），中国政法大学出版社 2001 年版。

8. 蔡枢衡:《中国法理自觉的发展》,清华大学出版社 2005 年版。

9. 张恒山:《法理要论》(第三版),北京大学出版社 2009 年版。

10. 舒国滢:《法哲学:立场与方法》,北京大学出版社 2010 年版。

11. [德]古斯塔夫·拉德布鲁赫:《法哲学》,王朴译,法律出版社 2013 年版。

12. [美]理查德·A.波斯纳:《法理学问题》,苏力译,中国政法大学出版社 2002 年版。

13. [美]E.博登海默:《法理学:法律哲学与法律方法》,邓正来译,中国政法大学出版社 2004 年版。

14. [德]伯恩·魏德士:《法理学》,丁晓春、吴越译,法律出版社 2013 年版。

15. 张文显:《法理:法理学的中心主题和法学的共同关注》,载《清华法学》2017 年第 4 期。

(二)分编参考文献

第一编　法理学导论

1. 何勤华:《西方法学史纲》(第三版),商务印书馆 2016 年版。

2. 杜宴林:《法律的人文主义解释》,人民法院出版社 2005 年版。

3. 文正邦:《当代法哲学研究与探索》,法律出版社 1999 年版。

4. 公丕祥、龚廷泰总主编:《马克思主义法律思想通史》(全 4 卷),南京师范大学出版社 2014 年版。

5. 付子堂主编:《文本与实践之间:马克思主义法律思想中国化问题研究》,法律出版社 2009 年版。

6. 蒋传光:《马克思主义法学理论在当代中国的新发展》,译林出版社 2017 年版。

7. 姚建宗:《法学研究及其思维方式的思想变革》,载《中国社会科学》2012 年第 1 期。

8. 宋方青:《中国近代法律教育探析》,载《中国法学》2001 年第 5 期。

9. 黄文艺:《法哲学解说》,载《法学研究》2000 年第 5 期。

第二编　法理学基本概念

1. 吕世伦主编:《法的真善美——法美学初探》,法律出版社 2004 年版。

2. 严存生:《法律的人性基础》,中国法制出版社 2016 年版。

3. 冯玉军主编:《寻找法治的力量:外国经典法律格言赏析》,北京师范大学出版社 2010 年版。

4. 刘星:《法律是什么——二十世纪英美法理学批判阅读》,中国法制出版社 2015 年版。

5. 葛洪义:《法与实践理性》,中国政法大学出版社 2002 年版。

6. 黄建武:《法律调整——法社会学的一个专题讨论》,中国人民大学出版社 2015 年版。

7. 杨春福:《权利法哲学研究导论》,南京大学出版社 2000 年版。

8. 高其才:《中国习惯法论(修订版)》,中国法制出版社 2008 年版。

9. 姚新中:《道德活动论》,中国人民大学出版社 1990 年版。

10. [奥]凯尔森:《法与国家的一般理论》,沈宗灵译,中国大百科全书出版社 1996 年版。

11. [德]罗伯特·阿列克西:《法概念与法效力》,王鹏翔译,商务印书馆 2015 年版。

12. ［德］鲁道夫·冯·耶林:《为权利而斗争》,郑永流译,法律出版社 2007 年版。

13. ［英］H.L.A. 哈特:《惩罚与责任》,王勇等译,华夏出版社 1989 年版。

14. ［英］哈特:《法律的概念》,张文显等译,中国大百科全书出版社 1996 年版。

15. ［英］约瑟夫·拉兹:《法律的权威:法律与道德论文集》,朱峰译,法律出版社 2005 年版。

16. ［美］富勒:《法律的道德性》,郑戈译,商务印书馆 2005 年版。

17. ［美］霍菲尔德:《基本法律概念》,张书友编译,中国法制出版社 2009 年版。

18. ［美］迈克尔·D. 贝勒斯:《法律的原则——一个规范的分析》,张文显等译,中国大百科全书出版社 1996 年版。

19. ［美］罗纳德·德沃金:《认真对待权利》,信春鹰、吴玉章译,中国大百科全书出版社 1998 年版。

20. ［美］L. 亨金:《权利的时代》,信春鹰等译,知识出版社 1997 年版。

21. 张志铭:《中国社会主义法律关系新探》,载《中国法学》1988 年第 5 期。

22. 梁治平:《"法"辨》,载《中国社会科学》1986 年第 4 期。

23. 信春鹰:《中国特色社会主义法律体系及其重大意义》,载《法学研究》2014 年第 6 期。

第三编　法的起源和发展

1. 公丕祥:《法制现代化的理论逻辑》,中国政法大学出版社 1999 年版。

2. ［加拿大］帕特里克·格伦:《世界法律传统》(第三版),李立红、黄英亮、姚玲译,北京大学出版社 2009 年版。

3. ［美］霍贝尔:《原始人的法——法律的动态比较研究》(修订译本),严存生等译,法律出版社 2012 年版。

4. ［英］梅因:《古代法》,沈景一译,商务印书馆 1959 年版。

5. ［英］威廉·退宁:《全球化与法律理论》,钱向阳译,中国大百科全书出版社 2009 年版。

6. 王晨光:《不同国家法律间的相互借鉴与吸收——比较法研究中的一项重要课题》,载《中国法学》1992 年第 4 期。

第四编　法　的　运　行

1. 周旺生:《立法学》(第二版),法律出版社 2009 年版。

2. 张文显:《司法的实践理性》,法律出版社 2016 年版。

3. 孙笑侠:《程序的法理》(第二版),社会科学文献出版社 2017 年版。

4. 张保生:《法律推理的理论与方法》,中国政法大学出版社 2000 年版。

5. ［德］卡尔·拉伦茨:《法学方法论》,陈爱娥译,商务印书馆 2003 年版。

6. ［英］尼尔·麦考密克:《修辞与法治——一种法律推理理论》,程朝阳、孙光宁译,北京大学出版社 2014 年版。

7. 杨宗科:《法律序言的结构与功能》,载《法律科学 (西北政法学院学报)》1992 年第 5 期。

8. 沈国明:《执法中的地方保护主义探因》,载《法学》1995 年第 7 期。

9. 周永坤:《诉权法理研究论纲》,载《中国法学》2004 年第 5 期。

10. 江必新:《完善行政诉讼制度的若干思考》,载《中国法学》2013 年第 1 期。

11. 郑成良:《论法治理念与法律思维》,载《吉林大学社会科学学报》2000 年第 4 期。

12. 张骐:《通过法律推理实现司法公正——司法改革的又一条思路》,载《法学研究》1999 年第 5 期。

13. 郑永流:《法律判断形成的模式》,载《法学研究》2004 年第 1 期。

14. 陈金钊:《司法过程中的法律发现》,载《中国法学》2002 年第 1 期。

15. 张继成:《事实、命题与证据》,载《中国社会科学》2001 年第 5 期。

16. 焦宝乾:《法的发现与证立》,载《法学研究》2005 年第 5 期。

17. 陈林林:《基于法律原则的裁判》,载《法学研究》2006 年第 3 期。

第五编　法 的 价 值

1. 李德顺:《价值论》(第二版),中国人民大学出版社 2007 年版。

2. 郑成良:《法律之内的正义——一个关于司法公正的法律实证主义解读》,法律出版社 2002 年版。

3. 於兴中:《法治与文明秩序》,中国政法大学出版社 2006 年版。

4. 卓泽渊:《法的价值论》(第二版),法律出版社 2006 年版。

5. 夏勇:《人权概念起源——权利的历史哲学》,中国社会科学出版社 2007 年版。

6. [美]罗斯科·庞德:《通过法律的社会控制》,沈宗灵译,商务印书馆 2010 年版。

7. [美]约翰·罗尔斯:《正义论》(修订版),何怀宏、何包钢、廖申白译,中国社会科学出版社 2009 年版。

8. [英]彼得·斯坦、约翰·香德:《西方社会的法律价值》,王献平译,中国法制出版社 2004 年版。

9. [英]约翰·密尔:《论自由》,许宝骙译,商务印书馆 1959 年版。

10. [英]罗纳德·H.科斯:《企业、市场与法律》,盛洪、陈郁译校,格致出版社、上海三联书店、上海人民出版社 2014 年版。

11. 胡玉鸿:《人的尊严的法律属性辨析》,载《中国社会科学》2016 年第 5 期。

12. 齐延平:《国家的人权保障责任与国家人权机构的建立》,载《法制与社会发展》2005 年第 3 期。

第六编　法治与法治中国

1. 李步云:《论法治》,社会科学文献出版社 2008 年版。

2. 李龙:《中国特色社会主义法治理论体系纲要》,武汉大学出版社 2012 年版。

3. 李林:《中国的法治道路》,中国社会科学出版社 2016 年版。

4. 石泰峰主编:《社会主义法治论纲》,中共中央党校出版社 2000 年版。

5. 王人博、程燎原:《法治论》,广西师范大学出版社 2014 年版。

6. 季卫东:《法治秩序的建构》(增补版),商务印书馆 2014 年版。

7. 卓泽渊:《法政治学研究》,法律出版社 2011 年版。

8. 刘作翔:《法律文化理论》,商务印书馆 1999 年版。

9. [德]马克斯·韦伯:《论经济与社会中的法律》,张乃根译,中国大百科全书出版社 1998 年版。

10. [美]格伦顿、戈登、奥萨魁:《比较法律传统》,米键等译,中国政法大学出版社 1993 年版。

11. 吕忠梅:《中国生态法治建设的路线图》,载《中国社会科学》2013 年第 5 期。

12. 汪习根:《论法治中国的科学含义》,载《中国法学》2014 年第 2 期。

13. 谢鹏程:《论社会主义法治理念》,载《中国社会科学》2007 年第 1 期。

14. 胡水君:《中国法治的人文道路》,载《法学研究》2012 年第 3 期。

15. 马长山:《从国家构建到共建共享的法治转向》,载《法学研究》2017 年第 3 期。

16. 顾培东:《当代中国法治话语体系的构建》,载《法学研究》2012 年第 3 期。

17. 徐显明:《论"法治"构成要件——兼及法治的某些原则及观念》,载《法学研究》1996 年第 3 期。

18. 孙莉:《德治与法治正当性分析——兼及中国与东亚法文化传统之检省》,载《中国社会科学》2002 年第 6 期。

19. 苏力:《法律与科技问题的法理学重构》,载《中国社会科学》1999 年第 5 期。

20. 朱景文:《论法治评估的类型化》,载《中国社会科学》2015 年第 7 期。

（三）部门法哲学参考文献

1. 许崇德主编:《中国宪法》(第四版),中国人民大学出版社 2010 年版。

2. 罗豪才等:《软法与公共治理》,北京大学出版社 2006 年版。

3. 江平主编:《民法学》(第三版),中国政法大学出版社 2016 年版。

4. 梁慧星:《民法总论》(第五版),法律出版社 2017 年版。

5. 王利明:《侵权行为法归责原则研究》(修订二版),中国政法大学出版社 2004 年版。

6. 范健主编:《商法》(第四版),高等教育出版社、北京大学出版社 2011 年版。

7. 关怀、林嘉主编:《劳动与社会保障法学》(第二版),法律出版社 2016 年版。

8. 高铭暄、马克昌主编:《刑法学》(第八版),北京大学出版社、高等教育出版社 2017 年版。

9. 陈光中等:《中国司法制度的基础理论问题研究》,经济科学出版社 2010 年版。

10. 李双元:《法律趋同化问题的哲学考察及其他》,湖南人民出版社 2006 年版。

11. 吕忠梅:《再论公民环境权》,载《法学研究》2000 年第 6 期。

12. 张守文:《论经济法的现代性》,载《中国法学》2000 年第 5 期。

第五版后记

本教材是教育部统一策划并组织编写的"面向21世纪课程教材"之一,2002年荣获全国普通高等学校优秀教材一等奖,2003年吉林大学"法理学"被教育部确定为首批国家级精品课程,同年本教材入选高等教育出版社"高等教育百门精品课程教材建设计划",2007年被教育部确定为"普通高等教育精品教材"。根据中国知网"中国图书引证统计分析数据库"2017年底的数据,本教材在政治法律类教材中引用率位居第一,在全部政治法律类著作中引用率位居第二。本教材自1999年初版以来,历经2003年、2007年、2011年三次修订,不断与时俱进,始终保持着鲜明的时代特色和教学适应性。

本次修订作为第四次修订,从推进法理学教材以及法理学知识体系、理论体系、话语体系转型升级的目的出发,突出了三个重点:

第一,坚持以马克思列宁主义、毛泽东思想、邓小平理论、"三个代表"重要思想、科学发展观、习近平新时代中国特色社会主义思想为指导,精准、系统地贯彻中国特色社会主义法治理论和法学理论。2011年本教材第三次修订以来,我国的法治建设和法学研究迈出了重大步伐,取得了历史性成就。2012年中共十八大、2013年中共十八届三中全会、2014年中共十八届四中全会、2015年中共十八届五中全会都对依法治国和法治建设作出了重大部署。特别是习近平总书记立足中国特色社会主义新时代的历史方位,在推进全面依法治国、建设法治中国、推进国家治理现代化的伟大实践中,提出了一系列有关法、法治、国际法治、法学理论、法治理论的新理念、新概念、新判断、新命题、新观点、新思想,提出并深刻阐述了新时代中国法理的一系列重大命题,极大地推动了法学理论创新和法治实践创新。2017年召开的中共十九大在作出一系列重大政治和理论判断的同时,进一步推进了法治理论和法学理论的创新发展,推进了马克思主义法学理论和中国特色社会主义法学理论的新飞跃。我们利用这次教材修改的机会,把习近平新时代中国特色社会主义思想,特别是习近平新时代中国特色社会主义法治思想全面融入教材之中,使本教材充分体现2012年以来中国特色社会主义法治理论和法学理论的最新成果和法治建设的最新经验,体现我国法学理论研究和法理学教学实践取得的重要成果。

第二,确立以"法理"为法理学的中心主题和研究对象。新中国成立后很长时期内,我国法学院校的法学理论课程仿效当时苏联的法学体系和教材体系模式,称为"国家与法的理论"或"国家与法权理论"。1978年以后,在"实事求是、解放思想"的思想路线的引领下,学术界提出了把国家与法分开并由政治学和法学分别研究的主张。1981年北京大学编著的《法学基础理论》、1982年司法部组织编写的《法学基础理论》、1988年东北地区高校联合编著的《法的一般理论》等,就是这种主张的实践成果。但是,直到1993年,由教育部组织编写、沈宗灵教授主编、高等教育出版社出版的《法理学》教材发行之后,"法理学"的名称才正式获得"合法"地位,名正言顺地进入中国法学学科体系、课程体系和教材体系,并于1995年成为法学专业核心课程。以后,全国各地编写了一大批《法理学》教材。虽然课程和教材名称改变了,但是教材的内容尚未实现以"法理"为研究对象,并未成为"法理之学",教材尚未名副其实。总体上看,我国法理学的"法理"意识还不够强,把"法理"作为法理学的中心主题和研究对象的认识还比较模糊,在法理学知识体系、理论体系和话语体系中,"法理"事实上处于缺席或半缺席的状态。最近几年,很多教师推动法理学教学和教材改革。在这样的背景下,本教材主编于2017年发表《法理:法理学的中心主题和法学的共同关注》一文,提出法理学的研究对象应当是法理,法理学应是"法理之学"。在修订本教材过程中,主编强调要在保持现行法理学知识体系基本稳定的前提下,使法理通贯全书,打造法理泛在的法理学教材;要充分考虑教材体系和法学学科体系的学术分工,避免与宪法学、行政法学、刑法学、民法学、商法学、经济法学、环境法学、社会法学、诉讼法学以及立法学、司法学等部门法学有过多重合和交叉;要集中有限的文字讲"法理"(法律之理、法治之理、法学之理),提升"法理"在法理学教材中的主体地位,把具体的法律制度和技术操作问题归还给部门法学。从第一编论述为什么要以"法理"为中心主题和研究对象、什么是法理开始,其后各编都着力体现以法理为中心主题。教材每一章都以本论题中较为经典的法理格言、命题或论述作题注,都以一段法理论述为引言,在内容上尽可能融入法理元素、彰显法理色彩。

第三,坚持以人为本、以问题为导向,积极回应法理学教学对高水平教材的需求。修订过程中,编写组和统稿小组进行了广泛调研,征求各地教师和学生对法理学教学和教材修订工作的意见和建议。在此基础上,在本教材体系不做较大变动的情况下,力求使本教材更加符合本科阶段法理学教学的规律和特点,更加贴近学生、贴近实践、贴近生活,使本教材对学生具有说服力、吸引力、亲和力,激发学生学习法理学的动力和兴趣;在语言表达上,力求简洁明了、深入浅出、平实轻松、清新清爽;在写作编辑上,力求运用互联网、大数据等信息技术,广泛收集和处理法理学教学和研究的数据,为学生提供更为精细、更为便捷的关键词索引、人物索引以及比较权威、实用的参考文献、典型案例等。

本教材第五版编写组仍由张文显任主编,李龙、周旺生、郑成良、徐显明任副主编。第四版编写组的全体成员不同程度地参加了第五版的修订工作。他们是(以姓氏拼音为序):杜宴林、付子堂、高其才、葛洪义、公丕祥、黄建武、黄文艺、蒋传光、李龙、刘作翔、舒国滢、宋方青、孙莉、孙笑侠、徐显明、杨春福、姚建宗、张文显、郑成良、周旺生、周永坤、卓泽渊。武汉大学法学院汪习根应邀参加了本次修订工作。

本次修订过程中,主编约请李林、胡云腾、胡玉鸿、陈景良、冯玉军、彭诚信、邱本、焦宝乾、朱振等专家学者,对部分章节进行了审读或对有关问题提出了咨询意见。

除此之外,根据教材修订特别是教材转型升级的实际需要,组建了统稿小组协助主编统稿。统稿小组成员大部分都是法理学教学一线教师。在统稿过程中,统稿小组成员均参与了有关章节的实质性修改和写作,引用文献、数据的核对、更新,法理格言、命题、法谚、法理论述等的甄别、精选和使用。统稿小组成员包括:张文显、王奇才、丰霏、苗炎、张静焕、瞿郑龙、郭晔、徐清、郭栋,瞿郑龙、徐清担任教材编写组的学术秘书。来自吉林大学、浙江大学、中国政法大学、中国人民大学、上海师范大学、南京师范大学、云南大学、苏州大学、海南大学、中国法学会研究部等单位的部分青年教师和研究生参与了文稿校对和注释校勘工作。

第五版的编写工作得到了教育部高等教育司的指导及高等教育出版社的紧密配合和协助。姜洁等同志科学严谨、精益求精、甘于奉献的作风,使本教材的内在质量和外观形象得到了有效的保证。

值此教材出版之际,向上述同志和同学致以诚挚的感谢。

张文显

2018 年 5 月

第四版后记

在《法理学》第三版出版以来的四年多时间里，中国特色社会主义事业稳步向前推进，社会主义民主法治建设取得了新的成就。特别是在中共十七大精神的指引和鼓励下，哲学社会科学研究得到了进一步的发展和创新。为了适应社会发展和理论创新的步伐，《法理学》教材也要与时俱进地修订和完善，保持鲜明的时代特色和教学适应性。

本次修订在延续前三版的编写原则的基础上，明确提出和坚持了以下修订原则：

第一，高举中国特色社会主义伟大旗帜，坚持中国特色社会主义理论体系，把中国特色社会主义理论体系特别是科学发展观的思想理论成果转化为教材的内容。

第二，认真总结中共十七大以来全面建设小康社会、推进社会主义市场经济、发展社会主义政治文明、建设社会主义核心价值体系、加快建设社会主义法治国家、构建社会主义和谐社会等方面的新经验、新成果，将其升华为法学范畴和法学理论，并融入法学理论体系和教材内容。

第三，充分吸纳最近几年各高等院校法学理论教学和研究成果以及教材编写经验，特别是吸纳中央马克思主义理论研究和建设工程重点教材《法理学》的编写经验，力争使本教材在体系、理论、风格上保持先进性。

第四，深入研究大学本科阶段法理学教学的规律和特点，进一步强化法理学教材在引导学生培养正确的法律观和法治观、掌握法律思维方式和法律方法等方面的重要功能。

按照上述修订原则，我们在本次修订时对篇幅、体例、内容、语言表达方式等方面都进行了必要的调整。

在文字篇幅上，在保持学科体系与教材结构完整的基础上，对第三版的章节和内容进行了必要的精编与整合，特别是删除了某些超出法科新生接受能力的知识和内容。出版字数比第三版字数有大幅度的压缩。

在编写体例上，除保持原有编写体例不变以外，为便于学生理解各章的内容及其相互关系，每章章首设"引言"部分，概述本章的教学价值与基本内容。章末设"小结"，对本章的重点原理和知识要点给予归纳，帮助学生把握本章的知识脉络。"小结"与"导语"相互呼应。

在内容更新上，除了各章节的内容更新之外，各章末尾的"思考题"和全书书后所附的"主要参考文献"也有必要的更新。

在语言表达上，力求简洁明了、深入浅出、平实轻松，使本教材对学生具有说服力、吸引力和亲和力，能够激发学生学习法学理论的动力和兴趣。

　　本教材第四版编写组仍由张文显任主编,李龙、周旺生、郑成良、徐显明任副主编。第三版编写组的全体成员均参加了第四版编写工作。除此之外,根据教材编写的实际需要,我们还邀请了上海师范大学蒋传光教授进入编写组。具体写作分工如下(以撰写章节先后为序):

　　姚建宗,第1、8章;杜宴林,第2章;公丕祥,第3章;张文显,第4、14、24章;李龙,第5章;周永坤,第6章;刘作翔,第7章;舒国滢,第9章;黄文艺,第10、15章;高其才,第11章;孙莉,第12章;蒋传光,第13章;周旺生,第16章;宋方青,第17章;孙笑侠,第18章;葛洪义,第19章;郑成良,第20章;杨春福,第21章;徐显明,第22章;付子堂,第23章;黄建武,第25章;卓泽渊,第26章。

　　第四版的编写工作得到了教育部高等教育司的正确指导,得到了高等教育出版社的紧密配合和协助。教育部人文社科重点研究基地·吉林大学理论法学研究中心的部分教师和博士研究生参加了文稿校对和注释校勘工作。值此教材出版之际,一并致以诚挚的感谢。

张文显

2011 年 2 月

第三版后记

本教材是 1999 年出版的国家"九五"规划重点教材、全国高等学校法学专业核心课程教材《法理学》的第三版。本教材第一版于 1999 年出版,2002 年荣获国家级优秀教材一等奖,2003 年在较大幅度修改的基础上出版了第二版,第二版被列入国家"十五"规划重点教材。自本教材第二版以来,我国社会又有了很大的发展,社会主义法治建设也取得了新的成就,特别是中共十六大以来在科学发展观与和谐社会理论的指导下,哲学社会科学得到进一步发展和创新,我们的法理学教材当然也需要与时俱进,以适应发展变化了的时代需要。同时,从各高等院校法理学教师反馈的意见看,本教材第二版在内容、篇幅、风格、文字等方面也存在一些缺点,需要改进和提高。为此,我们决定对第二版进行全面修订,出版第三版。

本教材第三版既是 2003 年首批立项的国家精品课程"法理学"的教材形态,也是国家"十一五"规划重点教材之一。

本次修订除了坚持前两版的编写原则外,突出强调以下编写思路:

第一,坚持以发展着的马克思主义为指导,坚持邓小平理论、"三个代表"重要思想以及科学发展观和和谐社会理论在教材编写中的指导地位。

第二,充分反映建设全面小康社会、构建社会主义和谐社会、建设创新型国家等社会主义建设的实践经验和社会主义法治建设的新鲜经验,将其升华为法学范畴和法学理论并融入法学理论体系。

第三,充分吸纳最近几年全国各高等院校法学理论教学和研究的成果,总结法理学教材的编写经验,在此基础上力争使本教材在理论上、体系上、风格上具有先进性。

第四,在保持马克思主义话语体系的前提下,认真研究国外法学理论教材的编写经验,借鉴其具有普适性的概念、理论和方法,力争使本教材在世界范围内有较大的影响力。

第五,遵循教材规律,创新教材规格,实现马克思主义法学理论与法理学知识体系的有机结合,通过严谨的逻辑论证、充分的事实说明以及对实践规律的准确把握和判断,创造性地把马克思主义渗透到法学教材之中,实现法学知识形态的中国化、时代化转化。

为此,本教材具有以下特点:

一、对马克思主义法学理论产生、发展以及各个阶段的理论成果作了系统而简明的陈述和概括,展示马克思主义法学理论既一脉相承又不断创新的理论品格和魅力,增强马克思主义法学理论的感召力。

二、在论述马克思主义法学基础理论的同时,科学概括在邓小平理论、"三个代表"重要思想、科学发展观和和谐社会理论中蕴涵的法学理论,展示当代中国马克思主义法学的博大精深,增强马克思主义法学的吸引力。

三、对社会主义市场经济、民主政治、先进文化、和谐社会建设和法律发展中的现实法律问题以及法学学科建设中的学术问题进行了深入研究,展示出马克思主义法学理论与社会主义实践紧密结合、科学性与实践性高度统一、理论来源于实践又进一步指导实践的本质和功能,引领法科学生步入理论前沿和实践前沿。

四、充分注意法理学教材在法学专业教育中的地位和作用与其在大学生和法律人思想政治教育中的地位和作用的统一,展示出法理学作为法的一般理论、法学的基础理论、法学的方法论与法理学作为社会主义法治意识形态的一致性,体现法理学四个核心知识模块的有机统一,即马克思主义法学理论、社会主义法治理念、中国特色社会主义法律制度的运行体制和机制、法律程序和法律职业方法的有机统一。

五、坚持以人为本,从学生出发,从学生的利益和需要出发。尽可能使本教材做到具有鲜明的理论观点、丰富的思想含量、较高的学术品位,贴近学生,贴近时代,贴近社会,贴近生活,对学生具有说服力、吸引力和亲和力,并力求深入浅出,充分激发学生学习法学理论的动力和兴趣。

根据上述思路和要求,在广泛征求意见的基础上,我们对原教材的内容、结构、体例作了必要的调整,删减一些内容,补充一些内容,合并一些内容,减少章节,压缩篇幅。另外,在每一章之后提出了思考题,并在附录中提供了"马克思主义经典论述"及其他百种学习法理学的参考文献。

本教材第三版编写组仍由张文显任主编,李龙、周旺生、郑成良、徐显明任副主编。第二版编写组的全体成员均参加了第三版编写工作。除此之外,根据教材编写的实际需要,我们还邀请吉林大学法学院杜宴林副教授参加编写组。具体写作分工如下(以撰写章节先后为序):

张文显,第1、9章,各编导语,并参与第30章的撰稿;郑成良,第2、20章;公丕祥,第3章;杜宴林,第4章;黄文艺,第5、11章;周旺生,第6、16章;周永坤,第7、24章;刘作翔,第8章;舒国滢,第10章;高其才,第12章;孙笑侠,第13、18章;付子堂,第14、27章;姚建宗,第15章;宋方青,第17章;葛洪义,第19章;杨春福,第21章;黄建武,第22、28章;孙莉,第23、26章;徐显明,第25章;卓泽渊,第29章;李龙,第30章。

本教材第三版的编写工作得到了教育部高教司的指导,得到了各有关学校的大力支持,得到了高等教育出版社的紧密配合和协助。教育部人文社会科学重点研究基地·吉林大学理论法学研究中心的部分研究人员和博士研究生参加了文稿校对和注释校勘工作。值此教材出版之际,一并致以诚挚的感谢。同时,深望广大师生和读者在使用本教材的过程中进一步提出批评性建议和修改意见,以使本教材不断更新和完善。

张文显

2007 年 1 月 31 日

第二版后记

摆在读者面前的这本《法理学》教材是 1999 年出版的面向 21 世纪课程教材、全国高等学校法学专业核心课程教材《法理学》的第二版。本教材第一版出版后，受到了法学界和相关界的普遍肯定和高度评价，被国内许多高校的法学、政治学等专业确定为教学用书或参考用书，并于 2002 年荣获国家级优秀教材一等奖。为了使本教材进一步完善，特别是为了使教材能够适应现代化建设实践和法理学研究的发展，我们决定对第一版进行较大幅度修改，编写本教材的第二版，并得到了教育部高教司和高等教育出版社的支持。本教材第二版被列入国家"十五"规划重点教材。

本教材第二版的编写是在中共十六大之后进行的。在编写过程中，我们确立并坚持了以下指导思想：

第一，高举邓小平理论伟大旗帜，充分反映"三个代表"重要思想，切实贯彻中共十六大精神。"三个代表"重要思想是对邓小平理论的继承和发展，是新时期党和国家各项工作的指导思想。中共十六大报告提出了一系列重要理论，进一步丰富和发展了邓小平理论，系统阐述和升华了"三个代表"思想。"三个代表"重要思想和十六大报告的重要理论，对于我国民主法制建设以及法学的理论创新与学术进步具有直接的指导意义。本教材的修订务求坚持以"三个代表"重要思想和十六大精神为指导，以十六大报告中涉及教材有关论题的论述为依据，保证本教材具有正确的理论方向、鲜明的时代精神和厚实的理论底蕴。当然，以十六大精神为指导和依据并不意味着生搬硬套，而是在深入把握十六大精神之要义的基础上将其恰如其分而又富于建设性地贯彻到教材的相关章节中去。

第二，加大理论创新的力度。在修改教材时应把理论创新作为第一要务，理论创新意味着解放思想，实事求是，与时俱进，具体体现为三个解放，即把思想认识从那些不合时宜的观念、做法和体制的束缚中解放出来，从对马克思主义的错误的和教条式的理解中解放出来，从主观主义和形而上学的桎梏中解放出来。"三个解放"对于法理学研究和教学具有更为现实和迫切的意义。当然，创新与继承是相辅相成的。在理论创新的前提下，应当认真总结新时期我国法理学改革和发展的进程，总结法理学教学和教材建设的经验，并使之发扬光大，以使本教材保持法理学教学内容的连续性。

第三，继续保持并提高原教材的先进性、规范性和实用性。先进性体现为教材要有新论题、新思想、新方法、新语言、新表述；规范性体现为要遵循教材的编写规律，逻辑严谨，文风一致，语言标准，包括各种标点符号的使用符合国家新闻出版署规定的标准，并尽可能在技术上与国际出版物接轨。实用性体现为深浅适度，层次分明，结构清晰。本教材一方面要有较高的学术品位和思想含量,另一方面要与大学生特别是法科新生的接受能力和大多数院校的教学现状相适应;一方面要有自己的思想观点,另一方面又要尽可能采用相对成熟的、相对达成共识的理论观点,以便各个学校使用。

与第一版教材相比,第二版教材有以下几个显著的变化:首先,在论题上,追踪近几年法理学研究的新课题,增加了法律方法、法律职业、法与人权、法与经济全球化、法与生态文明等新论题,更新了教材原有的论题体系。其次,在理论上,总结近几年国内外法理学理论研究成果,在法学教育、法律程序、法与利益、法与科学技术等问题上有所突破或创新,与时俱进地更新了教材的理论体系。最后,在技术上,进一步规范化、科学化,经典著作的引文全部按照最新版本订正,外文原著有中译本的尽可能引用中译本,法律法规条文根据法律法规立、改、废的情况作相应调整,各编之后增加了参考文献,书后新增了便于读者检索的索引。

本教材第二版编写组仍由张文显任主编,李龙、周旺生、郑成良、徐显明任副主编。第一版编写组的全体成员均参加了第二版编写工作。除此之外,根据教材编写的实际需要,同时考虑本人的申请或院校的推荐,我们还邀请四位教师充实编写组。具体写作分工如下(以姓氏拼音为序):

付子堂,第 14 章、第 29 章;高其才,第 12 章、第 21 章;葛洪义,第 18 章、第 25 章;公丕祥,第 17 章、第 37 章;黄建武,第 38 章、第 40 章;黄文艺,第 3 章、第 5 章;李龙,第 35 章、第 36 章;刘作翔,第 8 章、第 22 章;舒国滢,第 10 章、第 11 章;宋方青,第 20 章、第 27 章;孙莉,第 23 章、第 39 章;孙笑侠,第 13 章、第 24 章;徐显明,第 9 章、第 30 章;杨春福,第 26 章、第 31 章;姚建宗,第 16 章、第 28 章;张文显,第 1 章、第 2 章;郑成良,第 4 章、第 15 章;周旺生,第 6 章、第 19 章;周永坤,第 7 章、第 33 章;卓泽渊,第 32 章、第 34 章。

本教材第二版的编写工作得到了教育部高教司的指导,得到了各有关学校的大力支持,得到了高等教育出版社的紧密配合和协助。教育部重点研究基地·吉林大学法学理论研究中心的部分研究人员和博士研究生参加了文稿校对、编辑等工作。值此教材出版之际,一并致以诚挚的感谢。另外,也深望广大师生和读者在使用本教材的过程中进一步提出批评性建议或意见,以使本教材不断更新和完善。

张文显

2003 年 6 月 1 日

第一版后记

　　摆在读者面前的这本教材是教育部面向 21 世纪课程教材,是教育部"九五"规划重点教材,又是教育部法学学科教学指导委员会确定的全国高等学校法学专业十四门核心课程教材之一。

　　参与本教材编写的人员来自吉林大学、武汉大学、北京大学、山东大学、南京师范大学、浙江大学、厦门大学、清华大学、苏州大学、辽宁大学、中国政法大学、西南政法大学、西北政法学院等 13 所高校。他们都是活跃在法学教学和科研第一线的教师,其中既有学术造诣精深、为人为学人皆称颂的老专家,又有富有创新精神、治学严谨、笔耕不辍的中青年学者,还有在法理学教学和科研中崭露头角的学术新人。编写组不是临时搭起来的写作班子,而是有共同的理论趣旨和社会责任感,有长期合作经历的学术群体。

　　编写出一本内容先进、技术规范、形式实用的教材不是一件容易的事情,而要编写出一本反映及固化面向 21 世纪法学教学内容和课程体系改革成果、适应培养富有创新精神和实践能力的高素质法律人才需要的法理学教材则更难。本人作为副主编参与过沈宗灵教授主编的国家教委"八五"规划重点教材《法理学》的编写,主编过司法部"九五"规划教材《法理学》,也曾主编过东北地区高校通用的法理学教材《法的一般理论》,应该说积累了编写教材的一些经验和体会。即使这样,教育部委托我主持编写这本《法理学》教材的时候,我仍然是心中无底。不过,在编写组全体同志的共同努力和精诚合作下,我们如期完成了任务。

　　在编写过程中,我们认真总结了我国新时期法理学教材建设的经验,吸收了孙国华、沈宗灵等教授主编的不同版本的全国统编教材以及各地各校自己编写的法理学教材的有益思想和方法。在此基础上,形成了本教材编写工作的以下原则和方法:

　　第一,高举邓小平理论伟大旗帜,切实反映建设有中国特色社会主义理论和实践,有机地而不是机械地贯彻中共十五大的精神,以使本教材能够适应社会主义市场经济、民主政治、精神文明建设的实践需要;适应依法治国、建设社会主义法治国家的时代需要;适应法学教育首先是法理学教学内容更新的需要。

　　第二,认真总结新时期我国法理学改革和发展的进程,总结法理学教学和教材建设的经验,在此基础上实现继承和创新,使本教材既体现法理学教学内容的连续性,又体现世纪之交的时代精神和法理学研究的最新成果,并尽可能具有理论上的前瞻性。

　　第三,做到内容进步、技术规范、深浅适度。内容进步,意味着要有新的论题,即使原有论题也要有新思想、新语言、新表述,而不是简单炒剩饭,或者对原有的教材照抄照搬。技术规范,意味着要按照教材的规格写作,语言一定要规范,要简明扼要,逻辑严谨,层次分明,各种标点符号的使用必须符合国家新闻出版署规定的标准,并尽可能在技术上与国际出版物接轨。深浅适度,意味着本教材既要有较高的学术品位和思想含量,又要与大学生特别是法科新生的接受能力相适应。

本教材的编写过程为:首先由主编提出一个编写大纲;编写大纲经过编写组集体讨论确定后,由各位作者分别拟定编写细目;由主编和副主编参照高教司审定的《法理学教学基本要求》,加以修改和整合;各位作者按照统一的编写细目写作;最后,由主编统稿。

本教材的编写得到了教育部高教司的指导,各有关学校给予了大力支持,一些没有参加编写组但热心法理学教学改革和教材建设的同志也提出了宝贵的编写意见。在教材出版前夕,教育部在北京举办了法理学教材讲习班。与会的高校法理学教师对本教材提出了很多有重要参考价值的修改意见。高等教育出版社的领导和编辑同志与编写组密切配合,保证了这本教材的顺利编写和出版。值此教材出版之际,谨向上述同志表示深深的谢意。

本教材与《法理学教学基本要求》是互为配套的。《法理学教学基本要求》只提出了法理学教学应当涉及的基本论题(问题),至于教师持什么观点、怎样讲授由教师自己来决定。必须承认,在法理学的很多论题上,都存在着不同的观点。这本法理学教材只是提供了法理学有关论题的基本观点或比较有共识的观点,这种观点很可能只是诸多观点中的一种。对于我国法学理论和法制建设中的前沿问题,本书作者试图以马克思列宁主义、毛泽东思想、邓小平理论为指导,以社会主义市场经济、民主政治、精神文明为参照,以对理论和实践发展的前瞻为理想,阐明自己的观点。这些观点的正确程度和应用价值有待实践的检验。各校教师在教学过程中,可以把本书的观点作为有一定代表性或较大参考价值的观点在课堂上讲授,但不强求大家接受;学生可以把书中的观点与其他观点进行比较,以从中吸收包含在每种观点中的科学因素和真理价值。

目前这本教材是它的第一版,以后将陆续修订再版,深望各校师生在使用本教材的过程中提出修改意见,以便使之不断更新和完善。

本教材编写组由张文显任主编,李龙、周旺生、郑成良、徐显明任副主编。具体写作分工如下(以汉语拼音为序):

高其才,第 12 章、第 28 章;葛洪义,第 25 章、第 31 章;公丕祥,第 16 章、第 33 章;李龙,第 36 章、第 37 章;刘作翔,第 8 章、第 29 章;舒国滢,第 10 章、第 11 章;宋方青,第 18 章、第 27 章;孙莉,第 30 章、第 34 章;孙笑侠,第 5 章、第 20 章、第 32 章;徐显明,第 9 章、第 17 章;姚建宗,第 13 章、第 15 章;张文显,第 1 章、第 2 章、第 3 章、第 20 章、第 35 章;郑成良,第 4 章、第 14 章、第 19 章、第 21 章;周旺生,第 6 章、第 26 章;周永坤,第 7 章、第 24 章;卓泽渊,第 22 章、第 23 章。

编写组

1999 年 4 月 16 日